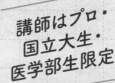

1

七十七銀行と、ご一緒に。

七十七銀行では、年代別にさまざまな「金融教育」に取り組んでいます!

出前授業
小学生から社会人までそれぞれの年代に必要な金融リテラシーを学べるメニューをご用意しています。

77大人のための金融知識
今さら聞けない「お金」に関する疑問や知ってトクする情報をコラム形式でご紹介するウェブサイトです。

七十七銀行金融資料館
お金の歴史や役割、銀行の誕生と発展、宮城県や日本の産業・経済などについてわかりやすく展示しています。

77キッズランド
お金や銀行について、マンガ形式でわかりやすく学べるお子さま向けのウェブサイトです。

教育に関するローンも七十七銀行にお任せください!

[教育ローン]
1年間の必要額を一度にまとめてお借入いただくローンです。
入学金、授業料、下宿・アパート入居費用、教科書代、
他金融機関等の教育ローンのお借換え等、幅広くご利用いただけます。

●この他にも77教育カードローン、77医大生ローン、77子育て世帯応援ローンを取扱っております。

くわしくはこちら
▼

77 BANK 七十七銀行

2023年8月10日現在

3

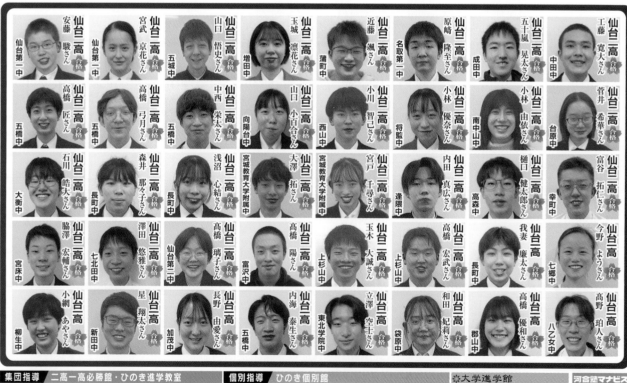

4

School Uniform Guide

〈制服図鑑〉

School Uniform Guide

制服図鑑

私立

聖和学園高等学校

街中でもひと目で分かるはっきりした色合いが特徴。男子はグレーのシンプルなスラックス、女子は紺・白を基調としたチェック柄のスカートが高校生らしさをアピール。

制服図鑑

仙台育英学園高等学校

2023年度にブレザースラックス型制服をモデルチェンジ。希望すれば全コースの男女で着用可能。
また、女子のブレザースカート型制服、特別進学・秀光コース男子の詰襟型制服がある。

東北高等学校

COMME ÇA School Label（コムサスクールレーベル）は都道府県ごとに1校しか採用できないブランド。「凛として美しい」がそのテーマ。2022年より、女子制服はスカートとスラックスから選択できるようになりました。

東北生活文化大学高等学校

グレーを基調とした制服はセーターやベストと共に着用可。2009年からワイシャツ、ベスト、セーターの胸に校章が入り、より生文高らしいデザインになった。

N高等学校・S高等学校 仙台キャンパス

ブレザーはセンターベント仕立てで、女子ブレザーは正面からはテーラードカラー、背面からはセーラー襟に見えるデザイン。N高生の声を反映したオリジナルリュックもある（制服・リュックの購入、着用は所属コースに関わらず任意）。

制服図鑑

クラーク記念国際高等学校（通信制）

男女ともに三つボタンで紺のブレザー。男子のネクタイは水色、女子のリボンはピンクと、明るい色合い。女子のスカートのチェック柄はピンクがアクセントになっていて、かわいらしいイメージ。女子はスラックスも選択可能。

仙台白百合学園高等学校（通信制）

上品なボレロタイプの上着とジャンパースカート。ブレザーの下はチェック柄のかわいらしいジャンパースカートを着用。夏服は風通しの良い白のブラウスと濃紺のプリーツスカートが特徴。在校生からも「かわいい！」との声が多数あがっている。

School Uniform Guide

制服図鑑

私立

大崎中央高等学校

2016年度より制服をリニューアル。きりっと、かわいい「OLIVE des OLIVE」を採用。従来の赤を基調としたタータンチェックスカートなど高校生らしい爽やかなブレザースタイルはそのままに着心地、見た目の良さがアップ。22年度より、女子用のスラックスを導入。

尚絅学院高等学校

女子は清楚な雰囲気が魅力の濃紺のジャンパースカート。ジャケットのボタンは、校章の梅の花をモチーフにしたかわいらしいデザイン。男子も濃紺のブレザーにチェック柄のグレーのスラックスとストライプのネクタイ。男女とも清潔感のある落ち着いた制服。
※女子スラックス導入あり。2024年度より制服・私服どちらでも選択できるようになる。

聖ウルスラ学院英智高等学校

落ち着きのある濃紺のジャケット。高校生は男女ともネクタイ（中学生は女子がリボン）。スラックス、スカートはチェック柄と紺無地の2種類を持ち、その日の気分でどちらを履いてもよい。また、夏服はなく、上着を脱いでベストを着た状態が、夏の服装となっている。
※女子スラックス導入あり

聖ドミニコ学院高等学校

高校共学化に伴い、2023年度より制服をリニューアル。ブラウンのジャケットと合わせるリボンとネクタイはどちらも着用可能としており、その日の気分で選ぶことができる。年間を通して着用するベストとセーターは、ネイビー・グレー・キャメルの3色からそれぞれ選ぶことができ、着こなしを楽しめる。
※女子スラックス導入あり

School U
制服

仙台城南高等学校

開校を機にBEAMS SCHOOL product by KANKOブランドの制服を採用。紺ブレザーにエンジのアイテムを組み合わせた快活なイメージの制服。胸元にはシンボルマーク「J.」をデザインしたエンブレムが入っている。
※女子スラックス導入あり

仙台白百合学園高等学校

伝統ある3本白線のセーラー服。襟の後ろにも校章の刺しゅうが入っている。全国7校の姉妹校で同じ制服を着用。

仙台大学附属明成高等学校

2021年度にデザイン一新。紺を基調にスクールカラーのエンジがアクセントになっている。オプションとして夏はポロシャツ、冬はパーカーを採用している。ブレザーは伸縮性・耐久性に富み着心地がよく、防菌防臭効果によりいつも清潔。
※女子スラックス導入あり

東陵高等学校

「輝（キラリ）！東陵」がテーマの制服。ブルーと白の色使いですっきり爽やかなイメージのブレザーにブルー系チェックのスラックスとスカート。女子の夏服は気仙沼市内初の半袖セーラー服。
※女子スラックス導入あり

常盤木学園高等学校

高い人気のセーラー服は、創立当時からほとんど変わらぬデザイン。2008年度からはパンタロンも制服のバリエーションに追加。男子の制服はトラッドな紺色のスーツスタイル。常盤木学園のイメージカラーの緑色がネクタイとシャツのアクセントになっている。
※女子スラックス導入あり

m Guide

図鑑 >

日本ウェルネス宮城高等学校

落ち着きのあるグレーのジャケット。男子のネクタイと女子のリボンは爽やかなストライプ。女子のスカートは大きめのチェック柄、ブレザーの襟は別布を使用し、可愛らしさの中にも大人の雰囲気を感じる。
※女子スラックス導入あり

古川学園高等学校

落ち着きのある濃紺をベースに、「FG」のエンブレムと、グレーのパイプステッチがアクセント。男子はグレーと白に細い黒のラインが入ったストライプのネクタイ、女子は同柄のリボンを身に着ける。女子用スラックスも導入している。

宮城学院高等学校

コンセプトは「清楚」「気品」「リベラル」。青いリボンで胸元を飾り、胸元には校章のワッペン。プリーツの入ったスカートは、紺色に青の地模様が入った知性を感じさせるデザイン。
※女子スラックス導入あり

School Uniform Guide

制服図鑑

公立

宮城県蔵王高等学校

「紺」がメインカラー。女子は爽やかなオンブレチェックのプリーツスカート、男子はブルーグレーのペンチェック柄のスラックスを着用する。それに加え、ブレザー・ブラウス・シャツ・ポロシャツ・ニットを組み合わせ、3〜4通りのファッションを自由に楽しめる構成になっている。

宮城県白石工業高等学校

上下ともグリーンを基調とした制服は自然に満ちあふれた環境にマッチ。男子の落ち着いた色合いのスラックスと女子のタータンチェックのスカートが洗練された雰囲気と品の良さを強調。
※女子スラックス導入あり

宮城県村田高等学校

仙南では初のグレーの制服で、知性と落ち着きを感じさせる。男子はスタイリッシュなスーツスタイル、女子は学校のシンボル「桜」をイメージしたさくら色のチェックのスカートが特徴。また、女子のスラックスの着用等に関しては、希望があれば相談に応じる。

宮城県大河原産業高等学校

新設校にふさわしい、さわやかなブルーグレーの制服。胸にはそれぞれ学科章を着ける（農業科学科はグリーン、企画ビジネス科はオレンジ、総合ビジネス科はブルー）。
※女子スラックス導入あり

School U

制服

宮城県柴田農林高等学校川崎校

「川校生らしい凛とした気品と力強さの融合」、凛々しい詰め襟と清楚なセーラーを組み合わせたクラシカルなデザイン。胸箱ポケットには、3色のブルーの刺しゅうを入れ、川崎の3本の川を表現した。またKを形取った学年章は学年毎に色分けされたスワロフスキーのガラスが埋め込まれている。「地域に愛され、中学生が憧れ、生徒自身も誇りが持てる」、そんな思いが込められている。

宮城県柴田高等学校

2021年度新制服導入。スクールカラーの紺のブレザーに、赤系のチェックのスラックスとスカートの組み合わせ。金色を配したネクタイ・リボンには栄光・頂点を目指すという思いを込めた。左胸の胸章には力強く未来にはばたく鳳をモチーフにした第2校章を配置している。
※女子スラックス導入あり

宮城県角田高等学校

コンセプトは「着たい制服」。中高生、保護者、地域の意見を取り入れ、共学化を機に一新。チャコールグレーのブレザーとチェックのスラックス・スカートの組み合わせ。オプションで女子のスラックスもある。

宮城県伊具高等学校

男女ともスーツタイプの制服で生地には独特の織りが入っており角度によって印象が変わって見える。「清潔さ」や「知的さ」などをイメージしたデザインである。
※女子スラックス導入あり

宮城県名取高等学校

2017年度入学生から新制服。
これまでも好評だったデザインを継承しつつ、男子スラックスのシルエットが変更された。女子スカートはプリーツスカートが採用され、シャープでより洗練されたデザインとなった。
※女子スラックス導入あり

m Guide

図鑑

宮城県名取北高等学校

2014年より素材・シルエットを一新、開校以来守られてきた制服をブラッシュアップ。見た目やイメージを大きく変えることなく伝統のカラーを受け継ぎながら機能の向上を図った。
※女子スラックス導入あり

宮城県亘理高等学校

紺とグレーを基調とし、男女で統一感を持たせた落ち着いたデザイン。来年度は学科改編にあわせて制服のデザイン変更が予定されており、男女ともにスーツスタイルで、女子はスラックスも選べるデザインとなる予定。

宮城県農業高等学校

スーツタイプの制服でスタイリッシュで着やすい素材を採用している。ネクタイ・リボンは紺地をベースに赤・白のストライプで落ち着いた制服となっている。
※女子スラックス導入あり

宮城県仙台二華高等学校

第二女子高校の伝統の制服の質素で端正なイメージをもとにデザインを洗練し、着心地の良い生地を使用している。夏服のシャツの胸ポケットには、仙台二華のS．Nをデザインしたマークが刺しゅうされている。
※女子スラックス導入あり

宮城県仙台三桜高等学校

伝統を受け継いだシンプルで気品のあるデザイン。軽量で着心地の良い、すっきりとしたシャドーストライプの生地が自信と落ち着きを与える。2020年度より女子のスラックスを導入。

宮城県仙台南高等学校

開校40周年を機に新制服を導入。タータンチェックのスカート、ネクタイ、リボンが特徴。シャツはブルー、ホワイト、イエロー、ピンクの4色から選んで着用できる。
※女子スラックス導入あり

宮城県仙台西高等学校

グレーを基調としたノーネクタイ・ブレザースタイル。深みのある色合いで、ウール70%の暖かさとソフト感を兼ね備えた素材。ボタンは西高の「W」（WEST）のギリシャ文字を中央に入れた校名デザイン。
※女子スラックス導入あり

宮城県仙台東高等学校

紺のスーツタイプで、県内のどの高校とも異なる「知的さ」「統一感」「国際性」を持つ制服。女子用のスラックスも導入。

宮城県工業高等学校

今年度、創立110周年に合わせ新制服を導入。男子は伝統を受け継いだデザインに驚きの軽さを備え機能性アップ。女子は深みのあるソフトブラックジャケットに、校章をイメージした華やかな印象のリボン。ネクタイ、スラックススタイルも選択可。夏服はセーラー襟ブラウスも選択可。

School U

制服

仙台市立仙台工業高等学校

通常は私服が認められているが、入学式、卒業式などの式典の際には全生徒が制服を着用する。男子は黒の標準型学生服、女子は濃紺のブレザーにスカートもしくはスラックス。スカート、スラックスともに購入可能。赤のネクタイを結ぶ。

宮城県宮城広瀬高等学校

2016年4月に生徒や教職員の意見を取り入れ、制服のリニューアルを行った。着用のしやすさや素材等も見直し、生徒の間でも好評である。落ち着いた色調の紺のブレザー、チェックのスカート・スラックスが特徴である。
※女子スラックス導入あり

宮城県泉高等学校

学校創立以来、マイナーチェンジを経ながら続いてきた伝統のブレザー制服。「泉高ブルー」と呼ばれる濃紺カラーとベーシックなスタイルが生徒の爽やかさを引き立てる。2022年度より女子のスラックスを導入。

宮城県泉松陵高等学校

2021年度より制服を一新した。前制服のグレーと校木である松のグリーンを取り入れることで、コーディネート全体を調和させつつ、伝統の継承も表現している。
※女子スラックス導入あり

宮城県泉館山高等学校

2006年4月、女子用スラックス（希望者）を導入した。ネクタイ、リボンの色は正式にはブルーだが、儀式以外ではエンジを着用してもよい。

仙台市立仙台商業高等学校

紺を基調に、時代に左右されないオーソドックスなデザインを採用。学年によりネクタイのストライプの色が異なるのがポイント。
※女子スラックス導入あり

m Guide

図鑑

宮城県塩釜高等学校

2020年度入学生からリニューアル。伝統校のイメージを踏襲しつつ、男女の統一感と機能性の向上を図る。オリジナルチェック柄は、塩の結晶体をイメージしたブルーと塩竈桜をイメージしたピンクが用いられている。
※女子スラックス導入あり

宮城県多賀城高等学校

教育目標である「知性の伸長（さとく）、人格の尊重（ゆたかに）、心身の健康（たくましく）」を踏まえ、高校生らしいはつらつとした雰囲気の中にも落ち着きと品位を感じさせるものとした。
※女子スラックス導入あり

宮城県松島高等学校

2014年、観光科新設に伴いリニューアル。これまでのブレザー型から紺のスーツ型に変更し、スタイリッシュなデザインとなった。
※女子スラックス導入あり

宮城県利府高等学校

変わらぬ伝統・品格を求め、卒業してからも使用できるものというコンセプトを基に、流行を追わないスタンダード（正統派のトラディショナル）なスタイル。2015年度入学生より、ブレザー等のラインを多少絞ったデザインに変更している。

宮城県黒川高等学校

男女とも薄いブルーのシャツと濃いグレーのジャケット。男子のスラックスはジャケットと同色でストライプ。女子のスカートはグレーのタータンチェック。都会的で落ち着いたイメージのコーディネート。
※女子スラックス導入あり

宮城県富谷高等学校

2008年にリニューアルされた。機能性・経済性に優れており、流行に左右されない誰にでも似合うデザインとなっている。
※女子スラックス導入あり

宮城県古川黎明高等学校

黎明ブルーを基調とした青いシャツと、黒のブレザー、チェックのスラックス・スカートで、白梅賦にある清楚な装いを表現している。
※女子スラックス導入あり

宮城県岩出山高等学校

2012年に導入した新しいデザインの制服で、生徒や中学生を中心に投票によって決定した、多くの人の支持を受けている制服。スクールカラーのグリーンを各所に取り入れ、落ち着いた色使いでありながら、現代的なデザインに仕上がっており、新入生にも好評を得ている。
※女子スラックス導入あり

宮城県中新田高等学校

「清楚（せいそ）・端正・清潔」をコンセプトとしたデザイン。2022年度から女子用スラックスを導入。

宮城県松山高等学校

グリーンを基調とし、落ち着きとカジュアルさを備えている。2020年に女子用スラックスを導入。

School U
制服

宮城県加美農業高等学校

男子はストライプのボタンダウンのシャツに濃紺の上下、女子は白のシャツに濃紺のブレザー。紺と白のタータンチェックのスカートがポイント。また、女子用スラックスも選択できる。

宮城県古川工業高等学校

男子は伝統ある学生服、女子は男女共学となった1990年度に制定されたブレザーとグリーンのタータンチェックのスカート。グリーンのリボンとブレザーのエンブレムがポイント。
※女子スラックス導入あり

宮城県鹿島台商業高等学校

清潔感のあるネイビーのスーツとスカイブルーのボタンダウンタイプのシャツで、爽やかな印象を与える。
※女子スラックス導入あり

宮城県涌谷高等学校

二つボタンのブレザータイプで、ワイシャツ・ブラウスはグレーのギンガムチェック。改定時に生徒の意見を取り入れて完成した。高校生らしい爽やかさと品のあるデザインとなっている。
※女子スラックス導入あり

宮城県小牛田農林高等学校

モスグリーンを基調とした落ち着きのある制服。男子のネクタイと女子のリボンは2種類のデザインが用意されている。
※女子スラックス導入あり

宮城県南郷高等学校

テーマは「凛々しく、さわやかに」。
男子はクールなブラックの上下。女子はブルーのタータンチェックのスカートでかわいらしさを演出。2016年度にマイナーチェンジで生地を新調。女子のリボンは、よりかわいらしく。

m Guide

図鑑 〉

宮城県佐沼高等学校

昔ながらの学生服で、男子は黒の詰め襟服、女子は紺色制服を着用することが義務付けられており、創立時から100年以上の歴史を持つ。
※女子スラックス導入あり

宮城県登米高等学校

「登米高生としての自信と誇りが持てる制服」をコンセプトに、歴史と伝統のある登米の町並みになじむオリジナル詰め襟とブレザー。2022年4月より、女子用スラックスも導入された。

宮城県登米総合産業高等学校

落ち着いたカラーと洗練されたデザイン性が、上品さと爽やかさを演出。細部まで工夫を凝らしたブレザー、スラックス、スカートが機能性をカバー。優れたデザインと機能性で、生徒の快適な高校生活をサポートする。
※女子スラックス導入あり

宮城県築館高等学校

落ち着いた色合いと細やかな織りの上品さが特徴のブレザータイプ。スラックス型・スカート型があり、自由に選択できる。夏服着用期間はネクタイ・リボンを外してもよく、すっきりと着こなせるデザイン。

宮城県岩ヶ崎高等学校

2013年から岩高ブランドである女子の制服を半世紀ぶりに見直し、伝統は引き継ぎながら、生地にははっ水防臭・抗菌・ウオッシャブル効果をいれ、シルエットにやや工夫したマイナーチェンジとした。男子は標準型学生服。22年度から防寒対策などを考慮し、女子用スラックスを導入した。

宮城県迫桜高等学校

2001年開校時より制服を制定。男子はストライプのネクタイ、女子はタータンチェックのスカートと水色のリボンがさわやかな印象。20年度から防寒対策などを考慮し、女子用スラックスを導入。スラックス着用時はネクタイ可。

宮城県一迫商業高等学校

本校の制服は、紺のブレザーにチェック柄のスラックスとスカート。夏服はワイシャツとポロシャツを自分で選んで着用できる。
※女子スラックス導入あり

宮城県石巻好文館高等学校

2021年8月より新校舎スタート。新たな石巻好文館を発信する象徴として、男女とも制服をリニューアル。男女ともこれまでのスタイルを継承したデザイン。夏は白のポロシャツも着用可。胸にはKoubunkanのロゴが刺しゅうされている。
※女子スラックス導入あり

宮城県石巻西高等学校

オーソドックスな紺のブレザータイプ。男女とも赤いネクタイが特徴。
※女子スラックス導入あり

School U

制服

宮城県石巻北高等学校

校名変更・学科改編を機に2008年に制服をリニューアル。今年度より女子のスラックスとネクタイの着用が可能となり、選択の幅が広がった。水色のワイシャツに、紺地に水色ストライプのネクタイと紺地にピンクのストライプのリボンが映える。男女とも三つボタンのブレザーで落ち着いた爽やかな印象。

宮城県水産高等学校

2018年4月より新校舎でスタート。新たな宮水を発信する象徴として、制服を一新。宮城県水産高校らしい詰め襟とセーラースタイルで、伝統的かつ清楚で凛としたデザイン。胸に輝く金ボタンが印象的だ。
※女子スラックス導入あり（男子と同じ）

宮城県石巻工業高等学校

本校の制服は、落ち着いていてスタイリッシュなデザイン。ブレザーは濃紺で、ワイシャツは青と白の格子状になっている。女子生徒はリボンかネクタイ、スカートかスラックスの選択が可能。とても過ごしやすい制服となっており、在校生に好評である。

宮城県石巻商業高等学校

2021年に創立110周年を迎え、制服のデザインを一新した。22年度4月から制服が新しくなる。男子はブレザーでボタンダウンシャツ、女子はセーラージャケットとなる。スラックスとスカートのさりげないブルーラインチェック柄がポイント。

石巻市立桜坂高等学校

開校時に制定された制服は、セーラースタイルで、コンセプトはエレガント。セーラーのかわいらしさと、ブレザーの機能面を融合して現代風にアレンジし、女子高生らしい華やかさの中にも落ち着きと品性がある。
※女子スラックス導入あり

宮城県気仙沼高等学校

2005年の統合に伴い、スーツタイプの男子の制服を制定。女子は長年地元で支持されてきた旧鼎が浦高校のデザイン。
※女子はスラックス購入可

m Guide

図鑑 ＞

宮城県南三陸高等学校

2023年度入学生より制服のマイナーチェンジが行われた。デザインは紺色のブレザーに、スクールカラーでもあるブルーをシャツとネクタイに取り入れ、二つボタンを採用した。夏服は男女ともワイシャツとポロシャツを選んで着用できる。また、女子はスカートとスラックスを選んで着用できる。

宮城県本吉響高等学校

2015年度入学生より制服を一新した。コンセプトは、「品位と落ち着き、そして若々しさ」。男女ともに細身でフレッシュな印象を与えるスーツタイプで、襟元のステッチやワイシャツの模様など細部までこだわりのデザイン。女子はスラックス購入可。

宮城県気仙沼向洋高等学校

紺ブレザーに、壮大な太平洋を連想させるパシフィックブルーを爽やかに合わせたトラディショナルスタイル。華やかさと凛々しさを両立させながら、飽きることのない定着イメージを創る。
※女子スラックス導入あり

宮城県石巻北高等学校飯野川校

2010年にリニューアル。男女共に濃紺のブレザーに男子はスラックス、女子は濃グレーのチェックプリーツスカート。
※女子スラックス導入あり

18

2024年度版

宮城県高校受験総合ガイド

目次

わが子、自分に合った志望校をどう探す？

最新データからひもとく 宮城県の 高校受験最前線

大学入試改革や少子高齢化、価値観の多様化といった社会の変化に伴い、宮城県の高校教育事情も変化しています。受験生の保護者や兄・姉世代が受験したときとは入試制度や校名が異なり、統廃合や再編、新たな学校づくりが進んで、校名が同じ高校でも男女共学になったり、学科・コース、教育内容が変わったりしています。大きく変化する受験環境下にあって家族で志望校を話し合うために必要な情報を紹介するとともに、受験のプロに注意すべきポイントを聞きました。

取材協力／宮城県教育庁高校教育課、宮城県私立中学高等学校連合会
進学プラザグループ、仙台練成会

凡例：

📖 普通科　🔍 総合学科　🌱 農業に関する学科　🔧 工業に関する学科

🏬 商業に関する学科　🐟 水産に関する学科　🎛 家政科　🩺 看護科

🧑 福祉科　⚗ 理数科　🏃 体育に関する学科　🎨 美術に関する学科

🔤 英語科　✏ その他の学科（災害科学科、探究科、食文化創志科、音楽科など）

赤字…1990年代からの校名変更や統合、再編状況

宮城県の高校と高専

どんな学校・学科・コースがあるのか知って各学校・制服ページをチェック！

P44
伊 具
 総合学科

☑ 制服あり…P11

P46
名 取
📖 普通科　🍳 家政科

☑ 制服あり…P11

P47
名取北
📖 普通科

☑ 制服あり…P11

P48
亘 理
2024年度 NEW!

📖 普通科　🌱 食品科学科

🍳 家政科

☑ 制服あり…P11

P49
宮城農
🌱 農業科・園芸科、農業機械科
食品化学科、生活科

☑ 制服あり…P11

P50
仙台一
📖 普通科

☑ 制服なし

P51
仙台二華
2010年度宮城二女から改称し
併設型中高一貫教育校に

📖 普通科

☑ 制服あり…P11

P52
仙台三桜
2010年度宮城三女から改称

📖 普通科

☑ 制服あり…P12

P53
仙台向山
📖 普通科　🔺 理数科

☑ 制服なし

P54
仙台南
📖 普通科

☑ 制服あり…P12

P55
仙台西
📖 普通科

☑ 制服あり…P12

P56
仙台東
📖 普通科　🔤 英語科

☑ 制服あり…P12

P57
宮城工
🔧 機械科、電子機械科、電気科、情報技術科
化学工業科、インテリア科

☑ 制服あり…P12

P58
仙台工
🔧 建築科、機械科、電気科、土木科

☑ 制服あり…P12

P59
仙台二
📖 普通科

☑ 制服なし

P60
仙台三
📖 普通科　🔺 理数科

☑ 制服なし

P61
宮城一
2008年に宮城一女から改称

📖 普通科　✏️ 国際探究科、理数探究科

☑ 制服なし

P62
宮城広瀬
📖 普通科

☑ 制服あり…P12

P63
泉
📖 普通科　🔤 英語科

☑ 制服あり…P12

P64
泉松陵
📖 普通科

☑ 制服あり…P13

P65
泉館山
📖 普通科

☑ 制服あり…P13

P66
宮城野
📖 普通科　🎨 美術科

☑ 制服なし

P67
仙 台
📖 普通科

☑ 制服なし

P68
仙台商
2009年度旧仙台商と旧仙台女商が統合

🏢 商業科

☑ 制服あり…P13

P69
塩 釜
2010年度旧塩釜と旧塩釜女が統合

📖 普通科　💻 ビジネス科

☑ 制服あり…P13

P70
多賀城
📖 普通科　✏️ 災害科学科

☑ 制服あり…P13

P71
松 島
📖 普通科　🏞 観光科

☑ 制服あり…P13

利府
P72
- 📖 普通科
- 🏃 スポーツ科学科
- ☑ 制服あり…P13

黒川
P73
- 📖 普通科
- 🔧 機械科、電子工学科 環境技術科
- ☑ 制服あり…P13

富谷
P74
- 📖 普通科
- ☑ 制服あり…P14

古川
P78
- 📖 普通科
- ☑ 制服なし

古川黎明
P79
2005年度古川女から改称し 併設型中高一貫教育校に
- 📖 普通科
- ☑ 制服あり…P14

岩出山
P80
- 📖 普通科
- ☑ 制服あり…P14

中新田
P81
- 📖 普通科
- ☑ 制服あり…P14

松山
P82
- 📖 普通科
- 🍳 家政科
- ☑ 制服あり…P14

加美農
P83
- 🌱 農業科、農業機械科、生活技術科
- ☑ 制服あり…P14

古川工
P84
- 🔧 土木情報科、建築科、電気電子科 機械科、化学技術科
- ☑ 制服あり…P14

鹿島台商
P85
- 💻 商業科
- ☑ 制服あり…P14

涌谷
P86
- 📖 普通科
- ☑ 制服あり…P14

小牛田農林
P87
- 🌱 農業技術科・農業科学コース 農業技術科・農業土木コース
- 🔍 総合学科
- ☑ 制服あり…P15

南郷
P88
- 📖 普通科
- 🌱 産業技術科
- ☑ 制服あり…P15

佐沼
P89
- 📖 普通科
- ☑ 制服あり…P15

登米
P90
- 📖 普通科
- ☑ 制服あり…P15

登米総合産業
P91
2015年度上沼、米山、米谷工、登米商業科が統合
- 🌱 農業科
- 🔧 機械科、電気科、情報技術科
- 💻 商業科
- 👤 福祉科
- ☑ 制服あり…P15

築館
P92
2005年度旧築館と旧築館女が統合
- 📖 普通科
- ☑ 制服あり…P15

岩ヶ崎
P93
- 📖 普通科・文系教養コース 普通科・理系教養コース
- ☑ 制服あり…P16

迫桜
P94
2001年度栗原農と若柳が統合
- 🔍 総合学科
- ☑ 制服あり…P16

一迫商
P95
- 💻 流通経済科、情報処理科
- ☑ 制服あり…P16

石巻
P98
- 📖 普通科
- ☑ 制服なし

石巻好文館
P99
2006年度石巻女から改称
- 📖 普通科
- ☑ 制服あり…P16

石巻西
P100
- 📖 普通科
- ☑ 制服あり…P16

石巻北
P101
2010年度河南から改称
- 🔍 総合学科
- ☑ 制服あり…P16

宮城水産
P102
- 🐟 海洋総合科
- ☑ 制服あり…P16

石巻工
P103
- 🔧 機械科、電気情報科、化学技術科 土木システム科、建築科
- ☑ 制服あり…P16

全日制課程／定時制課程／通信制課程

　小中学校などと同様、午前8時半ごろから授業が行われるのが「全日制課程」。働きながら高校に通う生徒のために設置された「定時制課程」は夕方や夜間に4時間程度の授業が行われ、4年間での卒業を目指します。近年は昼間部と夜間部を相互に乗り入れさせるなどして1日4時間以上の授業を行い、3年間で卒業できる高校もあります。「通信制課程」は"自学自習"を基本として、決められた回数だけ学校に通う「スクーリング」とレポートの添削指導などを通して単位を修得します。県内では2012年に公立唯一の通信制高校として美田園が開校しました。

P104
石巻商
- 総合ビジネス科
- ☑ 制服あり…P17

P105
石巻桜坂
2015年度石巻市立石巻女、同市立女商が統合し改称
- 普通科・学励探求コース
- 普通科・キャリア探求コース
- ☑ 制服あり…P17

P106
気仙沼
2005年度鼎が浦と統合、18年度気仙沼西と統合
- 普通科
- ☑ 制服あり…P17

P107
南三陸
2023年度志津川から改称
- 普通科
- 情報ビジネス科
- ☑ 制服あり…P17

P108
本吉響
1999年度津谷から改称
- 総合学科
- ☑ 制服あり…P17

P109
気仙沼向洋
1994年度気仙沼水産から改称
- 情報海洋科、産業経済科、機械技術科
- ☑ 制服あり…P17

国立／高専

P112
仙台高専
2009年度宮城高専と仙台電波高専が統合し改称
- 総合工学科I類 情報システムコース、情報通信コース
知能エレクトロニクスコース、Ⅱ類 ロボティクスコース
マテリアル環境コース、機械・エネルギーコース
Ⅲ類 建築デザインコース、応用科学コース
- ☑ 制服なし

県立・市立／定時制課程

P114
白石七ケ宿（定）
- 普通科／昼
- ☑ 制服なし

P121
宮城二工（定）
- 電子機械科／夜、電気科／夜
- ☑ 制服なし

P115
名取（定）
- 普通科／夜
- ☑ 制服なし

P122
貞山（定）
- 普通科／昼、普通科／夜
- ☑ 制服なし

P117
古川工（定）
- 機械科／夜、電気科／夜
- ☑ 制服なし

P123
田尻さくら（定）
2008年度開校
- 普通科／Ⅰ部（午前）
- 普通科／Ⅱ部（午後夕間）
- ☑ 制服なし

P118
佐沼（定）
- 普通科／夜
- ☑ 制服なし

P124
東松島（定）
2005年度開校
- 普通科／Ⅰ部（午前）、普通科／Ⅱ部（午後）
普通科／Ⅲ部（夜間）
- ☑ 制服なし

P119
石巻北飯野川（定）
飯野川閉校に伴い2010年度飯野川十三浜分校から改称
- 普通科／昼
- ☑ 制服なし

P120
気仙沼（定）
2005年度旧鼎が浦と旧気仙沼が統合し改称
- 普通科／夜
- ☑ 制服なし

P125
仙台大志（定）
2009年度開校
- 普通科／Ⅰ部（午前午後）
普通科／Ⅱ部（午後夜間）
- ☑ 制服なし

P116
仙台工（定）
2010年度独立夜間定時制旧仙台二工が旧仙台工に併合されて開校
2024年度 NEW!
- 建築土木科／夜、機械システム科／夜
- ☑ 制服なし

県立・通信制課程

P126
美田園
2012年度仙台一通信制課程が独立し開校
- 普通科
- ☑ 制服なし

02
学年制／単位制
　宮城県内の高校の多くが、1年ごとに決められた単位を修得し、条件を満たせば次の学年に進級できる「学年制」。これに対し「単位制」は学年による教育課程の区分が設けられず、学習計画や興味、関心に合わせ生徒自身が科目を選び、高校3年間で決められた単位を修得します。かつて単位制は定時制・通信制課程に限定されていましたが、1993年度から全日制課程でも導入されるようになり、県内でも村田高、宮城野高、小牛田農林高、利府高、伊具高、本吉響高、迫桜高、宮城一高、仙台二華高、石巻高、石巻北高、白石高、角田高といった一部の学校や学科・コースで採用されています。

03
中高一貫教育校
　宮城県内には「①中等教育学校」「②併設型」「③連携型」の3種類のスタイルの中高一貫教育校で中学・高校6年間をかけた計画的・継続的な学習が行われていて、②併設型③連携型の場合は高校からの追加入学が認められています。公立校は南三陸高の他、2005年に併設型中高一貫教育校となった古川黎明中・高、09年に開校した仙台青陵中等教育学校、10年に開校した仙台二華中・高の4校。私立校では尚絅学院高、聖ウルスラ英智高、仙台白百合学園高、東北学院高、古川学園高、宮城学院高の他、秀光中と仙台育英学園高でも中高一貫教育が行われています。南三陸高は23年度より校名を志津川高から変更し全国募集を行い、再スタートを切りました。

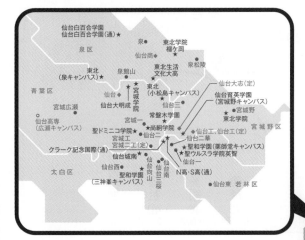

2010年度から宮城県の公立高校は全県一学区制が導入され全日制課程普通科を含む全ての学科・コースで通学区域が撤廃され、受験生がそれぞれの進路希望や学ぶ意欲に基づき、主体的に学校を選択できるようになっています。

P149
西山学院
1991年度開校
📖 普通科（普通コース、陶芸コース、音楽コース）
☑ 制服なし

P150
日本ウェルネス宮城
2020年度開校
📖 普通科（総合コース、スポーツコース）
☑ 制服あり…P9

P151
古川学園
2003年度古川商業から改称
📖 普通科（進学コース、創志コース、総合コース）
💻 情報ビジネス科
☑ 制服あり…P9

P152
宮城学院
📖 普通科（総合進学コース、グローバルコミュニケーションコース、特別進学コース）
☑ 制服あり…P9

私立／広域・通信制課程
※宮城県高校受験総合ガイド掲載校

P156
N高・S高
2016年度開校（2019年度仙台キャンパス開校）
📖 普通科、普通科ベーシック
☑ 制服あり…P7

P158
クラーク記念国際
1992年度開校（2000年度仙台分室開設）
📖 普通科
☑ 制服あり…P7

P160
仙台白百合学園（通）
2014年度設立
📖 普通科（エンカレッジコース）
☑ 制服あり…P7

P132
仙台育英学園
1998年度設立
📖 普通科
☑ 制服あり…P6

04
男女共学校／女子校
県立校では2010年までに共学化が完了。県内唯一の男子校だった私立校・東北学院高が22年度に、23年度から24年度にかけて聖ドミニコ学院高の特別進学コースと総合進学コース、未来探究進学コースが共学化し、現在、宮城県内で男女別学なのは仙台育英学園高外国語コース、常盤木学園高普通科、仙台白百合学園高、宮城学院高の私立校と、桜坂高の石巻市立校のいずれも女子のみの学校、学科・コースとなっています。

05
私立高校 授業料実質無償化
「高等学校等就学支援金」の制度改正により、2020年度から私立高校などに通う生徒への加算額の上限が引き上げられ、年収目安※が約590万円未満の世帯の授業料が実質無償化されました。施設設備、部活動などの諸経費は従来通りですが、保護者の経済的負担が一部軽減され、受験生の選択の幅が広がりました。また、21年度からはさらに宮城県独自の施策で590万円以上620万円未満世帯の上限額が上がりました。
※両親・高校生・中学生の4人家族で、両親の一方が働いている場合の目安

全日制 定員▶ **1万3760人**（前年度−120人）

学科別定員※出願倍率

（グラフ）
- 工業 1480 ※0.96倍
- 商業 1120 ※0.87倍
- 農業 640 ※0.83倍
- 水産 240 ※0.55倍
- 体育 120 ※0.85倍
- 家庭 120 ※0.73倍
- 理数 120 ※1.54倍
- 英語 80 ※1.11倍
- 探究 80 ※1.31倍
- 看護 40 ※1.20倍
- 美術 40 ※1.60倍
- 福祉 40 ※0.93倍
- 災害科学 40 ※0.95倍

（人）

内訳

（円グラフ）
- 総合 840人 ※0.64倍
- 専門 4160人
- 普通 8760人 ※1.11倍

第一次募集

合格者数	出願者数	出願倍率
1万1984人	1万4095人	1.02倍
（前年度−32人）	（前年度+90人）	（前年度1.01倍）

第二次募集

募集人数／**1779人**（前年度−101人）

合格者数／**159人**（前年度+37人）　　出願者数／**165人**（前年度+31人）

定時制 定員▶ **960人**（前年度±0人）

第一次募集

合格者数	出願者数	出願倍率
332人	352人	0.36倍
（前年度+34人）	（前年度+27人）	（前年度0.33倍）

第二次募集

募集人数／**628人**（前年度−35人）

合格者数／**27人**（前年度−1人）　　出願者数／**30人**（前年度−4人）

数字で振り返る
**2023年度
公立高
入試状況**

出願倍率の高かった全日制高校

（出願希望調査の志願倍率）

教科別得点・総点の平均

※単位:点(満点各教科とも100点)

全日制

項目/教科等	国語	数学	社会	英語	理科	総点
平　均 (前年度との差)	70.9 (+12.9)	45.6 (−12.6)	68.0 (+10.7)	57.1 (+2.4)	58.8 (−0.1)	300.4 (+13.4)
最　高	99	100	100	100	100	490
最　低	2	0	3	0	0	33

定時制

項目/教科等	国語	数学	社会	英語	理科	総点
平　均 (前年度との差)	40.3 (+9.2)	11.0 (−4.0)	28.6 (+4.4)	18.2 (+2)	26.9 (+2.7)	125.1 (+14.3)
最　高	94	63	76	73	71	334
最　低	4	0	0	0	6	39

実施公立校・学科
（コース・部を含む）

全日制課程
県立**64**校　市立**4**校
計**68**校　**130**学科

定時制課程
県立**10**校　市立**2**校
計**12**校　**20**学科

※全日制課程と定時制課程を併置して
いる高校7校はそれぞれ1校、分校は
1校と数える

中学校卒業予定者数
1万**9988**人(前年度＋223人)

※2023年度は22年5月1日現在、
22年度は21年5月1日現在

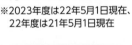

	宮城工業 情報技術科	**2.13**倍(1.75倍)
1		
2	仙台向山 理数科	**1.93**倍(1.03倍)
3	泉 普通科	**1.84**倍(1.86倍)
4	宮城野 美術科	**1.60**倍(1.80倍)
5	仙台一 普通科	**1.55**倍(1.89倍)
6	仙台南 普通科	**1.48**倍(2.06倍)

地区別出願倍率

全日制課程

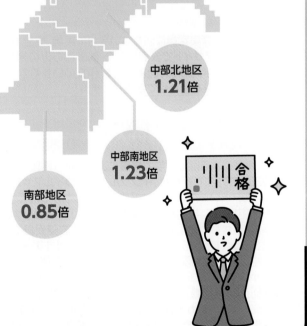

東部地区
0.79倍

北部地区
0.76倍

中部北地区
1.21倍

中部南地区
1.23倍

南部地区
0.85倍

合格

宮城県高校・高専入試の流れ&

出願希望調査

希望する高校の学科・コースごとに第1希望の生徒数を調査し、その結果を公表します。出願できる高校は中学3年生1人当たり1校で、課程、学科・コースも一つに限ります。出願希望調査の高校から実際に出願する高校を変更することも可能です。20年度入試からはトランスジェンダーなどの生徒に対する配慮として男女別の集計結果の公表がなくなり、21年度入試からは入学願書の性別の記入欄も削除されました。

第一次募集

出願

出願できる高校は1人1校、課程および学科・コースも一つです。複数の学科・コースを併置し「第2志望」を認めている高校の出願者は他の学科・コースを第2志望として出願できます。

本試験

学校・学科・コースの特色に応じ、全ての公立高校が実施します。原則として「調査書」「学力検査(国語、社会、数学、理科、英語)の結果」、必要に応じて「面接」「作文」による選抜、また体育、美術に関する学科の場合のみ「実技」が行われ、これらの検査結果に基づいて「共通選抜」「特色選抜」の2通りの方法で選抜します。

追試験

やむを得ない事由で本試験を受験できなかった受験生を対象に実施します。

第二次募集

合格者が募集定員に満たない場合に実施。実施校は県高校教育課ウェブサイトで公表します。調査書のみの審査、あるいは調査書に学力検査、面接、実技、作文のいずれか一つ、または複数の結果を合わせて審査します。

★国立仙台高専の入試

「推薦による選抜」「学力検査による選抜」「帰国生特別選抜」の三つの方法で行われ、インフルエンザウイルスや新型コロナウイルスといった感染症などで受験できなかった場合、追試験も実施します。学力検査による選抜には「一般の学力検査による選抜(専願)」と「東北地区高専複数校志望受験制度による選抜(複数校受験)」があり、専願は仙台高専を第一志望校とし合格した場合は必ず同校に入学する条件。志望する類を第1志望から第3志望まで選択することが可能です。また複数校受験は仙台高専(3類)、八戸高専(4コース)、一関高専(1学科)、秋田高専(1学科)から最大第9志望まで出願できます。いずれの入学者選抜試験でもWEB出願方式が導入されています。

公立高校・高専

2024年1月

- **公立高校出願希望調査**
  1月10日(水)～12日(金)予定

- ☆ **高専推薦選抜**
  15日(月)

- ☆ **高専合格発表**
  24日(水)

2月

- ☆ **高専学力選抜**
  2月11日(日)

- **公立高校第一次募集出願**
  13日(火)～16日(金)予定

- ☆ **高専合格発表**
  26日(月)予定

3月

- **公立高校第一次募集本試験**
  3月5日(火)

- **公立高校追試験**
  8日(金)

  第一次募集合格発表
  14日(木)

- **公立高校第二次募集出願**
  15日(金)～19日(火)予定

- **公立高校第二次募集検査**
  21日(木)予定

  第二次募集合格発表
  21日(木)・22日(金)

2024年スケジュール

※スケジュールは変更になる場合があります。最新情報はWEBサイトで確認を

県高校教育課 県私立中学高等学校連合会

私立高校

2024年1月

**推薦入試および
特待生・奨学生選考
1月10日(水)**

一般入試A日程
30日(火)

2月

一般入試B日程
2月1日(木)

**一般入試合格発表
2日(金)以降**

3月

● **二次入試**
※実施の有無は各学校に要問い合わせ

二次入試

　各学校がそれぞれ独自の日程・内容で行います。公立・私立を問わず入学手続きを完了していない生徒が受験できます。

WEB出願

　高専や一部の私立高校で導入されているのが、パソコンやスマートフォン、タブレットなどインターネット上で書類を入力し、提出できる「ウェブ出願」。願書請求や、郵送したり直接学校に足を運んだりする手間がかからない、支払いが簡便化されているなどのメリットがあります。

推薦入試および特待生・奨学生選考

　推薦は私立高校を第一志望とする受験生のための入試です。筆記試験を行わず、調査書や面接などにより総合的に合否を判定します。「学校長推薦」「自己推薦」などさまざまな制度があり、私立高校の中で第一志望とすれば公立高校も受験できる「公立併願」制度がある高校もあります。学業・部活動などの成績優秀者に対し、各学校が独自に授業料免除、就学援助等を行う「特待生・奨学生選考」では学力試験を行う高校もあります。

一般入試A日程・B日程

　組み合わせることで少なくとも二つの高校を志願できる入試制度です。両日程で同一の高校を受験することも可能です。

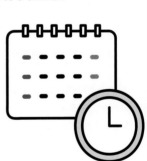

●A日程・B日程とも入試を行う私立校
大崎中央
尚絅学院
聖ウルスラ学院英智
聖ドミニコ学院
聖和学園
仙台育英学園
仙台城南
仙台白百合学園
仙台大明成
東北
東北学院
東北学院榴ケ岡
東北生活文化大高
常盤木学園
西山学院
日本ウェルネス宮城
宮城学院

●A日程のみ入試を行う私立校
東陵

●別日程の私立校
古川学園(1月20日(土))

※私立高校は制度や出願・選抜方法が各学校で異なります。出願スケジュールなど詳細は各学校に確認を

2024年度高校入試はどうなる？

志望動向＆難易度変動予測

受験のプロはこう見る

プロの分析＆アドバイス
進学プラザグループ
教育本部　阿部智則さん

共通問題でも学校ごとに「正解」に違い？
記述問題は「減点されない解答」が必要

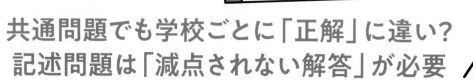

2024年度 宮城県高校難易度表
68 仙台二（普通）
67
66
65 仙台一（普通）
64 東北学院（特別進学）、聖ウルスラ学院英智（特別志学Type1）
63 仙台三（普通、理数）、宮城一（理数探究、国際探究）
62 宮城一（普通）
61
60 仙台二華（普通）、東北学院（TG総進）
59 泉館山（普通）、仙台向山（普通、理数）、尚絅学院（特別進学）
58 宮城野（普通）、仙台高専（I類）、仙台南（普通）、仙台高専（II類、III類）、聖ウルスラ学院英智（特別志学Type2）
57
56 泉（普通）
55 宮城野（美術）、仙台育英（特別進学）
54
53 古川（普通）、白石（普通・看護）、仙台三桜（普通）、宮城学院（MG特別進学）、仙台白百合（普通）
52 泉（英語）、多賀城（普通）、仙台東（普通）、東北（創進）、東北学院榴ケ岡（特別進学）
51 常盤木学園（普通スーパー両立）
50
49 富谷（普通）、名取北（普通）、聖ドミニコ学院（特別進学）
48 多賀城（災害科学）、仙台東（英語）、尚絅学院（文理進学）、宮城学院（MG総合進学、グローバルコミュニケーション）、東北学院榴ケ岡（総合進学）
47 仙台（普通）、仙台商（商業）、聖和学園（特進アドバンス、アスリート、バイオニア）、仙台城南（普通）、常盤木学園（普通国際教養）
46 利府（普通、スポーツ科学）、聖ウルスラ学院英智（尚志）、仙台育英（外国語）
45 仙台西（普通）、東北学院榴ケ岡（TG選抜）
44 泉松陵（普通）、宮城工（機械、化学工業、電子機械、電気、情報技術、インテリア）、仙台工（建築、機械、電気、土木）、常盤木学園（普通リバティ、普通ビジネス）
43 仙台育英（情報科学）、東北（文理）
42 塩釜（普通）、仙台城南（科学技術）、常盤木学園（音楽）
41 塩釜（ビジネス）、名取（普通）、尚絅学院（総合進学）
40 宮城広瀬（普通）、名取（家政）、聖和学園（リベラルアーツ）、仙台育英（英進）、東北（文教）

※2023年度模試・入試データに基づいて作成（進学プラザグループの拠点のあるエリアの学校のみ掲載）

「A・B両日程出願で不合格」の衝撃
東北学院の合否が公立入試にも影響

2023年度の公立校入試は概ね予想通りでした。注目しているのが、私立校の東北学院の厳しい選考。近年、宮城県ではスライド合格の制度もあり「私立校は受験すれば、ほぼ全員合格」という状況が続いていましたが、23年度の東北学院入試では不合格者が続出。東北学院が不合格だった受験生が安全圏の公立高校に変更したケースもありました。例えば希望調査より出願倍率が下がった泉、仙台南の倍率変化にも東北学院の合否の結果が影響した可能性があります。

従来、私立校入試はA・B日程それぞれで別の高校を受けることが可能ですが「私立第一志望」として受験申込をすることで入試得点に加点を与える制度が一部の高校であるため、受験校を1校に絞り両日受験するという選択が増えています。23年度の東北学院では、これを求めて両方受けて不合格となるケースがあったため、これまで以上に受験校の組み合わせや合格判定などを正確に読んでいく必要があります。来年度以降、東北学院入試の結果を現時点の自分の実力の目安にして、合否次第で公立の受験校を決定するという選択肢も、増えていくかもしれません。一方で東北学院を第1志望にする受験生ももちろん多く、来年度、東北学院の合格者の枠がどのように変化するかは気になるところです。

受験生の動向には、前年度や出願希望調査の結果が大きく影響します。人気校であっても、前年度倍率が高過ぎた学校や学科・コースは避けられ逆に前年度少ないからといって受験すると、他の受験生も同じように選ぶので、倍率は一気に跳ね上がってしまう。上昇下降は毎年繰り返されるので「今年低いところは、来年は上がる」と考えた方がいいでしょう。

中1からの調査書点対策が必須
苦手教科をなくし、数学を強化

公立校入試でここ数年、合否を左右する鍵として定着しているのが「調査書点」です。背景に平均点が高く学力検査で点差がつかないため、調査書点で不利な受験生が入試本番で逆転するのは構造的に難しい。中1から確実に調査書点を積み重ねる必要があります。

公立高校の学力検査は、どの科目も学校で習う内容をしっかり身につければ十分得点できる難易度。特に23年度入試でも平均点の下がった数学は唯一差のつく可能性がある教科のため、確実な得点が求められます。

数学の学力検査は近年難易度が下がっていましたが、23年度に例年通りのレベルに戻りました。平均点は下がりましたが正答率が0%になるような難問はなく、きちんと学習している受験生は解ける内容です。学校の授業をしっかり受け、毎日継続的に勉強時間を確保することが対策の第一歩。

加えて「減点されない解答を作る訓練」が必要です。23年度入試の国語・社会の学力検査では「仙台三の合格者の平均が仙台一と比べ高い」という結果が出ました※が、これは恐らく学力そのものではなく採点基準の違い。仙台三より仙台一が厳格に細かく点を引いた結果、平均点に差が出たと見ています。公立校の学力検査の問題はどの学校も共通ですが、求められる解答の基準は実は学校によって違う。宮城県だけでなく他県の過去問にも挑戦し、記述問題は学校や塾の先生などにも指導を受けながら勉強すると良いと思います。

新学習指導要領の変更にも留意してください。新学習指導要領で単語の増えた新しい教科書で3年間勉強した今の中3生が受験する24年度入試は、特に英語が要注意。長文の単語数が増えたり、複雑な文法の出題があったりと難度が上がる可能性も視野に入れ、時間をかけて対策してください。

※進学プラザグループ塾生調べ

過去のイメージにとらわれず、
最新情報を収集して比較を

志望校選びでは、私立・公立関係なく興味のある学校の情報を広く集めることが大切です。

同じ公立校でも、学校ごとに特色や学べる内容は違う。WEBサイトやパンフレットを見るだけでは、分からないこともあります。例えば「ICTの活用」は多くの学校がうたっていますが、実際の活用レベルは学校ごとに差があります。今は大学入試のスタイルも多様化し、普段の学校の勉強や活動を頑張って評定を取っていく前提で「自分が主体的に参加したくなるような授業をしてくれる」「自分が興味を持って楽しく勉強できる」高校を選ぶ受験生も増えています。

学科やコース、勉強できる内容は時代とともに変わっています。地元出身のご家族ほど、過去の情報や経験、イメージにとらわれたり、思い込みや誤解で判断してしまう危険があります。かつて男子校、女子校だった学校が、共学になっていることも知らなかった、というケースもあるようです。

古い情報にとらわれず、学校の説明会や文化祭、オープンキャンパスなどのイベントに積極的に参加して情報を収集してください。

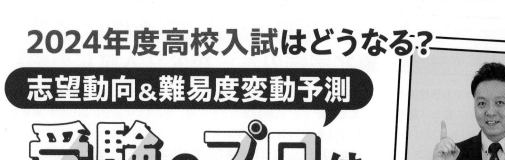

2024年度高校入試はどうなる？

志望動向&難易度変動予測

受験のプロはこう見る

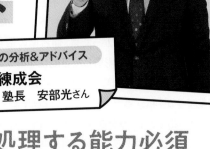

プロの分析&アドバイス
仙台練成会
塾長　安部光さん

短時間で問題を読み解き、処理する能力必須
「速く正確に」の訓練はスピード優先で着手

2024年度 合格基準偏差値一覧表 (学科・コースは2023年度に基づく)

68	
67	仙台二(普通)
66	
65	仙台一(普通)
64	聖ウルスラ学院英智(特別志学Type1)、東北学院(特別進学)
63	
62	仙台三(普通)、宮城一(普通)
61	仙台三(理数)、宮城一(探究)、仙台育英(特別進学・東大選抜)
60	泉館山(普通)、仙台二華(普通)、尚絅学院(特別進学)
59	仙台高専(I類、III類)
58	仙台向山(普通)、仙台南(普通)、仙台高専(II類)
57	仙台向山(理数)、泉(普通)、聖ウルスラ学院英智(特別志学Type2)、東北学院(TG総進)
56	宮城野(普通)、泉(英語)、仙台育英(特別進学)、東北学院(総合進学)
55	仙台三桜(普通)、石巻(普通)、宮城学院(MG特別進学)
54	
53	多賀城(普通)、古川(普通)、東北(創進)、東北学院榴ヶ岡(特別進学)
52	白石(普通、看護)、仙台東(普通)、宮城工(情報技術)、仙台城南(特別進学)
51	宮城野(美術)、仙台(普通)、東北学院榴ヶ岡(総合進学)、仙台白百合(普通)
50	多賀城(災害科学科)、富谷(普通)、名取北(普通)、尚絅学院(文理進学)、仙台城南(総合進学)、東北学院榴ヶ岡(TG選抜)、宮城学院(グローバルコミュニケーション)、常盤木学園(スーパー両立)、聖ドミニコ学院(特別進学)
49	石巻好文館(普通)、仙台西(普通)、古川学園(普通・進学)、宮城学院(MG総合進学)
48	宮城工(電子機械)、気仙沼(普通)、仙台商(商業)、仙台東(英語)
47	宮城工(機械、インテリア)、仙台工(建築)、古川黎明(普通)、佐沼(普通)、仙台育英(外国語)、聖和学園(特進パイオニア、特進アドバンスト)、聖ウルスラ学院英智(尚志)
46	利府(普通)、常盤木学園(国際教養)、東陵(普通・特別進学)
45	宮城工(電気、化学工業)、塩釜(普通)、古川工(建築)、岩ヶ崎(普通、理系教養)、石巻工(電気情報)、古川学園(普通・創志)
44	古川工(電気電子)、石巻西(普通)、尚絅学院(総合進学)、聖和学園(特進アスリート)、仙台育英(情報科学)
43	白石工(電気)、仙台工(機械)、石巻工(機械)、仙台育英(英進進学)、東北(文理)
42	名取(普通)、仙台工(電気)、泉松陵(普通)、古川工(機械、化学技術)、石巻工(建築)、常盤木学園(リバティ、ビジネス)
41	白石工(建築)、角田(普通)、名取(家政)、仙台工(土木)、宮城広瀬(普通)、塩釜(ビジネス)、利府(スポーツ科学)、古川工(土木情報)、築館(普通)、気仙沼向洋(産業経済)、常盤木学園(音楽)、東北(文教)
40	東北生活文化大(進学)、聖ドミニコ学院(総合進学)

※模試受験者の追跡調査を基にしたデータ

2023年度入試 人気の傾向と受験動向

難関私立校の合格が受験生を後押し 中堅校のボーダーライン押し上げる

去年に引き続き中堅校の倍率が全体的に上昇しました。特に前年度から定員の削減があった泉、仙台南は複数年で合格基準ラインを比較すると、着実に上がってきています。背景にあるのが、私立校授業実質無償化の影響です。私立の難関校に合格できた受験生が従来の想定より難易度の高い公立校にチャレンジするケースがありました。

具体的には、2023年度特に受験倍率が高かった東北学院や、聖ウルスラ学院英智の特別志学コースType1、同Type2、仙台育英学園の特別進学コース東大選抜クラスといった偏差値の高い私立校のコースに合格できた受験生です。公立入試で、いわゆる「安全圏」ではない高校にチャレンジし、この結果、仙台南や泉といった中堅校の倍率も上昇したと見ています。

一方で、強みや魅力を巧みに打ち出す学校が増え、私立校を第一志望に選ぶ受験生は間違いなく増えています。例えば東北学院は男女共学になった反響が大きく、高大接続の取り組みへの期待もあって年々人気が高まっています。

公立志望校は、出願希望調査の倍率、私立校の結果だけでなく、最終的に1月末ごろに出る模試の結果も見て決める、というパターンも多く見られます。倍率の数字よりも志望校に対して本人が必要な学力、調査書点(通知表の点数)をしっかり取れているかどうかで選択が決まります。

2024年度入試 合否の鍵

勉強法を使い分けて調査書点対策 「速く正確に読み解く」訓練を

現在の「第一次募集」として宮城県の公立校入試が行われるようになって以降、通知書の点数の比重が重くなり、中1から調査書点を意識した着実な積み重ねが求められています。

調査書点対策として「学年と単元によって勉強法を変える」という発想を持つことが重要です。例えば理科の場合、中1では暗記系の単元が多いのですが、中2になると計算を求められる単元が多くなります。暗記で高得点の取れた勉強法で、計算の出題には対応できません。学年や学習内容によって的確な勉強の仕方を選び、家庭での学習量を確保していくことが大切です。

一方、入試本番の学力検査対策として、学習指導要領の変化に気を付けましょう。23年には数学で「箱ひげ図」、22年には理科で「ダニエル電池」と新学習指導要領で新たに加わった内容も出題されています。特に新しくなった教科書で3年間勉強してきた24年度受験生には「過去問+α」の学習が必要です。どの科目も表現力が必要な記述式の出題が多いため、自分の解答を学校や塾の先生に評価してもらいながら演習すると良いでしょう。

公立校入試では、学力検査の問題自体を読み解くのにも時間がかかるため「速く正確に読み解く」トレーニングにも取り組んでください。「速く」「正確に」のうち、まずは「速く」を優先します。初めはミスも生まれますが、そのミスをケーススタディとしてパターン化し、修正をかけていきましょう。一定以上のスピードを持って学習を進めることは、宮城県の公立校入試で志望校に合格するための重要なファクターと感じています。

2024年度入試 志望校選択のポイント

「自分が行きたい」が第一条件 公立・私立校含め複数校を比較

志望校を決める際に大切なのは、学力や難易度だけを見て「行ける高校」を探すのではなく「自分自身が魅力を感じ、行きたい学校を複数校比較する」ことです。

前年度の倍率や出願希望調査の数字には、あまりとらわれないようにしましょう。例えば宮城一の出願倍率は2022年度に異常に高くなりましたが、探究科は募集定員数自体がそもそも少ないので、倍率の出方が大きく見えてしまうという事情もあります。宮城一に限らず、専門学科など募集定員が少ない学科は倍率の数字が年によって大きく変動して見えますが、気にしすぎないでください。

説明会やオープンキャンパスに足を運び、実際に見て、感じて選ぶのが一番です。行きたい高校が見つかったら、その周辺の難易度の高校の情報も集めて比較・検討してください。

校風や部活動、制服の有無やデザイン、大学進学の合格実績など、あらゆる条件を細部に渡って比較します。「通いやすさ」も重要なファクターの一つです。遠くの学校に行くとそれだけ家を出る時間も早くなり、弁当を作るために早起きしなければいけなかったりします。保護者の方と一緒に話し合い、初めは1校に絞らず、複数校選んでいきましょう。

家族で話し合う場合、通知書の点数の重要性や中堅校の難易度など、保護者の方々の過去の経験と現在とでは、状況が異なっている場合もあります。特に学区制時代を経験しているご家族の中には、全件一学区制になった現在の変化に驚かれることがあるようです。毎年、最新の情報をアップデートし、そこにアジャストしていくことが必要です。

藤崎で
新しいスタート

藤崎では、中学校、中等教育学校、高等学校など
80余校の制服や奨励服を
お取り扱いさせていただいております。

画像提供／**TOMBOW**

宮城県公立高校
学校紹介

南部地区
（刈田・柴田地区、伊具地区）

共学校 ／ 普通科、看護科

宮城県白石高等学校

白石の「白」をモチーフに、大きく羽ばたく鳥を表現。校訓を意識して、すばらしい未来に向かって、大きく飛躍する白石高校を図示。

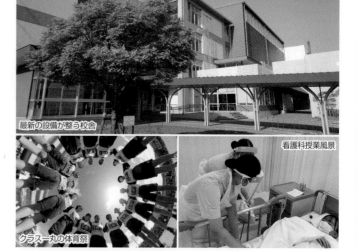

最新の設備が整う校舎

クラス一丸の体育祭

看護科授業風景

校訓・教育方針 ▶ 志操凛風　進取創造　自彊不息

「学び」と「問い」を、ひらき・ささえ・ふかめる
○進学重視型単位制普通科・新時代を切り拓くリーダーの育成
○5年一貫教育看護科・自覚と誇りある専門識者の育成

プロフィール

進学型単位制普通科と専攻科を有する看護科

【沿革】創立して111年目の白石高校と99年目の白石女子高校が統合し、進学重視型単位制普通科と5年一貫教育の看護科を併設する高等学校として2010年度に誕生した。

JR東北線白石駅から徒歩20分の距離にあり、白石市の中心、白石城が建つ丘のふもとに立地している。秀峰蔵王と清流白石川に囲まれた、自然に恵まれた緑豊かな良い環境である。

新設された校舎には、最適な学習環境となるようさまざまな工夫がされている。十分な数の講義室・特別教室に加え、自学自習に最適な学習室、明るく使いやすい図書館がある。各教室には冷房がついており、快適な環境で学習が可能である。さらに授業では、映像や教材の配信、生徒同士の考えの共有や発表活動などにICT機器を活用し、一人一人の進路達成に向けてきめ細やかなサポートを図っている。

「M&Tタイム（総合的な探究の時間）」では、「課題研究」に取り組む。校外調査（フィールドワーク）、

全校応援で戦う定期戦

プレゼンテーション、レポート作成を行い、「研究する力」「発信する力」「書く力」を養う。「課題研究」では、「地域的課題」「国際的課題」の二つの視点に立ち、現代社会を取り巻くさまざまな諸課題に対する解決を目指す。1年次・2年次合同でグループ探究活動を行う点が特徴で、協働的な活動を通して、地域社会や国家に貢献するとともに、グローバルな視点に立って地球社会をリードできる有為な人材の育成を目指している。

【学科・コース】1学年、普通科6クラス、看護科1クラスの計7クラス。普通科は進学重視型単位制を採用し、国公立大学を中心とした四年制大学進学を目指す課程となっている。看護科には専攻科があり、高校看護科3年、専攻科2年の5年一貫教育で看護師養成教育を行う。専攻科を修了した段階で看護師国家試験の受験資格が得られる。

行事＆部活動・課外活動

定期戦や合唱祭など行事や部活動が活発

白石高校には、旧白石高校と旧白石女子高校から引き継いだ伝統ある学校行事が数多く、生徒会執行部や応援団が中心になって運営を行っている。58回の伝統を誇る「白角定期戦（角田高校との交流試合）」では、全校応援を受けながら全校一丸となった必死の闘いを経験できる。クラス対抗である「合唱祭」「体育祭」は、クラス全員の心が一つになり素晴らしい感動を味わうことができる。「白高祭（文化祭）」は、文化部を中心に地域の人々とともに触れ合う楽しい催しで

ある。「オープンスクール」は例年7月末の開催で、生徒ボランティアによって運営される。オープンスクールでは、普通科は生徒中心の交流座談会や校舎案内、看護科では専攻科生による説明や実習体験などが催されている。

部活動は運動部・文化部とも盛んであり、毎年東北大会や全国大会に出場している。2022年度は、陸上部、水泳部がインターハイ出場、箏曲部が全国高校総文祭に出場、男子新体操部が全国選抜大会

School Data

校長／小野正美
教頭／佐々木良彦、半田祥子
生徒数／男子390人、女子513人
　（専攻科看護科を含む）
同窓会長／我妻克哉

■所在地
〒989-0247
白石市八幡町9-10
TEL 0224-25-3154
FAX 0224-25-3155
https://hakko.myswan.ed.jp/
アクセス／JR東北線白石駅から徒歩20分

■部活動・同好会
硬式野球（男）、サッカー（男）、陸上競技（男女）、ソフトボール（女）、ソフトテニス（男女）、バスケットボール（男女）、バレーボール（男女）、卓球（男女）、バドミントン（男女）、剣道（男女）、柔道（男女）、水泳（男女）、山岳（男女）、弓道（男女）、新体操（男女）、合唱、吹奏楽、美術、演劇、茶道、囲碁将棋、文芸、写真、科学研究、社会研究、看護研究、英語研究、書道、マンドリン、箏曲、軽音楽、手芸、ダンス同好会、イラスト同好会

■進学状況
宮城教育大、北海道教育大、弘前大、岩手大、秋田大、山形大、福島大、宇都宮大、東京学芸大、静岡大、信州大、新潟大、宮城大、釧路公立大、福島県立医科大、東北学院大、東北福祉大、東北医科薬科大、宮城学院女子大、東北工業大、尚絅学院大、仙台大、東北芸術工科大、東京理科大、国学院大、日本大など

■就職状況
みやぎ亘理農協、つるみ薬局

出場、女子新体操部が東北選抜大会出場、弓道部が東北大会出場、文芸部が東北総文祭出場という好成績を収めた。また、茶会やさまざまな演奏会など地域での活動も盛んで、地域の文化活動に大きく貢献している。

【主な行事】（全体行事）白角定期戦、合唱祭、文化祭、体育祭、芋煮会、（1年次）課題研究発表会、エイサー発表会、（2年次）課題研究発表会、修学旅行、（3年次）模擬選挙

宮城県蔵王高等学校

「王」は大地・地球を、「ざ」は雄大な蔵王の山々を表す。それぞれの個性が伸びていく可能性を意味する。

校訓・教育方針 ▶ 自立・創造・友愛

1　心豊かで心身ともにたくましく、自ら学ぼうとする生徒の育成
2　主体的に問題を解決する能力を身に付け、自己の夢に向かって、果敢に挑戦する生徒の育成
3　高い志を持ち、他を敬愛する心を持って、社会に貢献できる生徒の育成

校舎

校内カフェでの英語の授業

ICT機器を用いた授業風景

プロフィール

UDLを取り入れた授業
クラブ・ジオパーク活動
介護職員初任者研修修了認定

【沿革】本校は、1996年4月に白石女子高等学校から宮城県蔵王高等学校として独立し、99年4月には仙南地区初の共学の単位制普通高校となったが、2016年度入学生より学年制に移行し、18年度には学年制へと完全移行した。近年はUDL（ユニバーサルデザイン）の考えを取り入れた授業形態の実践に取り組んでいる。

学校は秀峰蔵王を望む青麻山麓に位置し、松川のせせらぎが響き渡る、豊かな自然の中にある。現在の校舎は1999年に完成し、モダンな造りで、実習室なども充実している。現在は恵まれた立地を生かし、蔵王町と連携した地域探究・魅力発信事業である「クラブ・ジオパーク活動」を行い、校外での協働的・教科横断的な学びを充実させている。

進路は国公立大学、私立大学、短期大学、専門学校、公務員、民間就職と多岐にわたり、教育課程はそのすべてに対応したものとなっている。大学進学に必要な科目のほか、就職など将来の進路に役立つよう福祉・商業の科目を設定している。また、複数の科目ではティームティーチングを取り入れ、丁寧な指導を行っている。このほか、ICTを利活用した学習にも力を入れており、授業ではiPadを教師、生徒ともに積極的に活用している。なお、蔵王タイム（総合的な探究の時間）では、地域貢献学習「ZAP（蔵王あすなろプロジェクト）」の中で、3年間の学習を通して自ら考え、判断し、表現できる人材の育成を目指している。

本校は介護職員初任者研修の認定校として、宮城県の指定を受けているため、定められた科目の履修と修了評価テストの合格により修了認定を受けることが可能になった。2020年度には3名、21年度には6名、22年度には4名の卒業生がこの資格を修得し、その多くが介護職員として活躍している。

行事＆部活動・課外活動

学校行事は生徒が主導
熱心に取り組む部活
バドミントン部・卓球部・
陸上競技部

学校行事は、スポーツ大会、あすなろ祭（文化祭）、職場体験学習、予餞会などで生徒中心・生徒主導をモットーに行っている。

部活動は、運動部が6（うち愛好会2）、文化部が8あり、熱心に活動している。陸上競技部は、東北大会やインターハイ出場選手を送り出したこともある。また2014年度は、卓球部からも全国大会出場者が出ている。美術部や華道部をはじめ、文化部も各種展示会等に積極的に作品を出品している。

【主な行事】▷4月・入学式、二者面談、PTA総会▷5月・仙南総体、生徒総会▷6月・県総体、前期中間考査▷7月・三者面談、オープンキャンパス▷9月・職業体験学習（2年）、前期期末考査▷10月・スポーツ大会、仙南新人大会、あすなろ祭（文化祭）▷11月・後期中間考査▷12月・修学旅行（2年）▷1月・学習発表会▷2月・後期期末考査、予餞会▷3月・卒業式、修業式

School Data

校長／宗秀行
教頭／村山明
生徒数／男子53人、女子47人
卒業生数／2,020人
　　　　　（2023.4現在）
同窓会長／大久拓哉

■所在地
〒989-0851
刈田郡蔵王町大字曲竹字濁川添赤岩1-7
TEL 0224-33-2005
FAX 0224-33-2034
https://zao-h.myswan.ed.jp/
アクセス／JR東北線白石駅から宮城交通バス「曲竹」下車徒歩5分。JR東北線大河原駅から宮城交通バス「曲竹」下車徒歩5分

■部活動・愛好会
硬式野球、バドミントン、陸上競技、卓球、スポーツ愛好会、テニス愛好会、コンピュータ、美術、手芸、自然科学、茶道、華道、JRC、音楽

■大学進学指定推薦枠（東北地区）
東北学院大、東北文化学園大、東北生活文化大、東北工業大、宮城学院女子大、仙台大、仙台白百合女子大、日本大工学部、福島学院大、医療創生大、ノースアジア大、八戸工業大、仙台青葉学院短大、聖和学園短大、東北生活文化大短大部、桜の聖母短大、福島学院大短大部など

■進学状況
東北電子専門学校、仙台ECO動物海洋専門学校、東北文化学園専門学校、仙台医健・スポーツ専門学校、東日本航空専門学校、仙台大原簿記情報公務員専門学校

■就職状況
メークス、ピュアスポーツ、メルコジャパン、社会福祉法人すばる、東北センコー運輸、社会福祉法人宮城福祉会、東北フジパン仙台工場、クラウンパッケージ、トーキン

宮城県白石工業高等学校

郷土の名君、白石城主・片倉小十郎氏の家紋の一部を表徴。登りばら藤の葉と花房を図案化した。

校舎

校訓・教育方針 ▶ 誠実

個人の尊厳を大切にし、真理と正義を愛し、民主社会の有為な形成者としての資質をもち、心身ともに健全で実践力のある人間を育成する

プロフィール

県南唯一の工業高校 即戦力の技術者養成

【沿革】1962年、当時の産業経済の飛躍的な発展に伴う、中堅技術者の育成のニーズならびに地域社会の要請に即応するため、県南地区唯一の工業単独高校として誕生した。卒業生のほとんどが「工業立国」日本を支える一員として、県内はもとより全国各地で活躍しており、2022年に60周年を迎えた。
【学科・コース】機械科では、機械および新技術に関する基本的な知識と技術・技能を習得させ、現代の技術革新に対応できる柔軟な能力と実践的な態度を育て、機械工業およびこれに関連する諸分野において、製造・管理・企画・設計・研究・整備・営業などの業務に従事する技術者を養成する。

電気科では、電気・電子に関する知識と技術を習得させ、電気・電子機器製造業、電気事業およびその他の電気関係の諸分野において、製造過程や製品の管理、電気設備の運用や保守・技術サービスなどの業

務に従事する技術者を養成する。

工業化学科では、工業化学に関する知識と技術を習得させ、化学工業およびその他の化学を応用する諸分野において、製造、試験、研究、技術サービスなどの業務に従事する技術者を養成する。

建築科では、建築に関する基礎的な知識と技術を習得させ、建築の諸分野において、ものづくりの一翼を担うことができる技術者および技能者を養成する。

設備工業科では、空気調和設備、衛生・防災設備、電気設備などの設備工業に関する知識と技術を習得させ、建設業、製造業などの諸分野において、計画、設計、施工、管理、保守、製造などの業務に従事する技術者を養成する。

各種資格・検定などの取得にも力を注いでおり、技能検定、計算技術検定や情報技術検定、パソコン利用技術検定、ガス溶接技能講習、危険物取扱者、消防設備士、ボイラー取扱技能講習、基礎製図検定、第一・二種電気工事士、電気主任技術者、有機溶剤作業主任者技能講習、建築CAD検定、2級建築施工管理技士補、2級管工事施工管理技士補など、幅広くチャレンジしている。また、取得資格の種類によって、修得単位数の増加を実施しているほか、取得した資格を点数化し、高得点者には全国工業高等学校長協会から「ジュニアマイスター」の称号が授与される。

地域と連携した企画にも取り組み、インターンシップ（就業体験）や出前授業を行っている。また、08年度から東北工業大と連携した講座を開設、大学の授業を受講できるようにするなど、より目的意識の

ものづくりコンテスト

高い生徒を育成している。

行事＆部活動・課外活動

運動部、文化部ともに 各種大会で活躍

本校では、生徒が必ずいずれかの部に所属する、部活動全入制を取っている。2022年度の部活動結果は運動部では、ソフトボール部がインターハイに出場、全国選抜大会ベスト16と活躍した。文化部では写真部が日中国交正常化50周年記念写真展入賞、高校生デジタルフォトコンテストでグランプリを獲得、入選、エプソンフォトグランプリ優秀賞、審査員賞、全国高等学校総合文化祭優秀賞・読売新聞社賞、奨励賞と活躍した。軽音部では、全国高等学校軽音楽部対抗バンドバ

トル2022夏の陣で優勝、ギター部門優勝、ベース部門3位と活躍した。機械部では、全日本製造業コマ大戦2022東北地区学生大会2回戦進出を果たした。

【主な行事】▷4月・始業式、入学式、生徒会入会式、前期生徒総会▷5月・仙南総体、避難訓練（地震）▷6月・県総体、前期中間考査、インターンシップ、体育大会▷7月・三者面談▷8月・オープンキャンパス▷9月・前期期末考査▷10月・後期生徒総会、生徒会役員選挙、仙南新人大会、芸術鑑賞会、白工祭（文化祭）、避難訓練（火災）▷11月・県新人大会、後期中間考査▷12月・2学年修学旅行▷1月・進路講話、1学年スキー教室▷2月・後期期末考査、予餞会▷3月・卒業式、修業式、予備登校、離任式

School Data

校長／佐々木隆義
教頭／佐藤祥
生徒数／男子473人、女子123人
卒業生数／14,922人
　　　　　（2023.4現在）
同窓会長／白石秀明

■所在地
〒989-0203
白石市郡山字鹿野43
TEL 0224-25-3240
FAX 0224-25-1476
https://shiroishi-kougyou.myswan.ed.jp/
アクセス／JR東北線白石駅から徒歩約15分

■部活動・同好会
硬式野球、バレーボール、卓球、ラグビー、剣道、柔道、陸上競技、山岳、水泳、スキー、ソフトテニス、バスケットボール、サッカー、ソフトボール、写真、美術、書道、機械、電気、建築、工業化学、設備工業、吹奏楽、将棋、軽音楽、茶道、園芸同好会、JRC

■大学進学指定校推薦枠
東北学院大、東北工業大、石巻専修大、東北文化学園大、仙台大、日本大工学部、福島学院大、埼玉工業大、日本工業大、ものつくり大、千葉工業大、神奈川工科大、金沢工業大、国士舘大、福島学院大短大部、東京交通短大、新潟工業短大など

■進学状況
東北学院大、東北工業大、仙台大、日本大、金沢工業大、国際武道大、日本工業大、東北生活文化大、東北職業能力開発大学校、仙台高等技術専門校、仙台工科専門学校、東北文化学園専門学校、花壇自動車大学校、東北電子専門学校など

■就職状況
東北電力ネットワーク、東北電気保安協会、関電工、アイリスオーヤマ、トヨタ自動車東日本、アルプスアルパイン、北日本電線、ENEOS、日本製鉄、東日本旅客鉄道、トヨタ自動車、キヤノン電子、エリエールペーパー、リコーインダストリーなど

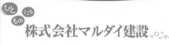

校舎

刈田・柴田地区

共学校／総合学科

宮城県村田高等学校

銀白色の鏡と金色のペンと高の字の組み合わせ。常に己の心を鏡に映して反省し、真善美の探究に励む意欲の象徴。

校訓・教育方針 ▶ 誠意　勤労　識見　気魄　協和

知・徳・体の調和がとれた幅広い力量を備え、高い志を持って地域社会の発展に貢献する生徒の育成を目指す。①主体的に考えて行動できる力を持ち、自らの夢や希望の実現を図れる生徒の育成②歴史や文化および規範を尊重する心と責任感や思いやりの心を持った生徒の育成③健康な体を持ち、基本的な生活習慣を身につけた生徒の育成

機械・自動車系列の授業

プロフィール

進路に応じた科目学習
自分でつくる時間割

【沿革】1924年に宮城県村田実科高等女学校として開校した。

43年には宮城県村田高等女学校と改称。48年の学制改革により、定時制独立校の宮城県村田高校として新たなスタートを切った。

当時は普通科（男子）と家庭科（女子）に分かれていたが、62年に普通科が男女共学となった。また64年に全日制の認可を受け、これをきっかけに新校舎へと移転。家庭科を家政科と改めた。

その後は学校施設の整備が進み、65年には体育館が、66年には第1運動場、69年には武道館などがそれぞれ完工している。

68年には県内でも珍しい「自動車科」を設置。71年には当時の運輸大臣から一種自動車整備士養成施設としての指定を受け、実習室や燃料貯蔵庫などの専用施設が次々に完工した。

【学科・コース】95年に「総合学科」を設置し、普通科の学習、福祉・商業・工業科などの専門学科の学習ができるようになった。

「総合学科」で入学し、「産業社会と人間」という授業で、将来の生活、職業、進路などこれからの自分について考えた後、進路に応じた科目を学習する。時間割も自分でつくる。単位制で、74単位以上修得できれば卒業が認められる。

行事＆部活動・課外活動

全員加入の部活動
地域密着の行事も多数

部活動には全員が加入している。コロナ禍で各種大会等が制限されることもあったが、限られた中でも活発に活動してきている。特に2021年度からはコンピュータ部にeスポーツを取り入れるなど、新しい試みにも積極的に取り組んでいる。

「産業社会と人間」や「総合的な探究の時間」では、村田町のふるさとCMの制作や、町内に残る空き蔵の活用方法を考える活動など、地域と連携した取り組みを工夫しながら行っている。他にも例年は、生徒会や家庭クラブなどが中心となり、交通安全人垣運動に取り組んだり、さくらマラソン、布袋祭り、陶器市などの運営に協力したりするなど、地域に根差した活動を多数行っている。

【主な行事】▷4月・入学式▷6月・芸術鑑賞会、体育祭▷9月・防災学習（1年）▷10月・村高祭（文化祭）▷12月・修学旅行（2年）▷2月・ライフプラン発表会▷3月・卒業式

介護福祉系列の授業

School Data

校長／勅使瓦理恵
教頭／菊地芳浩
生徒数／男子85人、女子81人
卒業生数／9,926人
　　　　　（2023.4現在）
同窓会長／髙橋秀夫

■所在地
〒989-1305
柴田郡村田町大字村田字金谷1
TEL 0224-83-2275
FAX 0224-83-2276
https://murata-h.myswan.ed.jp/
アクセス／JR東北線大河原駅から宮城交通バス「村田南町」下車徒歩5分

■部活動・同好会
硬式野球、陸上競技、ソフトテニス、バスケットボール、バレーボール、バドミントン、卓球、柔道、剣道、吹奏楽、機械・自動車、美術、家庭、華道、コンピュータ、空手道（同）

■大学進学指定校推薦枠
東北学院大、東北福祉大、東北工業大、尚絅学院大、東北文化学園大、石巻専修大、仙台大、仙台青葉学院短大など

■進学状況（過去3年間）
東北学院大、宮城学院女子大、東北工業大、東北福祉大、東北生活文化大、東北文化学園大、尚絅学院大、石巻専修大、仙台大、福島学院大、城西国際大、聖和学園短大、仙台青葉学院短大、仙台赤門短大、仙台医療秘書福祉専門学校、仙台医療福祉専門学校、東北保健医療専門学校、仙台こども専門学校、仙台大原簿記情報公務員専門学校、仙台ビューティーアート専門学校、SENDAI中央理容美容専門学校、仙台理容美容専門学校、花壇自動車大学校、東京法律専門学校仙台校、東北電子専門学校、宮城調理製菓専門学校、専門学校デジタルアーツ仙台、ECO動物海洋専門学校、日本デザイナー芸術学院仙台校、東京服飾専門学校、東日本医療専門学校、仙台農業テック＆カフェ・パティシエ専門学校、仙台デジタル＆テクノロジー専門学校、仙台医健・スポーツ専門学校、仙台高等技術専門校など

■就職状況（過去3年間）
トヨタ自動車東日本、日立Astemo、菓匠三全、光友会アルパイン川崎、昭和電線ケーブルシステム、東北特殊鋼、TOYO TIRE、日本梱包運輸倉庫、南東北クボタ、医療法人社団清山会、松月産業、伊藤チェーン、秋保温泉ホテル瑞鳳、グリーングリーン菅生パーキングエリア（上り線）、アイリスオーヤマ、大安工業所、エクセレントショップサイトー、みやぎ仙南農協、障がい者福祉施設「ふぼう」、古川工業、日産サティオ宮城、IJTT、宮城ヤンマー商会、みちのく公園管理センター、社会福祉法人柏松会、渡辺工業、海老自工、フクベイフーズ、愛さんさんビレッジ、特別養護老人ホーム八宮荘、エネクスフリート、宇沼林産、サンマリ、東邦メッキ、ファミーナ、陸上自衛隊など

39

宮城県大河原産業高等学校

蔵王連峰、一目千本桜、大河原産業高校の「大」をイメージしている。世界への発信、高校三年間の学び舎、生徒と教職員との輪、地域に根差す様を表す。配色はスクールカラーの緑系。

校門

コミュニケーションコート

青根演習林

校訓・教育方針 ▶ 校訓「自立貢献」

自ら考え行動できる精神的な強さと、他者や社会に貢献していこうという気持ちを持ち、行動していくこと。

プロフィール

2023年4月に開校した新しい学校

【沿革】本校は、2018年度に創立110周年を迎えた柴田農林高校と21年度に創立100周年を迎えた大河原商業高校という、歴史ある2校を統合し、23年4月に開校した新しい学校である。

【学科・コース】
○農業科学科：全員が同じ教育課程で野菜などの栽培管理や農業におけるコンピュータの活用、実習による実践的な力を身に付ける。2年生からは、食農科学科野菜類型、食農科学科果樹類型、環境科学科森林類型、環境科学科緑地類型のいずれかに所属する。

・食農科学科野菜類型：さまざまな野菜の特性等について学び野菜の栽培技術を身に付ける。また、野菜の活用方法を考え、食品加工や生産物販売に取り組む。

・食農科学科果樹類型：さまざまな種類の果樹について学び、果樹の栽培技術や経営に関する知識を身に付ける。また、収穫した果実の加工に取り組む。

・環境科学科森林類型：青根にある実習林での実習を中心に森林生態系や林業の知識や技術を身に付ける。また、木材加工、きのこ栽培、炭焼き、メープルシロップの製造に取り組む。

・環境科学科緑地類型：草花の栽培やフラワーデザイン、造園についての知識と技術を身に付ける。また、花壇づくりやフラワーアレンジメント、デザインを含めた庭園づくりなどに取り組む。

○企画デザイン科：企画デザイン科は、プロダクトデザインや地域デザインを通して、商業的な観点から、地域の担い手として必要となる、企画力や協働力、発信力などを身に付ける。

○総合ビジネス科：全員が同じ教育課程で、簿記や情報処理などのビジネスにおいて必要となる基礎的な知識や技術を身に付け、ビジネスの仕組みについて理解を深める。2年生からは、流通ビジネス科、情報ビジネス科、会計ビジネス科のいずれかに所属する。

・流通ビジネス科：商品や販売の知識、マーケティングなど、流通ビジネスに関する分野について学び、さまざまなビジネス活動に適応できる幅広い実践力を身に付ける。

・情報ビジネス科：ネットワークやプログラミング、情報の収集・処理・分析・表現など、情報ビジネスに関する分野について学び、ビジネス活動でコンピュータを合理的に活用する力を身に付ける。

・会計ビジネス科：企業における会計処理や財務諸表など、会計ビジネスに関する分野について学び、経理や事務職として活躍できる会計実務力を身に付ける。

【施設設備】校舎は、柴田農林高校の敷地内に新築し、CGデザイン用の教室を含めた、PC関係の教室が7室、県内初の本格的なきのこ栽培室、大講義室など、さまざまな学びに対応した教室を備えている。

さらに、広大な演習林や農場、果樹園があり、実習を中心とした実践的な授業を展開する。

School Data

校長／伊藤直美
教頭／大澤健史
生徒数／男子74人、女子151人

■所在地
〒989-1233
柴田郡大河原町字上川原7-2
TEL 0224-51-9180
FAX 0224-51-9213
https://daisan.myswan.ed.jp/
アクセス／JR東北線大河原駅から徒歩12分

■部活動（予定）
バレーボール（男女）、ソフトテニス（男女）、卓球（男女）、硬式野球、陸上競技、サッカー、剣道（男女）、ウエイトリフティング（男女）、バスケットボール（男女）、バドミントン（男女）、ボクシング（男女）、科学、放送・写真、吹奏楽、美術・書道、家庭、ギター、農業科学、簿記、珠算・電卓、ワープロ、コンピュータ

行事＆部活動・課外活動

新設校のため生徒全員で新たにつくり上げていく生徒会活動

【統合方式】大河原産業高校は、2023年4月に1年生のみで開校した。柴田農林高校と大河原商業高校は、23年度に募集を停止し、両校の在校生はそれぞれの学校にそのまま在籍して卒業することになる。

【設置予定の部活動】
《運動部》バレーボール、ソフトテニス、卓球、硬式野球、陸上競技、サッカー、剣道、ウエイトリフティング、バスケットボール、バドミントン、ボクシング

《文化部》科学、放送・写真、吹奏楽、美術・書道、家庭、ギター、農業科学、簿記、珠算・電卓、ワープロ、コンピュータ

【想定される進路先】
食農科学科、環境科学科：農業系や生物系を中心とした大学、短期大学、専門学校、農業大学校への進学、関連分野の就職、公務員など
企画デザイン科：デザイン系や商業・経済系を中心とした大学、短期大学、専門学校への進学、関連分野の就職、公務員など
流通ビジネス科、情報ビジネス科、会計ビジネス科：商業・経済系や情報系を中心とした大学、短期大学、専門学校への進学、関連分野の就職、公務員など

【主な行事】▷4月・入学式・開校式、新入生オリエンテーション、仙南総体壮行式▷6月・県総体壮行式▷8月・オープンキャンパス▷9月・体育大会▷10月・文化祭▷11月・開校記念式典▷3月・卒業式

宮城県柴田農林高等学校川崎校

「稲穂」をもって「繭」(まゆ)を囲み、さらに農林の2文字を配して学校の特性を表している。

校訓・教育方針▶ 質実剛健　自律調和

21世紀に生きる国際的視野を持ち社会の進展に寄与する人物を目指し、高い知性、豊かな情操、優れた道徳性と健康な体を持ち、さらに正義と勤労を愛し、人を敬うことのできる調和のとれた人間を育成する。

校舎
川高祭
レクリエーション大会

プロフィール

一人一人の進路希望に寄り添い強力にサポート

【沿革】1948年に宮城県柴田農林高等学校の川崎分校・定時制課程昼間農業科として開校。53年には独立校舎が落成した。

63年に1学級増設され、農業科を廃止して普通科を設置。翌64年に全日制課程普通科の分校としての認可を受け、開校式および第1回入学式が行われた。

その後施設設備が徐々に充実するとともに教育活動も成果を上げていった。67年には、東北代表として第12回全国高等学校軟式野球大会出場を果たした。さらに、学校開放講座の開設や文部省勤労体験学習研究指定校となるなど意欲的に教育活動を展開。84年には「第31回NHK青年の主張全国コンクール宮城大会」で最優秀賞を受賞。90年には「献血運動推進全国大会」厚生大臣賞を受賞。

95年に現在の校名である「宮城県柴田農林高等学校川崎校」と改称。97年に新校舎が落成し、2018年度に創立70周年を迎えた歴史ある学校である。

20年度には県教委から「魅力ある県立高校づくり支援事業」、21年度には「地域とともにつくる魅力ある県立高等学校支援事業」および「みやぎハイスクールネットワーク構想事業」の指定校となるなど、地元自治体やNPO諸団体などの地域の関係機関と連携を深めており、現在や将来においてよりよい生き方を主体的に求めていく人材の育成に取り組んでいる。

【学科・コース】普通教育に関する科目に加えて、専門教育に関する科目(家庭・農業)などを系統的に取り入れ、地域のニーズや生徒の個性に合った教育課程を編成している。また、生徒の希望に応じた学習を推進し、資格取得などにも力を入れている。取得可能な資格は、ビジネス文書検定、危険物取扱者、漢字検定、英語検定、数学検定、家庭科技術検定などである。

国・数・英の各教科では、習熟度別の少人数学習を取り入れている。これにより、中学校時代に当該教科が不得手だった生徒に"学び直し"ができる機会を提供している。また、大学進学を希望する生徒の目標達成のために個別に講習を実施し、志望校に合格している。

また総合的な探究の時間を「カワサキクエスト」と命名し、少子高齢化、人口減少など、地域の諸問題を解決するため、川崎町の魅力を多くの人たちにPRしていく活動をしている。22年度は生徒自身がYouTuberとなり、川崎町の魅力を探究・発信する活動を実施した。23年度は地元の農業資源を生かし、さらに地元企業と協力しながら新たな地産地消メニューの開発と商品販売の実施を計画している。

行事&部活動・課外活動

社会福祉協議会と連携ボランティア活動が活発

川崎町社会福祉協議会と連携し、台風被害地域でのボランティア活動(ボランティア部)等を実施。地域住民とのふれあい交流をテーマにした「ボランティアサマーフェスタ」への協力や「スノーバスター」の活動(地域の雪かき)を行っている。また、志教育の一環として、地域の小学校と連携して、春には東日本大震災で被害を受けた地域での森の防潮堤を築く植樹に、秋にはその植樹に必要なドングリの採取に取り組んでいる。この活動を通して、土地本来の植生を考えることや復興への取り組みに力を入れている。部活動においては、陸上競技部で複数名が東北大会、インターハイ、国民体育大会に出場するなどの活躍をしている。

【主な行事】▷4月・入学式、対面式、志津川自然の家HR合宿(1年)▷7月・レクリエーション大会▷9月・インターンシップ(2年)▷10月・課題作文発表会、芸術鑑賞、川高祭(文化祭)▷12月・修学旅行(2年)、校外学習(3年)▷3月・卒業式

School Data

校長／栁瀬克紀
副校長／小野寺基好
生徒数／男子38人、女子26人
卒業生数／3,857人
　　　　　(2023.4現在)
同窓会長／近江正人

■所在地
〒989-1501
柴田郡川崎町大字前川字北原25
TEL 0224-84-2049
FAX 0224-84-2087
https://kawasa-h.myswan.ed.jp/
アクセス／JR東北線大河原駅から宮城交通バス川崎行きへ乗車し「高校分校前」下車、宮城交通バス「北赤石停留所」からスクールバスが運行中

■部活動
陸上競技、ソフトテニス、卓球、総合文化、ボランティア、バスケットボール(男)

■大学進学指定校推薦枠
東北学院大、東北工業大、宮城学院女子大、尚絅学院大、仙台大、石巻専修大、東北文化学園大、聖和学園短大など

■進学状況
仙台大、山梨学院大、宮城学院女子大、東北福祉大、東北学院大、尚絅学院大、東北生活文化大、聖和学園短大、東北生活文化大短大部、宮城県農業大学校、山形県立農林大学校、花壇自動車大学校、仙台高等技術専門学校、仙台市医師会看護専門学校、東北電子専門学校、仙台理容美容専門学校、仙台医療福祉専門学校、東日本航空専門学校など

■就職状況
公務員：日本郵政東北支社、川崎町役場、陸上自衛隊、仙南地域広域行政事務組合(消防)
首都圏：古賀オール、アンデス食品、鬼怒川金谷ホテル、栃木観光バス、空港協力事業など
宮城県内：農協、山崎製パン、宮城ダイハツ、坊源、鶴寿会、アミノ、ライフフーズ、東蔵王ゴルフ倶楽部、佐市、一の坊、やまや、利久、日本アレフなど

共学校／普通科、体育科

宮城県柴田高等学校

力強く未来に羽ばたく鵬（おおとり）をモチーフに、不断の努力を表す「赤」とその先にある栄光・頂点を表す「金」を配した。

校訓・教育方針▶「自律・敬愛」「英知・創造」「忍耐・強靭」

すぐれた徳性、高い知性、強健な身体と強い意志を備え、未来を開拓する創造力と実践力に富み、次代を担うことのできる「骨太の人材」を育成する

プロフィール

2023年度より
◎学年（チーム）担任制導入
◎前後期別週時程導入

【沿革】仙南地区では数少ない男女共学の普通高校として、1986年に開校した。県内で最初に「体育科」を開設した高校としても知られている。スポーツを通じて近隣の学校との交流を積極的に行うなど、地域とともにある学校を目指す。

【学科・コース】普通科と体育科の2学科を設置。

普通科は、進学や就職など、あらゆる進路に対応できる十分な学力と思考力を身に付けさせることを目標としている。1学年では国語、数学、英語を中心とした共通教科科目を履修、2学年では国語と数学の教科選択や、芸術科目での科目選択を取り入れ、生徒の進路に合わせた学習をする。3学年では多様な選択群があり、各自の進路に合わせた選択科目に基づいて徹底した学習を行っている。

体育科は、多様な生徒の能力、適性に対応する特設学科として、3年間で体育専門科目（25単位）と普通教科科目（72単位程度）を履修し、高度な運動技能を取得できる環境を整え、心身ともに健全な人間の育成に資するとともに、体育・スポーツの振興発展に寄与する資質、能力

を育てることを目標としている。

進学や就職に関しては、さまざまな進路に対応した指導を行う。2008年に、同じ町内にある仙台大学と高大接続事業の協定を結んでおり、普通科・体育科とも大学の専門的な講義の一部を受講できる。また20年度よりICT活用サービス「Classi」を導入。生徒一人一人の学習状況に応じた指導を行うなど、学習環境の充実に努めている。今年度は「年中夢求」をスローガンに、未来を生きる生徒の「夢実現」に向けて、学校全体のさらなるアップデートを目指す。また、23年度から次の二つを導入している。

◎学年（チーム）担任制
固定学級担任制を廃止し、学年主任と担任団が共同で全クラスを持ち回り、すべての生徒に関わろうとする。なお、体育科は科共同担任制として縦割り3個学年を体育科長も含め4名で受け持つ。

◎前後期別週時程
4月から9月においては、月・木曜日を7時間授業、火・金曜日を6時間授業、体育科は7時間授業を行う。そして水曜日は4時間授業とし、生徒個々が傾注したいことに充てる時間を創造する。10月から3月においては、通常授業（月〜金6時間授業、体育科のみ火・金曜7時間授業／選考実技科目）となる。

行事＆部活動・課外活動

柔道部・剣道部・ウエイトリフティング部・陸上部全国大会へ

部活動では運動部が輝かしい実績を積み上げている。2014、15年にはウエイトリフティング女子が全

柔道部

国大会で個人優勝、18年には国民体育大会陸上競技少年女子A100mで優勝した。柔道では、ポーランドで行われた17歳以下の世界大会で優勝し、本校初の世界一の選手となった。19年にはウエイトリフティング全日本女子選抜選手権大会高校の部で個人優勝を果たしている。20年には、硬式野球部が東北大会で準優勝し、第93回選抜高等学校野球大会（2021年春の甲子園）に出場している。

22年も複数の部活動で東北大会・インターハイ等に出場。ウエイトリフティング部がインターハイ・全国選抜大会で入賞するなど成績を残している。

学校行事では、文化祭「柴高祭」や「体育大会」のほか、芸術鑑賞会や修学旅行（2年生）（22年度、普通科は関西方面、体育科は関東方

School Data

校長／土生善弘
教頭／岡崎拓生
生徒数／男子240人、女子177人
卒業生数／6,938人
（2023.5現在）
同窓会長／大槻淳

■所在地
〒989-1621
柴田郡柴田町大字本船迫字十八津入7-3
TEL 0224-56-3801
FAX 0224-56-3803
https://sibata.myswan.ed.jp
アクセス／JR東北線船岡駅から徒歩35分

■部活動
硬式野球、陸上競技、剣道、柔道、ウエイトリフティング、水球・水泳、体操、バスケットボール、バレーボール、サッカー、ソフトテニス、卓球、ソフトボール、音楽（吹奏楽・軽音楽）、家庭、美術、サイエンス、囲碁・将棋、書道、茶華道

■大学進学指定校推薦枠
石巻専修大、尚絅学院大、仙台大、東北学院大、東北工業大、東北文化学園大、仙台白百合女子大、東北生活文化大、宮城学院女子大、日本大（工）など

■進学状況（2022年度）
青森公立大、静岡県立大、東北学院大、仙台大、宮城学院女子大、尚絅学院大、東北福祉大、東北工業大、東北文化学園大、石巻専修大、東北生活文化大、北里大、日本体育大、東日本国際大、東京工科大、大阪商業大、創価大、神田外国語大、新潟産業大、新潟医療福祉大、秀明大、国際医療福祉大、弘前学院大、金沢学院大、デジタルハリウッド大、聖和学園短大、仙台青葉学院短大、東北生活文化大短大部、宮城県農業大学校、宮城県高等技術専門校、仙台接骨医療専門学校、仙台徳洲看護専門学校、福島看護専門学校、相馬看護専門学校、仙台ビューティーアート専門学校、仙台こども専門学校、東京法律公務員専門学校など

■就職状況（2022年度）
飯淵歯科医院、東日本旅客鉄道、みやぎ仙南農協、日立Astemo、ハピネス・アンド・ディ、山崎製パン、伊藤チェーン、社会福祉法人常磐福祉会、清原歯科医院、フレスコ、三協メディケア、ホテル佐勘、古川工業、丸福山田屋カーブス事業部、スターダスト仙台、宮城県警、陸上自衛官候補生、陸上自衛隊一般曹候補生、航空自衛隊一般曹候補生

面で実施）がある。また体育科の特色ある取り組みとしてスキー実習（1・2年）・ゴルフ実習（3年）が行われるなど、1年を通して様々な行事が設けられている。

【主な行事】▷4月・始業式、入学式、対面式、部紹介、新入生オリエンテーション▷5月・仙南総体、県総体壮行式、生徒総会▷6月・県総体、総体報告会、前期中間考査▷7月・三者面談、オープンキャンパスⅠ、夏期講習▷9月・柴高祭、生徒会役員選挙、前期期末考査▷10月・オープンキャンパスⅡ、Ⅲ、体育大会、生徒総会、仙南新人大会、芸術鑑賞会▷11月・開校記念日、後期中間考査、修学旅行▷12月・冬期講習▷1月・スキー実習（体育科）▷2月・予餞式、後期期末考査▷3月・卒業式、高校入試、修業式

宮城県角田高等学校

旧角田高校と旧角田女子高校の象徴「ささりんどう」と「金木犀（きんもくせい）」に無限大「∞」を組み合わせ、両校の統合による生徒の限りない可能性を表現。

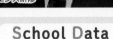
校舎

サイエンス研修

校訓・教育方針　「質実剛健・自他敬愛」

人格の陶冶（とうや）を図り、生涯にわたり学び続ける力を養い、地域社会のみならず日本や世界で活躍できる人材を育成。教育方針は「学力の向上」「心身の健康の増進と人格の陶冶」「人間理解の推進」。

プロフィール

伝統ある2校が統合 新しい進学校目指す

【沿革】2005年、旧角田高等学校と旧角田女子高等学校が統合して誕生した学校である。

旧角田高校は1897年に宮城県尋常中学校伊具郡立分校として、旧角田女子高校は1907年に宮城県伊具郡立角田女子実業学校として、共に創立100年以上の伝統を誇っていた。両校の積極進取の精神と、高い識見を養成する校風は脈々と継承され、卒業生は、国内はもとより国際的にも各界で活躍している。

2005年8月、米デラウェア州ドーバー高校と姉妹校の締結をし、毎年3月にアメリカ短期研修を実施している。16年度からは進学重視型単位制高校となり、両校の伝統を生かしながら、さらに充実した新しい進学校を目指している。

【学科・コース】全日制普通科の共学校であり、旧角田高校、旧角田女子高校の伝統を引き継ぎ、「文武両道」を合言葉に勉学と部活動の両立を目指して互いに切磋琢磨（せっさたくま）している。

大学進学を視野に入れた教育課程のもと、45分×7校時の授業を実施している。また、総合的な探究の時間は、「角高夢Project」として、「自己理解」「地域連携」「キャリアデザイン」を3本柱とした探究学習に取り組んでいる。

1、2年次では、国語（古典）と数学、英語で「習熟度別学習」を行っていて、年数回の習熟度クラス替えを実施し、一人一人の学力の伸長を目指している。3年次では、国公立大学、私立大学、専門学校、就職などの進路希望に応じた多様な選択科目を設定している。

課外での学習については、登校後10分間の「朝学習」や「朝読書」で学習内容の定着や表現力の伸長を図っている。

【進路・国際理解教育】進路については、「大学見学会」や、大学の先生方を招いての「大学出張講義」「進路講演会」などを通して、将来の自分のあり方、生き方について深く考える機会を設定している。

また本校では、国際理解教育についても力を入れていて、姉妹校締結をしたドーバー高校の生徒を角田高校で約10日間受け入れ、毎年3月に「アメリカ短期研修（13日間）」を実施している（18年度は12回目で10人を派遣）。さらに、国際理解に関する講演会も行っており、18年度は外務省講座で外交官の仕事について学んだ。その他、留学生10数人と交流を行う「国際理解活動」という行事も行っている。

【連絡】本校は16年度入学生より進学重視型単位制の教育課程を導入した。生徒はそれぞれの進路に合わせた授業の選択が可能となり、大学進学のみならず、あらゆる進路に対応した、きめ細かな学習が行えることとなった。

行事＆部活動・課外活動

最大の行事は定期戦 活発な部活動を展開

一番大きな行事は、伝統ある「対白石高校定期戦」である。直接対決する運動部はもちろん、生徒会・応援団を中心に全校生徒が一丸となり、打倒白高に全力を注ぐ。他にも「体育祭」や「角高祭」など、毎年活気に満ちあふれた行事が展開される。

部活動も活発であり、全員がいずれかの部に所属し、文武両道を目指して日々練習に励んでいる。2022年度は、陸上競技男子ハンマー投げ、男子やり投げとバドミントン男子、弓道男子個人が東北大会へ出場し、陸上競技男子ハンマー投げと弓道男子個人が全国大会に出場した。

【主な行事】▷4月・入学式、学習オリエンテーション（1年）、生徒総会▷5月・仙南総体、対白石高校定期戦▷6月・県総体、第1期考査▷7月・授業公開、体育祭、大学見学会、中学生オープンスクール▷8月・夏期講習、夏期学習会、角高祭▷9月・第2期考査、芸術鑑賞会▷10月・大学出張講義（1、2年）、生徒総会、仙南新人大会▷11月・県新人大会、授業公開、第3期考査（2年）、修学旅行▷12月・第3期考査（1、3年）、冬期講習▷1月・課題研究発表会▷2月・第4期考査（1、2年）、予餞会▷3月・卒業式、アメリカ短期研修派遣団出発・帰国、修業式

School Data

校長／井上健一
教頭／菅原朋美
生徒数／男子200人、女子197人
卒業生数／3,308人
　　　　（統合後2023.4現在）
同窓会長／天野文彦

■所在地
〒981-1505
角田市角田字牛舘1
TEL 0224-63-3001
FAX 0224-63-0523
https://kakuko.myswan.ed.jp/
アクセス／阿武隈急行線角田駅から徒歩20分

■部活動
野球、ソフトテニス、バスケットボール、バレーボール、サッカー、バドミントン、陸上競技、卓球、剣道、空手道、弓道、自然科学、吹奏楽、美術、演劇、家庭、合唱、華道、茶道

■大学進学指定校推薦枠
東北文化学園大、東北生活文化大、宮城学院女子大、東北学院大、尚絅学院大、仙台白百合女子大、東北工業大、福島学院大、日本大工学部、岩手医科大、関東学院大など

■進学状況
北海道教育大、岩手大、宮城教育大、山形大、福島大、長野県立大、公立小松大、東北福祉大、東北学院大、尚絅学院大、東北工業大、宮城学院女子大、仙台大、東北文化学園大、東北生活文化大、石巻専修大、国学院大、東北芸術工科大、仙台青葉学院短大、仙台赤門短大、福島学院大短大部、仙台医療センター付属仙台看護助産学校、福島看護専門学校、独協医科大学付属看護専門学校など

■就職状況
宮城県職員、宮城県警、丸森町役場、角田市役所、岩沼市役所、柴田町役場、アルプスアルパイン、みやぎ仙南農協、日立Astemo、JR東日本総合サービスなど

宮城県伊具高等学校

稲束（農）と桑の葉（蚕）に新制高校の「高」の字を配置して校名を明記。三方に展開する桑の葉は「知・情・意」を表す。

校舎

校訓・教育方針▶ 質実剛健 穏健着実

総合学科の多様な教科・科目の選択履修を通した教育により、地域の将来を託すにふさわしい、「生きる知恵」にあふれた人材の育成を目指す

プロフィール

4系列の総合学科
施設・スタッフ充実

【沿革】水と緑の輝くまち、丸森町にある伊具高校は、豊かな自然と深い人情味にあふれた環境の中で学習できる学校である。

1920年に宮城県伊具農蚕学校として創立。47年に宮城県伊具農蚕高校と改称、63年に宮城県伊具高校と校名を変更した。この校名変更とともに、従来の農蚕科が農業科、普通科が商業科、農村家庭科が生活科へと学科変更された。

時代の流れや地域のニーズに応えるべく、99年から県内で5番目となる総合学科を持つ高校へと生まれ変わり、2020年に創立100周年を迎えた伝統校である。次の100年に向けて生徒の夢と個性を大切にしながら「夢を形にできる場所」をスローガンにし、就職や推薦進学指導に実績を上げ、さらにインターンシップなどにも力を入れた学習を行っている。

【学科・コース】本校の総合学科は、農学・機械・情報・福祉の4系列が設けられている。学校設備やスタッフも充実しており、キャリア教育に力を入れている。

中でも、在学中の3年間で最大20日間のインターンシップ（職場体験）ができる学校として学校全体での進路指導を行っており、資格取得に力を入れている。また、中学までの学び直しを目的とした基礎力学習にも取り組んでいる。

行事＆部活動・課外活動

運動部・文化部とも
各種大会で大活躍

部活動は運動部・文化部に多くの部が設置されており、いずれも活発に活動が行われている。運動部においては、陸上競技部や弓道部、卓球部、柔道部などが地区大会や県大会で優秀な成績を収めている。

文化部は、秋に行われる伊具高祭や各種大会に向けて日々充実した活動を続けており、特に電気機械部は競技用ドローンの活用に力を入れている。また、写真部や書道部も各種大会で入賞し、他の部の励みになっている。

【主な行事】▷4月・入学式、新入生オリエンテーション、対面式▷5月・仙南総合体育大会、進路別オリエンテーション、前期生徒総会▷6月・県総合体育大会、第1回定期考査、体育祭、進路説明会▷7月・夏期講習、芸術鑑賞会▷8月・適性検査セミナー▷9月・インターンシップ（2年）、生徒会立会演説会、第2回定期考査▷10月・伊具高祭▷11月・後期生徒総会、第3回定期考査、修学旅行▷12月・冬期講習▷1月・学習発表会▷2月・第4回定期考査▷3月・卒業式

伊具高祭

機械実習（機械系列）

School Data

校長／齋藤隆
教頭／吉田博幸
生徒数／男子95人、女子63人
卒業生数／14,456人
　　　　（2023.4現在）
同窓会長／湯村勇

■所在地
〒981-2153
伊具郡丸森町字雁歌51
TEL 0224-72-2020
FAX 0224-72-1322
https://igu.myswan.ed.jp/
アクセス／阿武隈急行線丸森駅から徒歩約30分

■部活動
硬式野球、剣道、柔道、弓道、陸上競技、卓球、バスケットボール、バレーボール、ソフトテニス、バドミントン、科学、吹奏楽、美術、書道、写真、コンピュータ、茶華手芸、電気機械

■大学進学指定校推薦枠
東北学院大、東北文化学園大、東日本国際大、聖和学園短大、宮城学院女子大、福島学院大短大部、城西国際大、足利大、酪農学園大、帝京大、ものつくり大、埼玉工業大、秀明大、聖学院大、医療創生大、日本福祉大など

■進学状況
仙台大、東北文化学園大、東日本国際大、尚絅学院大、東北学院大、東北工業大、仙台青葉学院短大、福島学院大短大部、桜の聖母短大、聖和学園短大、東北電子専門学校、仙台スクールオブミュージック＆ダンス専門学校、仙台ECO動物海洋専門学校、専門学校赤門自動車整備大学校、専門学校トヨタ神戸自動車大学校、宮城県農業大学校、専門学校日本デザイナー芸術学院、宮城調理製菓専門学校、仙台ビューティーアート専門学校、仙台理容美容専門学校、仙台医療秘書福祉専門学校、宮城県立仙台高等技術専門学校、専門学校東北動物看護学院、東日本航空専門学校、ホンダテクニカルカレッジ関東、仙台ウェディング＆ブライダル専門学校、東京商科・法科学院専門学校、仙台コミュニケーションアート専門学校、仙台ヘアメイク専門学校、仙台リゾート＆スポーツ専門学校、仙台リハビリテーション専門学校、東北文化学園専門学校、SENDAI中央理容美容専門学校、仙台高等技術専門学校、福島県テクノアカデミー浜職業能力開発校、公立双葉准看護学院、仙台大原簿記情報公務員専門学校、仙台こども専門学校、福島看護専門学校、HAL東京など

■就職状況
日立Astemo宮城事業所、福島ニチアス、東北特殊鋼、ジーエスエレテック東北、東北三之橋、JR東日本テクノサービス白石工場、アルプスアルパイン角田工場、東北三和鋼器、Karakami Hotels&Resortsホテル瑞鳳、日産サティオ宮城、TOYO TIRE仙台工場、オリエンタルモーター相馬事業所、マトロ、プラスエンジニアリング仙台事業所、大安工業所角田工場、東北ポートサービス、アステム、医療法人将道会、東北発電工業、名糖運輸、医療法人明理会丸森ロイヤルケアセンター、福祉法人あけの星会、医療法人金上仁友会金上病院、ピオ角田工場、五洋電子仙台工場、高橋材木店タカハシホーム、リック、全農東北エネルギー、須藤製作所、東光七工事部、ホットマン、ホーチキ、ほこだて仏光堂、石川建設、昭和電線ケーブルシステム仙台事業所、山元いちご農園、仙台村田製作所、北日本電線、菓匠三全、サンアイパック仙台工場、セコム工業、トーカドエナジー白石工場、トヨタ自動車東日本、フレスコ、おてんとさん、東京精密、三光ダイガスト工業所宮城工場、宮城製粉、防衛省陸上自衛隊など

宮城県公立高校 学校紹介

中部地区
(亘理・名取地区、仙台南地区、仙台北地区、塩釜地区、黒川地区)

宮城県名取高等学校

ナトリの「ナ」と「高」の字を図案化。真善美に向かい根本はしっかりと大地を踏まえ、真理を探求する高校生の意気と誇りを象徴している。

新校舎

新体操部（男子）演舞

浴衣着付け講習会での様子

校訓・教育方針 ▶ 真善美への感動と実践

人格の完成をめざし、次の目標を設定して教育に当たり、もって国家社会の有為な人材を育成する。
・生徒の自己理解と社会認識を深め、積極的な学習を奨揚する。
・公徳心を涵養し、規律を重んずる習慣を養う。
・情操豊かで心身ともに健康な生徒の育成に努力する。

プロフィール
普通科と家政科併設 進路に沿い科目選択

【沿革】1924年、岩沼実科高等女学校として岩沼小学校内に設立。その後48年の学制改革に伴って校名を変え、女子校から男女共学の名取高等学校となった。同年7月には定時制課程を併置、50年に校歌が制定された。89年に新しい制服となった。2023年に創立100周年を迎えた。

現在の校舎は、JR東北線と常磐線が合流する岩沼駅の西側にある。

【トピック（新体育館完成）】1964年に建てられ約50年間の長きにわたり、多くの卒業生が学んだ現校舎の改築が終了し、2018年度から供用が開始された。21年7月、新体育館が完成し、生徒・校舎ともに「新生・名取高校」に生まれかわり飛躍の年を迎えた。

【学科・コース】全日制課程普通科18学級、家政科3学級に加え、定時制4学級を設置している。

全日制普通科は各学年の共通履修科目に加え、1年次は芸術、2年次から興味関心及び進路希望に応じた科目が選択できる。3年次になると2年次以上に進路希望を考慮した科目が選択できる。

家政科は、2年次に共通履修科目と併せて専門科目を選択。3年次には食物、被服、保育・福祉のそれぞれの分野に分かれた授業も行っている。

また、学校全体の教育目標や教育施策のほかに、学年ごとに目標を定めて、規律ある学習習慣の確立を図っている。

行事&部活動・課外活動
行事で見せる団結力 インターンシップも積極的に

本校では心と体を鍛えるために部活動を推奨しており、全員が部活動に加入している。そして例年、多くの運動部、文化部が地区大会や県大会で活躍している。2022年度は、新体操部（男子）が県総体で団体優勝、個人総合でも1位から3位を独占し、東北総体でも団体2位、インターハイ団体10位、個人総合8位入賞を果たした。陸上競技部では県総体男子400mハードルで5位となり、東北大会に出場した。また、県新人大会では新体操部（男子）が団体2位、個人総合優勝・2位・3位の成績を収めた。弓道部（女子）は、県大会で団体ベスト8、個人3位となり、東日本大会3人制3位の成績を収めた。

文化部では書道部の全国書道展特選入選をはじめ、家庭クラブなどほかの部活動も各種大会・コンクールで好成績を収めている。

また、球技大会など各種行事では、クラスごとにユニホームをそろえるなど見事な団結力で取り組み、クラスの絆を深めているほか、選挙出前授業、社会人の進路講話、職場体験学習などが行われている。

【主な行事】▷4月・入学式、対面式、仙南総体壮行式▷5月・仙南総体、生徒総会▷6月・県総体、前期中間考査▷7月・陸上大会、公開授業、本校オープンキャンパス、三者面談、インターンシップ、上級学校オープンキャンパス見学会（2年）▷8月・実力テスト、球技大会▷9月・ロータリークラブ模擬面接会、生徒会役員選挙、前期期末考査▷10月・仙南新人大会、名高祭▷11月・生徒総会、後期中間考査、修学旅行（2年）▷12月・公開授業▷1月・実力テスト▷2月・後期期末考査、同窓会入会式▷3月・卒業式、進路ガイダンス、修業式、離任式

School Data

校長／茂木悟
教頭／櫻井京
生徒数／男子268人、女子549人
卒業生数／26,159人
　　　　　（2023.4現在）
同窓会長／須藤功

■所在地
〒989-2474
岩沼市字朝日50
TEL 0223-22-3151
FAX 0223-22-3152
https://natori-h.myswan.ed.jp/
アクセス／JR岩沼駅から徒歩15分

■部活動・同好会
弓道、剣道、サッカー、柔道、新体操、ソフトボール、ソフトテニス、卓球、バスケットボール、バドミントン、バレーボール、野球、陸上競技、演劇、音楽、科学、合唱、家庭、華道、語学、コンピュータ、茶道、書道、吹奏楽、美術、文芸、インターアクト同好会

■大学進学指定校推薦枠
東北学院大、東北工業大、宮城学院女子大、尚絅学院大、仙台大、仙台白百合女子大、東北文化学園大、東北生活文化大、東北公益文科大、石巻専修大、福島学院大、奥羽大、青森大、専修大、城西大、城西国際大、平成国際大、東京情報大、聖和学園短大、仙台青葉学院短大、仙台赤門短大、東北生活文化大短大部など

■進学状況
山形大、国学院大、尚絅学院大、仙台大、東北学院大、東北福祉大、東北工業大、東北文化学園大、宮城学院女子大、仙台白百合女子大、星槎大、聖和学園短大、仙台青葉学院短大、仙台赤門短大、東北生活文化大短大部、仙台市医師会看護専門学校、仙台医療センター付属看護助産学校、仙台高等技術専門校、白石高等技術専門校、仙台スイーツ&カフェ専門学校、仙台こども専門学校、仙台デザイン&テクノロジー専門学校、仙台理容美容専門学校、東北外語観光専門学校、東北電子専門学校、宮城調理製菓専門学校、仙台ウェディング&ブライダル専門学校、東日本航空専門学校、東日本医療専門学校、SENDAI中央理容美容専門学校、仙台スクールオブミュージック&ダンス専門学校、仙台ビューティーアート専門学校、仙台ヘアメイク専門学校、東北保健医療専門学校、ファッション文化専門学校DOREME、宮城高等歯科衛生士学院、日本工学院など

■就職状況
陸上自衛隊、七十七銀行、仙台銀行、ジェイエイ仙台、みやぎ亘理農協、アイリスオーヤマ、TOYO TIRE仙台工場、日立Astemo、トヨタ自動車東日本、トヨタレンタリース宮城、トヨタレンタリース仙台、仙台トヨペット、日本通運仙台支店、キタセキ、にしき食品、いたがき、イオン東北、ウジエスーパー、建築工房零、ジェイエスエスなど

宮城県名取北高等学校

校木「黒松」の葉に「北」の字を配している。同時に星形を示し、天空に輝く北極星を表している。この校章の北極星は、天空に冠たる星であり、この星のごとく確乎たる自己を持ち、社会・郷土に雄飛する人間の育成を目指す。

校舎

北高祭

体育祭

校訓・教育方針　人間愛・創造・貢献

1. 人間を愛し、知性を養い、情操を陶冶して豊かな人格を備えた逞しい人間を育てる。(人間愛)
2. 自己を探求し、生涯にわたって主体的に自己実現を目指していく意欲を高める。(創造)
3. 公共の精神を尊び、郷土や地域社会の発展に寄与していく態度を養う。(貢献)

プロフィール

新カリキュラム実施
多岐にわたる進路の実現

【沿革】1979年に創立、2023年で45年目を迎える男女共学校。教職員と生徒が一体となって、新たな校風・伝統を築き上げるために努力しており、明るい雰囲気に満ちた活気ある学校である。校地には緑も多く、季節とともに移り変わる中庭を楽しむことができる。

広大な敷地には4階建ての校舎、体育館、プール、武道場、弓道射場、部室などの施設を備え、合宿のできる食堂兼多目的会館「名北館」も大いに活用されている。

【学科・コース】22年度入学生より教育課程を改訂し、基礎から発展段階へと進むにあたり、生徒一人一人が、自らの興味・関心・進路に応じて、主体的に選択履修し、学習を進めていくことを目指す。科目選択にあたっては、科目選択説明会を経て、進路希望達成のために必要な科目を確認しながら、自分に適した学習プランを設計していく。

1学年は基礎・基本を重視した学習内容となっている。2学年からは文系・理系に分かれ、自らの興味・関心や進路希望に応じた学習活動が展開できるよう、多くの選択科目を設けている。さらに3学年では多様な進路希望や適性にきめ細かく対応するために、幅広い選択群を設定し、主体的な選択によって、自己実現を図っていく学習活動を行う。

行事＆部活動・課外活動

希望する進路実現へ

総合的な探究の時間は、自己探究・進路探究・課題探究の三本柱で構成されており、生徒は自己の在り方・生き方を考えながら、課題解決に向け主体的・協働的に取り組んでいる。生徒会行事は、生徒総会、県高校総体壮行式、体育祭、北高祭(文化祭)などがあり、特に体育祭では学年の枠を超えたクラス対抗で競われ、総合優勝を目指して一致団結し大きな盛り上がりを見せる。生徒会が自主的、主体的に活動し、実行委員会と連携をとりながら企画・運営している。

部活動は全員登録制で、運動部18、文化部15が設置されている。昨年度は、野球部、陸上競技部、弓道部、剣道部(女子)、女子テニス部、女子バスケットボール部、女子バドミントン部など多くの部活動が県大会で上位に入賞した。文化部においても、演劇部が県演劇コンクール中央大会優良賞を受賞、吹奏楽部が県アンサンブルコンテストで銅賞を受賞、全日本合唱コンクール県大会金賞を受賞、写真部が県高等学校写真展で学校賞優秀賞を受賞、書道部が県高校書道展で推薦(最高賞)を受賞するなどの輝かしい実績を残した。

【主な行事】▷4月・入学式、対面式、部活動紹介、PTA総会▷5月・学校公開週間、前期生徒総会、県高校総体壮行式▷6月・県高校総体報告会、前期中間考査▷7月・体育祭、夏季課外講習▷8月・北高祭▷9月・前期末考査▷10月・芸術鑑賞会、学校公開週間▷11月・後期生徒総会、後期中間考査▷12月・修学旅行▷2月・後期末考査▷3月・卒業式

School Data

校長／石墨安洋
教頭／穀田浩美
生徒数／男子328人、女子387人
卒業生数／13,312人
　　　　　　(2023.4現在)

■所在地
〒981-1224
名取市増田字柳田103
TEL 022-382-1261
FAX 022-384-8976
https://natorikita.myswan.ed.jp/
アクセス／JR名取駅から徒歩15分

■部活動
硬式野球、陸上競技、サッカー、硬式テニス(男女)、ソフトボール(女)、バレーボール(男女)、バスケットボール(男女)、バドミントン(男女)、ハンドボール(男)、卓球、柔道、剣道、弓道、水泳、吹奏楽、ギター、映画研究、写真、美術、英語研究、奉仕活動、文芸、コミックイラストレーション、コンピュータ、茶道、華道、家庭、書道、演劇

■大学進学指定校推薦枠
(2022年度)
東北学院大、東北工業大、石巻専修大、尚絅学院大、仙台大、宮城学院女子大、仙台白百合女子大、東北文化学園大、聖和学園短大、仙台青葉学院短大をはじめとした大学・短大、高等看護学校など

■進学状況 (2022年度)
山形大、岩手大、宮城大、北見工業大、はこだて未来大、東北学院大、東北福祉大、東北医科薬科大、宮城学院女子大、東北工業大、仙台大、尚絅学院大、東北文化学園大、石巻専修大、仙台白百合女子大、東北芸術工科大、日本大、金沢工業大、関東学院大、東京薬科大、日本体育大、文化学園大、明海大、山形県立米沢女子短大、東北職業能力開発大学校、宮城県農業大学校、仙台青葉学院短大、聖和学園短大、新渡戸文化短大、仙台徳洲看護専門学校、仙台医療センター付属仙台看護助産学校、仙台市医師会看護専門学校、葵会仙台看護専門学校、JR東京総合病院高等看護学園、仙台医療秘書福祉専門学校、仙台大原簿記情報公務員専門学校、東北保健医療専門学校、東京法律公務員専門学校仙台校、仙台こども専門学校、代々木アニメーション学院仙台校、仙台デザイン&テクノロジー専門学校、宮城調理製菓専門学校など

■就職状況 (2022年度)
国家公務員、自衛官、宮城県職員、仙台市職員、大河原町職員、医療法人水仙会、名取岩沼農協、ともこキッズ歯科医院、タケエイ、日立astemo、日本梱包運輸倉庫、ケイアイスター不動産、中越通運仙台ALC

宮城県亘理高等学校

伊達家の家紋「抱竹」の丸の中に竹の葉を配し、完全を表すとともに竹の持つ快活さを表徴している。

校舎

クリーン作戦

食品化学科 食品製造実習

家政科 はらこめしづくり体験

校訓・教育方針 ▶ 質実剛健　勤勉力行

「愛しつゝ、働きつゝ、考えつゝ」を生活目標に、自主性に富んだ実行力のある人間を育成する

プロフィール

商業・食品・家政など専門知識・技術を習得

【沿革】仙台藩初代藩主・伊達政宗公の重臣であった伊達成実によって築かれた臥牛城の学問所、日就館跡に1898年4月、亘理郡立亘理簡易養蚕学校として創立された。当時、養蚕業が盛んに行われていたことから、養蚕の普及発展と担い手の育成を目的とした教育が行われた。1923年に県立学校へ移管、宮城県亘理蚕業学校と改称され、38年には宮城県亘理農蚕学校と改称された。

その後学制改革により亘理高等女学校と合併して、宮城県亘理農業高校と改称され、64年に現在の校名である宮城県亘理高等学校となる。74年、創立77年校舎落成記念式典を挙行、85年には、現在の普通、食品化学、商業、家政の4学科の構成となった。98年には創立100周年、2018年に創立120周年を迎え、記念式典を挙行した。

【学科・コース】現在は、普通科（普通コース、園芸コース）、食品化学科、商業科、家政科の4学科が設置されているが、24年度入学生より学科改編が行われる。

【普通科】

普通教科の学習に重点を置き、教養豊かな社会人・職業人としての資質を育成する。

24年度入学生より、就職に強い普通科を目指し、教科「商業」の学びを加える（1年「ビジネスマナー」、2年「情報処理」、3年「ソフトウェア活用」）。2年次より、生徒それぞれの興味関心、進路目標に合わせ普通類型、園芸類型、ビジネスキャリア類型の3つの類型に分かれる。

<普通類型>

普通科目を中心とした学習に重点を置き、選択科目の組み合わせにより幅広い学習ができ、大学進学にも対応し、幅広い分野に進路選択できる内容になっている。

<園芸類型>

普通科目の学習に加えて、農業や園芸に関する基礎・基本を重視した学習、実習による体験型学習のできる内容となっている。技術の習得と職業観を養い、農業系への就職や進学にも対応している。

<ビジネスキャリア類型>

普通科目の学習に加え、商業に関する科目の学習により、社会で必要とされる知識と技術を習得できる内容となっている。また、複数の商業関係の資格を取得することで金融や事務系への就職、経済・経営学部などビジネス系への進学にも対応している。

【食品科学科】

24年度より学びの内容に合わせ、食品化学科から食品科学科へ変更する。食品に関する基礎・基本を重視した学習を行い、実験・実習を通して技術の習得と職業観の育成を図る。実習では、パンやジャム、洋菓子（焼き菓子）などを製造する。実験では、食品の化学的特性の調査や成分分析を行っている。

【家政科】

家庭・社会生活の中で、家庭生活や社会福祉に必要とされる知識や技術を学習し、生活産業のスペシャリストを目指す。1年次は基本を、2年次からは被服、調理、福祉コースに分かれ、より専門的に学ぶことができる。また、実習を多く取り入れた授業を通し、実践力を身に付けながら、進路目標達成を目指す。資格取得にも力を入れており、全国高等学校家庭科技術検定（食物調理・被服製作・保育）1級、全商ビジネス文書実務検定3級を目標に取り組んでいる。卒業後は、専門性を生かした就職、専門学校・大学・短大等への進学が可能である。

行事＆部活動・課外活動

地域とつながり深める「フラワー作戦」展開

部活動は、同好会も含め27の団体が積極的に活動しており、今後の活躍が期待される。家庭クラブは、亘理町の一人暮らしの高齢者を訪問し、交流を深めるなどの活動を続けている。

課外活動では、農場で育てた花をドライバーに手渡し、生徒たちが交通安全を呼び掛ける「フラワー作戦」が年2回行われ、また、町からの依頼で年2回、普通科園芸コースの生徒たちが学校のハウスで育てた花を、亘理公園の花壇に植え替えている。地域の人たちとの交流を深める行事でもあり、生徒たちは一丸となって取り組んでいる。

【主な行事】▷4月・入学式、新入生歓迎会▷5月・前期生徒総会、仙南総体、フラワー作戦▷6月・県総体、クリーン作戦、前期中間考査、芸術鑑賞▷7月・スポーツ大会、オープンキャンパス▷8月・インターンシップ▷9月・前期期末考査▷10月・フラワー作戦、仙南新人大会、生徒会長選挙、亘高祭▷11月・後期生徒総会、後期中間考査▷12月・修学旅行▷2月・学年末考査▷3月・卒業式

School Data

校長／佐藤勝義
教頭／浅野伸一
生徒数／男子176人、女子168人
卒業生数／19,116人
　　　　　　（2023.4現在）

■所在地
〒989-2361
亘理郡亘理町字舘南56-2
TEL 0223-34-1213
FAX 0223-34-2310
https://watari-h.myswan.ed.jp/
アクセス／JR常磐線亘理駅から徒歩約20分

■部活動・同好会
サッカー、バスケットボール、ソフトテニス、剣道、バドミントン、柔道、陸上競技、卓球、バレーボール、野球、吹奏楽、情報処理、美術、写真、演劇、簿記、茶華道、生活文化、書道同好会、科学同好会、囲碁将棋同好会、軽音楽同好会

■大学進学指定校推薦枠
東北学院大、宮城学院女子大、仙台大、石巻専修大、東北工業大、東北文化学園大、仙台白百合女子大、尚絅学院大、医療創生大など

■進学状況
東北学院大、尚絅学院大、東北福祉大、東北工業大、宮城学院女子大、仙台白百合女子大、仙台大、仙台青葉学院短大、聖和短大、東北生活文化大短大部、宮城県農業大学校、仙台高等技術専門校、東北電子専門学校、仙台大原簿記情報公務員専門学校、仙台幼児保育専門学校など

■就職状況（2022年度）※数字は人数
アイティコミュニケーションズ、F-LINE、ENEOSウイング、弘進ゴム、七十七銀行、JR東日本テクノサービス、TOYOTIRE、東海高熱工業、東北センコー運輸、日立Astemo、日立Astemo亘理、フクベイフーズ、マルハニチロリテールサービス、東北フジパン（3）、宮城製粉、みやぎ亘理農協、名取岩沼農協、丸藤シートパイル、清山会、静和会、ホットマン、名糖運輸、ヤマザワなど

宮城県農業高等学校

「農」の文字をかたどったもの。1921年に改訂されて現在のシンボルとなった。

農業科

農業機械科

校訓・教育方針 ▶ 自啓（自らの力で自らの道を啓く）

普通教科と農業教科などの学習を通して、農業等に関する知識と技術と技能を習得させ、豊かな人間性と生きる力の育成を図り、将来地域社会を担う有為な社会人の育成を目指す。

プロフィール

全国でも屈指の伝統 教養豊かな人材育成

【沿革】各界に優秀な人材を輩出している、全国でも屈指の伝統を誇る農業高校である。

1885年、仙台市長町に第1種農学校として開校。1977年に自然環境に恵まれた名取市内に移転した。85年に創立100周年記念式典を挙行。92年には、緑化推進運動功労で内閣総理大臣賞を受賞している。94〜96年、創立110周年の記念事業として、米国農業体験実習を実施。99年に全学科男女共学となる。2018年に新校舎落成記念並びに創立133周年記念式典を挙行し、現在、創立138年目を迎える。

【学科・コース】現在の教育課程は農業科、園芸科、生活科、食品化学科、農業機械科の5つ。それぞれの専門分野に関する知識と技術を習得し、教養豊かな人材育成に努めている。

農業・園芸科は一括募集し、選択した科目により学科が決まる。2・3学年で「作物」「畜産」「植物バイオテクノロジー」「野菜」「草花」「果樹」「造園」の各分野について専攻。生活科では、生活における「福祉と保育」「食品製造とフードデザイン」、食品化学科では、食品製造に関する「食品化学」「食品流通」「食品微生物」、農業機械科では、「機

食品化学科

械設計」「機械工作」の分野を専門的に学習する。

行事＆部活動・課外活動

年間通じ多彩な行事 運動部・文化部・農業クラブ活動など 全国規模で活躍

特色ある行事として、5月の全校田植え、10月の宮農祭、1年間の収穫に感謝をする収穫感謝祭、課題を設けて研究活動を行った成果について発表をする学習成果発表会などがある。

生徒会活動は活発で、その活動は部・委員会活動だけにとどまらず、各種イベントへの参加やボランティア活動の推進など地域連携を強化する活動にも寄与している。

本校には生徒会とは別に農業クラブという組織があり、各種競技会が行われ、全国大会に出場し最優秀賞（文部科学大臣・農林水産大臣賞）を獲得している。

部活動は活発で、2022年度は運動部ではウエイトリフティング部、ボクシング部、相撲部が東北大会・全国大会に出場している。ウエイトリフティング部女子は全国大会個人優勝を果たしている。その他の部もインターハイなど全国大会での活躍を目標に活動している。文化部では和太鼓部が23年度全国大会出場を決めている。他にも科学部、農業経営者クラブも全国大会等で最優秀（グランプリ）、優秀賞を獲得するなど華々しい活躍・成果を生んでいる。

【主な行事】▷4月・始業式、入寮式、入学式▷5月・全校田植え、地区総体、校内農ク意見発表会▷6月・一期考査、県総体、芸術鑑賞会

School Data

校長／阿部幸弘
教頭／大野英子、佐藤淳
生徒数／男子390人、女子318人
卒業生数／23,151人
（2023.4現在）
同窓会長／髙野秀策

■所在地
〒981-1242
名取市高舘吉田字吉合66
TEL 022-384-2511
FAX 022-384-2512
https://miyanou.myswan.ed.jp/
アクセス／JR南仙台駅、名取駅から乗合バス「なとりん号」高舘線「県農業高校前」下車。JR名取駅から徒歩30分、自転車で15分

■部活動・愛好会
硬式野球、サッカー、ソフトテニス、陸上競技、バレーボール、卓球、バスケットボール、柔道、剣道、弓道、相撲、ボクシング、ウエイトリフティング、バドミントン、美術、写真、吹奏楽、合唱、演劇、放送、科学、茶道、書道、和太鼓、農業測量愛好会、軽音楽愛好会

■大学進学指定校推薦枠
東北学院大、東北工業大、酪農学園大、尚絅学院大、石巻専修大、東日本国際大など

■進学状況
＜国公立大学＞福島大、山形大、宮城大
＜私立大学＞酪農学園大、東北学院大、東北福祉大、東北工業大、尚絅学院大、東北生活文化大、仙台大、石巻専修大、東北芸術工科大、開志専門職大、新潟食料農業大、金沢学院大
＜私立短大＞仙台青葉学院短大、東北生活文化大短大部
＜専修各種学校＞岩手県立農業大学校、宮城県農業大学校、仙台高等技術専門校、国際マルチビジネス専

門学校、東北電子専門学校、花壇自動車大学校、葵会仙台看護専門学校、仙台医療秘書福祉専門学校、仙台医健・スポーツ専門学校、東北保健医療専門学校、仙台ウェディング＆ブライダル専門学校、仙台こども専門学校、仙台工科専門学校、仙台スイーツ＆カフェ専門学校、宮城調理製菓専門学校、仙台ビューティーアート専門学校、仙台ヘアメイク専門学校、仙台理容美容専門学校、仙台デザイン専門学校、専門学校日本デザイナー芸術学院、仙台リゾート＆スポーツ専門学校、仙台ECO動物海洋専門学校、仙台総合ペット専門学校、東日本航空専門学校、仙台大原簿記情報公務員専門学校、仙台総合ビジネス公務員専門学校、東京ITプログラミング＆会計専門学校、仙台スクールオブミュージック＆ダンス専門学校、ファッション文化専門学校DOREME、東北動物看護学院、青森愛犬美容専門学院、文化服装学院、辻調理専門学校、専門学校トヨタ東京自動車大学校、代々木アニメーション学院、ヒューマンアカデミー仙台校、テアトルアカデミー仙台校

■就職状況
仙台市、陸上自衛隊、航空自衛隊、みやぎ亘理農協、イエムラ、住化積水フィルム、アイリスオーヤマ、宮城熊さん、仙台農協、日建リース、名取岩沼農協、JR東日本東北総合サービス、伊藤チェーン、マルチプライ、白松がモナカ本舗、源吉兆庵、オフィスシーアイエス（サーティワンアイスクリーム）、いたがき、陣中、ヴィ・ド・フランス、ナチュリノ、ヤマダデンキ、フジ・コーポレーション、ドラッグストアモリ、おてんとさん、宮城中央ヤクルト販売、南東北クボタ、フクダ物産、志乃屋、石田商事（花の膳）、カルラ、シヤマインターナショナル、松月産業、KaraKami Hotels&Resorts、白石開発、エイトリー、JSS、三越伊勢丹アイムファシリティーズ、セコム、山元いちご農園

▷7月・授業公開週間、体育大会▷8月・中学生1日体験入学▷9月・二期考査、修学旅行▷10月・宮農祭▷11月・収穫感謝祭、学習成果発表会、

三期考査▷12月・生徒会農業クラブ総会▷2月・四期考査、卒寮式、授賞式、同窓会入会式▷3月・卒業式、修業式

宮城県仙台第一高等学校

宮城野の萩（はぎ）に笹（竹）を配し、仙台を象徴。萩のふくらみと竹の強さが、質実剛健と豊かな情操を表している。

校訓・教育方針 ▶ 自重以テ己ヲ律シ　献身以テ公ニ奉ス

社会に対する健全な批判力と自主自立の精神を持ちあわせた、心身ともに健康で有為な人間の育成を目指す

校舎

プロフィール

「自重献身」の人材育成
進路に応じ科目を選択

【沿革】1892年4月1日、宮城県尋常中学校として創立。初代校長は、国語辞書「大言海」の編集で知られる大槻文彦先生。校舎は清水小路、次いで六軒丁へと移り、1908年に元茶畑に移転した。校名も、宮城県第一中学校、宮城県仙台第一中学校を経て、48年に現在の名称に変わった。

93年、校舎の全面改築が終了し、創立100周年・校舎落成記念式典を挙行。94年から2003年にかけて第二運動場、プール、体育館、テニスコートが次々と完成した。

現在は、校訓「自重以テ己ヲ律シ　献身以テ公ニ奉ス」に基づき、国家や社会に貢献できる人材の育成に励んでいる。

10年度、男女共学となった。12年度には、通信制が美田園高校として分離独立し、全日制は文科省からSSH（スーパー・サイエンス・ハイスクール）校の指定を受け、22年度より継続Ⅲ期目に入った。同22年度には、創立130周年記念式典を挙行した。

【学科・コース】1学年で幅広い教科を学び、2・3学年では教科・科目選択制のもと、各自の進路希望に

硬式野球定期戦（5月）

応じた学習に取り組んでいる。またSSH指定校として、独自の学校設定科目を設けている。

行事＆部活動・課外活動

学校行事は自主運営
合言葉は「自発能動」

生徒総会を中心に、評議委員会、総務委員会、会計委員会などの組織が自主的・民主的に運営されている。大きな特色としては、発起人制度が挙げられる。企画、運営を希望する生徒たちが、生徒総会での承認を得て公的な立場を与えられ、行事などに取り組む制度である。主に運動祭、一高祭などの運営、生徒会誌「創造」の編集作業などに携わっている。

部活動は全員加入制。生徒は運動部、学芸部、同好会、愛好会のいずれかに必ず所属し、日々練習に励んでいる。

2022年度は、フェンシング、ヨット、陸上競技、少林寺拳法が全国大会に出場した。中でも陸上競技は全国で8位に入賞した。東北大会には弓道、剣道、水泳、バスケットボールが出場し、剣道は3位に入賞した。また、硬式野球、硬式庭球、山岳、ソフトボール、卓球、軟式庭球、バドミントン、ラグビーも県大会上位入賞した。学芸部では、囲碁・将棋が全国大会に出場した。吹奏楽が管打楽器ソロコンテストで全国大会に出場し、入賞した。鉄道研究が全国模型コンテストに出場した。書道が全国書道展で上位入賞した。クイズ研究、物理が東北大会に出場した。他の部もさまざ

まなコンテストや発表会に積極的に参加し、日ごろの練習や研究の成果を発揮している。

【主な行事】▶4月・入学式、対面式、運動祭▶5月・生徒総会、仙台一高・二高硬式野球定期戦、同軟式野球定期戦、仙台一高・二高三部定期戦▶6月・高校総体▶7月・合同巡検、校外研修、校内競技大会▶8月・一高祭▶10月・強歩大会、生徒総会▶11月・芸術鑑賞会▶3月・卒業式、終業式

School Data

校長／樽野幸義
教頭／齋藤英明
生徒数／男子515人、女子442人
卒業生数／37,805人
　　　　　　（2023.4現在）
同窓会長／佐浦弘一

■所在地
〒984-8561
仙台市若林区元茶畑4
TEL 022-257-4501
FAX 022-257-4503
https://sendai1.myswan.ed.jp/
アクセス／地下鉄東西線連坊駅から徒歩1分。地下鉄南北線五橋駅から徒歩15分

■部活動
　（運動部23　学芸部21）
弓道、剣道、硬式庭球、硬式野球、サッカー、山岳、柔道、水泳、ソフトボール、卓球、軟式庭球、軟式野球、バスケットボール、バドミントン、バレーボール、ハンドボール、フェンシング、ラグビー、陸上競技、ヨット、少林寺拳法、フットサル、応援団、囲碁・将棋、映画、演劇、音楽（合唱）、化学、クイズ研究、語学、軽音楽、室内楽、写真、出版、吹奏楽、生物、地学、鉄道研究、電脳研究、美術、物理、文芸、放送、書道

■進学状況
東北大、北海道大、弘前大、岩手大、宮城教育大、山形大、福島大、筑波大、宇都宮大、埼玉大、千葉大、電気通信大、東京大、東京学芸大、東京工業大、東京農工大、一橋大、横浜国立大、新潟大、金沢大、信州大、京都大、大阪大、神戸大、宮城大、福島県立医科大、高崎経済大、東京都立大、防衛医科大、防衛大、岩手医科大、東北学院大、東北福祉大、東北医科薬科大、独協医科大、青山学院大、慶応大、駒沢大、中央大、東京理科大、法政大、明治大、立教大、早稲田大、立命館大など

宮城県仙台二華高等学校

松の実は日ごろの学習教養の結実を意味し、松の葉は霜雪にも変わらぬ常磐（ときわ）の緑から節操を表す。鏡は人間としてのあるべき姿を意味する鑑（かがみ）を象徴している。

校舎

校訓・教育方針 ▶ 進取創造　至誠貢献

豊かな心と高い知性をもち、進取の気風と創造性にあふれ、社会のリーダーとして、わが国や世界の発展に貢献できる人間を育成する

プロフィール

探究学習をさらに追究
次世代のグローバル人材を育成

【沿革】1904年5月7日、私立東華女学校として創立する。その後県立の宮城県第二高等女学校と合併、48年には、学制改革により宮城県第二女子高等学校と改称。2010年に男女共学の併設型中高一貫教育校の宮城県仙台二華中学校・高等学校として開校、今年で創立119年目を迎えた。創立以来の文武両道の精神と、自由で明るくのびのびした生徒の気質、地道ながらも誠実で礼儀正しい気風は仙台二華にも引き継がれている。

【教育課程】高等学校普通科6クラスの編成。高1年次では高入生（二華中以外の中学校からの入学生）と一貫生（二華中からの入学生）は別々のクラスに編成され7クラス展開となる。高2年次で、高入生と一貫生は混合クラスとなり、6クラス展開となる。また、高2年次からは普通類型とIB（国際バカロレア）類型、それぞれ文系と理系に分かれ特性に合わせた学習を行う。高3年次では各系とも共通履修科目は少数で、各自の進路に合わせた科目を選択することができ、大学の入学試験に幅広く対応することができる。また、19年度入学生より単位制に移行したことで、今まで以上に自分の進路や興味・関心、そして能力や適性などに合った授業を選択できるようになっている。

また本校は、18年度まで「スーパーグローバルハイスクール（SGH）」の指定校として、将来、国際的に活躍できるグローバルリーダーの育成を目指してきた。19年度以降も「地球環境」をテーマとした探究学習をさらに追究し、学校設定教科「グローバルスタディ（GS）課題研究」において「世界の水問題の解決」に関する国際的な課題研究に取り組みながら、課題意識と国際的教養を身に付け、次世代のグローバル人材の育成を引き続き目指す。なお、世界標準の教育プログラムであるIB教育を21年4月から導入し、IB類型で実施している。

行事＆部活動・課外活動

生徒主体の伝統行事
実績を上げる部活動

本校では部活動を含め生徒の活動はとても活発に行われている。運動部では、水泳・陸上競技が毎年東北大会や全国大会に出場している。また、弓道・バドミントン・ソフトボール・新体操の活躍も光っている。文化部では音楽・ギターの定期演奏会や演劇の定期公演が行われ、音楽・書道・美術・英語・地学などが各種表彰を受けている。音楽、放送は東北大会の常連校でもある。2023年度は放送・地学・音楽が全国総文祭へ出場することになっている。

各時期に実施される学校行事は、生徒が主体的に取り組み、意気の上がるものとなっている。特に、例年多数の来校者でにぎわう文化祭、ユーモアと熱気にあふれる体育大会、美しいハーモニーで来場者を魅了する合唱コンクールは本校の三大伝統行事である。

国際交流も盛んで、アジア、欧州、米国などの高校生が年間を通して来校している。過去には当時の駐日米国大使キャロライン・ケネディ氏の来校や18年度はベラルーシ共和国の視察団が訪れるなど、世界中から関心を寄せられている。また、高2年次生全員が参加する海外研修旅行の実施や、米デラウエア州の公立高校への交流派遣研修（ホームステイ研修）などを実施している。

【主な行事】▷4月・入学式、新入生オリエンテーション、生徒総会、体育大会（陸上）、音楽部ギター部合同コンサート▷5月・生徒会役員選挙▷6月・高校総体、前期中間考査、合唱コンクール、芸術鑑賞会▷7月・夏期講習、オープンスクール▷9月・文化祭、前期末考査、高1生北上川フィールドワーク▷10月・読書会、体育大会（球技）▷11月・高2生海外研修旅行（台湾）、後期中間考査▷12月・冬期講習、GSメコン川フィールドワーク▷1月・高3生共通テスト激励会▷2月・後期末考査、課題研究発表会、予餞式▷3月・卒業式、海外派遣交流（米デラウエア州ホームステイ）、高1・2春季学習会（以上、予定）

School Data

校長／佐藤弘人
副校長／武田誠
教頭／半谷勝章、今野敦子
生徒数／男子296人、女子423人
卒業生数／33,237人
　　　　（2023.4現在）
同窓会長／小出裕貴子

■所在地
〒984-0052
仙台市若林区連坊1-4-1
TEL 022-296-8101
FAX 022-296-8103
https://nika.myswan.ed.jp/
アクセス／バス「五橋駅」または「五橋一丁目」下車徒歩7分。地下鉄南北線五橋駅から徒歩7分、地下鉄東西線連坊駅から徒歩7分、宮城野通駅から徒歩9分。JR仙台駅から徒歩15分

■部活動
【運動部】バドミントン、バスケットボール、卓球、陸上競技、ワンダーフォーゲル、剣道、弓道、水泳、ソフトテニス（以上男女）、ソフトボール、ハンドボール、バレーボール、新体操（以上女子）、サッカー（男子）
【文化部】放送、文芸、写真、演劇、美術、書道、茶道、被服、音楽、軽音楽、ギター、英語、物理、化学、生物、地学、JRC、アニメ・漫画、調理、クイズ研究（以上男女）

■大学進学指定校推薦枠
早稲田大、慶応大、明治大、法政大、立教大、青山学院大、中央大、学習院大、東京理科大、明治薬科大、津田塾大、関西大、関西学院大、同志社大、立命館大、東北学院大など

■国際交流など
提携校／米デラウエア州の公立高校、ユネスコスクール加盟校、GSメコン川フィールドワーク（夏・冬）

■進学状況
東北大、宮城教育大、北見工大、弘前大、岩手大、秋田大、山形大、福島大、筑波大、宇都宮大、埼玉大、千葉大、東京海洋大、お茶の水女子大、東京大、東京医科歯科大、山梨大、一橋大、東京工業大、東京学芸大、東京農工大、横浜国立大、新潟大、京都大、信州大、宮城大、岩手県立大、秋田県立大、福島県立医大、高崎経済大、都留文科大、新潟県立大、東北学院大、東北福祉大、東北医科薬科大、宮城学院女子大、青山学院大、上智大、慶応大、日本大、中央大、東京理科大、法政大、明治大、立教大、早稲田大、同志社大、立命館大など国公立大119人、私立大319人が現役合格

宮城県仙台三桜高等学校

旧宮城県女子師範学校の校章を受け継いだもの。
古鏡は青く澄んだ心、雪は純潔、竹は高潔と柔軟性を表す。

校舎全景

校訓・スクールミッション 「自律」「聡明」「敬愛」

宮城県仙台三桜高等学校は、「自律、聡明、敬愛」を校訓とし、意欲に溢れ、人間性豊かで知性ある人間を育てます。歴史と伝統を重んじ、未来に向かって視線を高く保ち、自らの目標に向かう心を育てます。他者を思いやる心を涵養し、課題解決能力に優れ、いかなる困難にも打ち克ち、地域社会の発展に貢献できる人材を育成します。

プロフィール

学びあい 認めあい 磨きあい 夢をかなえる

【沿革】1924年に設立許可を受け、宮城県女子師範学校に併置。48年の学制改革に伴い、宮城県第三女子高等学校となる。57年に現在の門前町に新校舎が落成、中島丁から移転した。大年寺丘陵南麓に位置し、野草園も近い。自然に恵まれ、四季の移り変わりを肌で感じることができる。2010年度、男女共学の仙台三桜高等学校として新たなスタートを切り、24年度に創立100周年を迎える。

【学科・コース】定員、普通科1学年280人。進学希望が90％以上を占めることから、2年次から進路希望に応じて文系、理系に分かれ、地歴公民科や理科などの科目を選択し、それぞれの進路実現に向けて本格的に学習を深めていく。さらに、3年次においては、文系、理系の各選択群に準備された多様な選択科目の中から自分にとって必要な科目を徹底して学ぶことができる。

学習と部活動を両立させながらの学力向上を目指しているが、生徒の進路第一希望を達成させるた

書道部作品

め、22年度からは、50分授業を実施している。

「総合的な探究の時間」では、生徒が主体的・協働的に学ぶ姿勢を育成している。1学年では、地域社会の課題を知り、自ら解決策を創出する探究活動を行い、2学年では、近隣の大学・教育施設・町内会などと連携した校外での探究活動も実施している。さらに3学年では、これまでの探究活動の経験や成果を自分の進路と関連づけて外部に発信できる力を養成している。

行事＆部活動・課外活動

生徒主体で各行事 部活動も活躍目立つ

互いに相手を思いやる人間関係の中で生徒会活動が行われている。生徒会執行部を中核に、評議会、各専門委員会を設置し、校内合唱コンクールや体育大会はレクリエーション委員会、三桜祭は実行委員会が運営主体となって行われる。

部活動も大変盛んで、運動部が13、文化部が19、同好会が1団体あり、大きな成果を上げている。

2022年度、放送部は、NHK杯全国高校放送コンテスト宮城県大会（アナウンス部門）において優秀賞を受賞し、全国大会に出場した。さらに宮城県高等学校放送コンテスト新人大会（朗読部門）で優秀賞を受賞し、23年度の全国高等学校総合文化祭への出場を決めた。音楽部は、全日本合唱コンクール宮城県大会で金賞を受賞し、東北支部大会に出場、文芸部は、22年度北海道・東北文芸大会（詩部門・部誌部門）に宮城県代表として出場、書道部は宮城県高等学校書道展（漢

春季体育大会

校内合唱コンクール

School Data

校長／佐々木英貴
教頭／浅野目隆浩
生徒数／男子142人、女子696人
卒業生数／24,558人
　　　　（2023.4現在）
同窓会長／五十嵐さとみ

■所在地
〒982-0845
仙台市太白区門前町9-2
TEL 022-248-0158
FAX 022-248-0482
https://sen3o-h.myswan.ed.jp
アクセス／JR仙台駅から大年寺経由の宮城交通または市営バスで「三桜高前」下車。地下鉄南北線長町一丁目駅から徒歩15分、JR長町駅から徒歩20分

■部活動・同好会
陸上競技、剣道、卓球、バドミントン、ハンドボール、バレーボール、ソフトテニス、バスケットボール、ソフトボール、ワンダーフォーゲル、フットサル、水泳、弓道、音楽、写真、美術、文芸、演劇、生物、茶道、手芸、地学、華道、放送、英語、書道、化学、園芸、ギター、漫画アニメ研究、クッキング、JRC、映画研究

■大学進学指定校推薦枠
尚絅学院大、東北医科薬科大、東北学院大、東北工業大、宮城学院女子大、仙台大、文教大、独協大、日本女子大、関西学院大、立命館大、仙台青葉学院短大など

■進学状況
国公立大（宮城教育大、秋田大、山形大、福島大、新潟大、宇都宮大、九州大、福岡教育大、岩手県立大、宮城大、秋田県立大、都留文科大）私立大、私立短大、看護専門学校、各種専門学校

■就職状況
国家公務員、地方公務員、航空自衛隊など

字の部、仮名の部）において推薦賞を受賞し、23年度全国高等学校総合文化祭に出場が決定した。

運動部もワンダーフォーゲル部、剣道部が全国大会に出場したほか、水泳部、陸上競技部が東北大会に出場している。

【主な行事】▷4月・入学式、実力テスト、春季体育大会、PTA総会▷5月・生徒総会▷6月・高校総体、防災訓練▷7月・芸術鑑賞、校内合唱コンクール、保護者面談▷8月・夏期講習、企業求人説明、実力テスト▷9月・三桜祭、生徒立会演説会▷10月・秋季体育大会、生徒総会▷11月・防災避難訓練▷12月・修学旅行（2年）、冬期講習▷1月・実力テスト▷3月・卒業式

宮城県仙台向山高等学校

校名の「向山」を図案化。形は心身の安定と調和を保ち無限に向上する生徒の意欲を示す。

校舎

中庭フェスティバル

| 校訓・教育方針 | 自律・和敬 |

◆「自律・和敬」の精神を重んじ、個性と創造性の豊かな人間を育てる。
◆意欲的に学習する習慣を養い、知性と教養の豊かな人間を育てる。
◆自己の言動に責任を持ち、他を思いやり協力する心の豊かな人間を育てる。
◆心と体の健康を増進し、たくましく生き抜く実践力の豊かな人間を育てる。

プロフィール

進学目指す教育課程 英・数・国の授業充実

【沿革】1975年4月、仙台南学区初の男女共学校（全日制普通科）として開校した。94年、男女共学校としては宮城県初となる理数科を設置。創立48周年を迎え、各学年とも普通科4学級、理数科1学級で編成している。また、創立時より制服を定めず、自由で清新な校風の中にも、「自律・和敬」の校訓を心に刻み、高い目標を揚げて学習やスポーツに励んでいる。

【学科・コース】普通科・理数科共に大学進学を目指した教育課程を編成。1週間の授業は1コマ50分授業を基本とし、週2回の6時間授業及び週3回の7時間授業を実施している。

普通科では1・2年次には国語・数学・英語の授業を標準単位より多く設定。2年次から文系、理系に分かれてそれぞれの進路希望に応じた学習を深め、大学入試に対応できる学力を身に付けることができる。

理数科では、理科・数学の専門的な授業を配置。通常の教室での授業のほか、生物分野や地学分野を学習する野外巡検、化学分野を学習する大学・研究所訪問、物理・地学分野を学習する天文学習会、数学分野の出前授業などがある。さらに「理数探究」では体験的かつ探究的な学習活動を行っている。

行事＆部活動・課外活動

活気に満ちた学校行事 学外講師のセミナーも

部活動では、昨年度陸上競技部において円盤投げ種目でインターハイ出場した。近年は放送部がNHK放送コンテストで全国大会準決勝に進出し、弓道部は個人で全国選抜大会に出場した。また吹奏楽部、陸上競技部、水泳部が東北大会の常連となるなど活躍している。

2003年度から「向陵プラン」を「総合的な学習（探究）の時間」として実施しており、18年度からは「向陵Plearning（プラーニング）」に改訂して実施している。「自分を広げる3年間」をテーマに単に大学合格を目指すのではなく、将来的な社会貢献を視野に入れたキャリア教育を実践し、全国的にも高い評価を得ている。

学校行事も充実しており、中庭フェスティバル、体育大会、向陵祭（文化祭）など、活気に満ちあふれている。

【主な行事】▷4月・入学式、生徒会入会式▷5月・春の中庭フェスティバル、生徒会役員選挙、総体壮行式▷6月・高校総体▷7月・体育大会、学校説明会▷8月・向陵祭▷9月・芸術鑑賞会▷10月・秋の中庭フェスティバル▷11月・向陵オープンセミナー、2年修学旅行▷2月・理数科課題研究発表会、予餞式▷3月・卒業式

体育大会

野外巡検

学習室

School Data

校長／渡邊重夫
教頭／阿部勝
生徒数／男子350人、女子243人
卒業生数／11,317人
　　　　（2023.4現在）
同窓会長／玉川勝義

■所在地
〒982-0832
仙台市太白区八木山緑町1-1
TEL 022-262-4130
FAX 022-262-4133
https://mukaiyama.myswan.ed.jp/
アクセス／JR仙台駅から市営バス、宮城交通バス「向山高校前」下車

■部活動・愛好会
陸上競技、硬式野球、水泳、卓球、弓道、剣道、ハンドボール、バドミントン、テニス、バスケットボール、バレーボール、ソフトボール、サッカー、自然科学、吹奏楽、写真、美術、茶道、JRC、新聞、放送、応援団

■大学進学指定校推薦枠（2023年度）
東北学院大、東北医科薬科大、岩手医科大、立教大、明治大、明治学院大、中央大、津田塾大、法政大、独協大、北里大、武蔵大、駒沢大、日本大、芝浦工業大、東京理科大、関西大など

■進学状況（過去3年間）
東北大、宮城教育大、宮城大、北海道大、北海道教育大、弘前大、岩手大、秋田大、山形大、福島大、新潟大、宇都宮大、群馬大、埼玉大、千葉大、東京学芸大、東京工業大、横浜国立大、富山大、金沢大、京都大、鳥取大、愛媛大、大阪教育大、岩手県立大、福島県立医科大、会津大、高崎経済大、前橋工科大、都留文科大、福知山公立大、高知県立大、東北学院大、東北医科薬科大、東北福祉大、青山学院大、立教大、明治大、明治学院大、中央大、学習院大、早稲田大、順天堂大、津田塾大、東京農業大、東京理科大、法政大、関西大、同志社大など

53

宮城県仙台南高等学校

校木として定めた公孫樹の葉をデザイン。
強い生命力と黄葉が人間形成を象徴している。

校訓・教育方針 ▶ 英知　調和　自律

高い知性と幅広い識見を持ち、実践力に富む人間の育成、優れた知的判断力、自主性・自律性の育成を目指す

校舎

運動会　　　課題研究発表会

プロフィール

「総合力は南高で」 部活も勉強も団体戦

【沿革】仙台南高校は1977年4月に普通科男女共学校として開校。2006年に創立30周年の記念式典を挙行し、23年で開校47年目となる。これまで1万4522人の卒業生を各界に送り出し、23年5月1日現在、普通科7クラス、男子379人、女子454人、計833人が在籍している。

南高校は「総合力は南高で」の合言葉のもと、生徒・保護者・教職員が「団体戦」感覚をもって、何事にも全力で取り組み、学びの総合力をさらに高める努力を続けている。

【学科・コース】全日制課程普通科の高校。生徒の大多数が進学を希望していることから、学年が進むにつれ多様な科目選択ができるようになっている。

1学年では国語・数学・英語の基礎教科を重点的に学習する。芸術は音楽か美術の選択となる。2学年から進路希望に合わせ文系・理系に分かれる。3学年ではさらに選択科目が増え、理系・文系それぞれの進路希望に合わせた多様な科目選択が可能だ。

時程は、1時限50分の授業を実施。週に3日間が7時限、残り2日間が6時限の授業で、合計週33コマの時間割となる。各教科・科目の授業を週ごとバランス良く学習でき、かつ十分な学習時間を確保できる。そのため、大学入試などに対応する力をしっかりと培っていけるようになっている。また、6時限が午後3時5分に終了するので、放課後の部活動の時間も十分に確保されている。

進学実績も安定しており、22年度は国公立大学に現役で135人が合格した（うち進学者は130人）。勉強にも部活動にも一生懸命取り組む生徒の「やる気」に応える高校だ。

行事＆部活動・課外活動

実りある学校生活へ 生徒主体で行事運営

南高祭、運動会、球技大会など、生徒たちが中心となって運営している。生徒一人一人に、学校生活を自分たちで豊かなものにするという意識が強く、生徒会活動が活発だ。

部活動は運動部15部、文化部12部（三つの愛好会含む）からなり、活気にあふれている。運動部、文化部ともにどの部活動も毎年好成績を収めている。2022年度は、音楽部（合唱団）、放送部、ハンドボール部（県選抜選手）、水泳部（アーティスティックスイミング）が全国大会に出場した。さらに、運動部ではフェンシング部、陸上競技部、剣道部が東北大会出場を果たした。

関西方面への修学旅行においては、飛行機または新幹線での移動、全学年同一の動きのほか、クラス単位、班単位の研修が行われる。クラスごとの「校外学習委員」を中心に、研修のコースや内容を担任の先生方のアドバイスをもとにクラスでの話し合いで決め、実りある「校外学習」になるよう綿密な計画を立てて実施される。

【主な行事】▷4月・入学式、授業参観、PTA総会▷5月・運動会、防災講話（1年）、生徒総会▷6月・県総体、進路ガイダンス▷7月・三者面談、夏期講習、オープンスクール（学校説明会）▷8月・南高祭▷9月・生徒会選挙、前期終了▷10月・後期始業、球技大会、キャリアセミナー（1年）、夢ナビライブ、生徒総会、芸術鑑賞会▷11月・修学旅行（2年）▷12月・三者面談(3年)、冬期講習▷3月・卒業式

School Data

校長／駒木康伸
教頭／松平賢
生徒数／男子379人、女子454人
卒業生数／14,522人
　　　　　（2023.4現在）
同窓会長／早坂陽

■所在地
〒982-0844
仙台市太白区根岸町14-1
TEL 022-246-0131
FAX 022-246-0132
https://sminami-h.myswan.ed.jp
アクセス／JR東北線長町駅から徒歩15分。地下鉄南北線長町一丁目駅から徒歩7分

■部活動・愛好会
野球、ソフトテニス、フェンシング、剣道、テニス、卓球、ハンドボール、バスケットボール、サッカー、陸上競技、水泳、バレーボール、ソフトボール、ラグビー、弓道、放送、美術、文芸、音楽（合唱・吹奏楽）、自然科学、演劇、茶道、軽音楽、映画研究、音楽鑑賞、クッキング

■大学進学指定校推薦枠
横浜市立大、青山学院大、工学院大、女子栄養大、芝浦工業大、昭和女子大、成蹊大、成城大、津田塾大、帝京大、東京電機大、東京農業大、東京理科大、東海大、東洋大、法政大、立正大、独協大、神奈川大、同志社大、龍谷大、東北医科薬科大、東北学院大、東北工業大、宮城学院女子大、尚絅学院大など

■進学状況
弘前大、岩手大、山形大、東北大、宮城教育大、福島大、千葉大、埼玉大、宇都宮大、茨城大、群馬大、新潟大、室蘭工業大、小樽商科大、帯広畜産大、福島県立医科大、岩手県立大、宮城大、会津大、山形県立保健医療大、高崎経済大、都留文科大、東京都立大、横浜市立大、新潟県立大、京都府立大、東北学院大、東北医科薬科大、東北福祉大、宮城学院女子大、尚絅学院大、東北工業大、石巻専修大、東北文化学園大、東北芸術工科大、東京国際大、日本工業大、立教大、東海大、神田外語大、城西国際大、青山学院大、順天堂大、女子栄養大、専修大、玉川大、東海大、日本大、法政大、立教大、神奈川大、京都産業大、同志社大、大阪芸術大、大阪畜産大、神戸芸術工科大、仙台医療センター付属仙台看護助産学校、東北労災看護専門学校、防衛大学校、海上保安大学校など

宮城県仙台西高等学校

仙台西高の「WEST」のWを基に、校訓(英知・敬愛・自律)の英訳"Wisdom、Warmth、Will"のそれぞれを3つのWの組み合わせで表現した。中心の三角形は、知・徳・体の調和ある錬磨と完成を意味する。

校訓・教育方針 ▶ 英知　敬愛　自律

国際社会の進展の中で、真に将来を担う人間を育てるため、知・徳・体の調和ある錬磨を目指し、社会に貢献し得る強靭(きょうじん)な心身と豊かな個性を育成する

校舎全景

第84回夏の甲子園出場

西陵祭

スポーツ大会

総合的な探究の時間

プロフィール

2類型と選択制で適性や進路に対応

【沿革】1983年、東に太平洋を望み、西に太白山を仰ぐ旧宮城県農業短大御堂平農場跡地に開校。2022年には開校40周年を迎えた。

学校は、「仙台自然休養林鈎取地区」や「野鳥の森」として市民に親しまれている自然豊かな場所にある。また、三神峯・上の台遺跡からは縄文期から平安期に至る各時代の土器や石器が出土し、歴史と自然の宝庫の中に位置していると言える。

学期は4~9月を前期、10~3月を後期とする2期制であり、年4回の定期考査が行われる。長期休業中は課外講習、春、秋、冬には外部模擬試験を実施しており、進路目標達成のために力を注いでいる。

【学科・コース】1~3学年各6クラスの全日制普通科(男女共学)を編成。生徒の多様な興味、関心、適性、進路などにできるだけ対応し、生徒一人一人が生き生きと学習できるような教育課程を編成。全体としては選択制を取り入れている。

1年次は生徒の自己を発見していくために偏らない学習ができるように配慮し、芸術科目以外は共通履修とする。2、3年次においては自己の進路、適性などに応じた科目を選択履修できるよう、文系・理系の2類型としている。また、自己理解を深めさせ、将来の進路を見据えた目標を設定及び実行する進路学習プログラム「西陵タイム」を実施している。1学年あたりの単位数は32単位。このうち教科学習に30単位、総合的な探究の時間に1単位及び特別活動に1単位を充てている。総合的な探究の時間の内容は「西陵タイム」、小論文学習、SDGs関係の課題探究などである。

また卒業後の進路達成に向け、平常課外は3年次の平日放課後に実施。長期休業中の課外は特に大学・短大進学を目標に、より高度な内容で実施している。年間を通して計画的学習、家庭学習の習慣化を図っている。

行事&部活動・課外活動

学校築く主役は生徒行事支える高い意識

生徒一人一人が自分たちの手で学校を築くという意識が強く、生徒会執行部を軸にさまざまな活動が行われている。学校全体の課外活動では、秋のスポーツ大会、西陵祭(文化祭)など充実した行事が実施されている。

部活動では、2002年に硬式野球部が夏の甲子園に初出場。陸上競技部がインターハイ、国体に出場している。サッカー部やハンドボール部は、毎年のように好成績を収めている。さらに、全国高校総合文化祭に出場経験のある合唱部、地学部、囲碁将棋部をはじめ、吹奏楽部など文化部の活躍も目覚ましい。

【主な行事】▷4月・入学式▷5月・生徒総会▷7月・夏期課外授業、学校説明会▷8月・夏期課外授業▷9月・西陵祭▷10月・スポーツ大会、芸術鑑賞会▷11月・開校記念行事、生徒総会、修学旅行▷12月・冬期課外授業▷3月・卒業式

School Data

校長／猪狩一彦
教頭／鎌田幹子
生徒数／男子366人、女子338人
卒業生数／11,721人
　　　　　(2023.4現在)
同窓会長／守敬太

■所在地
〒982-0806
仙台市太白区御堂平5-1
TEL 022-244-6151
FAX 022-244-6152
https://snishi-h.myswan.ed.jp/
アクセス／地下鉄東西線八木山動物公園駅から宮城交通バス「仙台西高校前」下車徒歩8分、市営バス「西高校入口」下車徒歩5分

■部活動・同好会等
陸上競技、バレーボール、バスケットボール、ソフトテニス、サッカー、卓球、ハンドボール、ソフトボール、硬式野球、剣道、柔道、バドミントン、地学、化学、写真、社会、吹奏楽、合唱、美術、英語、漫画アニメ、茶道、囲碁将棋、放送、JRC、家庭同好会、地域学習クラブ

■進学状況(過去3カ年)
宮城教育大、山形大、岩手大、福島大、筑波大、宮城大、山形県立米沢栄養大、東北学院大、宮城学院女子大、東北工業大、尚絅学院大、東北福祉大、仙台白百合女子大、東北医科薬科大、仙台大、石巻専修大、東北文化学園大、東北芸術工科大、盛岡大、聖和学園短大、仙台赤門短大、仙台青葉学院短大、自治医科大、専修大、青山学院大、立教大、横浜薬科大、法政大、白鴎大、千葉工業大、城西大、工学院大、日本大、神田外語大、神奈川大、東洋大、駒沢大、日本薬科大、国学院大、東海大、中央大、山梨学院大、ヤマザキ動物看護大、京都芸術大、至学館大、東京国際大、東京農業大、明海大、日本社会事業大、福山大、創価大、新潟医療福祉大、酪農学園大、日本医療科学大、埼玉工業大、岡山理科大、千葉科学大、東京福祉大、実践女子大、至学館大短大部、埼玉女子短大、桐朋学園芸術短大、戸板女子短大、神奈川歯科大短大など他、専修・各種学校多数

■就職状況
国家公務員(税務署)、仙台市職員、警察官、自衛官、アイリスオーヤマ、日本郵政、いたがき、マックスバリュ南東北など

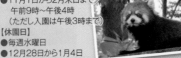

宮城県仙台東高等学校

東を表す「EAST」のEを図案化。左右の切り込みは校木「いちい」の葉を表している。

校舎風景

グローバルウィーク（異文化理解講座）

海外研修（オーストラリア：2018年実施）

校訓・教育方針 ▶ 進取創造 自主自律 誠実協和 強健不撓

1. E: Enterprise 進取創造 広い視野と柔軟で創造的な考え方と進取の精神を育てる。
2. A: Autonomy 自主自律 自主・自律の態度を伸ばし、公正な判断力と責任感を涵養する。
3. S: Sincerity 誠実協和 誠実さを人間関係の基本とし、相手の立場に立って理解しようとする態度を培い、協調と奉仕の心を育てる。
4. T: Toughness 強健不撓 強健な身体と不撓不屈の意志を持って勤勉に努力する態度を育てる。
校訓の頭文字をつなげるとEASTとなり、正に本校を象徴するものです。

プロフィール

Enjoy East!
東高はいつでもどこでも生徒が主役です

本校スローガン 「結果よりその過程」「目配り気配り心配り」「Think globally. Act locally.」

【沿革】1987年4月に開校した、県内77番目の県立高校。宮城県初の英語科が設置された。仙台市東部の田園地帯に位置し、広大な敷地には、400mトラックをはじめ野球場、ソフトボールグラウンド、ハンドボールコート、全天候型のテニスコート5面などの施設を備えている。また、冬季においても快適に練習が行える温風暖房設備のある体育館、300人収容可能な国際文化講義室などの優れた施設を持つ。

【学科、コース】創立以来、英語科、普通科ともに英語教育、国際交流に力を入れ、将来、社会において活躍するために必要な広い視野と、柔軟で創造的な考え方を身に付け、国際社会に貢献できることを目標とするとともに、さまざまな大学進学にも十分対応できる教育課程を編成している。

また、多様化する進路希望に対応できる教育課程を編成して3年間で学ぶ内容の充実化を図るとともに、授業時間確保と放課後活動（生徒会活動、部活動など）の充実を目的とした「55分授業」を展開している。

普通科は1年生では英語、数学、国語に力を入れ、2年生から希望により文系、理系の類型に分かれる。

総合的に学ぶための教育課程を編成し、国公立大や難関私立大などへの進路希望に対応した科目選択ができる。

英語科では英語の4技能（「聞くこと」「話すこと」「読むこと」「書くこと」）を総合的に育成し、英語科合宿など独自の行事や学習活動を通じて、より実践的な英語力を身に付けさせ、国公立大文系や難関私立大などへの進路希望にも対応させている。また、iPad等のICTを活用して、オンラインで海外の学校や外国人講師との異文化交流を積極的に行うなど、英語の実践力を向上させる取り組みを実践している。

行事＆部活動・課外活動

魅力と活力ある学校
国際交流にも積極的

県内で初めて「英語科」が設置されたことから、創立以来、英語教育をはじめ、国際交流、留学生の受け入れなどにも積極的に取り組んでいる。

11月にはグローバルウィークと称し、「国際講演会」「異文化理解講座」、そして生徒会、英語海外文化部、JRCなどの活動発表の場としての展示などさまざまなイベントを開催する。期間中は特に、学校中が国際的な雰囲気に包まれ、さらなる国際意識の向上と国際理解を深めている。

生徒たちは日々の学習はもちろんのこと、学校行事（運動会、球技大会、東風祭など）や部活動へも積極的に参加して取り組み、それぞれの目的や能力に応じて、充実した高校生活を送り成果を上げている。

【主な行事】▷4月・入学式、学習オリエンテーション（1年）、運動会▷5月・生徒総会、進路講演会（3年）、キャリアセミナー（1年）、英語科合宿（1年）▷6月・高校総体、前期中間考査▷7月・英語科合同LHR、校内英語討論大会、オープンキャンパス（学校説明会）、夏期課外講習▷9月・文化（東風）祭、前期末考査、校内英作文コンクール▷10月・夢ナビライブ、球技大会、英語科講演会、生徒総会▷11月・グローバルウィーク（11/7〜11）、国際講演会、芸術鑑賞会、後期中間考査▷12月・修学旅行（2年）、キャリアセミナー（1年）、冬期課外講習▷1月・英語科合同LHR▷2月・学年末考査、3年生を送る会▷3月・卒業式、海外研修、先輩の話を聞く会

School Data

校長／藤垣庸二
教頭／菅野淳一、曳田雅史
生徒数／男子397人、女子315人
卒業生数／10,741人
（2023.4現在）
同窓会長／光井伯和

■所在地
〒984-0832
仙台市若林区下飯田字高野東70
TEL 022-289-4140
FAX 022-289-4383
https://higasi-h.myswan.ed.jp
アクセス／各駅から市営バスを利用。JR仙台駅から「井土浜・中野行き」「六郷小学校行き」「三本塚・藤田・荒井駅行き」、地下鉄東西線荒井駅から「交通局東北大学病院行き」、地下鉄東西線薬師堂駅から「沖野・藤田行き」、JR長町駅から「東高校入口・藤田・荒井駅行き」。いずれも「六郷交番前」で下車して徒歩約5分

■部活動
陸上競技、硬式野球、バレーボール、テニス、ソフトテニス、サッカー、バスケットボール、卓球、ハンドボール、ソフトボール、剣道、ラグビー、バドミントン、水泳、美術、吹奏楽、文芸書道、英語海外文化、演劇、JRCボランティア、囲碁将棋、茶華道、マジック、合唱、映像

■進学状況
北海道教育大旭川校、北海道教育大函館校、北見工業大、岩手大、山形大、宮城教育大、福島大、宮城大、神戸市外国語大、岩手県立大盛岡短大部、東北学院大、東北福祉大、東北工業大、宮城学院女子大、尚絅学院大、東北文化学園大、東北医科薬科大、仙台白百合女子大、仙台大、石巻専修大、日赤秋田看護大、国際医療福祉大、白鴎大、群馬パース大、日本医療科学大、千葉商科大、青山学院大、工学院大、順天堂大、成蹊大、成城大、専修大、帝京大、帝京科学大、東京工科大、東京農業大、東邦大、日本大、駒沢大、法政大、明治大、関東学院大、新潟薬科大、大阪経済大、仙台青葉学院短大、聖和学園短大、仙台赤門短大、東京家政大短大、仙台医療センター付属看護助産学校、葵会仙台看護専門学校、東北労災看護専門学校、日本医科大看護専門学校、仙台ECO動物海洋専門学校、仙台理容美容専門学校、仙台総合ビジネス公務員専門学校、仙台総合ペット専門学校、東京法律公務員専門学校、東京モード学園ほか

■就職状況
あぶくま消防、角田市役所、JR東日本、アイリスオーヤマほか

宮城県工業高等学校

工業を象徴する歯車を三方に配し、間に県花の萩（はぎ）三葉を組み合わせている。校訓と未来への発展を表す。

校舎

機械科鋳造実習風景

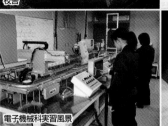
電子機械科実習風景

情報技術科実習風景

校訓・教育方針 ▶ **誠実・節度・創造**

「もの（技術）づくり、ひと（人材）づくり、ゆめ（未来）づくり」

一般教養を高め、専門的な知識・技術の習得を図るとともに、勤労を愛好し、旺盛な責任感と自律・協同の精神並びに倫理観を涵養し、国家及び社会の発展に寄与する、豊かな人間性と創造性を備えた心身ともに健全な工業技術者の育成を期する。

プロフィール

技術者育て未来創造 資格取得にも力注ぐ

【沿革】1913年、宮城県立工業学校として創立。19年に校名を宮城県工業学校と改め、48年、現在の宮城県工業高等学校に改称。15年には第6回「ものづくり日本大賞」において文部科学大臣賞を受賞した。2023年に創立110周年を迎えた。

【学科・コース】機械科、電子機械科、電気科、インテリア科、化学工業科、情報技術科の6学科で編成。

機械科では、機械および新技術に関する知識と技術を習得し、製造、管理、設計などに当たる技術者を養成する。在学中に普通旋盤およびフライス盤技能士、機械製図CADなどの3級または2級が取得可能である。

電子機械科では、メカトロニクスの技術に対応できるよう、電気・電子、機械、制御、情報の基礎およびそれらの総合技術を学習する。電気・電子、機械、制御、情報の検定や各種技能士などについても受験により取得可能である。

電気科では、各種産業分野で対応できる電気の基本的な知識や技術を身に付ける。資格取得にも力を入れており、電気工事士第一種・第二種の合格者数は全国のトップクラスである。卒業後、実務経験を積み申請することで第三種電気主任技術者の免状を取得できる。

インテリア科は、インテリア、デザイン、建築、木工について総合的に学べる県内唯一の学科である。インテリア計画、模型製作、デザイン、家具の製作などの授業を通し、イメージを形にする知識と技術を学習する。在学中に色彩検定、インテリアコーディネーターなどの資格を取得することができ、卒業後の実務経験3年で二級建築士の受験資格が得られる。

化学工業科では、時代の先端を行く化学や材料、環境などに関する技術を学び、研究・分析・製造などの化学者を養成している。卒業後は約6割が国公立大学を中心とする大学などに進学し、約4割が大手企業などで化学者として活躍している。また、在学中でも多くの生徒が危険物取扱者などの国家資格を取得している。卒業後は申請により毒物劇物取扱責任者になることができる。

情報技術科では、ICTと呼ばれる「プログラミング技術」「ハードウエア技術」「ネットワーク技術」の三つの技術を軸に学習を展開し、ICT業界などで活躍するための基本的な技術を習得でき、各種検定試験やITパスポート試験、基本情報技術者試験などの資格が取得可能である。

行事＆部活動・課外活動

視野広げる課外学習 部活も輝かしい成績

宮工祭や運動会、球技大会などの行事では、各クラスが一丸となって積極的に参加している。芸術鑑賞会、工場見学（学科別）などの課外学習も多く、視野を広げる絶好の機会となっている。

また、部活動は運動部、文化部とも多彩なジャンルがあり、それぞれ好成績を収めている。運動部では、空手道部、弓道部、柔道部、サッカー部、卓球部、バドミントン部で県大会上位の成績を収めている。文化部では、情報研究部の技能五輪全国大会出場、機械技術部の若年者ものづくり競技大会出場、新聞部の全国高校総合文化祭出場、自動車部、書道部の上位入賞など輝かしい実績を残している。在校生には国内トップクラスの技能者と競う

School Data

校長／山中弘記
教頭／阿部吉伸、都築美幸
生徒数／男子685人、女子145人
卒業生数／25,176人
　　　　（2023.4現在）
同窓会長／今野基

■所在地
〒980-0813
仙台市青葉区米ケ袋3-2-1
TEL 022-221-5656
FAX 022-221-5660
https://miyagi-th.myswan.ed.jp/
アクセス／JR仙台駅西口より市営バス（11番）、宮城交通バス（12番）乗車「霊屋橋・瑞鳳殿入口」下車、徒歩7分。地下鉄南北線「五橋駅」「愛宕橋駅」下車、徒歩15分。地下鉄東西線「青葉通一番町駅」下車、徒歩20分。仙台駅より徒歩30分

■部活動・愛好会
陸上競技、サッカー、バレーボール、野球、水泳、ソフトテニス、バスケットボール、バドミントン、卓球、山岳、柔道、剣道、空手道、ハンドボール、弓道、社会、美術、文芸、書道、自動車、弱電、クラフトデザイン、茶道、情報研究、自然科学、写真、吹奏楽、新聞、化工、コミックイラスト、機械技術、囲碁、軽音楽、ダンス、電気技術（愛）、将棋（愛）、映像研究（愛）

■進学状況
山形大、岩手県立大、新潟大、長岡技術科学大、室蘭工業大、北見工業大、宮城教育大、東北工業大、東北学院大、東北芸術工科大学、仙台大、千葉工業大、日本工業大、東北職業能力開発大学校、仙台青葉学院短大、東北電子専門学校、日本デザイナー芸術学院、東日本航空専門学校、トヨタ東京自動車大学校、仙台高等技術専門校など

■就職状況
トヨタ自動車、トヨタ自動車東日本、セイコーインスツル、YKKAP、仙台村田製作所、東日本旅客鉄道、本田技研工業トランスミッション製造部、本田技研工業埼玉製作所、東北電力、東北送配電サービス、東北電力ネットワーク、トークネット、ユアテック、パナソニックLS社、アイリスオーヤマ、AGC、三菱ケミカル、三菱電機、三井化学、NTT東日本、スクリブル・デザイン、コスモシステムなど

力を持つ者がおり、また、卒業後も日本代表を目指して、技術の向上を目指す同窓生も多い。

【主な行事】▷4月・入学式、運動会▷5月・生徒総会▷6月・高校総体、芸術鑑賞会▷8月・球技大会▷10月・宮工祭▷11月・生徒会役員選挙、生徒総会▷12月・校外ホームルーム（2年）▷2月・創立記念日▷3月・卒業式

57

仙台市立仙台工業高等学校

友愛・協調・勤勉を象徴した三つの歯車は三位一体となり、真理探究を目指す積極精神を表している。

普通教室棟学校正面

校訓・教育方針 ▶ **友愛・協調・勤勉**

人間性豊かな21世紀の工業界を担う技術者の育成

プロフィール

技術革新に即応した高度な専門教育 就職・進学に対応したカリキュラム

【沿革】本校は、1896年、仙台市徒弟実業学校として仙台市上杉通尋常小学校内に創立。創立127周年を迎える、全国でも有数の歴史と伝統を誇る工業高校である。建築・土木・機械・電気の4科を有し、基礎的・基本的事項の習得に留意しつつ、専門的・実践的職業能力の向上を目指した教育課程を編成し、人間性豊かな工業人の育成に努めている。

本校は、教育内容の充実はもちろん、施設・設備面においても超高校級のコンピューターシステムをはじめ最先端の機器類を配備している。またデュアルシステムを導入し、変化と進歩の激しい工業技術社会に十分即応できるスペシャリストの育成に万全を期している。また全生徒にchromebookが貸与され、ICT教育の推進に学校全体で取組んでいる。教育課程においては進路希望別の選択科目を取り入れ、大学・高専進学、民間就職、公務員など多様な進路を見据えつつ、幅広く応用力のある技術者の育成を目指した教育方針を掲げている。

機械科溶接実習

【学科】全日制建築科、土木科、機械科、電気科で編成。

建築科では、建築物がどのように設計され建てられるのかについて、基礎的、基本的な知識や技術、技能を身に付ける。在学中に、①2級建築施工管理技術検定（学科）②建築CAD検定③大工技能検定④トレース技能検定の資格を取得することができる。

土木科では、社会に貢献することができる土木技術者の育成を目指し、専門科目を通して土木技術の基礎について学習していく。在学中に2級土木施工管理技術検定、測量士補などの資格が取得可能。進路先では土木専門職として公務員になる者も数多くいる。

機械科では「ものづくり」に必要とされる基本的な知識・技術の習得を第一に考え、数多くの実習項目を取り入れている。また、「安全作業」の徹底を科の重点努力目標に掲げている。資格取得については、1年生全員に「情報技術検定」を受検させているほか、2年生全員対象に「ガス溶接技能講習」を実施、さらに、「2級ボイラー技士」「3級技能士」「溶接技能者」などの資格を取得することができる。

電気科では、電気エネルギーの発生と輸送、電力の利用と制御について、授業と実験・実習を通じて幅広く学習し、電気設備の工事・保守および運用に関する電気技術者を養成する。在学中に第一種電気工事士、第二種電気工事士、工事担任者DD第三種などの資格を取得することができる。またICTの急速な進展に

School Data

校長／春日川孝
教頭／大沼覚
生徒数／男子525人、女子58人
卒業生数／20,488人
　　　　　（2023.4現在）
同窓会長／栗原憲昭

■所在地
〒983-8543
仙台市宮城野区東宮城野3-1
TEL 022-237-5341
FAX 022-283-6478
http://www.sendai-c.ed.jp/~sendaith/
アクセス／JR仙台駅から市営バス小鶴新田駅または東仙台営業所前行き「宮城野小・仙台工業高前」下車。JR仙石線陸前原ノ町駅から徒歩15分。地下鉄東西線卸町駅から徒歩20分

■部活動・愛好会
硬式野球、軟式野球、陸上競技、アーチェリー、ラグビー、バスケットボール、ソフトテニス、バレーボール、卓球、柔道、剣道、水泳、山岳、サッカー、バドミントン、コンピュータ、写真、美術、音楽、自動車、工業研究、模型・動画、ブラスバンド、建築倶楽部、囲碁・将棋

■進学状況（2022年度）
東北学院大、東北工業大、東北福祉大、石巻専修大、尚絅学院大、日本大、白石高等技術専門学校、仙台工科大専門学校、東北電子専門学校、東京IT専門学校、仙台医療福祉専門学校など

■就職状況（2022年度）
東北地方整備局、陸上自衛隊東北地区、北海道開発局、仙台市建築、仙台市土木、利府町土木、神奈川県土木、宮城県警察、青葉冷凍、NTKセラテック、ENEOS仙台製油所、奥田建設、関電パワーテック、CNS、ジェイアールテクノサービス仙台、新幹線リフテクノロジー、セイコーインスツル仙台事業所、積和建設東北、仙建工業、仙台村田製作所、全農エネルギー、中央鋼建、塚田電気工事、東亜道路工業、東芝エレベータ東北支社、東北浅野防災設備、東北電機製造、TOYO TIRE仙台工場、東洋刃物、新潟運輸、日本建設、日本ファインセラミックス、日本道路東北支社、ネクスコ・エンジニアリング東北、日立産機テクノサービス、日立ビルシステム東北支社、深松組、プライムアースEVエナジー、福興電気、向井建設、浅沼組東京本店、NTT東日本南関東、鹿島クレス東日本支社、きんでん、住友建機、大和ハウスリフォーム東京本社、東京電力パワーグリッド、東北電力、東北カネットワーク、東日本旅客鉄道、明電舎など

対応し、「プログラミング技術」を選択科目として設定している。

行事＆部活動・課外活動

実績を誇る運動各部 文化部も全国で成果

部活動は大変盛んで、運動部15、文化部10によって活動している。運動部は伝統と輝かしい栄光に支えられ、全国レベルの競技力を持っている部が数多くある。文化部においても全国規模の各種大会で表彰を受けており、活躍に目覚ましいものがある。

2022年度は、アーチェリー部、陸上競技部、柔道部が東北大会に出場。アーチェリー部がインターハイ及び国体に出場した。

文化部では、建築倶楽部、写真部が東北大会で優勝、ともに全国大会で敢闘賞を受賞した。また工業研究部、コンピュータ部、模型・動画部が全国大会に出場、またブラスバンド部が県音楽祭の審査で今年度行われる全国総文祭の出場権を獲得した。その他に音楽部が東北大会でグランプリを獲得している。

【主な行事】▷4月・対面式、科紹介▷6月・芸術鑑賞会▷7月・球技大会▷10月・体育祭、文化祭▷12月・修学旅行▷1月・スキー教室

宮城県仙台第二高等学校

八光鋒は「正義」、「自由」、「剛健」、「質実」、「平和」、「友愛」、「協同」、「自治」の八徳を象徴。中央に「高」の字を置き、現在の校章となった。

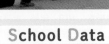
正面玄関

定期戦オープニングセレモニー

定期戦

校訓・教育方針 至誠業に励み　雄大剛健の風を養いともに敬愛切磋を怠らず

教育基本法に則り、伝統を重んじ、上の項を教育目標としてその実践につとめる。

プロフィール

難関大に合格者続々「全国屈指」の進学校

【沿革】青葉山のふもとにある進学校。毎年、多くの卒業生が東京大、東北大をはじめとする難関国公立大、私立大に進学している。

開校は1900年。宮城県第二中学校として創設された。19年、宮城県仙台第二中学校と改称し、28年に現在地に校舎を移転。48年に校名を現在の宮城県仙台第二高等学校と改めた。

84年、現校舎を竣工(しゅんこう)。近年では2001年に北陵館(100周年記念館)、03年に新体育館を竣工、20年には創立120周年を迎えた。

【学科・コース】07年4月から男女共学となり、「全国屈指の進学校」を目指して、新たな一歩を踏み出した。授業は1時限45分の7時限で構成される。2年次から文系と理系のクラス分けを行い、個々の進路希望に応じた科目を選択できる。また、カリキュラムにあわせて全学年で年に数回の時間割改定を行っている。特に3年次は共通テストや国公立個別試験に対応するため、知識の暗記にとどめない、思考力や表現力を養う授業を展開し、実力の伸長に努めている。

1・2年次は基礎・基本中心の学習をじっくりと積み上げ、3年次は応用力を高める授業に重点を置いている。また、放課後や土曜日に行われている平常講習や夏期講習、冬期講習では入試に直結した実践的な演習を数多く取り入れている。各科目で個別の進路希望に応じた添削指導も行っている。

23年度入試の合格者は、東京大7人(現役4人)、京都大6人(同4人)、一橋大4人(同4人)、東京工業大5人(同2人)、東北大76人(同55人)など、旧帝大をはじめ難関国公立大、難関私立大にも多数の合格者を出している。また、医学部医学科には国公立大46人(同23人)、私立大30人(同4人)が合格した。

行事&部活動・課外活動

人間力を高める多彩な行事 部活動も活発

新入生は、応援練習、大運動会、定期戦、岩手山登山などの行事を経験することで人間として大きく成長していく。夏季休業中に行われる1年次の未来キャリア創造プロジェクト(東京での研修)や2年次の東京大セミナーは、進路選択に幅広い視野をもたらす行事として好評である。

1年生全員が山頂を目指す岩手山登山〜山頂での記念撮影〜

また、今年で9回目を迎える「アメリカ研修」では、ボストンやニューヨークなどを中心に約10日間のプログラムを組んでおり、例年数多くの生徒が参加している。

部活動は運動部・文化部ともに活発な活動がなされており、全国大会や東北大会への出場も珍しくない。「文武一道」の教えの下、勉学に部活動に汗を流す生徒たちの姿が校内の随所で見受けられる。部活動などの詳細な活躍については、ウェブサイトなどを参照してほしい。

【主な行事】▷4月・大運動会▷5月・仙台二高・一高定期戦▷6月・芸術鑑賞▷7月・岩手山登山(1年)▷8月・未来キャリア創造プロジェクト(東京研修・1年)、アメリカ研修(2年)▷9月・北陵祭(文化祭)、東京大セミナー(2年)▷10月・秋季体育大会

School Data

校長／高橋賢
教頭／山田賢一
生徒数／男子513人、女子443人
卒業生数／32,112人
　　　　(2023.6現在)
同窓会長／佐藤一郎

■所在地
〒980-8631
仙台市青葉区川内澱橋通1
TEL 022-221-5626
FAX 022-221-5628
https://sen2-h.myswan.ed.jp
アクセス／JR仙台駅から地下鉄東西線八木山動物公園方面「国際センター駅」下車、徒歩4分

■部活動・愛好会
硬式野球、軟式野球、サッカー、ラグビー、陸上競技、ハンドボール、合気道、バスケットボール、バレーボール、バドミントン、テニス、ソフトテニス、水泳、水球、卓球、フェンシング、剣道、柔道、弓道、山岳、ヨット、スキー、美術、写真、物理、化学、生物、地学、吹奏楽、合唱、軽音楽、囲碁、将棋、書道、放送委員会、競技カルタ愛好会、クイズ研究愛好会など

■大学進学指定校推薦枠
早稲田大、慶応大、東京理科大など

■進学状況
東北大、宮城教育大、北海道大、弘前大、秋田大、岩手大、山形大、筑波大、埼玉大、千葉大、東京大、東京医科歯科大、東京工業大、一橋大、東京外語大、東京学芸大、東京農工大、東京海洋大、横浜国立大、新潟大、名古屋大、京都大、大阪大、広島大、九州大、宮城大、福島県立医大、東京都立大、大阪公立大、東北医科薬科大、岩手医科大、防衛医科大学校、気象大学校、慶応大、早稲田大、上智大、明治大、法政大、東京理科大など

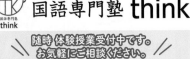

宮城県仙台第三高等学校

太平洋の波と三匹の蛍とを組み合わせた。真・善・美の理想を求めて励み、愛と知との豊かな稔りを得る事を願って作られた。

校舎

合同海外研修

つくば研修

部活動（剣道部）

校訓・教育方針 ▶
心身の健康
真・善・美の追求
愛と知の稔（みの）り

プロフィール

高いレベルの「文武両道」 支援の体制も万全に

【沿革】仙台市北東部の閑静で緑豊かな環境の中にある。1963年に全日制男子の県立高校として開校（普通科7学級、定員350人）。

68年、県内で初めて理数科1学級を設置。91年に理数科1学級増設。96年、募集定員を普通科280人、理数科80人、計360人に変更。2002年、普通科1学級減（普通科6学級、理数科2学級、計8学級編成）、募集定員を普通科240人、理数科80人、計320人に変更。09年1月に新校舎が完成し、09年度から女子を受け入れ、共学校となった。

進学校として知られ、生徒は現役での大学進学を目指している。授業を中心とした学習指導は充実しており、補習や個別指導など、生徒一人一人を伸ばす教育活動が行われている。60席以上を完備した学習室や職員室前の学習指導コーナーでは、早朝から学習に励む生徒の姿が多くみられる。

施設・設備も充実しており、広く設計され大きめの机が配置された各教室、電子黒板などICT設備の整った特別教室、約340席を階段状に配した大講義室などがある。「TEAM仙台三高」「文武両道」を掲げ、バスケットコートが3面取れる広い体育館、400mトラック、第2グラウンド、野球場、テニスコート、フェンシング場、卓球場、柔道場、剣道場、弓道場などが整備され、各部が存分に部活動に励むことができる。

【学科・コース】普通科は2年生から進路希望に応じて文系と理系の二つの類型に分かれる。文系コースは国語・地歴公民・英語に、理系コースは数学・理科・英語に重点を置いて学習する。理数科は数学・理科の授業時数に加え、実験・演習なども多く、学問を掘り下げた学習が行われる。課題研究では、さまざまな機会でポスター発表や口頭発表が行われ、優秀な研究は各種学会で発表を行うこともある。課題研究の成果は東北大グローバルラーニングセンターとの連携による留学生とのポスターセッションや、姉妹校である国立台湾師範大附属高級中学をはじめとするさまざまな機会において、全員が英語で発表する。

また、自然科学への視野を広げるため、研究者を招いての講演会、小学生対象の科学教室を開催し、つくば研修、白神フィールドワークなどの行事を多数実施している。これらの行事は、理数科のみならず、普通科の生徒も参加できる。22年度からのSSHの第Ⅲ期においては、普通科・理数科ともにさらなる探究活動の発展向上に取り組んでいる。

行事＆部活動・課外活動

文化部、運動部とも 全国大会の経験を積む

部活動では文武両道の名の通り、文化部・運動部ともに積極的に活動している。全国制覇を成し遂げたこともある弓道、フェンシングの両部をはじめ、多くの部が全国大会に出場している。

運動部の2022年度の主な成績は次の通りである。陸上競技部、弓道部、フェンシング部、テニス部男子が全国大会に出場したのをはじめ、運動部ではサッカー部、水泳部、剣道部が東北大会へ出場したほか、県大会で多くの競技で優秀な成績を収めている。文化部では、吹奏楽部、将棋部が東北大会出場権を得たほか、放送部が昨年に引き続き全国総文祭へ出場している。中でも、自然科学部は毎年のように国際大会に出場しており、昨年度も地学班と化学班が世界大会へ出場し、研究発表で優秀な成績を収め、日本内外から高い評価を受けている。

【主な行事】▶4月・入学式、生徒会入会式、応援・歌唱指導▶5月・総体壮行式、生徒総会、三高探究の日、芸術鑑賞▶6月・高校総体▶7月・前期体育大会、南三陸フィールドワーク（希望者）▶8月・つくば研修、白神フィールドワーク（希望者）▶9月・三高祭（文化祭）▶10月・栗駒フィールドワーク（希望者）、校外研修（1年生）、後期体育大会▶11月・イノベーションフェスタ▶12月・修学旅行（2年生）、生徒総会▶2月・3年生を送る会▶3月・卒業式

School Data

校長／石川俊樹
教頭／高瀬琢弥、菊池正昭
生徒数／男子654人、女子301人
卒業生数／20,051人
　　　　　　（2023.4現在）
同窓会長／田中康義

■所在地
〒983-0824
仙台市宮城野区鶴ケ谷1-19
TEL 022-251-1246
FAX 022-251-1247
https://sensan.myswan.ed.jp
アクセス／JR仙台駅または地下鉄南北線台原駅から市営バス鶴ケ谷七丁目行き「鶴ケ谷三丁目三高前」下車。JR東北線東仙台駅から徒歩20分。JR仙石線陸前原ノ町駅から徒歩25分

■部活動
硬式野球、陸上競技、フェンシング、剣道、バレーボール、ソフトテニス、テニス、バスケットボール、卓球、弓道、柔道、ハンドボール、サッカー、水泳、山岳、ラグビー、バドミントン、新聞・文芸、美術、写真、放送、演劇、将棋、吹奏楽、語学、音楽、茶道、囲碁、数学、自然科学、生活科学

■大学進学指定校推薦枠（2022年）
慶応大、早稲田大、上智大、学習院大、明治大、立教大、青山学院大、中央大、法政大、成蹊大、津田塾大、東京農業大、東京理科大、日本大、立命館大、同志社大、東北学院大、東北医科薬科大、横浜市立大、東京都立大など

■進学状況
2022年度は、現役215人の国公立大学合格者を出している。
【主要進学先】北海道大、北海道教育大、弘前大、岩手大、東北大、宮城教育大、秋田大、山形大、福島大、筑波大、宇都宮大、埼玉大、千葉大、東京大、電気通信大、お茶の水女子大、東京農工大、一橋大、横浜国立大、新潟大、金沢大、信州大、静岡大、名古屋工業大、京都大、京都工芸繊維大、大阪大、九州大、宮城大、山形保健医療大、会津大、高崎経済大、東京都立大、横浜市立大など

宮城県宮城第一高等学校

「元寺小路の古松と小笠原家の定紋とを顧慮して制定し、貞操、質朴、礼節、明晰、円満等の徳を寓した」といわれている。(1906年4月制定)

探究科スピーチコンテスト

「宮ーSDGs」(総合的な探究の時間)

春季体育大会

最大の行事 歌合戦

校訓・教育方針 ▶ 自主自律

宮城第一高等学校は、積極的な姿勢で自らを成長させる「自主自律」の理念のもと、高い知性と豊かな創造性を身に付け、相手の立場に敬意を払いつつ自己の責任を果たす、リーダーとして社会の発展に貢献しうる人材を育成する学校を目指します。(スクールミッション)

プロフィール

進学重視型の単位制 国際探究科・理数探究科

【沿革】1897年仙台市高等女学校として開校。125年の歴史と伝統を持ち「自主自律」の校風のもと、勉学と人格の陶冶(とうや)に努め、県の女子教育の一翼を担ってきた。1948年には学制改革により宮城県第一女子高等学校と改め、73年には服装を自由化。97年に創立100周年を迎え、理数科を新設。2002〜05年度には文部科学省からSSH(スーパーサイエンスハイスクール)、07〜13年度にはJST(科学技術振興機構)からSPP(サイエンス・パートナーシップ・プログラム)、15〜17年度に文科省から英語教育強化地域拠点事業の指定を受けた。08年度に男女共学の進学重視型単位制高校として、宮城県宮城第一高等学校と改称。21年度入学生よりiPadを全員購入、県立高初のBYAD制をとる(23年度入学生には県がiPadを貸与)。22年度4月、国際探究科と理数探究科が開設した。23年度に新校舎完成予定。

【学科・コース】進学重視型単位制を導入し、興味・関心・適性や高い進路目標実現のために、他校にはない幅広く多彩な選択科目の中から科目を選択することができる。個々に応じたきめ細やかな授業を展開するために、複数科目で少人数授業や習熟度別授業を実施しており、生徒の主体的な学びを支えている。また深い学びの追求やICTの利活用等により質の高い充実した学習を可能とした上で、部活動など課外活動の時間も十分に確保している。年間で35単位の科目を履修することが可能であり、大学入学共通テスト対策から難関大学受験まで対応した科目編成を行っている。

主に「総合的な探究の時間」、学校設定科目である「秋桜探究学」やLHRなどを利用して、キャリア教育を展開している。各界で活躍している社会人を招いての講演会や、東北大をはじめとする大学・研究機関・企業などから講師を招いての授業やセミナーを実施している。学びの本質や時代の最先端の話題に触れることで、社会をリードする高い志を持った人材の育成を目指している。

普通科では、基礎学力の充実を図りながら各自の進路を見極めることができるように、1年次では共通履修科目を中心に学ぶ。2年次からは選択科目が増え、3年次ではさらに多彩な科目選択が可能となる。

22年度に開設された国際探究科と理数探究科は、これまで理数科で培ってきた探究活動の方法を理数科目以外にも適用した、より発展的な学科である。実社会で起きている課題の解決策を考えたり、自ら設定した課題を解決するために行動したりする授業が多く、より深い思考力・創造力・表現力を養うことで、未来の社会をつくるリーダーを育成する。定員80人のくくり募集(一括募集)で入学し、1年次は共通の科目を学び、2年次から国際探究科と理数探究科へ分かれる。国際的な理解を深めるために、留学生との交流、オンラインで海外の学校とつながる授業やオーストラリアなどへの研修旅行を計画している。

School Data

校長/佐藤浩之
教頭/山本博、飛鳥貴
生徒数/男子191人、女子641人
卒業生数/33,519人
　　　　(2023.4現在)
同窓会長/東海林弘子

■所在地
〒980-0871
仙台市青葉区八幡1-6-2
TEL 022-227-3211
FAX 022-227-3213
https://miyaichi.myswan.ed.jp/
アクセス/JR仙台駅から市営バス大学病院経由交通公園行き「宮城一高前」下車。地下鉄南北線「北四番丁駅」から徒歩25分。地下鉄東西線「国際センター駅」から徒歩15分

■部活動・同好会・愛好会
バレーボール、バスケットボール、ソフトテニス、テニス、ハンドボール、ソフトボール、バドミントン、卓球、水泳、剣道、山岳、弓道、陸上競技、サッカー、文学、語学、演劇、写真、数学、理化、生物、地学、合唱、美術、書道、箏曲、管弦楽、ギター、ジャズダンス、漫画文化研究、軽音楽、放送、華道、茶道、囲碁、競技かるた、バトントワリング、クイズ研究、新体操(同)、映画研究(同)、野球観戦(同)、男子バスケットボール(同)、JRC(愛)、ハンドメイド(愛)、探究(愛)

■進学状況(主なもの)
東北大、北海道大、宮城教育大、山形大、帯広畜産大、弘前大、岩手大、福島大、宇都宮大、千葉大、茨城大、東京農工大、新潟大、東京学芸大、一橋大、金沢大、京都大、宮城大、福島県立医科大、横浜市立大、慶応大、早稲田大、明治大、立教大、中央大、東京理科大、青山学院大、国際基督教大、芝浦工業大、東京農業大、日本女子大、北里大、同志社大、関西学院大、東北学院大、東北医科薬科大など

行事&部活動・課外活動

クラス全員一致団結 盛り上がる「歌合戦」

生徒が組織する学友会を中心に、さまざまな学校行事を生徒が自主的に運営している。特に7月に行われる「歌合戦」は、クラスごとにテーマを決め、ダンスの振り付け、作詞、選曲、背景画、衣装など全ての準備を自分たちで行う大掛かりなもので、大いに盛り上がる本校最大の行事である。

部活動も活発で、2022年度には、陸上競技部、山岳部、放送部、文学部、ジャズダンス部、競技かるた部、軽音学部が全国大会に出場し、競技かるた部が入賞するなど全国レベルの活躍をしている。また、水泳部とソフトボール部が東北大会に出場した。他にも、県大会で多くの部が入賞している。

【主な行事】▷4月・入学式、1年次オリエンテーション、春季体育大会▷7月・歌合戦▷8・9月・秋桜祭(文化祭)▷10月・秋季体育大会、芸術鑑賞▷12月・研修旅行(2年)▷2月・1・2年次総探・探究発表会▷3月・卒業式、1・2年次探究活動成果発表会

宮城県宮城広瀬高等学校

広瀬川の清流と南、西方にそびえる蕃山と船形山を図案化したものであり、3本の線は校訓（自律、自照、自愛）を表すとともに、鵬（おおとり）が大空に舞い上がる雄姿を表している。

校訓・教育方針▶ 自律 自照 自愛

心身ともに健全で、知・徳・体の調和がとれ、社会に貢献できる、有能な人材を育成する。

校舎　　スポーツフェスティバル

広高祭（花火）　　部活動紹介（剣道部）

プロフィール

がんばりを認め 伸ばしていく学校

【沿革】1983年4月に開校。広瀬川の清流に近い仙台市西部に位置し、南に蕃山、北方に船形山を望む豊かな自然環境に恵まれている。JR陸前落合駅から徒歩7分で、通学の便が良い。

　校地内には、校舎、体育館、プールのほか、400mトラック兼サッカー場、野球場、ソフトボール場、ハンドボール場、テニスコート、トレーニングハウス、弓道場、武道館、食堂、清流館、部室棟、駐輪場などがある。

【教育目標】
⑴正しく自己を見つめ、愛情を持って人に接する調和の取れた人間性を養う。
⑵たゆまぬ努力により積極的に学ぶ態度を身に付け、自己啓発に努めるとともに豊かな創造性を養う。
⑶困難に屈しない自主独立の精神力と体力を鍛え、社会に奉仕する実践的態度を養う。

【重点目標】
○かけがえのない自他の命を大切にする生徒の育成
○「人生100年時代」を逞（たくま）しく生きていく礎となる力の養成
⑴カリキュラム・マネジメントの効果的運用
⑵生徒一人一人の主体性を育成する指導と支援の充実
⑶育成すべき資質・能力を育む教育活動の推進
⑷生徒一人一人の希望進路実現への支援と指導の充実

⑸開かれた学校づくりとボランティアマインドの醸成

【学科・コース】普通科で、定員は240人である。卒業後の進路は大学・短大、専門学校、就職と多様であることから、個々の進路希望に対応できるよう幅広い選択科目を設置し、教育課程を編成している。授業は50分で、月曜、火曜、木曜、金曜日は6時間授業、水曜日は7時間授業を実施している。

行事&部活動・課外活動

全員加入制の部活動 各種ボランティアも 意欲的に実施

　部活動は全員加入制。運動部、文化部とも各種大会やコンクール、発表会などに向けて積極的に取り組んでいる。2022年度の主な実績は以下のとおり。
《弓道部》宮城県高校総体弓道競技女子個人5位東北大会出場
《演劇部》宮城県高校演劇コンクール青葉地区審査員特別賞・優良賞
《書道部》宮城県高校書道展覧会特選、宮城県高校書道展覧会金賞
《囲碁将棋部》宮城県高校将棋新人戦男子個人A級6位入賞

　また、本校では生徒の自主的活動として多様なボランティア活動が例年行われている。これらの活動が参加者の財産となり、保育士などの進路につながるものとなっている。

【主な行事】▷4月・入学式、始業式▷5月・生徒総会▷6月・高校総体、第1回定期考査▷7月・終業式、学校説明会、インターンシップ▷8月・始業式▷9月・広高祭（一般公開）、第

2回定期考査▷10月・新人大会、スポーツフェスティバル▷11月・創立記念日、1年大学企業見学ツアー、生徒総会、第3回定期考査▷12月・

2年修学旅行、終業式▷1月・始業式▷2月・第4回定期考査▷3月・卒業式、終業式、離任式

School Data

校長／千葉忠幸
教頭／佐々木久晴
生徒数／男子295人、女子365人
卒業生数／11,562人
　　　　　（2023.4現在）
同窓会長／遠藤重久

■所在地
〒989-3126
仙台市青葉区落合4-4-1
TEL 022-392-5512
FAX 022-392-5513
https://hirose-h.myswan.ed.jp/
アクセス／JR仙山線陸前落合駅から徒歩7分。市営バス愛子作並方面「宮城広瀬高校前」下車徒歩2分

■部活動
陸上競技、硬式野球、卓球、ソフトテニス、ハンドボール（女）、バドミントン、剣道、弓道、バレーボール（女）、バスケットボール、サッカー、吹奏楽、美術、演劇、書道、写真、自然科学、放送、囲碁・将棋、パソコン、茶華道、生活研究、奉仕活動

■大学進学指定校推薦枠（2022年度）
東北文化学園大、宮城学院女子大、東北工業大、東北学院大、東北生活文化大、尚絅学院大、仙台白百合女子大、仙台大、石巻専修大など

■進学状況
宮城大、東北学院大、東北工業大、宮城学院女子大、仙台白百合女子大、東北福祉大、仙台大、尚絅学院大、東北文化学園大、東北生活文化大、秀明大、日本医療大、東北芸術工科大、帝京大、聖和学園短大、仙台青葉学院短大、仙台赤門短大、仙台徳洲看護専門学校、葵会仙台看護専門学校、仙台高等技術専門校、仙台医療秘書福祉専門学校、仙台歯科技工士専門学校、仙台理容美容専門学校、仙台幼児保育専門学校、仙台大原簿記情報公務員専門学校など

■就職状況
国家一般（税務）、自衛隊、宮城県警、いたがき、アミノ、やまや、ホテル佐勘、白謙蒲鉾店、カメイ、叙々苑、ヨークベニマル、東配、JR東日本リネン、青葉冷凍、佐静建設、仙台ヒルズホテル＆ゴルフ倶楽部など

宮城県泉高等学校

太陽を基盤として高の文字を中心に、県木ケヤキの4枚葉と県花ハギを配した。建学の精神を象徴したもの。

校舎風景／英語科発表会

部活動／泉三校定期戦

校訓・教育方針 ▶ 明朗進取　自重敬愛　勤勉奉仕

キャッチフレーズ
積極挑戦し未来を切り開く生徒
〜多様な経験から主体性を育む〜

プロフィール

レベルの高い英語授業 進路サポートも充実

【沿革】1973年4月創立。2022年に創立50年目を迎え、卒業生は1万6200人を数える。今年度、23年11月10日に創立50周年記念式典を開催する。緑豊かで広大な敷地に立つ校舎は08年にリニューアルされ、明るい雰囲気である。

教育目標として、①心身ともに健康で、物事を遂行する不屈の意志と明朗誠実で実行力のある人間を育成する。②生活指導を徹底し、学習意欲を高め考究心を喚起し学力の充実を図るとともに、調和のとれた教養を身に付けさせる。③自主自律、協調奉仕の精神に徹し、責任を重んじ、規律正しく節度ある生活態度を養う。④信頼と敬愛による人間関係を確立し、愛校心を高め、郷土愛を養い、もって豊かな人間性の育成を図る。の4本柱を掲げる。

生徒のほぼ全員が進学を目指しており、1・2年次から進路講演会を開催するだけでなく、オープンキャンパスや外部の進路イベントにも参加する。最新の入試情報や模試の分析などを掲載した「進路情報」を学年ごとに発行するなど、生徒の希望進路実現に向けたサポート体制を整えている。22年度卒業生の国公立大現役合格者数は79人で、全体の30%程度となっている。

【学科・コース】普通科と英語科がある。学習習慣を定着させ、自ら学ぶ姿勢を培うために、ソフト、ハード両面にわたってサポートし、年間学習計画を基に指導する。冷暖房を完備し、個別ブースを配置した自習室など施設や設備も充実している。

21年度からの宮城県教育委員会指定「世界に発信する高校生育成事業」における、外国人講師とのオンライン英会話レッスンなどを活用し、英語による表現活動を多く取り入れた授業が展開されている。さらに、外部英語試験のスピーキングやライティングテストで好結果を得ている。

また、学習面にとどまらず、部活動や学校行事など学校生活全般にわたって有意義な生活を送り、希望進路を実現しようとする意欲的な生徒の育成を目指している。

行事＆部活動・課外活動

運動部、文化部 ともに活動が活発

部活動は文化部9、運動部14のほか、同好会が1あり、活発に活動している。弓道部では、女子団体（2021年度）と男子団体（20、22年度）が全国大会に出場した。個人でも男女ともに高い成績を残している。また、陸上競技部は10年度から13年連続で東北大会に出場し、19、20、21年度には全国大会に出場した。軟式野球部も21年度に東北大会に出場するなど、活躍が見られる。

文化部においても、放送部が毎年NHK杯高校放送コンテスト全国大会の出場に加え、全国総合文化祭にも出場（18、19、21年度）するなど、活躍を見せている。全国総合文化祭へは、文芸部（18年度）、書道部（18、20年度）、軽音楽同好会（20年度）も出場し、実績を残した。

さらに、年間を通して行事も多数行われ、3月には希望者によるオーストラリア英語研修も実施している。

【主な行事】▷4月・始業式、入学式、対面式、身体測定、3年課外講習開始、新入生オリエンテーション▷5月・泉三校定期戦、生徒総会、各科検診▷6月・県高校総体、防災訓練、前期中間考査▷7月・泉高祭、夏季課外講習（全学年）▷8月・夏季課外講習（3年）、英語科発表会▷9月・校内球技大会、前期末考査▷10月・芸術鑑賞会、防災訓練▷11月・生徒総会、後期中間考査（2年）▷12月・後期中間考査（1年）、3年後期考査、2年修学旅行、冬季課外講習（全学年）▷1月・英語科イングリッシュキャンプ（1、2年）▷2月・1、2年学年末考査▷3月・卒業式、オーストラリア英語研修、修業式、離任式

School Data

校長／菅原賢一
教頭／豊島さと子、関口聡
生徒数／男子334人、女子417人
卒業生数／16,200人
　　　（2023.4現在）
同窓会長／桂島晃

■所在地
〒981-3132
仙台市泉区将監10-39-1
TEL 022-372-4111
FAX 022-372-4128
https://izumihigh.myswan.ed.jp/
アクセス／地下鉄南北線泉中央駅から徒歩20分。宮城交通バス泉パークタウン行き「泉高校前」下車

■部活動・同好会
美術、吹奏楽、文芸、家庭、書道、自然科学、園芸、写真、放送、硬式野球、サッカー、陸上競技、バスケットボール、バレーボール、ソフトテニス、バドミントン、卓球、ソフトボール、軟式野球、弓道、剣道、新体操、テニス、軽音楽同好会、応援団・チアリーディング

■大学進学指定校推薦枠
横浜市立大、東北学院大、宮城学院女子大、石巻専修大、東北工業大、東北生活文化大、仙台白百合女子大、東北文化学園大、仙台大、東北医科薬科大、明治学院大、神田外語大、東京電機大、成城大、東京農業大など

■進学状況（2022年度）
北海道教育大、岩手大、東北大、宮城教育大、宮城大、秋田大、山形大、福島大、宇都宮大、埼玉大、新潟大、島根大、釧路公立大、青森県立保健大、岩手県立大、秋田県立大、前橋工科大、高崎経済大、横浜市立大、新潟県立大、三条市立大、都留文科大、東北学院大、東北福祉大、宮城学院女子大、東北医科薬科大、明治大、明治学院大、立教大、駒沢大、中央大、東洋大、日本大、法政大、関東学院大など

■就職状況（2022年度）
富谷市職員

宮城県泉松陵高等学校

風雪に耐えてその緑を変えず、凛然として立つ松を校木と制定し、校章は、この松の葉をかたどった。

校訓・教育方針 ▶
(1) 自律・啓発
(2) 友愛・協調
(3) 堅忍・不撓

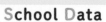
泉三校定期戦

松陵祭（文化祭）

プロフィール

限りない夢に、一歩ずつ きめ細かな学習サポート

【沿革】宮城県泉松陵高等学校は、泉区の東部、鶴が丘の高台に位置している。自然環境に恵まれ、四季の景観の移り変わりの中で、のびのびと明るい高校生活を送ることができる。また、校舎・教育設備でも、整備・充実が図られている。自学室「松学館」や食堂・合宿所「陵風会館」は冷暖房が完備され、快適な環境で学習などに励むことができ、各運動部はそれぞれの専用練習場で練習に汗を流している。

このような恵まれた環境のもと、1981年4月の創立以来、生徒、保護者や地域の方々の協力のもとで着実な歩みを続け、学習、部活動や進学・就職などで多くの成果を上げてきた。卒業生は1万2000人を突破し、各方面で活躍している。

【学科・コース】1年生では基礎学力の定着に重点を置き、全員が共通の科目を学習する。2年生においては地歴や理科を自分の進路に応じて選択し、学習する。数学や英語は習熟度別・少人数編成授業を取り入れており、自分に合った分かりやすい授業を受けることができる。長期休業期間を利用した課外講習や、進路希望に応じた個別指導も充実している。

また、2020年度からは特別進学クラスを設置しており、進学希望者の進路達成を強力にサポートしている。

行事＆部活動・課外活動

仲間とつくる 新たな1ページ

主な学校行事として、松陵祭（文化祭）、球技大会、マラソン大会などがある。各行事では生徒が主体となって企画・運営を行うことで実践力や結束力が強まり、学年の垣根を越えて盛り上がっている。また、2年生の修学旅行では海外研修（希望者）を取り入れ、台湾の大学との交流などを予定している。

部活動は12の運動部と10の文化部がある。どの部活動も熱心に活動しており、特に弓道部は全国大会に出場するなど数多くの実績がある。他にも、募金活動や地域の児童館・市民センターでの活動支援などのボランティア活動が盛んに行われており、年間で約700人（延べ人数）の生徒が参加している。また、生徒会が中心となってペットボトルキャップ回収運動を行うなど、さまざまな形で地域や

校舎風景

社会との関わりを深めている。

【主な行事】▷4月・入学式、前期始業式、学習状況リサーチ、PTA総会▷5月・泉三校定期戦、生徒総会▷6月・高校総体、前期中間考査、3年進学相談会、開校記念日（30日）▷7、8月・夏季休業、夏期課外講習、学校説明会、同窓会総会、球

技大会▷9月・松陵祭、生徒会役員選挙、前期期末考査▷10月・後期始業式、生徒総会、マラソン大会、芸術鑑賞会▷11月・後期中間考査▷12、1月・修学旅行（2年）、冬季休業、冬期課外講習▷2月・学年末考査▷3月・卒業式、高校入試、合格発表、修業式

School Data

校長／徳能順子
教頭／佐藤充伸
生徒数／男子338人、女子357人
卒業生数／12,507人
　　　　　（2023.4現在）

■所在地
〒981-3109
仙台市泉区鶴が丘4-26-1
TEL 022-373-4125
FAX 022-373-4126
https://shoryo.myswan.ed.jp/
アクセス／地下鉄南北線泉中央駅（5-2番）、八乙女駅（3番）から宮城交通バス鶴が丘ニュータウン行き「泉松陵高校入口」下車徒歩5分

■部活動・愛好会
硬式野球（男）、サッカー（男）、バスケットボール（男）、ハンドボール（男）、バレーボール（女）、ソフトボール（女）、ソフトテニス、バドミントン、陸上競技、卓球、弓道、剣道、バスケットボール（女）（愛）、吹奏楽、美術、演劇、写真、書道、茶道、華道、科学、英語、家庭、応援団・チアリーダー

■大学進学指定校推薦枠
東北学院大、東北工業大、東北生活文化大、石巻専修大、東北文化学園大、仙台白百合女子大、尚絅学院大、宮城学院女子大、仙台大、仙台青葉学院短大、聖和学園短大、仙台赤門短大、東北芸術工科大、岩手医科大、関東学院大、城西大、城西国際大、立正大、東京工科大、日本大、日本工業大、拓殖大、育英大、跡見学園女子大など

■進学状況
宮城大、宮城教育大、会津大、東北学院大、東北工業大、東北福祉大、東北文化学園大、宮城学院女子大、尚絅学院大、仙台白百合女子大、仙台大、東北生活文化大、石巻専修大、東北芸術工科大、東京工科大、つくば国際大、白鴎大、文教大、城西国際大、聖徳大、大正大、立正大、日本体育大、東京未来大、米沢女子短大、聖和学園短大、仙台青葉学院短大、仙台赤門短大、仙台医療センター附属仙台看護助産学校、仙台徳洲会看護専門学校、葵会仙台看護専門学校、仙台市医師会看護専門学校、横浜労災看護専門学校など

吹奏楽部歓迎演奏会

校内球技大会

体育祭

宮城県泉館山高等学校

校名の由来になっている長命館にちなんだ城跡の記号を三つ組み合わせ、自律・敬愛・貢献の校訓をたくした。

校訓・教育方針 ▶ 自律　敬愛　貢献

（右側縦書き）

仙台北地区　共学校／普通科

プロフィール

「大志2030」により一人一人の夢の実現を目指す

【沿革】閑静で、交通の便も良い住宅地に位置する進学校。教育方針として「豊かな情操と道徳性ならびに国際的視野を備えた、心身共に健康で実践力に富む人間を育成する」を掲げる。

創立は1983年。4月8日に開校式と第1回入学式、11月12日に開校並びに校舎落成記念式典を挙行。86年に第1回卒業式、校訓碑建立。87年には校歌碑を建立。

2003年から3年間の「学校活性化プロポーザル事業」は県教委指定を受けたほか、04年6月に多目的施設「翠嵷会館」が完工した。12年に30周年記念式典を行い、その一環として進路指導室隣に自習室を設け、また14年にはエレベーターの設置、21年には全普通教室にエアコン設置、教室棟トイレ洋式化が完了した。また、22年には創立40周年を迎え、23年11月に40周年記念式典を行う。

【学科・コース】1年では英語、数学、国語の授業を中心として基礎学力を充実。2年からは理系・文系に分かれて、生徒の多様な進路希望に合わせて実力が養えるように選択科目の設置や少人数授業などを行っている。

20年度から「さまざまな社会変化が起こると予想される未来社会を見据え、自ら課題を見いだし、主体的に解決する姿勢を備え、地域社会や国際社会の創造に貢献できる人間」の育成を目指し、「大志2030」を実施している。「大志2030」では、「自分と向き合う力」「相手と向き合う力」「社会と向き合う力」の三つの力を柱として、その獲得を目標に教育活動を行う。また、その三つの柱の具現化に向け、各種教育活動を通して、①言語力②対話力③情報分析力④思考力⑤判断力⑥発信力⑦実践力⑧協働力⑨課題解決力の九つの力（館高力）を養成する。

入試制度改革や共通テストへの対策も万全を期している。現役生の国公立大合格者数は、21年度は129人、22年度は134人であった。

行事＆部活動・課外活動

好成績残す部活動 全国大会へも出場

部活動は文化部9部と運動部14部があり、それぞれ好成績を残している。

吹奏楽部は2008年度、3年連続となる全日本吹奏楽コンクール全国大会に出場。あこがれの普門館で演奏して銅賞に輝いた。また、放送部も全国大会の、そして陸上競技部も東北大会の常連校である。22年度に

定期戦壮行会

は、囲碁将棋部が全国大会に、家庭部が全国高校生レシピコンテストに出場し、放送部は23年度の全国大会への出場が決定している。

【主な行事】▷4月・入学式、生徒会入会式▷5月・泉三校定期戦、吹奏楽部定期演奏会▷6月・県高校総合体育大会▷7月・校内球技大会、生徒会リーダー（部長会）研修会、三者面談週間、夏期講習▷8月・翠嵷祭（文化祭）▷9月・芸術鑑賞教室▷10月・体育祭、生徒会リーダー（執行委員会）研修会▷11月・2年修学旅行▷12月・イルミネーション点灯▷3月・卒業式

School Data

校長／櫻井知大
教頭／井崎英滋
生徒数／712人
卒業生数／12,045人
　　（2023.4現在）
同窓会長／庄田圭佑

■所在地

〒981-3211
仙台市泉区長命ケ丘東1
TEL 022-378-0975
FAX 022-378-0976
https://izumit-h.myswan.ed.jp/
アクセス／JR仙台駅、地下鉄南北線泉中央駅から市営バス「泉館山高校前」「泉館山高校入口」下車。JR仙台駅から宮城交通バス「桜ケ丘七丁目東」下車。地下鉄南北線八乙女駅から宮城交通バス「長命ケ丘二丁目西」下車

■部活動

陸上競技、硬式野球、ソフトボール、サッカー、ソフトテニス、バスケットボール、バレーボール、バドミントン、卓球、剣道、ハンドボール、テニス、弓道、山岳、吹奏楽、美術、茶華道、写真、合唱、総合科学、家庭、囲碁将棋、放送

■大学進学指定校推薦枠

東北学院大、宮城学院女子大、東北医科薬科大、学習院大、明治大、立教大、中央大、法政大、東京理科大、明治学院大、成蹊大、東京農業大など

■進学状況

東北大、宮城教育大、大阪大、名古屋大、北海道教育大、室蘭工業大、弘前大、岩手大、秋田大、山形大、福島大、茨城大、宇都宮大、群馬大、埼玉大、東京外国語大、東京海洋大、新潟大、富山大、山梨大、信州大、香川大、宮城大、岩手県立大、秋田県立大、山形県立米沢栄養大、会津大、福島県立医科大、群馬県立女子大、埼玉県立大、東京都立大、横浜市立大、新潟県立大、都留文科大、航空保安大学校、防衛大学校、東北学院大、東北福祉大、宮城学院女子大、東北工業大、国際基督教大、上智大、明治大、法政大、立教大、中央大、東京理科大、津田塾大、国学院大、駒沢大、東洋大、成蹊大、明治学院大、東海大、大東文化大、東京農業大、芝浦工業大、東京電気大、順天堂大、関西学院大など

宮城県宮城野高等学校

コンセプトは共生と自立。生徒の皆さんが将来さまざまなところで社会に貢献し、日本のみならず世界を支えるような人材に育ってほしいという願いを込め、宮城野高校校舎のレイアウトをヒントに、MiyaginoのMが地球（世界）を支えるひとに見立てた。（制作者 荒伸二）

育成を目指す資質・能力 ▶
(1)自己教育力
(2)未来デザイン力
(3)共生と奉仕の精神

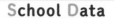
未来構想ゼミナール　探究発表会

プロフィール

「一人一人が輝く」個性重視の探究活動

【沿革】1995年4月、「宮城野…ここでは一人ひとりが輝きます」をテーマに、生徒の自主性・主体性を重視する宮城県のパイロットスクールとして設立された。生徒心得を掲げず、一人ひとりが身に付けるべきモラルや社会性を常に問いかけ、よく考え判断し行動していくことを求め、自主性を育てるように支援している。2022年度の学科改編によって、普通科と美術科の2学科体制となり、上記の三つの資質・能力を育成し、自他の「しあわせ」のため高度なデザイン力をもって未来社会を構想し、その実現のために多様な個と協働して、主体的に探究し行動できる人材育成を目指している。

【学科・コース】普通科は、各自の進路目標に適するように、2年次より人文系列、理数系列から科目を選択し受講する。4年制大学に進学する者が多い。

美術科は、県内でも有数の設備や環境、指導者を有し、1年次では美術の分野を幅広く学び、2年次以降専門的な実習を積み重ね、作品制作や素描に取り組む。

総合的な探究の時間では両学科とも、課題解決のための「デザイン思考」や探究スキルについて学んだ上で、学問探究系（文系・理系）、課題解決系、実習体験系（教育・医療福祉・国際語学）、表現芸術系の4系統7領域からなる多様なゼミナールの中から、自らの興味・適性により一つ選択し、個に応じた探究手法を身に付ける。

行事＆部活動・課外活動

ゼロから企画・運営 美術科独自の行事も

委員会がなく、体育祭や文化祭などの学校行事も校内ボランティアで企画・運営される。放課後活動としても部活動はなく、生徒が学校で活動可能な内容を考えてメンバーを集め、教員のアドバイスを仰ぎながら行うサークル活動や教員が開講する放課後講座が設定されている。美術科には、校内展やデッサン講習会、1年次、2年次それぞれの日本美術研修旅行など、独自の行事がある。各種公募展で入賞者を輩出するほか、外部施設で開催される卒業制作展が総仕上げとなる。

【主な行事】▷4月・入学式、対面式、デッサン講習会 ▷5月・体育祭 ▷6月・講演会「学問の世界」、デッサン講習会 ▷7月・文化祭、実力養成講座 ▷8月・実力養成講座、探究発表会 ▷10月・遠足、美術科研修旅行、芸術鑑賞、生徒総会 ▷11月・卒業制作展 ▷12月・探究の日、デッサン講習会、美術科校内展 ▷2月・小学校への教育助手派遣プログラム ▷3月・卒業式

美術科 デッサン講習会

生徒ボランティアが運営する体育的行事

School Data

校長／早坂重行
教頭／名倉洋、丹羽裕
生徒数／男子274人、女子467人
卒業生数／7,107人
（2023.4現在）
同窓会長／上野岳

■所在地
〒983-0021
仙台市宮城野区田子2-36-1
TEL 022-254-7211
FAX 022-254-7212
https://miyagino.myswan.ed.jp/
アクセス／JR仙石線福田町駅から徒歩10分

■サークル活動
バスケットボール、バレーボール、バドミントン、サッカー、テニス、野球、卓球、筋トレ、MDO（ダンス）、IMITATE（ダンス）、吹奏楽、弦楽、声楽、軽音楽サークル、手芸、服飾、演劇・朗読、写真、クロッキー、美術、書道、無人航空機（ドローン）、テーブルゲーム、宮城野工房、自主創作、ボランティア

■大学進学指定校推薦枠
早稲田大、明治大、立教大、中央大、法政大、学習院大、東京理科大、津田塾大、同志社大、関西学院大、芝浦工業大、東京農業大、日本大、東洋大、成蹊大、東北学院大、東北医科薬科大、宮城学院女子大、東北芸術工科大、武蔵野音楽大、東京造形大、女子美術大など

■進学状況
東北大、宮城教育大、弘前大、岩手大、山形大、福島大、茨城大、千葉大、富山大、金沢大、山口大、宮城大、会津大、福島県立医大、埼玉県立大、東京都立大、横浜市立大、長岡造形大、福山市立大、尾道市立大、東北学院大、東北医科薬科大、東北福祉大、宮城学院女子大、東北工業大、東北芸術工科大、国際医療福祉大、神田外語大、学習院大、国学院大、駒沢大、順天堂大、女子美術大、成蹊大、専修大、多摩美術大、中央大、津田塾大、東京造形大、東京農業大、東洋大、武蔵野大、法政大、明治大、立教大、早稲田大など

仙台市立仙台高等学校

伊達家の紋「竹に雀（すずめ）」を図案化。素直に伸びゆく教養と強靭（きょうじん）な節義、はつらつとした青年の一途な意気を示している。

校是（教育理念）・教育方針 ▶ 自主自立

生徒の学力向上と進学目標の達成に向け、学年に応じた進学重視型単位制のカリキュラム充実を図り、少人数による普通科教育を展開

校舎全景

体育祭　　　1年フェニックスゼミ

プロフィール
1クラス35人編成で きめ細かい学習指導

【沿革】1940年、市立仙台中学校として創立。48年に柏木の地（北八番丁）に校舎を新築し、学制改革により仙台高等学校と改称し男子高校として生まれ変わった。75年に国見に移転するとともに男女共学校となり、2020年に創立80年を迎えた。

教育理念である「自主自立」を通して、自立した人間を育成する教育活動を展開してきた。

【学科・コース】全日制・普通科・進学重視型の単位制高校である。単位制による教員数の増加をきめ細やかな学習指導に生かしている。また、早くから1クラス35人編成を取り入れ、英語の少人数指導、数学のTT、3年次の多彩な選択科目を設置するなど、個々の進路目標達成に向けた取り組みがなされている。

50分授業、週32コマで展開している。授業内容や進度は大学進学を目標として設定している。年次進行に伴い、進路に合わせて科目選びができるように選択科目を配し、特に3年次10月以降には受験形態に合わせての選択も可能にした。教員も「主体的・対話的で深い学びの実現に向けた授業改善」を目指し、授業評価や公開授業研究を行い、授業の質の向上に努めている。

単位制だが、朝と帰りのSHR、清掃、部活動等、学校生活は学年制高校と変わらず、特別活動や部活動など自分を生かし高める機会が充実している。生徒の規範意識は高く、颯爽（さっそう）とあいさつのできる生徒が多く、落ち着いて頑張れる雰囲気がある。

各年次では、進学のための課外授業を長期休業中に設定し、学力の養成に努めている。さらに3年次では受験対策として、放課後・土曜課外を実施している。

総合的な探究の時間を本校のキャリアプランである「鵬（Phoenix）プラン」と連動し、具体的な社会像、将来像をイメージし、生き方や進路決定につなげることを目標とした、3年間を見通した体系的なキャリア教育は、本校の教育活動の大きな柱となっている。また、国際理解教育も盛んで、国際理解HR交流会などを展開するとともに、毎年3月には本校教育振興会からの経費の一部援助を受けながら独自の「基金留学制度」を実施しており、毎年20名程度の短期留学を派遣している。

仙高祭

行事＆部活動・課外活動
全国大会めざす部活動 自主性重視の諸活動

部活動では、インターハイや全国大会で活躍した経歴を誇る多くの運動部が、伝統と革新の両立を志し、活発に活動している。また、文化部も全国レベルでの入賞や発表の経験を生かし、83年の歴史を誇る仙台高校で育まれた文化をさらに花開かせようと活動している。

体育祭、仙高祭の二大行事は実行委員を中心に企画・運営され、同窓生やPTA、地域の方々の参加や協力も得て、大変な盛り上がりを見せる。1学年でのPhoenixゼミ活動、2学年でのホームルーム研修旅行、3学年での研究レポートは、すべてをSDGsが掲げる目標と関連させながら、生徒が主体的に研究・研修を行っており、大変充実した活動となっている。

School Data

校長／岩井誠
教頭／大塚修哉
生徒数／男子472人、女子353人
卒業生数／25,153人
　　　　　（2023.4現在）
同窓会長／加藤吉男

■所在地
〒981-8502
仙台市青葉区国見6-52-1
TEL 022-271-4471
FAX 022-271-1136
http://www.sendai-c.ed.jp/~sendaihs/
アクセス／JR仙山線国見駅から徒歩15分。JR仙台駅西口バスプールから市営バス「仙台高校・福祉大ウェルコム21前」、「仙台高校南」下車

■部活動
陸上競技、硬式野球(男)、軟式野球(男)、サッカー(男)、ハンドボール(男)、バスケットボール、バレーボール、ラグビー(男)、テニス、ソフトテニス、卓球、バドミントン、剣道、弓道、フェンシング、水泳、ソフトボール(女)、吹奏楽、写真、美術、書道、文芸、映画、語学、生物、化学、天文地学、放送、情報処理、家庭、ダンス、茶道、演劇

■大学進学指定校推薦枠
東北学院大、東北工業大、宮城学院女子大、尚絅学院大、仙台白百合女子大、仙台大、東北文化学園大、東北生活文化大、石巻専修大、仙台青葉学院短大、聖和学園短大、仙台赤門短大、東北芸術工科大、関西学院大など

■進学状況
北海道教育大、岩手大、弘前大、山形大、福島大、琉球大、青森公立大、宮城大、東北学院大、東北福祉大、東北医科薬科大、東北工業大、宮城学院女子大、尚絅学院大、仙台大、東北芸術工科大、慶応大、文教大、立命館大、阪南大、専修大など

【主な行事】▷4月・入学式、対面式、遠足（3年）▷5月・市立総体、生徒大会▷6月・県総体▷7月・体育祭▷8月・仙高祭▷10月・芸術鑑賞会▷11月・Phoenixゼミスペシャルデー（1年）、ホームルーム研修旅行（2年）▷1月・Phoenixゼミ発表会（1年）、ホームルーム研修旅行発表会（2年）▷2月・予餞式▷3月・卒業式、基金留学

仙台市立仙台商業高等学校

マーケティング室ショーウインドー

仙商祭

全校応援

軟式野球部県選手権優勝

校訓・教育方針 ▶ 自律・友愛・創造

人間尊重の精神を基本とし、心身ともに健康で調和のとれた人間性を養い、平和で民主的な国家及び社会の形成者として、日本及び国際社会の発展に貢献する職業人の育成を目指します。

(1)基礎的な学力の向上と主体的に学習に取り組み、自己実現を図る態度を育成。
(2)人権尊重の理念のもと、民主的な社会及び国家の形成発展に寄与する態度を育成。
(3)専門的知識・技能を習得させ、社会の変化に対応する創造性豊かな人材を育成。
(4)遵法精神を養い、望ましい勤労観・職業観を確立させ、社会貢献する職業人を育成。

プロフィール

充実した施設と環境
新時代の職業人育成

【沿革】2009年4月、創立112年の仙台商業高校と創立90年の仙台女子商業高校が統合し、これからの時代にふさわしい商業高校として開校した。歴史と伝統を礎に、両校の持つ良い面を継承していきたいと考えている。

校訓を「自律」「友愛」「創造」とし、一人一人が言動に責任を持ち、他人を思いやる優しい心をはぐくみ、平和で民主的な社会と文化の創造に寄与する人間性の育成を目指す。

校舎は地下鉄南北線泉中央駅から西に歩いて10分。七北田川のほとりに位置し、自然豊かな環境に恵まれている。また泉図書館、ユアテックスタジアム仙台、泉総合運動場など多くの公共施設にも近く、文化的環境も申し分ない。さらには商業基地としての機能もあり、活気にあふれている。

体育関連施設として400mトラックの陸上競技場をはじめ、サッカー場、ラグビー場、硬式・軟式それぞれの野球場、第1・第2体育館、武道場、研修会館などを備える。

特別教室には情報処理室が5室あるほか、マーケティング室、総合実践室、語学演習室、多目的大ホール（大視聴覚室）などが整い、コンピュータも約500台設置されている。

【学科・コース】商業科（8クラス男女320人定員）。普通教科の知識を高め、一般的な常識と商業に関する専門科目の深い知識、調和の取れた人材を育成し、これからのビジネス界をリードする技術を身に付けた職業人を育てる。

主な専門科目はビジネス基礎、簿記、財務会計I、原価計算、情報処理、マーケティング、ビジネス・マネジメント、ソフトウェア活用、ネットワーク管理、プログラミング、商品開発と流通、観光ビジネス、課題研究、総合実践などがあり、生徒の興味・関心、進路希望と資格取得実現のために、多様な選択科目群を設定し、生徒の学習ニーズに対応している。

また取得可能な資格は簿記検定、情報処理検定、商業経済検定、ビジネス文書検定、ビジネス計算検定、英語検定、リテールマーケティング検定など。検定対策を試験1週間前から学年ごとに行い、より多くの生徒が資格を取得できるようにしている。全商検定1級3種目以上合格者100名以上を9年連続で達成しており、さらに高度資格取得を活用した大学進学も可能である。

行事＆部活動・課外活動

文武両道を目指し活発な部活動
各種大会での活躍が光る

多くの部が全国大会、東北大会に出場を果たすなど活躍が光る。2022年度、運動部では、自転車競技部がインターハイ出場、個人8位入賞、全国選抜大会に出場。軟式野球部が県選手権大会優勝、東東北大会準優勝の成績を残した。県総体においても、男子バレーボール部、女子ハンドボール部、水泳部が入賞を果たし、東北大会に出場した。女子バレーボール部がビーチバレーで国体出場をしている。また文化部では、放送部がNHK杯全国高校放送コンテストテレビドキュメント部門で全国大会決勝に進出、優秀賞を受賞した。県内の大会において、珠算部、ワープロ部、情報技術部、簿記研究部が上位を独占、全国大会に出場している。また、商業情報部が全国規模の各種大会において入賞している。

【主な行事】▷4月・入学式、部紹介・対面式▷5月・市立総体▷6月・県高校総体、ビジネス計算検定、簿記検定▷7月・ビジネス文書検定、三者面談・教育懇談会、オープンキャンパス▷8月・オープンキャンパス▷9月・就職試験壮行会、生徒会役員選挙、英語検定、情報処理検定▷10月・学校公開▷11月・仙商祭、ビジネス計算検定、簿記検定、ビジネス文書検定▷12月・修学旅行、校内競技大会▷1月・情報処理検定、簿記検定▷2月・商業経済検定、3年生を送る会▷3月・卒業式、入学者選抜、キャリア教育セミナー

School Data

校長／佐藤義行
教頭／板橋俊文、引地淳
生徒数／男子393人、女子551人
同窓会長／松坂宏造

■所在地
〒981-3131
仙台市泉区七北田字古内75
TEL 022-218-3141
FAX 022-218-5432
http://www.sendai-c.ed.jp/~sensho/
アクセス／地下鉄南北線泉中央駅から徒歩10分

■部活動・同好会
硬式野球、軟式野球、バスケットボール、ハンドボール、卓球、バレーボール、陸上競技、テニス、ソフトテニス、自転車競技、バドミントン、剣道、サッカー、ソフトボール、珠算、ワープロ、吹奏楽、美術、情報技術、簿記研究、商業情報、放送、演劇、軽音楽、ダンス（※今後募集停止となる部活動もある）

■大学進学指定校推薦枠
東北学院大、石巻専修大、東北文化学園大、仙台白百合女子大、尚絅学院大、宮城学院女子大、東北工業大、明治学院大、武蔵大、拓殖大、千葉商科大、関東学院大、日本大、神奈川大など

■進学状況（数字は人数）
東北学院大（32）、東北工業大（12）、東北福祉大（10）、宮城学院女子大（8）、仙台白百合女子大（3）、尚絅学院大（3）、東北文化学園大、仙台大、石巻専修大、千葉商科大（5）、神奈川大（2）、日本大（2）、桐蔭横浜大、東京経済大、明治学院大、名古屋商科大、武蔵大、高千穂大、山梨学院大、流通経済大
＜短期大学＞
聖和学園短大（6）、仙台青葉学院短大（10）
＜専修各種学校＞
仙台高等技術専門校、葵会仙台看護、仙台徳洲看護、仙台医健スポーツ（5）、仙台医療福祉（5）、仙台医療秘書福祉、仙台保健福祉（2）、仙台ウェディング＆ブライダル（6）、仙台大原簿記情報公務員（15）、仙台スクールオブミュージック（4）、仙台総合ビジネス（7）、仙台ビューティーアート（3）、仙台幼児保育（4）、東京ITプロ会計（6）など

■就職状況
七十七銀行、仙台銀行、仙南信用金庫、東北電力、ユアテック、三菱マテリアル、アイリスオーヤマ、仙台村田製作所、トヨタレンタリース、日本郵便、仙台農協、国家公務員（税務）、仙台市職員、宮城県職員、富谷市職員、大和町職員、多賀城市職員、利府町職員、宮城県警察、自衛隊など

宮城県塩釜高等学校

塩竈の地を象徴する塩の結晶体と塩竈桜を図案化。塩の結晶体は、本校の団結を表現し、塩竈桜は、生徒の輝きや喜びを表現している。

校舎

ビジネス科　　吹奏楽部

| 校訓・教育方針 | 「志」:遠大な志を持ち、素直に勉励する
「伸」:個性を伸長し、特色ある人物となる
「和」:和らぎの心を旨とし、自他の人格を
　　　尊重する
「創」:物事に意欲を燃やし、知性の開発と
　　　創意工夫に心がける |

プロフィール

塩釜の伝統校が統合 地域に密着した活動

【沿革】1943年に塩竈市立塩竈中学校として創設された塩釜高等学校と、29年に塩竈実科高等女学校として設立された塩釜女子高等学校の伝統校同士が2010年4月に再編統合されて開校した男女共学の高等学校である。これまでそれぞれ地域社会の発展に貢献してきた両校の伝統を受け継ぐとともに、統合によってさらに大きく発展していくことを目指す。また、統合にあわせて、塩釜高等学校商業科はビジネス科に学科改編して、共学に生まれ変わった。東西二つのキャンパスを有する大規模校で、生徒数は約1000人である。

地域と密接なつながりをもち、塩釜市民祭りやみなと祭りで、多くの生徒がステージ発表や会場ボランティアとして活躍している。豊富な施設・設備を活用しての学校生活を送ることができ、教育環境は極めて恵まれている。

【学科・コース】「普通科」「ビジネス科」ともに、大学・短大・専門学校への進学、公務員や民間就職など、多様な進路希望の実現を目指す教育活動を行っている。

＜普通科＞1学年では基礎学力の定着を重視し、全員同じカリキュラムで学習を進める。2学年からは「理系」と「文系」に分かれ、進路希望に応じた科目を選択し、進路実現を目指した学習を深めていく。

＜ビジネス科＞1学年では商業科目の基礎・基本となる全商各種検定の2級・3級の取得を目指し、2学年では専門的知識・技術を身に付け、1級資格の取得を目指す。3学年ではマーケティング分野、会計分野、ビジネス情報分野に分かれ、より専門的で高度な学習を行う。

行事＆部活動・課外活動

熱気あふれる部活動

学校行事では、生徒の主体性・社会性を伸長させることを目的とし、地域に密着した活動を行っている。特に「塩高祭」と「体育祭」が大いに盛り上がる。

部活動は、運動部・文化部ともに男子校・女子校時代の伝統を引き継ぐとともに、東西二つのキャンパスの施設・設備を利用して活発に活動している。2022年度は陸上競

体育祭　　塩高祭

技部、ヨット部が全国選抜大会に、ボート部、水泳部が東北大会に出場を果たした。23年度も多くの部が、東北大会・全国大会出場を目指して活発に活動している。

School Data

校長／黒田賢一
教頭／黄海武善、太田祐一
生徒数／男子427人、女子563人
卒業生数／42,312人
　　　　　（2023.4.現在）
同窓会長／菊地忠夫

■所在地
【西キャンパス】
〒985-0056
塩竈市泉ケ岡10-1
TEL 022-362-1011
FAX 022-362-0703
【東キャンパス】
〒985-0056
塩竈市泉ケ岡7-1
TEL 022-362-0188
FAX 022-362-0189
https://shioko.myswan.ed.jp/
アクセス／両キャンパスともに、JR仙石線本塩釜駅、西塩釜駅から徒歩13分。東北線塩釜駅から徒歩10分

■部活動・同好会
バレーボール、バスケットボール、ソフトテニス、卓球、バドミントン、ハンドボール、水泳、弓道、陸上競技、硬式野球、サッカー、ボート、ヨット、美術、吹奏楽、写真、演劇、パソコン・ビジネス、茶道、華道、琴、文芸、手芸、ダンス、音楽、放送、剣道同好会、少林寺拳法同好会

■大学進学指定校推薦枠
東北学院大、東北工業大、石巻専修大、宮城学院女子大、尚絅学院大、仙台大、東北生活文化大、仙台白百合女子大、聖和学園短大、仙台青葉学院短大など

■進学状況
埼玉大、東北学院大、東北福祉大、東北医科薬科大、東北工業大、尚絅学院大、宮城学院女子大、石巻専修大、仙台大、東北文化学園大、東北芸術工科大、日本大、神田外語大、秀明大、聖和学園短大、仙台青葉学院短大、国立宮古海上技術短期大学校、宮城県農業大学校、仙台高等技術専門校、仙台徳洲看護専門学校、仙台市医師会看護専門学校、葵会仙台看護専門学校など

■就職状況
塩釜市職員、塩釜地区消防、海上保安庁、自衛隊、七十七銀行、仙台銀行、日本郵便、アイリスオーヤマ、仙台農協、お茶の井ヶ田、トーアエイヨー、YKK AP、日本農産工業、イオン東北、名糖運輸、仙台村田製作所、塩釜ガス、デンソーソリューション東北支社、宮城ケーブルテレビ、太平洋フェリーサービス、青葉冷凍、東北テレメディア開発、ゼライス、日本貨物鉄道など

宮城県多賀城高等学校

多賀城高校の「多」を図案化したもので、「さとく、ゆたかに、たくましく」という教育目標を背に、鵬（おおとり）がいま大空を翔（か）けようとする姿を表現。

浦戸巡検

世界防災フォーラム

SSH指定校合同発表会　多高祭

校訓・教育方針 ▶ さとく、ゆたかに、たくましく

21世紀を担う人物の育成という観点に立って、高い知性、豊かな情操、すぐれた徳性、強い意志と強健な身体をもち、広い視野をもって社会、国家に貢献する人物の育成

プロフィール

誰にでも未来を創る能力（ちから）がある

【沿革】1976年に「さとく、ゆたかに、たくましく」をスクールモットーに創立。2015年に創立40周年記念式典が挙行され、16年からは全国で2例目の防災系学科である災害科学科が新設された。18年から5年間、文部科学省よりスーパーサイエンスハイスクール（SSH）の指定を受けた。23年から27年にかけてもSSH第Ⅱ期に指定され、新たなステージに向けてチャレンジを続けている。

現在の校舎は06年に改修工事が始まり、08年に完成。体育館やプール以外の施設としては、野球、サッカー、ソフトボール、陸上、ラグビーなど多競技が同時に練習可能な大きなグラウンド、合宿などに利用できるセミナーハウス「翔鵬館」、クレー5面・ハード2面のテニスコートのほか、柔剣道場、卓球場などを備え、スポーツ関連の施設は大変充実している。このほか、18年に完成した300人収容の大講義棟「iRis（アイリス）ホール」があり、ICTを活用した集会や授業、オンラインミーティングを行っている。

開校当時からユニークな教育活動を展開し、常に時代の流れを先取りする実践で大きな成果をあげてきている。知の基本を学ぶ「授業」と心身を錬磨しながら人としての基本を学ぶ「部活動」を両輪とし、バランスがとれた未来人の育成を目指している。

【学科・コース】
＜普通科＞1年生では、必履修科目の多くを設定し、基礎・基本を大切にした学習に取り組んでいる。2年生では、文系・理系に分かれ、進路希望に合わせて地理歴史と理科の選択科目を設定している。3年生では、文系・理系それぞれに大学進学を基本とした発展的な学習を進めるためのさまざまな学校設定科目を設置している。授業以外でも、日々の学習のペースメーカーとなる週課題や、発展的・応用的学習に取り組む課外講習、大学の教授を招いての出前授業や進路講演会など、生徒の学力の向上と進路意識の高揚のためのさまざまな手立てが用意されている。

＜災害科学科＞自然災害を科学的にとらえる知識や技能を身に付け、被災後の復興を担う人材の育成を目的として、16年4月に開設された新しい専門学科である。普通科における教科・科目をベースとして科学的な学校設定教科・科目を多数組み込んだカリキュラムになっている。また、学外の研究機関（防災科学研究所、海洋研究開発機構、JAXA）や大学（東北大、宮城教育大、岩手大など）と連携して、理科巡検、フィールドワークや県外宿泊研修など、最先端の研究に関わる研究者との交流を持てることも特徴となっている。将来は、上級学校への進学を視野に入れて指導を行っている。

行事＆部活動・課外活動

生徒自ら企画し運営一体感生む三大行事

多賀城高校の三大行事である球技大会・多高祭・体育祭は、すべて有志による実行委員会が企画・運営。クラスの団結や学校としての一体感を実現する。

球技大会は6月の第1回定期考査明けに実施される。例年クラス対抗でさまざまな競技が行われ、熱戦が繰り広げられる。また、Tシャツコンテストも開催。各クラスでそろいのTシャツを作ることにより、クラスの団結力をより一層深める機会として大変好評である。

多高祭（文化祭）では毎年多くの見学者が訪れる。生徒たちが自ら企画・運営を手掛け、各クラスや各文化部の趣向を凝らしたステージパフォーマンスや模擬店、校内展示は訪れた人々を魅了している。

体育祭も同様で、実行委員会が何週間もかけて準備を重ねた結果、例年大成功を収めている。

部活動は「個性追求の場」として、生徒主体の意欲あふれる熱心な活動が行われている。運動部では、水泳部の東北大会出場をはじめ、各部とも県内外で上位を争う健闘をしている。文化部では科学部や吹奏楽部が東北大会や全国大会に出場するなど、各部とも活躍している。

【主な行事】▷4月・入学式▷6月・第1回定期考査、球技大会▷7月・オープンスクール▷8月・多高祭▷9月・第2回定期考査▷10月・体育祭▷11月・第3回定期考査▷12月・2年修学旅行▷2月・第4回定期考査▷3月・卒業式

School Data

校長／小野敬弘
教頭／嶺岸賢、佐々木芳恵
生徒数／男子426人、女子402人
卒業生数／14,546人
（2023.4現在）
同窓会長／及川佳洋

■所在地
〒985-0831
多賀城市笠神2-17-1
TEL 022-366-1225
FAX 022-366-1226
https://tagajo-hs.myswan.ed.jp/
アクセス／JR仙石線下馬駅から徒歩20分

■部活動・同好会
ラグビー、サッカー、ソフトテニス、野球、陸上競技、ソフトボール、山岳、バレーボール、卓球、剣道、バスケットボール、テニス、水泳、柔道、バドミントン、弓道、写真、科学、合唱、軽音楽、吹奏楽、美術、茶華道、語学研究、家庭、放送、情報処理、ボランティア活動（同好会）

■大学進学指定校推薦枠
東北学院大、尚絅学院大、東北工業大、東北医科薬科大、宮城学院女子大、石巻専修大、仙台白百合女子大、東京都市大、文教大、東京電機大、大東文化大、日本大、玉川大、神奈川大、関西大など

■進学状況
弘前大、岩手大、岩手県立大、東北大、宮城教育大、宮城大、秋田大、秋田県立大、山形大、福島大、宇都宮大、高崎経済大、千葉大、都留文科大、北九州市立大、名桜大、東北学院大、東北福祉大、東北工業大、宮城学院女子大、東北医科薬科大、東北芸術工科大、尚絅学院大、東北生活文化大、石巻専修大、仙台大、東北文化学園大、早稲田大、東海大、日本大、関東学院大、東京農業大、医療創生大、日本医療科学大、桜美林大、明星大、関西大など

■就職状況
国家公務員 防衛省航空自衛隊事務官、裁判所職員、多賀城市職員、塩竈市職員、七ヶ浜町職員、自衛隊など

宮城県松島高等学校

松島の校名にちなみ、松柏の志操を心とし、協力と発展、向上の精神を表す。

校舎

新入生オリエンテーション合宿

校訓・教育方針 ▶「自律」「友愛」「創造」

1. 自ら学ぶ意欲と能力を高め、社会の変化に主体的に対応できる自律の精神をもった人間を育成する。
2. 勤労と責任を重んじ、平和を尊び他を思いやる友愛の精神にみちた人間を育成する。
3. 自らの個性を磨き、豊かな文化を探求する創造の精神をそなえた人間を育成する。

プロフィール

Just Starting!
〜未来の地図に描いていこう〜

【沿革】本校は1948年、宮城県塩釜高等学校定時制課程松島分校として創立。のちに松島町立の宮城県松島高等学校となり、68年、松島町から宮城県に移管されて宮城県松島高等学校となった。83年に男女共学となり、2014年に観光科が設置され、現在に至っている。これまでに1万2097人の卒業生を送り出し、18年度で創立70周年を終えた歴史と伝統を持つ学校である。

【学科】14年に学科改編を行い観光科が新設された。23年度からは普通科80人（2クラス）・観光科80人（2クラス）の募集定員となった。

普通科は、進学を目指すカリキュラムとして生徒一人一人の進路希望に応じた指導を展開し、1年次において基礎基本をしっかり学び、2・3年次では興味・関心や希望進路に応じた科目を選択する。特に3年次には、進路目標の達成に向けて、理系大学看護進学、文系大学進学、就職・専門学校の3系列と多様な選択科目を準備している。

観光科では、「ふるさと宮城の再生・発展を支える人材の育成」を目標に、学習の素材として「観光」を捉え、実習等の体験的な学習を通

研修旅行での実習（観光科）

して、お客様や地域の方々との関わりの中からコミュニケーション能力を身に付け「おもてなし」の心を学ぶ。そして、学校設定科目や各実習を通して地域の観光が持つ課題を発見し、ビジネスフレームワークを活用して観光による課題解決に取り組む。また、地元を深く知ることで郷土愛を育み、地元活性化の即戦力となる人材の育成を目指す。ホテル実習・販売実習・観光ボランティアガイド実習・ボランティア活動・サービスマナー講習等を通して、他を思いやる心を養いつつ、観光業界で働くスペシャリストから高度な知識と技術を学び、生徒が夢を実現させるためのカリキュラムとなっている。

行事＆部活動・課外活動

2018年度　キャリア教育優良文部科学大臣表彰を受賞

多くの行事は生徒会が中心となって実施されている。松高魂がぶつかり競い合う「体育祭」、ごみを拾いながら松島町を歩く「歩け歩け大会」（2009年国土交通大臣表彰）、そして最大の行事といえる「松高祭」などがある。いずれの行事も全校生徒が積極的に参加し、大いに盛り上がる。

部活動は盛んで、運動部では硬式野球部が14年度秋季東北地区高校野球宮城県大会で3位に入賞し、第87回選抜高校野球大会21世紀枠の東北地区候補に選ばれた。17年度県高校新人剣道大会女子団体戦でベスト8に入るなど、県上位入賞を目指して日々活発に活動している。

文化部も運動部に劣らず活躍し

School Data

校長／小金聡
教頭／鶏徳雅宏
生徒数／男子223人、女子237人
卒業生数／12,097人
　　　　　（2023.4現在）
同窓会長／大類啓市

■所在地
〒981-0215
宮城郡松島町高城字迎山3-5
TEL 022-354-3307
FAX 022-354-5847
https://matsushima-h.
myswan.ed.jp/
アクセス／JR東北線松島駅から徒歩15分、JR仙石線高城町駅から徒歩10分

■部活動・愛好会
硬式野球（男）、サッカー（男）、卓球、バレーボール（女）、ソフトボール（女）、バスケットボール、バドミントン、陸上競技、ソフトテニス、剣道、弓道、柔道、写真、美術、書道、料理、パソコン、吹奏楽、演劇、茶道、イラスト、ボランティア、ダンス、軽音楽（愛）

■大学進学指定校推薦枠（県内のみ）
東北学院大、東北工業大、石巻専修大、尚絅学院大、仙台白百合女子大、宮城学院女子大、仙台大、東北文化学園大、東北生活文化大、東北福祉大、聖和学園短大、仙台青葉学院短大など

■進学状況
東北学院大、東北工業大、石巻専修大、尚絅学院大、仙台白百合女子大、宮城学院女子大、仙台大、東北文化学園大、東北生活文化大、東北福祉大、東北芸術工科大、福島学院大、聖和学園短大、仙台青葉学院短大、仙台赤門短大など

■就職状況
ASKUL LOGIST、JR東日本テクノサービス、アイリスオーヤマ、阿部蒲鉾店、アマタケ、アミノ（うまい鮨勘）、イオンリテール、一条旅館、医療法人社団清山会、お茶の井ヶ田、金谷ホテル観光、極洋食品、叙々苑、白松がモナカ本舗、新幹線リフテクノロジー、仙台ガスサービス、仙台空港鉄道、仙台物流センター、ティーガイア東北支店、東北大蔵電気、トヨタ自動車東日本、東ハト、ネッツトヨタ、プライムアースEVエナジー、ホクト、松島蒲鉾本舗、水野水産、山崎製パン、ランドマーク、ロピア、自衛官（一般曹候補生、自衛官候補生）、仙台農協

ており、ダンス部は数多くの地域イベントに参加し好評を得ているとともに、地区大会7回連続受賞を果たしている。吹奏楽部は17年度第41回全国高等学校総合文化祭吹奏楽部門に出場している。ボランティア部では、地域貢献をモットーにボランティアガイドや各地で行われる行事等へ参加しており、各方面から高い評価を得ている。また、キャリア教育にも力を入れ、文部科学大臣より表彰された。

【主な行事】▷4月・入学式、観光科開講式、1年オリエンテーション合宿▷5月・歩け歩け大会、前期生徒総会、農業体験（田植え）▷6月・和室作法講習、防災訓練、体育祭▷7月・三者面談、夏季課外、ホテル実習、販売実習▷8月・オープンキャンパス▷9月・3年就職模擬面接、就職社会人模擬面接、就職試験開始、農業体験(稲刈り)▷10月・LHR読書会、松高祭▷11月・芸術鑑賞会、学校公開週間▷12月・後期生徒総会、普通科修学旅行、観光科研修旅行▷1月・百人一首大会、観光科実践発表会▷2月・予餞会、進路発表会▷3月・卒業式、修業式

宮城県利府高等学校

リフの文字に教育目標を託し、萌芽（ほうが）満つ鴻志が丘で志を抱き無限の未来を目指し羽ばたく鴻（おおとり）の姿を図案化。

校舎

校訓・教育方針 ▶ 心身の健康・徳性の涵養・知性の啓発

高い志「鴻志の精神」をもち、「質の高い文武両道の実践」を通して、未来に向かって力強く前進する知・徳・体の調和のとれた、人間の育成を目指す。

プロフィール

単位制で広い選択肢 地域との交流も推進

【沿革】1984年、369人（男子197人、女子172人）でスタートし、2023年、開校40年目を迎えた。県下最大級の広大な敷地に第2体育館や野外運動場照明設備、野外音楽堂などを備える。1998年に単位制高校に移行、同時にスポーツ科学科を開設し、全県から広く生徒を募集している。「文武」両面で自分の能力を発揮することのできる学校が、利府高校の目指す姿である。

町内6小学校とのスポーツ交流や、県内の小・中学生を対象にした部活動支援プロジェクトなどを通して、地域との交流にも力を入れている。

【学科・コース】普通科、スポーツ科学科ともに単位制を採用し、多くの選択科目を開設している。また、生徒の学習の達成度や進路希望などに応じ、「習熟度別学習」と授業に2人の教師がついて支援する「TTによる学習指導」を実施している。

普通科は、国公立を含め私立大の理系・文系、短大、高等看護学校、専門・各種学校、公務員、就職など、さまざまな進路に対応できる教育課程となっている。

スポーツ科学科は、体育・スポーツの専門的な科目の習得により、「スポーツマンシップ」を理解した上で「スポーツの経験を社会で生かせる人間の育成」を図り、各専門種目の高度な技能の習得による「競技力の向上」を目指している。また、学科独自の授業として、スポーツ科学（スポーツ医学・運動生理学）やスポーツ概論、スポーツVでスキーやスケート、キャンプなどの野外活動も行っている。

行事＆部活動・課外活動

陸上、卓球、ソフトボール、バスケットボール ハンドボール、バレーボールなど 全国レベルの運動部

運動部においては、近年、陸上競技部、ハンドボール部、ソフトボール部、卓球部が全国大会に出場している。硬式野球部は2009年に選抜高校野球大会21世紀枠で甲子園初出場（ベスト4）を果たし、14年には第96回全国高校野球選手権大会に初出場。31年ぶりとなる宮城県公立高校の勝利を飾った。19年には男子バスケットボール部がウインターカップに初出場し、ハンドボール部は国体5位入賞、女子バレーボール部は南東北インターハイ初出場を果たした。22年度は、陸上競技部が女子円盤投げでインターハイ6位入賞、男子3000m障害で悲願のインターハイ優勝を成し遂げた。また、女子バレーボール部が全国高校体育学科大会で優勝し、女子卓球部は全国選抜大会の個人種目で優勝するなど、多くの運動部が全国の舞台で活躍している。

文化部においては、吹奏楽部が全国吹奏楽コンクールへの出場経験があり、書道部も全国高校総合文化祭へ県代表として出品している。自然科学部は国際学会での発表経験もある。

【主な行事】▷4月・梨の花粉交配（1年次）▷5月・遠足（1年次）、生徒総会▷6月・キャンプ実習（スポーツ科学科3年次）▷7月・夏季課外▷8月・夏季課外▷9月・利府高祭▷10月・体育大会▷12月・修学旅行（2年次スポーツ科学科はオーストラリア）、冬季課外▷1月・冬季課外、スキー教室（1年次普通科）、スキー実習（1年次スポーツ科学科）、スケート実習（2年次スポーツ科学科）

バスケットボール部

ハンドボール部

School Data

校長／鈴木秀利
教頭／髙橋朗、山口勝弘
生徒数／男子481人、女子292人
卒業生数／11,619人
（2023.4現在）
同窓会長／青山喜礼

■所在地
〒981-0133
宮城郡利府町青葉台1-1-1
TEL 022-356-3111
FAX 022-356-3112
https://rifu-h.myswan.ed.jp/
アクセス／JR利府駅から宮城交通バスで約7分「利府高校前」下車

■部活動
硬式野球、ソフトボール、バレーボール、サッカー、ソフトテニス、陸上競技、卓球、バスケットボール、硬式テニス、剣道、フェンシング、ラグビー、弓道、水泳、新体操、ハンドボール、ギター、書道、茶道、文芸、華道、家庭、JRC、演劇、自然科学、放送、写真、美術、囲碁将棋、吹奏楽

■大学進学指定校推薦枠（2022年度）
関東学院大、文教大、神奈川大、日本体育大、帝京大、大東文化大、東北学院大、仙台大、宮城学院女子大、仙台白百合女子大、尚絅学院大、東北工業大など

■進学状況（2022年度）
秋田大、山形大、福島大、東北学院大、東北福祉大、宮城学院女子大、仙台大、尚絅学院大、仙台白百合女子大、東北工業大、東北医科薬科大、創価大、大東文化大、東海大、神奈川大、文教大、中京大など

■就職状況（2022年度）
宮城県警、航空自衛隊自衛官候補生、自衛官一般曹候補生、アルプスアルパイン、七十七銀行、仙台トヨペット、お茶の井ヶ田など

宮城県黒川高等学校

郷土のシンボル七ツ森をデザイン。郷土愛に根ざした教育が、聳（そび）えた七ツ森のように高い理想であることを象徴。

校舎

機械科

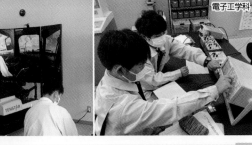
環境技術科　電子工学科

校訓・教育方針 公正(Fairplay)友愛(Friendship)開拓(Frontier)

勤労を重んずる自主的な実践力と、誠実に責任を果たす態度を養い、健全な判断力と社会性を兼ね備えた、情緒豊かな人格を育成する

プロフィール

進路に応じた4学科 選択科目で実践学習

【沿革】本校は、2023年で創立123年目を迎えた歴史と伝統ある男女共学の、普通科と工業の専門学科を併設した高校である。秀峰船形連峰と七ツ森を眺望できる風光明媚（めいび）な吉岡の地に位置し、近くには国際的な企業が進出している仙台北部中核工業団地が控えている。これら地域産業を担う人材育成のために、キャリア教育を充実させ、個に応じたきめ細かい進路指導に努めている。生徒が生きがいを持って活動できるように、教育環境を整備し、部活動や生徒会活動などさまざまな活動を積極的に支援している。豊かな人格の陶冶（とうや）を図るとともに、地元の高校として地域とともに成長する学校づくりを進めている。

【学科・コース】
<普通科>「社会で役に立つ人を育てる」という目標を掲げ、社会人として活躍するための基礎を育む教育をする「総合的な探究の時間」を中心にさまざまな体験的・探究的なプログラムを準備して、「課題に気付く力」「調査する力」「まとめ

スポーツ大会

る力」「協働する力」などを実践的に学ぶ。大学進学にも就職にも対応できる普通科の強みを生かすため、学校の外部と積極的に関わりながら、教員一丸となって挑戦していく。

<機械科>地域の製造業の担い手として活躍するために必要なものづくりに関する知識・技能を養う。そのために「機械加工」「自動車」「制御技術」の各分野について、3年間を通して系統的に学習する。具体的には、専門知識を学習する教室での授業と、各種工作機械を使用した金属加工ならびにCAD/CAMシステムとNC工作機械を使用した自動加工、実際の自動車を用いた作業などを行う実習の授業に取り組む。これらを生かして、製造業をはじめとする民間企業への就職や四年制大学工学部などへの進学などの進路を選択することができる。

<電子工学科>①電子②電気③情報通信④制御に関連する業務に従事するため、必要となる基本的な技術や技能を習得し、社会に貢献できる人材を育成している。3年間、幅広く専門教科や実習を学ぶことにより、上記4分野の関連企業に就職することができる。また、専門性を高めるための大学や専門学校への進学も可能である。

<環境技術科>建設現場で必要な知識・技術・技能を学び、環境問題に取り組むことができる土木技術者を育成する。また、地球温暖化・環境問題などの環境に関する幅広い知識を学び、循環型社会の進展に貢献できる環境に優しい技術者を育成する。さらに、土木・環境系の資格や技能を取得し、進路選択に役立てていく。

School Data

校長／遠藤俊樹
教頭／熊谷崇
生徒数／男287人、女156人
卒業生数／20,470人
（2023.4現在）
同窓会長／山路義明

■所在地
〒981-3685
黒川郡大和町吉岡字東柴崎62
TEL 022-345-2171
FAX 022-345-2172
https://kurokawa.myswan.ed.jp/
アクセス／地下鉄南北線泉中央駅から宮城交通バス吉岡行き「吉岡志田町」下車徒歩15分、松坂平五丁目行き「黒川高校前」下車徒歩0分

■部活動
野球、ソフトボール、バレーボール、バスケットボール、テニス、卓球、バドミントン、サッカー、陸上競技、柔道、剣道、吹奏楽、美術、書道、パソコン、ロボット研究、調理、囲碁・将棋、茶道、写真、ゴルフ

■大学進学指定校推薦枠
東北学院大、宮城学院女子大、東北工業大、石巻専修大、仙台白百合女子大、尚絅学院大、東北生活文化大、東北文化学園大、聖和学園短大、仙台青葉学院短大など

■進学状況（2022年度）
東北学院大、東北工業大、東北生活文化大、尚絅学院大、東北文化学園大、聖和学園短大、仙台青葉学院短大、東北生活文化大短大部、仙台赤門短大、仙台医師会看護専門学校、仙台高等技術専門校、東北職業能力開発大学校、宮城調理製菓専門学校、専門学校花壇自動車大学校、仙台大原簿記情報公務員専門学校、仙台ヘアメイク専門学校など

■就職状況
自衛官一般曹候補生、自衛官候補生、大和町役場、トヨタ自動車東日本、プライムアースEVエナジー、東北電力ネットワーク、コバヤシ東北工場、ワイ・デー・ケー宮城工場、アイリスオーヤマ、ネッツトヨタ仙台、日産サティオ宮城、YKK AP東北営業所、日進工具、ユアテック宮城サービス、イズミテクノ、お茶の井ヶ田、コメリなど

行事＆部活動・課外活動

運動部では、柔道部・陸上競技部・サッカー部・バスケットボール部・バドミントン部・卓球部が予選を突破して県大会に出場した。文化部では、ロボット研究部が全国大会に出場し、美術部・書道部・吹奏楽部・囲碁将棋同好会が各種大会などで入賞を果たした。
【主な行事】▷7月・スポーツ大会▷10月・文化祭▷12月・修学旅行（2年）

宮城県富谷高等学校

外側の楕円（だえん）は地球、三つの輪は人文、国際、理数の3つの類型、中央のデザインは富谷高校の「と」と、大鵬（おおとり）が飛翔（ひしょう）する姿のイメージ

収穫祭（課題研究発表）

春の体育大会

樹咲祭（文化祭）

校訓・教育方針 ▶ 進取　明知　自律　協同

進取の精神に富み、国際的な視野に立って広く社会の発展と文化の創造に貢献する、個性豊かな人間を育成することを目標とする

プロフィール

普通科・3類型制で時代と地域の要請に応える

【沿革】本校は泉ヶ岳などを遠望できる仙台北部の丘陵地に、1994年4月に開校し、創立30年目を迎えた。2014年にユネスコスクールに加盟承認され、ESD（持続可能な開発のための教育）を推進し、社会や時代の変化に対応できる人材の育成に取り組んでいる。

本校は普通科一括募集・3類型選択制。ユネスコスクールの理念（SDGs）をより深く学べるように、1年生では基礎教育を充実させ、さらに2年生以降は国際理解教育をはじめ、平和教育や環境教育をより深く学びつつ、多様な進路選択に対応するための3類型（人文・国際・理数）が選択可能な教育課程となっている。3年間の学びの中でSDGsの諸課題をもとにした課題研究や探究的な活動の幅を広げ、世界（グローバル）を視野に入れつつ、発展著しい富谷市で唯一の高校として、地域（ローカル）とも連携する「グローカル」な人材の育成を目指す。

学校を取り囲んでいた緑豊かな自然環境は、ここ10年余りのうちに大きく様変わりし、今では学校周辺は多くの商業施設が立ち並ぶ市街地となっている。

校舎は県内の公立高校では珍しい円形の講義棟をはじめ、二つの普通教室棟と特別教室棟・管理棟・体育館で構成されている。校舎内外には美しいステンドグラスやモニュメントがちりばめられている中、学校のシンボルとなっているカリヨン（時計台）が美しい調べを奏でている。

【学科・類型】1年生は全員共通の教育課程で基礎・基本を養いつつ、学問や進路について知識を深め、将来を考えた上で、2年生からの類型を選択する。「人文類型」は国語・社会など文科系科目全般に重点が置かれ、また平和や人権といった問題への知見を深める。「国際類型」は人文類型と同様に文科系科目が中心だが、異文化理解や国際理解に重点が置かれた最もユネスコスクールらしい類型。「理数類型」は数学・理科など理数系科目全般に重点が置かれ、また環境や技術といった持続可能型社会を支える知見を深める類型である。

全体として大学進学を希望する生徒が多く、学習内容は国公立・難関私立大学進学にも対応可能な配列になっている。また、ユネスコスクールが掲げるSDGs（持続可能な開発目標）の17の課題をもとに、それぞれの類型に合わせて課題研究やESD講演会、修学旅行（国内・海外）などを行う。

【入学者選抜】
学年定員は280人、普通科一括の募集。24年度入学者の選抜は以下のとおり。

・第一次募集
選抜順序は〔共通選抜〕→〔特色選抜〕

〔共通選抜〕定員の90％（252人）。学力検査点（500点満点）と調査書点（195点満点）の満点を原点とした相関図を用いて選抜する。比重は〔学力検査点：調査書点＝6：4〕とする。

〔特色選抜〕定員の10％（28人）。学力検査点（5教科の点数を0.5倍＝250点満点）と調査書点（195点満点）を合計した点数（445点満点）を基に、調査書の記載事項も含めて総合的に審査・選抜する。

行事＆部活動・課外活動

薫風満帆（くんぷうまんぱん）爽やかで明るい校風の中でのびのびと生徒を育成する

部活動は全員登録制となっており、13の運動部、12の文化部、4の同好会がそれぞれ活発に活動している。

行事は生徒会執行部を中心に、自主的に企画・運営され、全生徒が盛り上がれる行事になるよう取り組んでいる。また、ユネスコスクールとしての取り組みとして、海外の学校との交流を図る「アートマイル活動」や、「ESD講演会」「国際理解講演会」の開催、長期・短期留学生の派遣や受け入れなどを行っている。

【主な行事】▷4月・入学式、対面式、収穫祭（課題研究発表会）、体育大会▷5月・総体壮行式、生徒総会（春季）▷6月・高校総体、前期中間考査、ESD講演会▷7月・三者面談、夏季課外、学校説明会▷8月・夏季セミナー▷9月・樹咲祭（文化祭）、生徒会役員選挙、前期末考査▷10月・球技大会、芸術鑑賞会、生徒総会（秋季）、国際理解講演会▷11月・キャンパスツアー▷12月・修学旅行、後期中間考査、冬季課外、English Camp▷1月・進路講演会▷2月・ポスターセッション、予餞会、学年末考査▷3月・卒業式、新入生予備登校

School Data

校長／田渕龍二
教頭／高橋彩子
生徒数／男子366人、女子423人
卒業生数／7,935人
（2023.4現在）
同窓会長／宮澤将之

■所在地
〒981-3341
富谷市成田2-1-1
TEL 022-351-5111
FAX 022-351-5112
https://tomiya-h.myswan.ed.jp/
アクセス／地下鉄南北線泉中央駅から宮城交通バスで約20分「富谷高校前」下車

■部活動・同好会
野球、サッカー、ソフトボール、陸上競技、バレーボール、バスケットボール、ソフトテニス、バドミントン、テニス、剣道、卓球、弓道、ハンドボール、吹奏楽、弦楽合奏、合唱、茶華道、文芸、美術、自然科学、演劇、パソコン、写真、ECC国際、ダンス、囲碁・将棋、イラスト、JRC、映画研究

■大学進学指定校推薦枠
東北学院大、宮城学院女子大など多数

■進学状況（2023年3月卒業生）
＜国公立大学＞32人
宮城大、山形大、秋田大、会津大、福島大、北海道教育大函館校、静岡大、弘前大、都留文科大、東北学院大、東北福祉大、宮城学院女子大、東北工業大、東北文化学園大、尚絅学院大、東北芸術工科大、仙台白百合女子大、東北医科薬科大、仙台大、石巻専修大、法政大、日本大、神奈川大、東海大、仙台青葉学院短大、聖和学園短大、仙台医療センター付属看護助産学校、東北労災看護専門学校、仙台徳洲看護専門学校、葵会仙台看護専門学校など

■就職状況
自衛官、フコク、バイオテクノロジービューティー、トヨタレンタリース仙台、タマス、クローバー総研

企画・構成　Group AC・アドコーポレーション

夢の実現に向けて　一歩一歩確実に

塩釜のこだわりのかまぼこを皆さまの食卓へ。

塩釜の恵み
高浜
塩竈高橋

1枚1枚を丁寧に、大切に

　日常使いの商品から、高級感のある付加価値商品、高浜独自のお土産商品など、幅広い商品の開発・製造をしております。商品に使用する原材料は流通経路を確認し、安心・安全が確認できるものだけを使用しております。厳選した安全な原料を永年培った知識・技術をもとにバランス良く練り合わせ、魚本来が持つ弾力と風味を活かした美味しいかまぼこを自信をもって皆さまの食卓へお届けいたします。

特選
吉次入り
笹かま

高級魚 吉次と
宮城の地酒 浦霞を使用
肉厚で香味豊かな笹かまです

株式会社高浜

高浜　[検索]

本社／塩釜市貞山通3丁目1-10
TEL022-367-6111(代表) FAX022-367-1008
受付時間／9:00〜17:00(土・日・祝日除く)

76

宮城県公立高校
学校紹介

北部地区
(大崎地区、遠田地区、登米地区、栗原地区)

宮城県古川高等学校

「蛍雪の功」の故事にならい、大正末期に皆勤賞として授け、その功を讃えた蛍雪章を、新制高校発足に当たり校章として制定。

南校舎

校訓・教育方針▶ 質実剛健　学問尊重　自主自律

清潔にして健全な品性と学業を尊重する気風を養い、自主自律の精神をもって自発的に行動できるような心豊かな人間を育成するために、以下を教育目標に掲げている。①健全な心身の育成②真理の探究③主体性の確立

プロフィール

古高の歴史に新たなページを刻む
互いに個性を尊重し切磋琢磨する

【沿革】1897年に宮城県尋常中学校志田郡立分校として創設された。その後、第三中学校、古川中学校を経て、学制改革により古川高等学校となる。2005年度から男女共学となり、17年度には創立120周年を迎えた。

一貫して、大崎地方の教育の中心として有為の人材を世に送り出し、名実ともに「仙北の雄」と称される歴史と伝統を誇っている。

卒業生は、鈴木文治（友愛会創設者）、佐々木家寿治（宮城県知事）、吉野信次（商工、運輸大臣）、三浦義男（宮城県知事）、伊藤宗一郎（衆議院議長）、鈴鴨清美（宮城県教育長）、青木正芳（弁護士）、さとう宗幸（シンガー・ソングライター）などと多士済々で、各界各層でそれぞれ活躍している。

【学科・コース】1年は共通履修制をとり、大学受験の基盤となる学力を養成する。

2年からは文系・理系のコースに分かれ、古典では習熟度別クラス編成で、より高いレベルの授業を展開している。3年は多様な進路や大学入試にきめ細かく対応できるよう、多彩な選択科目を開講している。一人一人の生徒の進路希望実現のため、きめ細かで、多様な指導に力を入れている。

毎日の7時間授業、朝自習、週末課題、課外講習（0、8時限）、蛍雪【志を育てる】講座（1、2年生を対象に講演会や大学出前講座などを実施）などを通じて、「確かな学力」の育成に努めている。学校独自の「学習の手引（シラバス）」を発行し、生徒の計画的な学習の指針としている。

行事＆部活動・課外活動

文武両道確実に実践
のびのびと個性発揮

文武両道を実践する本校では、部活動も活発に行われ、多くの部や個人が活躍をしている。

2022年度の主な成績として、県総体ではソフトボール部が準優勝、水泳部は男子50m自由形で6位、陸上競技部は男子が400mで3位、400mリレーで6位、1600mリレーで5位、ハンマー投げ、砲丸投げでも6位とそれぞれ入賞し、東北大会に出場した。剣道部は女子は団体でベスト8入り。男子は団体2位、個人3位で東北選手権大会に進み、個人ベスト8の成績を収めた。また国体県予選会では男子個人で4位、ベスト8となり、ミニ国体に出場した。冬季競技では、スキー部は女子クロスカントリー競技において1位となり、東北大会、インターハイに出場している。県新人大会ではソフトボール部が3位、陸上競技部が男子400mリレー3位、女子走り高跳び3位、女子ハンマー投げ4位とそれぞれ入賞、東北大会に出場した。

文化部では、文芸部が全国高校総合文化祭東京大会（とうきょう総文2022）文芸部門「詩」の県代表に選出された。全国文芸コンクールには小説、詩、短歌、俳句、随筆、部誌の6部門に出品し、詩部門で優秀賞を受賞。全国高文連北海道東北文芸大会には県代表として出場している。

生徒ほぼ全員が大学進学を目標としながら、知力・気力・体力を兼ね備え、調和のとれた人間性の育成を目指している。

学校行事や生徒会活動なども活発であり、企画や運営において生徒の意見や自主性が尊重されており、一人一人がのびのびと個性を発揮できる自由でおおらかな校風である。

紫騰定期戦

部活動の様子

School Data

校長／牛来拓二
教頭／鈴木康
生徒数／男子351人、女子352人
卒業生数／27,331人
　　　　（2023.4現在）
同窓会長／伊藤貞嘉

■所在地
〒989-6155
大崎市古川南町2-3-17
TEL 0229-22-3034
FAX 0229-23-4621
https://furuko.myswan.ed.jp/
アクセス／JR古川駅から徒歩約15分

■部活動・愛好会
硬式野球、剣道、ソフトテニス、卓球、バレーボール、バドミントン、陸上競技、バスケットボール、ハンドボール（男）、スキー、山岳、水泳、サッカー、ソフトボール（男）、美術、演劇、総合科学（物理班・化学班・生物班）、文芸、写真、吹奏楽、合唱、囲碁将棋、英語、ほーむめいきんぐ、映画愛好会

■大学進学指定校推薦枠
東北学院大、東北医科薬科大、青山学院大、明治大、中央大、東京理科大、東洋大、関西学院大、同志社大など

■進学状況
東北大、宮城教育大、北海道教育大釧路校、北海道教育大函館校、弘前大、岩手大、秋田大、山形大、福島大、茨城大、埼玉大、宇都宮大、群馬大、千葉大、新潟大、信州大、大阪教育大、鳥取大、琉球大、岩手県立大、宮城大、高崎経済大、前橋工科大、群馬県立県民健康科学大、横浜市立大、山梨県立大、新潟県立大、富山県立大、都留文科大、県立広島大、東北学院大、東北福祉大、東北医科薬科大、岩手医科大、明治大、青山学院大、中央大、明治学院大、日本大、専修大、東京女子大、東洋大、神奈川大、神田外語大、同志社大、立命館大など

■就職状況
国家一般、宮城県一般事務、宮城県学校事務、大崎市職員など

ある。

【主な行事】▷4月・入学式、対築館高校紫騰定期戦（42勝17敗3分）▷5月・課外講習開始（3年）、被災地研修（2年）、船形山登山（1年）▷6月・第1期考査▷7月・古高祭9月・体育祭、第2期考査▷10月・芸術鑑賞▷11月・第3期考査▷12月・修学旅行（2年）▷2月・第4期考査

宮城県古川黎明高等学校

「スーパーサイエンスハイスクール (SSH) 指定校」
白梅の花に古川のf、黎明のRを図案化したもの。

校舎

SSH(タイサトゥン校との交流)

校訓・教育方針　尚志・至誠・精励

創造力の育成
自主・自立の精神の育成
共生の心の涵養

プロフィール

英数は習熟度別編成 きめ細かな授業展開

【沿革】1920年創立の古川高等女学校を前身とし、2005年4月に、本県初の併設型中高一貫教育校として新たなスタートを切った。19年度には創立100周年を迎えた本校は、「古くて新しい」学校であるといえる。

併設中学からの入学生と高校からの入学生がともに、生徒会活動や学校行事、部活動で活躍したばかりでなく、進路実績にも大きな足跡を残した。在校生はその先輩方を超えようと日々努力している。現在生徒数は702人である。

「文武両道」の精神や、白梅賦(苦寒風雪ををかしてひらき　争はずして　百花のさきがけをなす)の精神は、古川女子高からの確かな伝統として受け継がれている。一方、宮城県では最初の併設型中高一貫教育校として、また、SSH指定校(2期目)として大学・研究所、海外、地域などと連携し、さまざまな行事に取り組んでいる。

【学科・コース】学科は普通科のみ。1年次では、芸術科目を除き共通科目を履修する。2年次からは文系・理系に分かれて、理科及び地歴科で選択科目を、3年次では進路希望に応じたさらに多様な選択科目を設定している。余裕ある授業時数の中で、分かるまで丁寧に指導し、基礎基本の定着を図っている。英語、数学では習熟度別クラス編成を行い、個に応じたきめ細かな授業を展開している。また、難関大学をはじめとする進学希望者の実力養成の

ため「黎明土曜塾」「課外講習」を開講している。いずれもきめ細かなコース分けによって各生徒の学力に応じた受講が可能である。

特色ある教科・科目としては、地域教育やキャリア教育に重点を置いた学校設定科目「SS探究」がある。1年生では大崎市役所と連携し世界農業遺産に認定された大崎耕土についての課題研究や、創造性を高める校内のコンテストなどを通して探究活動の基礎をしっかりと養う。2年生で本格的にテーマを定めて課題研究に取り組み、3年生でその成果をまとめることで、探究活動の一連の流れを体験する。また、「SS探究」の授業の中に東北大や岩手大、宮教大と連携し施設見学や講演会なども取り入れており、課題発見力・課題解決力・情報収集力・情報発信力・創造発想力を養い、将来、地域の復興を支える人材の育成を目指している。

行事＆部活動・課外活動

部活動でも中高連携 数多くの部が全国に

運動部・文化部とも盛んに活動している。新校地整備も完了し、恵まれた環境の中で各部が熱心に練習に励み、その成果をさまざまな大会で存分に発揮している。また、部活動によっては、中学生と高校生が一緒に練習するなど、中高一貫教育校の利点を生かした活動を展開している。陸上競技部、なぎなた部、ハンドボール部、コーラス部、自然科学部、吟詠剣詩舞愛好会など、全国・東北大会やコンクールに出場している部をはじめ、どの部も毎日の活動に精を出している。

School Data

校長／吉田信哉
教頭／大場仁
生徒数／男子265人、女子437人
卒業生数／31,735人
　　　　　(2023.4現在)
同窓会長／三浦かつ子

■所在地
〒989-6175
大崎市古川諏訪1-4-26
TEL 0229-22-3148
FAX 0229-22-1024
https://freimei-h.myswan.ed.jp/
アクセス／JR古川駅から徒歩30分

■部活動
陸上競技、バスケットボール、ソフトテニス、卓球、スキー、剣道、なぎなた、弓道、サッカー、硬式野球、新体操、バレーボール、バドミントン、ソフトボール、ハンドボール、文芸、美術陶芸、書道、コーラス、写真、演劇、放送、茶華道、パソコン、吹奏楽、軽音楽、英語、ハンドメイキング、自然科学、ダンス、吟詠剣詩舞愛好会、水泳愛好会

■大学進学指定校推薦枠
東北学院大、宮城学院女子大、仙台白百合女子大、尚絅学院大、東北文化学園大、東北工業大、仙台大、東北生活文化大、東北芸術工科大、中央大、東京理科大、芝浦工業大、日本大、東海大、東洋大、専修大、女子栄養大、フェリス女学院大、文教大、工学院大、関東学院大、関西学院大、仙台医療センター附属仙台看護助産学校、JR東京総合病院高等看護学園など

■進学状況
●国公立大学
弘前大、岩手大、東北大、宮城教育大、山形大、茨城大、埼玉大、電気通信大、東京学芸大、東京農工大、横浜国立大、新潟大、金沢大、山梨大、信州大、名古屋大、宮城大、秋田県立大、山形保健医療大、高崎経済大、埼玉県立大、長野県立大、静岡県立大、大阪公立大
●私立大学
北海道医療大、酪農学園大、岩手医大、盛岡大、東北学院大、東北工業大、東北生活文化大、東北福祉大、東北医科薬科大、宮城学院女子大、仙台白百合女子大、東北文化学園大、尚絅学院大、東北芸術工科大、国際医療福祉大、駿河台大、独協大、文教大、西武文理大、東都大、城西国際大、聖徳大、千葉工業大、北里大、共立女子大、工学院大、芝浦工業大、昭和大、専修大、多摩美術大、中央大、東京経済大、日本大、法政大、明治大、明治学院大、早稲田大、学習院女子大、産業能率大、桐蔭横浜大、名古屋芸術大
●大学校
(学士取得)防衛大学校 (学士取得以外)東北職能大学校、宮城県農業大学校
●専修・各種学校
石巻赤十字看護専門学校、葵会仙台看護専門学校、仙台市医師会看護専門学校など

■就職状況
●公務員 (一般曹候補生、宮城県職員、大崎市職員)
●民間就職 (アイリスオーヤマ、アルプスアルパイン古川開発センター) など

学校行事は、古川女子高の伝統を受け継ぎ、とても盛んに行われている。体育祭は中高合同行事と位置付けられており、中学生と高校生が積極的に交流できる行事である。文化祭は、クラスごとのパフォーマンスなど各種のイベントや発表会があり、全校を挙げて盛り上

がる一大イベントとなっている。
【主な行事】▷4月・入学式、新入生歓迎会▷5月・球技大会▷6月・前期中間考査▷7月・文化祭▷9月・体育祭、前期期末考査▷10月・芸術鑑賞会▷11月・後期中間考査▷12月・修学旅行▷2月・1、2年後期期末考査▷3月・修業式、卒業式

宮城県岩出山高等学校

伊達家ゆかりの若竹の葉を4枚、十字形に図案化し、中央に「高」を配する形に制定

校舎

政宗公まつり（牛鬼担ぎ）

岩高祭（クラス発表）

校訓・教育方針 ▶ 志 和 道（こころざし・わ・みち）

志・・・目標を持ち、自ら努力する姿勢が自信を生み出す
和・・・思いやりの気持ちが、温かいつながりを生み出す
道・・・志と和を大切に、人としてあるべき道を、自分らしく歩いていこう

プロフィール

多様な進路に対応できる「生徒主役型」の学び

【沿革】1929年の開校で、2023年で創立95年目を迎えた。15の普通教室、図書室、視聴覚室、音楽室、コンピュータ室などを備えている校舎、体育館、プール、弓道場、武道場、三つのクラブハウス（各部室）を備えている。体育館には、トレーニングルームも完備され、器具も充実している。

さらに、2000年に生徒会館フロンティアが新築され、各部のミーティングや各種の会議などにも使用されている。

【学科・コース】普通科のみの設置。教育課程では基礎、基本を重視し、少人数編成授業や習熟度別授業、チーム・ティーチングを行っている。

1、2年次では各教科の基礎的、基本的事項を確実に身に付け、自ら学ぶ意欲や学力の向上を図るようにしている。特に1年次には、各教科の基礎・基本の定着を図るために、教科ごとに学び直しの時間を設けている。

3年次では、各自の進路希望に合わせた科目を選択し、教養・進学文系・進学理系の3系列に分けたクラス編成にしている。

また、総合的な探究の時間「悠備館タイム」では、「悠備館SHIP」に基づいた地域学習やインターンシップなどを通じて、「将来の自分の姿」を見据えた自己実現を図る力を身に付けることを目的としている。

さらには、全校を挙げて取り組んでいる、生徒一人一人の思いを歌に詠んだ「岩高短歌」は、全国的なコンクールにおいても入選を果たしている。

行事＆部活動・課外活動

生徒会を中心に地域と協働

部活動は運動部、文化部ともに活発に活動している。生徒会活動は、生徒会総務部を中心に各行事の企画・立案から運営まで自主的かつ積極的に取り組み、成果を挙げている。

また、生徒会が中心となって、地域と一体となった活動を展開し、秋の「岩出山・政宗公まつり」では、全校を挙げて参加し、好評を得ている。

【主な行事】▷4月・始業式、入学式、新入生歓迎会▷5月・地区総体壮行式、地区総体、授業公開、3年学校職場見学会▷6月・前期生徒大会、県総体壮行式、県総体、第1回考査▷7月・フィールドワーク、体育祭、終業式、2年職場体験学習▷8月・始業式、芸術鑑賞会▷9月・オープンキャンパス、政宗公まつり、第2回考査▷10月・岩高祭、生徒会役員選挙▷11月・マラソン大会、第3回考査、フィールドワーク、後期生徒大会、おおさき食楽まつり、授業公開▷12月・修学旅行（2年）、1年学校職場見学会、終業式▷1月・始業式、豊かで明るい悠備館市づくり研究発表会（1年）▷2月・第4回考査、先輩に学ぶ会、同窓会入会式▷3月・卒業式、修業式、離任式

School Data

校長／熊谷武彦
教頭／小室昌弘
生徒数／男子57人、女子67人
卒業生数／17,798人
　　　　　（2023.4現在）
同窓会長／中鉢孝男

■所在地
〒989-6437
大崎市岩出山字城山2
TEL 0229-72-1110
FAX 0229-72-1353
https://iwadeyama-h.myswan.ed.jp/
アクセス／JR陸羽東線岩出山駅、有備館駅から徒歩15分

■部活動
弓道、陸上競技、バドミントン、ソフトテニス、卓球、バレーボール、スポーツ研究、実務、美術、ダンス、地域活動、軽音楽

■大学・短大等進学指定校推薦枠（2023年度）
東北学院大、宮城学院女子大、仙台大、石巻専修大、仙台白百合女子大、尚絅学院大、東北文化学園大、東北工業大、北海道科学大、東北公益文科大、医療創生大、八戸工業大、福島学院大、埼玉工業大、埼玉学園大、上武大、城西大、尚美学園大、日本経済大、東京家政学院大、流通経済大、聖学院大、日本文化大、城西国際大、長岡大、山梨学院大、静岡産業大、愛知工業大、姫路大、聖和学園短大、仙台青葉学院短大、宮城誠真短大、東北文教大短大部、修紅短大、桜の聖母短大、福島学院大短大部、羽陽学園短大、帝京短大、東北職業能力開発大学校など

■進学状況（近年）
東北学院大、宮城学院女子大、仙台大、東北工業大、尚絅学院大、石巻専修大、東北文化学園大、医療創生大、仙台青葉学院短大、聖和学園短大、宮城誠真短大、東北職業能力開発大学校、宮城県農業大学校、晃陽看護栄養専門学校、大崎市医師会付属准看護学校、石巻市医師会付属准看護学校、塩釜医師会付属准看護学院、仙台こども専門学校、仙台大原簿記情報公務員専門学校、東京ITプログラミング＆会計専門学校、東北電子専門学校、仙台工科専門学校、SENDAI中央理容美容専門学校、赤門鍼灸柔整専門学校、東日本医療専門学校、仙台医療福祉専門学校、辻製菓専門学校、宮城調理製菓専門学校、仙台コミュニケーションアート専門学校、仙台ビューティーアート専門学校、仙台ヘアメイク専門学校、仙台ウェディング＆ブライダル専門学校など

■就職状況（近年）
自衛官、トヨタ自動車東日本、トヨタ紡織東北、豊田合成東日本、アルプスアルパイン、アルプス物流、日本郵便、アイリスオーヤマ、プライムアースEVエナジー、山崎製パン、伊藤ハムデイリー、みちのくミルク、日東電工、明治合成、東芝メモリ岩手、ヤマセエレクトロニクス、北光、アスカ・カンパニー、太子食品、精華堂霰本舗、パレット、利久、魁力屋、ういろう、まつや、ヨークベニマル、ワイドテクノ、大江戸温泉物語、鳴子ホテル、セレクトイン古川、古川農協、池月道の駅、青葉第二歯科、みさとの杜、ヤマザワ、コメリ、マルヒ食品、加美電子、トラスト・メカ、イズミテクノ、AGCグラスプロダクツ、仙台トヨペット、アイネット、白石食品、JA全農ラドファ、ENEOSフロンティア、おてんとさん、佐川急便、ヤマダ電機、尾西食品、シマダヤ東北など

宮城県中新田高等学校

県花ミヤギノハギの葉に、県鳥ガンをあしらい、美しい郷土に対する限りない愛情を表現した。

学校設定科目「地域スポーツ学Ⅰ」　体育祭

文化祭　カヌー部

校訓・教育方針 ▶ 自主・誠実・協和

平和で文化的な民主社会を主体的に形成してゆく人間の育成を理想としている

プロフィール

恵まれた環境のもとバランス取れた教育

【沿革】はるか船形連峰を望み、若アユが遡上（そじょう）する鳴瀬川のほとりに、加美農業高校の普通科・商業科を分離独立させた男女共学校として、1973年に創設された。恵まれた自然環境のもとで、学習に、行事に、部活動にと、バランスの取れた教育活動を展開している。

2022年に創立50周年を迎え、輩出した7000人以上の卒業生は、県内外のみならず遠く海外でも活躍しており、それぞれの世界で、厚い信頼と高い評価を得ている。また、23年度より全国募集を開始し、県外からも生徒を受け入れ、さらなる進化を遂げている。

【学科・コース】本校は、1年次は共通科目履修、2・3年次は3つの類型（22年度より）に分かれて学習を行う「類型制」を行っている。各類型の特色は次の通り。

【文理医療類型】総合的な学力の向上を目指し、主に大学、もしくは看護・医療関係へ進学できる人材の育成を目指す類型。

【商業実務類型】商業の各種検定を取得し、それらの資格・能力を活用しながら将来社会で活躍できる人材の育成を目指す類型。

【教養総合類型】加美町の雄大な自然を生かしたスポーツの実践や、地域の行事などに参加するなど体験学習を通し、地域社会が抱える課題や発展の可能性を考察し、地域社会に貢献するために必要な知識・技能・態度の育成を目指す類型。

行事＆部活動・課外活動

カヌー部・陸上部全国レベルの活躍

運動部、文化部ともに活動が盛んである。多くの生徒が運動部に所属し、中でもカヌー部は全国制覇、陸上競技部は投てき種目の恵まれた環境を生かし、東北大会等に出場している。

男子カヌー部は2017、18年度のインターハイにおいてカヤックフォア500mとカヤックペア200mで全国優勝を達成。19年度インターハイでは男子カヤックフォア500mで4位入賞し、21年度は男子カヤックフォア200mで3位入賞を果たした。22年度はインターハイでカヤックペア500mで3位、カヤックペア200mで4位、カヤックフォア200mで3位、カヤックフォア500mで4位、そして男子総合6位の成績を収めた。陸上競技部は、主に投てき種目において県内上位で活躍しており、23年度宮城県高校総体ハンマー投げでは4位に入賞し、東北大会への出場権を獲得した。さらに、女子バスケットボール部は21年度大崎支部総体、大崎支部新人大会において1位に入賞を果たしている。

【主な行事】▷4月・入学式、対面式、第1回スタディサプリ学習到達度テスト、第1回学校公開週間▷5月・前期生徒総会、地区高校総体▷6月・県高校総体、前期中間考査▷7月・体育祭、中学生への説明会▷8月・第2回スタディサプリ学習到達度テスト▷9月・前期期末考査▷10月・中高祭、芸術鑑賞会▷11月・後期生徒総会、第2回学校公開週間、後期中間考査▷12月・修学旅行（2年）▷1月・冬季実力テスト▷2月・後期期末考査、3年生を送る会▷3月・卒業式

School Data

校長／藤倉義己
教頭／鈴木尚純
生徒数／男子102人、女子132人
卒業生数／7,559人
（2023.4現在）
同窓会長／佐々木賢司

■所在地
〒981-4294
加美郡加美町字一本柳南28
TEL 0229-63-3022
FAX 0229-63-3023
https://nakani-h.myswan.ed.jp/
アクセス／JR陸羽東線西古川駅からミヤコーバス「中新田西町」下車

■部活動
陸上競技、硬式野球、バレーボール、空手道、バスケットボール、卓球、バドミントン、硬式テニス、カヌー、サッカー、ソフトボール、吹奏楽、ワープロ、美術陶芸

■2022年度進学状況
石巻専修大、尚絅学院大、仙台大、東北学院大、東北生活文化大、東北文化学園大、宮城学院女子大、江戸川大、聖和学園短大、宮城青葉学院短大、宮城誠真短大、仙台赤門短大、東北職業能力開発大学校、国際マルチビジネス専門学校、仙台医療・スポーツ専門学校、仙台医療福祉専門学校、仙台大原簿記情報公務員専門学校、仙台スクールオブミュージック&ダンス専門学校、仙台接骨医療専門学校、仙台農業テック&カフェ・パティシエ専門学校、東京法律公務員専門学校、東北電子専門学校、東北動物看護学院、東北保健医療専門学校、総合学園ヒューマンアカデミー、宮城調理製菓専門学校、相馬看護専門学校、TOKYO STEPS ARTS高田馬場など

■2022年度就職状況
アイネット東北工場、アスカカンパニー東北工場、アルプスアルパイン古川開発センター、アインパルラ浦島、おてんとさん、柏原建設、ケミコン東日本宮城工場、仙台ドライバーサービス仙北自動車学校、東北イノアック、日東コーン仙台工場、早坂精密工業、古川農協、ホンダセントラルHonda Cars大崎、丸澤機工宮城工場、やくらいフーズ、ラサ工業三本木工場、ワイドテクノ、YKK AP東北製造所、イズミテクノ、伊藤ハムデイリー、ウジエスーパー、オフィスコンフォートM、潟池メディカル宮城営業所、サンデリカ仙台第二事業所、仙台村田製作所、トヨタ自動車東日本、トヨタ紡織東北、フジ・コーポレーション、プライムアースEVエナジー宮城工場、OMT、龍安城、陸上自衛隊（自衛官候補生）、海上自衛隊（一般曹候補生）、航空自衛隊（航空学生）など

■進学状況（過去5年間）
宮城教育大、鹿屋体育大、東北医科薬科大、石巻専修大、尚絅学院大、仙台白百合女子大、仙台大、東北学院大、東北芸術工科大、東北工業大、東北生活文化大、東北福祉大、東北文化学園大、宮城学院女子大、医療創成大、中央大、関東学院大、大阪商業大、聖和学園短大、仙台赤門短大、仙台青葉学院短大、石巻赤十字高等看護学校、気仙沼市医師会附属高等看護学校など

■就職状況（過去5年間）
仙台銀行、アルプスアルパイン、アスカカンパニー東北工場、RS Technologies、東北センコー、日東コーン、アイシン高丘東北、プライムアースEVエナジー、YKK AP、加美よつば農協、ヨークベニマル、仙台グリコ、藤崎、パレット、ホテルニュー水戸屋、永仁会病院、白石食品工業、トヨタ自動車東日本、日本郵政、加美町役場、陸上自衛隊、海上自衛隊、航空自衛隊（航空学生）

宮城県松山高等学校

松山城跡（茂庭館跡）に所在することから、茂庭家の家紋「重ね剣菱紋」の輪郭をとった。

音楽・家庭科発表会
（普通科エプロンファッションショー）

音楽・家庭科発表会
（3年被服コース卒業製作ファッションショー）

校訓・教育方針 ▶ 意欲・創造・規律・連帯

自主自律の精神を培い、常に進取と奉仕の心を持ち、豊かな情操を養うと共に、真理の探究に努め、平和を愛し心身ともに健康で品位のある調和のとれた人格の育成をめざす

朝の読書

プロフィール

基礎教科を集中授業 2年生全員が職場体験

【沿革】1941年に志田郡松山町立松山実科高等女学校を設立。その後、志田郡松山町立松山高等女学校への移行や、宮城県古川女子高等学校松山分校の設置などを経て、80年宮城県松山高等学校を開設した。2023年には創立44周年を迎える。

【学科・コース】普通科は「一人ひとりの個性と能力・適性を開発し、将来の進路や生き方に目を向ける向上心を育てる」を目標に、1年生は中学校との一貫性を図りつつ、基礎的・基本的な教科を広く学習。2年生では2単位の選択科目、3年生では三つの選択群から計9単位の選択科目を取り入れ、生徒の進路や適性、興味・関心に応じた学習をする。

一方、県北の高校で唯一の家政科は「専門知識・技術の基礎・基本の習得に努めるとともに、社会活動への参加を通じて人間性を深める」を目標とし、普通科目と専門科目を総合的に学習する。2年生以降は、被服・保育・調理の各コースに分かれて学ぶ。

普通、家政両科の2年生全員を対象に、インターンシップ（職場体験）を実施。職場体験を通じて、各自の将来の目標を見いだし、学習意欲を高めている。

行事＆部活動・課外活動

地域密着の課外活動

部活動は各部とも活発に活動している。

行事でも運動会、球技大会は学年対抗で盛り上がる。松高祭（文化祭）もステージ発表やクラス毎の展示発表や模擬店とにぎやかだ。2月の音楽・家庭科発表会では全校生徒が3年間で学んだ知識と技術を駆使してファッションショーや演奏、発表が行われる。また、地域貢献として、1学年による地域の社会福祉協議会への七夕飾りのプレゼントや、3学年調理コースによる高齢者配食サービスのレシピの考案などの活動を行い、地域の方達に喜ばれている。

【主な行事】▷4月・始業式、入学式、生徒大会▷6月・家政科集会▷7・8月・ちゃれんじ松高生、運動会、保護者面談、一日体験入学、インターンシップ、生徒会リーダー研修会▷9月・開校記念日、球技大会▷10月・松高祭、芸術鑑賞▷11月・生徒会役員選挙、生徒大会▷12月・修学旅行（関西）、生徒会リーダー研修会▷2月・音楽・家庭科発表会▷3月・卒業式、ちゃれんじ松高生、修業式、離任式

高齢者配食サービスレシピ贈呈

松山小学校移動授業

関西修学旅行

School Data

校長／西條崇史
教頭／布施恵美
生徒数／男子36人、女子67人
卒業生数／3,342人
（2023.4現在）
同窓会長／及川忠継

■所在地
〒987-1304
大崎市松山千石字松山1-1
TEL 0229-55-2313
FAX 0229-55-2314
https://matuyama-h.myswan.ed.jp/
アクセス／JR東北線松山町駅から徒歩約30分

■部活動
バドミントン、バスケットボール、バレーボール（女）、卓球、調理手芸、総合文化（美術班、マルチメディア班、ダンス班）、自然科学、吹奏楽

■大学進学指定校推薦枠
東北工業大、東北生活文化大、東北文化学園大、石巻専修大、宮城学院女子大、尚絅学院大、聖和学園短大、宮城誠真短大、仙台青葉学院短大など

■主な進学先（過去5年）
東北学院大、東北工業大、宮城学院女子大、東北文化学園大、東北生活文化大、仙台大、仙台青葉学院短大、聖和学園短大、東北生活文化大短大部、宮城誠真短大、白梅学園短大、宮城県農業大学校、仙台高等技術専門校、大崎高等技術専門校、大崎市医師会付属准看護学校、仙台こども専門学校、仙台幼児保育専門学校、宮城調理製菓専門学校、文化服装学院、仙台医療福祉専門学校、仙台ヘアメイク専門学校、仙台理容美容専門学校、デジタルアーツ専門学校、東北歯科技工専門学校、代々木アニメーション学院、服部栄養専門学校、神戸ファッション専門学校

■主な就職先（過去5年）
小山商会、クミアイ化学工業、トヨタ紡織東北、宮城トヨタ自動車、アイリスオーヤマ、伊藤ハムデイリー、センテイスト、アインパルラ浦島、新みやぎ農協、加美よつば農協、新幹線リフテクノロジー、ホットマン、みちのくミルク、やくらいフーズ、アイエーオートバックス東北本社、尾西食品、佐田宮城工場、ビック・ママ、イオンリテール東北カンパニー、パレット、イナベーカリー、AGCグラスプロダクツ、村田製作所、ケミコン東日本、横江コンクリート、アベテクノシステム、明治合成、プロスパイン、アカギ、永楽会、永仁会病院、佐藤病院、古川星陵病院、自衛隊一般曹候補生

宮城県加美農業高等学校

ケヤキ（県木）の葉は強靭（きょうじん）な意志を、厳しい山野に自生するハギ（県花）の葉は温かい人間味あふれた人柄を表す

農場

農業実習

フォークリフト講習

全校田植え

校訓・教育方針 ▶ 耕心

それは飽くことなき文化への憧れと創造を意味する。それは豊かな人間性の開発を意味する。それは強い意志の鍛錬を意味する。そしてそれは人生への日々新たな希望と喜びとの指標でもある。

プロフィール

最先端技術取り入れ スペシャリスト育成

【沿革】1900年に設立され、2020年に創立120周年を迎えた伝統ある高校である。

全国に数ある農業高校の中で、1964年に文部省（当時）より農業自営者養成学校（パイロットスクール）として第1号の内示を受け、65年に発足した。

専門教育においては、教育環境や教育設備に恵まれ、目まぐるしく変化する時代の中で、普遍的な生命愛育を土台とした農業学習を基礎とし、コンピュータや自動制御技術、そしてバイオ技術など、常にその時代の最先端の技術を積極的に取り入れた教育を行っている。

また、本校の大きな特色の一つとして寮教育がある。各学科の1年生は6カ月間の入寮が義務付けられている。また遠隔地通学の理由などで希望する生徒は3年間の入寮が可能である。規則正しい寮生活の中で、互いに切磋琢磨（せっさたくま）し、基本的生活習慣や自主性、協調性を培いながら、楽しく和やかな寮生活を送っている。

【学科】農業科は農業生産や流通、環境、情報に関する基礎的な知識と技術を習得させ、農業の経営者や関連業務の技術者として必要な能力・態度を育成する。

農業機械科では農業機械や自動車、建設機械などの車両の点検・整備や運転操作に関する知識と技術を習得させ、関連する産業分野の業務に携わる技術者としての必要な能力・態度を育成する。

生活技術科は農業生産と家庭経営に興味・関心を持たせ、心豊かな生活を実践し、地域で活躍するための能力や態度を育成する。

全体として、学力向上に向けて基礎学力の定着を図るために授業改善に積極的に取り組んでいる。また、進路指導においてもインターンシップの充実、基礎学力テストの実施や面接、面談の充実など、生徒の進路実現に向けてさまざまな取り組みを行っている。

行事＆部活動・課外活動

韓国の高校と姉妹校 地域交流も積極的に

各部とも少ない人数ではあるが、熱心に練習を重ねている。中でも相撲部においては、これまでに県総体団体戦で16回の優勝を果たし、インターハイや国体など全国大会に出場している。

農業クラブ活動も盛んで、プロジェクト発表大会や意見発表大会、各種競技会などに参加し、上位入賞を目指して、地域と共同して研究活動を行っている。

また、1988年から韓国の水原農生命科学高校と研修生の交流を積極的に展開。91年6月姉妹校の締結を行い、その後、隔年で訪問と招請を続けている。

そのほかにも、加美町「花楽市」で定期的に野菜を販売し、秋には近隣の幼稚園児や特別支援学校の生徒ら約2000人がリンゴ狩りに訪れる。寮サークルのインターアクトクラブ活動では、地域の花壇作りを行っており、地域社会から高い評価を得ている。学校行事では、全校田植えや収穫感謝の会など農業高校ならではの行事を行っている。

【主な行事】▷4月・入学式、対面式、入寮式、前期生徒総会、農ク家ク総会▷5月・校内意見発表会、全校田植え大会▷6月・前期中間考査、インターンシップ▷7月・スポーツ大会、三者面談、オープンキャンパス▷9月・前期期末考査、義務入寮退寮式▷10月・韓国交流、芸術鑑賞会、加美農祭▷11月・収穫感謝の会、寮祭、後期中間考査、後期生徒総会、農ク家ク総会、農業学習発表会▷12月・修学旅行▷1月・後期期末考査▷2月・卒寮式▷3月・卒業式

School Data

校長／根岸一成
教頭／伊藤裕之、鈴木哲
生徒数／男子104人、女子32人
卒業生数／18,333人
　　　　　（2023.4現在）
同窓会長／若生裕俊

■所在地
〒981-4111
加美郡色麻町黒沢字北條152
TEL 0229-65-3900
FAX 0229-65-3901
https://kamino-h.myswan.ed.jp/
アクセス／宮城交通バス「色麻町役場前」より4km。JR陸羽東線西古川駅から車で約20分

■部活動
硬式野球、相撲、柔道、剣道、バスケットボール、硬式テニス、バレーボール、陸上競技、卓球、サッカー、吹奏楽、美術、家庭技術研究、コンピュータ、食農科学

■大学進学指定校推薦枠
酪農学園大、東北学院大、東北工業大、宮城学院女子大、東北文化学園大、石巻専修大、福島学院大、宮城誠真短大、聖和学園短大など

■進学状況
東京農業大、酪農学園大、仙台白百合女子大、宮城誠真短大、宮城県農業大学校、大崎市高等技術専門校、仙台高等技術専門校、山形県立農林大学校、専門学校東北動物看護学院、仙台リゾート＆スポーツ専門学校、仙台こども専門学校、仙台ビューティーアート専門学校

■就職状況
IHミートソリューション、日本ファインセラミックス、精工、アスカカンパニー、アイネット、NTKセラテック、プライムアース、山崎製パン、本橋製作所、イズミテクノ、トヨタ紡織、東北松金工業、RSテクノロジーズ、宮城NOK、サンエーテック、トヨタ自動車東日本、白石食品工業、伊藤ハムデイリー、栗駒森林組合、東日本グローイング、フォレストリーダイワ、第一貨物、オイデック、九十九サービス、華桜会、旭工業、希望館アミーゴ、タカカツ建材、新幹線リフテクノロジー、エネオスフロンティア東北、宮城ヤンマー商会、岩出の郷、やくらいサンホーム、ABCマート、ヨークベニマル、あいのや、マックスバリュ南東北、自衛官候補

宮城県古川工業高等学校

萩の葉の台地に、F・T・Hの3文字が浮き彫りにしてある。F（友愛）・T（誠実）・H（勇気・健康）を古工高の英字の頭文字で表現している。

野球部（2011年甲子園出場時）

MIYAGI 150th ANNIVERSARY
宮城県誕生150周年記念ロゴマーク

吹奏楽部

自転車競技部

校訓・教育方針 ▶ 友愛　誠実　勇気・健康

平和的な国家及び社会の形成者として、国際化社会・情報化社会に対応できる人格の確立を目指し、個人の尊厳を重んじ、真理と平和を希求し、公共の精神を尊び、豊かな人間性と創造性を備えた心身ともに健康な人間の育成を期するとともに、伝統を継承し、新しい文化の創造を目指す教育を推進する。

プロフィール

最先端の機器を完備　授業と実習サポート

【沿革】1934年4月、旧志田郡役所庁舎に開設された、古川商業専修学校を礎とする。

38年、宮城県古川商業学校と改称。43年に現校地に移転した。47年に県立に移管した翌年の48年に、新学制に基づき、宮城県古川工業高校となる。60年には、勤労青少年のための学びの場として、定時制課程を併設した。

90年から全日制課程で女子生徒の募集を開始し、共学校となった。創立60周年を迎えた94年には、新実習棟と校舎棟の建設を開始し、翌95年に実習棟、97年に校舎棟がそれぞれ完成した。最先端技術機器が十分に整った恵まれた環境の中で、生徒は授業と実習に取り組んでいる。2014年11月には創立80周年を迎え、盛大な記念式典を挙行した。

【学科・コース】土木情報科、建築科、電気電子科、機械科、化学技術科の5学科を有する。

土木情報科では、新しい時代に対応した視点の持てる土木技術者の育成を目標とし、土木に関する基本的な知識と技術、土木関連業務における情報処理などを習得する。

建築科では、現代社会における建築の意義や役割を理解させるとともに、地域や産業界との連携を図り、就業体験を通して職業観や倫理観を養い、建築と社会の発展を図る創造的な能力と実践的な態度を育てることを目標とし、建築に関する基礎的・基本的な知識と技術を習得する。

電気電子科では電気・電子・通信・情報に関する知識と技術を習得し、産業界で幅広く活躍できる技術者養成を目標としている。

機械科では設計・製図・工作・原動機などの基礎科目、さらに計測・制御・コンピューター・NC工作機械・メカトロなどについて学習する。卒業後は企業などで設計、生産、工程管理、研究関係などに携わる者が多い。

化学技術科では、生活を豊かにしてくれる化学の基礎を身に付け、さらに現在の工業技術に欠かせない情報技術、材料技術、生物工学などを学ぶ。

卒業までに取得可能、または受験可能な主な資格

計算技術検定、危険物取扱者甲種・乙種・丙種、2級技能士（機械系）、測量士補、2級土木施工管理技士補、2級建築施工管理技術検定、パソコン利用技術検定、3級技能士（建築系・機械系）、トレース技能検定、第一種電気工事士、第二種電気工事士、電気通信の工事担任者、JIS溶接評価試験

行事＆部活動・課外活動

運動部・文化部とも大いに活躍

本校の特徴的な行事として、7月にクラスTシャツを揃えて行う体育祭、10月に定時制と共同で行う古工展があげられる。いずれも、生徒たちが主役となって大いに盛り上がっている。

2022年度における部活動の主な成績は、全国大会に陸上競技部、柔道部、自転車競技部、ラグビー部、スキー部、ダンス部が出場した。また、2021年度には「宮城県誕生150周年記念ロゴマーク」のデザインに、美術部の生徒の作品が最優秀賞として選ばれた。

ものづくりコンテストにおいては、測量・木材加工・電気工事・旋盤作業・化学分析の各部門で県大会上位に入賞した。中でも、旋盤作業部門において県大会で優勝、東北大会への出場権を得た。また、木材加工部門において東北大会3位の成績を収めた。今年度も各部門でさらなる活躍が期待される。

【主な行事】▷4月・入学式▷5月・生徒大会▷6月・前期中間考査▷7月・面接週間、職場見学会、体育祭▷9月・生徒会役員選挙、芸術教室、前期期末考査▷10月・大崎総合文化祭、古工展▷11月・後期中間考査▷12月・修学旅行（2年）▷2月・卒業生を送る会、後期期末考査▷3月・卒業式

School Data

校長／石岡恒一
教頭／加藤進一
生徒数／男子481人、女子217人
卒業生数／20,869人
　　　　（2023.4現在）
同窓会長／藤山修一

■所在地
〒989-6171
大崎市古川北町4-7-1
TEL 0229-22-3166
FAX 0229-22-3182
https://furukk-h.myswan.ed.jp/
アクセス／JR古川駅から徒歩25分

■部活動
野球、ソフトテニス、スキー、卓球、柔道、剣道、水泳、バレーボール、ハンドボール、バスケットボール（男女）、自転車競技、陸上競技、サッカー、ラグビー、土木情報研究、建築研究、電気電子研究、機械研究、化学技術研究、吹奏楽、英語研究、理科研究、演劇、書道、美術、計数、写真、囲碁将棋、ダンス

■大進学指定校推薦枠
東北学院大、東北工業大、石巻専修大、仙台大、宮城学院女子大など

■進学状況
岩手大、東北学院大、東北工業大、東北福祉大、仙台大、石巻専修大、仙台白百合女子大、東北生活文化大、東北文化学園大、宮城学院女子大、八戸工業大、東北芸術工科大、日本工業大、日本大、日本体育大、金沢工業大、東北職業能力開発大学校など

■就職状況（民間企業）
＜県内・管内＞東北電力、仙建工業、アルプスアルパイン、古川エヌデーケー、YKK AP、トヨタ自動車東日本、東日本旅客鉄道、ユアテック、東北電気保安協会、アイリスオーヤマ、プライムアースEVエナジーなど
＜県外＞熊谷組、淺沼組、日産自動車、ブリヂストン東京ACタイヤ製造所、前田道路、IHI運搬機械、関電工、ENEOS、アイシンなど

■就職状況（公務員）
国家一般、一般曹候補生、自衛官候補生、警視庁警察官、宮城県警察官、宮城県（土木）、仙台市（土木）、大崎市（土木）、大崎市（建築）、登米市（土木）、東松島市（土木）、色麻町（土木）、加美町（土木）、美里町（土木）、蔵王町（土木）、大衡村（土木）、横浜市（土木）、大崎広域事務組合消防

宮城県鹿島台商業高等学校

三つの大きな葉は、宮城野萩の葉と商業の表徴ともいうべき算盤の珠を併せ表そうとしたものである。それら三つの組み合わせは、知・徳・体、三者の調和のとれた円満な人格の形成をめざす教育理念の表徴でもある。

校訓・教育方針 ▶ 努力以て道を拓き
誠実以て衆に奉ず

商業に関する基礎的・専門的な知識と技能を身につけ、主体的に社会の形成に参画し、その発展に寄与する態度を養う。

校舎

駅からハイキング（地域の見所紹介）

学習成果発表会

プロフィール

各種資格取得を目指す マナー教育にも力を注ぐ

【沿革】本校は、1950年の宮城県南郷農業高等学校鹿島台分校に始まり、幾多の変遷を経たのち、実業界で活躍できる人材育成を目的として、地域の要望により69年4月分離・独立し商業高等学校としてスタートした。2020年に創立70周年を迎えた。

本校は大崎市鹿島台の北西部の高台に位置し、校地面積8万3000㎡、建物延べ面積9300㎡と、広大な敷地を有している。生徒諸君がのびのびと高校生活を送ることができる、緑豊かな自然に恵まれた教育環境にある。また、商業を学ぶ上での設備も充実し、第1および第2情報処理実習室、総合実践室、マーケティング実習室などを備えている。

キャッチフレーズとして、「チーム鹿商の一員として、学習と部活動に励み、マナーとキャリアを身に付け、誇りを持って地域とともに歩む」を掲げ、マナー教育と進路指導に力を入れて文武両道を目指す。

【学科・コース】1・2学年においては生徒全員が普通科目・商業科目を共通に学習し、幅広い知識を養う。3学年では、生徒の興味・関心や自分の能力特性を生かせるように、商業の選択群と普通科目の混合選択科目群の二つを設け、より専門的に学習することができる教育課程としている。また、さまざまな資格取得ができるように科目を設定している。取得できる資格は「情報処理検定」「ビジネス計算実務検定」「簿記実務検定」「ビジネス文書実務検定」「商業経済検定」「英語検定」「ビジネスコミュニケーション検定」などがある。

起業家教育をさらに発展させ、地域と連携した活動を行う中で、人とのつながりを大切にし、他者を思いやる心の育成を目指している。学習習慣を確立させるとともに、3年間を見通した系統的なキャリア教育を推進し、進路意識の高揚を図る。また、学校行事と部活動を活発化させ、生徒が充実感を味わえるような学校づくりに努めている。

行事＆部活動・課外活動

就業体験や鹿商祭等多くの行事 部活動13部が活動中

学校行事は、入学式後の対面式をはじめ、芸術鑑賞会、体育祭、学校祭（鹿商祭）、2学年では就業体験実習や修学旅行、商業科の醍醐味（だいごみ）となる学習成果発表会などがある。

生徒会活動は、生徒会執行部により年2回の生徒総会の議事運営や計画実施、体育祭・鹿商祭などの企画運営を行う。さらに、定期的に生徒一人一人の要望などについて調査活動を行い、学校を活性化させる自主的な活動も行っている。各種委員会も学校全体の活性化のために活動している。

部活動は運動部8部、文化部5部を開設しており、それぞれの目標に向けて毎日一生懸命活動に励んでいる。2022年度はカヌー部が東北新人大会に出場した。

【主な行事】▷4月・始業式、入学式、対面式、部活動紹介▷5月・地区総体、未来セミナー▷6月・前期生徒総会、県総体、防災避難訓練、体育祭、第1期考査▷7月・宮城県生徒商業研究発表大会、オープンスクール▷8月・履歴書指導（3年）▷9月・進路出陣式（3年）、第2期考査▷10月・宮城県高等学校商業実務総合競技大会、鹿商祭、芸術鑑賞、就業体験（2年）▷11月・火災避難訓練、オープンスクール、後期生徒総会、第3期考査▷12月・修学旅行（2年）▷1月・学習成果発表会▷2月・第4期考査▷3月・卒業式、修業式、離任式

School Data

校長／佐藤好彦
教頭／松平聡
生徒数／男子52人、女子34人
卒業生数／7,621人
　　　　（2023.4現在）
同窓会長／栗田利男

■所在地
〒989-4104
大崎市鹿島台広水字杢師前44
TEL 0229-56-2664
FAX 0229-56-2461
https://kasimadai-ch.myswan.ed.jp/
アクセス／JR東北線鹿島台駅から徒歩25分

■部活動
陸上、硬式野球、サッカー、バスケットボール、ソフトテニス、卓球、カヌー、バドミントン、コンピュータ、家庭、芸術、軽音楽、簿記

■大学進学指定校推薦枠
石巻専修大、東北学院大、東北文化学園大、福島学院大、東北工業大、宮城学院女子大、ノースアジア大、聖和学園短大、東北文教大短大部、桜の聖母短大、福島学院大短大部など

■進学状況
東北学院大、仙台青葉学院短大、花壇自動車大学校、SENDAI中央理容美容専門学校、仙台こども専門学校、仙台幼児保育専門学校、仙台総合ペット専門学校、東北電子専門学校、東北外語観光専門学校、デジタルアーツ仙台

■就職状況
RS TECHNOLOGIES三本木工場、アルプスアルパイン、いすゞ自動車東北、ウジエスーパー、NX仙台塩竈港運、共伸プラスチック、クリエイティブマックス、小林機械宮城事業所、サニックス、新みやぎ農協、ゼストシステム、トーウン、東北センコー運輸、東北ライト製作所、日産サティオ宮城、バイタルネット宮城物流センター、ホテル佐勘、ホテル松島大観荘、水野水産、山崎製パン、大和福壽会、一般曹候補生、美里町職員

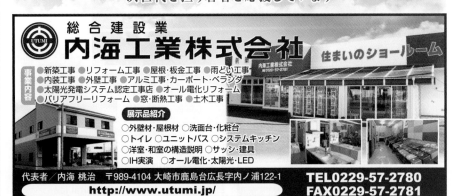

宮城県涌谷高等学校

江合川の岸に咲き誇る八重桜の中央に「高」の字を配した。高雅で堅実な社会人を育てる学舎を象徴する。

校訓・教育方針 ▶ 質実・勤敏　謙譲・優雅　自律・協同

自己実現のために自分には厳しく、社会貢献のために他人には優しく

授業風景（防災学習）

ボランティア活動

体育祭

プロフィール

4万冊の蔵書を誇る図書館など勉学や運動の環境充実

【沿革】箟岳山麓の緑豊かな場所に立つ。1919年に遠田郡立涌谷実科高等女学校として開校。2023年度、創立104年となる伝統校。生徒一人一人が何事に対しても高い志をもって自らの未来を切り開く学校を目指す。

校内には、80周年記念事業で建設されたトレーニングルームをはじめ、県内屈指の4万冊の蔵書を誇る図書館や、設備の充実した情報処理室などを設ける。04年に大規模な改修工事が終了し、耐震補強などが施されたきれいな校舎となって、勉学やスポーツに集中できる環境が整っている。

【学科・コース】普通科のみで、普通教科を主体とした教育課程編成になっている。大学・短大、専門学校への進学、公務員・民間就職とさまざまな進路に対応するとともに、芸術科目の音楽、美術、書道にも専任教員を配置するなど全人教育に力を入れている。

卒業時までに、漢字検定、英語検定、数学検定、ビジネス文書実務検定、情報処理検定、書写検定、家庭科各種技術検定、介護職員初任者研修などの資格取得も推奨している。

ボランティア活動

行事＆部活動・課外活動

部活動各種大会で上位の成績涌高ふれあい隊の活動など

部活動は、運動部、文化部ともに活発に活動している。

生徒会執行部を中心に、全校一丸となって各種行事に取り組んでいる。さらに「涌高ふれあい隊」という生徒会を中心としたボランティア活動を行い、2007年に全国表彰、14年には「すばらしいみやぎを創る協議会」から優秀賞を受けた。

部活動も盛んに行われており、運動部では、女子ソフトテニス部が17年度大崎支部総体で優勝、女子ソフトボール部が16年度大崎支部新人大会と17年度大崎支部総体で優勝したほか、19年度は陸上競技部が県総体女子やり投げで3位に入賞し、東北大会に出場した。

文化部では、音楽部が15年度宮城県大会で金賞、東北大会に出場、18年度にも宮城県大会で金賞を受賞した。書道部は22年度に続き23年度全国高校総合文化祭鹿児島大会への出品など、全国レベルの実力を発揮している。美術部も23年度全国高校総合文化祭鹿児島大会にも出品するなど、めざましい活躍をしている。

また、茶華道部がIkenobo花の甲子園2020東北大会で見事優勝を果たして全国大会に出場し、敢闘賞を受賞した。

以上のように数多くの部活動が多方面で活躍している。

School Data

校長／矢部鋼治
教頭／佐藤英博
生徒数／男子90人、女子98人
卒業生数／22,602人
　　　　（2023.4現在）
同窓会長／坊城延溟

■所在地
〒987-0121
遠田郡涌谷町涌谷字八方谷三・1
TEL 0229-42-3331
FAX 0229-42-3332
https://wakuya-h.myswan.ed.jp/
アクセス／JR石巻線涌谷駅から徒歩約25分

■部活動・同好会
ハンドボール（女）、バレーボール（女）、ソフトボール、バスケットボール、陸上競技、卓球、ソフトテニス、サッカー、硬式野球、新体操（男）、茶華道、音楽、美術、書道、総合文化

■大学進学指定校推薦枠
東北学院大、東北工業大、仙台白百合女子大、宮城学院女子大、尚絅学院大、仙台大、東北生活文化大、石巻専修大、東北文化学園大など

■進学状況（2022年度の主なもの）
石巻専修大、仙台白百合女子大、東北学院大、東北工業大、東北文化

学園大、宮城学院女子大、仙台青葉学院短大、宮城誠真短大、ESPエンタテイメント東京専門学校、花壇自動車大学校、国際マルチビジネス専門学校、仙台医療福祉専門学校、仙台ECO動物海洋専門学校、仙台大原簿記情報公務員専門学校、仙台工科専門学校、仙台スイーツ＆カフェ専門学校、仙台接骨医療専門学校、仙台総合ビジネス公務員専門学校、仙台ビューティーアート専門学校、仙台ヘアメイク専門学校、総合学園ヒューマンアカデミー、東京ITプログラミング＆会計専門学校、東京法律公務員専門学校仙台校、東北電子専門学校、東北文化学園専門学校、葵会看護専門学校、石巻医師会付属准看護学校、大崎市医師会付属准看護学校

■就職状況（2022年度の主なもの）※管内のみ
アイネックス、RS TECHNOLOGIES三本木工場、アルプスアルパイン古川開発センター、おてんとさん、尾西食品宮城工場、医療法人華桜会、ケミコン東日本宮城工場、県北ミート、社会福祉法人田尻福祉会、東北イノアック、鳴子ホテルマネジメント、ニューテック、北光エンジニアリング、丸大堀内みやぎ支店、マルヒ食品、木材スーパーエンドー、YKK AP東北製造所、ヤマセエレクトロニクス、陸上自衛隊（一般曹候補生）

【主な行事】▷4月・始業式、入学式、生徒会入会式、部活動紹介、基礎力診断テスト▷5月・大崎支部総体、生徒大会▷6月・第1期考査、強化勉強会（3年）、進路ガイダンス▷7月・体育祭、職場見学（2年）、進学課外講習▷8月・基礎力診断テスト、就職希望者模擬面接▷9月・生徒会役員選挙、第2期考査▷10月・涌高祭、生徒大会、芸術鑑賞会、校内マラソン大会▷11月・第3期考査▷12月・修学旅行（2年）、冬季進学課外▷2月・第4期考査、校内リーダー研修会（3年）▷3月・卒業式、第4期考査（1、2年）、修業式、春季進学課外

宮城県小牛田農林高等学校

菱田に稲穂を配する。全国有数の稲作地に所在し、米作の模範地として、また同時に世界に我が校の光輝を発揚するもの。

校舎

農業技術科農業科学コース　農業技術科農業土木コース　総合学科

校訓・教育方針 ▶ 自律　進取　至誠

社会の変化に主体的に対応できる能力や態度を養い、健全な社会の建設のために創造的に貢献できる人間を育成する

プロフィール

伝統と先進が融合
充実学習で力育む

【沿革】1882年、遠田郡涌谷町に私立養蚕伝習所として設立。88年、遠田郡立養蚕伝習所となり、この時を創立の年としている。1997年、時代や地域の要請と多様なニーズに応えて学科改編を実施。農業技術科と総合学科の2学科からなる男女共学校として、新たなスタートを切った。

99年にバリアフリーの新校舎、2005年に新体育館、06年には新プールが完成。08年にはインドア部室「檜杉館（かいせんかん）」とアウトドア部室「楊柳館（ようりゅうかん）」が完成。創立120周年記念行事が盛大に執り行われた。また、12年に弓道場が新築された。

在校生は、自然と設備に恵まれた環境の中で充実した高校生活を送っている。また、1万8000人以上の卒業生は、県内外のさまざまな分野で活躍している。

18年10月に創立130周年記念式典を挙行した。

【学科・コース】農業技術科は二つのコースに分かれている。

農業科学コースでは、稲・野菜・草花・家畜などの生産やバイオテクノロジー・コンピュータ・環境制御の学習を行う。環境保護や安全な農産物の生産を重視し、改良・販売・経営について生きた学習ができる。

農業土木コースでは、農業基盤整備のために必要な基礎的知識を習得する。具体的には、土地改良・農地保全・農村計画などを行うために必要な「測量」「農業土木設計」「農業土木施工」を中心に学習する。また、測量士補、土木施工技術者や小型建設系機械などの、社会から求められている資格試験にも積極的に挑戦している。

総合学科は、生徒の多様な個性・能力を伸長するとともに、生徒個々の進路希望の実現を目指し、社会の変化に対応できる能力と態度を育てることを目標としている。多様な科目の中から、各自の進路に合わせて自由に選択できるのが特色である。「自然科学」「人文社会」「情報ビジネス」「健康福祉」の各系列（科目群）をそろえている。

【その他の特色】米ウィノナ市との交流や、地元企業との連携事業として日本酒製造などを行い、国際交流、地域交流に積極的に取り組んでいる。また、震災後はボランティア活動にも参加し、「みんなDE笑顔プロジェクト選手権」や「ボランティア・スピリットアワード」で全国表彰された。また、「アジア大洋州地域及び北米地域との青少年交流（キズナ強化プロジェクト）」でニュージーランドに派遣されている。

行事＆部活動・課外活動

東北・全国で活躍
多彩な行事と交流

体育部・学芸部ともに非常に活発に活動し、毎年優れた実績を挙げて、全国に勇名をとどろかせている。剣道部は、毎年全国大会や東北選手権大会などに出場し活躍し、柔道部、相撲部も全国大会や東北大会に出場し活躍している。また、文芸部による全国大会への作品出展をはじめ吹奏楽部や美術部等の活動も活発である。農業クラブは、毎年のように全国大会で意見発表し、家畜審査競技・平板測量競技・農作物鑑定に出場し、東北大会などでも数多くの表彰を受けた。

【主な行事】▷4月・入学式、対面式、農業クラブ入会式、進路オリエンテーション▷5月・進路希望調査▷6月・第1回定期考査▷7月・三者面談▷9月・授業公開週間、中学生一日体験入学、第2回定期考査▷10月・球技大会、芸術鑑賞会▷11月・稲章祭、第3回定期考査▷12月・修学旅行（2年）▷1月・第4回定期考査（3年）▷2月・第4回定期考査（1・2年）、学習成果発表会▷3月・卒業式、高校入試、新入生予備登校

School Data

校長／長内志郎
教頭／伊藤康弘
生徒数／男子249人、女子307人
卒業生数／18,452人
　　　　　（2023.4現在）
同窓会長／佐藤澄男

■所在地
〒987-0004
遠田郡美里町牛飼字伊勢堂裏30
TEL 0229-32-3125
FAX 0229-32-3126
https://kogotanourin.myswan.ed.jp/
アクセス／JR東北線小牛田駅から徒歩20分

■部活動・愛好会
硬式野球、サッカー、ソフトテニス、陸上競技、自転車競技、ソフトボール、卓球、バレーボール、バスケットボール、柔道、剣道、弓道、相撲、地学、生物、化学、写真、吹奏楽、美術、文芸、ホームメイキング愛好会、イングリッシュクラブ愛好会、茶道サークル、ボランティアサークル

■大学進学指定校推薦枠
石巻専修大、仙台大、仙台白百合女子大、尚絅学院大、東北学院大、東北工業大、宮城学院女子大、聖和学園短大、東京農業大など

■進学状況（過去3年）
山形大、福島大、宮城大、岩手県立大、秋田県立大、立教大、日本大、駒沢大、酪農学園大、東北学院大、宮城学院女子大、東北福祉大、東北文化学園大、尚絅学院大、仙台大、石巻修大、八戸工業大、大東文化大、順天堂大、東京農業大、国士館大、神田外語大、日本薬科大、日本獣医生命大、岩手保健医療大、福島学院大、医療創生大、聖和学園短大、仙台青葉学院短大、仙台赤門短大、宮城誠真短大、宮城県農業大学校、大崎高等技術専門校、仙台こども専門学校、仙台工科専門学校、仙台医療秘書福祉専門学校、仙台医療福祉専門学校、葵会仙台看護専門学校など

■就職状況（過去3年）
新みやぎ農協、加美よつば農協、東北イノアック、渡辺採種場、アルプスアルパイン、ケミコン東日本、江合川沿岸土地改良区、YKK AP、みちのくミルク、日本郵便東北支社、伊藤ハムデイリー、東亜レジン、太子食品工業、宮城県農業共済組合、いしのまき農協、古川農協、松島国際観光ホテル大観荘、マックスバリュ南東北、大崎市民病院、社会福祉法人田尻福祉会、国家公務員、宮城県職員、神奈川県職員、青森県警、宮城県警、大崎市職員、栗原市職員、加美町職員、塩釜地区消防事務組合、美里町職員など

宮城県南郷高等学校

台に他の植物に先がけて開花する菜の花の花弁を置き、その四隅に籾を配し、全体として米産地南郷にちなんで「米」をかたどっている。

校舎

大崎耕土「世界農業遺産」支援プロジェクト フラワーサービスプロジェクト実践中
横断幕

世界農業遺産支援プロジェクト（防護柵の設置）

花壇植栽ボランティア

旭山探検学習

マイクロバブル水を使用したシクラメン栽培

校訓・教育方針 ▶ 礼譲和協

1. 生涯にわたり自ら学ぶ意欲・関心の喚起、またその態度の育成のための、基礎・基本を重視した学習指導を行う。
2. 個性の伸長と心豊かな人間性の涵養のためのきめ細やかな生活指導を行う。
3. 地域社会に貢献できる基礎的専門知識・技能をもった人材を育成する。

プロフィール

地域の担い手を輩出 文化の発展にも貢献

【沿革】当時、貧富の差に関係なく平等な教育を受けさせたいという町民（村民）の要望と、旧南郷町の篤志家、野田真一翁による浄財により、1931年4月10日に誕生した特色ある学校である。このことから、現在でも地域産業の担い手、文化の向上発展に貢献できる人材育成に力を注いでいる。2021年、創立90周年を迎えた伝統ある学校であり、広大な施設・設備を有し、豊かな自然環境は春から秋にかけていろいろな樹木と美しい草花で彩られている。

本校では、外の世界へと生徒をつなげる「フラワーサービスプロジェクト」と、南郷の地に豊かな水資源の恵みをもたらす「大崎耕土世界農業遺産プロジェクト」の二つの支援事業の実践を通して、良質な教育を提供する。タブレット端末を使用する授業や生徒が主役となる授業、地域に彩りを添える交流活動などにより、生徒の社会性や職業観を育み、コミュニケーション能力、思考力、判断力を身に付けた有用な人材の育成を目指している。

【学科・コース】普通科は、生徒一人一人の能力や適性に応じ、基礎的・基本的な知識を習得させ、社会人として必要な能力と態度を育てるように教育課程を編成している。また、進路目標の達成に向けて、進学や就職に関係する選択科目を設定して、進路の実現を目指している。

産業技術科は、産業社会の農業・工業・商業などに関する基礎的・基本的な知識と技術を習得させ、これらの業務に従事する職業人として必要な能力と態度を育てることができるように教育課程を編成している。また、草花・野菜・作物の栽培や機械工作、コンピュータを活用した情報処理技術を学ぶことができる。

○教育課程はそれぞれの学科の特性を生かして編成されており、数学及び英語の授業においては両学科とも習熟度別学習やTT（チームティーチング）の形態を活用して、一人一人の能力に合わせたきめ細かい学習指導をしている。

○2年次には両学科ともインターンシップを実施する。また、地域に密着したボランティア活動にも取り組んでいる。

行事＆部活動・課外活動

銃剣道部が全国で活躍 農業クラブ活動も活発

銃剣道部は、全国レベルの各種大会で活躍した。2017年度には、本校銃剣道部から1人、第72回国民体育大会銃剣道競技大会に出場し、第3位に貢献した。現在は、未経験生徒の指導に力を入れ活動している。

産業技術科の生徒は、農業クラブ員として、プロジェクト発表大会及び家畜審査競技会東北大会出場（16年度）、クラブ活動紹介発表の部東北大会優秀賞（18・21年度）など、校内外において活発に活動している。また、アグリサポートプロジェクトによる地域貢献も積極的に行っている。17年度から熊本県立大との共同研究で、マイクロバブル水がシクラメンの生長に及ぼす効果を調べている。

【主な行事】▷4月・前期始業式、入学式、生徒総会、PTA総会▷5月・大崎地区総体、楽天学校観戦プログラム、授業公開、農ク校内意見発表、旭山探検学習、県総体▷6月・校内緑化活動、防災避難訓練、1期考査、3学年進路ガイダンス▷7月・二者面談、三者面談、スポーツ大会、進路ガイダンス、全校集会、中学生オープンスクール▷8月・夏季休業、全校集会、世界農業遺産県外視察▷9月・芸術鑑賞会、バイク実技講習会、2期考査▷10月・後期始業式、2学年インターンシップ、南郷高祭▷11月・避難訓練、薬物乱用防止教室、生徒会・農ク総会・役員選挙、授業公開、2学年修学旅行、3期考査▷12月・全校集会、冬季休業▷1月・全校集会、雪山体験学習、二者面談、学習発表会▷2月・4期考査▷3月・卒業式、入学者選抜、進路ガイダンス、修業式、離任式

School Data

校長／匹田哲弥
教頭／佐藤洋
生徒数／男子26人、女子11人
卒業生数／11,131人
　　　　　（2023.4現在）
同窓会長／後藤洋一

■所在地
〒989-4204
遠田郡美里町大柳字天神原7
TEL 0229-58-1122
FAX 0229-58-1123
https://nango-h.myswan.ed.jp/
アクセス／JR東北線鹿島台駅から美里町住民バスで15分、小牛田駅から美里町住民バスで20分

■部活動
陸上競技、卓球、ソフトテニス、銃剣道、総合文化（書道班、写真班、美術班）、軽音楽、園芸科学、生活科学

■進学状況
仙台青葉学院短大（こども学科）、仙台こども専門学校（保育科）、石巻高等技術専門校（自動車整備科、金属加工科）

■就職状況
ウェルファムフーズ宮城事業所、オールセーフ、センチュリーホテル、穂乃香、メディビューティー、エスファクトリー東北、サンレッチェ、三和工業、正和工業、成田鋼業、東軌工業、東洋ワークセキュリティ、東北テレビ工事、東北電子工業、陸上自衛官（一般曹候補生）

宮城県佐沼高等学校

三枚の葉は校木のプラタナスを表わし、校訓でもある「献身・窮理・力行の三徳（三枚の葉）を至誠（中央の円形）をもって貫く」という意を象徴する。

ラグビー部

吹奏楽部

佐高祭ポスター

佐高祭 THE ANNIVERSARY PARADE
DATE/2022/8/25,26

校訓・教育方針　至誠「献身・窮理・力行」

校訓である「献身・窮理・力行の三徳を至誠をもって貫く」の教えと校是の文武両道を大切にし、21世紀の国際社会を逞しく生き抜くことができる健全な心身を持った徳性の高い人間を育成していく。

プロフィール
国公立大進学に重点 多様な進路に応じたきめ細やかな指導

【沿革】1902年、旧制宮城県第二中学校の登米分校としてスタートした。その後、宮城県第六中学校、宮城県佐沼中学校と改称し、48年の新制高校発足と同時に、旧制中学校の流れをくむ学校としては県内唯一の共学校として、宮城県佐沼高等学校となった。併せて定時制課程も設置された。2022年で創立120周年を迎えた。

【学科・コース】生徒の多様な進路目標の達成を視野に入れて教育課程を編成している。特に多くの生徒が希望する国公立大学進学に重点を置いた内容となっている。

1年次では基礎学力の養成を図るため、国語、数学、英語を重点的に学習しながら、理科、社会、体育、芸術など幅広く学習する。2年次から個々の進路目標に対応するためコース制（文系・理系）を導入し、進路目標の達成に早い時期から取り組めるようにしている。3年次ではより具体的な進路に応じた科目を選択できるようにしている。

授業は50分の7時間（月・金曜日は6時間）で思考力の向上をはかり、「自律的学習者」の育成を目指している。総合的な探究の時間は、

スポーツフェスティバル

現代社会の諸課題の解決策を意識しながら、自身の進路選択につなげられるような探究活動を行っている。

卒業までに取得可能、または受験可能な資格は、英語検定、TOEICなど。

行事＆部活動・課外活動
文武両道の精神を体現 全国の舞台でも活躍

行事は、スポーツフェスティバル、佐高祭などがあり、生徒による主体的な運営がなされている。生徒会活動も活発に行われている。

伝統的に部活動が盛んである。2022年度は、陸上競技部男子棒高跳び、ボート部女子ダブルスカルがインターハイに、美術部が全国高等学校総合文化祭に出場した。また、柔道部男子（個人60kg級）、水泳部男子（100m背泳ぎ）、女子（100m平泳ぎ）、陸上競技部男子（棒高跳び）、女子（七種競技）、ボート部男子（ダブルスカル・舵手付きクォドルプル）で東北大会出場を果たし、ボート部女子（シングルスカル・ダブルスカル・舵手付きクォドルプル）は東北大会で総合優勝を果たしている。さらにボート部男子（ダブルスカル・舵手付きクォドルプル）、女子（シングルスカル・ダブルスカル・舵手付きクォドルプル）は県新人大会を制して東北大会に出場し、女子（舵手付きクォドルプル）は全国選抜大会に駒を進めた。

県総体では、ラグビー部が2位、剣道部女子団体が3位となり、東北大会出場を果たすなど、団体競技においても目覚ましい活躍を見せている。

県新人大会では、前述のボート部男女以外でも陸上競技部男子3000m障害、棒高跳びの2選手が好成績を収め、東北大会に出場した。また、ラグビー部、剣道部女子個人、バスケットボール部女子の各競技、選手が上位入賞を果たした。

大会成績のみならず「何事にも真摯（しんし）に取り組む人物の育成」という本校の教育目標にふさわしい活躍を見せている。

【主な行事】▷4月・入学式、始業式、新入生オリエンテーション▷5月・開校記念講話、支部総体▷6月・県総体、第1回考査、支部総合文化祭、ダンスフェスティバル▷7月・芸術鑑賞、夏期課外講習（3年）、高大連携講座▷8月・佐高祭▷9月・第2回考査▷10月・スポーツフェスティバル▷11月・修学旅行（2年）、第3回考査▷12月・冬期課外講習（3年）▷1月・かるた大会▷2月・第4回考査▷3月・卒業式、修業式

School Data

校長／狩野秀明
教頭／布施孝介
生徒数／男子358人、女子313人
卒業生数／28,450人（2023.4現在）
同窓会長／氏家良典

■所在地
〒987-0511
登米市迫町佐沼字末広1
TEL 0220-22-2022
FAX 0220-22-2023
https://sanuma.myswan.ed.jp/
アクセス／JR東北線瀬峰駅から宮城交通バス佐沼方面行き「佐沼高校正門前」下車。JR東北線新田駅から宮城交通バス佐沼方面行き「佐沼高校北」下車

■部活動・同好会
硬式野球（男）、陸上競技、ソフトテニス、卓球、バレーボール、バスケットボール、バドミントン、柔道、ラグビー（男）、サッカー（男）、剣道、ハンドボール（女）、ソフトボール（女）、水泳、ボート、文芸、茶華道、合唱、吹奏楽、箏曲、美術、軽音楽、英語、自然科学

■大学進学指定校推薦枠
東北学院大、宮城学院女子大、東北医科薬科大（薬）、東洋大など多数

■合格状況
【4年制大学】東北大、宮城教育大、北海道教育大旭川校、岩手大、秋田大、山形大、千葉大、新潟大、富山大、金沢大、宮城大、釧路公立大、青森公立大、岩手県立大、秋田県立大、福島県立医科大（看護）、会津大、前橋工科大、都留文科大、東北学院大、東北福祉大、東北工業大、東北医科薬科大（薬）、宮城学院女子大、尚絅学院大、仙台大、東北文化学園大、石巻専修大、八戸工業大、岩手医科大（看護）、岩手保健医療大、盛岡大、医療創生大、文教大、東京理科大、駒沢大、専修大、東海大、日本大、法政大、立教大、立命館大など（国公立大38人、私立大275人合格）
【専門学校】石巻赤十字看護専門学校、気仙沼市立病院附属看護専門学校、仙台医療センター附属仙台看護助産学校、JR東京総合病院高等看護学園など

■就職状況（数字は人数）
宮城県職員（学校事務）、宮城県警察、登米市職員（行政8、消防）、国家公務員（一般職）、自衛官、JR東日本など

宮城県登米高等学校

ペンの中に鏡をかたどったもの。ペンは「ペンは剣よりも強し」という民主主義の理想を意味し、鏡は人格・時代を映すといわれ自己反省につながる。時代の動きを適格に認識して、よりよい現代人としての自己完成を成し遂げてほしいという願いがこめられている。

校訓・教育方針▶　「誠実」「勤勉」「進取」

①確かな学力を身に付け、生徒の志望を達成させる教育
②社会人として自立できる人間づくり
③生徒・保護者・地域とともに歩み、信頼される学校づくり

登高祭

読み聞かせ　授業風景

プロフィール

「歴史の町」の学校 多様な進路希望に対応

【沿革】登米高校は、登米伊達氏2万1千石の城下町、「みやぎの明治村」として名高い登米市登米町にある。創立は1920年4月。登米町立登米実科高等女学校として誕生した。27年、県への移管で宮城県登米高等女学校と校名を改めた。

48年の学制改革に伴い、現名称宮城県登米高等学校に改称。49年には男子生徒の入学が開始し、男女共学校となった。

また、70年に商業科が設置され、商業科を併設する普通高校として40年以上地域に親しまれてきたが、地域内の高校再編統合により商業科の入学者募集は2014年度が最後となった。17年3月の卒業生をもって商業科が閉科、17年4月より普通科高校として新たな歴史を歩み始めている。

順次、校舎、体育館、プールなど周辺施設の改修を行い、環境整備を進めた。20年に創立100周年を迎え、21年には記念式典を行った。

【学科・コース】22年度からの新教育課程は、これまでと同様に、基礎・基本を押さえ、社会人としての自立と多様な希望進路を実現するための学力の定着を目指す。

1年生では進路探究を行いながら各教科をバランス良く学習し、2年生からは進路探究をさらに深め、希望進路、適性、興味・関心などに応じた科目選択が行えるようになっている。

1年生で自分の進路への知見を広げ、2年生でそれをさらに深めながら、希望進路に向けた学習を行う。そして3年生では、国公立・私立大学、専門学校・各種学校への進学や民間就職、公務員といったそれぞれの進路希望に向けた多様な科目選択を行い、進路達成を目指す。

行事&部活動・課外活動

好成績挙げる部活動 カヌー部全国へ

伝統的に部活動は、運動部・文化部ともに盛んに活動している。

運動部では、カヌー部が毎年のようにインターハイに出場しているのを筆頭に、各種大会で好成績を収めている。2022年度は、陸上競技部が女子円盤投げで東北大会への出場を果たした。

文化部では、美術・写真部が県高校写真展に出展して銅賞を受賞し、優秀校として表彰された。また、吹奏楽部は定期演奏会を開催するとともに、多くの地域イベントにも積極的に参加している。総合文化部は、近隣の介護施設でのボランティアや地域行事に参加するなど、地域に密着したさまざまな活動を活発に行っている。

部活動以外では、読書活動が盛んで、20年以上「朝読書」が続けられており、読書活動優秀実践校として全国表彰された実績がある。地域の小中学校との交流も盛んで、近隣の小学校や保育園での絵本の「読み聞かせ」や、運動部による小学生の指導、中学生との交流などを積極的に行っている。また、生徒会活動やボランティア活動にも、多くの生徒が積極的に参加している。

このように、さまざまな体験を通して、充実した高校生活を送り成果を上げている。

【主な行事】▷4月・入学式、対面式、実力テスト▷5月・生徒総会▷6月・第1回考査▷7月・芸術鑑賞会、体育大会▷9月・登高祭、第2回考査、生徒会役員選挙▷10月・生徒総会▷11月・第3回考査▷12月・インターンシップ(1年)、修学旅行(2年)▷1月・新春百人一首カルタ会、第4回考査(3年)▷2月・第4回考査(1、2年)▷3月・卒業式

School Data

校長／太田克佳
教頭／佐藤信之
生徒数／男子84人、女子116人
卒業生数／20,061人
　　　　　(2023.4現在)
同窓会長／佐々木康明

■所在地
〒987-0702
登米市登米町寺池桜小路3
TEL 0220-52-2670
FAX 0220-52-2671
https://tome-h.myswan.ed.jp
アクセス／JR気仙沼線柳津駅から登米市市民バス津山線「登米総合支所」下車徒歩5分

■部活動・同好会
ソフトテニス、バスケットボール、陸上競技、硬式野球、バドミントン、カヌー、吹奏楽、美術・写真、総合文化、軽音楽

■大学進学指定校推薦枠
東北学院大、東北工業大、宮城学院女子大、尚絅学院大、東北文化学園大、東北生活文化大、石巻専修大、仙台大、仙台白百合女子大など

■進学状況
新潟大、石巻専修大、奥羽大、尚絅学院大、仙台白百合女子大、仙台大、東北学院大、東北芸術工科大、東北工業大、東北生活文化大、東北福祉大、東北文化学園大、宮城学院女子大、青森大、東洋大、医療創生大、日本体育大、北海道科学大、酪農学園大、京都芸術大、埼玉学園大、帝京科学大、千葉商科大、新潟医療福祉大、日本大、横浜商科大、聖和学園短大、仙台赤門短大、仙台青葉学院短大、宮城誠真短大、東北職業能力開発大学校、石巻赤十字看護専門学校、気仙沼市立病院付属看護専門学校、水沢学苑看護専門学校、岩手看護専門学校、山形厚生看護学院、国際マルチビジネス専門学校、仙台ウェディング&ブライダル専門学校、仙台大原簿記情報公務員専門学校、仙台理容美容専門学校、仙台スイーツ&カフェ専門学校、仙台ヘアメイク専門学校、仙台リハビリテーション専門学校、デジタルアーツ仙台、東京法律公務員専門学校仙台校、東北電子専門学校など

■就職状況
税務署職員、宮城県職員、登米市役所、登米市消防本部、宮城県警察、海上自衛隊、陸上自衛隊、伊豆沼農産、エスビー食品宮城工場、ウジエスーパー、三光化成宮城工場、スタンレー宮城製作所、東京発條宮城工場、登米村田製作所、牧野精工宮城工場、みやぎ登米農協、アイリスオーヤマ、ALSOK宮城、山崎製パン、東日本旅客鉄道など

宮城県登米総合産業高等学校

登米の「T」の字と、鳥の翼をモチーフに、未来に羽ばたく生徒をイメージしている。6つの翼は、6学科を表し、未来への発展と、飛躍を目指すエネルギーを表現している。

タマネギの収穫(農業科)

溶接作業(機械科)

電気実習(電気科)

介護実習・車椅子介助(福祉科)

校訓・教育方針　高志　挑戦　創造

「高志」：高い志をもって専門分野の学習を追求し、主体的に進路を切り開いていく生徒。
「挑戦」：産業界全体に視野を向け、高度化・多様化する社会に果敢に挑戦し、困難にも立ち向かう強い心をもつ生徒。
「創造」：豊かな人間性と独創的な発想力で地域や社会を豊かに創造し、新しい産業界を担っていく生徒。
キャッチフレーズ：「夢・情熱・感動！　めざせ！日本一の総合産業高校！」

プロフィール

「チーム登米総」「学校・家庭・地域」が一丸となって生徒の成長を支える

【沿革】県内初の総合産業高校として、2015年4月に開校した。19年1月に県立学校ICT機器整備推進事業第1期校として校内に無線LANアクセスポイント、全ての普通教室にプロジェクターが整備され、ICT機器を利用した授業を積極的に取り入れている。
【学科・コース】農業科、機械科、電気科、情報技術科、商業科、福祉科の6学科を有する。宮城県の県立高校で初の設置となった福祉科は、3年間で約60日間の実習を地域の介護福祉施設で行っており、卒業時には多くの生徒が国家資格である介護福祉士の資格を取得している。
【学科間連携】学校設定教科「起業プロジェクト」を設定し、2年生で「産業基礎」という科目を学習する。「産業基礎」では、自分の所属する学科以外の授業を受け、将来の職業生活に向けた、より実践的・

総合的な課題解決学習に取り組んでいる。加えて、専門性に特化した現場実習を通して望ましい職業観・勤労観の育成のためにインターンシップも実施している。
【地域連携による人材の育成】実践的な教育を行うために、「登米地域パートナーシップ会議」を設置して、地域で活躍する方から助言をいただき、地域に根差した学校としての在り方を検討し、日々の教育活動に生かしている。また、新たな学科間連携として学校の中に株式会社組織の形態を取り入れている。23年度は生徒の準備組織が始動した。今後、その運営を通して生徒の主体的・探究的な活動や協働活動を促し、地域に貢献する特色ある学校づくりを目指していく。

行事＆部活動・課外活動

**運動部13部
文化部10部が活動**

運動部ではアーチェリー部がインターハイや東北大会の常連校であり、空手道部も全国選抜大会に出場している。男子ソフトボール部も東北大会に出場している。

文化部では、機械工作部が高校生ものづくりコンテスト旋盤作業部門で東北大会出場を果たした実績を持ち、全国大会に出場している。商業部はワープロ競技大会全国大会に出場し、吹奏楽部においては日本管楽合奏コンテスト優秀賞並びにYAMAHA賞を獲得するなど、各部が各種大会で優秀な成績を収めている。

また、農業科では、2021年に米を通じた農業振興と地域づくりの取り組みをたたえる第9回オリザ賞

スポーツ大会

産業祭

School Data

校長／川上剛弘
教頭／阿部一彦、畠山喜礼
生徒数／男子315人、女子159人
　　　　（2023.4現在）
卒業生数／登米総合産業高校
　　　　　1,368人
旧上沼高校11,943人
旧米山高校4,968人
旧米谷工業高校10,033人
　　　　（2023.4現在）

■所在地
〒987-0602
登米市中田町上沼字北桜場223-1
TEL 0220-34-4666
FAX 0220-34-4655
E-Mail tomesou@od.myswan.ed.jp
https://tomesou.myswan.ed.jp/
アクセス／JR東北線瀬峰駅からバスで50分。三陸自動車道登米ICから車で10分。登米市民バス「登米総合産業高校前」下車

■部活動
硬式野球（男）、陸上競技、アーチェリー、バドミントン、ソフトボール、ソフトテニス、バレーボール、卓球、サッカー（男）、弓道、バスケットボール、剣道、空手道、家庭、美術、写真、吹奏楽、農業、機械工

作、電気工作、情報研究、商業、福祉

■進学状況
東北学院大、宮城学院女子大、仙台大、石巻専修大、日本大、札幌大、東北工業大、宮城県農業大学校、仙台青葉学院短大、東北職業能力開発大学校、石巻高等技術専門校、大崎高等技術専門校、大崎市医師会付属准看護学校、東北電子専門学校、宮城誠真短大、聖和学園短大、仙台デザイン＆テクノロジー専門学校、仙台リハビリテーション専門学校など

■就職状況
みやぎ登米農協、櫻井農場、伊藤ハムデイリー、宮城県食肉流通公社、トヨタ自動車東日本、スタンレー宮城製作所、YKKAP、登米村田製作所、登米精巧、SUBARU、東北電力ネットワーク、東北電気保安協会、ユアテック、日立ビルシステム、トヨテツ東北宮城NOK登米工場、OSDC、東北イノアック、アルプスアルパイン、トヨタ自動車、アイリスオーヤマ、社会福祉法人登米福祉会、医療法人華桜会、介護老人保健施設なかだ、自衛隊一般曹候補生、自衛官候補生など

で大賞を受賞している。また農業クラブ県大会では意見発表大会I類で優秀賞、農業情報処理競技会で東北大会優秀賞を獲得している。

介護福祉士の国家試験受験資格取得可能な福祉科では、多くの生徒が介護福祉士の資格を取得している。
【主な行事予定】▷4月・入学式、始業式、新入生オリエンテーション▷5月・支部総体、生徒総会▷6月・前期学校公開週間、県総体、第1回考査▷7月・夏季講習、三者面談、芸術鑑賞会、スポーツ大会、1日体験入学▷8月・各種資格・検定講習会▷9月・第2回考査、前期終業式▷10月・産業祭（文化祭）、インターンシップ（2年）▷11月・後期学校公開週間、第3回考査▷12月・修学旅行（2年）▷1月・合格体験発表会▷2月・第4回考査▷3月・卒業式、修業式

宮城県築館高等学校

築館高校のイニシャル「T」「S」「H」を組み合わせてデザイン。全体的に天に向かって駆け上がる天馬のイメージ。

縢紫定期戦

築高祭（花火）

体育祭

サッカー部

校訓・教育方針 ▶ 共助　研鑽　進取

社会の有為な形成者として、一人一人が他者への共感を持ち、自ら研鑽を積み、創造性と進取の精神を養う、心身ともに健康な人間を育成する。

プロフィール

英数国で習熟度別授業
進路指導きめ細かく

【沿革】旧築館高校と旧築館女子高校が統合し、2005年に現行の宮城県築館高等学校がスタートした。前身校の沿革は以下の通り。

旧築館高校…1901年県立宮城県第三中学校栗原分校として開校。04年に県立宮城県第五中学校として独立し、宮城県の旧制中学校で5番目に古い歴史を持っている。2000年には創立100周年を迎えた。卒業生は1万9000人以上を数え、各方面で活躍している。

旧築館女子高校…1936年に町立宮城県築館高等家政女学校として開校。39年県に移管され、48年の学制改革で宮城県築館女子高校となった。80年、現在地に新校舎が完成、81年に生徒会館が開設されるなど、施設の整備、拡充が進み、96年に創立60周年を迎えた。現行の築館高校は旧築館女子高校

探究活動

ボランティア活動

の校舎を活用。

【学科・コース】1年生では、共通科目を受講し、英語・数学・国語においては習熟度授業を実施している。2・3年生からは地理歴史・理科・国語・芸術科目等において進路希望に合わせた科目を選択することができる。進学者向けには進学課外・小論文指導・面接練習、公務員志望者には専門学校教員を招いての講義実施、また民間就職希望者向けには担当者による面談を複数回行うなど、生徒一人一人の進路希望実現に向けてきめ細やかな指導をしている。また、ICTの導入も進んでおり、外部講師によるオンライン講義やGoogleClassroomの活用など、個々に対応した学習環境づくりがなされている。

行事＆部活動・課外活動

ホッケーは全国大会出場、
弁論でも全国総文祭出場

部活動は運動部12、文化部8（うち特設2）ともに熱心に活動している。支部、県での活躍はもちろん、ホッケー部（女子）は全国高校総体、選手権大会等に出場しており、また陸上競技部は2019年に全国高校総体男子100mおよび男子200mの2冠達成という素晴らしい成績を残している。文化部も各種大会や高校総合文化祭、築高祭に向けて意欲的に取り組んでおり、自らの興味・関心に合わせ、活動できる場が用意されている。さらに、ボランティア活動や地域貢献や防災活動などに取り組む「人のためプロジェクト」は、学校生活を充実させ、主体的な姿勢を育てるとともに、進路希望実現にも大いに役立っ

School Data

校長／野中淳
教頭／高木伸幸
生徒数／男子221人、女子246人
卒業生数／3,278人
　　　　　（2023.4現在）
同窓会長／渡邉一正

■所在地
〒987-2203
栗原市築館字下宮野町浦22
TEL 0228-22-3126
FAX 0228-22-4104
https://tukiko.myswan.ed.jp
アクセス／JRくりこま高原駅から
宮城交通バス「築館高校前」下車

■部活動・同好会
硬式野球（男）、陸上競技、剣道、柔道、弓道、卓球、ホッケー、ソフトテニス、サッカー（男）、バドミントン、バスケットボール、バレーボール、吹奏楽、美術、自然科学、軽音楽、伝統文化（書道・茶道）、料理研究、JRC（特設）、ボランティア（特設）

■大学進学指定校推薦枠
東北学院大、東北工業大、宮城学院女子大、尚絅学院大、東北生活文化大、仙台白百合女子大、東北文化

学園大、石巻専修大、日本大、神奈川大、聖徳大、城西大、仙台青葉学院短大、東北職業能力開発大学校など

■進学状況
岩手大、福島大、東京都立大、東北学院大、宮城学院女子大、東北福祉大、盛岡大、石巻専修大、仙台大、東北文化学園大、尚絅学院大、神奈川大、東海大、東北工業大、医療創生大、天理大、岩手医科大、仙台白百合女子大、東北芸術工科大、関西外国語大、法政大、東洋大、立命館大、白鷗大、日本工業大、東北公益文科大、駿河台大、会津大短大部、仙台青葉学院短大、聖和学園短大、宮城誠真短大、神奈川歯科大短大部、石巻赤十字看護専門学校、仙台医療センター、気仙沼市立病院付属看護専門学校、安房医療福祉専門学校、東北職業能力大学校、仙台大原簿記情報公務員専門学校など

■就職状況
国家公務員一般職（法務省）、宮城県警察、宮城県一般事務、登米市行政、裁判所事務官、自衛官航空学生、栗駒高原森林組合、新みやぎ農協、モリタ宮田工業など

ている。

校内行事も盛んで、弁論大会で代表に選出された生徒が3年連続で全国高校総合文化祭弁論部門に出場するなど、レベルの高い行事が繰り広げられている。

【主な行事】▷4月・入学式、対古川高校定期戦（縢紫定期戦）▷5月・支部総体、生徒総会▷6月・県総体、支部総文祭▷7・8月・弁論大

会、合唱コンクール、夏期進学課外、公務員講習会、学校説明会▷9月・築高祭、進路行事▷10月・体育祭、芸術鑑賞会、築高検定▷11月・防災避難訓練▷12月・修学旅行、冬期進学課外、公務員講習会▷1月・大学入学共通テスト▷2月・先輩の話を聞く会▷3月・卒業式、修業式、公務員講習会

宮城県岩ヶ崎高等学校

中央の「柏(かしわ)の葉」を「6枚の笹(ささ)」が囲む。落葉せず風雪に耐える柏の葉にちなみ、不撓(ふとう)不屈の気概を示している。

校舎

球技大会

文化祭

探究活動

強歩大会

ICT活用授業

校訓・教育方針

建学の精神「尚志育英」に則り、調和のある人間形成を目指して、次の三つの目標達成に努めている。
①心身の健康　②知性の伸長　③人格の尊重

プロフィール

1年次からコース別進路見据え学力養成

【沿革】1941年、町立宮城県岩ヶ崎実科高等女学校として創立した。その後、町立宮城県岩ヶ崎高等学校を経て、51年4月に県立移管し宮城県岩ヶ崎高等学校となり、現在に至る。

校舎は宮城県第2の標高を誇る栗駒山（1,626m）を間近に望む栗原市栗駒地区にある。

校地内には体育館、武道館、図書館のほか、尚志館（合宿所）、育英館（音楽練習場）、クラブハウスなどの施設が備わっている。普通教室はICT機器や冷暖房を完備し、課外授業や模擬試験などでも活用されており、快適な環境で学習できる。

【学科・コース】本校のカリキュラムは国公立大学の大学入学共通テスト7科目（8科目）入試に対応し、大学進学に適したものになっている。1年から文系教養コース、理系教養コースに分かれ、進路達成に必要な科目を、むだなく履修できる。

文系教養コースは大学の文・外国語・経・法・教育などの文系学部を目指す生徒や公務員志望者のコース。精選された履修内容ときめ細かな指導、目的に応じた少人数での授業を展開し、確かな学力養成を図っている。

理系教養コースは大学の医・歯・薬・工・理・農の各学部や、高等看護専門学校、医療系の専門学校への進学希望者のコース。理数科目を中心に基礎力を固め、さらに発展、応用へとつながる充実したカリキュラムを編成し、受験に対応できる実力養成を図っている。

最近では、一人に一台、端末を貸与・配付し、学習アプリの活用や外部講師によるオンライン講義の受講が可能になるなど、ICTを活用した学習環境の整備も進んでいる。

また、地元の名産品のPR活動や地元飲食店のメニュー開発など、地域に関連した探究活動を通じて、地域社会に積極的に参画し、将来的に貢献できる人材の育成を図っている。

行事&部活動・課外活動

各種大会や行事に向けて熱心に活動

部活動は運動部が8、文化部が6あり、それぞれ各種大会などに向けて熱心に活動している。JRCでは、ボランティア活動を校内外において継続的に実施している。

学校行事については、修学旅行や芸術鑑賞会、球技大会、文化祭（岩高祭）や健康強歩大会などがある。それ以外にも進路実現のために必要な力を身に付けることができる行事や小学校への高校生教育助手派遣プログラム（C-Plan）もある。

【主な行事】▷4月・入学式、対面式、オリエンテーション（1年）、生徒総会▷5月・支部総体▷6月・県総体、支部総文祭、放課後課外開始（3年）、大学出前授業（2、3年）、芸術鑑賞会▷7月・球技大会、夏期課外講習、一日体験入学（学校説明会）▷8月・夏期学習会（2、3年）、English Camp、岩高祭▷10月・健康強歩大会▷11月・放課後課外開始（1、2年）▷12月・修学旅行（2年）、冬期課外講習▷1月・大学入試共通テスト、進路体験発表会▷2月・C-Plan▷3月・卒業式、進路体験発表会、修業式

School Data

校長／村上孝志
教頭／吉野芳和
生徒数／男子34人、女子55人
卒業生数／13,539人（2023.4現在）
同窓会長／後藤家光

■所在地
〒989-5351
栗原市栗駒中野愛宕下1-3
TEL 0228-45-2266
FAX 0228-45-2267
https://iwagasakikou.myswan.ed.jp
アクセス／くりはら市民バス「岩ヶ崎高校前」下車

■部活動・同好会
硬式野球、バスケットボール、バレーボール、卓球、剣道、陸上競技、ソフトテニス、バドミントン、科学、合唱、吹奏楽、美術、軽音楽、JRC

■大学進学指定校推薦枠
東北学院大、宮城学院女子大、東北工業大、尚絅学院大、東北生活文化大、仙台白百合女子大、東北文化学園大、石巻専修大、独協大、医療創生大、白鴎大、東海大、文教大、秀明大、龍谷大、千葉工業大、大月短大など

■進学状況
北海道教育大、室蘭工業大、岩手大、秋田大、山形大、福島大、新潟大、埼玉大、徳島大、宮城大、釧路公立大、名寄市立大、公立はこだて未来大、青森公立大、青森県立保健大、秋田県立大、岩手県立大、会津大、高崎経済大、都留文科大、長野大、東北学院大、東北福祉大、東北工業大、東北医科薬科大、宮城学院女子大、尚絅学院大、仙台大、東北文化学園大、仙台白百合女子大、岩手保健医療大、明治大、中央大、日本大、東洋大、駒沢大、専修大、神奈川大、東海大、会津大短大部、米沢女子短大、大月短大、仙台医療センター付属仙台看護助産学校、東北労災看護専門学校、石巻赤十字看護専門学校、気仙沼市立病院付属看護専門学校、岩手県立一関高等看護学院など

■就職状況
国家公務員（行政・税務）、栗原市職員（事務・消防）、宮城県職員、宮城県警、警視庁、自衛隊一般曹候補生など

宮城県迫桜高等学校

「迫桜（hakuou）」のhとoを基に、学校近くを流れる迫川と、桜の花びらを表し、全体で未来に羽ばたく生徒を白鳥の姿で象徴している。

校訓・教育方針 ▶ 敬愛　創造　至誠

進路希望の達成、学力保障、集団の中での自己実現

文化祭

バルーンアート制作実習

グラウンド測量実習

シクラメン販売実習

プロフィール

地域に開かれた学校 6系列で進路希望実現へ

【沿革】迫桜高校は、栗原農業高校と若柳高校の2校を再編して2001年4月に設置された、全15学級で全日制の単位制総合学科である。21年に創立20周年記念式典を挙行した。

地域に開かれた学校づくりを目指しており、学校評議会・地域交流連絡会議による連携や小中学生との交流事業を行っている。また、地域開放型の図書館を備えている。

学校独自の心の教育としては「清掃活動」「安全教育」「朝の読書」を展開し、感性豊かな生徒の育成を図っている。

PTA活動、共育サポートカレンダー（行事や折々の生活指針を織り込んだもの）を活用し、家庭と協力しながら、学力向上と学習習慣の定着に努めている。

【学科・コース】総合学科として、選択科目の指針として六つの系列がある。

・人文国際…文系大学、専各学校等への進学をはじめ、多様な進学希望の実現を目指す。国語・地歴公民・英語などを中心に科目選択し学習する。

・自然科学…理系大学、看護医療系学校への進学希望の実現を目指す。理科・数学・英語などを中心に科目選択し学習する。

・福祉教養…福祉関係の知識と技能を習得し、産業界での活躍を目指す。福祉に関する科目を多く選択し、介護福祉士の資格取得を目指

し学習する。

・情報ビジネス…コンピュータに関する知識と技能の習得や商業系の資格取得を目指し、情報関連および経済・経営系の進路希望の実現を目指す。

・エンジニアリング…工業関係の知識と技能を習得し、それを生かせる進路希望の実現を目指す。機械・土木などの専門的科目を中心に科目選択し学習する。

・アグリビジネス…農業・食産業関連を中心とした地域産業に貢献できる人材育成を目指す。農業系の専門的科目を中心に科目選択し、生産・加工・販売まで総合的に学習する。

行事&部活動・課外活動

ボランティア活動 積極的に取り組む

運動部は各種大会上位進出を目指し、練習に励んでいる。2022年度には水泳部（県新人大会200m背泳ぎ4位、東北大会出場）、柔道部（県総体女子個人48kg以下級3位）、バレー部男子（県総体ベスト16）などの活躍があった。文化部も写真部、吹奏楽部、美術部、書道部の活躍があった。特に写真部は、県高校写真展で2位入賞を果たし、全国総合文化祭に県代表として5年連続で出場し、本年度は奨励賞を受賞した。

生徒会は「生徒が主体となって、生徒会活動を盛り上げる」をモットーに日々活動し、生徒会行事の企画・運営や生徒会新聞の発行、目安箱の設置、地域の清掃活動などを行っている。また、大規模災害に際して有志生徒と共にボランティア

活動や募金活動を行うなど、地域に目を向けて地域とともにある学校として活動を行っている。

さらに、小中学校や商工会の協力を得て地域交流連絡会議を持ち、出前授業や地域企業の活性化に一助となる学習活動を進めている。

School Data

校長／目黒幸治
教頭／千葉貢
生徒数／男子191人、女子232人
卒業生数／4,314人
　　　　　　（2023.4現在）
同窓会長／八巻千治

■所在地
〒989-5502
栗原市若柳字川南戸ノ西184
TEL 0228-35-1818
FAX 0228-35-1822
https://hakuou.myswan.ed.jp/
アクセス／JR東北線石越駅から登米市民バス「迫桜高校前」下車

■部活動・同好会
野球、ソフトボール、陸上競技、ホッケー、サッカー、ソフトテニス、卓球、柔道、剣道、弓道、バスケットボール、バレーボール、バドミントン、水泳、文芸、吹奏楽、合唱、演劇、理工、写真、調理、書道、被服手芸、美術、茶華道、英語、コンピュータ、ボランティアクラブ

■大学進学指定校推薦枠
東北学院大、東北工業大、宮城学院女子大、石巻専修大、仙台白百合女子大、日本大など

■進学状況
東北学院大、東北工業大、尚絅学院大、仙台白百合女子大、仙台大、石巻専修大、日本医療科学大、修紅短大、仙台青葉学院短大、宮城誠真短大、葵会仙台看護専門学校、帝京高等看護学院、東北職業能力開発大学校、石巻高等技術専門校、仙台医療福祉専門学校、仙台ヘアメイク専門学校、仙台こども専門学校、宮城調理製菓専門学校、東北電子専門学校、仙台大原簿記情報公務員専門学校など

■就職状況
登米市職員、アルプスアルパイン、一秀会介護老人保健施設シエスタ、エスビー食品宮城工場、栗駒ポートリー、凸版印刷東日本事業所、登米秋田製作所、トヨタ自動車東日本、トヨテツ東北、日本端子花泉工場、野口建設、畑山医院介護老人保健施設高森ロマンホーム、ミヤマ東日本、YKK AP東北製造所、若柳タムラ製作所など

【主な行事】▷4月・入学式、対面式、部紹介▷6月・前期中間考査▷7月・スポーツ大会▷9月・前期期末考査▷10月・芸術鑑賞会、文化祭▷11月・後期中間考査▷12月・修学旅行▷2月・後期期末考査▷3月・卒業式

宮城県一迫商業高等学校

「高」の字を八ツ鹿の角で囲み、郷土の代表的な植物である石楠花（シャクナゲ）の葉と、ソロバンの珠を放射状に配している。

宮城県一迫商業高等学校

校舎

2学年インターンシップ

3学年デュアルシステム（販売実習）

校訓・教育方針　誠実　自律　奉仕

地域に愛され、地域に信頼され、地域になくてはならない学校を目指し、校訓「誠実・自律・奉仕」の精神を身につけ、地域社会を担うことのできる有為な人材を、商業教育を通して育成する。

プロフィール

次代を見据えた教育
優れた人材育成に力

【沿革】前身となる一迫町立一迫実科女学校の創設（1924年）から数えて100年目を迎え、73年に現在の一迫商業高等学校となり、今年度、創立50周年式典を実施する。94年度には従来の商業科を、より専門的な知識を深めるために流通経済科、会計科、情報処理科の3学科に編成（会計科は2013年3月閉科）。それぞれの学科で優秀な人材育成に努めている。

05年度より、文部科学省の指定を受け、「栗原版デュアルシステム」と称して学校と企業の二つの場で学習するシステムに取り組んでいる。地域の空き店舗を活用した「販売実習」、地元の業者と提携した「起業家研究」、近隣の事業所での「長期の企業実習」を行っている。

「起業家研究」では「米ていら」「ちーず心こ福」「栗原ふれあい弁当」「栗原にひとめぼれ御膳」を開発し、現在も店頭に並んでいる。こうした取り組みが評価され、08年度に富県宮城グランプリ特別賞に輝き、12年度に本校のキャリア教育に対し文部科学大臣より表彰を受けた。

小規模校の良さを生かし、生徒一人一人の興味、関心、適性に応じた学習指導も行っている。

【学科・コース】流通経済科は、流通業界（販売・サービス）などの仕事に役立つ基本的な知識・技術を学習。さらに商業全般を学習するほか、接遇マナーなどを身に付けた商業人の育成を目指している。情報処理科は、コンピューターを活用したプログラミングなどの学習を通して、情報処理技術を身に付ける。両学科とも、簿記など各種検定上級資格の取得も可能である。

行事＆部活動・課外活動

地域に密着した活動
ボランティア活動も

運動部では、硬式野球部が第77回選抜高校野球大会に出場し、全国でベスト16という実績を持つ。陸上競技部は2017年度、19年度にやり投げ競技でインターハイに出場。また、弓道部もインターハイに出場した実績がある。女子剣道部は13年度から地区総体3連覇を達成した。ワープロ部は14年度から3年連続東北大会出場を果たし、個人で全国大会に出場した。商業研究部は17年度に県で優勝、東北大会3位となり活発に活動している。どちらの部も商業高校ならではの特色ある部活動であり、東北大会出場の常連校である。

生徒会活動も活発で、スポーツフェスティバル、文化祭などの諸行事の企画運営はもちろん、朝のあいさつ運動、交通安全運動、学校周辺のごみ拾い、道路の花壇の整備など、ボランティア活動にも積極的に取り組み、地域に根差した学校づくりを目指している。

【主な行事】▷4月・始業式、入学式、対面式、PTA総会▷5月・春季生徒総会▷6月・第1回考査、全商ビジネス計算実務検定、全商簿記実務検定、芸術鑑賞会、スポーツフェスティバル①▷7月・全商ビジネス文書実務検定、接客マナー講習会、三者面談、オープンキャンパス▷8月・就職達成セミナー▷9月・第2回考査、外部講師面接、インターンシップ（2年）、全商情報処理検定、全商英語検定▷10月・文化祭、オープンキャンパス▷11月・第3回考査、ロードレース大会、全商ビジネス計算実務検定、全商ビジネス文書実務検定、販売実習、スポーツフェスティバル②▷12月・修学旅行（2年）、全商英語検定、全商ビジネスコミュニケーション検定▷1月・全商情報処理検定、全商簿記実務検定、栗原版デュアルシステム学習報告会▷2月・第4回考査、全商商業経済検定、同窓会入会式▷3月・卒業式、修業式、離任式

School Data

校長／山崎健二
教頭／加藤章司
生徒数／男子72人、女子24人
卒業生数／4,819人
　　　　　（2023.4現在）
同窓会長／阿部朗

■所在地
〒987-2308
栗原市一迫真坂字町東133
TEL 0228-52-4112
FAX 0228-52-4111
https://ichisho.myswan.ed.jp
アクセス／宮城交通バス花山線「一迫商業高校前」下車

■部活動
陸上競技、ソフトテニス、バレーボール、バスケットボール（男）、弓道、卓球、剣道、バドミントン、ワープロ、商業研究、美術、e-スポーツ

■大学進学指定校推薦枠
東北学院大、石巻専修大、東北工業大、宮城学院女子大、東北文化学園大、東北生活文化大、千葉商科大など

■進学状況（2022年度実績）
東北学院大、宮城誠真短大、東北能力開発大学校、大崎高等技術専門校、仙台総合ビジネス公務員専門学校、宮城調理製菓専門学校、東北ヘアモード学院、仙台総合ペット専門学校、東北電子専門学校、花壇自動車学校、仙台医健・スポーツ専門学校、専門学校デジタルアーツ仙台、仙台こども専門学校

■就職状況（2022年度実績）
東北電力、菅原産業、アイリスオーヤマ、アルファス計装、伊藤ハムデイリー、新みやぎ農協、栗原食肉、北光、ホンダ販売光和、ネクスト、ナブコトート、東北部品、イオンスーパーセンター盛岡本部、アミーゴ、DGテクノロジーズ

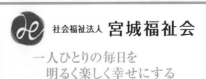

宮城の未来を担う
生徒たちに
贈る言葉

えがお咲く　希望の学び舎　春の日よ

八〇〇余年の歴史

春日神社

毎年6月には例大祭
を行っています

仙台市青葉区春日町8-3
TEL022-765-1388

駒つなぎの柳

熊野神社

仙台市青葉区通町1-3-16

鹿島神社

仙台市青葉区青葉町3-14

宮城県公立高校 学校紹介

東部地区
（石巻地区、本吉地区）

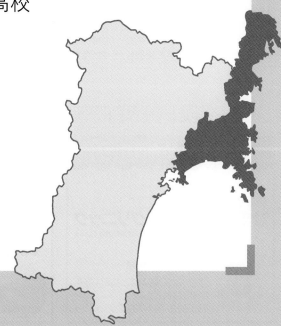

宮城県石巻高等学校

日和山に居城のあった奥州総奉行葛西清重の紋所「三つ柏」を校章とし、1948年に中央に「高」の字を配して現在の校章となった。柏の三葉は校訓の「真実」「自律」「友愛」を象徴するもの。

校舎

ボート部

書道部

校訓・教育方針 ▶ 真実 自律 友愛

1 あらゆる指導を通して、高い英知と豊かな情操と不屈の意志を育成し、高朗爽快な気風を馴致する
2 教科指導を徹底し、自主的な学習意欲と考究心とを喚起し、学習の充実を図る
3 信頼と友愛による人間関係を確立し、公徳心および自他尊重の精神を涵養する

プロフィール

自ら人生を切り拓いていく生徒の育成

【沿革】1923年に宮城県石巻中学校として開校して以来、各方面に有為な人材を輩出してきた。2023年度に始まった県の「地域進学重点校改革推進事業」では、東部地区で唯一の改革推進校に選出されている。

「質実剛健・進取独創・自ら進運を開拓すべし」という「生徒心得綱領」が古くから語り継がれ、自由闊達（かったつ）な気風みなぎる本校は、同窓生が誇りと愛校心を込めて「鰐陵（がくりょう）」と呼び、親しまれている。

【学科・コース】普通科、1学年の定員は男女240人で、多様な進路の希望や各大学の入試・選抜方法などに対応できるよう配慮し、教育課程を編成している。

1年生では全科目共通履修として、特に国語・数学・英語に力を入れ、基礎的な学力を身に付けるようにしている。2年生からは、文系・理系の類型を選択し、理科及び地歴公民を選択制として、各自の進路に応じた学習を可能にしている。3年生では選択科目が増えて、多様な大学入試に対応した学習ができるよう、配慮している。

総合的な探究の時間は「自ら進運を開拓する時間」の名称とし、地域とともに協働的な活動に取り組んでいる。

全学年において入試に対応した平日課外はもちろん、長期休業中の課外講習、小論文指導を実施している。

行事&部活動・課外活動

文武両道の進学伝統校 運動部、文化部とも活発

部活動が活発。文武両道をモットーに日々活動に励んでいる。多くの中学校にはないヨット、ボート、テニス、ラグビー、ウエイトリフティング、ワンダーフォーゲルなど特色のある部もある。

強豪として名高いボート部やヨット部、ウエイトリフティング部、陸上競技部などは東北大会やインターハイに出場し入賞している。ボート部男子ダブルスカルは、2022年度インターハイで優勝を果たしている。文化部では、美術部、書道部、新聞部が全国大会に出場している。

文化祭や鰐陵総体（体育祭・球技大会）の学校行事は生徒会・各委員会を中心に企画から運営まで生徒の手により自主的に行われており、毎年、企画に工夫を凝らし大きな盛り上がりを見せている。鰐陵総体ではクラス一丸となり応援するなど熱い盛り上がりがみられ、文化祭では特にクラスパフォーマンスが見ごたえのある内容となっている。

【主な行事】▷4月・始業式、入学式、対面式、応援練習▷5月・生徒総会、石巻支部総体▷6月・県高校総体、対石商定期戦、鰐陵総体（体育祭・球技大会）▷7月・地域探究フィールドワーク▷8月・夏期課外、文化祭▷9月・オープンキャンパス、生徒会役員選挙▷10月・芸術鑑賞、大学模擬講義、強歩大会、中学生保護者説明会▷11月・生徒総会、職業講話▷12月・修学旅行（2年）、学習合宿（1・2年）、冬期課外▷1月・進路講話▷2月・予餞式▷3月・卒業式、小論文講演会、合格者体験発表会、修業式▷通年・小論文指導、鰐陵塾

School Data

校長／須田一憲
教頭／山下学
生徒数／男子356人、女子262人
卒業生数／23,837人
　　　　（2023.4現在）
同窓会長／青木利光

■所在地
〒986-0838
石巻市大手町3-15
TEL 0225-93-8022
FAX 0225-93-8023
https://sekikou.myswan.ed.jp/
アクセス／JR石巻駅から徒歩15分

■部活動
ソフトテニス、硬式野球、サッカー、ボート、ヨット、陸上競技、ウエイトリフティング、卓球、バレーボール、剣道、ラグビー、バスケットボール、ワンダーフォーゲル、柔道、水泳、テニス、書道、文芸、新聞、吹奏楽、化学、物理、美術、将棋

■大学進学指定校推薦枠
東北学院大、宮城学院女子大、東北医科薬科大、青山学院大、芝浦工業大、中央大、東京理科大、日本大、東京農業大、成蹊大、明治大、法政大、慶応義塾大、立教大、明治学院大、同志社大、関西学院大など

■進学状況
北海道大、北海道教育大、岩手大、東北大、宮城教育大、秋田大、山形大、福島大、茨城大、宇都宮大、埼玉大、千葉大、東京学芸大、新潟大、岩手県立大、宮城大、秋田県立大、会津大、福島県立医大、茨城県立医療大、高崎経済大、神奈川県立保健福祉大、長野県立大、東北学院大、東北福祉大、東北医科薬科大、宮城学院女子大、東北芸術工科大、青山学院大、慶応義塾大、早稲田大、明治大、立教大、明治学院大、東海大、東京電機大、東京農業大、日本大、日本女子体育大、日本体育大など

■就職状況
石巻市職員、宮城県警察官、防衛大学校

宮城県石巻好文館高等学校

校花の白梅の中に、石巻の「石」の字を図案化した。

校訓・教育方針	自発能動　一事貫行　醇朴成徳

歴史と伝統を尊重し、規律ある日常生活の下、信頼と友愛で結ばれた人間関係をつくる

校　是	甲斐ある人と言はれなむ

校舎
2021年8月完成

授業風景

プロフィール

「進学重視型単位制」を導入 個々に適した学習推進

【沿革】1911年に石巻町立石巻実科高等女学校として設立され、創立110年を超える県内有数の伝統校である。21年に県立に移管され、同年現在の校章が制定された。48年、学制改革により宮城県石巻女子高等学校となり、同年7月に定時制課程も設置された。2006年度入学生より男女共学となり、宮城県石巻好文館高等学校と校名を変更した。さらに、22年9月に創立百十周年記念式典を挙行した。

08年3月、定時制課程は60年の歴史に幕を下ろし、現在は全日制課程普通科のみである。

【学科・コース】10年度入学生から「進学型単位制」を導入している。全日制普通科で、単位制の学校は石巻地区では初めて。多様な選択科目を設定し、自分の進路希望に沿った学習をしていくことになる。

初めの2年間は、あらゆる進路に対応できるよう必修科目を中心に、幅広い科目を勉強する。英・数については少人数による授業も展開される。3年次は、多様な希望に沿うように「進学向けの多数の選択科目」を設定し、これまでのきめ細やかな指導と合わせて、ますます、個々に適した学習が進められる。

【甲斐たいむ】総合的な探究の時間を「甲斐(かい)たいむ」(正式には甲斐ある人といわれたいむ)と称して、校是の体現を目指している。

1年次には「在り方生き方研究」を通じて、現在及び将来の自己の在り方を深く考え、2年次からの文理選択につなげる。2年次には「分野別課題研究」で1年次の興味関心を専門的に探究し、その成果を発表する。3年次には「自己実現研究」によって進路実現を図り、将来にわたって学び続け社会に貢献する「甲斐ある人」を目指す。

行事&部活動・課外活動

合言葉は「好文好武」 運動と文化共に活躍

「好文好武」を合言葉に、勉強と部活動を両立しながら頑張っている。生徒会を中心に、文化祭などの各行事を自主的に企画・実行している。体育祭では、クラスごとにユニホームを作って大いに盛り上がっている。

部活動は陸上競技、弓道、硬式野球、バレーボールなど、女子の部活動はもちろん男子の部活動も活発になってきている。2022年度の主な結果として、運動部では陸上競技部がパラ国体で100m走、1500m走で優勝、三段跳びで東北新人大会出場、空手道部が全国選抜大会に出場、弓道部が個人で東北大会に出場を果たしている。文化部の活動も活発で、22年度は写真部が個人で総合写真展優秀賞を受賞、音楽部が宮城県合唱アンサンブルコンテスト金賞を受賞、吹奏楽部が全日本吹奏楽コンクール宮城県大会で金賞を受賞するなど活躍した。さらに、地元のイベントなどでのチアリーディング部の演技披露など、地域に根ざした活動を行っている部・同好会もある。

【主な行事】▷4月・始業式、入学式▷5月・支部総体▷6月・県総体、第1回考査▷7月・体育祭▷8月・文化祭▷9月・第2回考査▷10月・芸術鑑賞会▷11月・第3回考査▷12月・修学旅行(2年)▷2月・第4回考査▷3月・卒業式、修業式

School Data

校長／加賀谷亮
教頭／小野寺智
生徒数／男子210人、女子359人
卒業生数／26,574人
　　　　　(2023.5現在)
同窓会長／髙橋壽枝

■所在地
〒981-0851
石巻市貞山3-4-1
TEL 0225-22-9161
FAX 0225-22-9163
https://koubunkan.myswan.ed.jp/
アクセス／JR仙石線陸前山下駅から徒歩約10分

■部活動・同好会
硬式野球、バスケットボール、バレーボール、陸上競技、弓道、ソフトテニス、ソフトボール、卓球、剣道、空手道、音楽、美術、書道、写真、吹奏楽、マンドリン、チアリーディング、家庭生活、科学同好会、文芸同好会、茶道同好会、読書同好会、ワンダーフォーゲル同好会、JRC同好会

■大学など進学指定校推薦枠
東北学院大、宮城学院女子大、仙台白百合女子大、東北医科薬科大、仙台大、東北文化学園大、石巻専修大、東北生活文化大、東北工業大、尚絅学院大、岩手医科大、東北芸術工科大、日本大、城西国際大、千葉工業大、共立女子大、国際医療福祉大、中央大、日本女子大、東京理科大、立正大、独協大、大東文化大、関東学院大、大妻女子大、国士館大、仙台青葉学院短大、聖和学園短大、仙台医療センター付属仙台看護助産学校など約200校

■進学状況(過去3年間)
宮城教育大、千葉大、弘前大、岩手大、秋田大、福島大、山形大、宇都宮大、茨城大、新潟大、宮城大、岩手県立大、会津大、福島県立医科大、都留文科大、島根県立大、名桜大、米沢女子短大、東北大学院大、東北医科薬科大、東北福祉大、宮城学院女子大、石巻専修大、仙台大、東北工業大、東北文化学園大、東北生活文化大、東北芸術工科大、仙台白百合女子大、尚絅学院大、盛岡大、日本赤十字秋田看護大、医療創生大、神奈川大、神奈川工科大、共立女子大、国学院大、千葉工業大、日本大、日本女子大、駒沢大、文教大、中央大、目白大、東海大、東京農業大、東洋大、大東文化大、創価大、国際医療福祉大、新潟医療福祉大、近畿大、仙台青葉学院短大、聖和学園短大、石巻赤十字看護専門学校、仙台医療センター付属看護助産学校、葵会看護専門学校など

宮城県石巻西高等学校

旧矢本町の矢にちなんだ鏃（やじり）と、大海原から昇る太陽に、校名の「石」と「西」を合わせて図案化した。

校訓・教育方針 ▶ 敬愛　探求　進取

①敬愛と協調心の育成②学力の充実と探求心の育成③公正な判断力と進取の精神の育成

校舎

プロフィール

持続可能な未来を創造する人材の育成

本校は1985年全日制普通科の男女共学校として東松島市に設立された高校である。伝統に縛られない自由な校風のもと「敬愛」「探求」「進取」を校訓とし、「自由と創造」をスローガンに、生徒一人一人が輝ける学校づくりを進めている。開校当時、周辺には田園風景が広がっていたが、現在ではショッピングモールや三陸自動車道のインターチェンジが作られ、またJR石巻あゆみ野駅の開業や新石巻合同庁舎が開庁するなど、発展を遂げる地区となっている。

本校では、高い知性と優れた徳性、そして強靱（きょうじん）な身体を持ち、国内はもとより、広く国際的にも通用する豊かな識見を備え、未来を創造するために必要な資質・能力「地域・社会貢献意欲」「自己調整力・自己決定力」「学び続ける力」「達成感・自尊感情」「対話力・共感力・合意形成力」「他者と関わる力」の育成に重点を置いた教育活動を実践している。

また2021年度までの3年間、文部科学省「地域との協働による高等学校教育改革推進」事業の指定

授業風景

を受けて、地域課題の解決等の探究的な学びを実践してきた。今後さらに、地域・社会理解活動、地域交流活動、SDGs地域課題研究活動等を推進していく。

これまでも異文化理解や多様性の尊重、全国各地の高校などとの防災交流事業を通して行ってきた防災体験学習なども継続して行い、「震災を乗り越え持続可能な未来を創造する人材」の育成を目指している。

これらの様々な活動を通して、地域・社会貢献の意欲あふれる人物、将来の地域のリーダーとなる人物を育てていく。

行事&部活動・課外活動

活動の質を高める環境作り

10の運動部があり、弓道部が2018年度東北選抜大会ベスト8、全国選抜大会ベスト8に輝いている。

また、四つの班に分かれる総合文化部1、三つの班に分かれる総合文化部2を含めた四つの文化部があり、吹奏楽部が県大会及び東北大会で金賞、英語研究班が英語弁論大会で文部大臣賞受賞、文芸班の全国大会出場などの実績もある。

海外交換留学生に関しても多くの実績がある。

【主な行事】▷4月・入学式▷5月・運動会▷9月・西翔祭▷10月・球技大会▷11月・まなびフォーラム、防災体験学習▷12月・修学旅行、街ミッション、芸術鑑賞会▷3月・卒業式

School Data

校長／若林春日
教頭／髙橋好伸
生徒数／男子192人、女子286人
卒業生数／7,771人
　　　　（2023.4現在）
同窓会長／長谷部信

■所在地
〒981-0501
東松島市赤井字七反谷地27
TEL 0225-83-3311
FAX 0225-83-3312
https://inisi.myswan.ed.jp/
アクセス／JR仙石線石巻あゆみ野駅から徒歩約10分

■部活動・同好会
剣道、バスケットボール（男）、サッカー、ソフトボール、バレーボール、ソフトテニス、弓道、陸上競技、卓球、硬式野球、演劇、吹奏楽、総合文化1（放送、野外活動、自然科学、英語研究）、総合文化2（美術、文芸、茶道）

■大学進学指定校推薦枠
東北学院大、宮城学院女子大、東北工業大、石巻専修大、東北文化学園大、尚絅学院大、仙台白百合女子大など

■進学状況
山形大、東北学院大、東北福祉大、東北文化学園大、東北工業大、尚絅学院大、石巻専修大、仙台大、東北文化学園大、東北生活文化大、仙台白百合女子大、東京国際大、岩手保健医療大、聖隷クリストファー大、淑徳大、新潟医療福祉大、医療創世大、杏林大、仙台青葉学院短大、聖和学園短大、宮城誠真短大、葵会仙台看護専門学校、埼玉医療福祉会看護専門学校、仙台徳洲会看護専門学校、東北労災看護専門学校、日本医科大看護専門学校、SENDAI中央理容美容専門学校など

■就職状況
石巻市役所、石巻消防、宮城県警察官、航空自衛隊、石巻信用金庫、仙石病院、あいのや、石印青果卸売、白謙蒲鉾、登米村田製作所、全農東北エネルギー、ホテルテトラリゾート仙台岩沼など

運動会

宮城県石巻北高等学校

北上川の悠久の流れと三つの校訓を表している。

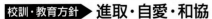

新校舎

交流ひろば販売所と・ら・ま・い

校訓・教育方針 ▶ 進取・自愛・和協

進取＝これまでの発想にとらわれず、意欲的に物事に取り組み、自分を成長させようとすること
自愛＝自分の人生を大切にし、個性が輝くような生き方をめざすこと
和協＝異なる価値観をもつ人々と相互理解をはかり、協力して物事にあたること

プロフィール

総合学科5系列開設
人の数だけ道がある

【沿革】鹿又村（現・石巻市鹿又）の高橋三郎翁が女子教育の重要性を痛感して、その資産を寄付し、1924年に鹿又実科高等女学校として設立認可を受けた。43年には鹿又高等女学校となり、戦後の学制改革によって、48年から鹿又高等学校となった。66年に前谷地高等学校（定時制）と合併のうえ農業科を設置、隣接の農事講習所と統合し、河南高等学校に変更。2010年に学科再編により総合学科となり、校名も石巻北高等学校と変わった。

【学科・コース】本校総合学科では、1年次は全員共通の学びを行い、2年次から始まる「五つの系列」の選択についてじっくり考えることができる。1年次における系列選択のための核となる科目が「産業社会と人間」である。これらの授業を通じ、「社会の現状や職業に対する考え方」「自分自身が本当にやりたいこと」について学び、自分に本当に合うと思われる系列を選ぶことができる。それは、「自らの個性や適性を発見し、将来の生き方に結びつく高校生活を送ること」を可能にする。2年次以降は、自ら選んだ系列において、目指す進路を達成するため、学びを深めていくことになる。

「人の数だけ道がある」「めざせ！地域のスペシャリスト!!」。これは本校のキャッチフレーズ。「生き方や進む道が異なる一人一人の生徒とじっくり向き合い、それぞれの夢の実現に向けて全力でサポートしたい」…こうした本校の教職員の思いが込められている。

◆ミッション

それぞれの夢の実現をサポートするために、「地域のスペシャリストとしての担い手の育成」「大学などの上級学校への進学」および「地域との連携教育の推進」というミッション（使命）のもと、「五つの系列」を開設している。

◆系列（五つの系列）

食農系列 教室で学んだ知識を生かして、農場での体験的学習を通じて、栽培・食品加工の知識と技能を身に付ける。

家庭系列 衣食住や保育、福祉などの家庭生活に必要な知識と技術について学習する。

経情系列 パソコン操作はもとより、商業や経営、会計について学習する。

教養系列 国・数・社・理・英の5教科の重点的な学習活動、食農関連の授業及び3年間を通じた芸術科目の学習など、幅広い教養を身に付ける。

進学系列 受験に向けた学習を進め、大学や高等看護学校への進学と公務員合格を目指す。

◆交流ひろば販売所（"と・ら・ま・い"）

23年度、開店12年目を迎える「交流ひろば販売所」。品ぞろえの充実やお客様へのサービス向上に努めている。店舗名の"と・ら・ま・い"は、愛着をもって呼ばれることを願い、地域の伝統芸能「虎舞」より名付けた。ここでは、本校で栽培された農産物やそれらを加工した商品をはじめ、他校で制作された製品などを販売する。系列を超えた生徒がその経営に携わり、地域の方々をはじめ多くのお客様を迎えている。

◆放課後活動（"放課後ゼミ"）

従来の生徒会活動や部活動に加えて、系列をはじめとする「各種学習活動」や「各種資格取得」のための学習"放課後ゼミ"を進め、生徒各自が必要なキャリアアップを図っている。16年度より、そうした生徒の主体的な学びが単位として認定され得る学校設定教科「社会活動」が設置された。

行事＆部活動・課外活動

地域に根差した活動

北高では運動部が10部、文化部が11部あり、それぞれが活動に励んでいる。2022年度もコロナ禍で活動が思うようにはできなかったが、各種大会で好成績を収めた。特に県総体では剣道部が男子団体ベスト8という輝かしい結果を残した。支部総体ではソフトテニス部が男子団体1位、卓球部が女子団体2位、男子団体3位となった。

食農系列で組織する農業クラブでは、JR石巻線鹿又駅前の花壇の植栽を行うなど地域に根差した活動を行っている。家庭系列では、福祉施設や保育所への校外活動を定期的に行い、地域との交流を行っている。

【主な行事】▷4月・入学式、対面式▷5月・石巻支部総体、前期生徒総会▷6月・県総体、前期中間考査▷7月・インターンシップ（2年）、オープンキャンパス、体育祭▷9月・前期期末考査、生き方セミナー▷10月・芸術鑑賞会、北高祭▷11月・ロードレース大会、後期中間考査▷12月・修学旅行（2年）▷2月・後期期末考査▷3月・卒業式

School Data

校長／三宅裕之
教頭／千葉隆
生徒数／男子208人、女子185人
卒業生数／21,277人
　　　　　（2023.4現在）
同窓会長／門田善則

■所在地
〒986-1111
石巻市鹿又字用水向126
TEL 0225-74-2211
FAX 0225-74-2212
https://ishikita.myswan.ed.jp/
アクセス／JR石巻線鹿又駅から徒歩約5分

■部活動
硬式野球、陸上競技、ソフトテニス、サッカー、ソフトボール、剣道、柔道、バスケットボール、バレーボール、卓球、吹奏楽、美術、自然科学、華道、写真、演劇、商業経済、手芸、園芸、囲碁・将棋、ボランティア

■大学進学指定校推薦枠
東北学院大、石巻専修大、東北文化学園大、東北工業大、宮城学院女子大、仙台大、仙台白百合女子大、東北文化学園大、仙台青葉学院短大、東北生活文化大短大部、宮城誠真短大、聖和学園短大など

■進学状況
石巻専修大、東北学院大、東北文化学園大、尚絅学院大、東北工業大、仙台大、仙台白百合女子大、帝京大、仙台青葉学院短大、宮城誠真短大、仙台赤門短大、石巻市医師会付属准看護学校など

■就職状況
医療法人社団仁明会、いしのまき農協、南光運輸、石巻青果、セイホク、アイ・ケー・エス、高政、カガク興商、石巻信用金庫、ジェイアール貨物・東北ロジスティクス、東北大蔵電気石巻工場、東和工業、あいのや、緑三松、東松島福祉会、アルプスアルパイン涌谷工場、日本貨物鉄道東北支社、日本製紙クレシア宮城工場、自衛官一般曹候補生など

宮城県水産高等学校

いかりの中央に「水」を星形に図案化。船舶の安全と気宇壮大、質実剛健の気風を表象している。

カッター実習

ダイビング実習

釣り実習

校訓・教育方針	禮節ヲ貴ヒ	師長二順フヘシ
	至誠ヲ本トシ	廉恥ヲ重ンスヘシ
	忍耐ヲ旨トシ	業務ヲ勵ムヘシ

実学を重んじ、基礎的・基本的な知識・技術やそれらを活用できる力、規範意識・倫理観・命を大切にする心、他者を認め思いやる心、健やかな体など「知・徳・体」の調和の取れた発達を図り、我が国の魚食文化・水産業・海運業の双肩を担う人格・識見・力量を身に付けたたくましい人材を育成する。

◆ プロフィール ◆

充実した実習施設・設備 海というフィールドを生かした学習

【沿革】今年創立127年目を迎える、全国でも屈指の歴史と伝統を誇る水産高等学校。1977年に共学化。2000年の学科改編により、海洋総合科と情報科学科の2学科編成となる。14年度の学科改編に伴い、新たに海洋総合科「調理類型」が設置され、海洋総合科のみとなる。本校は、万石浦の近くに位置しており、豊かな海を学習の場としながら、勉学に励むことができる。

施設は3階建て校舎、体育館、柔道場、総合実習棟、栽培漁業実習室、艇庫など。校舎は18年度に新設され、業務用厨房機器を配置した調理実習室など、充実した環境の中、専門的知識、技術の習得に励んでいる。また、設備としては小型実習船「みさご」をはじめ、多数の小型船舶や物流関係車両が整備されており、資格取得等に利用されている。

【学科・コース】

＜海洋総合科（定員160名）＞

1学年では「水産海洋基礎」という科目で、海洋環境から漁業経営まで海について広く学ぶとともに、カッター（12名手漕ぎボート）実習や釣り実習、水族館を利用した海洋生物学習等を行い海に親しむ。2学年・3学年では、各類型の特色に沿った多くの専門科目が設定され、類型の特色を生かした学習が展開される。

(i) 海洋総合科

2学年から進路に応じて、以下の五つの類型（専門分野）に分かれる。

①航海技術類型

海・船・魚に関する知識と技術を習得し、船舶運航に関わる技術者となるための学習をする。海洋総合実習船「宮城丸」による遠洋航海実習を2カ月間行う。寄港地にはハワイが選ばれることもある。

②機関工学類型

船舶機関・港湾物流機器（大型クレーン・フォークリフトなど）等の運転・保守・整備について学習をする。海洋総合実習船「宮城丸」による遠洋航海実習を2カ月間行う。寄港地にはハワイが選ばれることもある。

③生物環境類型

海洋生物の生態・増養殖方法や海洋環境について学ぶとともに、小型船舶操縦免許証やスクーバダイビングの資格取得ができるなど、海洋関連資格の取得にも力を入れている。また、加工や流通についても学習し6次産業化にも対応する。

④フードビジネス類型

調理、加工、貯蔵、流通、簿記、マーケティングについて学ぶとともに、食品の衛生管理や栄養成分について学習し、地域の水産加工業を支える人材育成をしている。また、マーケティングや商品開発に関する授業や実習も行っており、地域のさまざまなイベントに参加している。

⑤調理類型

宮城の水産業を理解するとともに、前浜ものの魚介類をおいしく調理する知識と技術について学ぶ。定められた課程を習得することで、卒業時に調理師免許が取得できる。

(ii) 専攻科海洋技術科（航海コース・機関コース、定員数10名）

船舶幹部技術者を養成するために2年間の専攻科を設置している。高校課程卒業後に進学して、3級以上の海技士資格の取得を目指す。

◆ 行事＆部活動・課外活動 ◆

専門を生かした ユニーク部活も

宮城丸乗船式や体育大会、マラソン大会、錨章祭などの行事がある。錨章祭では、実習で制作した物の販売も行われる。

部活動等でも、日ごろの学習をさらに発展させた研究活動も行っており、全国水産生徒研究発表東北大会で最優秀賞、日本水産学会高校生による研究発表会で賞を受賞するなど、取り組みが高く評価されている。運動部では空手道部、ヨット部、陸上競技部をはじめさまざまな部活動で過去に、全国大会、東北大会に出場を果たしており、どの部活動も日々鍛錬に励んでいる。

【主な行事】▷4月・「宮城丸」長期航海（航海技術類型、3年）▷7月・学校説明会、短期航海▷9月・学習旅行▷10月・芸術鑑賞、錨章祭（文化祭）▷11月・創立記念日、マラソン大会▷1月・「宮城丸」長期航海（機関工学類型、2年）

School Data

校長／小山英明
教頭／佐々木安弘
生徒数／本科男子189人
　　　　女子 41人
　　　　専攻科男子16人
卒業生数／12,287人
　　　　（2023.4現在）
同窓会長／木村利彦

■所在地

〒986-2113
石巻市宇田川町1-24
TEL 0225-24-0404
FAX 0225-24-1239
https://miyagisuisan.myswan.ed.jp/
アクセス／JR石巻線渡波駅から徒歩5分

■部活動・同好会

硬式野球、卓球、空手道、柔道、ヨット、陸上競技、ラグビー、水泳、バスケットボール、相撲、増殖研究、調理研究、水産資源調査、コンピュータ、書道

■大学進学指定校推薦枠

東北学院大、石巻専修大、東北生活文化大、東海大など

■進学状況

東京海洋大、東海大、東北学院大、石巻専修大、仙台大、東北生活文化大、東北芸術工科大、石巻高等技術専門校、東北電子専門学校、本校専攻科など

■就職状況

マルハニチロ、宮城東洋、南光運輸、あいのや、遠藤商会、白謙、髙政、宮城ヤンマー、カガク興商、桃浦かき生産者、東北ドック鉄工、東北ニチモウ、日本通運、ホテル佐勘、松島大観荘、利休、日清医療食品、麺屋武蔵、太平洋フェリーサービス、大洋エーアンドエフ、日本海洋事業、吉野屋海運、水産庁（船舶職員）、自衛隊、宮城県教育委員会宮城丸、宮城県水産技術総合センター、宮城県警など

宮城県石巻工業高等学校

石巻の旧城主葛西氏の定紋三つの柏（かしわ）葉を配した。柏葉は青年の知・徳・体を兼ね備えた三葉を示す。中央に歯車を表す輪形を置く。

体育大会

石工祭

ICT建機実習（土木システム科）

校訓・教育方針 ▶ 堅忍不撓（けんにんふとう）

地域社会で工業技術者として即戦力となる人材の育成
自ら考え判断し、意欲的に活動する、誠実で思いやりのある人材の育成

プロフィール

技術力としなやかで粘り強い心で地域貢献を目指す

【沿革】1963年、日本の各種産業を発展させるものとして、「工業技術教育」に期待が寄せられる中、官民一体となった県立工業高校の新設を望む声が高まり、地域住民の強い要望の下に本校は開校した。

当時は、機械科、電気科、土木科、工業化学科の4学科からなり、土木科以外は2クラスの構成で、7クラス男子のみの280人でのスタートとなった。

2003年度には、学科名をも含めた学科改編を行い、機械制御科2クラス、電気情報科、土木システム科、化学技術科を1クラスとし、新たに建築科1クラスを設置しての5学科6クラス、男女240人とした。

19年度入学生からは、すべての学科が1クラスとなり、5学科5クラス、定員は男女合わせて200人となった。

【学科・コース】機械科は、ものづくり教育を基本とし、工作・設計・製図などの基礎科目に加え、実習を通して各種工作機械、自動制御、ロボットによる自動生産システムなど機械技術から制御技術に至るまで幅広く学習する。

電気情報科は、即戦力の電気技術者育成を目標とし、電気の基礎や配線作業の学習をベースに、電気をつくる・運ぶ・使うまでを専門的に学習する。また、電気機器の制御に必要なプログラミングなどの情報技術も学習する。

土木システム科は、主に土地の面積・高低差・境界線を測定して地図を作る測量の方法や、コンピューター・CADを使用して、ダム・橋・道路・トンネルなどの製図を学習する。また、土の性質やコンクリートの強度を調べる方法なども学習する。

化学技術科は、化学反応によるものづくりや、地球環境問題の解決につながる化学技術の基礎を学ぶ。実習では、石けん・ブドウ糖・ファインセラミックスなどの製造、蒸留・粉砕などの操作や、パソコンによる情報処理・CADなどを学習する。

建築科は建築物ができあがるまでの、企画・計画・設計・施工の過程を建築計画、建築設計、建築施工、建築製図（CAD実習を含む）などの科目を通じて学ぶ。また、各種構造の建築物の施工方法について建築実習、課題研究を通じ、基本的な技術を体験的に学ぶ。卒業後の進路は建設業、設計事務所など建設系企業への就職と、工業系大学などへの進学。また、20年より2級建築士の受験が卒業の年に可能となったことから指導に力を入れている。

行事＆部活動・課外活動

運動部・文化部どちらも活発に活動

生徒会執行部のリーダーシップの下、石工祭や体育大会などの行事を企画・運営している。2022年度は柔道部が東北大会に、ボート部は東北大会、全国大会に出場している。

【主な行事】▷4月・入学式、対面式、開校記念日、PTA総会、学年行事▷5月・地区総体、進路別模試（3年）、生徒総会、交通講話▷6月・体育大会、保健講話、県総体、進路ガイダンス①、防災訓練①、前期中間考査▷7月・情報モラル研修、三者面談、夏季休業、オープンキャンパス▷8月・夏季休業、小学生対象夏休み親子ものづくり教室▷9月・前期期末考査、秋季休業▷10月・防災訓練②、石工祭、読書週間、芸術鑑賞会▷11月・生徒会役員選挙、授業公開週間、後期中間考査▷12月・学習旅行（2年）、冬季休業▷1月・冬季休業、1・2年生基礎学力テスト▷2月・進路ガイダンス②、後期期末考査、予餞会▷3月・卒業式、修業式、学年末休業、離任式

School Data

校長／大髙和義
教頭／大槻賢一
生徒数／男子482人、女子48人
卒業生数／14,985人
　　　　　（2023.5現在）
同窓会長／小関光男

■所在地
〒986-0851
石巻市貞山5-1-1
TEL 0225-22-6338
FAX 0225-22-6339
https://ishiko.myswan.ed.jp/
アクセス／JR仙石線陸前山下駅から徒歩5分

■部活動・同好会
野球、ラグビー、サッカー、バレーボール、ボート、陸上競技、剣道、柔道、バスケットボール、卓球、ソフトテニス、バドミントン、機械、電気、土木、建築、吹奏楽、写真、美術、軽音楽、化学技術、新聞、応援団

■大学進学指定校推薦枠
東北学院大、東北工業大、石巻専修大、日本大、東北文化学園大、東北芸術工科大など

■進学状況
東北学院大、東北工業大、石巻専修大、東北文化学園大、東北福祉大、仙台大、日本大、東北芸術工科大、白鴎大、関東学院大、新潟食料農業大、仙台青葉学院短大、東北職業能力開発大学校、石巻高等技術専門校、仙台高等技術専門校、東北文化学園専門学校、仙台大原簿記情報公務員専門学校、東京法律公務員専門学校仙台校、仙台総合ビジネス公務員専門学校、仙台工科専門学校、東北電子専門学校、花壇自動車大学校、東北保健医療専門学校、仙台デザイン＆テクノロジー専門学校、大崎市医師会付属准看護学校、SENDAI中央理容美容専門学校、宮城調理製菓専門学校、仙台保健福祉専門学校など

■就職状況
トヨタ自動車東日本、プライムアースEVエナジー、日本製紙石巻テクノ、登米村田製作所、日進工具、東北電子工業、山形メイコー、石巻埠頭サイロ、JR東日本テクノロジー、東北電力、東北電力ネットワーク、東北電気保安協会、ユアテック、宮城配電工事、トークネット、河北ライティングソリューションズ、宮城電気サービス、丸本組、若生工業、武山興業、田中建設、佐藤土木測量設計、仙建工業、山﨑建設東北支店、トラステック、東北リアライズ、東建工営、東北大倉電機石巻工場、宮城ヤンマー、アルプスアルパイン、ENEOS、NTKセラテック、南光運輸、松居組、山大、豊和建設、住友林業ホームエンジニアリング、いしのまき農協、日本製紙クレシア、住友電気工業、NEXCO東日本エンジニアリング、東京ビジネスサービス、パルコスペースシステムズ、東芝エレベータ、日立ビルシステム首都圏支社、ミノシマ、鹿島クレス、森本組、ユニオン建設、世紀東急工業、第一建設工業、石巻市職員、石巻地区広域消防、宮城県警、宮城県職員（警察事務）、東北地域づくり協会など

宮城県石巻商業高等学校

「商業」ひいては「合理的精神」の象徴であるソロバンの珠の輪郭を2個組み合わせた。縦の線は「中正」を、横の線は「平等」を、十字の組み合わせは「協調」を、そして4個のピークは「進取発展」を象徴する。

授業風景　校舎　石商マーケット

校訓・教育方針 ▶ 校是「独立自尊」

誠実・勤勉・協同・友愛・自律・創造

プロフィール

商業の専門家を育成 高度な資格にも挑戦

【沿革】1911年に石巻町立石巻商業補習学校として創立され、112年の歴史と伝統を誇る商業高校である。創立以来男子校だったが、2006年度の入学生から男女共学となり、18年目を迎える。同時に小学科を廃止し総合ビジネス科が設置された。

コンピュータ室4室をはじめ、冷暖房が完備されており、視聴覚室、図書室、大講義室、音楽室も整備されている。21年度7月からは各教室にも冷房が完備された。介護実習室は、福祉に興味のある生徒の夢の実現に向けて学習環境を整えている。09年度には部室棟が完成、武道場の改装も済んだ。23年度は4室あるコンピュータ室のコンピューターをすべて最新の機器に更新した。また、武道館の大規模改修も行い、充実した教育環境で学校生活を送れるようになっている。全教室にプロジェクターが設置されており、授業で使用できるiPadは全生徒に各1台とICT教育も充実している。

【学科・コース】総合ビジネス科は1学年定員160人。本校の商業科の学習は、1・2年生で商業の各分野に関する基礎・基本的な内容を確実に習得し、3年生で実践的・実務的

入学式

な専門知識や技能を身に付ける内容になっている。商業の専門的な学習に取り組むことで、ビジネスの諸活動に関する幅広い知識・技能を持ち、社会の経済発展に寄与することができるスペシャリストの育成を目指している。

24年度入学生が1年生で学習する「ビジネス基礎」「簿記」「情報処理」は、商業科の基礎科目である。これらの科目の学習を通して、ビジネスの諸活動、簿記・会計、情報処理の基本となる知識や技術を身に付ける。2年生では、「財務会計Ⅰ」や「マーケティング」「ソフトウェア活用」など9つの商業科目が設定されており、その中から自分の興味・関心や進路目標に応じて選択し学ぶことができる。3年生では「課題研究」「総合実践」などの科目があり、1・2年生で学んだ知識や技術を活用しながら、より専門的な商業の学習に取り組む。特に総合実践で取り組む石商マーケット活動では、生徒・職員が株主となって模擬株式会社を設立し、商品の仕入れから販売までを生徒自らが企画し運営するという実践的な学習を行う。

また、2年生で「総合的な探究の時間（1単位）」を新設するとともに、商業科目だけでなく普通科目も含めた選択科目が設定されており、多様な生徒の進路に対応できるように工夫されている。

本校から、経済や経営、商学、情報系の大学進学を目指す生徒も多い。商業高校から大学進学を目指す場合(1)指定校推薦(2)資格取得推薦(3)商業科目を利用した一般受験など有利な制度もあり、各種検定資格取得に力を入れている。07年

度から、近隣の石巻専修大と高大接続事業を行っている。高校在学中に大学の科目履修生として受講することができ、その単位も修了時に認定される。

行事＆部活動・課外活動

生徒会活動が活発 部活動すべてが活躍

本校では「石商祭」「体育祭」「クロスカントリー大会」など、毎年活気ある行事が展開される。特に「石商祭」は、各クラスの模擬店や文化部の展示、ステージ発表などが行われ、外部から多くの来校者も訪れ、大変盛り上がっている。

School Data

校長／齋藤文弘
教頭／小野寺文男
生徒数／男子207人、女子152人
卒業生数／16,418人
　（2023.4現在）
同窓会長／飯盛良拓

■所在地
〒986-0031
石巻市南境字大樋20
TEL 0225-22-9188
FAX 0225-22-9189
https://sekisyo.myswan.ed.jp/
アクセス／JR石巻駅より徒歩30分。宮城交通バス「石巻専修大行き」→「石巻商高前」下車徒歩約5分

■部活動・愛好会
硬式野球、陸上競技、バレーボール、バスケットボール、ソフトテニス、カヌー、弓道、柔道、サッカー、剣道、卓球、探究、吹奏楽、美術、ビジネス計算、コンピュータ、簿記、家庭、茶道

■大学進学指定校推薦枠
専修大、東北学院大、石巻専修大、尚絅学院大、仙台大、東北文化学園大、城西大、千葉商科大など

■進学状況
石巻専修大、東北学院大、東北福祉大、仙台大、東北文化学園大、東北生活文化大、専修大、東京国際大、千葉商科大、流通経済大、実践女子大、関西学院大、聖和学園短大、石巻市医師会付属准看護学校、仙台医療秘書福祉専門学校、仙台総合ビジネス公務員専門学校、東京IT会計専門学校、日本デザイナー芸術学院など

■就職状況
東北電子工業、いしのまき農協、宮城ヤンマー、アルプスアルパイン、日本郵便東北支社、登米村田製作所、菓匠三全、石巻商工信用組合、サワ、白謙蒲鉾店、サンゲツ、自衛隊など

部活動は2023年度現在で運動部11部、文化部が8部あり、各種大会やコンテストで活躍している。簿記部、カヌー部の全国大会出場をはじめ、弓道部、ビジネス計算部なども毎年のように、東北大会に出場している。

【主な行事】▷4月・入学式、生徒総会▷5月・石巻支部総体▷6月・県総体、体育祭▷7月・面談週間▷8月・オープンキャンパス▷10月・芸術鑑賞会、インターンシップ、石商マーケット（1回目）、石商祭▷11月・クロスカントリー大会、石商マーケット（2回目）▷12月・修学旅行（2年生）▷3月・卒業式

石巻市立桜坂高等学校

桜の名所日和山の桜の花をモチーフにして日本女性の品格を表現した。中央のSの文字は校名の桜坂と学校までの坂道を表している。桜の花の背後には日和大橋を図案化して地域や社会の懸け橋として貢献する人材の育成を象徴する。

校舎

桜華祭（文化祭）

体育大会

校訓・教育方針 ▶ 英知　精励　和敬

○豊かな人間性や品性をもち、自立して生きる、社会の有為な形成者となる人材を育成する。
○郷土の自然や文化を愛し、協同の精神をもった、地域社会に貢献する社会人を育成する。
○心身ともに健康で、夢と希望をもち、その実現に努力する人間を育成する。

プロフィール

品格と知性、感性を育成 夢を実現する2コース

【沿革】1925年に石巻実業女学校として創立された石巻市立女子高等学校と、57年に渡波町立渡波家政専修学校として創立された石巻市立女子商業高等学校の伝統校同士が統合し、宮城県内唯一の公立女子高校として2015年4月に開校した。

改修された校舎はすべての教室等が新しくなり、電子黒板も設置されている。また、体育館と特別教室棟が新築され、校舎全体が新しくなった。特別教室棟には大講義室やパソコン室及び特別教室等がある。これらの施設は毎日の授業や部活動、講演会、会議等に活用されている。

【学科・コース】「学励探求コース」（2クラス80人）と「キャリア探求コース」（2クラス80人）の普通科2コースとなる。

学励探求コースは、普通科目を中心に学習するコースで、各科目の基礎・基本を身に付けるとともに、2

修学旅行

吹奏楽部（定期演奏会）

年次からの選択科目学習により、文系4年制大学や短期大学、高等看護学校、各種専門学校進学や公務員、民間就職等、生徒一人一人の多様な進路目標を達成することができる教育課程を編成している。

キャリア探求コースは、普通科目の学習と併せて商業系・家庭系の専門科目を学習するコースで、各科目の基礎・基本を身に付けるとともに、専門的な知識や技術を学習することにより、商業系、家政系、保育系の4年制大学や短期大学、各種専門学校進学や公務員、民間就職等、生徒一人一人の多様な進路目標を実現することができる教育課程を編成している。

また、石巻専修大との高大接続研究事業、習熟度別学習や少人数学習、インターンシップの実施等、特色のある教育活動を展開している。

行事＆部活動・課外活動

伝統と実績の 部活動を継承

二大行事である桜華祭（文化祭）・体育大会は生徒実行委員を中心に計画され、全校生徒が力を合わせ盛大に行われている。生徒会や家庭クラブ活動も活発で、校外での各種イベントやボランティア等へ積極的に参加している。また、部活動も盛んであり、特に空手道部はインターハイ等全国大会への出場を果たしている。

【主な行事】▷1学期・始業式、入学式、対面式、芸術鑑賞会、桜華祭（文化祭）▷2学期・体育大会、開校記念講話、修学旅行▷3学期・卒業式、修業式、離任式

School Data

校長／熊谷聡也
教頭／畠山徹
生徒数／女子342人
卒業生数／31,121人
（市女・市女商等卒業を含む。2023.4現在）
同窓会長／八巻満喜子

■所在地
〒986-0833
石巻市日和が丘2-11-8
TEL 0225-22-4421
FAX 0225-22-0556
https://saku-h.myswan.ed.jp
アクセス／JR石巻駅下車 徒歩25分

■部活動
陸上競技、バレーボール、ソフトテニス、バスケットボール、ソフトボール、卓球、空手道、剣道、弓道、バドミントン、吹奏楽、美術、茶華道、家庭生活、自然科学、合唱、演劇、書道、文芸、商業研究、写真

■大学進学指定校推薦枠（2022年度）
東北福祉大、東北学院大、宮城学院女子大、尚絅学院大、仙台白百合女子大、東北生活文化大、東北文化学園大、仙台大、聖和学園短大、仙台青葉学院短大、東北生活文化大短大部、宮城誠真短大、仙台赤門短大、福島学院大、医療創生大、城西国際大、十文字学園女子大、駒沢女子大、福島学院大短大部、秋田栄養短大、東北文教大短大部、葵会仙台看護専門学校、東北職業能力

開発大学校など

■進学状況
【大学】東北福祉大、東北学院大、宮城学院女子大、尚絅学院大、仙台白百合女子大、東北文化学園大、中京学院大、了徳寺大
【短大】仙台赤門短大、仙台青葉学院短大、聖和学園短大、東北生活文化大短大部、宮城誠真短大
【看護】石巻赤十字看護専門学校、葵会仙台看護専門学校、晃陽看護栄養専門学校、太田看護専門学校、石巻市医師会付属准看護学校
【専門・各種】仙台医療福祉専門学校、仙台医健・スポーツ専門学校、仙台総合ペット専門学校、仙台ECO動物海洋専門学校、宮城調理製菓専門学校、東北動物看護学院、東日本航空専門学校、宮城高等歯科衛生士学院、東北文化学園専門学校、東北歯科技工専門学校、仙台接骨医療専門学校、東北外語観光専門学校、仙台医療秘書福祉専門学校、SEDAI中央理容美容専門学校、仙台ビューティーアート専門学校など

■就職状況
石巻商工信用組合、宮城県漁協、石巻ロイヤル病院、仙石病院、マルハニチロ石巻工場、東北電子工業、木の屋石巻水産、ぱんぷきん、社会福祉法人和仁福祉会特別養護老人ホーム和香園、医療法人社団仁明会、社会福祉法人楽晴会、コメリ、一の坊、ワイ・デー・ケー宮城工場、マックスバリュ南東北、トヨタレンタリース仙台など

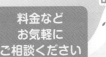

宮城県気仙沼高等学校

三角形を組み合わせた図案は、気仙沼湾(鼎が浦)の「鼎」を象徴している。また、母体となった旧気仙沼高校、旧鼎が浦高校、旧気仙沼西高校を象徴するものでもある。

校訓・教育方針 ▶ 究理創造　和親協同　至誠励業

新しい時代に対応できる学力の形成を図り、創造的な能力の啓発に努め、国家及び社会の形成者としての資質を養う。心身を鍛え、豊かな情操と協同の精神を培い、個性の伸長を図る。地域の自然や文化を尊び、国際的視野に立ち、志の実現を自ら目指し学び続ける人材を育成する。

左余白：本吉地区／共学校／普通科

プロフィール

国際交流に力点
他校との交流も盛ん

【沿革】2005年4月、旧気仙沼高校、鼎が浦高校の両校が再編統合し、18年4月には気仙沼西高校と統合した。三つの学校の良き伝統を引き継ぎ、21世紀の世界の発展に貢献できる豊かな創造性と深い感受性・人間性を持った心身ともに健やかな人材の育成を目指している。

国際交流・地域文化交流に積極的に取り組み、英語教育の充実を図っている。海外の高校生や大学生とのスカイプでの交流なども積極的に行っている。また、仙台三高・古川黎明高との連携事業(SSH)や気仙沼市教育委員会との連携事業にも取り組み、16年度より文部科学省のスーパーグローバルハイスクール(SGH)に指定され、台湾での研修などを実施している。震災後は、支援事業を契機として他県の高校やNPOを含む各種団体との交流も進めている。21年度からはSGHネットワーク校として、海を素材とするグローバルリテラシーの育成を目指している(18年度ESD大賞文部科学大臣賞受賞)。

【学科・コース】1日45分7コマの授

台湾研修

業を導入し、実力の養成を図っている。

22年度入学生以降、2年次より創造人文類型・創造理数類型に分かれて、生徒一人一人の進路目標達成に向けた教育課程を編成し、新しい大学入試制度にも対応できるよう進めている。

行事&部活動・課外活動

運動部、文化部とも
全国大会を目標に活躍

2022年度は、フェンシング部が全国高校総合体育大会に出場し、個人男子エペで1位の成績を収めた。さらに、第47回全国高校選抜大会では団体フルーレで男子準優勝、女子3位となった。文化部では、美術部が第23回高校生国際美術展で佳作に入賞、文芸部が第12回牧水・短歌甲子園で団体戦準優勝の結果を残した。さらにマンドリン部は第46回全国高校総合文化祭へ出場し、全国高校ギター・マンドリン音楽コンクールへの出場権を獲得した。その他の活動では、高校生地産地消お弁当コンテスト(宮城県主催)で最高賞である県知事賞を受賞し商品化された。学校行事はいずれも生徒主体で運営され、笑顔と活気に満ちている。

【主な行事】▷4月・入学式▷7月・球技大会、課題研究II・総合的な探究の時間最終発表会▷8月・学校説明会(中学生対象)、文化祭▷9月・台湾研修▷10月・運動祭▷12月・修学旅行(2年)▷1月・地域社会研究・課題研究・総合的な探究の時間全体発表会

校舎

球技大会

課題研究II 発表会

School Data

校長／荒木順
教頭／伊藤寛明
生徒数／男子293人、女子332人
卒業生数／統合後4,851人
　　　　　(2023.4現在)
同窓会長／菅野正浩

■所在地
〒988-0051
気仙沼市常楽130
TEL 0226-24-3400
FAX 0226-24-3408
https://kesennuma-h.myswan.ed.jp
アクセス／JR気仙沼線BRT不動の沢駅から徒歩10分

■部活動・同好会
硬式野球、軟式野球、バスケットボール、バレーボール、ソフトボール、バドミントン、陸上競技、サッカー、テニス、ソフトテニス、弓道、卓球、フェンシング、柔道、剣道、空手道、吹奏楽、マンドリン、写真、合唱、演劇、茶華道、自然科学、文芸、将棋・囲碁、ダンス、軽音楽、美術、調理、情報、社会福祉

■大学進学指定校推薦枠
東北学院大、宮城学院女子大、早稲田大、中央大、学習院大、国学院大、日本大、東洋大、明治学院大、成蹊大、東京農業大、東海大、龍谷大など(2023年度入試)

■進学状況
弘前大、岩手大、東北大、宮城教育大、秋田大、山形大、福島大、茨城大、筑波大、埼玉大、お茶の水女子大、新潟大、釧路公立大、青森公立大、岩手県立大、秋田県立大、宮城大、会津大、東京都立大、横浜市立大、東北学院大、東北福祉大、東北工業大、宮城学院女子大、東北医科薬科大、石巻専修大、尚絅学院大、東北文化学園大、仙台大、早稲田大、明治大、青山学院大、中央大、学習院大、国学院大、明治学院大、成蹊大、独協大、東洋大、大東文化大、東海大、神奈川大、立命館大、近畿大、龍谷大、気仙沼市立病院付属看護専門学校、葵会仙台看護専門学校など

■就職状況
国家公務員(一般職員、税務職員)、宮城県(一般事務職員、学校事務職員)宮城県警、気仙沼市職員、東京消防庁職員、イオン東北、阿部長商店など

宮城県南三陸高等学校

校章は、風光明媚な旭浦と、旭館の歴史に育まれた旭浦台地の上に、毅然と立地した我が校の理想を象徴したもの。初代尾形文雄校長により「三光三濤旭日章」と名付けられた。

Miyagi Prefecture Minamisanriku High School
宮城県南三陸高等学校

森・里・海
ひとがキラめく
「南三陸 kizuna 留学」

南三陸高校

校訓・教育方針 ▶ 真 和 敬

知性を磨き真理を探究し、自他を敬愛できる寛容と協和の心を持った、誠実で愛情豊かな人財の育成を目指す

校 是 ▶ 志高 志を高く

南三陸高校への校名変更に伴い、在校生及び卒業生から「長年親しまれてきた"志高"という名称を残してほしい」という声が多く寄せられた。母校を慕う気持ちに応える上で、志高を校是として残し、次の100年に向けて志を高く持ち、何事にも果敢にチャレンジしていく決意を表すところである。ここに「志高 志を高く」を校是として定めた。

プロフィール

明日につながる希望の架け橋

【沿革】1924年、町立志津川実科高等女学校として創立。志津川高等女学校を経て戦後の学制改革で宮城県志津川高等学校となり、2023年4月より校名が町名と同じ宮城県南三陸高等学校に変更された。来年度、本校は創立100周年を迎える。

03年から県内唯一の地域連携型中高一貫教育を、南三陸町内の中学校との間で実施しており、中学校・高等学校の6年間で計画的、継続的な学習を進めている。

20年2月には、台湾の嘉義県立竹崎高級中学と姉妹校の締結を行った。21年に普通教室への冷暖房用エアコンの設置や第一体育館と人工芝のテニスコートの改築工事が完了するなど、よりよい教育環境の整備が行われている。

また、昨年度から県内初の全国募集のモデル校として指定され、南三陸町と連携して個室タイプの学生寮が建設され、今年度は、県外から5名の生徒が入学している。

【学科・コース】本校では学科共通して、生徒の多様な進路希望を実現するために長期休業期間中や昼休み、放課後に公務員講習や進学講習などを行っている。また、多くの生徒が漢字検定や英語検定、数学検定、全商協会主催の各種検定などにも挑戦し、上位級を取得している。

普通科の特徴

1年次は共通科目を学び、2年次から地域創造系と文理系に分かれて学習する。地域創造系は、学校設定科目「地域学」「地域探究学」の授業において、地域資源を活用した課題解決型学習を通して地域起業家人財の育成に努め、大学・専門学校への進学や、公務員、民間就職など幅広い進路に対応している。文理系は主に大学進学希望者を対象とし、共通テストの受験にも対応したカリキュラムで、進路希望に応じて、必要な文系科目、理系科目を選択することができ、国公私立大学への進学に対応している。

情報ビジネス科の特徴

Society5.0を見据え、AIが発展する次世代の社会に対応できる人財の育成を目指している。1年次では、普通教科に加えて商業に関する基礎科目をしっかりと学習している。2年次からは、応用科目の学習を通して高度な知識・技術だけでなく、自ら課題を見つけて設定し研究する授業を通して、AIでは作り出せない新しい価値を見いだす力を育む時間が充実している。昨年度までに3Dプリンタや液晶タブレット、動画像編集ができるハイスペックPC、ドローンシミュレーター、MacBookPro、AdobeCreativeCloudを導入し、生徒が自由にデザインできる環境が整備されている。目指す進路として、商業・情報系の大学や専門学校、公務員、民間就職がある。

School Data

校長／難波智昭
教頭／佐々木宏明
生徒数／男子76人、女子71人
卒業生数／12,755人
（2023.4現在）
同窓会長／山内義申

■所在地
〒986-0775
本吉郡南三陸町志津川字廻館92-2
TEL 0226-46-3643
FAX 0226-46-3648
https://msanriku-hs.myswan.ed.jp/
アクセス／JR 気仙沼線BRT「志津川中央団地駅」から徒歩約20分、「志津川駅」から徒歩約15分。JR気仙沼線BRT「志津川駅」から南三陸町乗合バスに乗車（3分）

■部活動・愛好会等
硬式野球、陸上競技、ソフトテニス、バスケットボール、バレーボール、柔道、弓道、剣道、サッカー、バドミントン、卓球、音楽、総合文化、自然科学、軽音楽、商業、郷土芸能愛好会、防災クラブ、モアイサークル

■大学進学指定校推薦枠
東北学院大、宮城学院女子大、尚絅学院大、石巻専修大、東北工業大、東北生活文化大、仙台大、東北文化学園大、富士大、東北公益文科大、聖和学園短大、仙台青葉学院短大など

■進学状況（2022年度）
東北学院大、石巻専修大、東北文化学園大、仙台大、日本大、秀明大、宮城誠真短大、仙台青葉学院短大、東北生活文化大短大、気仙沼市立病院付属看護専門学校、葵会仙台看護専門学校、仙台徳洲看護専門学校、石巻高等技術専門校など

■就職状況（2022年度）
南三陸町職員、航空自衛隊、気仙沼信用金庫、アイリスオーヤマ、日本郵便、ハイムメアーズ、ケーエスフーズ、五ノ井久克税理士事務所、登米村田製作所、イトナブ、東北フジパンなど

行事＆部活動・課外活動

盛り上がる学校行事地域と深いつながり

三つの行事がクラス対抗で行われ、その総合得点で競われる尾形杯。合唱コンクールでは連携中学校の教員を審査員に招き、旭ヶ浦祭では南三陸さんさん商店街で一般公開の宣伝を兼ねて仮装行列を行い、体育祭では球技種目と運動会種目によって競われる。

部活動も活発で、自然科学部が毎年全国規模の発表会に出場して各種賞を受賞している。2021年には、商業部の生徒が提案したペヤング焼きそば2商品が全国発売され160万食を売り上げるヒット商品となった。陸上競技部は毎年東北総体、東北新人大会に出場し、21年にはハンマー投げ、棒高跳びで北信越インターハイに出場した。

【主な行事】▷4月・始業式、入学式、新入生オリエンテーション合宿、進路面談、創立記念日、前期生徒総会▷5月・支部総体▷6月・県総体、前期中間考査▷7月・合唱コンクール、三者面談、オープンキャンパス▷9月・旭ヶ浦祭、生徒会役員選挙、前期期末考査▷10月・体育祭▷11月・後期生徒総会、後期中間考査▷12月・2年修学旅行▷1月・進路面談、3年後期期末考査▷2月・後期期末考査▷3月・卒業式、修業式

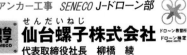

宮城県本吉響高等学校

「響」をモチーフにした楕円と曲線形を組み合わせた図案。楕円は地球を表し、六つの曲線形は人や自然と響き合う心などを象徴。

本吉地区 | 共学校／総合学科

校訓・教育方針
- 響生 Live in harmony
- 知性 Live with intelligence
- 至誠 Live with integrity

教育方針のキャッチフレーズ Make harmony

農業（本吉駅花壇作り）

福祉（認知症VR体験）

プロフィール

一人一人が進路を考えカリキュラムを作成

【沿革】1946年津谷農林学校として農林科、農業科の2科を開設。48年県立に移管し、宮城県津谷農林高等学校と改称、農林科と農村家庭科を設置した。73年には宮城県津谷高等学校と校名変更。96年に創立50周年、2016年に70周年を迎えた。

1999年、学科改編に伴い、校名を宮城県本吉響高等学校と改称し、校訓、校章、校歌を一新、学科を総合学科の1科にまとめた。また、2015年度入学生より制服を一新した。16年度入学生からは、新たに「福祉」の科目が選択可能となった。

【学科・コース】総合学科は、普通科・専門学科の枠を超えた第3の学科と言われ、生徒一人一人が自分の進路達成に向けた時間割を作ることが可能である。

本校の教育課程には四つの系列がある。2・3年次の選択授業は、系列内で選択する時間と、自由選択の時間で構成される。自分に合った分野の科目を深く学ぶことで、関連する分野の大学・短大・専門学校等への進学のみならず、公務員や関連企業への就職など幅広い進路に対応している。

◆「進学教養」系列
一般的な普通科目を重点的に学習し、基本的な知識を身に付ける。
◆「産業情報」系列
情報・商業・工業の科目を中心に学習し、専門知識・技術を身に付ける。

◆「人間環境」系列
理科・農業・家庭科の科目を中心に学習し、自然環境と人間活動との関わりを学ぶ。また、福祉の科目では社会福祉に関する知識や技術を体験的に身に付ける。
◆「生活表現」系列
美術・音楽の科目を中心に学習し、専門知識や技能を身に付けるだけでなく幅広い表現力と人間性を養う。

取得可能な資格・検定は、ビジネス文書検定、簿記検定、珠算電卓検定、情報処理検定、家庭科技術検定（洋服・和服・食物・保育）、危険物取扱者、漢字検定、実用英語検定、数学検定などである。

行事＆部活動・課外活動

地域に根差した活動と多様な単位認定制度

9種の運動部と10種の文化部があり、それぞれ活発に活動している。昨年度は、美術部が第46回全国高等学校総合文化祭美術・工芸部門に出品した。また、科学部が第75回宮城県高等学校生徒理科研究上発表会に2チーム出場し、両チームが最優秀賞を受賞したことで、第47回全国高等学校総合文化祭自然科学部門への出場を決めた。家庭クラブや農業クラブも地域に根差した活動を積極的に行っている。

さらに、本校には授業以外での単位認定制度があり、「ボランティア活動」「就業体験」「東北電子学修」等の学校外学修や技能審査による単位を、36単位まで卒業単位として認めている。

【主な行事】▷4月・入学式、対面式、移動HR▷5月・学校田田植え、前期生徒総会▷6月・前期中間考査▷7月・芸術鑑賞会、体育祭、東北電子学修▷8月・一日体験入学▷9月・前期期末考査▷10月・桜が丘祭（文化祭）▷11月・後期中間考査▷12月・後期生徒総会、修学旅行（2年）▷2月・後期期末考査▷3月・卒業式

School Data

校長／佐藤正敏
教頭／畠山卓也
生徒数／男子51人、女子86人
卒業生数／11,667人
　　　　　（2023.4現在）
同窓会長／菅原誠一

■所在地
〒988-0341
気仙沼市本吉町津谷桜子2-24
TEL 0226-42-2627
FAX 0226-42-2628
https://hibiki-h.myswan.ed.jp
アクセス／JR気仙沼線BRT本吉駅バス停から徒歩約15分

■部活動・愛好会
卓球、ソフトテニス、バスケットボール、バレーボール、サッカー、吹奏楽、美術、ホームメイキング、文芸、写真、コンピュータ、科学、ハンドインハンド（ボランティア）、軽音楽、陸上競技愛好会、野球愛好会、剣道愛好会、体操愛好会、農業愛好会

■大学進学指定校推薦枠
東北学院大、東北工業大、東北文化学園大、宮城学院女子大、東北生活文化大、石巻専修大、福島学院大、城西大、愛知工業大、千葉工業大、聖和学園短大、仙台青葉学院短大、弘前学院大、東京福祉大など

■進学状況（2022年度）
東北学院大、聖和学園短大、宮城県農業大学校、盛岡看護医療大学校、気仙沼高等技術専門学校、気仙沼市立病院付属看護専門学校、大崎市医師会付属准看護学校、気仙沼リアス調理専門学校、仙台こども専門学校、日本デザイナー芸術学院、仙台総合ペット専門学校、仙台スイーツ＆カフェ専門学校、花壇自動車専門学校、東北医療福祉専門学校、仙台リハビリテーション専門学校、SENDAI中央理容美容専門学校など

■就職状況（2022年度）
自衛隊、気仙沼信用金庫、医療法人社団湖聖会、東京理化器械宮城工場、シー・テック、阿部長商店（サンマリン気仙沼ホテル観洋）、小宮山印刷工業宮城工場、小野万、トヨタカローラ宮城、登米村田製作所、東北フジパン仙台工場、井上（Curves）、ホテル佐勘、松島国際観光（ホテル松島大観荘）、山崎製パン、アサヒサンクリーン、阿武隈急行

宮城県気仙沼向洋高等学校

六角形の星と宮城県の宮で構成。星は「水産」の水を表現している。

海洋総合実習船「宮城丸」

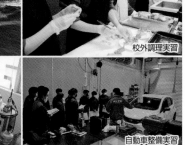
校外調理実習

GMDSS通信実技実習

自動車整備実習

校訓・教育方針 ▶ 尚志　創造　力行

個性と創造性の伸長を図り、豊かな人間性を育むとともに、専門的な知識と技術を習得させ、時代の進展に柔軟に対応できる人間を育成する

プロフィール

3学科で専門知識
大学進学にも対応

【沿革】創立123年の歴史と伝統がある高校。陸中海岸国立公園（現三陸復興国立公園）の中に位置し、東に太平洋を望む風光明媚な場所にあった（東日本大震災により被災）。

1901年、気仙沼町立水産補習学校として、気仙沼町（当時）役場の一部を仮校舎に開校した。翌02年、郡立本吉水産学校に昇格、21年県に移管され、48年の学制改革で宮城県気仙沼水産高等学校となった。

94年に宮城県気仙沼向洋高等学校と校名を変更。学科も「情報海洋科」「産業経済科」「機械技術科」の3学科に改編した。最新の技術や設備の導入を図り、幅広い分野に適応できる人材の育成を目指す。カリキュラムも再編、大学進学にも対応している。

2011年3月、東日本大震災で被災。同年11月から気仙沼高校第2グラウンドの仮設校舎で学校生活を再開していたが、18年8月、待望の新校舎が階上地区に開校。

【学科・類型】情報海洋科は、海洋と情報電子の2類型。海洋類型は、操船実習（小型船舶）、スクーバダイビングなど、多彩な実習に取り組む。22年3月に最新の設備を搭載しWi-Fi環境も完備した7代目となる宮城丸を竣工し、航海実習を行う。卒業後は各種船舶の船員（船長、航海士など）、魚市場などの水産関連産業で活躍する。情報電子類型は、電気・電子・情報・通信の分野を専門的に掘り下げてその働きや利用について学ぶ。また、無線技術士や無線通信士、工事担任者などの多くの国家資格を取得させ、それぞれの特徴を生かして航空産業や宇宙開発事業、情報通信産業までの就職や電気・電子など、工業系の大学や専門学校への進路に結びつけている。また、本校にはより専門性の高い内容を学べる専攻科漁業科（2年間）、無線科（1年間）をそれぞれ設置している。

産業経済科は、安全・安心な食品の開発・製造・流通まで幅広く学ぶ。実習では実際に学校の工場で食品を造り、製品は校内外で販売を行う。2年次からのフードサイエンスとフードビジネスの類型別学習では、それぞれ食と簿記会計の学びを深める。3年次には観光についても学習し、地域資源についての探求学習に結びつける。また、選択科目を設置し希望進路に応じた学習環境も整備されている。両類型とも多くの検定に挑戦が可能である。

探究学習「課題研究」では、東北地区の代表として全国水産海洋高等学校生徒研究発表大会に20から3年連続出場を果たしている。

機械技術科は、機械や電子回路、プログラミングに関する基本的な知識と技術を学ぶ。ロボットや自動車を題材に、さまざまなものづくりや制御法・操作法について学習する。生産技術類型は、生産加工、特に材料・加工技術・品質管理について深く学ぶ。情報技術類型は、コンピュータ制御、特にソフトウェア製作について深く学ぶ。両類型とも、技能検定や情報検定などの国家検定、溶接やロボット教示などの国家資格を取得できる。

高校で学んだ知識を生かした職業についた卒業生が、昨年度行われた技能五輪全国大会の自動車工職種で最高の金賞・厚労大臣賞（22年度卒）、自動車板金職種で敢闘賞（20年度卒）を受賞している。

行事＆部活動・課外活動

運動部12部、文化部4部
各種大会で活躍

運動部では、2010年に硬式野球部が全国高等学校野球選手権宮城大会で準優勝し、柔道部、ラグビー部、ヨット部、相撲部が東北大会に出場している。過去には全国大会に出場、また優勝した部もある。文化部では、19年にハイテク部が若年者ものづくり競技大会で、県代表として全国大会へ出場し入賞した。また、宮城県高校生溶接技術競技大会では、初の団体優勝し翌年も2連覇を成し遂げた。20年に、有志生徒による語り部団体「KSC（向洋語り部クラブ）」を立ち上げ、気仙沼市東日本大震災遺構・伝承館（旧校舎）で震災を後世に語り継ぐ語り部活動をしている。

【主な行事】▷4月・入学式、対面式▷5月・創立記念日▷6月・第1回考査、体育祭▷9月・生徒会役員選挙、第2回考査▷10月・向洋祭▷11月・第3回考査▷12月・修学旅行▷1月・第4回考査（3学年）▷2月・第4回考査（1,2学年）▷3月・卒業式▷通年・朝読書、マナーアップ運動

School Data

校長／白幡充
教頭／竹内正基
生徒数／本　科
　　　　　男子185人、女子97人
　　　　　専攻科
　　　　　男子10人
卒業生数／11,275人
　　　　　（2023.4現在）
同窓会長／守屋守昭

■所在地
〒988-0235
気仙沼市長磯牧通78
TEL 0226-27-2311
FAX 0226-27-4413
https://kkouyo-h.myswan.ed.jp/
アクセス／JR気仙沼線BRT陸前階上駅から徒歩10分

■部活動
硬式野球、柔道、相撲、卓球、ヨット、ラグビー、バスケットボール（男女）、バレーボール（男女）、バドミントン、テニス、写真、ハイテク、軽音楽、VFC、有志団体向洋語り部クラブ

■大学進学指定校推薦枠
東北学院大、東北工業大、仙台大、石巻専修大、日本工業大、神奈川工科大、福島学院大、八戸工業大など

■進学状況（2022年度）
東北医科薬科大、東北学院大、石巻専修大、仙台大、日本工業大、東北生活文化大短大部、仙台青葉学院短大、東北職業能力開発大学校、気仙沼高等技術専門校、各種専門学校、本校専攻科など

■就職状況（2022年度）
宮城県職員（水産）、東京都職員（電気）、登米市消防職員、自衛隊（陸上、航空）、太平洋フェリーサービス、気仙沼漁協、日本無線、コスモシステム、登米精巧、気仙沼信用金庫、ミヤカン、カネダイ、阿部長商店、角萬、トヨタ自動車東日本、本田技研工業、日産自動車、東京理化器械、雪ヶ谷精密工業など

企画・構成　Group **AC**・アドコーポレーション

贈る言葉 夢に向かってできることを精一杯やろう。

宮城の未来を担う生徒たちに

アイスリンク仙台 ICE RINK SENDAI

1年中スケートが楽しめる室内リンク場アイスリンク仙台。年代、技術に合わせた多彩なスケート教室をご用意しています。

子ども会プラン

プラン名	ご利用内容
お弁当プラン	滑走料、貸靴、お弁当、お茶（紙パック）
軽食プラン	滑走料、貸靴、軽食、ジュース（紙パック）
滑走のみプラン	滑走料、貸靴

※詳細はホームページをご覧ください

● インストラクターによる指導をご希望の方はインストラクター1名につき2600円でお受けいたします
● インストラクター最大2名まで、初めの1時間基本的な滑り方を指導いたします

スケート教室 ご案内

● 教室は各月ごとに受講生を募集しています。翌月の参加申込は、当月15日より受付
● 教室は原則として月4回で5週目はお休みです
● 開催日は「スケート教室日程表」でご確認ください
● 受講料は指導料、滑走料と貸靴代金、観覧料を含みます
● お客様のご都合で受講日の振り替え・受講料金の返金は一切致しません
● 受講日当日は、無料で滑走できます
（サンデージュニア・シニアは12時まで・サンデーキッズは13時まで）
● 受講月（1日～末日）は、優待料金で滑走できます（受講証提示）
● 受講生が少数の場合、中止するクラスもございます。ご了承ください
● お申し込みは定員になり次第、締切とさせていただきます
※服装・持ち物　長そで、長ズボン、手袋、帽子（ヘルメットのみ無料貸し出し有り）

各教室の体験が2500円（1回）で受講出来ます。お気軽にお問い合わせください。
体験希望の方は希望日の3日前まで要予約・1クラス3名までとさせていただきます。
※サンデークラスの体験はサンデーキッズでの体験のみになります
※体験希望の方がスケート経験者の場合はご相談ください

開催クラス

	クラス名／対象	曜日	時間	受講料／月	定員
初級者～中級クラス 基礎から楽しく学び少しずつレベルアップ	チック1（3才～小学校低学年）	火	15:30～16:30	6,600円	30名
	チック2（小学生・中学生）	木	16:45～17:45		30名
上級者クラス 大会出場!!そんな夢を叶えます	モンキー（小・中学生）※	火	16:45～17:45		30名
初心者クラス 基礎から楽しく学べます	サンデーキッズ（3才～小学生）	日	10:00～11:00		30名
中級クラス 基本的なスケーティングから少しずつレベルアップ	サンデージュニア（小学生・中学生）	日	8:45～9:45		50名
	サンデーシニア（高校生以上～大人）	日	8:45～9:45		30名

※チック1・チック2・サンデーからのテスト合格者のみがモンキーへ進めます

服装・持ち物

● 長そで、長ズボン　● 手袋（5本指で指の先まで隠れているもの）
● 帽子（ヘルメットのみ無料貸し出し有り）

お客様へのお願い

安全に滑走していただくため、次のルールをお守りください。
● 氷上では、手袋を着用してください
● リンク内は、左回りに滑走してください
● 小さなお子様または初心者の方は、安全の為ヘルメットを着用する事をお勧めします
● フェンスには座らないでください
● 三人以上で手をつないで滑走しないでください
● ジグザグ滑走、スピード滑走、集団滑走、その他、転倒や怪我につながるような行為はしないでください
● 一般営業中はホッケーの防具は着用しないでください

● 盗難防止のため、お荷物や貴重品はロッカーに入れ必ず鍵をかけてください
● 場内での飲酒は固くお断りします。また、飲酒されている方は危険ですので滑走はおやめください
● 喫煙は所定の場所以外ではご遠慮ください
● 無許可での（ビデオ・カメラ・携帯）撮影はご遠慮ください
● 場内で負傷した場合、応急処置はいたしますが、その後の責任は負いかねますのでご了承ください
● その他係員の指示に従ってください。指示に従っていただけない場合は退場していただくこともあります

料金　1日利用料金

ご利用内容	大人	中・高生	小学生以下
滑走料金	¥1,200	¥700	¥600
滑走回数券（11回分）	¥12,000	¥7,000	¥6,000
観覧料金	¥200		
貸靴料金 貸靴（15cm～31cm）	¥500		

団体割引き1日ご利用料金、リンク貸し切り料金もございます。詳しくはお問合せください。

営業時間

【平日】12:00～18:00　【土・日・祝日】12:00～16:00

＊夏場は時短営業となる場合がございますので、事前にお問い合わせの上、ご来場ください
＊イベント等の貸切により、営業時間が変更となる場合がございます。予めご了承ください
＊貸切は、24時間ご利用可能です（上記営業時間を除く）

tel.022-371-0601

宮城県仙台市泉区高玉町9-2
（三井不動産 SPORTS LINK CITY FUN・TE!内）

https://icerink-sendai.net

国立高等専門学校
学校紹介

高 専

112 仙台高等専門学校

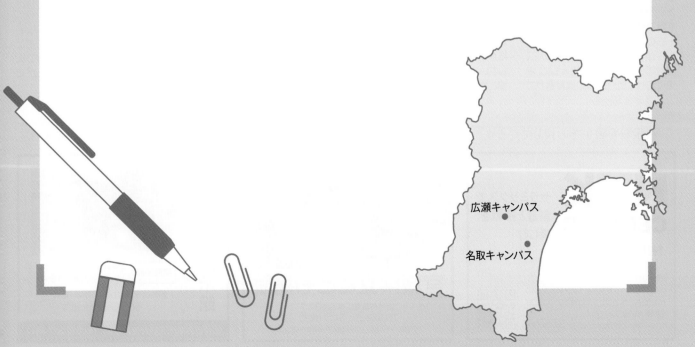

広瀬キャンパス

名取キャンパス

独立行政法人 国立高等専門学校機構

仙台高等専門学校
National Institute of Technology, Sendai College

心のある技術者、そして、心に訴えるモノづくりができる人材を育ててほしいという思いを込めて「心」を図案化した。

広瀬キャンパス

名取キャンパス

設立理念

高度に複合化した産業界で技術開発の中核を担う実践的・創造的な能力を有し、次世代のものづくり技術者として国際的に通用する、人間性豊かな人材の養成を通じて、科学技術と人間社会の調和的発展に寄与する。

プロフィール

進学・就職率ほぼ100%
実践的で創造的な人材育成

【沿革】国立仙台電波高等学校を前身とした仙台電波高専と宮城高専が、教育内容の充実と地域連携の強化などを目的に2009年10月に高度化再編し、仙台高等専門学校となる。17年4月に学科改組を行い、総合工学科1学科8コースに生まれ変わった。

【総合工学科】I類（広瀬キャンパス）、II・III類（名取キャンパス）の3類7コースと4年次より選択可能な応用科学コースの計8コースにより、実践的で創造的なものづくりの発展に貢献できる人材を育成する。

I類（広瀬キャンパス）

近い専門分野に特化した3コースを設け、コースにとらわれずに情報・電子系の多種多様な授業を選択できるカリキュラムを採用。

・情報システムコース　ソフトウエア技術を核として幅広い分野の人々と協力して社会の発展に貢献できる人材を育成する。

・情報通信コース　情報通信技術で、高度化する情報基盤の将来を担うとともに情報社会の発展に貢献できる人材を育成する。

・知能エレクトロニクスコース　エレクトロニクスを核として、知的なものづくりで社会の発展に貢献できる人材を育成する。

II類（名取キャンパス）

ものづくりの幅広い専門分野にまたがる3コースを設け、各コースの専門性を深化させるとともに、希望に応じて他分野の知識習得ができるカリキュラムを採用。

・ロボティクスコース　ロボティクス技術を核として、ロボットの創造と応用により社会の発展に貢献できる人材を育成する。

・マテリアル環境コース　地球環境保護に配慮したさまざまな工業材料を開発し、社会の持続的発展に貢献できる人材を育成する。

・機械・エネルギーコース　エネルギー技術を主体として、複合・融合的な技術の開発と応用により社会の発展に貢献できる人材を育成する。

III類（名取キャンパス）

建築士の資格取得を重視し1年生からの建築デザインの専門教育を充実させたカリキュラムを採用。

・建築デザインコース　建築デザインに関わる計画・設計・環境・構造などの技術を核として、住まいから街づくり全般に貢献できる人材を養成する。

（参考）応用科学コース（4年次より）：自然科学的方法論を核として、理学と工学との複眼的視点から社会に貢献できる科学技術者を育成する。

行事＆部活動・課外活動

コンテストでの活躍
国際性を育む経験

学生会活動では、全国高専ロボットコンテストをはじめ、プログラミングコンテストやデザインコンペティション、英語プレゼンテーションコンテストなどにおいて、毎年輝かしい成績を収めている。ラグビー部が毎年全国高専体育大会に出場しているのをはじめ、運動部、文化部ともに活躍している。

School Data

校長／澤田惠介
副校長／【広瀬キャンパス】白根崇、【名取キャンパス】伊藤昌彦
本科学生数／男子1,175人
　　　　　　女子271人
本科卒業生数／計19,570人
　　　　　　（2023.4現在）

■所在地
【広瀬キャンパス】
〒989-3128
仙台市青葉区愛子中央4-16-1
TEL 022-391-5542
FAX 022-391-6146
アクセス／JR仙山線愛子駅から徒歩15分。市営バス「仙台高専広瀬キャンパス入口」下車徒歩5分
【名取キャンパス】
〒981-1239
名取市愛島塩手字野田山48
TEL 022-381-0254
FAX 022-381-0267
アクセス／JR名取駅西口から路線バス「なとりん号」（県立がんセンター線）に乗車し「仙台高専名取キャンパス前」下車
https://www.sendai-nct.ac.jp/

■部活動・愛好会
【広瀬キャンパス】
陸上競技、バスケットボール、バレーボール、ソフトテニス、卓球、硬式野球、剣道、バドミントン、ラグビーフットボール、水泳、吹奏楽、軽音楽、写真、アマチュア無線、科学、テーブルゲーム、茶道華道、美術、DTM、プログラミング、高専女子プロジェクト、数理科学

【名取キャンパス】
硬式野球、ラグビー、サッカー、バレーボール、バスケットボール、ハンドボール、アーチェリー、卓球、柔道、剣道、ソフトテニス、テニス、バドミントン、陸上競技、水泳、ワンダーフォーゲル、自転車、吹奏楽、軽音楽、写真、茶道、美術、天文、文芸、ボランティア、合唱、メカトロニクス、ソフトウエア、理科体験教室、高専女子活動推進部会

■進学状況（2022年度）
仙台高等専門学校専攻科、北海道大、岩手大、東北大、山形大、埼玉大、千葉大、東京農工大、東京工業大、電気通信大、長岡技術科学大、名古屋大学、豊橋技術科学大など

■就職状況（2022年度）
アイリスオーヤマ、アトマックス、NECネッツエスアイ、NHKテクノロジーズ、NTT東日本グループ会社、ENEOS、大林組、オムロンフィールドエンジニアリング、花王、カメイ、キヤノンメディカルシステムズ、京セラコミュニケーションシステム、クボタ、KDDIエンジニアリング、コニカミノルタ、サントリーホールディングス、JR東日本メカトロサービス、JFEプラントエンジ、J-POWERテレコミュニケーションサービス、SUBARU、仙台市役所、ソフトバンク、大成建設、大和電設工業、中外製薬工業、デザインネットワーク、東急電鉄、東京エレクトロングループ、東京電力ホールディングス、東和薬品、トヨタ自動車東日本、ニコン、NEXCO東日本、パナソニックインダストリー、富士通フロンテック、本田技研工業、宮城県庁、メンバーズ、ユアテックなど

また、国際交流にも注力しており、毎年多くの学生が海外インターンシップやサマースクールに参加している。同時に海外から多くのインターンシップなどを受け入れており、英語や海外の文化に触れる機会が多くある。

自宅から通学できない学生は、学生寮（男子寮・女子寮）に入ることができ、教員指導の下で健康で規律のある共同生活を送ることができる。

宮城県公立高校 学校紹介

定時制・通信制

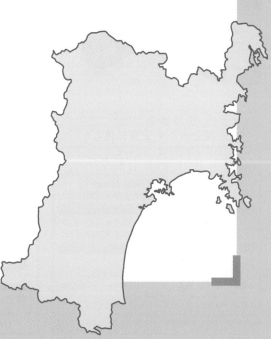

宮城県白石高等学校七ヶ宿校

白石の「白」をモチーフに、大きく羽ばたく鳥を表現。校訓を意識して、すばらしい未来に向かって大きく飛躍する白石高校を図示。

スキー教室

校訓・教育方針▶ 志操凛風 進取創造 自彊不息

高い志と豊かな情操を備え、凛然として風のような器量をもった人格の育成。能動的で創造性にあふれ、新しい時代を切り拓き貢献できる人材となることを目指す。つとめて止まぬ努力・自己研鑽を積み、主体的な人間であることを心がける。

プロフィール

個性を伸ばす教育実践
進路指導をきめ細かく

【沿革】1948年、宮城県白石高等学校定時制課程として発足。95年に七ヶ宿分校を現在の「七ヶ宿校」に改称。心身ともに健全で、地域社会及び国家に貢献するとともに、グローバルな視点に立って地域社会をリードできる有為な人材を育成することを教育目標としている。

昼間定時制課程普通科で、各学年1学級の小規模校。94年度から定時制でも3年間で卒業できることが可能な三修制の教育課程を実施している。授業は月曜から金曜までの週5日、1日6時間の授業を行っている。

学習面では少人数・小規模校の利点を生かし、生徒の個性を伸ばすために教職員が生徒一人一人に対してきめ細かい指導を行っている。特に、国語、数学、英語では少人数制の習熟度別授業やティーム・ティーチングの授業を実施している。

1年生から進路指導に力を入れ、進路講演会、職場見学、インターンシップ、面接練習などを実施し、高い就職実績を誇っている。また、進学希望者に対して個別に面接指導、

職場見学

小論文指導、教科指導を実施し、専門学校や短期大学受験などにも対応している。

七ヶ宿町の協力により、完全昼食（給食）を実施。生徒や保護者からも好評を得ている。生徒は七ヶ宿、白石、大河原、船岡、村田、丸森、角田など県南の広域から登校している。

行事&部活動・課外活動

2022年度
陸上部全国大会出場

クラブ活動は教育課程に位置付けているが、大会前は放課後の活動も実施している。今年度からは、前期と後期にそれぞれ運動部と文化部を選択できるようにしている。2022年度は2年連続で陸上競技男子走り幅跳びにおいて、全国大会出場を果たした。過去の記録として、陸上部は18年度まで10年連続で全国大会に出場しており、12年度には女子砲丸投げで全国優勝を成し遂げた。女子卓球部は14、17、18年度に個人と団体で、19年度は個人で全国大会出場を果たしている。サッカー部は19年度に全国大会に出場している。後期は文化祭に向けて文化活動に力を入れて取り組んでいる。また本校の学校行事として、レクリエーション大会、文化祭、スキー教室などに加えて、「わらじで歩こう七ヶ宿」や「町民運動会」など七ヶ宿町が主催するイベントにも多く参加している。
【主な行事】▷4月・入学式、1学期始業式、対面式▷5月・生徒総会、1学期中間考査▷6月・定通仙南大会、防災訓練、定通

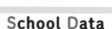

文化祭

球技大会

県大会▷7月・1学期末考査、レクリエーション大会、1学期終業式、三者面談▷8月・2学期始業式、わらじで歩こう七ヶ宿▷9月・校内生活体験発表会、七ヶ宿町民運動会、2学期中間考査▷10月・県生活体験発表会、白七祭（文化祭）、七ヶ宿

町学校音楽祭、強歩大会▷11月・インターンシップ、2年生修学旅行▷12月・2学期末考査、三者面談、2学期終業式▷1月・3学期始業式、スキー教室（3回実施）▷2月・予餞会、学年末考査▷3月・卒業式、修業式

School Data

校長／小野正美
副校長／目黒恵子
生徒数／男子18人、女子9人
卒業生数／1,925人
　　　（定時制課程・七ヶ宿校）
　　　（2023.4現在）
同窓会長／吉田修

■所在地
〒989-0528
刈田郡七ヶ宿町字沢上山4-2
TEL・FAX 0224-37-2310
https://sitika.myswan.ed.jp/
アクセス／JR東北線白石駅から七ヶ宿町営バス七ヶ宿白石線に乗車し、「七ヶ宿役場」下車（約45分）。停留所より徒歩約5分

■部活動（2022年度）
陸上競技、卓球（男女）、バドミントン（男女）、写真、書道、デザイン、CG

■進学状況（2022年度）
仙台大、仙台総合ペット専門学校、仙台医療福祉専門学校

■就職状況（2022年度）
遠藤畜産、ウジエ道路工業、大泉記念病院、庄司製作所、仙周工業、エイトリー八木山ベニーランド、白石クリーニング協同組合

宮城県名取高等学校定時制課程

ナトリの「ナ」と「高」の字を図案化。真善美に向かい大地を踏まえ、真理を探求する意気と誇りを象徴している。

生徒昇降口（夜間）

校訓・教育方針　真善美への感動と実践

生徒・教職員が生き生きと活動できる学校、個性の尊重とともに、公を重んじる生徒の育成を目指す

プロフィール

進路指導の充実
給食も楽しみの一つ

【沿革】本校は2018年4月新校舎に移転し、定時制課程専用教室・多目的教室・保健室・面談室・給食室が新たにでき、体育館は21年7月供用を開始している。定時制課程は1948年に誕生し、分校の設置・閉校、校舎移転などの変遷を経て98年に定時制課程設置50周年記念式典を開催、2023年11月「創立百周年記念式典」を開催予定である。定時制課程では、これまで2212人の卒業生を世に送り出している。

在校生は46人おり、全日制・定時制併設校のうちでは中規模である。交通の便にも恵まれていることから、北は仙台市から南は角田市や山元町まで、幅広い地域から通学している。

生徒の約70%は仕事を持つ。なかには、専門学校等へ進学してスキルアップを目指す生徒もおり、一人一人が学習目標を持って学校生活を送っている。

【学科・コース】普通科のみ。各教科とも、基礎学力の向上に重点を置いたカリキュラムとなっている。教科によっては個別指導も実施するなど、高校生として必要な学力が備わるよう工夫されている。

タイムテーブルは午後5時半～8時55分で1日4時限。その中には給食時間も含まれており、生徒にとっての楽しみの一つでもある。ちなみに、本校は県内の定時制課程高校の中でも、いち早く給食を取り入れた学校として知られる。

また、PTAや定時制育成会など、地域や外部の協力を得て、就業意欲の向上及び進路指導の充実を図っている。例えば地域事業主の協力による模擬面接会を開催している。

行事＆部活動・課外活動

積極的に部活動展開
陸上競技部・卓球部は全国大会出場

毎年4月に所属部の希望をとるため、生徒は4年間でさまざまな部活動を体験できる。

現在ある部活動は、バスケットボール部、バドミントン部、陸上競技部、卓球部、美術部、音楽部、コンピュータ部。定時制通信制高校による県大会・全国大会への出場を目指し、積極的に活動を展開している。

2022年度は、卓球男子個人、陸上競技男子／100m、400mリレー、走り幅跳び、砲丸投げ、円盤投げ、陸上競技女子／走り高跳び、走り幅跳び、砲丸投げ、円盤投げで全国大会出場を果たすなど、毎年素晴らしい結果を残している。

【主な行事】▷4月・入学式、対面式、オリエンテーション、PTA総会▷5月・前期生徒総会、創立記念日、中間考査▷6月・定通仙南体育大会、県定通体育大会、防犯教室、育成会進路講演会▷7月・期末考査▷9月・模擬面接会、校内生活体験発表会、名定祭、球技大会▷10月・県生活体験発表会、中間考査、生徒会役員選挙▷11月・教育懇談会、後期生徒総会、ボウリング大会▷12月・期末考査▷1月・就職ガイダンス（3年）、入社準備セミナー（4年）▷2月・期末考査、予餞会、同窓会入会式、卒業式予行▷3月・卒業式、修了式

球技大会

給食

新入生HR

School Data

校長／茂木悟
教頭／丹野渉
生徒数／男子29人、女子17人
卒業生数／2,212人
　　　　（2023.4現在）
同窓会長／須藤功

■所在地
〒989-2474　岩沼市字朝日50
TEL 0223-22-3151
FAX 0223-22-3152
https://natori-2h.myswan.ed.jp/
アクセス／JR東北線岩沼駅から徒歩15分

■部活動
バスケットボール、バドミントン、陸上競技、卓球、美術、音楽、コンピュータ

■進学状況
宮城県立白石高等技術専門校

■就職状況
銀座、マルハニチロリテールサービス仙台工場、ナカコ商事、共立メンテナンス、東配、ワークスプラン、早川創建

定時制

共学校／建築土木科、機械システム科

仙台市立仙台工業高等学校定時制課程

友愛・協調・勤勉を象徴した三つの歯車は三位一体となり、真理探究を目指す積極精神を表している。

校訓・教育方針 ▶ 友愛 協調 勤勉

学びながら、働きながら「不撓不屈」（曲がらない、屈しない）の精神を養う
知・徳・体の調和のとれた成長を促す
実践的な職業能力と勤労観を育成する

建築土木科　測量据付実習

機械システム科　ドローン講習会

野外研修　松島観光

プロフィール

「不撓不屈」伝統の継承と発展

【沿革】本校定時制課程は、1915年、市立仙台工業補習学校として発足。44年に仙台工業学校第二部と改称し、64年には二十人町から現在地に移転、65年に独立校となった。独立夜間定時制高校である仙台市立仙台第二工業高等学校を前身とし、2010年4月に仙台市立仙台工業高等学校に併合され、その定時制課程として新たなスタートを切った。

本校生は「不撓（ふとう）不屈」の精神のもと、昼働き夜学ぶ男女共学校として、これまでの伝統を受け継ぎさらに発展させようと意気盛んで、23年に107周年を迎えた。

【学科】「建築土木科」は、建築および土木に関する基礎的な知識と技術・技能を身に付ける。24年度入学生から学科改編される「機械システム科」では、機械だけではなく、新たに電気・情報に関する知識・技術を身に付ける。

また、本校定時制課程では資格取得を奨励しており、生徒はさまざまな資格に挑戦し合格している。22年は2級建築施工管理技術検定学科試験（3人）、危険物取扱者試験乙種（4類6人）、第二種電気工事士（5人）などである。また、各種ものづくりコンテスト宮城県大会にも参加している。このような資格の取得や競技会の成績を点数化したジュニアマイスター顕彰制度においてブロンズで4人が表彰された。

行事＆部活動・課外活動

団結を育てる学校行事

自主自立の精神を大切にし、生徒が進んで活動できるようになっている。中でも最大の行事が体育祭である。実行委員と生徒会執行部が中心となり運営し、生徒と教員が一緒になって楽しめるものとなっている。

その他の行事としては、クラス毎に企画して職場見学や映画鑑賞、野外炊飯などを楽しむ「野外研修」がある。日頃、職場と学校を両立させている生徒たちにとって、クラスメートとゆっくりと交流を持てる機会となっており、とても良い時間となっている。また、「校内生活体験発表会」では、各クラスの代表が、夜間定時制の生徒ならではの体験や思いを発表している。発表を通して、改めて自分自身のこれまでの生き方を振り返り、そして今後の生活の目標や指針を見出すきっかけとなっている。

クラブ活動も盛んである。2022年は、バドミントン部、卓球部、柔道部が県定通大会を勝ち進み、全国大会へ出場し、柔道部は個人戦で全国3位の成績を収めている。仕事と学校を両立させる環境の中で、練習時間は限られているが、素晴らしい成果を挙げている。文化部では、自動車部が毎年電気自動車の全国大会に参加し、これまでに5度全国優勝を成し遂げている。新型車両も製作しており、大会に出場しながら新しい挑戦をしている。これまでも、みやぎ産業教育フェア「さんフェア宮城」等に出展し、手作り

の電気自動車を通して、エネルギー利用の大切さや、ものづくりの面白さや魅力を伝えている。

生徒会活動では、役員を中心に、学校周辺のボランティア清掃などを通して、日頃お世話になっている地域の方々への感謝の気持ちを行動で表現する活動に取り組んでいる。

【主な行事】▷4月・始業式、入学式、オリエンテーション（1年生）、対面式、健康診断、PTA総会▷5

月・楽天観戦、野外研修▷6月・防災訓練、定通大会、前期中間考査▷7月・生徒総会、防災教育、映画観賞会▷8月・交通安全教室▷9月・生活体験発表大会、前期期末考査▷10月・生活体験発表県大会、開校記念日▷11月・体育祭、立会演説会（生徒会）▷12月・後期中間考査、生徒総会▷1月・防犯教室▷2月・卒業考査、学年末考査、予餞会▷3月・卒業式、修了式、離任式

School Data

校長／春日川孝
副校長／越坂由美
生徒数／男子40人、女子5人
卒業生数／5,713人
　　　　　（2023.4現在）
同窓会長／栗原憲昭

■所在地
〒983-8543
仙台市宮城野区東宮城野3-1
TEL 022-237-5342
FAX 022-283-6474
http://www.sendai-c.ed.jp/~sen2kou/
アクセス／JR仙石線陸前原ノ町駅から徒歩15分。地下鉄東西線卸町駅から徒歩20分。市営バス「宮城野小・仙台工業高校前」下車徒歩1分

■部活動・愛好会
柔道、バレーボール、バスケットボール、バドミントン、卓球、自動車、写真、レクリエーション、電気、釣り

■進路状況
2023年3月卒業生12人の進路状況は、就職8人、進学1人、その他3人である。就職先の多くは仙台市内の機械、建築・土木関係、自動車整備などの地元企業が多い。

■進学状況（過去3年間）
仙台高等技術専門校、白石高等技術専門校、お茶の水美術学院

■就職状況（過去3年間）
小野リース、日誠工業、東北ライト製作所、三栄ビルシステム、アマタケ、ユナイト、建築工房零、三洋テクニックス、新東北化学工業、エヌエス仙台、萩野工務店、木村工業、アイエーオートバックス、宮城トヨタ自動車、西濃運輸、ETSホールディングス、陸上自衛隊

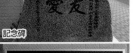

記念碑

宮城県古川工業高等学校
定時制課程
創立50周年記念

校名板

夜の校舎

宮城県古川工業高等学校定時制課程

萩の葉の台地に、古工高の英文の頭文字F・T・Hの3文字が浮彫にしてある。校訓の英語の頭文字でもあり、本校の気風伝統を表している。

校訓・教育方針　友愛　誠実　勇気・健康

教育基本法の教育目的並びに学校教育法の高等学校教育目標に則り、平和的な国家及び社会の形成者として、国際化社会・情報化社会に対応できる人格の確立をめざし、個人の尊厳を重んじ、真理と平和を希求し、公共の精神を尊び、豊かな人間性と創造性を備えた心身ともに健康な人間の育成を期するとともに、伝統を継承し、新しい文化の創造を目指す教育を推進しています。

プロフィール

専用棟など設備充実
資格取得にも注力

【沿革】宮城県古川工業高等学校は、1934年4月、古川商業専修学校として、旧志田郡役所庁舎に開設されたのが始まりである。2014年11月には創立80周年記念式典が行われた。

1938年、宮城県古川商業学校と改称し、43年に現在の場所に移転した。47年に県立に移管し、新学制に基づき、翌48年に宮城県古川工業高等学校となる。60年には、働きながら学ぶ勤労青少年のための場として、定時制課程（夜間）が電気科、機械科の2学科でスタートした。65年から夜間給食の提供を開始。97年に定時制専用棟の新校舎が完成した。99年4月から女子の入学を開始し、男女共学校となった。十分に設備の整った恵まれた環境で、生徒たちはさまざまな知識を身に付けている。2010年度には定時制創立50周年記念式典が行われた。

【学科・コース】電気科（1学年定員男女40人）、機械科（同）の2学科を有している。

電気科では、電気に関する一般知識を学習し、コンピュータや電気工事などの実験実習を通して将来の仕事に役立つ技術を習得する。

機械科では、各種工作機械、溶接などの実習を通して、機械の基本的な技術を学び、さらにコンピュータ、CADなど社会の情報化にも対応できるような技術を習得する。

卒業までに取得可能、または受験可能な資格としては、ガス溶接技能講習、アーク溶接特別教育、ボイラー取扱者、危険物取扱者、第一種・第二種電気工事士、日本語ワープロ検定、計算技術検定、情報処理技能検定、品質管理検定、基礎製図検定、技能士などがある。

電気科においては、電気工事士の資格取得に力を入れており、毎年数人が第二種電気工事士に合格。第一種電気工事士に19年度に1人、20年度に1人合格した。また、機械科では技能検定「機械保全」や「機械加工」の技能士取得に向けて取り組んでおり、過去3年間に機械保全3級は機械系保全2人、電気系保全に1人が合格し、のべ3人の技能士が誕生した。

学校全体でも資格取得に力を入れており、20年度には危険物取扱者免状取得者表彰（乙種全類）を1人が受賞した。

一定の条件はあるものの、働いている生徒には教科書購入金額の同額給付や給食費の補助を受けられる制度もある。

行事＆部活動・課外活動

卓球・陸上競技・バドミントン
剣道・生活体験発表で全国へ

授業終了後、運動部は体育館とグラウンドで県定通体育大会に向けて、感染症対策を徹底しながら日々練習に励んでいる。

2018年度は、陸上競技では男子5000m3位、男子砲丸投げ2位でともに全国大会へ出場した。バドミントン部では、女子個人3位、男子は個人優勝で全国大会へ出場した。卓球部では男子団体2位、剣道部では女子個人で優勝し全国大会出場。生活体験発表宮城大会において、「涙の先にあったもの」と題して発表し優良賞を獲得した。19年度は、卓球男子団体2位。生活体験発表宮城大会においては「私がここにいる意味」で最優秀賞を獲得し、全国大会で奨励賞並びに厚生労働省人材開発統括官賞を受賞。第9回高校生溶接技術競技大会では3位で宮城県教育長賞を獲得した。20年度は新型コロナウィルス感染症により大会中止となったものの、21年度は陸上競技部が男子個人1500mで全国大会出場。卓球部が男子団体で優勝し奈良県で開催された全国大会に出場した。11回高校生溶接技術大会では3位を獲得した。22年度は卓球部が男子個人で全国大会に出場。生活体験発表宮城大会においては「春の光の中で」と題して発表し優秀賞を獲得した。

文化部は電気研究部と機械研究部の二つの部があり、秋に予定されている古工展（文化祭）の展示に向けて作品の製作と準備に余念がない。その他、クラスや有志団体による模擬店の展示もあり、地域の方々との交流の場としての役割も果たしている。また、文化祭模擬店での売上金の中から地域の社会福祉協議会に寄付するなど社会貢献にも取り組んでいる。

【主な行事】▷4月・入学式、新任式、対面式、PTA総会、交通規則集会▷5月・生徒大会、第1学期中間考査、ETA総会▷6月・県高体連定通体育大会、面談週間、食育週間、避難訓練▷7月・第1学期期末考査、進路ガイダンス、定体連報告会、全国大会壮行式、スポーツ大会、夏季休業▷8月・夏季休業、定通体育大会全国大会、全国大会報告会▷9月・防災教室、生徒の集い、就職試験開始、生活講話、生徒会役員選挙▷10月・第2学期中間考査、生活体験発表県大会、古工展（文化祭）▷11月・面談週間、修学旅行（3年）、食育週間▷12月・第2学期期末考査、保健講話、スポーツ大会、冬季休業▷1月・冬季休業、食育週間、溶接競技会▷2月・課題研究発表会、第3学期期末考査、予餞会▷3月・卒業式、修業式、離任式、入学予定者説明会

School Data

校長／石岡恒一
副校長／菅原幸史
生徒数／男子27人、女子11人
卒業生数／1,948人
　　　　（2023.4現在）
同窓会長／藤山修一

■所在地
〒989-6171
大崎市古川北町4-7-1
TEL 0229-22-3167
FAX 0229-22-3182
https://furuk2-h.myswan.ed.jp/
アクセス／JR古川駅から徒歩20分

■部活動・愛好会
バレーボール、バスケットボール、バドミントン、卓球、柔道、剣道、軟式野球、陸上競技、機械研究、電気研究

■進学状況（過去3年間）
東北職業能力開発大学校

■就職状況（過去3年間）
道とん堀、フェース電設、武部鉄工所、緒方製作所、スガワラ技研、共振、共栄電気、ケミコン東日本宮城工場、マルセンファーム、菅原電気工事、伸晃建設工業、RS TECHNOLOGIES、アベテクノシステム古川事業所、日立Astemo、東北重機工事、シマダヤ東北、東北オートメカニック

宮城県佐沼高等学校定時制課程

三枚の葉は校庭のプラタナスを表し、校訓でもある「献身・窮理・力行」の三徳を「至誠」をもって貫くという意。

校訓・教育方針	至誠「献身・窮理・力行」
教育方針	教育方針として、 (1)自立した人間として地域社会に貢献できる人間の育成に努める。 (2)個人の学ぶ権利を大切にし、主体的に学ぶ意欲の高揚と態度の育成に努め、学力の向上を図る。 (3)心身の健康保持増進を図り、礼節と勤労を重んじて責任感と協調性を持ち、実践力のある人間の育成に努める。 を掲げている。

スポーツ大会

第一体育館

情報Ⅰの授業

プロフィール

「学びたい」意志尊重 就業支援や学習支援も

　「自分らしく」…制服なし、求められるのは社会的常識とマナー、そして「学びたい」という意志。少人数授業で基礎学力アップ。アットホームな温かい雰囲気の中で、自分らしく高校生活を送ってみませんか。

【沿革】1902年、旧制宮城県第二中学校登米分校として創立され、宮城県第六中学校、宮城県佐沼中学校と校名を変え、48年に現在の宮城県佐沼高等学校に生まれ変わった。定時制課程は48年に設置されている。その後、72年に給食室が完成し、完全給食を開始。88年にコンピュータ室、2003年に定時制専用の保健室、04年には、定時制が主として活用できる2階建ての第二体育館が完成。さらに06年から全学年の専用教室も整備された。21年には、新第一体育館が完成し、22年に創立120周年を迎えた。25年には新校舎が完成予定。

　卒業生は1,900人を超えて各界、各方面で活躍している。

【学科・コース】普通科だが、進路達成の一助として2年生に情報Ⅰ、3・4年生に簿記などの商業系の授業を展開している。また、基礎学力を補うために学校設定科目「基礎数学」を設けている。定時制課程の修業年限は4年間だが、07年から3年間で卒業できる3修制を導入している。さらに、22年から定通併修制度を導入し、生徒の多様な学び

の機会を確保している。これにより美田園高校の単位が取得できるとともに本校の卒業に必要な単位としても認定されるようになった。

　中学時代までさまざまな理由で登校できなかった生徒も、「学びたい」という強い意志を持って入学している。年齢の異なるいろいろな仲間がいることによって、互いの良さを受け入れ、励まし合いながら充実した高校生活を送っている生徒が多い。また、学期ごとに授与している皆勤賞を目指している生徒もいる。

　ETA（雇用主と教師の会）という組織も活発で、生徒の就業支援や給付型奨学金などの学習支援を行っている。

行事＆部活動・課外活動

限られた時間を活用 大会目指し全員が汗

　部活動には生徒全員が参加し、放課後の限られた時間を有効に使いながら活発に活動している。

　2023年度の運動部としては、バドミントン部、卓球部、陸上競技部の各部が活動している。県定通体育大会では、陸上競技部が12年度に総合優勝した実績を持っており、その後も毎年多くの選手を全国大会に送り出している。昨年度は、女子100m、200mで優勝、男子1500mで2位に入賞し全国大会へ出場した。バドミントン部は14年度に女子団体、15年度に女子個人で全国大会出場権を獲得している。13年度には剣道部（現在は休部

中）と卓球部が全国大会出場権を獲得している。

　大会が終わっても各部が計画的に活動し、先輩と後輩が年齢の垣根を超えて活動を楽しんでおり、教室とは違うもう一つの活躍の場となっている。

　また唯一の文化部であるハンドメイド部は、創作活動で各自思い思いの作品を制作している。イラストや書道、手芸などの作品づくりに励み、文化祭での出品と販売に取り組んでいる。

School Data

ンドメイド

校長／狩野秀明
教頭／菊田教道
生徒数／男子12人、女子9人
卒業生数／1,914人
　　　　（2023.4現在）
同窓会長／氏家良典
　　　　（全日制と合同）

■所在地
〒987-0511
登米市迫町佐沼字末広1
TEL 0220-22-2024
FAX 0220-22-2023
https://sanuma-teiji.myswan.ed.jp/
アクセス／JR東北線瀬峰駅から市民バス南方線「佐沼高校正門前」下車、JR東北線新田駅から市民バス新田線「佐沼高校北」下車

■部活動・同好会
陸上競技、卓球、バドミントン、ハ

■進学状況
尚絅学院大、東北職業能力開発大学校、東京法律専門学校仙台校、仙台こども専門学校、千厩高等技術専門校、一関准看護高等専修学校、気仙沼リアス調理製菓専門学校

■就職状況
大柳電気、佐々政建設、総合室内装飾グラフデザイン、農事組合法人水鳥、奥州秋保温泉蘭亭、会沢高圧コンクリート、宮城NOK登米工場、浅井鉄鋼宮城工場、カクヤス、テイケイ、おおさか歯科医院、エムアンドオー、みんなの家、マルサン、櫻井農場、扇屋商事、後藤鐵工、石巻赤十字病院、紅忠コイルセンター東北、さくら、石越病院、三光化成、栗駒ポートリー、宮城ダイナパック、仙台検査

【主な行事】▷4月・入学式、春季生徒総会▷5月・警察防犯講話、進路見学会▷6月・県定通大会、ユニカール大会▷7月・第1回考査、進路講話、ネット被害未然防止教室▷8月・生活体験発表▷9月・生徒の集い、保健講話、立会演説会、生徒会長選挙▷10月・交通安全教室、秋季生徒総会、映画鑑賞会▷11月・スポーツ大会①、第2回考査▷12月・スポーツ大会②、修学旅行（隔年）、保健講話、進路講話▷2月・予餞会、第3回考査▷3月・卒業式

宮城県石巻北高等学校飯野川校

3本の線は北上川の悠久の流れと共に、校訓である〈進取・自愛・和協〉三つの言葉を表している。

校舎

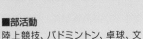
インターンシップ　　いぬわし祭展示

校訓・教育方針 ＞＜進取・自愛・和協＞

生徒一人一人が高い「志」をもって主体的に学校生活を送ることで、自らの未来を切り拓いていくたくましい力を身に付けることができる生徒の育成を目指す。

プロフィール

国・数・英は習熟度別 きめ細かな学習指導

【沿革】1951年に設置された飯野川高等学校十三浜分校を前身としている。

飯野川高等学校閉校に伴い、2010年度からは新たに石巻北高等学校飯野川校となった。

【学科・コース】昼間定時制。4年間で教科・科目72単位、総合的な探究の時間4単位、特別活動4単位の計80単位を学ぶ。各年次1クラス、計4クラスの小規模校。卒業後の目標に結びつくように、どの教科も基礎・基本から指導を受けることができる。

生徒全員が理解を深められるよう、全ての教師が熱意を持って指導に当たっている。特に、国語・数学・英語の3教科は習熟度別授業を実施している。どの教科においても小規模校ならではの少人数授業で、きめ細かな学習指導が実践されている。

「総合的な探究の時間」は、全年次合同の「ゼミ」を週1時間実施している。「ゼミ」は、生徒の興味・関心・特性に応じた体験的な活動が中心で、23年度は五つの講座が開かれている。

授業時間は45分で、1日4時間、週20時間の授業である。

【三修制について】

●学校外学修成果の単位認定

学校外での学修成果を教育上有益と校長が認めたときは、自校の科目の履修とみなし、自校の単位として認定する。認定された単位は卒業要件に繰り入れることができる。

3年次終了時に修得単位が74単位以上である生徒は3年間で卒業することができる。

（3年間で特別活動を除き57単位を修得するため、学校外学修で残りの17単位を履修・修得することとなる）

【主な学校外での学修】

①定通併修合格科目の単位認定

通信制公立高校である宮城県美田園高等学校で一部科目の単位を修得したときは自校の科目の履修とみなし、単位として認定する。

②高大接続による石巻専修大での聴講

③石巻高等技術専門校での体験学習

④長期休業中のボランティア活動

⑤長期休業中のインターンシップ

⑥各種資格取得（技能審査）

⑦高卒程度認定試験合格科目の単位認定

行事＆部活動・課外活動

年次の枠超えて協力 味わう大きな達成感

生徒の一人一人が学校行事に積極的に参加している。年次の枠を超えて協力し合って成し遂げることで、大きな達成感を得られることも小規模校ならではのことである。

生徒会は学校行事の中心的な役割を担う。学校全体をまとめ上げ、成功させたときの喜びはひとしおである。ほかにも、生徒総会の計画と実施、卒業生を送る予餞会の実施など、年間を通して一生懸命活動している。

部活動には、陸上競技部、バドミントン部、卓球部、文芸部、パソコン部、総合文化部がある。また、宮城県高等学校定通教育研究会・宮城県高文連定通部主催「生活体験発表会（弁論大会）」などの弁論大会にも毎年参加し、入賞している。

【主な行事】▷4月・入学式、対面式、交通安全講話▷5月・PTA総会▷6月・前期生徒総会、進路セミナーⅠ、避難訓練①、ガス溶接技能講習、定時制通信制体育大会▷7月・アーク溶接技能講習、インターンシップ、スポーツフェス▷8月・ボランティア、高技専体験学習、進路セミナーⅡ、フォークリフト技能講習▷9月・面接週間、就職出陣式、非行防止教室、生徒会役員選挙▷10月・学校見学会、いぬわし祭▷11月・地域の産業学習会、後期生徒総会、避難訓練②▷12月・進路ガイダンス▷1月・進路適性検査、社会人セミナー▷2月・予餞式▷3月・卒業式、同窓会入会式、離任式

School Data

校長／三宅裕之
副校長／千葉秀知
生徒数／男子27人、女子26人
卒業生数／255人
　　（飯野川校卒業生）
　　（2023.5現在）
同窓会長／千葉義一

■所在地
〒986-0101
石巻市相野谷字五味前上40
TEL 0225-62-3065
FAX 0225-62-2247
https://i13-hama.myswan.ed.jp/
アクセス／JR石巻駅から宮城交通バス「石巻専修大線」に乗車し「飯野川」で下車、徒歩10分

■部活動
陸上競技、バドミントン、卓球、文芸、パソコン、総合文化

■進学状況（数字は人数）
＜私立大学＞
尚絅学院大学心理・教育学群学校教育学類
＜専修各種学校＞
仙台スイーツ＆カフェ専門学校（2）、総合学園ヒューマンアカデミー仙台校e-Sportsカレッジ

■就職状況
一般曹候補生、末永海産、日京工業、熱田自動車、三和工業

宮城県気仙沼高等学校定時制課程

気仙沼湾の別称である鼎が浦の「鼎」を三角形に図案化した。

校訓・教育方針 ▶ **究理創造　和親協同　至誠励業**

Ⅰ 新しい時代に対応できる学力の形成を図り、創造的な能力の啓発に努め、国家及び社会の形成者としての資質を養う。
Ⅱ 心身を鍛え、豊かな情操と協同の精神を培い、個性の伸長を図る。
Ⅲ 地域の自然や文化を尊び、国際的視野に立ち、志の実現を自ら目指し活躍する人材を育成する。

校舎

秋季体育大会

給食写真

プロフィール

明るい学習環境実現 さまざまな学びの場を

【沿革】1948年、気仙沼町立気仙沼第二高等学校を気仙沼女子高等学校の校舎を使い開校した。同年に大島分校、新月分校、階上分校を開校。

49年気仙沼第二高等学校を廃止、定時制として県へ移管。51年、宮城県鼎が浦高等学校と校名を変更した。

61年に新校舎へ全日制が移転。69年北校舎が完成し、定時制も新校舎へ移る。気仙沼市医師会付属准看護学校と連携し、衛生看護学科を71年に設置。73年給食室が完成し、完全給食を実施した。81年には第二屋内体育館完成。90年、技能連携教育（衛生看護科）終了。

2005年4月、鼎が浦高等学校と気仙沼高等学校が統合し、定時制も気仙沼高等学校定時制課程と改称した。気仙沼高等学校敷地内に新築された独立校舎に移転。

18年4月、気仙沼高等学校と気仙沼西高等学校が統合し、新生・気仙沼高等学校定時制課程となり、

授業風景

現在に至る。

【学科・コース】現在は普通科1クラスのみを開設しており、コースは特に設けていない。

校舎は独立しており、四つの教室に加えて、パソコン室、生徒会室、保健室、図書室、集会室、給食室を備え、明るく落ち着いて学習できる環境を実現している。

10年度から三年修業制を実施している。これは本校規定に定められた科目であれば、文部科学省の高等学校卒業程度認定試験（高認）に合格した場合に卒業単位として認定し、または定通併修により修得した単位や技能審査などに合格した単位を加えることによって、3年間で卒業が可能になる制度である。また、15年度入学生から0校時の授業を設定、原則として1年間で各2単位の3年間で計6単位を履修する。

16年度入学生から、校外でさまざまな職業で就業体験やボランティア活動をすることによって、望ましい職業観・勤労観を身に付け働くことの意義、社会貢献や社会参加の意義を考え理解を深める学校設定科目「校外学修」（選択科目）を設置した。学校の授業だけではなく、多くの学びの場を提供している。

行事＆部活動・課外活動

短い練習時間を克服 全国大会に毎年出場

部活動は、いずれの部も定通大会県大会や全国大会を目指して熱心に活動している。活動時間は午後

9時から10時までと短いが、各部が工夫をして練習を行なっている。

2022年度の定通大会では、陸上競技部4名、卓球部2名が全国大会に進出を決めた。

【主な行事】▷4月・生徒総会▷5月・春季体育大会、交通安全教室▷6月・防災避難訓練、定通大会▷8月・文化祭▷10月・生活体験発表会、秋季体育大会▷11月・防災避難訓練、修学旅行（隔年）▷2月・予餞会

School Data

校長／荒木順
教頭／滝沢越史
生徒数／男子14名、女子16名
卒業生数／1,876名
（2023.4現在）
同窓会長／吉田勝彦

■所在地
〒988-0051
気仙沼市常楽130
TEL・FAX 0226-22-7134
https://kesennuma-teiji.myswan.ed.jp/
アクセス／JR気仙沼線BRT不動の沢駅から徒歩10分

■部活動
陸上競技、卓球、バドミントン、総合文化

■大学進学指定校推薦枠
県内県外を問わず、大学・専門学校の指定校推薦枠が設けられている

■進学状況
目白大、町田デザイン＆建築専門学校、仙台大原簿記情報公務員専門学校、聖和学園短大、気仙沼市立病院付属看護学校、気仙沼リアス調理製菓専門学校

■就職状況
多くの生徒が在学中からアルバイトに従事しており、卒業後そのまま仕事を続ける生徒もいる。マルヤマ、石川電装、社会福祉法人洗心会、かわむら、阿部長商店、川印村田漁業

宮城県第二工業高等学校

工業高校であることをはっきりと示し、夜間生徒が明朗、闊達（かったつ）であることを「高」の字に託した。まろやかな字体の線は「愛」を表す。

校訓・教育方針 明朗闊達・勤労愛好

「民主的で教養豊かな社会人」「基礎学力を確実に身に付け、技術の習熟に励み、日々進展する科学技術に十分に適応し、活躍できる工業人」「責任を自覚し、合理的な判断力と創造的な行動力のある職業人」の育成を目標とする。

校舎

電子機械科

電気科

ボウリング大会

校内交流対抗戦

プロフィール

きめ細かな指導を通し心豊かな実践力ある人材育成

【沿革】1943年4月8日に「宮城県第二工業学校」として開校した。

校舎および設備は宮城県工業学校と共用。48年4月から学制改革により「宮城県第二工業高等学校」と改称。93年に機械科を電子機械科に学科転換。95年には、女子生徒の募集も開始、完全給食の制度もスタートした。さらに2001年には経済産業省より第二種電気工事士養成施設として指定を受けた。

最新の施設・設備を利用して、少人数でのきめ細かな指導の授業を展開している。23年に本校は創立80周年の節目を迎える。

【学科・コース】電子機械科と電気科の二つの学科を設置している。

・電子機械科

「ものづくり」全般の基礎の部分を学ぶ。その中でも「電子制御」は生活を支えている様々な機械が動くための基礎となっている。

学習内容として、構造・設計・製作・管理の仕事をするための基礎的な技術と知識のほか、コンピュータに関する情報技術を実習に取り入れて総合的に学習している。また4年間勉強して、卒業後に社会人、技術者として活躍するために必要な技能と知識を習得できるよう人材の育成に努め、さらに社会に出た時に必要な各種資格取得の講習も実施している。

本校はガス溶接技能講習登録機関に認定されており、一定の講座を受講し試験に合格することで資格を手にすることができる。

・電気科

電気は私たちの暮らしの中で広く利用されており、現代の生活に、電気は欠かせない。その電気について、どのように作られて、どのように運ばれて、どのように使われているかなどを一緒に学び、社会が求める電気技術者を目指す。

また、本校は電気工事士養成施設に認定されており、一定の講座を受講することにより、卒業と同時に第二種電気工事士の免状を取得することができる。第三種電気主任技術者については、卒業後経済産業省が定める認定に必要な科目を取得できる。

さらに、高校を卒業して、電気の資格（第二種電気工事士、第一種電気工事士、第三種電気主任技術者）取得を目指す社会人を対象に、特別編入制度として門戸を開いている。

行事＆部活動・課外活動

実績残す部活動特色ある学校行事

部活動は運動部5部、文化部1部があり、定時制ではあるが限られた練習時間を有効活用して熱心に活動している。22年度は、柔道部、陸上競技部が全国大会への出場権を獲得した。その他の部においても練習の成果を出し切り、良好な成績を収めている。

また、全校生徒が参加する交流スポーツ大会やボウリング大会など、4年間の高校生活を彩る様々なイベントがある。

【主な行事】▷4月・入学式▷5月・生徒総会▷6月・定時制通信制体育大会▷9月・交流対抗戦、校内生活体験発表大会▷10月・ボウリング大会▷11月・生徒会役員選挙▷3月・卒業式

School Data

校長／中澤輝博
教頭／山田昌弘
生徒数／男子33人、女子1人
卒業生数／2,858人
　　　　（2023.4現在）
同窓会長／加茂利一

■所在地
〒980-0813
仙台市青葉区米ヶ袋3-2-1
TEL 022-221-5659
FAX 022-221-5655
https://m2k.myswan.ed.jp/
アクセス／JR仙台駅から徒歩25分。地下鉄南北線五橋駅から徒歩15分。地下鉄東西線大町西公園駅から徒歩18分。市営バス、宮城交通バス「霊屋橋」下車徒歩5分

■部活動
バスケットボール、バドミントン、剣道、柔道、陸上競技、EV（電気自動車）

■進学状況（過去3年間）
東北工業大、東北職業能力開発大学校、仙台高等技術専門校、白石高等技術専門校、花壇自動車大学校、仙台デザイン専門学校、仙台幼児保育専門学校

■就職状況（過去3年間）
SGムービング、TKテクノサービス、石垣メンテナンス、東北電気保安協会、一風堂浅草店、エイトリー、亀山鉄工所、金成、弘進ゴム、新生ビルテクノ、積水武蔵化工、大昭和ユニボード、高澤産業、鉄宝機械、東仙電気、トベ

宮城県貞山高等学校

貞山の「テ」と「貞山高」を重ね、若いエネルギーを内に秘めた、大空へ力強く開こうとする春の木の芽をイメージ。

校舎

体育大会

貞山高祭

校訓・教育方針 ▶ 自立　友愛　創造

(1)多様な教育課程を編成し、個性の伸長を図る。
(2)自学自習の習慣を養い、基礎学力の定着を図る。
(3)地域の教育力を導入し、地域に根ざした教育を実践する。
(4)勤労を尊び、強健な身体と豊かな情操を培う教育を実践する。
(5)特別活動を重視し、相互の友愛の精神を涵養する。
(6)ユニバーサルデザインによる教育を推進する。

プロフィール

昼夜併修課程を特設
少人数クラス編成も

【沿革】1948年、宮城県塩釜高等学校（市立）に定時制課程が設けられ、現在の多賀城小学校地内に多賀城分校が設置された。

58年、現在地に独立新校舎が落成移転された。77年には宮城県塩釜高等学校定時制中心校・同多賀城分校及び、宮城県塩釜女子高等学校定時制課程を統合して、現在地に宮城県貞山高等学校の新設が決定。翌78年に開校式が行われた。同年に校訓・校章・校歌などが制定され、81年には新校舎が落成。「有朋の碑」の除幕式も併せて行われた。

90年に単位制高等学校となり、昼間部が設置された。翌91年には現在の校舎が落成となり、校訓を「自立・友愛・創造」に改定。2017年、創立40周年記念式典を挙行した。

【学科・コース】午前10時35分から開始の昼間部正課と、午後5時30分から始まる夜間部正課がある。

昼夜の間には、昼夜どちらの生徒も受講できる併修課程があり、生徒の進路希望に合わせた授業が設けられている。併修課程で修得した単位数を合わせて、3年で卒業する生徒が多い。9月（前期）卒業や少人数のクラス編成（昼25人以内、夜20人以内）も実施している。

行事＆部活動・課外活動

運動4部
全国を舞台に活躍

部は昼夜合わせて17ある。運動部は6月の県定時制通信制体育大会を目標に活動している。2022年度は、四つの運動部が全国大会に出場した。

学校行事は、校内体育大会、貞山高祭、修学旅行、移動HR、予餞会などのほか、定時制独自のものとして生活体験発表大会がある。17年度からは地域でのボランティア活動にも取り組み始めた。

【主な行事】▷4月・新任式、始業式、入学式、対面式、生徒自治会入会式▷5月・スマホセキュリティ教室、前期生徒自治会総会▷6月・防災避難訓練、定体連県大会壮行式、定体連県大会、校内生活体験発表大会▷7月・全校集会、移動HR、修学旅行（昼）▷8月・定体連全国大会▷9月・前期卒業式、定時制通信制生徒の集い、生活体験発表大会、校内体育大会▷10月・貞山高祭、保健講話▷11月・生徒自治会役員選挙▷1月・後期生徒自治会総会（昼）、4校リーダー研修会▷2月・予餞会▷3月・卒業式、終業式

定体連全国大会（剣道）

School Data

校長／佐藤彰彦
教頭／金谷英人、上園知明
生徒数／男子128人、女子80人
卒業生数／3,372人
　　　　（2023.5現在）
同窓会長／山口斉

■所在地
〒985-0841
多賀城市鶴ケ谷1-10-2
TEL 022-362-5331
FAX 022-367-1451
https://teizan.myswan.ed.jp/
アクセス／JR仙石線多賀城駅・下馬駅から各徒歩15分、東北線塩釜駅から徒歩20分

■部活動
【昼間部】軟式野球、サッカー、バスケットボール、バドミントン、バレーボール、陸上競技、柔道、卓球、剣道、美術、軽音楽、ペン習字、手しごと、演劇、イラスト、写真、放送
【夜間部】陸上競技、柔道、バスケットボール、バドミントン、卓球、軟式野球、美術、文化研究、軽音楽

■大学進学指定校推薦枠
東北学院大、石巻専修大、宮城学院女子大、東北生活文化大、東北文化学園大、仙台大など

■進学状況
東北学院大、東北文化学園大、仙台大、石巻専修大、東北生活文化大、八戸学院大、聖和学園短大、仙台高等技術専門校、白石高等技術専門校、塩釜医師会付属准看護学院、東北電子専門学校、宮城調理製菓専門学校、仙台カフェ・パティシエ＆調理専門学校、仙台医療秘書福祉専門学校、赤門自動車整備大学校、仙台スクールオブミュージック＆ダンス専門学校、仙台スポーツ＆リゾート専門学校、代々木アニメーション学院

■就職状況
【昼間部】陸上自衛隊（一般曹候補生）、航空自衛隊、社会福祉法人康陽会、マミーホーム、社会福祉法人千賀の浦福祉会、松島センチュリーホテル、清風、泉パークタウンゴルフクラブ、東急リゾート＆ステイ、社会福祉法人やまとみらい福祉会、社会福祉法人わらしべ舎、泉ふるさと村、ウェルライフKAWADA、ALSOK宮城、ジェイ商事、扇屋商事、アミノうまい鮨勘、イオン東北、ぜんぎょれん食品、アマタケ、日本通運、安住電機、阿部善商店、SBSフレックネット、仙台中央食肉卸売市場、ユニベール、高浜、東北重機工事、須賀電機、協和運輸倉庫、津田建業、庄子産業、東北大蔵電機、アイティ・コミュニケーションズ、ロピア、明光ビルサービス、環境設備、フジトランスポート、富士オイルサービス
【夜間部】恵愛ホーム、塩釜魚市場水産加工協同組合、黄海製本、一の坊、紀生、イディアK&Iパートナーズ、サニックス仙台

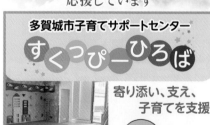

宮城県田尻さくら高等学校

校名にちなんだ「さくらの花」をモチーフとし、花びらを囲む円は田尻の里に広がる水田に映る三日月であり、また、さくらの葉でもある。花びらの色や形は生徒一人一人の個性の違いを、白い円の連なりは潤いを表現している。

校舎

校訓・教育方針 自律　進取　誠実

1）生徒に自主自律の精神を涵養（かんよう）し、自己実現ができるよう、学校全体が一丸となって取り組む。
2）心身ともに健康な人間の育成を目標とし、自主的・協同的な態度を養い、良識ある実践力を正しく伸ばすよう指導に努める。
3）保護者及び地域社会との密接な連携・協力のもと、学習指導・生徒指導・進路指導に万全を期し、信頼される学校づくりに努める。

プロフィール

選択肢広い二部単位制 少人数指導で学力定着

【沿革】本校は、2008年4月15日に開校した昼夕間開講型単位制高校である。ラムサール条約に登録された蕪栗沼に近い自然豊かな大崎市田尻に位置し、JR東北線田尻駅からは徒歩7分と近いため、県内各地から通学できる利便性がある。開校にあわせて、全館バリアフリー、150人収容の講堂、吹き抜けの地域交流ギャラリー、最新のコンピューター設備を備えた瀟洒（しょうしゃ）な校舎が建てられた。

さくら色の校舎で生徒が一人一人、自分の夢実現のため充実した高校生活を送っている。

【学科・コース】コンセプトはChange（自己変革）、Challenge（夢に挑戦）、Career-up（生きる力を育てる）、Communicate（地域とともに）の四つの「C」。二部単位制で、高校で必ず学ばなければならない必履修科目以外は、すべて選択科目になっており、自分の興味関心や進路に応じて、入学時より科目を選択できる。きめ細かなガイダンスのもとに、時間割を自分で決めることができるので、自分のライフスタイルにあわせた生活ができる。Ⅰ部は午前・午後の授業、Ⅱ部は午後・夕刻までの授業、午後の5、6時限にⅠ部とⅡ部の生徒が一緒に学ぶ併修時間がある。

また、Ⅰ部、Ⅱ部ともに、1日6時間の授業が受けられ、3年での卒業も可能となっている。

多様な進路にも柔軟に対応しており、進学希望者は大学入学共通テストに対応できる科目の選択が可能である。福祉系の進学・就職希望者には充実した設備の介護実習室を使い、介護職員初任者研修の資格に向け学習できる。情報系にはパソコンを活用した授業が多数あり、さまざまな資格の取得が可能である。また、茶道入門や陶芸、イラストレーション表現、声とからだのレッスン、韓国語、中国語、田尻の環境などの教養科目も学校設定科目として開講している。

少人数の生徒（10人程度）に1人のチューター（担任）を配置し、カウンセリングや個別面談を通してきめ細かな生活指導を行っている。

16年度より、週に2回「さくらレインボータイム」を実施し、進学・就職など希望する進路の実現、卒業後に必要とされる学力の養成に努めている。

「さくらチャレンジ講座」（科目履修生）では、毎年数多くの社会人の方が科目履修生として在校生と同じ教室で学ぶことにより、他校では味わうことのできない、貴重な経験を得ることができる。

行事＆部活動・課外活動

生徒の「自治」が浸透 愛好会にも積極的

特徴的な行事及び活動として、校外学習、進路体験発表会、生活体験校内発表会、福祉講話、進路志望別見学会、文化講演会を実施している。

生徒会の代わりに10人程度の役員が中心となる「自治会」が存在し、校内外の美化活動を行ったり、各実行委員会と協力し、6月のスポーツ祭、10月の文化祭、2月の球技大会を実施したりと、学校行事を支えている。また、生活体験校内発表会では、司会進行を務める。生徒からの意見・要望を基に、生徒が自主的に考え行動する「自治会」を目指している。

部活動は無く、生徒が自主活動する「愛好会」となっている。各愛好会の発足は毎年生徒により提案され、これまでJRC、Cooking、スポーツ、美術、書道、Voice Actor、ランニング、eスポーツなどが、空き時間を利用して工夫しながら自主的に活動してきた。

さくらギャラリー

授業風景（中国語）

School Data

校長／須藤博之
教頭／村岡正良、村上泰己
生徒数／男子92人、女子107人
卒業生数／558人
　　　　　　（2023.4現在）

■所在地
〒989-4308
大崎市田尻沼部字中新堀137
TEL 0229-39-1051
FAX 0229-39-1050
https://tajiri-hs.myswan.ed.jp
アクセス／JR東北線田尻駅から徒歩7分

■愛好会
バスケットボール、バドミントン、eスポーツ、レクリエーション、課外学習、折り紙、創作、四季、音楽

■進学状況（2022年度）
東北生活文化大、宮城誠真短大、大崎高等技術専門校、石巻高等技術専門校、仙台デザイン専門学校、仙台ECO動物海洋専門学校、千葉こども専門学校など

■就職状況（2022年度）
北光南方工場、社会福祉法人みやぎ会、東亜レジン古川、介護老人保健施設庭の里、国本、社会福祉法人田尻福祉会、エスファクトリー東北、協友エレクトロニクス、アイエーオートバックス東北本社、ウジエスーパー、アマタケ、コメリ、ホクトなど

宮城県東松島高等学校

宮城県初の三部制・単位制高校を象徴、三つの図形が統合する形。統合した中心から、新たなエネルギーが光り輝く姿をデザインしている。

校舎風景

スポーツフェスティバル

劇的空間☆ひがまつ座
声や体を使って、自己表現力やコミュニケーション力を高める楽しいワークショップ！
◆日時 全て15:00～16:30
第1回：11/2(水)
第2回：12/7(水)
第3回：1/11(水)
◆場所 西体育館（予定）
劇的空間☆ひがまつ座

校訓・教育方針▶「人に優しい人づくり」

自ら主体的に学ぶとともに、豊かな人間性を育み、自立した人間として自信と誇りを持って、進んで社会に貢献する人材を育成する。

プロフィール
自分の未来を自分でデザインする三部制・単位制高校

【沿革】2005年4月、宮城県初の三部制・単位制・定時制高校として開校した。校名は旧矢本町と旧鳴瀬町が合併し東松島市になったことにちなみ、東松島高等学校と命名された。

従来の学校のイメージとは異なる新しいタイプの学校を目指し、三部制・単位制の特色を生かした教育システムを取り入れ、「人に優しい人づくり」を展開してきた。

【学科・コース】本校の最大の特色は、昼夜間開講型の三部制であること、また、自由選択型の単位制であることである。I部（午前）、II部（午後）、III部（夜間）の三つの部が設置され、生徒はいずれかの部に所属して必履修科目を受講するものの、その他の科目は1～12校時までの全ての時間帯で受講できる。また、学年による教育課程の区分を設けず、所定の単位を修得するなど一定の条件を満たせば卒業でき、進路希望や興味関心に応じて科目を選択して履修する。生徒は、毎年度、現在のライフスタイルを踏まえ、将来のプランを描きながら、「自分だけの時間割」を作成する。所属する部だけで科目を選択して履修すると最短で4年間、所属する部以外でも科目を選択して履修すると最短で3年間で卒業できる。

生徒一人一人の学びに応えるため、200を超える授業講座を開設している。就職や進学といった進路希望に沿って科目を選択できる。また、豊かな人間性を育むため、芸術科目や福祉科目が充実している。国語、数学、英語の一部の科目では習熟度別学習や学び直しを取り入れるなど、ほとんどの科目を少人数編成とし、きめ細かな指導と支援を行っている。本校は、少人数（15名程度）に対して、教員がSA（Student Adviser）として、一人一人の生徒に関わり、学習面だけでなく、さまざまな面から生徒一人一人を支えながら、全ての生徒が自立して社会に貢献できる人材となることを目指している。

希望者を対象として、自己表現力を高めるワークショップ「劇的空間☆ひがまつ座」や夏季休業中にはプロの演出家と役者を講師とする「演劇特別授業」、石巻専修大学の教授等による連続講義「高大連携接続事業」を実施している。

また、「社会のルールが学校のルール」を前提とし、校則もチャイムもない自由な校風の中、生徒が主体的に行動する仕組みとなっている。

行事＆部活動・課外活動
自分たちで部活動をつくり、自発加入各種大会に随時参加

部活動は運動部、文化部ともに活動したい生徒が集まって申請する「この指止まれ！」方式をとっており、2023年度は一つの運動部と九つの文化部が活動している。積極的に地域での福祉・奉仕活動などを行う予定である。「この指止まれ！」方式は東松祭（文化祭）やスポーツフェスティバル（体育大会）にも取り入れられており、「実行委員やりたい人集まれ!!」の掛け声の下、多くの生徒が集まり各行事を盛り上げている。また、生徒の居場所カフェ「Bon Café」を毎月実施している。

【例年の主な行事】▷4月・入学式、開講式、対面式、新入生オリエンテーション、課題テスト、情報モラル教室▷5月・いじめ防止教室、生徒・保護者向け進路ガイダンス▷6月・避難訓練（地震・津波）、交通安全教室、スポーツフェスティバル▷7月・薬物乱用防止教室、演劇特別授業▷8月・高大連携接続事業（石巻専修大）、進学就職対策講座▷9月・My Will! スピーKING（校内スピーチ大会）、生徒会選挙▷10月・前期卒業式、東松祭（文化祭）▷11月・避難訓練（火災）、保健講話▷12月・芸術鑑賞会、生徒集会▷1月・金銭・租税教室▷3月・卒業式、閉講式、グループ・個人ガイダンス

School Data

校長／及川徹
教頭／I・II部 横尾元彦
　　　III部 伊藤仁人
生徒数／男子93人、女子114人
卒業生数／984人
　　　　（2023.4現在）

■所在地
〒981-0503
東松島市矢本字上河戸16
TEL 0225-82-9211
FAX 0225-82-2021
https://higashi-matsushima.myswan.ed.jp/
アクセス／JR仙石線矢本駅から徒歩約5分

■部活動（2023年度）
バドミントン、ボランティア、カードゲーム、文化創作、手芸、娯楽研究、図書、写真、ヒーリング、音楽

■大学進学指定校推薦枠
石巻専修大、東北学院大、仙台白百合女子大、東北文化学園大、宮城学院女子大、東北生活文化大、聖和学園短大、宮城誠真短大など

■進学状況
＜4年制大学・短期大学＞
和光大、聖和学園短大
＜専修各種学校＞
仙台リハビリテーション専門学校、宮城高等歯科衛生士学院、仙台医健・スポーツ専門学校、北里大保健衛生専門学院、東北電子専門学校、宮城文化服装専門学校、仙台総合ペット専門学校、SENDAI中央理容美容専門学校、仙台ビューティーアート専門学校、仙台スクールオブミュージック＆ダンス専門学校、ウェディング・ホテル＆ツーリズム専門学校、専門学校日本デザイナー芸術学院

■就職状況
志波彦神社鹽竈神社、銀座仙台事業部、アイ・ケー・エス、コアレックス三栄東京工場、東北大蔵電気石巻工場、ドラックストアモリ、三和工業、ひらの、日本ファインセラミックス、東洋富士製作所、ハピネス＆ディ、白謙蒲鉾店、三菱ふそうトラック・バス東北北関東、東北パイプターン工業、テレホンシステム、高政、JA全農北日本くみあい飼料、ぱんぷきん、建設プレス、国翔、遠藤商会

定 時 制

共学校／普通科

仙台市立仙台大志高等学校

翼を構成する3本の羽は、それぞれ校訓の「拓く」「磨く」「結ぶ」を表し、生徒一人一人がなすべきことを示した。また、羽は一体化することで初めて翼としての能力を充分に発揮できることから、調和や共生への願いを込めた。さらに、生徒がそれぞれの目標に向かって大空を自由に飛翔(ひしょう)する力強さを表した。

校訓・教育方針 ▶ 拓く 磨く 結ぶ

「自ら求めて学び、自ら考え、自ら行動できる人間」や「豊かな教養と知識を身に付けた人間」「社会に貢献できる人間」「規範意識を身に付けた人間」の育成を目指す。

校舎

授業風景

プロフィール

自分生かす道考え 主体的に学習計画

【沿革】生徒の興味・関心や生活スタイル、進路意識などの多様化が進んでおり、新しい社会に適応する人間力を持った生徒の育成を支援する観点から、個性、学習目的、学習歴などの異なるそれぞれの生徒が、自らの責任において、自ら立てた学習計画に従い、主体的に学ぶことができる教育環境を提供する学校として設置された、新しいタイプの完全選択型単位制定時制課程の高校である。

【学科・コース】①大学進学のため、効率よく学力を伸ばしたい②興味や進路希望に応じ、学びたい科目や得意科目を自由に選択して勉強したい③レッスンやトレーニングなどの時間を確保しながら、自分のペースで勉強したい④仕事と勉強を両立させながら卒業したい─と考えている人に向いている。

学年制でなく、決められた単位を修得すれば卒業が認められる単位制で、Ⅰ部とⅡ部がある。Ⅰ部は、午前(午前9時15分)から夕方(午後4時55分)までの受講を原則とし、進学対応や得意な分野を伸ば

前期代議員会

す講座、基礎力を身に付ける講座など、豊富な選択科目が開講されている。Ⅱ部は、午後(午後1時35分)から夜間(午後8分55分)までの受講を原則とし、昼間働いている人にも対応している。いずれの部も3年間での卒業が可能である。

授業は、国語・英語・数学の基礎科目を習熟度別で実施。少人数授業や複数の教員によるTT(チームティーチング)の講座もあり、個々の学習状況に対応する。さらに多様な教科・科目を開設している。商業科目で資格取得を目指し、中国語や韓国語で外国語のスキルアップを目指すこともできる。履修や進路などのさまざまな相談については、個別担当教員(チューター)が対応する。

また、生涯学習の観点から、学び直しを希望する社会人などの学習の機会として、本校を広く地域の社会人に開放する「科目履修生制度」があり、履修した科目は仙台大志高等学校に入学した場合、単位として認められる。

【主な行事】▶4月・入学式▶5月・スポーツ観戦▶6月・前期中間考査、進路ガイダンス、定通総体▶7月・保護者面談、夏季課外講習▶9月・前期期末考査、保健講話、遠足、前期終業式、前期卒業式▶10月・文化祭、自治会役員選挙、保健講話、オープンキャンパス▶11月・進路ガイダンス、後期中間考査、映画鑑賞会▶12月・主権者教育出前授業、進路ガイダンス▶2月・後期期末考査▶3月・卒業式、後期終業式、離任式

School Data

校長／山田善弘
教頭／Ⅰ部 山田武
　　　Ⅱ部 橋本正裕
生徒数／男子124人、女子120人
卒業生数／837人
　　　　　(2023.4現在)

■所在地
〒983-0842
仙台市宮城野区五輪1-4-10
TEL 022-257-0986
FAX 022-298-8248
http://www.sendai-c.ed.jp/~taishi/
アクセス／JR仙石線宮城野原駅から徒歩10分。市営バス、宮城交通バス「原町1丁目」下車徒歩3分

■進学状況
<大学>
新潟薬科大、宮城学院女子大、東北文化学園大、石巻専修大、尚絅学院大、仙台青葉学院短大、聖和学園短大
<専門学校>
東北職業能力開発大学校、山形県立農林大学校、仙台高等技術専門校、白石高等技術専門校、東北電子専門学校、仙台大原簿記情報公務員専門学校、宮城文化服装専門学校、仙台幼児保育専門学校、専門学校東北動物看護学院、仙台デザイン&テクノロジー専門学校

■就職状況
ヨークベニマル、ヤマダデンキ、コジマ、アイエーオートバックス東北本社、ホットマン、源吉兆庵、マーキュリー東北支店、オンデーズ、ジェームス仙台、松月産業、扇屋商事、康陽会介護老人保健施設けやき、紀生、松澤蒲鉾店、日本通運東北重機建設支店、日本通運仙台航空支店、協和運輸倉庫

宮城県美田園高等学校

- 「みたぞの」の「み」をアレンジ。
- 中央部分の三本線で三つの校訓を表し、右上がりの曲線に動きを加えることによって、明るい未来に向かう学校というイメージをデザイン化した。
- 緑豊かな美田園地区のイメージとして、緑色系の3色を使用。

校訓・教育方針
- 能動 ～自ら行動する喜び～
- 発見 ～未知なるものに出あう喜び～
- 創造 ～未来の可能性を生み出す喜び～

1. 個に応じた学習指導を実践し、生きる力を支える学力を育む。
2. 学習や体験を通して、多様なものの見方や考え方を身に付け、豊かな人間性を涵養（かんよう）する。
3. 自主的に学ぶ通信制の特性を生かし、主体的に問題を解決していく姿勢を育む。

校舎（宮城県教育・福祉複合施設『まなウェルみやぎ』）

運動会

プロフィール

2012年4月に開校 自学自習を基本に

【沿革】美田園高等学校は、2012年4月、仙台第一高等学校に併設されていた通信制課程が独立し、宮城県内唯一の公立通信制・普通科の単位制高等学校として開校した。生徒たちは、「学びたい、学び直したい」との志を持って、学習と仕事や家事・育児などと両立させながら、高等学校卒業を目指して学んでいる。

【学習方法】通信制課程は全日制課程や定時制課程のように毎日の授業はない。自学自習を基本スタイルとして、レポート、スクーリング、テストにより学習を進めていく。

1.レポート（報告課題）
科目ごとに課されるレポート（科目によって2～12回）を、教科書や学習書（通信制向けの参考書）などを活用し作成する。作成したレポートは学校へ提出し、担当の先生から添削指導を受け、合格しなければならない。

2.スクーリング（面接指導）
スクーリングとは、科目ごとに先生から面接指導を受けること。年間18週設定されており、決められた回数以上出席する必要がある。日曜と月曜に行うスクーリングは一斉授業方式で行われ、水曜は集団・大人数が苦手な生徒、一定の配慮が必要な生徒、日曜・月曜両日とも出席できなかった生徒を対象に、少人数で実施される。また、会場を学校から校外に移して行う地域スクーリングも実施している（23年度は美里町で6回実施予定）。メディア［NHK高校講座（テレビ・ラジオ放送・インターネット）、Myスタ（生徒専用webサイト）］を活用しながら学習を進めることも可能である。特別活動（LHRや学校行事）は、卒業までに30単位時間以上の参加が必要となる。

3.定期考査
年間2回の考査（前期・後期各1回）がある。
以上の学習方法で単位を修得して、高等学校修了を目指す。

行事＆部活動・課外活動

活発な生徒会活動 多彩な行事で親睦

本校の生徒会は、会長・副会長と中央委員で中央委員会を構成し、主に日曜スクーリングの日とその前週木曜日に定例会を開催している（会長・副会長及び中央委員は、前年度の中央委員会の推薦により生徒総会において承認される）。

中央委員会は、生徒会機関誌の編集・発行、古切手の回収、あいさつ運動、年2回の総会、運動会、校内生徒生活体験発表会など、多岐にわたる活動の企画、立案、運営を行っている。また、東北や全国規模でおこなわれる次のような大会などの行事にも参加している。

1.生徒生活体験発表大会への参加
校内生活体験発表会で上位に入賞した生徒は、県定時制通信制生徒生活体験発表大会や東北・北海道地区通信制生徒生活体験発表大会に参加できる。さらに、それぞれの大会で最優秀となった者は全国高等学校定時制通信制生徒生活体験発表大会に参加する。

2.「私の主張」作文コンクールへの応募

School Data

校長／菊地英孝
教頭／蒲武康明
生徒数／男子518人、女子607人

■所在地
〒981-1217
名取市美田園2-1-4
（まなウェルみやぎ4F）
https://mitazono.myswan.ed.jp/
アクセス／仙台空港アクセス鉄道美田園駅から徒歩5分

■進学状況（2022年度）
山形大、東北学院大、石巻専修大、東北工業大、東北文化学園大、尚絅学院大、東北福祉大（通信）、仙台白百合大、大阪産業大、東京経済大、帝京平成大、奈良学園大、北海道情報大（通信）、仙台青葉学院短大、聖和学園短大、宮城県農業大学校、仙台医療センター付属仙台看護助産学校、大崎市医師会付属准看護学校、東北電子専門学校、仙台医療福祉専門学校、仙台デザイン専門学校、仙台大原簿記情報公務員専門学校、仙台スイーツ＆カフェ専門学校、仙台ヘアメイク専門学校、東北愛犬専門学校、仙台幼児保育専門学校、仙台リゾート＆スポーツ専門学校、仙台リハビリテーション専門学校、仙台高等技術専門校、つくば国際ペット専門学校、東京デザイナー学院、SENDAI中央理容美容専門学校、北里大学保健衛生専門学院、仙台スクールオブミュージック＆ダンス専門学校

■就職状況（2022年度）
ALSOK宮城、華桜会、日立Astemo、アイエーオートバックス、表蔵王国際ゴルフクラブ、シベール、エコスチール、利休、青葉福祉会、竹駒神社、新東北化学工業、セイコーインスツル、宮城製粉、ささ圭、仙花、富士土木、アイ・ケイ・サポート、ボディセラピストエージェンシー、中越通運、共伸プラスチック、内外エレクトロニクス、マリンプロ、自衛隊

以上のような活動は、年齢も職業も多様な生徒たちが互いに学び合い、学習継続の励まし合いと思い出の形成に大きな役割を果たしている。

宮城の未来を担う
生徒たちに
贈る言葉 **自分を信じて 前へ！**

おかげさまで創業70周年
―創業 昭和27年―

70th ANNIVERSARY

常に変化する時代の中で、お客さまと一緒に一歩先を創る。

それが萩野工務店です。

127

生徒たちに
贈る言葉

独立自尊

企画・構成　Group **AC** · アドコーポレーション

若者たちへ

いい子になるな。

　既成概念にとらわれるな。

　　一喜一憂してはいけない。

　　　道は一つだけではない。

自分の感性を磨け。

　自分の感性を信じろ。

この生き辛い時代、

　いつの時代も、道を切り開くのは、

　　常に、若い君達なのだ。

宮城県**私立**高校
学校紹介

全 日 制

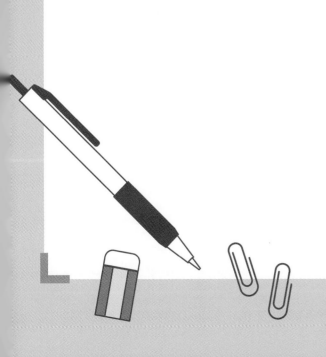

聖和学園高等学校

お釈迦様が悟りを開いたといわれる「菩提樹」の葉を図案化し、悟りに至る内容「正見・正思・正語・正業・正命・正精進・正念・正定」の「八正道」を八角形にまとめた。

薬師堂キャンパス

三神峯キャンパス

校訓・教育方針 ▶ 和・敬・信・愛

聖徳太子の十七条の憲法の中から、本校の教育の理想に最もふさわしい言葉を選び抜いたもの。

プロフィール

東北唯一！仏教を建学の精神とする男女共学校

【沿革】1929年、宮城県仏教会が仏教主義による高等女学校の設立を計画、30年に「吉田高等女学校」として開校した。48年、聖和学園吉田高等学校と改称、51年に学校法人聖和学園として、設立認可された。

教育の特色

2つのキャンパスに多彩な6コース

2020年の教育改革に対応した新6コースが19年春からスタート。それぞれの学習スタイル（学習中心型特進・部活動両立型特進・総合進路選択型・基礎学力重視型）で6コースから選択できる。

特進アドバンスコース
【特進アスリートコース合わせて男女90人】

特進アドバンスコースでは土曜日に進学特別講座を実施し問題演習を中心に受験対応力を身に付ける。文理混成クラスとし、1年次に個別面談や系選択ガイダンスを通じて2年次からの学びの分野（文系科目・理系科目）を選択する。英語・数学の習熟度別少人数授業を実施しているほか、学習ペースの確認から志望校選びまで、徹底した進路サポートを実施し、国公立大学や難関私立大学への進学を目指す。また、「総合的な探求の時間」5単位（3年間）によって「自ら考え」、「問題を解決する」力を養成する。

特進アスリートコース

特進アスリートコースでは、部活動に取り組みながら、国公立大学・難関私立大学を目指すカリキュラム編成。週4日は6校時授業、朝は「0校時授業」を実施。3年次の競技生活引退後からは計画的に進学特別講座を実施する。オリンピックメダリストなどのトップアスリートによるキャリア講座も魅力の一つ。

リベラルアーツコース
【男女200人】

高大連携で得意分野を磨き、大学、短大進学を目指すカリキュラム。2、3年次は各系科目選択の混成クラス編成となり「文理進学系科目（文・理）」「看護・医療進学系科目」「子ども保育進学系科目」「情報キャリア系科目」「健康福祉系科目」「メディア芸術進学系科目」から興味の持てる分野を専門的に学ぶことができる。また、2、3年生縦割合同での放課後学習、進路対策や検定フォローを行う。

プログレスコース
【男女100人】

「理解できた」という実感が持てる授業を行い「もっと学びたい」という意欲を引き出す。自分のペースでゆっくり学べる環境が整っている。複数担任制による親身なフォロー、丁寧なスローペース授業を行い、ベーシックタイム（基礎演習）を実施、早期に個々の学習課題を解決する。

特進パイオニアコース
【男女60人】

2年次から文系進学と理系進学に分かれて学習スタイルに合った適切な指導。部活動と学業を両立し、国公立大学や難関私立大学への進学を目指す。運動部や文化部の活動に積極的に取り組みながら、受験対応のカリキュラムで現役合格を目指す。

ジェネラルスタディコース
【男女130人】

1年次から、基礎学力の定着に向けてコース共通カリキュラムに計画的に取り組む。2年次から「文理進学系」「アクティブアート系」「ビジネス・ホスピタリティ系」に分かれ、幅広い視野での進路選択が可能。また独自の「探究型学習」を取り入れ、学校推薦型選抜と総合型選抜に対応した文章力を身に付ける。

行事＆部活動・課外活動

▷4月・入学式、新入生オリエンテーション▷5月・花まつり（芸術鑑賞会）、遠足▷6月・高校総体、坐禅会、ヴェーサカ祭▷7月・合唱コンクール、校内スポーツ大会、み魂まつり、松島禅の集い、校内弁論大会▷8月・長生園訪問▷9月・聖和祭、三神峯祭、松島瑞巌寺開山法要茶会、学校説明会▷10月・運動会、坐禅会▷11月・修学旅行（2年）、映画鑑賞、聖なる日の集い、県下女子中学生弁論大会▷12月・成道会▷1月・県下女子中学生招待選抜バスケットボール大会▷2月・涅槃会・針供養▷3月・卒業式、修業式（キャンパスにより異なる）

ようこそ我が校へ！

聖和で未来へ踏み出そう

薬師堂キャンパス
生徒会長　高梨　茉生（仙台市立七郷中学校出身）

聖和学園は県内唯一の仏教校です。仏教の教えを基に、坐禅や法話を通して自分の在り方を見つめ直す機会が数多くあります。私が思う聖和学園の魅力は、先生と生徒の距離が近く、授業の疑問点や学校生活の悩み、進路の相談をしやすい環境にあることです。日々の学校生活でのサポートはもちろんこと、進路実現に向けたサポートが充実しているように感じています。県内の大学と連携して教育を進めているのも魅力の一つです。

聖和学園で学べることは、単純に勉学だけではありません。日々の生活の中で、あいさつや礼儀、目上の方との接し方など、社会に出たときに必要なことを学ぶことができます。人として大きく成長できる聖和学園で自分自身を高めましょう！

School Data

校長／千葉剛
副校長／片倉ゆかり、鈴木光紀
教頭／内藤紀子、後藤英樹、竹中召子
生徒数／男子923人、女子808人
卒業生数／41,904人
　　　（2023年4月現在）

■所在地
薬師堂キャンパス
〒984-0047
仙台市若林区木ノ下3-4-1
TEL 022-257-7777
FAX 022-257-1484
三神峯キャンパス
〒982-0026
仙台市太白区土手内2-1-1
TEL 022-304-2030
FAX 022-304-2160
http://highschool.seiwa.ac.jp

■部活動・同好会
【薬師堂キャンパス】女子バスケットボール、女子サッカー、女子陸上競技、男子陸上競技、ソフトテニス、バレーボール、バドミントン、卓球、水泳、新体操、ハンドボール、ソフトボール、女子弓道、剣道、空手道、英語、ギター、新聞、かるた、演劇、漫画アニメーション、JRC、美術、舞踊＆ダンス、科学、国際、パソコン、フットサル、軽音部など
【三神峯キャンパス】男子バスケットボール、硬式野球、男子サッカー、硬式テニス、陸上競技、男子弓道、チアリーディング、軽音楽、パソコン、吹奏楽、家庭、陶芸、美術、科学、フラダンス部など

■指定校推薦枠
東北学院大、仙台大、宮城学院女子大、仙台白百合女子大、尚絅学院大、東北工業大、石巻専修大、東北生活文化大、東北文化学園大、岩手医科大、神奈川大、駒沢大、日本大、専修大、東洋大、大東文化大、拓殖大、立正大、玉川大、聖徳大、東京女子体育大、駒沢女子大、山梨学院大、亜細亜大、国士舘大、東邦大佐倉看護学校など

■進学先（過去3年間）
東北大、宮城教育大、宮城大、北海道教育大、弘前大、秋田県立大、山形大、埼玉大、筑波大、茨城大、福島大、千葉県立保健医療大、慶応大、明治大、立教大、法政大、中央大、拓殖大、専修大、仙台大、東北学院大、東北福祉大、東北工業大、東北医科薬科大、東北文化学園大、石巻専修大、仙台白百合女子大、東北生活文化大、立命館大、同志社大、関西学院大、ノースアジア大、岩手医科大、愛知東邦大、奥羽大、横浜薬科大、花園大、関西国際大、玉川大、金沢工業大、駒沢大、帝京大、亜細亜大、国士舘大、神奈川大、関東学院大、順天堂大、東京経済大、東京工科大、東京工芸大、東京国際大、東京理科大、東京農業大、東洋大、東京電機大、日本体育大、日本大、新潟医療福祉大、東海大、富士大、文教大、法政大、北里大、名古屋経済大、名城大、聖和学園短大、山形県立米沢女子短大、仙台青葉学院短大、東北生活文化大短大部、仙台赤門短大、葵会仙台看護専門学校、仙台医療センター附属仙台看護助産学校、仙台市医師会看護専門学校、宮城調理製菓専門学校、国際マルチビジネス専門学校など

■就職先（過去3年間）
東京都庁、千葉県警、陸上自衛隊一般曹候補生、陸上自衛隊自衛官候補生、航空自衛隊自衛官候補生、宮城県警、刑務官、トヨタ自動車、日産サティオ宮城、JR東日本総合サービス、ホテルニュー水戸屋、医療法人社団刀根歯科医院、江陽グランドホテル、社会福祉法人ウエルサ寿会、社会福祉法人ノテ福祉会、宗教法人志波彦神社鹽竈神社、松月産業、清水歯科医院、ビックカメラ、新日本信用保証、ジーユー、仙台農業協働組合、仙台ターミナルビル、サロンドシロー、FVジャパン、アルプスアルパイン角田工場、東北フジパン仙台工場、アイリスオーヤマ、葵工業、やまや、ニチイ学館、伊藤ハムデイリー、ヨークベニマル、松島観光物産館、藤崎、白謙蒲鉾店など

サポート体制

一人一人の「やる気」を育てるために

❶学習サポート
- ●ICT教育の充実。タブレットPCを活用し、授業や学校生活をより主体的に、より豊かに
- ●読解力、文章力、基礎学力養成を目的とした朝自習
- ●長期休業中の講習会（全コース）、勉強合宿（特進アドバンス・特進パイオニアのみ）
- ●担当教員制の小論文、面接個別指導（学校推薦型選抜と総合型選抜対策）

❷スクールライフサポート
- ●面談の充実と「こころの支援システム」
- ●教育相談コーディネーターを配置
- ●こころの研修　●生徒会による毎朝のあいさつ運動、身だしなみ点検

❸進路サポート
- ●進路対策基礎講座　●進路指導担当教員による面談
- ●インターンシップ、職場見学会の実施
- ●就職対策演習（2年次から放課後に週1回）
- ●公務員試験対策講座（1年次から）

※詳しい進路実績については『学校案内』を参照

1 年次 自分を知る	**2** 年次 理解を深める	**3** 年次 進路実現のために
進路行事を通して、学習到達度、進路適性を自己理解	研究・実習・体験を積み重ねて目標実現に必要な基礎力を養成	進路目標の達成に向けた実践力固め
主なオリジナルガイダンス	主なオリジナルガイダンス	主なオリジナルガイダンス
■ 系選択ガイダンス ■ 考査及び評価ガイダンス ■ 職業理解ガイダンス など	■ 進学就職に関するマネー講座 ■ 分野別ガイダンス ■ 合格体験ガイダンス ■ 小論文ガイダンス など	■ マナーガイダンス ■ 志望理由書書き方ガイダンス ■ 自己アピールガイダンス ■ 分野別ガイダンス ■ 受験スケジュールガイダンス など

考査及び評価ガイダンス	職業理解ガイダンス	受験スケジュールガイダンス
高校における成績評価のしくみや、考査のシステムなどをわかり易く解説。努力すべきポイントを明確にし、意欲的な学校生活を送るためのガイダンス。	未来の自分を形づくる第一歩、「職業理解」専門分野に分かれて、職種を研究。将来の夢への可能性を追求する。	近年複雑化する入試システム。その有効利用を目的として入試システムの理解からスケジュールの組み方までを手引きする。

club info ～各運動部のこれまでの実績～

【全国大会出場】全国高校サッカー選手権大会男子5回、全日本高等学校女子サッカー選手権大会29年連続、全日本女子サッカー選手権大会（皇后杯）14回、ウィンターカップ（バスケットボール）男子3回・女子30回、全日本総合選手権（バスケットボール）女子6回、全日本卓球選手権大会（卓球）女子7年連続、全日本卓球選手権、全国高等学校女子ソフトボール選抜大会16回、全国私立高等学校バレーボール選手権大会12年連続（22回）、日本選手権大会（チアリーディング）7回、全国高校女子駅伝（陸上競技）5回、日本選手権大会（陸上競技）4回、ジュニアオリンピックカップ（水泳）出場、日本選手権大会（水泳）出場、全日本ユース（U18）大会（フットサル）出場4回、ユースフットサル選抜（フットサル）出場、全国私立高等学校バドミントン選手権大会3回出場

【インターハイ出場】女子ハンドボール部（37年連続38回目）、女子サッカー部（26回）、女子バスケットボール部（50回）、ソフトボール部（17回）、女子卓球部（7年連続7回）、女子バレーボール部（1回）、男子サッカー部（3回）、男子ハンドボール部（4回）、男子卓球部（6回）、女子弓道部（6回）、女子空手道部（13回）、女子新体操部（13回）、女子ソフトテニス部（10回）、女子硬式テニス部（4回）、バドミントン部（2回）、水泳部（25回）、陸上競技部（23年連続38回）

2020年教育改革にも対応し手厚く進路をサポート

難関国公立・私立大学を突破!!

── 国公立大学 ──
- ●東北大　●宮城教育大　●宮城大
- ●北海道教育大　●弘前大
- ●秋田県立大　●山形大　●埼玉大
- ●筑波大　●茨城大　●福島大
- ●千葉県立保健医療大　など

── 私 立 大 ──
- ●慶応大　●明治大　●立教大
- ●法政大　●中央大
- ●東京理科大　●同志社大
- ●立命館大　●関西学院大　など

宮城教育大学教育学部
中等教育専攻　合格
特進パイオニアコース（三神峯）
阿部航大さん　2022年度　卒業

希望の大学を考える際、中学校の国語教員を最上位目標にし、その他のニーズを満たせるのが宮城教育大学でした。1年生から将来設計を本格的に考えていたことが功を奏し、野球部に所属しながらも、学習に熱量を注ぎ続けられました。1人1人に限界があり、越えることは困難です。ですが、越えなければいけない瞬間が来ます。次の刹那に、どんな自分が待っているかは自分次第です。引き出せる最大限の力で、成功をつかんでください。

国際教育センター

本校では、近年加速度的に進む国際社会において、国内外でより実践的に活躍できる人材を輩出すべく、異文化交流の機会を多数設けている。そして、国際社会で生きる際に必要となる知識と教養、地球市民としての感覚を磨き世界に通用する人材を育む。

- ●姉妹校、米ホールデール高校訪問研修
- ●ロータリーの翼、短期・長期留学研修
- ●その他の海外派遣事業

大学・短大との連携

県内3大学と連携
「内部進学制度」で進路も安心！

東北福祉大との間で「包括連携協定」を結び、福祉・看護・保育・幼児教育・情報ビジネスの分野で連携し講義や実習などを通じて学習機会を確保しているほか、仙台大とは「高大連携協定」を締結。スポーツ指導者を目指す生徒はスポーツをベースに健康、栄養、保育などで専門性の高い教育も受けられる。

また実技・筆記試験なしの聖和学園短大内部進学制度もあり、放課後に高校の各キャンパスで事前相談を実施。学習計画書の書き方を短大の教員から丁寧に指導してもらえ、検定料（3万円）や入学金の免除といった特典も受けられる。早期に進路を決定することで、高校3年生の残り期間を部活動や資格取得、免許取得に使えるメリットもある。

聖和学園短大校舎

聖和学園短大食堂

仙台育英学園高等学校

創立者加藤利吉先生の愛称であったライオンのもつ全知、全能を讃え常に未来を考え、グローバルな視野で世界にはばたき、栄光をかちとる人間像を象徴させた仙台育英学園のシンボルマーク

建学精神　▶「至誠」「質実剛健」「自治進取」

平和的な国家及び社会の形成者として、国際化社会・情報化社会に対応できる人格の確立を目指し、個人の尊厳を重んじ、真理と平和を希求する健康的な人間の育成を期する

プロフィール

二つのキャンパス 海外姉妹校100校近く

1905年、学園創立者加藤利吉先生が当時の仙台市東四番丁に私塾「育英塾」を創立したのが仙台育英学園の始まりだ。当初は中等・高等教育機関受験希望者を対象に英語、数学を教授した。45年、戦災により校舎をはじめすべてを失ったが、精力を傾けて奔走した結果、49年に宮城野の現在地に新たな学園を建設した。

現在、仙台市宮城野区と多賀城市に二つのキャンパスを設け、世界12カ国に100校近くの姉妹校を持つ。創立以来7万人を超す卒業生を世に送り出しており、全国有数の伝統・名門校として確固たる地位を築いている。両校舎にはWi-Fi環境が整っており、ICT教育に特化している。また多賀城キャンパスでは東北で初となる「学校内の屋外で5Gエリア化」が実現している。

教育の特色

一人一人の夢を実現 多彩なコースから選択

生徒一人一人の個性や適性、能力を最大限に伸ばし、将来への夢や目標の実現を可能にする4学期制の「全日制普通科単位制」を展開している。

◇「特別進学コース」
（男女／宮城野キャンパス）

国公立・難関私立大学への現役合格を目指す。超難関大学や医歯薬系大学を目指す東大選抜クラスやMAPクラスをはじめ習熟度と進路に応じたクラスを編成、授業にオンライン英会話、「探究型授業」を導入して学習効果を図るほか、朝および放課後学習、夏・冬休みなどの特別講習、自学自習の習慣を身に付ける宿泊研修などの学習機会を設けて、真の実力を養成する。

◇「秀光コース」
（男女／宮城野キャンパス）

「Language, Music & Science」を教育の軸とし、少人数での探究型授業を行う。東北初の国際バカロレア（IB）認定校としてDP資格を利用し、海外理系（医歯薬系を含む）・文系大学、および国内の医歯薬系大学やスーパーグローバル大学への合格する実力を養成する。また最新のICT環境の下で英語でのコミュニケーションスキルやプレゼンテーションスキルも養成する。

◇「情報科学コース」
（男女／宮城野キャンパス）

専門的な情報処理の国際認定資格（グローバルライセンス）を取得しIT関連の大学やその資格を生かせる大学や専門学校などへの進学指導を行う。ICTの基礎から応用まで社会の要請に応えるとともに、生徒の適性や能力に応じた学習を行う。

◇「外国語コース」
（女子／多賀城キャンパス）

多国籍な生徒・教員による国際的な環境と、充実した海外交流プログラムで、高い英語力と国際理解力を育み、主に外国語系・国際系大学進学を目指す。第二外国語（中国語、韓国語、スペイン語）や通常科目を英語で学ぶイマージョン授業、日本伝統文化の華道・茶道の授業も実施。東北初の国際バカロレアDP校で、海外有名大学への道も開かれている。

◇「英進進学コース」
（男女／多賀城キャンパス）

大学進学を意識した数多くの選択可能な教育課程を設置し、受験指導と英語の学力向上に努めている。それぞれの適性・進路に応じて、文系・理系合わせて四つの系に分かれる。希望する進路を実現させるためのカリキュラム編成で、特別選抜クラス、レクチャークラスなどを実施しながら一人一人の習熟度に応じ3年間で着実に実力を磨く。

◇「フレックス・技能開発コース」
（男女／多賀城キャンパス）

全日制課程単位制普通科。部活動と勉強を両立し、学校推薦型選抜を中心とした進路指導を行うフレックスコースと、パティシエ・ベーカリー、メイクアップ、トリマー、幼児保育などの基礎を学び、多様な進路に対応した技能開発コースがある。ともに大学、専門学校進学率は90％を超え、就職率は100％を達成している。技能開発コースではオンライン・ショッピングモール「せんだいまなびや」を生徒自身が運営する。

◇広域通信制課程

4月と10月、年2回の入学機会がある。学習の進め方は、面接指導（スクーリング）の受講と定められた報告課題（レポート）を提出。年間2回実施する期末試験に合格すれば、単位が認定される。スクーリングは、宮城野キャンパス（ILC宮城）のほか、ILC青森、ILC沖縄でも実施する。

行事＆部活動・課外活動

優秀な指導者と充実の環境 全国有数のスポーツ強豪校

部活動は、体育会運動部と文化会学芸部をあわせて40を超える部・同好会・愛好会からなり、優秀な指導者と練習環境で、全国レベルの実績を誇る部もあり、全国有数のスポーツ強豪校だ。硬式野球部は2022年の第104回全国高等学校野球選手権大会で東北勢初の優勝、深紅の大優勝旗悲願の「白河越え」を果たした。また陸上長距離部は19年冬の全国高校駅伝競走大会において男女アベック優勝、21年に女子が優勝を果たした。宮城県高校総体においても数多くのクラブが優勝し、全国大会で仙台育英旋風を巻き起こしている。

ようこそ 我が校へ！

生徒会長　春成　惺真

夢を実現してくれる環境

中学生の皆さん、高校生になったらどのような学生生活を送りたいと考えていますか？勉強に励む人や部活動に打ち込む人、友達との学校生活を全力で楽しむ人、人それぞれ自分の理想とする学校生活があり、夢があると思います。そんな皆さんが理想とする学校生活と夢を実現してくれる環境が仙台育英学園高等学校にはあります。わが校には生徒一人一人の個性を伸ばすべく特色あふれる7つのコースが用意されており、各々の実現させたい夢に応じたカリキュラムを選択することができます。また、カリキュラムだけでなく数多の学習スペースや広大な運動施設などの学内の設備が充実しており、経験豊富な先生方による指導や厳選された教材の提供など自分の励みたいものに思い切り励むことができる環境が整っています。わが校では3000人以上の生徒が日々切磋琢磨しています。皆さんもたくさんの仲間と互いを磨き合い、さらなる高みを目指しませんか？

School Data

校長／加藤雄彦
PTA会長／尾形茂樹
生徒数／全日制3,211人
　　　通信制889人
　　　（2023.5現在）
卒業生数／79,625人
　　　（2023.5現在）

■所在地
宮城野キャンパス
〒983-0045
仙台市宮城野区宮城野2-4-1
TEL 022-256-4141
FAX 022-299-2408
多賀城キャンパス
〒985-0853
多賀城市高橋5-6-1
TEL 022-368-4111
FAX 022-368-2800
https://www.sendaiikuei.ed.jp

■部活動・同好会・愛好会
陸上競技、硬式野球、軟式野球、バレーボール、バスケットボール、ソフトテニス、卓球、サッカー、ラグビー、バドミントン、ハンドボール、柔道、剣道、水泳、硬式テニス、ライフル射撃、なぎなた、弓道、チアリーダー、ラクロス、文芸、演劇、物理・化学・生物、美術、書道、吹奏楽、放送、ILC、インターアクト、茶道、仙台育英獅子太鼓、アニメ・イラスト、ICTパソコン、写真、数楽、軽音楽、合唱、かるた、eスポーツ、ダンス、せんだいまなびや、よさこい、ESS、ロボティクス

■進学状況
〈海外〉
NIC International College in Japan, Goldsmiths University of London, Royal Holloway University of London, University of East Anglia, University of Exeter, Taylor's University, Orange Coast College
〈国公立〉
東北大、北海道大、一橋大、筑波大、東京農工大、宇都宮大、群馬大、埼玉大、千葉大、新潟大、富山大、静岡大、岩手大、宮城教育大、秋田大、山形大、福島大、横浜市立大、埼玉県立大、名桜大、宮城大、国際教養大、会津大、福島県立医科大など
〈私立大〉
慶応大、早稲田大、上智大、明治大、青山学院大、立教大、中央大、法政大、東京理科大、芝浦工業大、東京都市大、東洋大、日本大、専修大、駒沢大、学習院大、成蹊大、流通経済大、名城大、同志社大、立命館大、近畿大、岩手医科大、東北学院大、東北福祉大、東北工業大、東北文化学園大、東北医科薬科大、宮城学院女子大、仙台白百合女子大、尚絅学院大、東北生活文化大、石巻専修大、仙台大など

■専門学校など進学
2023年の専門学校などへの進学者は、210人

■就職状況
2023年の就職者104人（民間86人、公務員など18人）

Hot News

詳細・最新情報はこちら▶

東和蛍雪校舎

本学園の新たな研修施設として活用、植物工場も設置

【写真A】東和蛍雪校舎外観
【写真B】植物工場内部

東和蛍雪校舎が2022年3月、登米市東和町に開校した。本学園と登米市が2021年7月に協定を締結し、旧鱒淵小学校を改修し開校したもので、豊かな自然に恵まれた立地で生徒の研修施設として活用している。敷地内には農園もあり、秋にはジャガイモの収穫も行われている。

さらに、2023年度からの新しい取り組みとして、「植物工場」を設置し、農業教育プログラム（Sustainable Agricultural Academic Program [SAAP]）を開始している。このプログラムを始めるに当たり、東京大大学院農学生命科学研究科の河鰭実之教授ならびに植物工場の企画設計企業「プランツラボラトリー」にご指導いただき、5月には本学園で講演会も行われた。

植物工場で栽培されたレタスが収穫をむかえた際には、本学園北辰館食堂の夕食メニューとして寮生たちに提供されている。

東北初の国際バカロレア【IBDP】認定校

世界共通の難関試験 21人が突破

IBDPを受講した外国語コース（上）と秀光コースの生徒たち

本学園は、国際バカロレア ディプロマ プログラム（IBDP）認定校として、そのプログラムを実践している。2年間の課程を修了し、試験を突破すると、世界の大学への入学資格が得られる。2022年度は、IBクラスでDPを終えた外国語・秀光コースの受講生のうち、計21人が世界共通の難関試験を突破し、フルディプロマを取得した。

アントレプレナーシップワークショップ

起業家的な精神の収得

英進進学コースで「アントレプレナーシップ教育」がスタートした。グローカルなキャリア形成を視野に、リーダーシップや意思決定力など起業家的な精神を養っている。5月に実施されたワークショップでは、ビジネスの基本や市場調査、顧客心理の分析などの講義の後、ワークシートでビジネスプランニングを共有した。

40を超える体育会運動部と文化会学芸部

部活動に燃えて、充実した3年間

本学園には運動部・学芸部を合わせて40を超える部・同好会・愛好会がある。宮城野校舎・多賀城校舎それぞれの生徒は"部活と勉強の両立"をスローガンに、日々、充実した高校生活を送っている。

男子サッカー部

硬式テニス部

吹奏楽部

仙台育英獅子太鼓部

国内外600大学以上 の推薦枠を獲得

海外・国内大学とも併願が可能

本学園は2023年度入試において国内・海外合わせて606大学の学校推薦型選抜（指定校推薦）の枠を獲得した。指定校推薦は学校推薦型選抜の一つで、大学が高校を指定して生徒を受け入れたいと依頼する制度。海外協定大学の学校推薦型選抜の枠は、海外大学のみならず、国内大学とも併願が可能であることが大きな特徴だ。

学校法人
南光学園 **東北高等学校**

二つの正方形を少しずつずらし重ねていけば、やがては丸い円になる。多くの努力を重ねることによって、角のない円満な人格に成長することを表す。

校訓・教育方針 ▶ 「至誠」「忍耐」「勤勉」

「人には皆,それぞれに優れた資質がある」の真実に立ち,内なる才能を啓(ひら)いて輝かせること,この建学の精神である「個性尊重」の教育は,単に特長を伸ばすだけでなく,常に温かいまなざしで生徒の人間性を育み,社会で幅広く活躍できる人材の育成を目指している。

プロフィール

129年の歴史と伝統
二つのキャンパスで個性伸長

【沿革】1894年、仙台市東三番丁に「仙台数学院」を創立、1900年「東北中学校」を北一番丁に設立、五十嵐豊吉が初代校長に就任した。48年学制改革により「東北中学校」「東北高等学校」「東北商業高等学校」を設立、60年に東北商業高等学校および東北高等学校を統合して「東北高等学校」と改称、普通部・商業部を設置した。93年よりコース制を導入し、総合型高等学校へと改編、2004年には全コースが共学となる。22年、泉キャンパスに栄泉コースを設置し、現在2キャンパス6コース体制となる。また12年、日本大学にとって初の「教育提携校」となり、推薦入試での入学者数が大きく増加している。

教育の特色

進学や就職などに対応
6コースで丁寧な教育

青葉区の「小松島」と泉区の「泉」二つのキャンパスに6コースがある。全コースにおいて、建学の精神である「個性尊重」を大切にし、単に個々の特長を伸ばすだけでなく、常に生徒の人間性を温かく見守る指導を行っている。また学力のみに偏重することなく幅広い視野で社会に有為な人材を育成することを目指した教育を日々実践している。

◇**小松島キャンパス**
・**創進コース**
国公立大学・難関私立大学への進学を目指す。

・**文理コース**
有名私立大学現役合格を目指す。

・**文教コース**
大学・専門学校・就職などあらゆる進路希望に対応する。

◇**泉キャンパス**
・**スポーツコース**
アスリートへの成長を促し、スポーツ選手やスポーツ指導者の育成を目指す。

・**栄泉コース**
大学・専門学校・就職などあらゆる進路希望に対応する。

・**総合コース**
学び直しに力を入れ自信を持って社会を生き抜く力を育成する。

【泉キャンパスの取り組み】
泉キャンパスの栄泉コースとスポーツコースでは「進学選抜クラス」を設置し、大学進学教育に力を入れている。自分の好きなことをとことん学べる「キャリア実習」は泉キャンパス最大の特徴。制服以外での登校も可能な金曜日の「カジュアルフライデー」など他校にはない取り組みにより「個性尊重」の教育を実践している。

◇**キャリア(進路)学習**
高校卒業後の進路は人それぞれ。だからこそ、高校時代の進路学習が重要になる。本校では一人一人に合った卒業後の人生設計に役立てるため、さまざまな講習会を企画・開催。時代の先端を意識した講習会はいずれも好評で、在校生たちは毎回真剣に集中して受講している。
【主な講習会】アントレプレナーシップ講習会、マイナビlocusフィールドスタディ、ホンダテクニカルカレッジ講習会(ホンダNSX体験同乗あり)、ライフプラン講習会、スタートアップ講習会、大学ガイダンス、専門学校ガイダンス、就職ガイダンス、面接試験講習会、自動車整備大学校実習研修会　その他多数

行事＆部活動・課外活動

部活充実トップクラス
全国を舞台に活躍

県内トップクラスの50の部活動(同好会含む)は本校の伝統と強み。硬式野球部は甲子園で準優勝、バレーボール部は2005年に全国「三冠」、ソフトテニス部は数多く全国優勝し、女子ゴルフ部は全国5連覇、ゴルフ部男子も14年に全国制覇を果たした。宮城県団体31連覇を誇る水泳部、国体準優勝経験のあるアイスホッケー部、柔道部、陸上競技部、自転車競技部、ライフル射撃部、少林寺拳法部なども数々の優勝を果たし、全国大会でも活躍。卒業生には数多くのプロ選手を輩出しており、その活躍は現在も続いている。2004年には漫画部が漫画選手権(漫画甲子園)で優勝するなど文化部も活躍している。また、学校行事も充実。
【主な行事】▷4月・入学式、オリエンテーション▷5月・生徒総会▷6月・県高校総体▷7月・第1回・第2回オープンキャンパス、スポーツ交流会▷9月・創立記念日、校外ホームルーム、校外研修▷10月・第2回・第3回オープンキャンパス、東北高祭▷11月・生徒会選挙▷3月・卒業式

ようこそ我が校へ！

明るい雰囲気と豊富な選択肢が魅力！

生徒会長　早坂　俐輝

東北高校はとても歴史のある学校で、来年は130周年を迎えます。また、コースや部活動の数が多く、自分の思い描く高校生活に近づくための選択肢がたくさんあることが魅力の一つです。でも数多くの魅力の中でもどの高校にも負けない最大の魅力は、この学校の明るく活動的な雰囲気です。さまざまなイベントは生徒自身が企画・運営し、先生方も一緒になって大いに盛り上がり、日々の学校生活でも、キャンパスのあちこちで笑い声が絶えない学校です。ぜひ、オープンキャンパスや文化祭でその明るい雰囲気に触れて、見て、感じてください。

School Data

校長／五十嵐征彦
生徒数／男子1,119人、女子649人
卒業生数／55,901人
　　　　　(2023.4現在)

■**所在地**
【小松島キャンパス】
〒981-8543
仙台市青葉区小松島4-3-1
TEL 022-234-6361
FAX 022-234-6639
アクセス／JR仙山線東照宮駅から徒歩10分
【泉キャンパス】
〒981-3214
仙台市泉区館7-101-1
TEL 022-379-6001
FAX 022-379-6003
アクセス／市営バス「泉ビレジ1丁目」下車徒歩1分
https://www.tohoku.ed.jp

■**部活動・愛好会**
【小松島キャンパス】アイスホッケー(男)、バスケットボール、バドミントン、ハンドボール(男)、ヨット、ライフル射撃、剣道、山岳、自転車競技、柔道(男)、少林寺拳法、軟式野球、水泳、サッカー(女)、卓球、チアリーダー(女)、パソコン、漫画、映画、演劇、将棋、社会奉仕、科学技術、陶芸、軽音楽、eスポーツ、ビブリオバトル、写真、TOHOKUまなびや
【泉キャンパス】硬式野球、サッカー(男)、ゴルフ、ソフトテニス、バレーボール(男)、陸上競技、柔道(女)、ソフトボール(女)、弓道、合気道、硬式テニス、スピードスケート、フィギュアスケート、音楽、茶道、英語、パソコン、ダンス

■**大学「指定校推薦枠」**
(学校推薦型選抜)
東北学院大、東北工業大、東北文化学園大、尚絅学院大、宮城学院女子大、仙台大、仙台青葉学院短大、日本大、東京理科大、武蔵大、東京電機大、東洋大、東海大、神奈川大、創価大、帝京大、立教大、国士舘大、拓殖大、関東学院大、大妻女子大、千葉工業大、龍谷大、岩手医科大など、181大学1000人以上の指定校推薦枠がある。

■**主な進学状況**
東北大、北海道大、宮城教育大、岩手大、福島大、弘前大、山形大、秋田大、東京学芸大、宮城大、都留文科大、高崎経済大、釧路公立大、東北学院大、東北福祉大、東北文化学園大、宮城学院女子大、東北医科薬科大、東北工業大、尚絅学院大、仙台大、石巻専修大、仙台白百合女子大、東北生活文化大、日本大、早稲田大、立教大、中央大、同志社大、関西学院大、法政大、独協大、立命館大、駒沢大、専修大　その他多数

Hot News

詳細・最新情報はこちら▶

「個性」を尊重し「個性」を生かす二つのキャンパス

青葉区・小松島キャンパス
仙台市中心部 最新鋭の設備がそろう

至誠館

メディアセンター

三楽ホール

ペガサスパーク

泉区・泉キャンパス
広大な敷地に 充実のスポーツ施設と学習環境

西校舎

野球場

アリーナ

陸上競技場

県内トップクラスの充実した50の部活動

やりたいことがきっと見つかる！ 「本気で取り組む高校時代」 「楽しくなくては高校じゃない」

ライフル射撃部

バスケットボール部

音楽部

チアリーダー部

バドミントン部

自転車競技部

30の運動部、18の文化部、2同好会は生徒の個性を伸ばす絶好の機会となっている。eスポーツやパソコン、ビブリオバトルなど活動が多様であることも本校の部活動の大きな特徴。高校生からでも始められる部活動が多いこともうれしいポイント。

「個性尊重」充実の学習サポート体制

「個性尊重」から生まれた著名な卒業生

フィギュアスケート
羽生結弦さん

米国メジャーリーグ投手
ダルビッシュ有さん

フィギュアスケート
荒川静香さん

元プロゴルファー
宮里藍さん

テレビ・ラジオで活躍
本間秋彦さん

ICT教育と高速通信環境 株式会社Childays「とんぺい学習会」

これからの時代、欠くことのできない生徒の「生きる力」育成の一つとしてICT教育を推進。日々の連絡事項から授業、探究学習、部活動の記録など高校生活全般にわたって1人1台の「iPad」を活用している。学校ではWi-Fi環境が整備され、iPadを用いた授業はもちろん「調べ学習」や「学習アプリ」にも対応。ストレスなくICT機器を使いこなせる。
また、本校の個別最適化学習の一つ、東北大現役学生による個別学習支援「とんぺい学習会」は「めきめきと学力が向上する」と生徒から大好評。

電子図書館 ライブラリエ (LibrariE)

大切な成長期である高校時代に読書がもたらす力は計りしれないと考え、本校では気軽に本を借りることができる「電子図書館（ライブラリエ）」を導入。iPadでもスマートフォンでも自分の好きな時間・場所で好きな本を読むことができる。多様なジャンルから試し読みもでき、読書の面白さを発見できる。

進学・教育で大学とタッグ

提携大学 高大連携教育

自主創造 日本大学 NIHON UNIVERSITY

東北福祉大学 TOHOKU FUKUSHI UNIVERSITY

愛のある知性を。 宮城学院女子大学

東北文化学園大学

進学先としてだけではなく、高校時代における学びを深めるための、大学との連携を推進している。

一番町サテライトキャンパス　フリースクール・学習センター

東北高校はさまざまな悩みを抱えた 生徒一人一人に寄り添います

「個性尊重」を使命として掲げ、誰もが抱く「悩み」も個性と捉える本校。
「中学校で欠席が多かった」という理由で入学試験を不合格にすることはなく、入学後もしも「ちょっと学校に行きづらい」という気持ちになったとしても仙台市中心地にある「一番町サテライトキャンパス　フリースクール」に登校して勉強に取り組むことで出席となるので安心だ。もちろん在籍していたクラスに戻ることも可能。サテライトキャンパスは仙台駅から徒歩10分程度と通学しやすく併設の「学習センター」で、悩みを抱える生徒の学びもサポートしている。

学校法人三島学園 東北生活文化大学高等学校

鏡に我が身を映し、自らを修め、身の品高く、潔く進んで欲しいとの趣旨を持つ「真澄（ますみ）の鏡」にちなむ。

校訓・教育方針 ▶ 励み 謹み 慈み

「生徒一人ひとりの心に迫る学校づくり」で「調和のとれた、愛情豊かで、実践力のある人」を育てる。

ようこそ我が校へ！ 個性を生かせる学校

生徒会長 明石 結奈

生文高には、新設された看護医療コースを含め、特色ある学科コースがたくさんあります。自分に合ったコースを選ぶことで個性を生かすことができます。部活動や学校行事も盛んなので充実した学校生活を送ることができると思います。受験生の皆さんぜひ入学してきてください。待っています。

プロフィール
卒業生、各界で活躍 男女共学制を実施

東北生活文化大学高校は、学校法人・三島学園が運営する私立の共学校。校舎がある泉区虹の丘には、大学、短大部と共に総合キャンパスを形成している。

1900年に三島駒治・よし両先生により、夜間開講の「東北法律学校」として創立された。その後、女子を対象とする実学教育のため、昼間制の「東北女子職業学校」を開校。仙台市における先駆的な女子教育機関として発展を続け、戦後の学制改革により、48年には「三島学園女子高等学校」と改称。2003年には時代の変化に対応して、男女共学制を実施。同時に50年以上もの歴史を誇った校名を「東北生活文化大学高等学校」に改称している。

教育の特色
生徒の個性を尊重 多彩なコース設置

●普通科 未来創造コース

進学や就職まで幅広い進路に対応できるのが未来創造コース。夢を模索中の人もあらゆる分野に興味、関心が広がる多彩なユニットカリキュラムを複数選択でき、将来の進路をじっくりと模索できる。

●普通科 保育コース

保育者として必要な感性と社会性を養うコース。系列の幼稚園や近隣の施設に通う子どもたちとの交流もあり、保育者として必要な知識と技術を学ぶ。保育系大学への進学にも対応しており、本学園短大部への進学の際は入学特典もある。

●普通科 進学コース

新たに生まれ変わった進学コー

スは、多様な選択科目から個々の目的に応じて自由に選択できるカリキュラムを導入している。総合型選抜・学校推薦型選抜・一般選抜まで対応するために、独自の探究型学習の導入や受験対策講習などを実施している。

●普通科 看護医療コース【2022年度新設】

2022年度に新設した看護医療コースでは、高校3年間で看護医療系の職業観を身に付け、看護医療系大学・短大・専門学校の進学を目指すコース。専門機関や予備校と連携し、看護医療探究の授業や看護医療系特別講座を通して、さまざまな視点から看護医療を学び、資質を高めている。

●商業科 情報ビジネスコース

実習を通じて情報を適切に収集・処理・管理する技術や方法を学び、さらに情報を分析・発信する幅広い情報活用能力を身に付ける。多くの資格取得ができ、就職のみならず、情報系専門分野への進学にも対応している。

●商業科 進学ライセンスコース

新しいビジネス展開を図る企業家を育成し、産業界のリーダーを目指すためのコース。ビジネスの基本を学び、マーケティングや会計分野

を重点的に学習する。各種商業系大会の実績や有資格推薦制度を活用した経済・経営・商業系の大学進学に対応している。

●美術・デザイン科

美術・デザイン教育を通して、豊かな感性を育み、創造的な表現力を養う学科。東京芸術大など美術系大学への進学を目指すための実技指導を徹底する。一方で将来ク

School Data

学校長／佐々木武弘
副校長／水沼武晴
教頭／油井康浩、吉本世一
PTA会長／樺澤淳
生徒数／男子461人、女子517人
卒業生数／26,595人
　　　（2023.4現在）
同窓会長／近江惠美子

■所在地
〒981-8585
仙台市泉区虹の丘1-18
TEL 022-272-7522（入試広報室）
FAX 022-272-7563
https://www.seibun.ed.jp

■クラブ活動
ソフトボール、サッカー、硬式野球、バドミントン、ソフトテニス、バスケットボール、バレーボール、卓球、弓道、陸上競技、少林寺拳法、剣道、ライフル射撃、ギター、吹奏楽、合唱、語学、演劇、パソコン、放送、写真、文学、美術、デッサン、科学、家政、ダンス、書道、茶道、華道、マンガ・イラスト、商業経済研究、生文塾、eスポーツ、JRC

■進学状況
○大学
東京芸術大、宮城教育大、秋田大、岩手大、弘前大、福島大、山形大、宮城大、岩手県立大、秋田公立美術大、富山大、広島市立大、長岡造形大、前橋工科大、東北生活文化大、東北学院大、東北福祉大、東北工業大、東北文化学園大、宮城学院女子大、仙台白百合女子大、尚絅学院大、石巻専修大、仙台大、北里大、盛岡大、東北芸術工科大、富士大、奥羽大、日本薬科大、拓殖大、東京女子医科大、実践女子大、東京農業大、関東学院大、東京情報大、城西国際大、東京工芸大、日本大、東洋大、亜細亜大、武蔵野大、東海大、千葉商科大、流通経済大、上武大、明星大、中央学院大、日本体育大、国際武道大、多摩美術大、武蔵野美術大、東京造形大、女子美術大、京都造形芸術大、京都精

華大、文星芸術大、名古屋造形大、大阪芸術大など
○短期大学
東北生活文化大短大部、山形県立米沢女子短大、聖和学園短大、仙台青葉学院短大、仙台赤門短大、宮城誠真短大、福島学院大短大部、東京成徳短大、国際学院埼玉短大など
○専門学校
仙台医療センター附属仙台看護助産学校、東北労災看護専門学校、仙台市医師会看護専門学校、仙台徳洲会看護専門学校、葵会仙台看護専門学校、JCHO東京山手メディカルセンター附属看護専門学校、亀田医療技術専門学校、君津中央病院附属看護専門学校、太田看護専門学校、埼玉医療福祉会看護専門学校、日本医科大看護専門学校、富士吉田市立看護専門学校、神奈川衛生学園専門学校、晃陽看護栄養専門学校、関西看護専門学校、仙台高等技術専門校、仙台医療福祉専門学校、東北電子専門学校、仙台ヘアメイク専門学校、仙台理容美容専門学校、仙台リゾート＆スポーツ専門学校、東京法律専門学校仙台校、東北動物看護学院、東北文化学園専門学校、花壇自動車大学校、仙台大原簿記情報公務員専門学校など

■就職状況
厚生労働省、陸上自衛隊、宮城県県警、千葉県警、黒川地域行政事務組合、七十七銀行、ジェイアールテクノサービス仙台、トヨタ紡績東北、アイリスオーヤマ、日立Astemo、ブリヂストンBRM、ALSOK宮城、いすゞ自動車東北、ANAスカイビルサービス、仙台三越、東日本旅客鉄道、菓匠三全、白松がモナカ本舗、ヨークベニマル、ヤマダ電機、ネッツトヨタ仙台、佐川急便、カメイ、阿部蒲鉾店、ジーユー、日本通運仙台支店、紀生、松田会、トヨタレンタリース宮城、トヨタレンタリース仙台、ホテル瑞鳳、一の坊、緑水亭、半田屋、アミノ、扇屋商事、ジェイ商事、仙台トヨペット、ホテル佐勘、マックスバリュ南東北、宮城県学校給食会など

リエイティブ業界で活躍できるように専門機関との連携を深め、より高度なIT・CG教育を展開している。

Hot News

詳細・最新情報はこちら▶

普通科看護医療コース（2022年4月スタート）

夢を実現する 二つの看護医療系対策

本校では、看護師や理学療法士など、医療従事者として将来活躍したいという生徒のために、看護医療系講座と看護医療系進学対策講座の2種類の講座を設置している。具体的な専門科目を学びながら将来の道を探す「看護医療探究」と、夢を具体的にするための「看護医療系進学対策講座」がある。皆さんの看護医療系への進学の道を開くコースとなっている。

看護医療系対策講座　　応急処置について　　洗髪・口腔ケア援助技術演習

寝衣交換演習　　車いすの移乗と移送　　ふれあい看護体験

看護医療探究　[学校設定科目]

看護医療探究では関係機関との連携により、看護医療系の基礎科目を演習や体験を通して学ぶ。看護医療系のさまざまな科目を幅広く学ぶことで、高校卒業後の目標設定と将来活躍する道を探究していく。

- 看護系専門科目
- リハビリテーション系専門科目
- 臨床工学系専門科目
- 言語聴覚系専門科目
- 保健系専門科目
- 視能訓練系専門科目

看護医療系進学対策講座

本校では、大学や専門学校などの教育機関や総合病院、予備校などと連携し、職業理解から進学対策までの全てを行う。将来の自分を見つけ目標を設定し、夢の実現に向け進学対策を3年間計画で取り組んでいく。

- 看護医療系大学訪問
- 看護医療系大学単独説明会
- 看護医療系講座
- 病院訪問見学
- 入試対策講座
- 医療界で活躍する先輩とのディスカッション

「五つの新しい学び」が始まる！！

① 「看護医療コース」を普通科に設置！
社会に求められる医療人を育成するための看護医療の基礎を学ぶコースを設置する。3学科6コース体制で生徒の個性を伸ばす。

② 「探究型スクール構想」の始動！
特色ある学科・コース体制、多彩な放課後講習、iPadの導入など充実した環境を準備して、生徒の能動的な学習シーンを支援し、さまざまな面から探究型の学校を目指す。

③ 「ICT教育」先進的な学習機会を創出！
iPadセルラーモデル1人1台を導入し、デジタルツールを駆使して「学びの質の向上」を進める。

④ 「部活動の活性化」を推進！
運動部・文化部の活動を通して人間性を高め「考える力」を育成することを目的に、より部活動に専念できる体制を準備する。

⑤ 「成長できる学校」の環境を整備！
「学科・コース体制」「放課後講習」「生文塾」「各種検定試験」など多様な環境を準備し、一人一人のニーズに対応した学びの機会を数多く提供する。

美術・デザイン科 日本の美術大学最高峰に合格！

祝 東京芸術大学 2名合格！

美術・デザイン科の小山颯汰さんと、中野優音さんが東京芸術大学に見事合格。

美術・デザイン科では、学科カリキュラムの改革や施設の増設など、さまざまな改革を通じて美術・デザイン科のレベルアップを進めている。また、首都圏の美術予備校との連携も強化している。

商業科　超難関資格に合格！

公認会計士／日商簿記検定1級合格！

本校は、ビジネスの基本となる資格が取得できる県内私立高校唯一の商業科を設置している。日商簿記検定や国家試験である基本情報技術者試験・ITパスポート試験をはじめ、数多くの資格合格者を輩出している。本校でも合格率10%前後の超難関である日商簿記1級に合格者を輩出。また各種競技大会においても全国大会出場を達成。商業科卒業生から3人の公認会計士を輩出している。

2024年度　学科・コース

目的・進路別に選べる3学科6コース

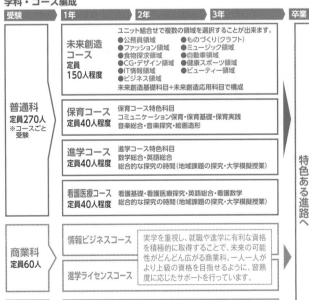

学科・コース編成

受験	1年	2年	3年	卒業
普通科 定員270人 ※コースごと受験	未来創造コース 定員150人程度	ユニット組合せで複数の領域を選択することが出来ます。●公務員領域 ●ファッション領域 ●食物探求領域 ●CG・デザイン領域 ●IT情報領域 ●ビジネス領域 ●ものづくり（クラフト）●ミュージック領域 ●自動車領域 ●健康スポーツ領域 ●ビューティー領域 未来創造基礎科目＋未来創造応用科目で構成		特色ある進路へ
	保育コース 定員40人程度	保育コース特色科目 コミュニケーション保育・保育基礎・保育実践 音楽総合・音楽探究・絵画造形		
	進学コース 定員40人程度	進学コース特色科目 数学総合・英語総合 総合的な探究の時間（地域課題の探究・大学模擬授業）		
	看護医療コース 定員40人程度	看護基礎・看護医療探究・英語総合・看護数学 総合的な探究の時間（地域課題の探究・大学模擬授業）		
商業科 定員60人	情報ビジネスコース	実学を重視し、就職や進学に有利な資格を積極的に取得することで、未来の可能性がどんどん広がる商業科。一人一人がより上級の資格を目指せるように、習熟度に応じたサポートを行っています。		
	進学ライセンスコース			
美術・デザイン科 定員60人		絵画・工芸・彫刻などの美術領域と、デザイン全般からコンピュータを使うデザイン領域までを幅広く学習します。展覧会やアートイベントなどの校外活動にも参加しながら、豊かな感性と表現力を養います。		

※入試ではスライド合格制度を実施

3学科6コースがあり多様な専門領域から自分に合ったコースを選べる。自分が最も進みたい道を選び夢の実現に向けて頑張ろう！

137

大崎中央高等学校

「白菊のように霜に耐え、清く、明るく、美しく」の心情を培い、「忍耐努力」を重ね、「創造開拓」の精神を涵養し、時代の進展に即応して逞しく生きる。

校舎　　硬式野球部

校訓・教育方針　白菊の花のように霜に耐え、清く、明るく、美しく

知育、徳育、体育の調和のとれた教育を基盤に、2006年度より新たに「高校生らしい高校生のいる学校」という教育目標を掲げ、「生徒にとって学びたくなる・保護者にとって通わせたくなる・地域にとって県下に誇れる学校」を目指している。

プロフィール
豊かな人間性を養い総合的な能力を育成

【沿革】1963年4月、祇園寺学園祇園寺高等学校として創立された普通科高校。86年4月から、啓誠学園大崎中央高等学校へと改編し、祇園寺学園祇園寺高等学校と合わせて2013年で50周年を迎えた。時代の進展に即応し、心情豊かにたくましく生き抜く人材の育成を目指して、楽しく活気があり、おおらかな学校生活を送れるように努めている。また、15年度から制服に「OLIVE des OLIVE」というブランドを取り入れ、モデルチェンジをしている。22年度からは女子の制服にスラックスを追加した。

【学科・コース】11年度、地域社会の要望と建学の精神を積極的に前進させるべく、介護福祉コース、総合コースを設置した。また、16年度より、保育コースを新設し、三つのコースで募集している。

総合コースは2年次より、自らの進路希望に合わせてクラスを選択することができる。総合進学クラスは大学、短大、公務員を目指すクラスである。そのため、英語・数学・国語を中心に7時間目として課外授業を実施しており、個別指導も行っている。総合教養クラスは就職が主な進路。普通教科だけでなく、就職

女子バレーボール部

対策として就職国語や就職数学、就職社会など、学校独自の科目も設定している。また、スポーツ、情報など興味関心に合わせて自由に選べる選択授業も実施している。さらに22年度から総合コースに新たにアスリートクラスを新設。専攻するスポーツを追求したい人、将来的に指導者やトレーナー、柔道整復師など、スポーツに携わる職業に就きたい人を対象としたカリキュラムを設定している。このように22年度からは、自分の進路希望に合わせて三つのクラスから選択することが可能になった。

介護福祉コースは、介護のスペシャリスト養成を目指しており、卒業と同時に介護職員初任者研修課程を修得することができる。

保育コースは隣接する宮城誠真短大と授業や進学に関して連携し、保育の現場で活躍できるプロフェッショナル養成を目指している。

進路では、「総合的な探求の時間」を中心に「キャリア教育の充実」を図っている。インターネットを利用し、さまざまな職業や大学、専門学校の情報を生徒自ら収集。早い段階から進路に目を向けてもらうのが狙い。また、この時間を利用して、学年ごと、段階的に年に3回以上進路ガイダンスを実施しており、進路に対する意識向上を図っている。

一人一人の個性を理解するため、少人数ホームルーム制も導入、きめ細やかな指導を心掛けている。また、不登校対策として「フリークラス（別室学習）」を設け、生徒が教室に復帰できるよう、個人に適した学習支援を行っている。その他、家庭訪問の強化、専門のスクールカウ

ンセラーによるカウンセリングの実施など心のケアにも気を配っている。

行事&部活動・課外活動
活躍光る硬式野球部奉仕活動に高い評価

硬式野球部、女子バレーボール部、スキー部が強化指定部となっている。

特に、硬式野球部は2010年度の春季県大会で準優勝を果たし、東北大会に出場。また、18年度の秋季大会でも第三代表として東北大会に出場し、ベスト16の成績を残すなど着実に力を付けてきている。また、女子バレーボール部も10年度、11年度、14年度に全国私学大会出場、19年度の県高校総体ではベスト8進出を果たすなど顕著な活躍が目立っている。さらに、スキー部も本格的に活動を再開し、16年度には宮城県で総合優勝を果たし、インターハイ、国体にも出場した。

また、学校行事も盛り上がりを見せてきている。中央祭（文化祭）は近年、一般公開となり、生徒会役員と実行委員が中心となって開催。当日は生徒やPTAが模擬店を出店し、毎年大盛況。売り上げ金は募金活動の一環として、災害被災地への義援金として送っている。また、毎年献血車が来校し、たくさんの生徒が献血に参加。その功労が評価され、日本赤十字社から金色有功章を贈呈されるなど、学校を挙げてボランティア活動に貢献している。

【主な行事】▷4月・始業式、入学式、対面式▷5月・開校記念日、地区総体、生徒総会▷6月・県高校総体、中間考査▷7月・インターンシップ（就業体験）、第1回オープンスクール▷8月・実力テスト▷9月・第2回オープンスクール、期末考査、校内球技大会、体育祭、第1学期終業式▷10月・第2学期始業式、文化祭▷11月・修学旅行（2年）、進学相談会▷12月・中間考査▷2月・期末考査、ウインタースポーツ教室▷3月・卒業式、修業式、離任式

School Data

校長／佐々木哲
教頭／菊地準
生徒数／男子147人、女子104人
卒業生数／11,388人
（2023.4現在）
同窓会長／佐藤晃

■所在地
〒989-6105
大崎市古川福沼1-27-1
TEL 0229-22-2030
FAX 0229-23-8648
http://www.osakichuo.ed.jp/
アクセス／JR古川駅より徒歩15分

■部活動・愛好会
【部活動】陸上、スキー、剣道、バスケットボール、バレーボール（女）、硬式野球、卓球、サッカー、ソフトテニス、空手道、ハンドボール、美術、科学、パソコン
【愛好会】バドミントン、折り紙、音楽、和太鼓、ダンス

■大学進学指定校推薦枠
東北学院大、仙台大、石巻専修大、仙台白百合女子大、東北文化学園大、宮城学院女子大、青森大、富士大、ノースアジア大、八戸工業大、東日本国際大、宮城誠真短大、聖和学園短大、仙台青葉学院短大など

■進学状況
東北学院大、東北工業大、仙台大、東北福祉大、石巻専修大、宮城学院女子大、仙台白百合女子大、尚絅学院大、富士大、ノースアジア大、八戸工業大、関西国際大、東日本国際大、宮城誠真短大、聖和学園短大、仙台青葉学院短大、修紅短大など

■就職状況
大崎地域広域行政事務組合消防職員、自衛隊、警視庁、トヨタ自動車東日本、日本通運、イトーヨーカ堂、ヨークベニマル、TOYOTIRE、東北フジパン仙台工場など

尚絅学院高等学校

梅の花は春浅い寒さの中に開き、良い香りをはなつ。1902年、この梅の花に建学の精神に通じる姿を見出して校章が制定された。

2024年度より制服・私服どちらでも選択できます

書道部

校訓・教育方針

キリスト教を土台として人間のあり方を探り、他者と共に生きる

◆真理の探求に努めよう　　◆自立できる人間になろう
◆命を大切にする心を育てよう　◆健康な生活習慣を身につけよう

プロフィール

一人ひとりの進路実現に向けきめ細かいサポート

【沿革】1892（明治25）年にアメリカの女性宣教師たちによって創設された尚絅学院は2023年に創立131年を迎える。創立以来キリスト教の教えを土台とする人間教育に努めた歴史と伝統を受け継ぎ、現在もより良い教育を追求している。

地下鉄東西線「国際センター駅」から徒歩10分ほどの通学に便利な中心部にありながら、周辺には多くの文化・教育施設があり豊かな緑に囲まれ大変恵まれた環境にある。

【学科・コース】特別進学コース、文理進学コース、総合進学コースの3コースがある。

特別進学コースは、国公立大・難関私立大の合格を目指す。専任指導チーム、担任教員、進路指導部が連携して、戦略的な受験指導を行い、受験対策を徹底させたカリキュラムときめ細かなサポートで、3年後の高い目標を実現させる。

文理進学コースは、中堅クラス以上の国公立大・私立大合格が目標。文系・理系を問わず、一人一人の希望に応じた大学進学を実現する。

授業風景

学業にしっかり取り組むだけでなく、生徒会活動や部活動の中心となる生徒が多いのが特徴。

総合進学コースは、目標を持って入学し、個性を生かした進路を選ぶ人に適している。基礎学力のアップに重きを置きつつ、課外活動・ボランティア・国際交流などの参加も積極的に促す。高校生活3年間で一生懸命に取り組んだ結果を進路達成に生かし、総合型選抜や学校推薦型選抜で進学する生徒が多い。系列の尚絅学院大へ進学する生徒も多くいる。

行事＆部活動・課外活動

クリスマス礼拝など協力し学ぶ学校行事

年間を通してさまざまな学校行事があり、運動会、尚絅祭（文化祭）、クリスマス礼拝など、共に協力し合い、学びあえる機会が豊富にある。

運動部では弓道部が全国大会出場、強化指定部の女子バレーボール部、女子バスケットボール部、女子バドミントン部は強豪校として顕著な実績を残し全国を目指している。

文化部も演劇部が高等学校演劇コンクールにおいて、宮城県代表校として東北大会に出場するなど、活発に活動している。また海外の姉妹校・交流校を始めとした国際交流のプログラムが充実している。世界の文化や人々とふれあう機会が数多く用意されている。
○短期留学（約1～2週間）オーストラリア夏季語学研修、ドイツ・韓国との交換留学、カンボジアスタディーツアー。
○中期留学（約3カ月）アメリカ・カナダ・イギリス・オーストラリア・ニュージーランドから選択できる。
○長期留学（1年間）オーストラリア
【2022年度の主な活躍】
弓道部:全国高校選抜大会出場
女子バレーボール部:全国私立大会出場
女子バスケットボール部:岩手・宮城対県選抜大会優勝
女子バドミントン部:全国選抜大会東北地区予選出場
演劇部:東北地区高校演劇発表会優良賞
軽音楽部:県高校対抗バンド合戦1年生大会グランプリ
ダンス部:県高文連ダンスフェスティバル奨励賞
【主な行事】入学を祝う会、運動会、前期キリスト教教育週間、花の日礼拝、平和学習、立会演説会、平和祈願礼拝、尚絅祭（文化祭）、後期キリスト教教育週間、芸術鑑賞会、収穫感謝礼拝、修学旅行、創立記念礼拝、クリスマス礼拝、夏期・冬期リーダー研修会、卒業を祝う会、施設訪問、尚絅学院大学訪問、仙台ハーフマラソンボランティア

School Data

校長／村上礼子
教頭／佐々木達也、佐藤信義
生徒数／男子332人、女子550人

■所在地
〒980-0871
仙台市青葉区八幡1-9-27
TEL 022-264-5881
FAX 022-264-5901
https://sh.shokei.jp/
アクセス／地下鉄東西線「国際センター駅」から徒歩10分

■部活動・愛好会
バレーボール（女）、ソフトボール（女）、サッカー（男）、軟式野球（男）、バスケットボール、バドミントン、ソフトテニス、陸上、弓道、剣道、管弦楽、合唱、演劇、書道、美術、茶道、軽音楽、ダンス、宗教、放送、インターアクト、家政奉仕、応援団（チア）

■大学指定校推薦枠
尚絅学院大、東北学院大、東北工業大、宮城学院女子大、東北芸術工科大、城西大、東京国際大、独協大、中央学院大、東京情報大、桜美林大、杏林大、駒沢女子大、実践女子大、東京電機大、東京農業大、東洋大、日本大、法政大、武蔵野大、明治学院大、関東学院大、フェリス女学院大、立命館大、国際基督教大など

■進学状況
【特別進学コース】
帯広畜産大、岩手大、東北大、宮城教育大、秋田大、山形大、茨城大、埼玉大、新潟大、宮城大、横浜市立大、金沢美術工芸大、桜美林大、北里大、慶応義塾大、明治大、立教大など
【文理進学コース】
北海道教育大、宮城教育大、山形大、信州大、京都大、高知大、宮城大、秋田県立大、会津大、山梨県立大、名桜大、東北医科薬科大、東北芸術工科大、文教大、神田外語大、独協医科大、桜美林大、杏林大、国際基督教大、専修大、帝京大、日本大、明治大、明治学院大など
【総合進学コース】
弘前大、宮城大、名桜大、北海道医療大、東北学院大、東北工業大、東北福祉大、宮城学院女子大、尚絅学院大、茨城キリスト教大、独協大、文京学院大、城西国際大、実践女子大、拓殖大、日本大、文化学園大、法政大、東京都市大、明治学院大など

聖ウルスラ学院英智高等学校

悪からの防御を象徴する盾に、創立者聖アンジェラの純潔を表す白、保護者聖ウルスラを殉教へ駆り立てた愛を表現した赤を配する。ユリもまた、純潔を示す。

校舎（正面から）

吹奏楽部のコンサート

特別志学コースType1・1年生の大学見学研修（東大赤門前）

校訓・教育方針 ▶ キリスト教的人間観に基づく人格の形成

人知を超えた恵みを感じつつ、自己を確立し、自覚と意欲を持って学習に取り組む。他者を認め尊重し、互いに寛容・忍耐・思いやりの心を持ち、他の人々の役に立つ。

プロフィール

「学び」第一を掲げ 進路目標達成

【沿革】1936年10月15日にカナダより、聖ウルスラ会修道女メール・セント・マチルドほか3人が来日。40年に仙台市木ノ下に修道院を創設した。翌41年には、聖ウルスラ学院最初の学校となる「あずま幼稚園」を仙台市の木ノ下に開園。48年に聖ウルスラ学院家庭学校を創立した。49年には「小さき花幼稚園」、50年に「聖ウルスラ学院小学校」を創立。翌51年には、学校法人聖ウルスラ学院として認可を受けた。56年には一本杉に「聖ウルスラ学院中学校」を創立。59年には高等学校の運営も開始した。

2004年、構造改革特別区域計画「みやぎ私立学校教育特区」における研究開発学校として、小中一貫校としての認定を受けた。翌05年に、「聖ウルスラ学院英智小・中学校」「聖ウルスラ学院英智高等学校」に校名を変更。男女共学となった。

【学科・コース】尚志コースは、「充実した進路指導」「作法」「自主活動」をコースの柱とし、ウルスラ伝統の教育を展開。伝統ある英語教育・国際理解教育が充実しているだけでなく、多数の指定校推薦入試枠を利用し、大学への進学に対応している。「作法」では仙台藩伊達家に伝わる「仙台藩作法」を週1時間3年間学び、「自主活動」では部活動の加入率が90％を超えているなど充実した学校生活が送れる。

特別志学コースType1は「国立大学、一般受験、現役合格」を目標に、大学合格へ向けて週6日制、平日課外、長期休暇課外と、十分な指導が行われている。

特別志学コースType2は大学入試に対応したカリキュラムで、週6日制はType1と同じであるが、部活動両立型という点で、受験生のニーズに高く応えられるコースである。第2外国語としてフランス語と中国語の授業があり、独自の「グローバル実践」など特色ある授業も行っている。

行事＆部活動・課外活動

活気ある部活動 全国舞台に実績

本校の部活動はどの部活動ともそれぞれ活発に行われており、実績も高い。

運動部では男女バドミントン部が全国でもトップクラスで、毎年全国大会出場を果たしている。2022年度は、全国選抜大会で男子が団体準優勝を果たした。その他の部も含め、22年インターハイには、バドミントン部が男女ともに団体・シングルス・ダブルスでの出場を果たしたほか、卓球部女子個人が出場を果たした。このほか、ソフトテニス部男女等もさまざまな全国大会に出場するなど活躍している。

文化部では書道、合唱、そして吹奏楽部が大活躍している。特に吹奏楽部は、宮城県吹奏楽コンクール、全日本マーチングコンテスト宮城県大会のいずれにおいても1位を獲得し、さらに、コンクール、マーチングコンテストともに東北大会を勝ち抜いて全国大会に出場した。合唱部は、各種コンクールでの活躍のほか、県アンサンブルコンテストでは1位・河北新報社賞を受賞し、全国大会でも銀賞に輝いた。書道部の藤崎デパートでの書道展は23年で24回を迎える。

【主な行事】▷4月・始業式、入学式、対面式、オリエンテーション、健康診断、学力試験、交通安全教室、学級懇談会、PTA総会▷5月・生徒総会、マリア祭▷6月・高総体、前期中間試験、防災訓練▷7月・遠足、球技大会、性教育講演会、進路保護者会▷8月・聖ウルスラ英智祭▷9月・生徒会役員選挙、前期末試験、前期終業▷10月・後期始業、体育祭、創立記念日、静修会、仙台藩作法特別講座▷11月・国際理解講演会、後期中間試験、修学旅行▷12月・防災訓練、クリスマス祭儀▷1月・学力試験、聖アンジェラの日▷2月・送別会、学年末試験▷3月・卒業式、生徒総会、修了式

School Data

理事長／梶田叡一
学校長／伊藤宣子
教頭／鎌田聡、内海知子、後藤健一
生徒数／男子273人、女子595人

■所在地
〒984-0828
仙台市若林区一本杉町1-2
TEL 022-286-3557
FAX 022-286-7279
http://www.st-ursula.ac.jp/

■部活動・同好会
バレーボール、バスケットボール、バドミントン、卓球、ソフトテニス、新体操、剣道、サッカー、陸上競技、茶道、吹奏楽、美術、書道、華道、合唱、放送、JRC、自然科学、サッカー同好会、バスケットボール同好会、イラストレーション同好会、調理同好会、軽音楽同好会、ダンス同好会

■大学進学指定校推薦枠
上智大、早稲田大、国際基督教大、明治大、立教大、法政大、中央大、青山学院大、東京理科大、独協大、南山大、神奈川大、東京電機大、昭和女子大、東京女子大、大東文化大、聖心女子大、白百合女子大、津田塾大、日本女子大、立命館大、日本大、関西学院大、東北医科薬科大、宮城学院女子大、尚絅学院大など140大学以上

■進学状況（2022年度実績）
＜特別志学コースType1＞
東北大（医を含む）、北海道大、岩手大、山形大、福島大、筑波大、新潟大、千葉大、信州大、琉球大、高崎経済大、早稲田大、慶応義塾大、上智大、東京理科大、明治大、立教大、中央大、青山学院大、法政大、防衛医科大学校、防衛大学校、航空保安大学校など
＜特別志学コースType2＞
宮城教育大、弘前大、岩手大、山形大、埼玉大、信州大、静岡大、宮城大、青森県立保健大、会津大、早稲田大、慶応義塾大、上智大、国際基督教大、東京理科大、立教大、中央大、青山学院大、法政大、東北医科薬科大、東北学院大、東北福祉大、防衛大学校など
＜尚志コース＞
筑波大、青森県立保健大、上智大、明治大、立教大、法政大、日本大、東京経済大、昭和女子大、玉川大、岩手医科大、立命館大、東北医科薬科大、東北学院大、東北福祉大、宮城学院女子大、尚絅学院大、仙台白百合女子大など

■就職状況
国土交通省東北地方整備局事務官、陸上自衛官など

聖ドミニコ学院高等学校

盾はドミニコ会のモットーである「真理」の意。白は純潔と神の御前に正しく生きる者の持つ深い歓喜を、黒は他人の幸せに奉仕するために自分を捨てる精神を象徴する。

ヴェリタス館

授業風景

バレーボール部

剣道部

校訓・教育方針▶ カトリック精神に基づき神の前に平等な人間として互いに他を大切にしつつ神の愛に生きる人間を育成します

・真理（Veritas）正しいことを知り、愛と誠をもってそれを実践する

プロフィール

カトリックの精神を礎に品格、実践力を身に付ける

【沿革】本学院は、13世紀のはじめ、スペインの聖ドミニコによって創設された説教者兄弟会の流れをくみ、ローマに本部を持つ聖ドミニコ女子修道会を母体として創立されたものである。1960年に聖ドミニコ学院高等学校が創立された。世界各地に聖ドミニコ学院を設立しており、世界中に姉妹校がある。

【教育方針】キリストとの関わりを中心とする世界観を基礎においた理念の下で、「一人ひとりの尊厳の尊重」「神の愛の認識」「隣人への愛」「社会のパン種」を柱として、歴史や社会の中で生き生きと自立することのできる人間を育む。

【求める生徒像】
・自ら学び、真理を探究する生徒
・多様性を尊重し、他者をいつくしむ生徒
・人間を超える存在と向き合う生徒

【学科・コース】2023年度より特別進学コース、総合進学コースが共学化。さらに、2024年度入学生から未来探究進学コースが共学化。それによって高校全コースが共学化

授業風景

となる。

◇特別進学コース：国公立大学、難関私立大学合格を目指すコース。
レベルの高い少人数制の授業にアクティブラーニングを積極的に取り入れ、「自分で考え、表現し、行動できる」力を鍛え、希望進路を実現する。

◇総合進学コース：勉強と部活動などのさまざまな活動に挑戦しながら、4年制大学や看護学校などへの進学を目指すコース。
1年次は基礎学力をつけ、2年次から文系・理系に分かれて受験科目を集中して学ぶ。

◇未来探究進学コース：幅広いカリキュラムと探究授業で、在仙私立大学を中心とした進学を目指すコース。
「子ども教育系」「国際探究系」「情報系」の多様な選択科目により、幅広くキャリア形成を行う。また、現代の変化をとらえ、課題発見と解決策を導き出す力を身に付ける。

行事＆部活動・課外活動

生徒会運営のドミニコ祭　特色生かした多彩な行事

「マリア祭」や「修養会」「クリスマス」などの宗教行事、社会福祉施設での奉仕活動、広瀬川河畔の清掃奉仕、芸術鑑賞などの学校行事を通して、思いやる心、感謝する心、奉仕する心など豊かな人間性の育成を目指した心の教育を実践している。

School Data

学校長／柚木洋子
教頭／梛野祐二
生徒数／男子6人、女子157人
卒業生数／11,894人
（2023.4現在）

■所在地
〒980-0874
仙台市青葉区角五郎2-2-14
TEL 022-222-6337
FAX 022-221-6203

■部活動・同好会
バレーボール、剣道、バドミントン、ソフトテニス、バスケットボール、バトントワーリング、ESS、フランス語、華道、茶道、書道、音楽、家庭、放送、美術・陶芸、イラスト・アニメーション、軽音楽、ボランティア、ダンス

■2024年度入試制度
（詳細はお問い合わせ願います）

■指定校推薦枠（2022年度実績）
【大学】東北学院大、東北工業大、宮城学院女子大、仙台白百合女子大、石巻専修大、東北生活文化大、尚絅学院大、東北文化学園大、福島学院大、城西大、聖徳大、城西国際大、フェリス女学院大、聖心女子大、清泉女子大、東京純心女子大など
【短大】聖和学園短大、仙台青葉学院短大、東北生活文化大短大部、聖霊女子短大、東北文教大短大部、桜の聖母短大、福島学院大短大部、聖徳大短大部、淑徳大短大部、上智大短大部、実践女子大短大部など

■進路状況
【大学・短大】
国公立：東北大、宮城教育大、山形大、宮城大、秋田県立大、岩手県立大、福島大、公立はこだて未来大、公立小松大、都留文科大など
私立（県外）：早稲田大、上智大、青山学院大、順天堂大、国際基督教大、津田塾大、立正大、フェリス女学院大、聖心女子大、清泉女子大、女子栄養大、桜美林大、玉川大、東京家政大、東京造形大、三育学院大、日本薬科大、立命館大、酪農学園大、東北芸術工科大、医療創生大、東北文教大など
私立（県内）：東北医科薬科大、東北学院大、東北福祉大、仙台大、仙台白百合女子大、宮城学院女子大、尚絅学院大、仙台大、東北工業大、石巻専修大など
短大：上智大短大部、仙台青葉学院短大、聖和学園短大、東北生活文化大短大部、仙台赤門短大、東北文教大短大部、桜の聖母短大など
【看護学校】
仙台市医師会看護専門学校、東北労災看護専門学校、仙台徳洲看護専門学校、葵会仙台看護専門学校、福島病院付属看護学校など
【准看護学校】
塩釜医師会付属准看護学院など

■就職状況
仙台三越、お茶の井ヶ田、白松がモナカ本舗、やまや、アイリスオーヤマ、ヨークベニマル、丸藤ベーカリー、秋保グランドホテル、ヤマト運輸、ユーメディアなど

仙台城南高等学校

原子の電子軌道をデザイン化したもの。原子は全ての物質の根源であり、惑星系の構造にもつながることから、若人の真理を究めようとする限りない探究心と、広い未来へ向かって前進する力を示している。

一人1台iPad

硬式野球部

ダンス部　　e-スポーツ部

校訓 ▶ 規律・清廉・節度

スクールミッション
生　徒：豊かな未来の創造者として必要な資質や能力を身に付け、社会に貢献できる自立した人間を目指す。
教職員：誇りと使命感を持って教壇に立ち、自他の幸福の実現を目指す。
学　校：持続可能な地域社会の発展に寄与できる、チャレンジする学校を目指す。

プロフィール

3つのポリシー
Graduation Policy
1.質の高い授業を展開し、ICTを活用しながら探究的で自発的な学びを通して、思考力とコミュニケーション力を身に付ける。
2.充実した学校行事と部活動・課外活動を通して、温かい人間関係の中で、思いやる心と規範意識を育む。
Curriculum Policy
1.高大連携により、大学の授業を先取りできる教育課程。
2.学びを振り返り、自ら学ぶ習慣を身に付けられる教育課程。
3.身に付けた知識・技能を活用して、地域の課題解決を目指した探究的な学びができる教育課程。
4.自らキャリアプランを作成し、大学入試や資格取得など個に応じた進路達成ができる教育課程。
Admission Policy
基礎学力が身に付いており、以下のいずれかに該当する生徒を受け入れる。
1.目的意識が明確であること。
2.学習だけでなく、課外活動・部活動等に対し向上心があること。
【学科・コース】
◇普通科・特別進学コース（50人）
point1 学業と部活動の両立
ハイレベルな授業を提供し、部活動も意欲的に取り組める環境。土曜日や長期休業中も授業だが、好きな部活動を両立し、メリハリのある充実した学校生活が送れると同時に、モチベーションの維持にもつながる。

point2 入試を突破する学力の養成
難関国公私立大学への進学を目指し1年次より特別なシラバスで学習。とても密な毎日だが、高校生活を最大限充実させたい！という君に最適。
point3 信頼できる進路指導
高い目標を達成させるために経験豊富な教員が指導し生徒一人ひとりの可能性を引き出す。大学と連携した課外講習なども実施し、生徒の進路選択の幅を広げる。
◇普通科・総合進学コース（175人）
point1 グローバルに活躍できる人材育成カリキュラム
生徒が主体となり、国内外の大学、企業、国際関係機関と連携し、グローバルな社会課題の解決に向けた探究的な学びを展開。
point2 探究学習・個別指導を通して理想の進路をめざす
仙台城南高校ならではの「探究活動」。タブレット端末の活用やグループワークを通して身に付く「課題発見力」「課題解決力」が進路選択に大いに役立つ。学校推薦型や総合型選抜での合格を後押しする丁寧な個別指導。
point3 東北工業大の教授陣による出前授業で未来を描く
高校生のうちから専門性の高い大学の学びを体験。未来の自分のイメージを描きやすくなり、ミスマッチのない進路選択へとつながる。
◇科学技術科（140人）
専門性の高い4コース（2年次から選択）から多様な分野で活躍するエンジニアへ
同一法人の東北工業大をはじめとする大学との連携で、高いレベル

の知識や技術を身に付ける。多くの国家資格を含む資格取得者数も県内有数の実績。卒業後は、興味や学びを深めるための大学や専門学校への進学、3年間で学んだ最先端の専門性を生かした就職など、生徒の希望に沿った進路を選択できるよう後押しする。
＜電子機械コース＞
電子・情報・機械を広く学び電子工学を操るエンジニアに。
＜情報通信コース＞
進歩し続ける情報通信技術の最先端を学ぶ。
＜デザインコース＞
コンセプトや機能性のあるデザインの本質と技術を学ぶ。
＜電気エネルギーコース＞
電力を供給するインフラ整備に関わる実践的な学び。

School Data

学校長／伊藤俊
教　頭／佐々木啓充、遠藤吉夫
生徒数／男子590人、女子244人
卒業生／26,646人
　　　　（2023.4現在）

■所在地
〒982-0836
仙台市太白区八木山松波町5-1
TEL 022-305-2111（代表）
FAX 022-305-2114
https://sendai-johnan.ed.jp/
アクセス／地下鉄東西線八木山動物公園駅からシャトルバス10分

■部活動
硬式野球、バレーボール、バスケットボール、ハンドボール、硬式テニス、ソフトテニス、卓球、バドミントン、サッカー、陸上、水泳、山岳、レスリング、剣道、空手道、フェンシング、吹奏楽、美術・デザイン、茶道、自然科学、映像・写真、将棋、軽音楽、eスポーツ、からくりロボット研究、自動車研究、料理、ダンス

■進学状況（2022年度卒業生）
北海道大、北海道教育大、帯広畜産大、室蘭工業大、秋田大、東北大、山形大、福島大、茨城大、宮城大、大阪大、東北工業大、東北学院大、東北福祉大、東北医科薬科大、宮城学院女子大、尚絅学院大、東北文化学園大、仙台大、東北医科薬科大、東北芸術工科大、芝浦工業大、拓殖大、帝京大、東京電機大、日本大、法政大、明治大、東北職業能力開発大学校など

■就職状況（2022年度卒業生）
日本郵便事業総本部東北支社、ユアテック、山電、HOKUBU、東北浅野防災設備、ENEOSウイング東北支店、業配、ぼんてん、ALSOK宮城、トラスコ中山など

《東北工業大への進学》
本校ならではの内部推薦制度を利用して東北工業大への進学が可能。ほかにAO入試（AOVA）などで、全体では毎年80人前後の生徒が東北工業大に合格している。

行事＆部活動・課外活動

勉強と同じくらい夢中になれるものを見つけよう

2022年度は、フェンシング部、レスリング部、空手部、ダンス部、吹奏楽部、eスポーツ部などが各種全国規模の大会に出場し、好成績を収めている。
【主な行事】入学式、対面式、体育祭、文化部合同発表会、城南フェスティバル（文化祭）、競技大会、芸術鑑賞会、2年次には研修旅行。

仙台白百合学園高等学校

白百合のように、気品と、優しさと、強い意志を備えた女性として、社会に貢献してほしいと願いを込めた校章。

校訓・教育方針 ▶ 従順　勤勉　愛徳

キリスト教精神の土台である聖書の教えに基づいて、正しい世界観と道徳的信念を培い、「神のみ前に誠実に生き、愛の心をもって人類社会に奉仕できる女性」の育成を目的として教育を行っている。

学校外観

クリスマス・ミサ

プロフィール

新しい時代を開く「つながる力」を育てる

【沿革】フランスで1696年に発足し、その後、ローマを本部として国際的な福祉・医療・教育活動を展開する「シャルトル聖パウロ修道女会」が、設立母体。1892年にフランスから訪れた4人の修道女が、翌年仙台白百合学園の前身となる女学校を開校。1998年、仙台市青葉区より泉区紫山の広大なキャンパスに移転。2015年度文部科学省より「スーパーグローバルハイスクール」の指定を受けた。

【類型制による新しい学び】

これまでのコース制で培ってきた学びを時代に即した学びへと引き継ぎ、より柔軟に、生徒が望む学びと必要な学びを自らがデザインできるよう、カリキュラムを変更した。17年間続けてきたコース制では、学力、進路、国際交流、留学などで成果を上げてきたが、コース制の枠は、場合によっては、生徒の希望や活動を制限してしまうこともあった。日本、世界が大きく変わりつつある現在、この枠をはずし、学びの柔軟性を確保したうえで、教員・生徒一体となって、教育の改革を進めている。

長崎研修旅行

新カリキュラムでは、これまでの建学の精神に基づく、「人類社会に貢献する女性の育成」はもとより、「学力養成」「国際教育」「英語力」、そのすべてに関わる「探究力」をより強く推進し、新しい大学入試への対応力、社会で必要となるスキルの取得など目標達成に結び付けていく。また、新しい学び方として「全生徒1台端末」がすでに実現されており、クラス経営や授業、課外活動において活用が進んでいる。これまでの確実な学びとこれからの先進的な学びの融合により、新しい時代を生きていく女性の育成へと仙台白百合学園は進んでいく。

新しいカリキュラムでの学びの流れ

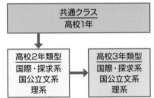

共通クラス 高校1年

↓

高校2年類型 国際・探求系 国公立文系 理系	→	高校3年類型 国際・探求系 国公立文系 理系

行事＆部活動・課外活動

「心の教育」をもとにのびやかに学園生活

委員会や部活動、有志のグループなどによるボランティア活動が活発。ミッションスクールらしく、朝は「静粛の時間」を設けて音楽を静聴し、祈りを捧げる「朝礼」、思いやりの心を学ぶ「宗教」の授業、音楽を通じて白百合の精神を理解する「宗教音楽」の時間など、建学の精神の下、平和の心を育むカリキュラムが組まれている。

国際教育にも力を入れており、フィリピンの姉妹校やポーランドの高校との相互訪問も続けている。

School Data

校長／藤田正紀
教頭／鈴木里香
生徒数／女子198人
（2023.4現在）

■所在地
〒981-3205
仙台市泉区紫山1-2-1
TEL 022-777-5777
FAX 022-777-3555
https://sendaishirayuri.net/
アクセス／地下鉄南北線泉中央駅から宮城交通バス「白百合学園前」下車
※通学バスあり

■部活動・同好会
ソフトテニス、バドミントン、陸上競技、卓球、家庭、華道、かるた、ギター、茶道、書道、地学、放送、美術、文芸、国際文化交流、チアリーディング、DLC（ダンス）、オーケストラ、宗教部小百合会

■大学進学指定校推薦枠
仙台白百合女子大、白百合女子大、上智大、聖心女子大、青山学院大、立教大、中央大、法政大、日本女子大、清泉女子大、南山大、日本大など

■進学状況（過去5年間）
東北大、宮城教育大、宮城大、山形大、国際教養大、埼玉県立大、仙台白百合女子大、白百合女子大、東北学院大、東北福祉大、東北医科薬科大、青山学院大、上智大、立教大、法政大、聖心女子大、女子美術大など（約80%が4年制大学へ現役進学）

【主な行事】▷4月・入学式、オリエンテーション（1年）▷5月・生徒総会▷6月・高校総体、学園記念日、国際理解講演会▷7月・合唱コンクール、オーケストラ定期演奏会▷8月・学園祭▷10月・修養会、生徒総会▷11月・体育祭▷12月・研修旅行（2年）、クリスマス▷1月・3年生を送る会▷2月・卒業感謝ミサ▷3月・卒業式

私立

女子校／普通科

男子バスケットボール部

校舎

体操部

学校法人 朴沢学園 仙台大学附属明成高等学校

明成

「知・徳・体のバランスのとれた明るい人間形成」をクローバーに託し、伸びやかに限りなく成長し躍動する若人の姿を表す。

建学の精神	「実学と創意工夫」
教育方針	実学の学びを通して、社会の変化に対応できる確かな技術と豊かな人間性を身につけ、創意工夫を重ねてより良い社会の実現を先導する(創志ある)、心身共に健康でバランスのとれた生徒を育成する。

● プロフィール

建学の精神を現代に。「選ばれる学校の創造」

【沿革】1879年、松操塾として創立され、144年目を迎える県内で最も歴史のある私立高校。

1992年、明成高等学校と校名を新たにし、2005年には、すべての科・コースが男女共学となった。

20年度から新4学科に再編し、校名を仙台大学附属明成高等学校に改め、高大7年一貫教育を鮮明にした。また21年度から新校舎となり、23年度からは隣接する仙台大学川平キャンパスを活用したさまざまな授業がスタートした。

【学科】これからの社会が求める人材育成への期待に応え、新しい時代に必要な資質・能力を育成することを目指し、4つの学科による専門教育を展開している。

● スポーツ創志科

仙台大学川平キャンパスの新施設・最新鋭の設備を活用し、健康とスポーツに関する専門的な知識と技能を幅広く学ぶとともに、生涯にわたりスポーツを「する・みる・支える・知る」ことのできる人材の育成を目指す。卒業後は中・高の体育教諭やスポーツ関係のリーダー養成を目指すほか、個々の進路希望に応じて難関大学進学も可能となるカリキュラムを組んでいる。

● 福祉未来創志科

福祉・介護・看護に関する知識・技能を学び、社会に貢献できる福祉のスペシャリストを育成する。本校は、国家資格「介護福祉士」の資格取得を目指した学びができる仙台市内唯一の高校である（22年度の合格率は89.5%）。校内外での実習、ボランティア活動への参加などさまざまな体験活動を通して、豊かな福祉の心を備えた人材育成を目指している。また、医療機関などによる就学援助金制度もある。

● 食文化創志科

厚生労働大臣指定の調理師養成施設。高校卒業と同時に国家資格「調理師免許」が取得可能。日本料理・西洋料理・中国料理をそれぞれの実習室で基礎から学んで調理のプロを目指す。さらに、より高度な調理技術の習得と地域食産業との協働で調理師の役割を広く学ぶ「食産業プロデュース」、菓子やパンの製造技術を学んでパティシエの魅力を探る「調理製菓クリエイト」、校内や地域の食育活動を実践し栄養士養成大学などへの進学希望者にも対応する「地域食環境デザイン」の三つの学習プログラムを選択して学ぶことで、未来の食文化を担うスペシャリストの育成を図っている。

● 普通科～未来をデザインする～

普通科では、2年次以降、類型による学びを展開している。類型は四つの領域から構成されており、①小学校教諭などを目指す「学校教育系」②幼稚園教諭・保育士を目指す「幼児教育系」③PC操作のスキルアップとITの上級資格取得を目指す「情報系」④社会に必要とされる問題解決能力や創造力を育む「社会系」に分かれる。進学・就職どちらにも対応できる普通科のメリットを残しながら、幅広く豊かな学びを実現しており、「新しい普通科の姿」を実感できるカリキュラムである。《仙台大学の附属高校化＝進学特典》高校のどの学科からでも仙台大学の6学科全てに進むことが可能。①入学金の免除 ②「学校推薦型選抜（特別）」による優先入学制度 ③仙台大学受験対策会の実施（小論文対策講座・面接指導）④明成高校出身者のための「明仙育進会」による4年間のサポート

● 行事＆部活動・課外活動

運動部・文化部とも盛ん R5県高校総体の主な結果

バスケットボール男子優勝（11大会連続15回目）、インターハイ出場。バスケットボール女子準優勝、東北大会出場。体操男子団体優勝（17大会連続17回目）、インターハイ出場、個人インターハイ2人出場。体操女子団体準優勝、個人インターハイ1人出場。剣道男子団体準優勝、個人東北大会2人出場。剣道女子個人東北大会1人出場。陸上競技は県大会2種目優勝、東北大会4人出場。ソフトテニス男子団体ベスト4。

吹奏楽部は年2回の定期演奏会の開催をはじめ、各種コンクールでも上位入賞を果たしている。全国大会出場のダンス部など各部が活発に活動している。毎週木曜日は「部活動の日」として、放課後は学校全体が活気であふれる。

【主な行事・体験活動】4月、1年生の新入生研修に始まり、6月の高校総体、秋の学園祭、体育祭、研修旅行と、学園生活を彩るイベントが四季を通じて開催される。加えて、学科ごとに校外活動も充実しており、自主性を磨き、思い出に残る貴重な経験を積み重ねることができる。

School Data

理事長兼校長／朴沢泰治
副校長／小川典明
生徒数／男子452人、女子343人
卒業生数／42,024人
（2023.5現在）

■所在地
〒981-8570
仙台市青葉区川平2-26-1
TEL 022-278-6131
FAX 022-277-5130
http://www.hgm.ed.jp/
アクセス／【無料バス】仙台大明成高校⇔泉区役所⇔八乙女⇔旭ケ丘（朝夕各2便）。本校発着の通学学園バスが7コース。JR仙台駅前から市営バス急行（朝夕5便）

■部活動・同好会
バスケットボール、バレーボール、バドミントン、体操、剣道、水泳、ソフトテニス、弓道、陸上競技、サッカー、ソフトボール（女）、卓球（男）、演劇、美術、クッキング、写真、福祉、映画鑑賞、吹奏楽、パソコン、書道、和太鼓、ダンス、軽音楽、漫画研究（同）、（課外）茶道・華道

■進学状況（過去3年間）
仙台大、静岡文化芸術大、慶応大、東北学院大、東北福祉大、東北工業大、宮城学院女子大、仙台白百合女子大、尚絅学院大、石巻専修大、明治大、中央大、法政大、日本体育大、東京農業大、東京経済大、日本大、専修大、聖和学園短大、東北電子専門学校、仙台スイーツ＆カフェ専門学校、仙台こども専門学校、エコール辻東京、仙台市医師会看護専門学校など

■就職状況（過去3年間）
宮城県警、自衛官、七十七銀行、アイリスオーヤマ、テクノセンダイ、松田会、大樹、ひろせ会、緑水亭、松島国際観光、水戸屋開発、寿司田、柿安本店、いたがき、カルラ、寿司幸本店など

東北学院高等学校

キリスト教のシンボルである十字架をかたどり、中央に東北学院の頭文字である「TG」を配する。十字架は献身犠牲と愛の精神を表す。

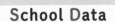
校舎

入学式

登校風景

校訓・教育方針 ▶ LIFE LIGHT LOVE

東北学院の「建学の精神」を象徴するスクールモットー、「LIFE LIGHT LOVE」とは、イエス・キリストの「命(いのち)」・「光(ひかり)」・「愛(あい)」を指す。キリストの命が私たちに与えられ、キリストの光が私たちを照らし、キリストの愛が私たちを包んでいる。本校では、これまでも必要とされてきた学力に、これからさらに重要となる「主体性」、「多様性」、「創造性」の3つを柱とする多様な資質・能力を加えて「未来学力」と呼び、『未来学力』を育てる学校に進化しようと考えている。

プロフィール

独自カリキュラムで進路の実現を目指す

【沿革】仙台の地において137年の伝統と歴史を持つ、キリスト教主義(プロテスタント)の学校。明治初期の日本キリスト教界の指導者の一人であった押川方義(おしかわまさよし)と、アメリカ東部に本拠を持つドイツ改革派協会の宣教師W.E.ホーイによって、1886年、「仙台神学校」として発足した。その後91年に「東北学院」と改称。第2代院長のD.B.シュネーダーの時代に現在の基礎が築かれ、第2次世界大戦後に幼稚園、中学校、高等学校、大学、大学院を抱える一貫教育の総合学園となった。中学校・高等学校は、2005年4月には校舎を仙台市中心部から宮城野区小鶴へ移転。22年度より男女共学化を実施した。

【学科・コース】高等学校からの入学者が選択できるのは普通科の3コース。

「特別進学コース」は毎日7時限授業でその後、必修の課外講習が実施される。学業中心の生活を送り、最難関国公立大学合格を目指す。

「総合進学コース」は通常の授業に加えて、希望制の課外講習があり、学習にも部活動にも打ち込みながら難関大学合格を目指す。また、指定校推薦・協定校推薦の資格も得られる。

「TGコース」は内部推薦で東北学院大に進学ができる。東北学院大と連携し一部、大学の授業内容を先取りできる。

1年次は「総合進学コース」と「TGコース」を分けず、「TG総進コース」として混合のクラスとなり、2年次よりそれぞれのコースに分かれる。これにより、1年次において大学進学についてしっかりと考え、コース選択をすることができる。

行事&部活動・課外活動

部活動やさまざまな行事で一生の友を得る

本校の一日は、礼拝から始まる。聖書の言葉に耳を傾けて静かに心を整える時間である。放課後は、高いレベルでの文武両道を目指して、運動部18団体、文化部12団体、愛好会2団体の計32団体が活発に活動している。全生徒の約7割がいずれかに所属している。充実した施設での研さんにより、東北大会や全国大会に出場する部活が多数ある。さらに、部活動を継続させながら講習などをうまく利用し、難関大学突破を目指す生徒も多数いる。また、運動会、スポーツ大会や学院祭などのさまざまな行事は学校生活に活気を与えている。高校2年生の12月には、研修旅行も行われている。これらの行事を通して、濃密な人間関係がつくられ、一生の友を得ることができる。

また、例年無料で実施している放課後の課外講習に加えて、2021年度より外部業者に委託する形(有料)で、「放課後学習サポートセンター」をスタートさせた。自学自習に「atama+」を使用したり、それぞれの学習進度に合わせた個別指導を受けることが可能になった。

School Data

校長／帆足直治
校長補佐／町田尚彦
副校長／岩上敦郎、和田知久
教頭／渡辺栄一、大沼博
生徒数／1,817人
　(うち中学校509人)
卒業生数／27,250人
　(2023.4現在)
同窓会長／森山博

■所在地
〒983-8565
仙台市宮城野区小鶴字高野123-1
TEL 022-786-1231
FAX 022-786-1460
https://www.jhs.tohoku-gakuin.ac.jp
アクセス／JR仙石線小鶴新田駅から徒歩約10分
※寄宿舎は2023年度まで

■特待生制度
成績優秀者に奨学奨励金を給付

■部活動・愛好会
陸上競技、剣道、柔道、弓道、硬式テニス、ソフトテニス、卓球、バドミントン、水泳、空手道、サッカー、バレーボール、バスケットボール、硬式野球、軟式野球、山岳、体操、スキー、英語、歴史、科学、写真、音楽、吹奏楽、美術、放送、囲碁・将棋、軽音楽、ディベート、キリスト教青年会、ハンドボール(愛)、鉄道研究会(愛)

■東北学院大学推薦
学科ごとの定員と基準にもとづき、人物評価と学業成績によって推薦される。

■同志社大学協定校推薦
同志社大学との協定により、11学部に推薦枠がある。

■指定校推薦
青山学院大、学習院大、国際基督教大、芝浦工業大、成城大、中央大、東京理科大、東洋大、日本大、法政大、明治大、明治学院大、立教大、早稲田大、同志社大、関西大、関西学院大、独協医科大、聖マリアンナ医科大、東北医科薬科大など約130校

■進学状況(2023年度現役生)
東北大、宮城教育大、山形大、岩手大、秋田大、茨城大、埼玉大、電気通信大、東京外国語大、新潟大、長崎大、宮城大、岩手県立大、高崎経済大、新潟県立大、長野大、東北学院大、東北福祉大、東北医科薬科大、岩手医科大、学習院大、北里大、国際基督教大、駒沢大、芝浦工業大、成城大、専修大、中央大、東京理科大、日本大、法政大、明治大、明治学院大、立教大、早稲田大、同志社大、立命館大、関西大、関西学院大など

【主な行事】▷4月・入学式、始業式、対面式▷5月・運動会、創立記念日▷7月・夏季休業、海外研修(希望者)▷8月・夏期講習▷9月・スポーツ大会、学院祭、終業式、秋季休業▷10月・始業式▷12月・研修旅行(2年)、クリスマス礼拝、冬季休業、冬期講習▷3月・卒業式、終業式、春季休業、春期講習

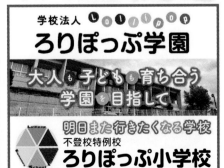

東北学院榴ケ岡高等学校

1901年制定。十字架をかたどり、中央に東北学院の頭文字であるTGを配している。十字架はキリスト教のシンボルとして献身犠牲と愛の精神を表している。

校舎全景

礼拝堂

校訓・教育方針 ▶ 「自学自律」

キリスト教主義に基づき、生徒の個性を重んじ、神から与えられた能力を発揮させ、「隣人への愛」と「感謝の心」を育む教育を行う。

プロフィール

探求心やグローバル的な思考力、奉仕の精神を学ぶ 進学指導にも力注ぐ

【沿革】1886年に、キリスト教牧師押川方義とアメリカ人宣教師W.E.ホーイによって、仙台市木町通に仙台神学校として設立された。1901年には、アメリカ人宣教師D.B.シュネーダーが院長となり、「献身犠牲」をモットーに人格教育に力が注がれ、総合学園としての基盤がつくられた。95年、男女共学に移行し、女子第1回生19人を迎え入れた。翌96年には調理室、天文台を備えた家庭科実習棟を増築した。2008年4月に体育館、8月に管理棟が完成した。19年4月より三つのコース（特別進学・TG選抜・総合進学）を設置し、それぞれのコースで特色ある教育を行っている。23年4月に「進学重視型単位制」を導入し、よりきめ細やかな指導で一人一人の「志」を支援している。

【学科・コース】これからの変化の激しい社会の中で力強く生き抜く力となる「自学自律」を教育方針として、探求心やグローバル的な思考力、奉仕の精神を学び、「志」を高めている。

榴祭

○特別進学コース
（募集人数60人）

「あの大学へ入りたい」という高い志を持った生徒の集まりで、日々の学習時間を通して、学びに向かう努力の姿勢を育む。また、大学入試に対応した発展学習を早期から行うため、放課後の課外講習や外部講師による土曜講習への参加を必須としている。

○TG選抜コース
（募集人数80人）

東北学院大と連携した多様なプログラムや、多軸的な考え方を身に付けるグローバル教育によって、生徒の知的好奇心や探究心を刺激し、学ぶことへの意欲を高め、課題研究という形で結実する。また、他コースに比べて英語の授業を増やし、さらに「TG英語研修」を行うことで、「英語の学院」で学ぶに相応しい語学力を身に付けていく。

○総合進学コース
（募集人数130人）

英語・数学において習熟度別授業による個々の理解の深度に応じた学習指導を展開し、効果的に学力の定着を図る。また「ピア・ラーニング」や「サービス・ラーニング」などの課題解決型の学びを導入し、学習の根幹をなす「主体的に学ぶ」力を養うための場を提供する。

行事＆部活動・課外活動

「礼拝」で始まる一日

榴ケ岡高校の一日の学校生活は、毎朝15分間の礼拝から始まる。生徒・教職員が礼拝堂に集い、讃美歌を歌い、聖書を読み祈る。礼拝は日々建学の精神を確認する場であると同時に、自分の生き方を考える場として学校生活の中心に位置づけられている。

【主な行事】▷4月・入学式、イースター礼拝▷5月・生徒総会、創立記念式典、ペンテコステ礼拝▷6月・高校総体、定期考査Ⅰ▷7月・球技大会、面談週間▷8月・海外研修（希望者）、オープンキャンパス▷9月・学校祭(榴祭)、定期考査Ⅱ▷10月・宗教改革記念日礼拝▷11月・芸術鑑賞、定期考査Ⅲ▷12月・2年校外研修（広島・関西）、クリスマス礼拝▷2月・1、2年定期考査Ⅳ▷3月・卒業式、新入生説明会

School Data

校長／河本和文
副校長／佐藤周
教頭／武田雅道
生徒数／男子595人、女子256人
卒業生数／14,299 (2,079) 人
　※（　）内女子
　　（2023.4.現在）

■所在地
〒981-3105
仙台市泉区天神沢2-2-1
TEL 022-372-6611
FAX 022-375-6966
https://www.tutuji.tohoku-gakuin.ac.jp
アクセス／地下鉄南北線泉中央駅から徒歩25分。宮城交通バスで11分「東北学院大前」下車すぐ

■部活動
陸上競技、サッカー、バレーボール（男女）、ソフトテニス、テニス、硬式野球、バスケットボール（男女）、卓球、バドミントン（男女）、合気道、剣道、水泳、物理、生物、美術、写真、音楽、放送、吹奏楽、家庭、囲碁・将棋・かるた、ダンス

■大学進学指定校推薦枠（2022年度実績）
東北医科薬科大、宮城学院女子大、東北芸術工科大、東北文化学園大、仙台大、日本大、成蹊大、中央大、立正大、明治大、明治学院大など全国の私立大学約160校

■進学状況（2022年度実績）
4年制大学現役進学率85.1%
★現役
弘前大、東北大、宮城教育大、山形大、福島大、東京海洋大、東京農工大、九州工業大、琉球大、釧路公立大、岩手県立大、宮城大、会津大、高崎経済大、東北医科薬科大、宮城学院女子大、東北芸術工科大、東北文化学園大、仙台大、日本大、成蹊大、中央大、立正大、明治大、明治学院大など
★過卒
山形大（医/医）、福島大、東京農工大、新潟大

東陵高等学校

本校校章は、学校の教育方針の永遠にして普遍的な価値を知らしめるペンを象徴化したものである。

2019年度海外修学旅行（カナダ）

2021年度東北選抜アーチェリー大会
（男子団体優勝）（女子団体準優勝）

2021年度東北テニス選抜大会（準優勝）

校訓・教育方針 ▶ 明るく 元気に 誠実に

プロフィール

勉学、部活動、人間性の向上 あいさつ日本一！！

【沿革】1983年に創設された男女共学の普通科の高校。

「国際的視野の広い人材の育成」を教育方針の一つに掲げ、開校当初から実施している海外修学旅行では、2泊3日のホームステイを行い、異文化体験を通してグローバルな視点を養っている。

大学進学指導にも力を入れ、特別進学コースを設置。2021年度卒業生は福島大、名寄市立大、22年度卒業生では帯広畜産大、横浜市立大をはじめとする国公立大学などへ合格している。

「積極果敢」の精神を養う体育指導や運動部の指導にも力を入れてきた。1988年に野球部が夏の甲子園大会に初出場を果たして以来多くの部が全国大会でも活躍するようになり、野球部は2014年には春の選抜高校野球大会への初出場を果たした。また、校内の活動にとどまらず東陵旗中学校剣道大会を開催するなど中学生との交流も行っている。

16年11月に学校食堂を新設し、17年度には新たにスクールバス路線が開設された。22年度からは、南三陸、唐桑、大島線に大船渡線を加えた4コースを運行している。

野球部

【学科・コース】個々の生徒に沿った的確な学習指導と進路指導を重視し、普通科の中に「特別進学コース」と「総合進学コース」を設置している。

行事＆部活動・課外活動

活発な学校行事 女子生徒も生き生き

2019年度修学旅行では、カナダへの海外修学旅行、広島・奈良・京都への国内修学旅行の2コースに分かれた。海外修学旅行ではカナダならではの自然や街並み、現地のホストファミリーとのホームステイを通じて異文化理解を深めた。国内修学旅行では奈良の法隆寺・東大寺、京都の清水寺などを訪問し日本の歴史を学び、広島の平和記念資料館見学や被爆体験講話により平和学習を行ってきた。また、20年度より海外修学旅行はパース（オーストラリア）へ渡航先を変更したが、新型コロナウィルス感染拡大の影響で延期となっている。その代替として屋久島コース、21年度は沖縄コースを設定するなど、特色ある修学旅行の実施を目指している。

野球部をはじめ、剣道部、テニス部、アーチェリー部、バレーボール部、陸上競技部が東北大会、全国大会に数多く出場。運動部同士が切磋琢磨（せっさたくま）し、県内外各地から「スポーツするなら東陵」という評価を受けており、遠方からの入学生を受け入れるための寮も充実している。

女子生徒の多くも運動部で頑張っているが、吹奏楽部、家庭部、美術部などの文化部で特技を伸ばし活躍する女子生徒もおり、それぞれが目標に向かって活発に活動している。

17年度からは女子バレーボール部とボウリング部、18年度からは女子剣道部、さらに21年度からは卓球部が活動を開始。部活動のさらなる充実を図っている。

【主な行事】▷4月・入学式、新入生オリエンテーション合宿▷6月・校内体育大会▷7月・夏のオープンスクール▷8月・夏のオープンスクール、東陵祭▷10月・秋のオープンスクール▷11月・校内マラソン大会、修学旅行（2年）▷12月・東陵旗中学校剣道大会、校内武道大会▷3月・卒業式、修業式

School Data

校長／上村広務
教頭／野村美奈、千葉亮輔
生徒数／男子226人、女子111人
卒業生数／3,865人
　（2023.4現在）
同窓会長／佐藤克美

■所在地
〒988-0812
気仙沼市大峠山1-1
TEL 0226-23-3100
FAX 0226-23-3107
https://www.toryo.ed.jp
アクセス／JR大船渡線BRT八幡大橋（東陵高校）駅より徒歩5分。路線バス御崎線、大沢線「東陵高校入口」バス停下車

■部活動
野球（男）、剣道、テニス、バレーボール、陸上競技、アーチェリー、サッカー（男）、ボウリング、卓球、新聞、吹奏楽、科学、家庭、美術、書道

■大学進学指定校推薦枠
関東学院大、上武大、駿河台大、城西大、埼玉工業大、横浜薬科大、山梨学院大、東北学院大、東北工業大、仙台大、宮城学院女子大、石巻専修大、東北文化学園大など

■進学状況
北海道大、北海道教育大、帯広畜産大、宮城教育大、新潟大、岩手大、山形大、福島大、高崎経済大、横浜市立大、福知山公立大、名桜大、釧路公立大、長野県立大、名寄市立大、東京理科大、立教大、明治大、中央大、法政大、関西大、立命館大、明治学院大、成城大、駒沢大、日本大、順天堂大、白鴎大、中京大、近畿大、帝京大、東海大、国学院大、大東文化大、国士舘大、上武大、岩手医科大、東北医科薬科大、青森大、岩手保健医療大、東北学院大、東北福祉大、東北文化学園大、東北工業大、仙台大、石巻専修大、尚絅学院大、宮城学院女子大、東北生活文化大、国際医療福祉大、東京農業大、神田外語大、神奈川大、関東学院大、帝京平成大など

■就職状況
警視庁、宮城県警、埼玉県警、刑務官、陸上自衛隊、日本郵便、アイリスオーヤマ、JFEウイング、宮城県漁協、宮城県農業共済、カネサ藤原屋、気仙沼漁協、ネッツトヨタ仙台、阿部長商店、加和喜フーズ、早坂サイクル商会、気仙沼商会、オヤマ、みらい造船、セイホク、ヤヨイサンフーズ、東洋ワークセキュリティー、ミヤカン、仁明会齋藤病院、東日本船舶、H&M、フジ・コーポレーション、葵工業、登米村田製作所、トヨタレンタリース、トヨタカローラ宮城など

常盤木学園高等学校

創立者の名前と常盤木である松葉をシンボルとしてデザインしたもの。

校訓・教育方針 ▶ 自由と芸術（Liberty＆Arts）

「自由」は人間に与えられた最高の権利であり義務である。
「芸術」は人間が到達すべき最高の情操である。

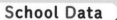
チアダンス部

プロフィール

生徒の可能性広げる 多彩なコースで構成

【沿革】1928年、松良善熙・みつ夫妻により、仙台市元柳町（現在の西公園内）に、常盤木学園高等女学校および専攻科として設立。次の時代を任せられる人間育成を目標に建学した。

【学科・コース】普通科は国公立大学、私立大学、専修学校などの進路に合わせてさまざまなコースを設定している。夢や希望に合わせてコースや科目を選択する「自由」がある「リバティコース」、グローバル人材を目指し、海外留学が必修となる「国際教養コース」、部活をすることもできる国公立・難関私大向け特進の「スーパー両立コース」、社会の即戦力となるべく各種検定試験にチャレンジし、高卒就職を目指す「ビジネスコース」がある。

音楽科は宮城県内の高校で唯一設置されている。2005年度から共学となり、ピアノや打楽器、声楽、管弦楽器、電子オルガン、作曲など、それぞれの専攻の技を磨きつつ、理論や歴史といった音楽の知識をマスターでき、音大進学率も全国

授業風景

トップクラス。プロの音楽家を目指すこともできる。

3年間で合格を目指せる各種検定試験は、漢検、英検、TOEIC、簿記、秘書、文書処理、電卓など、科・コースによって多種多様。

行事＆部活動・課外活動

強豪ぞろいの運動部 積極的なICT活用

運動部ではサッカー部やソフトテニス部が全国制覇を果たしている。昨年度も陸上競技部が全国大会で入賞している。文化部では、吹奏楽部が各種コンクール、コンテストや依頼演奏で活発な活動を行っているほか、ダンス部、チアダンス部が各地で演技を披露するなど活躍の場を広げている。

全校で朝活の時間に「スタディサプリENGLISH」を活用。また校務支援アプリ「Classi」を使用し、ポートフォリオ活用、学習動画視聴、保護者との連携を強化。全使用教室Wi-Fi完備。1年生全員にiPadを配布し、授業だけにとどまらない活用を実践中。

【主な行事】▷4月・新入生歓迎会、運動会▷5月・創立記念式、ウィーン研修▷

国際留学風景

School Data

校長／松良千廣
生徒数／男子8人、女子985人
卒業生数／38,740人
　　　　　（2023.6現在）
同窓会長／菊池すみ子

■所在地
〒980-0003
仙台市青葉区小田原4-3-20
TEL 022-263-1755
FAX 022-211-1483
https://www.tokiwagi.ed.jp
アクセス／JR仙台駅東口・JR仙山線東照宮駅から徒歩20分。地下鉄東西線宮城野通駅から徒歩15分。バスは仙台駅西口（JR仙石線あおば通駅前入口1前（リッチモンドホテルプレミア仙台駅前の前）50番・51番のりば）または18番のりばから原町方面行きで「常盤木学園前」下車徒歩5分、東仙台方面からは「中江公園前」下車徒歩6分、旭ヶ丘・南光台方面からは「宮町2丁目（七十七銀行宮町支店前）」下車徒歩5分

■部活動・同好会
サッカー、バレーボール、バスケットボール、バドミントン、ソフトボール、ソフトテニス、テニス、陸上競技、水泳、器械体操、新体操、卓球、剣道、弓道、ダンス、チアダンス、バトントワリング、コーラス、吹奏楽、ギター、ボーダーレス（軽音楽）、邦楽、演劇、ミュージカル、書道、美術、華道、茶道、放送など

■大学進学指定校推薦枠
大学131校、短大27校、専修学校・各種学校49校

■進学状況（2022年度）
【国公立】山形大、宮城大、京都市

立芸術大
【県内私立】東北学院大21、宮城学院女子大13、東北福祉大12、東北文化学園大4、仙台白百合女子大4、尚絅学院大3、東北医科薬科大、仙台大4
【県外私立】桜美林大6、神奈川大2、関西大、神田外語大2、京都外国語大、国立音楽大2、慶応義塾大、国士館大4、駒沢女子大、作新学院大、淑徳大2、城西国際大2、洗足学園音楽大3、創価大、大東文化大、つくば国際大、帝京平成大、東京音楽大3、桐朋学園大、東洋英和女学院大、東洋大3、独協大3、名古屋外国語大、日本大3、日本女子体育大、日本体育大、武蔵野音楽大3、明治学院大、新潟医療福祉大4、フェリス女学院大、明治大、立教大、聖心女子大、情報経営イノベーション専門職大、岩手医科大、星槎大、東京未来大、亜細亜大
【短大】仙台青葉学院短大15、聖和学園短大3、仙台赤門短大、山形県立米沢女子短大、会津大短大部、福島学院大短大部
【看護医療】葵会仙台看護専門学校3、東北労災看護専門学校、宮城高等歯科衛生士学院、仙台市医師会看護専門学校、千葉労災看護専門学校、晃陽看護栄養専門学校

■就職状況（2022年度）
アイリスオーヤマ、ネッツトヨタ仙台、大創産業、お茶の井ヶ田、仙台ガスサービス、トランスコスモス、ホテル佐勘、江陽グランドホテル、ホテル瑞鳳、自衛官候補生、アイティ・コミュニケーションズ、ナチュリノ、東配、ニチイ学館、トライデントオサベフーズ、原田、ジェイ・エス・エス、カクヤス、IHミートソリューション、TBCグループ

7月・尾瀬自然学校、合唱コンクール▷8月・学園祭▷9月・音楽科演奏会▷10月・オーストラリア・台湾・国内旅行（関西）、国際教養コース留学、球技大会▷11月・芸術鑑賞会▷2月・送別会

西山学院高等学校

輪の広がりは宇宙大を表し、人類の永遠の幸福の姿。太陽・山・水・空が、徳体奉知の均整のとれた人間形成の意と、西山を表徴している。

校舎　　和太鼓

陶芸　　日本舞踊

校訓・教育方針 ▶ 徳・体・奉・知

"建学の精神"に基づいて、徳・体・奉・知を兼ね備えた青年を育成し、新しい時代に広く社会に受け入れられ、社会に役立つ人材を育成することを目的とする。新しい時代をリードし、社会に貢献できる人間教育を目指す。

プロフィール

寮生活で育む人間力 和太鼓などで情操教育

【沿革】全寮制普通科の学校として、1991年に創始者・西山栄一先生により開校。自然豊かな環境に恵まれた中で教育が行われている。98年、校内に登り窯"無限窯"が、また2001年には"炭窯"が完成。03年には、普通科の中で陶芸の基礎が学べる「陶芸コース」も設置された。

学外活動としては、情操教育の一環である"和太鼓"が活躍。県内はもちろん、県外でも東京ドーム、さいたまスーパーアリーナ、全国高校総合文化祭など多くの場所に招待され、演奏する機会を与えられている。

06年には、文部科学省が推進した「キャリア教育」において、教育内容の充実した学校として文部科学大臣表彰を受けた。また22年度より、「音楽コース」を設置。

そして、グローバル社会に発進するために、09年度からは、中国をはじめとする諸外国からの留学生を受け入れ、英会話や中国語などの外国語の学習を実施している。

また、11年度には東日本大震災発生により、被災者を対象に教育支援をスタートした。東日本高校生選抜による海外研修交流会に参加（中国、米国カリフォルニア州）。現在も東日本大震災や各地域で災害に遭われた方々への教育支援を行っている。

【学科・コース】普通科・普通コース、陶芸コース、音楽コースに分かれる。各コースとも、主要教科では個々の習熟度に応じたレベル別学習を実施。科目ごとに2ないし3クラス編成とし、現在1クラス3～10人の授業展開となっている。

特筆すべきは、寮生活での教育体制である。きめ細やかな対応を24時間実施することで、社会に貢献できる人格の育成に取り組んでいる。

「普通コース」では幅広い進路目標の達成を目指し、バランスの良い学習が可能。少人数制の利点をフルに活用し、一人一人にきめ細やかに対応する。

「陶芸コース」は、粘土掘りから、薪窯による窯焚きまで本格的な陶芸を3年間学ぶ。近年、全国高校総合文化祭への出展など目覚ましい活躍をしている。

「音楽コース」は、楽しく音楽を学び、音楽系への進学やその他の進路にも対応できる人材を目指す。

1年次からインターンシップを体験し、2年次から茶道や手話を学習することなども、西山学院ならではの特徴。女子生徒は体育の授業に日本舞踊を取り入れている。

普通科でありながら、取得可能な資格は多岐にわたる。情報系の検定をはじめ、英語検定、漢字検定、危険物取扱者試験受験資格などがある。珍しいものでは「表千家相伝免状」も取得可能だ。

行事＆部活動・課外活動

3年次にハワイ研修 自分を磨ける寮生活

和太鼓はこれまで外部の要請に応じてねんりんピック、日本武道館、被災地復興支援公演、グラススキー世界大会などで演奏してきた。また、2015年には宮城県初の代表として全国高校総合文化祭郷土芸能大会に出場。17年から6年連続で代表に選ばれている。

西山学院は寮制（一部通学可）のため、学校行事だけでなく寮行事もたくさんある。4月の入寮式を皮切りに新入生歓迎会、秋に寮生委員選挙、寮生主催の寮祭などがある。

3年次にはハワイ研修を実施、学んできた英語の活用に挑戦し、異文化に触れ、国際感覚を身に付ける。

授業以外でも、放課後の進学講習や登校前の朝学習など、自己研さんの場を多数設けている。

毎年7月下旬から8月上旬にかけて、にっこり研修と題して、小中学生を対象とした体験学習を行っている。学校説明会や寮宿泊体験など、普段あまり体験できないようなさまざまなプログラムを通しての喜びを提供する。しかし、近年は新型コロナウイルス感染症の影響を受けている。また、学校見学は随時可能だ。

【主な行事】▷4月・入学式、対面式、新入生歓迎会▷5月・クリーン運動、1年生特別研修、進路説明会、ハワイ研修、歴史文学探訪▷6月・避難訓練▷7・8月・にっこり研修▷9月・体育祭、クリーン運動▷10月・文化祭、生徒会選挙▷11月・寮生委員選挙、インターンシップ、進路説明会▷12月・クリスマス会▷1月・スキー授業▷2月・スキー記録会、お別れ会▷3月・卒業式

School Data

校長／安藤永子
教頭／押野直人
生徒数／男子23人、女子13人
卒業生数／695人
　　　　　（2023.4現在）
同窓会長／諸吉純一

■所在地
〒989-0533
刈田郡七ヶ宿町字矢立平4-5
TEL 0224-37-2131
FAX 0224-37-2021
http://www.nishiyama.ed.jp/
アクセス／JR東北線白石駅、東北新幹線白石蔵王駅から七ヶ宿町営バスで40分

■部活動
陶芸・全国高等学校総合文化祭美術工芸部門出展（2013、15、16、17年）、和太鼓・全国高等学校総合文化祭郷土芸能部門出場（15、17、18、19、20、21、22年）、卓球、バドミントン、吹奏楽

■大学進学指定校推薦枠
東北学院大、八戸工業大、千葉経済大、神奈川工科大、聖学院大、松蔭大、金沢工業大、北陸大、千歳科学技術大、上武大、東京福祉大、石巻専修大、東北文化学園大、郡山女子大、足利工業大、中日本自動車短大など

■進学状況
新潟大、横浜国立大、徳島大、静岡県立大、会津大、島根県立大、大阪市立大、北九州市立大、明治大、上智大、中京大、亜細亜大、駒沢大、立正大、東海大、帝京大、法政大、国士館大、専修大、東北学院大、東北福祉大、東北文化学園大、東北生活文化大、日本大、二松学舎大、玉川大、千葉工業大、金沢工業大、和洋女子大、神奈川工科大、秀明大、聖学院大、奥羽大、拓殖大、愛知大、四国大、神戸芸術工科大、東洋大、文教大、東北工業大、愛知工業大、名古屋文理大、江戸川大、久留米大、実践女子大、駒沢女子大、東海学園大、東京国際大（留学生）、流通経済大（留学生）、日本経済大（留学生）、東京福祉大（留学生）、東京造形大、東北芸術工科大、横浜美術大（留学生）

■就職状況
七ヶ宿町職員、東海旅客鉄道、アイスター商事、オートバックス、京都近鉄百貨店、佐川急便、自衛隊、オリエンタルランド、みちのく銀行など

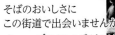
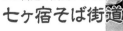
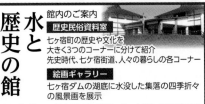

日本ウェルネス宮城高等学校

4月入学の時に咲く花であり、日本古来からある"桜"をモチーフにしている。

校訓・教育方針 ▶ 建学の精神

1. 質実剛健な人材の養成
2. 物事を科学する人材の養成
3. グローバルな人材の養成

校舎

硬式野球部

サッカー部

女子バレーボール部

女子硬式野球部

プロフィール

知・心・身のバランスを大切にして進路目標へサポート

【沿革】タイケン学園グループは、1998年に開設され、大学、専門学校、高等学校、保育園・小学校学童クラブ、その他教育機関・障害福祉施設を全国57拠点で運営し、着実な発展を遂げてきている。日本ウェルネススポーツ大学をはじめとする各校では競技者、トレーナー、インストラクター、保育士、幼児体育指導者、歯科衛生士、ペットトリマー、ドッグトレーナー、飼育技師、ドルフィントレーナー、グローバル人材（翻訳・通訳・貿易など）などの専門職の人材を養成している。東京五輪（2021年）では、稲見萌寧さん（日本ウェルネス高校・日本ウェルネススポーツ大卒）がゴルフ競技、梶原悠未さん（日本ウェルネススポーツ大専任講師）が自転車競技において、それぞれ銀メダルを獲得。シドニー五輪（00年）以降6大会連続で五輪に代表選手や指導者が出場。

授業風景

○日本ウェルネス宮城高等学校特色

【教育の特色】本校の特色は、教科教育と通学や寮生活を通して、「知育」「徳育」「体育」「食育」による全人教育を行い、豊かな教養と多様な経験を身に付ける。加えて、コースの特性を生かし、生徒それぞれの生い立ちや人格を敬い、個々の得意分野を生かした助け合いの心と多様性の尊重、地域の方々との交流、真の友情を育むなど、良き社会人としての基礎力を養うことにある。

【コースの種類と特色】

総合コース（普通科）

大学、短大、専門学校への進学や地元就職を目指すコース。無理のないカリキュラムを編成している。

また、不登校特例校（申請中）として2024年度から週3日登校で卒業できるクラスを開設予定。

スポーツコース

これからのスポーツの多様性から、アスリートの競技力や身体的育成はもとより、共生社会の意義を認識できるライフスキル教育を積極的に取り入れたコース。

男子硬式野球部は創部3年目で県ベスト8。男女ともに徒歩圏内に寮があり、学校スタッフや教職員が共に生活して成長を見守る。

【タイケン学園グループ】各種グループ校への内部進学が可能。日本ウェルネススポーツ大、日本ウェルネススポーツ専門学校、日本ウェルネス歯科衛生専門学校、日本ペット＆アニマル専門学校、日本ウェルネスAI・IT・保育専門学校など

School Data

校長／柴岡三千夫
生徒数／152人

■所在地
〒981-0303
東松島市小野字裏丁1
TEL 0225-20-9030
FAX 0225-20-9032
https://www.taiken.ac.jp/miyagi
Eメール miyagi@taiken.ac.jp
アクセス／JR陸前小野駅より徒歩15分

■寮
男子寮1棟、女子寮2棟を完備

■部活動
硬式野球（男女）、バレーボール（女）、サッカー（男）、陸上競技（男女）

■進学状況
（2022年度が最初の卒業生）
日本ウェルネススポーツ大等グループ校への進学、東北学院大、東北福祉大、東北工業大など

■就職状況
山下設備工業、五大建設など

■募集イベント
2024年度入試個別相談会・施設見学・部活動体験会については電話またはメールで相談・予約受付中

行事＆部活動・課外活動

防災教育など地域と連携・協働した学校行事

【主な行事】
主な行事▷4月・入学式、始業式、避難訓練、自然体験教育▷5月・防災教育▷7月・防災教育▷9月・防災教育
課外活動▷協働教育（地域連携 地元の自然環境を生かした体験教育）

古川学園高等学校

ペン先を図案化したもので、進取の精神のもと、輝かしい未来に向かい力強い飛躍を表す。FGは頭文字。

強歩大会

吹奏楽部定期演奏会

女子バレーボール部

校訓・教育方針 ▶ 健康・良識・努力

個々の人格の完成をめざし、平和的な国際人・社会人として、真理と正義を愛し、その責任を果たし得る、自立した心身ともに健全な人間を育成する。

プロフィール

東北屈指の進学実績 就職内定率も100%

【沿革】商業都市古川に1954年4月、古川商業専修学校として創立。56年に古川商業高等学校として新たなスタートを切った。時代の流れや地域の要望、大学進学者の急激な増加に応え、より広く社会に貢献できる優れた人材の育成を目指し、90年には普通科を設置。2003年4月に校名を古川学園高等学校に改名。現在は普通科創志コース、普通科進学コース、普通科総合コース、情報ビジネス科の2学科編成。24年度には創設70年を迎え、これまでに2万5000名を超える卒業生を輩出している。

【学科・コース】

「普通科 創志コース」

20年度に設置された普通科創志コース。国公立・私立大学受験に対応するカリキュラムを備え、そして部活動にも全力で取り組める環境を整えている。22年度には第1期生42名が卒業。多くの生徒が地元の国公立大学などに進学した。

「普通科 進学コース」

東北屈指の進学実績を誇り、大学現役合格100%の達成を目標に、社会に貢献できる人材の育成を柱とする大学進学指導を展開。毎年、東京大や東北大、医科系をはじめとする難関大学に合格者を多数輩出している。

「普通科 総合コース」

学業と部活動の両立を理念とし、明るい学園生活を通して感性豊かな人間形成を図る。四つの系列選択制（「文理」「スポーツ」「福祉・看護」「製菓」）を導入し、幅広い進路選択を実現。進路は例年、大学40%、専門学校30%、就職30%の割合となっている。

「情報ビジネス科」

二つの系列選択制（「ビジネス」「IT」）を導入。ビジネス系列の資格取得・IT技術の習得を目指しつつ、職業人としての教養を身に付ける学習を展開。毎年、就職内定率100%を達成し、在籍生徒の約60%が就職、約40%が大学・専門学校に進学している。

行事＆部活動・課外活動

全国に名高い体育部 文化部も活躍目立つ

2023年の春高バレーで全国優勝を果たした女子バレーボール部をはじめ、男子卓球部、陸上競技部、女子ハンドボール部、野球部、女子ソフトテニス部などは全国大会や東北大会への出場を果たしており、体育部が活発に活動している。

文化部活動も活発で、吹奏楽部が22年度の「シンフォニックジャズ＆ポップスコンテスト全国大会」で準グランプリを獲得。また、東京ディズニー・シー・ミュージックフェスティバルプログラムにも出場するなどの活躍を見せている。また、新聞部は全国高等学校総合文化祭に9年連続出場、美術部も宮城県高等学校美術展など各種コンクールに出展している。その他、放送部、家庭部、パソコン部、文芸部、ボランティア部などが精力的に活動している。

【主な行事】▷4月・入学式、HR合宿（1年）、春季勉強合宿（進学）▷5月・大崎地区高校総体、生徒大会、強歩大会▷6月・宮城県高校総体、大学見学会▷7月・インターハイ、夏季勉強合宿（進学）▷8月・オープンスクール▷9月・オープンスクール、体育祭▷10月・学園祭、学校説明会▷11月・学校説明会、芸術鑑賞会▷12月・研修旅行（カナダ〈予定〉・関西・長崎）、入試直前合宿（進学3年）▷1月・本校入学試験▷2月・スキー教室（進学1年）、卒業生を送る会▷3月・卒業式

その他、課外活動として「地域と連携した体験学習・企業体験」などを通年で実施

School Data

校長／俣野聖一
教頭／本田敦久、佐藤和博
生徒数／男子463人、女子356人
卒業生数／25,196人
（2023年4月現在）
同窓会長／尾形桂五

■所在地
〒989-6143
大崎市古川中里6-2-8
TEL 0229-22-2545
FAX 0229-22-2547
https://www.furukawa-gakuen.ac.jp/
アクセス／JR古川駅「中里口」から古川学園「中里門」まで10m

■部活動
バレーボール、卓球、ハンドボール、ソフトテニス、陸上競技、野球、サッカー、バスケットボール、柔道、剣道、バドミントン、吹奏楽、新聞、放送、美術、家庭、コンピュータ、文芸、ボランティア

■大学進学指定校推薦枠（順不同）
東北学院大、東北文化学園大、石巻専修大、東北工業大、仙台大、宮城学院女子大、仙台白百合女子大、尚絅学院大、聖和学園短大、仙台青葉学院短大、宮城誠真短大など多数

■進学状況（順不同）
東京大、東北大、大阪大、北見工業大、北海道教育大、弘前大、岩手大、宮城教育大、秋田大、山形大、群馬大、茨城大、横浜国立大、新潟大、信州大、釧路公立大、岩手県立大、宮城大、国際教養大、茨城県立医療大、高崎経済大、千葉県立保健医療大、長野県立大、防衛医科大学校、防衛大学校、自治医科大、日本獣医生命科学大、岩手医科大、慶応大、早稲田大、東京理科大、明治大、立教大、中央大、成蹊大、東洋大、駒沢大、神奈川大、立命館大、同志社大、東北学院大、東北福祉大、東北工業大、宮城学院女子大、仙台大、尚絅学院大、仙台白百合女子大、石巻専修大、東北芸術工科大、横浜薬科大など多数
葵会仙台看護専門学校、晃陽看護専門学校、国際TBC小山看護専門学校、東北職業能力開発大学校、東北保健医療専門学校、東北電子専門学校、宮城県農業大学校など多数

■就職状況（順不同）
トヨタ自動車、トヨタ自動車東日本、トヨタ紡織東北宮城工場、YKKAP、古川星陵病院、尾西食品、伊藤ハムデイリー、THKインテックス、宮城愛隣会、マルテツ、東北自動車輸送、山崎製パン、白石食品工業、明和工業、わんや産婦人科医院、東亜レジン、早坂精密工業、アルプスアルパイン、アルプス物流、ユアテック、アイリスオーヤマ、宮城第一信用金庫、プライムアースEVエナジー、みどりの農協、ヤマセエレクトロニクスなど多数

宮城学院高等学校

聖書とその上を舞う聖霊を象徴する鳩を、宮城野の萩が囲むデザイン。宮城野萩は清純にして強じんなイメージを持つ花である。

校舎全景

オンライン英語
ネイティブ英語教員と生徒たち

校訓・教育方針 ▶ 神を畏れ、隣人を愛する

キリスト教に基づく人格教育により国際精神を養い、隣人愛に立ってすべての人格を尊重し、人類の福祉と世界の平和に貢献する女性を育てる

プロフィール

豊かな人格・確かな学力を育てる女子教育

【沿革】1886年アメリカ人宣教師と日本人キリスト者によって創設された。以来一貫したキリスト教に基づく教育方針の下、英語と音楽とグローバル教育を教育の柱として、国際的に通用する高い教養と品格を身に付けた女性を育成している。

【学科・コース】
《3コース2専攻制で一人一人の進路実現を強力にサポート》
　グローバル化の進展とともに人々の価値観は多様化し、キリスト教教育を土台に一人一人の個性を大切にしてきた本校では、多様な進路にきめ細かく対応することが求められている。2024年度は特別進学コース、総合進学コース（2年次よりクリエイティブ、ライフサイエンス）、グローバルコミュニケーションコースの3コース2専攻制で、生徒の多様な進路を丁寧かつ細やかにサポートする。

《コースの種類と特色》
特別進学コース（MG特進）
「部活動後の勉強班で国公立・難関私立大学へ」

　学習と課外活動のバランスの取れた学校生活を送りながら、国公立大学や難関私立大学を目指す。24年度より特別進学コースに、ネイティブ教員によるオールイングリッシュで授業を行うグローバル・スカラー選択を設置。大学受験に対応できる力を養いながら、「話す」「聞く」「読む」「書く」の4技能に磨きをかけ、より実用的な英語力を身に付けることが可能。※グ

ローバル・スカラー選択は、英語コミュニケーションの授業およびいくつかの選択科目が対象

グローバルコミュニケーションコース（GC）
「ネイティブ英語教員による授業で英語でのコミュニケーション力を鍛える」

　グローバルコミュニケーションコースは、国際教養大や国際基督教大といったグローバル教育に特色のある国内大学や海外大学への進学を目指す。

　GCプログラムでは、英語をちゅうちょすることなく自信をもって使える雰囲気を大切にしている。生徒の興味関心に基づいた題材を通して、プレゼンテーションやディベート、エッセイライティングといった自分の考えや意見をいかに効果的に発信するかを学習する。課題やプロジェクトに取り組みながら、「問題解決」「批判的思考」「協同活動」といった21世紀型スキル（21st Century Skills）を習得していく。

総合進学コース（MG総進）　クリエイティブ、ライフサイエンス
「豊富な推薦枠・高大連携で資格取得に有利な大学へ」

　総合進学コースは、学習と課外活動のバランスの取れた学校生活を送りながら、自立的な精神を養い、さまざまな資格を持った地域社会のリーダーを目指す。宮城学院女子大や在仙の私立大学と連携し、ワークショップや実習などさまざまな高大連携授業を通して、未来の自分を見つける。2年次から文系のクリエイティブ、理系のライフサイエンスに分かれる。

【海外留学と留学生の受け入れ】
　本校は帰国生・留学生の受け入れ

を積極的に行っている。多様な国籍を持つ生徒と同じクラスで生活を共にすることで、日常的に異文化交流体験ができ、グローバルな感覚を身に付けることができる。また2週間の短期留学、約3カ月のターム留学、半年間の中期留学、そして1年間の長期留学など多様な留学制度が整備されており、所属コースの制限なくさまざまな留学に参加することができる。

行事&部活動・課外活動

生徒会が活発に活動 主体的に問題を解決

　自由で明るい校風の中で、生徒会は活発に活動している。執行部や

委員会のリーダーシップの下、現状の見直しと改善に導く話し合いが日常的に行われ、話し合いを通して深まる信頼と理解は、生徒集団の財産となっている。生徒手づくりの運動会、文化祭は全校生徒が一丸となって燃える楽しい行事となっている。キリスト教学校ならではのクリスマス礼拝は感動的で、思い出に残る行事である。

【主な行事】▷5月・運動会▷7月・ワンターム留学（～9月）▷8月・サマーキャンプ、文化祭▷10月・スポーツ大会、芸術鑑賞会▷11月・シンガポール校外研修旅行（2年）▷12月・クリスマス礼拝▷1月・ワンターム留学（～3月）▷3月・海外研修（オーストラリア／カナダ）

School Data

校長／平林健
教頭／遠藤純子
生徒数／女子343人
卒業生数／20,250人
　　　（2023.4現在）
同窓会長／白木悦子

■所在地
〒981-8557
仙台市青葉区桜ケ丘9-1-1
TEL 022-279-1331
FAX 022-279-5113
https://www.miyagi-gakuin.ac.jp
Email:info-chukoh@miyagi-gakuin.ac.jp
アクセス／JR仙台駅から宮城交通バス宮城学院行きで約30分、地下鉄南北線旭ケ丘駅から宮城交通バス宮城学院行きで約15分など

■部活動
ソフトテニス、剣道、テニス、体操、バスケットボール、バドミントン、バレーボール、陸上競技、かるた、ダンス、アート、演劇、音楽、茶道、ハンドベル、放送、オーケストラ弦楽部門・管楽部門（吹奏楽）、YWCA、自然科学

■大学進学指定校推薦枠
宮城学院女子大、国際基督教大、東京女子大、青山学院大、立教大、明治大、日本女子大、法政大、明治学院大、日本大、同志社大、関西学院大、恵泉女学園大、東北学院大、東北医科薬科大、東北工業大、東北芸術工科大など

■進学状況
宮城学院女子大、東北大、宮城大、宮城教育大、山形大、秋田大、岩手大、弘前大、東京都立大、筑波大、電気通信大、横浜市立大、静岡県立大、長崎大、上智大、国定基督大、東京理科大、明治大、青山学院大、中央大、法政大、立教大、明治学院大、東京女子大、日本女子大、成蹊大、東洋大、専修大、成城大、独協大、芝浦工大、玉川大、学習院女子大、フェリス女学院大、順天堂大、立正大、帝京平成大、横浜薬科大、東京農大、桜美林大、松蔭大、神田外語大、多摩美術大、東京造形大、同志社大、関西学院大、北海道医療大、日本赤十字秋田看護大、盛岡大、東北芸術工科大、医療創生大、東北学院大、東北医科薬科大、東北福祉大、東北工業大、東北文化学園大、尚絅学院大、仙台白百合大など

2023/2024 生徒募集

2023 年度 10 月入学生
2024 年度 4 月入学生

個別相談 随時 受付中！

自分らしく通信制で 高校卒業！！

条件により
実質授業料は 0 円
になります ※就学支援金適用時

- 新入学生は 3 年で卒業できます。

- 転入生・編入生は修得済みの単位によっては 1 年で卒業可能です。

- 週に 1 〜 2 回の登校。集団スクーリングは土曜日。火曜日から金曜日に個別スクーリングを行います。

- 条件により就学支援金が適用になります。授業料は 1 単位当たり 12,000 円ですが、支給条件に該当した場合は高等学校等就学支援金として、最大で 1 単位当たり 12,000 円が国から支給されます。（この場合、実質授業料は 0 円となります。）

" L ネットスクーリング "

スマホ動画で、いつでも、どこでも インターネットスクーリング

独自のインターネットスクーリング **" L ネットスクーリング "** を行っています。本校通信制課程の生徒はパスワードを入力すれば、いつでも、どこでも、何度でも映像で視聴できます。

応募等のお問い合わせは： Tel. 022-**256-4148**

仙台育英学園高等学校 広域通信制課程 ILC宮城
〒 983-0045 宮城県仙台市宮城野区宮城野二丁目 4-1 Tel. 022-256-4148
https://www.sendaiikuei.ed.jp/ilc/

宮城県私立高校
学校紹介

|||||||||||||||||||||||||||||||||||||||||||||||||||||||||||||||||||||

広域・単位制、通信制

学校法人角川ドワンゴ学園
N高等学校・S高等学校 仙台キャンパス

校章は、7つの三角形で構成された五角形。多様性を包括するという意味を持つ。

校訓・教育方針　IT×グローバル社会を生き抜く「創造力」を身につけ、世界で活躍する人材を育成する。

- ◆教養　自分なりの考えをもつための知識
- ◆思考力　知識を使って考える力
- ◆実践力　考えを行動に移す力

プロフィール

仙台駅徒歩7分！
好きを叶える場所

【沿革】N/S高等学校はKADOKAWA・ドワンゴが創るネットと通信制高校の制度を活用した、新しいネットの高校である。自宅にいながらオンラインで学べるネットコースをはじめ、全国43キャンパスに通学して学べる通学コースなどがある。生徒数はN/S高合わせて24,862名（2023年5月1日時点）と日本一の高校である。19年に仙台キャンパスを開設し、23年6月現在約100人の生徒が在籍。通学回数は週5、週3、週1の中から選択可能で、自分のライフスタイルに合わせて最適な学校生活を過ごすことができる。

教育の特色

PCやスマホを利用し、
あなたのやりたいを支援

全日制と同様、高校卒業資格の取得が可能である。また、日常的にPCやスマートフォンのほか、VR機器など最新のICTツールを使用し、生徒の個性を伸ばし将来につなげるさまざまな課外授業を提供しているのが大きな特長である。例えば、大学受験対策やプログラミング、Webデザイン、声優、動画編集、パティシエなど、多彩なコンテンツを提供している。また実際の社会に役立つスキルを得るために、ユニークな職業体験や海外大学の国際教育プログラム（短期留学含む）も用意。生徒の"やりたい"という意欲に応えるとともに、生徒が自ら将来像を描き、具体的な目標とその土台を築くための活動と支援の充実を図っている。

行事＆部活動・課外活動

通学コースの
文化祭（キャンフェス）は
生徒が企画運営

仙台キャンパス最大のイベント「キャンフェス」。キャンフェスとはN/S高通学コースの文化祭で、正式名称は「キャンパスフェスティバル」。毎年多くの生徒が楽しんでいるキャンパスの人気イベントである。それ以外にも七夕イベント、ハロウィンなど多数。

【主な行事】▷春：入学式、磁石祭（超会議内で実施）▷夏：七夕イベント、ネット遠足▷秋：ハロウィンイベント、キャンパスフェスティバル（文化祭）、NED、ネット運動会▷冬：卒業式▷その他イベント：進路イベント、職業体験・ワークショップ、留学プログラム、進学イベント訪問ツアー、会社訪問ツアー、就職イベント訪問ツアー

沖縄スクーリング

つくばスクーリング

仙台キャンパス内観

School Data

理事長／山中伸一
校長／N高 奥平博一
　　　S高 吉井直子
生徒数／24,862人
　　（2023.5現在、N/S高合計）

■所在地
〒984-0051
仙台市若林区新寺2-1-6
THE ISビル4階
TEL 0120-0252-15
https://nnn.ed.jp/

■部活動（ネット部活）
起業、投資、政治、研究、eスポーツ、囲碁、将棋、クイズ研究会、美術、コンピューター、人狼、音楽、ダンス

■進学状況
（2022年度合格実績）
東京大、京都大、北海道大、東北大、東京工業大、一橋大、大阪大、九州大、早稲田大、慶応義塾大、学習院大、明治大、青山学院大、立教大、中央大、法政大、関西大、関西学院大、同志社大、立命館大、マンチェスター大、メルボルン大、キングス・カレッジ・ロンドン、シドニー大、ニューサウスウェールズ大、クイーンズランド大、モナシュ大、バーミンガム大、ボストン大など

■就職状況
チームラボ、Oookey、ジンジブ、ちふれホールディングス、マルエツフレッシュフーズ、三陽商会、KeePer技研、オンデーズ、ドン・キホーテ、森トラストホテル＆リゾーツ、ヒルトン沖縄宮古島リゾート、ホテル京阪マネジメント、四万温泉やまぐち館、キルフェボン、くら寿司、あきんどスシロー、税理士法人りんく、ニチイ学館、木下の介護、海上自衛隊、陸上自衛隊など

Hot News

詳細・最新情報はこちら▶

課題解決型授業プロジェクトN

大手企業のコラボも実現

自分自身の興味関心や、地域・身の回りの課題などをテーマにプロジェクトを立ち上げ、長期的に実施する課題解決型プログラム「プロジェクトN」。自ら課題を見つけプロジェクトと向き合うことで、社会や人とのつながりが学べる。プロジェクトによっては大企業と一緒に取り組むこともあり、過去にはコンビニ大手のローソンとのコラボも実現。

豊富な課外授業やイベント

好きなこと好きなだけ
N/S高生なら無料で使える

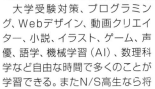

大学受験対策、プログラミング、Webデザイン、動画クリエイター、小説、イラスト、ゲーム、声優、語学、機械学習（AI）、数理科学など自由な時間で多くのことが学習できる。またN/S高生なら将来、社会に出てから利用する可能性の高いツール（Slack、Google Workspace for Education、Adobe Creative Cloud、CLIP STUDIO PAINT DEBUT、Zoom）が無料で利用できる。

N/S高生ならアドビが提供しているPhotoshop、Illustrator、InDesign、Premiere Pro、XDなど20以上のアプリが無料で利用でき、想像のおもむくままに多彩な創作が可能。その他、CLIP STUDIO PAINT DEBUTやGitHub、ニコニコなども無料。

複数のメンターが学校生活をサポート

全日制高校と同じ
高卒資格取得が可能！

生徒が主体的に考えて行動できるように、全ての生徒に複数のメンターがつく。また、卒業（高卒資格取得）するまで、生徒の相談内容によって最適なメンターたちがサポートする。

ネット部活動

eスポーツ部、投資部、
起業部、政治部など豊富

©Norifusa Mita/Cork

全国大会優勝の実績があるeスポーツ部や、全国出場実績があるクイズ研究会、囲碁部をはじめ、N/S高にはネットで活動を中心に行う「ネット部活」「同好会」がたくさんあり、友だち同士の交流が盛んである。特に起業部、投資部、政治部では、特別講師を交え、専門性を高めることも可能である。

進学、就職実績

本気で大学進学を目指す。

東京大、京都大、東北大、国際教養大、北海道大、早稲田大、慶応大、海外大学など国内外の有名大学をはじめとする合格実績が多数ある。大学入学を本気で目指す生徒のためにさまざまな試験を網羅した入試対策を個別に指導している。大学受験を知り尽くした専門のコーチや現役難関大学生のアシスタントコーチが生徒一人一人に合った学習計画をオーダーメイドで作り、志望校合格に向けて個別にコーチングしている※。

※個別指導・コーチングは有償プログラム

学校法人創志学園
クラーク記念国際高等学校 仙台キャンパス

ウイリアム・スミス・クラーク博士の精神を引き継いでおり、クラーク博士の子孫であるデブラ・Y・クラーク女史とも交流を深めている

【建学の精神】 ▶ **君よ、大志を抱け**
Boys, be ambitious

第1回女子野球GIANTS杯福島大会2023優勝

私立

広域・単位制／通信制普通科

プロフィール
クラーク博士の精神脈々と

【沿革】1992年4月、広域・通信制高校として北海道深川市に開校。「Boys,be ambitious（君よ、大志を抱け）」の言葉で知られるウイリアム・スミス・クラーク博士の精神を引き継いでおり、名誉校長に2013年5月23日に3度目のエベレスト登頂を80歳で成功させた冒険家の三浦雄一郎が就任している。

2000年、北海道知事より通信教育を行う区域として宮城県が認可され、仙台分室開設。02年、現在の若林区新寺に移転。03年、宮城県教育委員会より技能教育施設としての指定を受け、同年、宮城県高校体育連盟および高校文化連盟への参加・加盟が承認された。04年、全面改装工事終了。冷暖房を完備した12教室を整備した。

全国36都道府県に50以上の拠点があり、仙台キャンパスはJR仙台駅東口から徒歩8分の場所に設けられている。

教育の特色
毎日通う通信制高校 多彩なコースから選択

大学や専門学校への進学を目指して、一般科目、受験科目を重視したカリキュラムを学べる「普通科」を導入しており、いずれも週5日毎日通学する全日型のほか、オンライン登校型で学ぶことができる。

通信制高校のシステムを生かした全日型教育が魅力のコース制で教育を実践している。2020年度にクリエイターコース、21年度にはパフォーマンスコースを開設。その他に、東北楽天ゴールデンイーグルスと全面提携しているスポーツコー

ス女子硬式野球専攻とオーダーメイドで自分だけの時間割の中で興味関心を広げる総合進学コースがある。

オンライン登校型は、対面授業とオンライン授業から選択することができる。スマートスタディⅠコースでは週6コマ、スマートスタディⅡコースでは週15コマ、スマートスタディⅢコースでは週30コマの授業選択が可能。eスポーツの授業や検定対策など豊富な授業の中から、自分の興味関心の高いものを選ぶことができる。週1回担任の先生とのコーチング面談では、将来の目標設定や進路実現に向けたスケジューリングを行い、担任と二人三脚で目標達成に向けて進んでいくことができる。

単位修得コースは、年間で10日間程度のスクーリングで3年で卒業が可能なコース。宿泊を伴う集中スクーリングがない点も選ばれるポイントである。芸能活動やアルバイトに取り組みながら高校卒業を目指す生徒もいる。

教員は全員が学習心理支援カウンセラーの有資格者で、生徒の変化に柔軟に対応している。

また、クラーク海外語学研修プログラムは、最長27カ月間オーストラリア語学研修が可能。オーストラリアにクラークの教員が常駐し、学年がずれることなく進級・卒業が可能となっている。短期・中期・長期の海外語学研修では、オーストラリアとハワイ、系列大学のあるニュージーランドから選択ができ、多彩なプログラムが用意されている。

行事＆部活動・課外活動
行事は生徒が企画運営 オーストラリア海外語学研修も

生徒の意欲や関心を重視し、さまざまな課外活動を取り入れている。文化祭や体育祭など、生徒の手で企画、運営される行事も多彩。
【主な行事】▷4月・入学式、各種ガイダンス、三者面談▷5月・楽天野球観戦▷6月・高校総体、文化祭▷7月・学期末試験▷8月・学力コンクール▷9月・体育祭▷10月・生徒会選挙、進路ガイダンス▷11月・芸術祭▷12月・活動報告祭、オーストラリア中期語学研修▷1月・学年末試験、オーストラリア短期語学研修▷2月・二者面談、プレゼンテーションコンテスト▷3月・卒業式

ようこそ我が校へ！
充実した高校生活

生徒会長 瀬戸 穂香

クラーク高校では、特化したコース授業が魅力で、資格取得も盛んです。基礎からしっかり学習できる環境が整っていて、学力がついたことを実感しています。自分の夢が目標に変わり、仲間と一緒に頑張っていける学校です。充実した高校生活が進路に直結し、卒業時には大学のほか、海外留学や就職、中には芸能活動をする方もいます。

School Data

総長／大橋博
理事長／増田哲也
学校長／吉田洋一
仙台キャンパス長／佐藤美樹
生徒数／男子134人、女子156人

■所在地
〒984-0051
仙台市若林区新寺1-7-20
TEL 022-791-3222
FAX 022-791-3444
https://www.clark.ed.jp/

■クラブ活動
女子硬式野球専攻、軟式野球、陸上、卓球、サッカー、eスポーツ、写真、軽音楽、放送、生徒会、各種実行委員会

■2024年度募集要項
定員／【全日型】普通科70人
総合進学コース、パフォーマンスコース、クリエイターコース、スポーツコース女子硬式野球専攻
【オンライン登校型】スマートスタディⅠ・Ⅱ・Ⅲコース、単位修得コース
選抜方法／面接、学力試験（英・数・国）、調査書

■進学状況
北海道大、岩手大、東北大、山形大、神戸大、横浜市立大、宮城大、東北学院大、宮城学院大、東北福祉大、東北工業大、石巻専修大、東北文化学園大、尚絅学院大、仙台白百合女子大、聖和学園短大、早稲田大、慶応大、上智大、法政大、津田塾大、関西学院大、同志社大、立命館大、中央大、明治大、青山学院大、東京理科大、日本大、星薬科大、日本女子大、北里大、東京工芸大、城西国際大、明治学院大、文教大、愛知産業大、東北公益文科大、立教大、独協大、東洋大、いわき明星大、東北芸術工科大、日本外国語専門学校、仙台理容美容専門学校、仙台コミュニケーションアート専門学校、仙台大原簿記情報公務員専門学校、仙台医療福祉専門学校、東北電子専門学校、専門学校デジタルアーツ仙台、仙台保健福祉専門学校、宮城調理製菓専門学校、花壇自動車整備大学校、赤門自動車大学校、宮城農業大学校など

■就職状況
神戸レザークロス、健生館、パルコ、石田商事、東北キャリテック、公害処理センター、ベル、アクセス、全日警、朝日サンクリーン、三万石、ワールド、ダイヤパークなど

■系列校として
・環太平洋大
・国際大学IPU New Zealand
・専門学校東京国際ビジネスカレッジ
・日本健康医療専門学校など

Hot News

詳細・最新情報はこちら▶

全日型コース学習

さまざまな分野で本格的な授業

全日型 制服通学		
総合進学コース	パフォーマンスコース	オンリーワンクラス 少しずつ、学校に慣れていく学び方
クリエイターコース	スポーツコース 女子硬式野球専攻	

オンライン登校型	
スマートスタディⅢコース 週30コマから選択可能	スマートスタディⅡコース 週15コマから選択可能
スマートスタディコース 週6コマから選択可能	単位修得コース 年間10日間のスクーリング

設置コースは制服を着て登校する全日型の四つのコースと私服通学のオンライン登校型の四つのコース。

全日型は、総合進学コース、パフォーマンスコース、クリエイターコース（IT系・コミック系）、スポーツコース女子硬式野球専攻。

パフォーマンスコースは、コミュニケーションを高め表現活動を学ぶことができる。現役の声優や俳優、ダンサーやプロデューサーなどの講師から質の高い教育を受けることができる。クリエイターコースは、作品制作を通して実社会に即応するスキルを磨くことをコースコンセプトに「IT系」と「イラスト・コミック系」に分かれ、イラストやデザインからPCスキルまで幅広く学ぶことができる。スポーツコース女子硬式野球専攻は、東北楽天ゴールデンイーグルスと全面提携して野球指導のみならず教育活動を展開している。スポーツコース女子硬式野球専攻は、第20回記念全国高等学校選抜大会において、1期生11人で挑み、初出場準優勝の快挙を成し遂げ、翌年も全国準優勝を果たした。2023年5月に社会人、大学、高校が参加して行われた、第1回ジャイアンツ杯福島大会で社会人強豪チームを破って優勝を飾った。

これら四つのコースを支える少人数で安心のオンリーワンクラスがある。不登校経験のある生徒もしっかりと自信をつけ、集団クラスに復帰している。

クリエイターコース作品

パフォーマンスコース定期公演

第1回栃木さくらカップ優勝

資格取得

合格に向けてさまざまな学びを提供

検定対策講座

高校3年間の生徒1人辺りの資格取得数は、8割の生徒が5種類以上、5割の生徒が5〜9種類を取得。15種類以上の資格を取得した生徒もいる。

取得できる資格に、「英語検定」「漢字検定」「数学検定」「日本語検定」「文章検定」「保育検定」「情報処理検定」「世界遺産検定」「色彩検定」「ピアアシスタント」などがある。

クラブ活動

卓球部、軟式野球部は全国大会出場!!

軟式野球部

陸上部

定時制通信制体育大会では卓球部、軟式野球部が全国大会に出場。サッカー部も県大会準優勝するなど活発に活動している。

また、23年度は県高校総体（全日制）にも陸上部、自転車部が参加し東北大会出場など今後の活躍が期待されている。

進学

6割の生徒が大学へ進学！ 300校を超える大学の指定校推薦

入試対策授業

生徒の基礎学力向上のため、基礎から丁寧に積み上げる独自の学習システムを導入している。中学校までに学んだ数学、英語について、一人一人の理解度を「基礎学力オールチェック」で確認。弱点箇所を明確にして、理解できるまで徹底的に指導している。

進路指導は1年次から行い、小論文やプレゼンテーションといった大学進学で必須になっている自己表現を行う授業を積極的に取り入れている。

大学進学希望者が増えており、進学に向けてのサポートも積極的に行う。通学コースではどのコースを選んでも、大学受験に必要な科目の授業を受けられるカリキュラムが組まれ、放課後に行われる大学受験対策講座を組み合わせることで、一般入試にも対応できる。難関大学に進む生徒も増加。300校を超える全国の大学の指定校推薦を利用することができるのは、全国に広がる広域通信制高校ならではのメリットといえる。

編入、転入した生徒も以前に通学していた高校での単位を認定可能なため、大幅な後れを取る事なく、安心して学習できる。

その他、生徒それぞれの関心や興味、ペースに合わせて希望進路実現に向けた多面的なサポートを行っており、これまで県内外の多くの大学や専門学校への進学を実現している。

仙台白百合学園高等学校
通信制課程 エンカレッジコース

白百合のように、気品と、優しさと、強い意志を備えた女性として、社会に貢献してほしいと願いを込めた校章。

■設立理念 ▶ エンカレッジ (encourage)

エンカレッジは「励ます、勇気づける」という意味。キリスト教の精神に基づいて生徒に寄り添い、「人を思いやる心」「人の役に立とうとする心」を育む。

■プロフィール

女子教育129年の伝統 ミッション校の通信制

【沿革】フランスで1696年に発足し、現在40数カ国で福祉、医療、教育などの活動に取り組む「シャルトル聖パウロ修道女会」が設立母体。カトリックの精神に基づく教育施設として1893年に私立仙台女学校が設置され、1907年に私立仙台高等女学校に昇格、48年に仙台白百合学園となった。98年から仙台市泉区柴山に全面移転した。

120年以上の女子教育の実績を生かし、またミッションスクールとしての使命感から2014年4月、通信制・エンカレッジコースを設立。全日制、通信制の二つの課程を備えた女子校として教育の幅、可能性を広げた。

■教育の特色

柔軟なシステムで 個性と才能伸ばす

生徒の今と将来を「励まし、勇気付ける」意味を込め、エンカレッジコースと名付けた通信制課程。「体調面が心配」「勉強と並行してやりたいことがある」など、さまざまな事情がある生徒、困難に直面している生徒たちを迎え入れ、女子だけの落ち着いた環境の中で一人一人の個性と才能を伸ばす。

学習の中心は自宅での課題レポート作成と週2、3回程度のスクーリング。遠方の生徒も安心して通学できるように毎月3日間の集中スクーリングで、単位修得要件を満たすプログラムも用意されている。転入学、編入学の場合、前在籍校での単位を生かして卒業することができる。また、スクーリング以外の

留学

日を生かした豊富な体験講座も特色だ。あらゆる講座や、社会体験に参加ができる。とくにボランティア活動は小学生との触れ合いや路上生活者への炊き出しなど、生徒の社会性を育むプログラムとして好評を得ている。

ミッションスクールならではの学びも多種多様。必修科目として「宗教」を学べるほか、教会やNPOが主催するボランティア活動も単位として認定される。

また、仙台白百合学園が長年培ってきたノウハウを生かし、海外留学の相談にも応じている。エンカレッジコースでは規定の単位を修得すれば、在学中に海外留学しても3年で卒業が可能だ。これまでもロシアのバレエ留学をはじめ、ノルウェー、イギリス、ニュージーランド、オーストラリアなどへ留学している生徒がいる。

■行事&部活動・課外活動

多彩な行事 全日制の企画にも参加可能

クリスマス会、修養会など全日制と合同の宗教行事も充実。希望者は全日制の部活動にも参加が可能である。

【主な行事】▶4月・入学式、始業式、入学オリエンテーション▶5月・生徒面談、保護者面談、防災訓練、健康診断、保護者会▶6月・学園記念日▶9月・学園祭、前期テスト、前期終業式・卒業式▶10月・遠足、防災訓練、修養会▶12月・保護者会、クリスマス会▶2月・後期テスト、二者・三者面談▶3月・後期終業式・卒業式

入学式

ロザリオのマリア聖堂

ルルドのマリア像

修養会

学習室での自習風景

クリスマス会

■School Data

校長／藤田正紀
教頭／渡邊優子
生徒数／女子99人
卒業生数／248人
　　　（2023.6現在）

■所在地
〒981-3205
仙台市泉区柴山1-2-1
TEL 022-777-6625
FAX 022-777-6001
https://enc.sendaishirayuri.net/
アクセス／地下鉄南北線泉中央駅から宮城交通バス「白百合学園前」下車
※通学バスあり

■教育区域
宮城県、北海道、青森県、秋田県、岩手県、山形県、福島県、新潟県、埼玉県、千葉県、東京都、神奈川県、茨城県、栃木県、群馬県

■大学進学指定校推薦枠
仙台白百合女子大、白百合女子大、聖和学園短大他、全日制課程の指定校推薦枠も利用可能

■進学状況
（2022年度卒業生※過卒生含む）
白百合女子大、仙台白百合女子大、東北学院大、東北文化学園大、東北福祉大、東北医科薬科大、清泉女子大、大妻女子大、洗足学園音楽大、聖心女子大など

女子のみの環境

恵まれた環境　教育設備

紫山の自然の中に教育設備が充実

仙台市泉区紫山にある学舎は四季折々、自然の移り変わりが実感できる静かな環境。泉ケ岳をバックにした広々とした敷地に図書館やホール、聖堂、食堂など充実した教育設備が整い、各施設に防犯の工夫やバリアフリーが施されている。冷暖房の整った広くてきれいな校舎は生徒からも好評だ。ここで女子の特性に応じた学習プログラムを提供。生徒一人一人の高校卒業と、その後の夢の実現をサポートする。

豊富な体験活動

豊かな人間力を育成

エンカレッジコース
オリジナルキャラクター
エレン＆カレンちゃん
（生徒作品）

▲ with kids
ボランティア

◀
キャリアデザイン
講座①（お菓子
作り体験）

エンカレッジコースが力を入れているのは、豊かな余暇時間を生かして行う豊富な体験講座だ。人とつながり社会とつながることで、自分の未来とつながることを目指している。

特に人間力を高める効果があると好評なのが、社会のさまざまな人々と触れ合うプログラムである。多方面の専門家を招いてワークショップを行う「キャリアデザイン講座」や、小学生とふれ合う「with kidsボランティア」、全日制課程と合同の「海岸清掃ボランティア」など、ボランティア活動も豊富だ。

これらの企画は、教会、大学、福祉施設などさまざまな外部機関と連携できる仙台白百合学園だからこそ実現できている。このエンカレッジコースで、高校卒業資格取得にプラスして、豊かな人間力を育んでほしい。

オリジナルカリキュラム

個別学習に対応

スクーリング「体育」

EOP「クリスマスツリーを作ろう講座」

キャリアデザイン講座②「世界で一つのフォトフレーム講座」生徒作品

「課題レポート提出」と、登校して授業を受ける「スクーリングの出席」、年に2回の「定期考査」を通し、単位の修得を目指す。

スクーリングのない日にも登校可能で、課題レポート作成の手助けやカウンセリング、進学に向けた個別指導や、EOP（エンカレッジ・オリジナルプログラム）などが受けられる。EOPは、数学や小論文などの学習サポート講座や「パイプオルガンで歌おう！」、「デコパージュ」など趣味や興味を広げる体験講座などが準備されている。

2019年度末から20年度にかけて、新型コロナウイルス感染症拡大による休校措置を受け、ICT導入体制を整備。21年度には学習活動にICTを段階的に組み込み、22年には本格的導入に踏み切った。現在は、一部課題レポートの電子化

オンライン海外研修

などの学習活動にICTが活用されている。

過去には、3カ国とつながるオンライン海外研修、対面とオンラインとを併用したハイブリッド型での「お菓子作り講座」を実施した。今後もその時々の状況やニーズに合わせ柔軟に対応していく予定だ。

きめ細かな配慮

進路相談は個に応じて

卒業生の話を聞く会

卒業式

高校の卒業を目的とするだけではなく、その後を見据えたきめ細かな進路指導を実施。生徒との面談はもちろん、保護者会や保護者面談などを通じ一人一人に寄り添って相談に応じる。

また生活指導にも力を入れ、制服をきちんと身に着け、「高校生らしい高校生活を送る」ことで社会性や協調性を深めている。

進学を目指す生徒のための個別指導も充実。仙台白百合女子大や白百合女子大（東京）の姉妹校推薦制度も設けている。

学校法人恭敬学園

東北芸術高等専修学校

北海道芸術高等学校

JR仙台駅東口から徒歩6分　仙台市宮城野区榴岡4-6-20
 0120-105370
TEL022-297-2710　FAX022-299-2795
https://togei.kyokei.ac.jp

表情もまた学力である／自分ソウゾウ

芸術系の大学・専門学校・養成所への高い合格率を誇っています

学校の自慢　東芸での学校生活は"笑顔と感動"が溢れています。高等専修学校で知識や技術を学び、通信制高校で高校卒業も実現できる画期的なシステムです。

設置学科

●総合芸術学科
マンガ・イラストコース、声優コース、ファッション・ビューティーコース、ミュージックコース、メディアクリエイターコース

●美容師学科
美容師コース
★独立履修を実現！3年間で美容師国家資格取得と学費負担軽減が可能です。

沿革

2006年に北海道芸術高等学校を開校。同年に札幌・仙台・名古屋サテライトキャンパスを開設。2015年「学校法人恭敬学園 北海道芸術高等学校」としてスタート。全国拠点は6カ所に。2018年に愛知芸術高等専修学校、2020年、仙台に東北芸術高等専修学校を開校。在籍生徒が1700名を超える。2021年、横浜芸術高等専修学校を開校。2023年、福岡芸術高等学校を開校。

概要

宮城県唯一の教育システム

芸術分野は高等専修学校で学習。同じ夢や目標を持った仲間と一緒に、現役プロで活躍中の講師陣が業界で活躍するために必要な知識と技術を毎日指導します。また、高校卒業に必要な単位修得は通信制高校のカリキュラムで対応。北芸では、芸術科目も単位として設定しているので、好きなことを学びながら卒業に必要な単位を修得できます。年1回北海道で行われる本校スクーリングは、授業だけではなくコースや学年に関係なく交友関係が広がり、一緒に成長できる機会となっています。

楽しいオリジナル授業がいっぱい

ヘアメイクショー、レコーディング実習、映画エキストラ出演、マンガ作品講評会など、やる気を刺激する楽しい授業をたくさん用意しています。

主な進路実績

◆大学・短大 実績
武蔵野美術大学／日本大学／日本女子体育大学／郡山女子大学／東北芸術工科大学／東北生活文化大学／東北工業大学／東北文化学園大学／仙台青葉学院短期大学／東北学院大学

◆専門学校 実績
日本工学院専門学校／日本外国語専門学校／東京コミュニケーションアート専門学校／専門学校日本デザイナー芸術学院／仙台デザイン＆テクノロジー専門学校／仙台デザイン専門学校／仙台ヘアメイク専門学校／仙台医療福祉専門学校 等

◆養成所・事務所 所属先 実績
よこざわけい子ナレータースクール／テアトルアカデミー／プロダクションA／劇団ひまわり／劇団青年座研究所／JTBエンタテイメントアカデミー／文学座／サンミュージック 等

「東芸plus＋北芸」教育の特徴

❶高等専修学校としての質の高い専門教育（宮城県より認可）
❷現役プロの講師陣による直接指導
❸イベント・行事たくさんの楽しい学校生活
❹「進学」「就職」「プロデビュー」3つの進路を見据えた充実したカリキュラム
❺不登校経験者のサポート体制も万全

東北芸術高等専修学校　昼間部

芸術科目、普通科目　普段の時間割を通じて専門分野の基礎知識や基本的な技術を習得し、更に高等教育としての一般教養を学ぶ

美容師学科

国家資格である「美容師免許」取得を目指し、卒業と同時に美容室への就職を目標としています。直近の就職実績としては3年連続国家試験合格率・就職決定率100％を達成しています。就職エリアも東北だけではなく関東圏も対象としています。
══ 高等専修学校卒業資格 ══

総合芸術学科

・マンガ・イラスト・声優・ファッション
・ビューティー・ミュージック・メディアクリエイター
各業界の現役で活躍されている一流クリエイターやプロの講師陣が、専門科目を毎日直接指導。時代に応じた指導が可能であり、各業界のリアルさを常に身近に感じられる環境です。
══ 高等専修学校卒業資格 ══

北海道芸術高等学校　通信制

①レポート【年6回】

②試験（前期・後期）

③スクーリング
・本校スクーリング（北海道）
・地域スクーリング（仙台）
・体育スクーリング（仙台）
・（視聴報告書）

══ 高等学校卒業資格 ══

★進路 ➡ 進学（大学・短大・専門学校）、就職（専門職・一般職・美容業界）、プロデビュー

宮城県教育委員会指定技能連携校
あすと長町高等学院

JR東北線太子堂駅・長町駅から徒歩約10分
仙台市太白区郡山6-2-2
TEL022-249-4023
http://www7b.biglobe.ne.jp/~asuto-nagamachi/

みんな違って、みんないい
3年間丸ごと進路指導

沿 革

既存の学校になじめない生徒、さまざまな事情で不登校になった生徒たちがもっと伸び伸びと力を発揮できる学校をと、2004年4月に通信制高校サポート校「フリースクールだいと高等部」を開校。2021年4月には、17年間の不登校支援の取り組みが認められ、宮城県教育委員会から技能連携施設として指定を受けた「あすと長町高等学院」として生まれ変わりました。小集団で取り組む環境はそのままに、通信制高校のスクーリング会場としても認定され、単位取得に関する全てが実施可能になりました。

概 要

学習の進め方

学習のスタイルとペースはひとそれぞれ。生徒一人一人がおのおののペースで、自分ができる学習方法を選択し、一から学びながら3年間での卒業を目指すために、レポート作成、スクーリング、単位認定試験で学習を進めます。登校日は自分のペースに合わせ、3日コースと5日コースから選択。土曜クラスもあり、試験対策や欠席した際の補講もあります。

5つの支援

不登校からの成長に結び付けるために独自の支援を行っています。
①学習支援／個々のペースに応じて学習環境を整え、学びを展開
②対人関係支援／社会で生きるために必要な対人関係スキルを習得
③進路指導支援／3年間を通じ、将来設計に結び付く経験と学びを実施
④卒業支援／高校卒業に必要な単位を取得
⑤保護者支援／毎月1回の保護者の学習会で情報交換し協力体制を構築

体験的な学び

科目学習だけでなく、ソーシャルスキル、ボランティア活動、アニマルセラピー、スポーツレク、プログラミング学習などを自分の意思で選択し、体験を通じた学びが可能。専門的な知識や資格取得を体験したい場合はオーダーメードプランも。

あすと長町高等学院での生活

小集団授業や自主学習を通じて「科目」を学ぶ、「団体生活やソーシャルスキルトレーニングを通して「対人関係」を学ぶ、さまざまなイベントや課外授業を通じて、将来の自分を支えてくれる「経験と想い出」をつくります。

1年間を通じて行われる日々の活動は、生徒たちの自主・自立の力を高められるように組み立てられたプログラム。失敗を恐れず挑戦することの大切さを学びます。

主な進路実績

◆大学・専門学校進学指定校推薦枠

提携している通信制高校の指定校推薦枠を全て活用することができ、県内外を問わず、多くの選択肢から受験することが可能。
東北学院大／石巻専修大／仙台大／東北文化学園大／国際医療福祉大／東北生活文化大／宮城学院大／東北芸術工科大／東北工業大／尚絅学院大／星槎大／城西放射線技術専門学校／山形調理師専門学校／東北看護学院

◆就職状況
株式会社プラスアルトラ／hair therapy Sara／自衛隊 他

自分のペースで
学びながら高校卒業資格を目指す

本学院は、宮城県教育委員会指定の技能連携校。3年間の学習を通して高等学校の卒業資格が取得できます。また、通信制高校のスクーリング会場としても認定されています。つまり、本学院以外に通うことなく、高校卒業を目指すことができます。新しい環境が苦手で宿泊型のスクーリングに参加することに難しさを感じる人もいるかもしれません。しかし本学院では、安心できる環境で自分のペースを守りながら学習を進めることができます。

技能連携校とは？
技能連携制度を利用して、高校卒業の資格を得られる高等専修学校のこと。技能連携校の高等専修学校に入学したオーダーメードプランを立てていきます。生徒は、同時に通信制高校にも入学し、専門的な技術を学びながら高校の勉強も並行して行います（技能連携制度）。これにより、高等専修学校を3年かけて卒業するのと同時に、通信制高校も卒業し、高校の卒業資格を得ることができます。

入学から卒業まで

中学校卒業 → 入学 →

《科目》専門系
ビジネス基礎／ビジネスコミュニケーション
情報処理

技能連携校 ⇄ 連携 ⇄ **通信制高校**

《科目》普通系
国語／数学／理科／地理・歴史・公民
外国語／保健体育／家庭など
（その他レポート・スクーリング・テストあり）

技能連携校・通信制高校卒業 →

- 大学・短大へ進学
- 通信制大学・短大へ進学
- 専門職大学・専門職短期大学へ進学
- 専門学校へ進学
- 就職
- 各種国家試験等受験

持続可能で、彩りある
快適な社会の実現のために。

パッケージソリューションセンター
（パートナーシップ構築）

機能性包材開発

酸素バリア接着剤

コンプライアンス

健康に配慮した製品
（各種法令・規制に準じた製品）

高濃度新聞インキ

出版・教科書用途インキ
理科実験授業の提供
安全体感教育の普及
NIE活動支援

水無しインキ
（排水削減）
工場排水管理

ダイバーシティー
活動の推進

UVインキ
水性インキ
無溶剤接着剤
VOC低減インキ
バイオマスインキ
植物油インキ

工場排水管理

DICグラフィックスは
国連が定めた17の持続可
能な開発目標（SDGs）の達成
に向け、事業・製品・CSR活動
など様々な側面から取り組み
を推進しています。

省エネUVインキ
低温乾燥型インキ
生産効率化の推進

生産工程での排気管理

人材マネジメント

人材マネジメント

環境に配慮した技術・製品開発

DICグラフィックス株式会社　〒103-8233 東京都中央区日本橋三丁目7番20号 ディーアイシービル　https://www.dic-graphics.co.jp/

進学特集・合格マニュアル

1 第一次募集

《全日制課程》 ※選抜順序の「共通」は選抜の順番が、「共通選抜→特色選抜」であることを表し、「特色」は、「特色選抜→共通選抜」であることを表す

学校名	学科・コース	募集定員	選抜順序	選抜人数等 共通選抜 割合	共通選抜 人数	特色選抜 割合	特色選抜 人数	共通選抜(比重) 学力検査	調査書	特色選抜(配点) ※△は段階評価 調査書	学力検査	学校独自検査 面接	実技	作文
白 石	普通科	240	共通	80%	192	20%	48	7	3	270	650	—	—	—
	看護科	40	共通	70%	28	30%	12	7	3	270	650	60	—	—
蔵 王	普通科	80	共通	50%	40	50%	40	4	6	270	500	100	—	—
白 石 工	機械科	80	共通	60%	48	40%	32	6	4	390	500	—	—	—
	電気科	40	共通	60%	24	40%	16	6	4	390	500	—	—	—
	工業化学科	40	共通	60%	24	40%	16	6	4	390	500	—	—	—
	建築科	40	共通	60%	24	40%	16	6	4	390	500	—	—	—
	設備工業科	40	共通	60%	24	40%	16	6	4	390	500	—	—	—
村 田	総合学科	120	特色	50%	60	50%	60	5	5	390	500	—	—	—
大 河 原 産 業	農業科学科	80	共通	60%	48	40%	32	5	5	390	500	—	—	—
	企画デザイン科	40	共通	60%	24	40%	16	5	5	390	500	—	—	—
	総合ビジネス科	120	共通	60%	72	40%	48	5	5	390	500	—	—	—
柴 田 農 林 川 崎	普通科	40	共通	50%	20	50%	20	5	5	225	500	75	—	—
柴 田	普通科	120	共通	80%	96	20%	24	5	5	195	500	—	—	—
	体育科	40	特色	10%	4	90%	36	5	5	195	125	—	320	—
角 田	普通科	160	共通	90%	144	10%	16	6	4	270	500	—	—	—
伊 具	総合学科	120	共通	50%	60	50%	60	5	5	195	500	105	—	—
名 取	普通科	240	共通	80%	192	20%	48	5	5	390	500	—	—	—
	家政科	40	共通	70%	28	30%	12	5	5	225	500	—	—	—
名 取 北	普通科	240	特色	90%	216	10%	24	6	4	180	500	—	—	—
亘 理	普通科	80	共通	50%	40	50%	40	5	5	195	500	△	—	—
	食品科学科	40	共通	50%	20	50%	20	5	5	195	500	△	—	—
	家政科	40	共通	50%	20	50%	20	5	5	195	500	△	—	—
宮 城 農	農業科・園芸科	120	共通	80%	96	20%	24	5	5	195	250	225	—	—
	農業機械科	40	共通	80%	32	20%	8	5	5	195	250	225	—	—
	食品化学科	40	共通	80%	32	20%	8	5	5	195	250	225	—	—
	生活科	40	共通	80%	32	20%	8	5	5	195	250	225	—	—
仙 台 一	普通科	320	共通	90%	288	10%	32	7	3	195	500	—	—	—
仙 台 二 華	普通科	240	共通	75%	101	25%	34	6	4	270	500	—	—	—
仙 台 三 桜	普通科	280	共通	80%	224	20%	56	6	4	270	800	—	—	—
仙 台 向 山	普通科	160	共通	70%	112	30%	48	6	4	195	500	—	—	—
	理数科	40	共通	70%	28	30%	12	6	4	225	700	—	—	—
仙 台 南	普通科	280	共通	80%	224	20%	56	6	4	135	500	—	—	—
仙 台 西	普通科	240	共通	80%	192	20%	48	6	4	195	500	—	—	—
仙 台 東	普通科	200	特色	50%	100	50%	100	7	3	195	700	—	—	—
	英語科	40	特色	50%	20	50%	20	7	3	195	700	—	—	—
宮 城 工	機械科	80	共通	70%	56	30%	24	5	5	195	500	—	—	—
	電子機械科	40	共通	70%	28	30%	12	5	5	195	500	—	—	—
	電気科	80	共通	70%	56	30%	24	5	5	195	500	—	—	—
	情報技術科	40	共通	70%	28	30%	12	5	5	195	500	—	—	—
	化学工業科	40	共通	70%	28	30%	12	5	5	195	500	—	—	—
	インテリア科	40	共通	70%	28	30%	12	5	5	195	500	—	—	—

※仙台二華の募集定員には、併設型中学校（仙台二華中学校）からの入学予定者105人を含む

〈調査書の換算点〉
評定「5」を何点に変換するか

国語			社会			数学			理科			英語			音楽			美術			保健体育			技術家庭			合計
1	2	3	1	2	3	1	2	3	1	2	3	1	2	3	1	2	3	1	2	3	1	2	3	1	2	3	
10	10	10	10	10	10	10	10	10	10	10	10	10	10	10	10	10	10	10	10	10	10	10	10	10	10	10	270
10	10	10	10	10	10	10	10	10	10	10	10	10	10	10	10	10	10	10	10	10	10	10	10	10	10	10	270
10	10	10	10	10	10	10	10	10	10	10	10	10	10	10	10	10	10	10	10	10	10	10	10	10	10	10	270
10	10	10	10	10	10	10	10	10	10	10	10	10	10	10	20	20	20	20	20	20	20	20	20	20	20	20	390
10	10	10	10	10	10	10	10	10	10	10	10	10	10	10	20	20	20	20	20	20	20	20	20	20	20	20	390
10	10	10	10	10	10	10	10	10	10	10	10	10	10	10	20	20	20	20	20	20	20	20	20	20	20	20	390
10	10	10	10	10	10	10	10	10	10	10	10	10	10	10	20	20	20	20	20	20	20	20	20	20	20	20	390
10	10	10	10	10	10	10	10	10	10	10	10	10	10	10	20	20	20	20	20	20	20	20	20	20	20	20	390
10	10	10	10	10	10	10	10	10	10	10	10	10	10	10	20	20	20	20	20	20	20	20	20	20	20	20	390
10	10	10	10	10	10	10	10	10	10	10	10	10	10	10	20	20	20	20	20	20	20	20	20	20	20	20	390
10	10	10	10	10	10	10	10	10	10	10	10	10	10	10	20	20	20	20	20	20	20	20	20	20	20	20	390
5	5	5	10	10	10	5	5	5	10	10	10	5	5	5	10	10	10	10	10	10	10	10	10	10	10	10	225
5	5	5	5	5	5	5	5	5	5	5	5	5	5	5	10	10	10	10	10	10	10	10	10	10	10	10	195
5	5	5	5	5	5	5	5	5	5	5	5	5	5	5	10	10	10	10	10	10	10	10	10	10	10	10	195
10	10	10	10	10	10	10	10	10	10	10	10	10	10	10	10	10	10	10	10	10	10	10	10	10	10	10	270
5	5	5	5	5	5	5	5	5	5	5	5	5	5	5	10	10	10	10	10	10	10	10	10	10	10	10	195
10	10	10	10	10	10	10	10	10	10	10	10	10	10	10	20	20	20	20	20	20	20	20	20	20	20	20	390
5	5	5	5	5	5	5	5	5	5	5	5	5	5	5	10	10	10	10	10	10	10	10	10	20	20	20	225
10	10	10	5	5	5	10	10	10	5	5	5	10	10	10	5	5	5	5	5	5	5	5	5	5	5	5	180
5	5	5	5	5	5	5	5	5	5	5	5	5	5	5	10	10	10	10	10	10	10	10	10	10	10	10	195
5	5	5	5	5	5	5	5	5	5	5	5	5	5	5	10	10	10	10	10	10	10	10	10	10	10	10	195
5	5	5	5	5	5	5	5	5	5	5	5	5	5	5	10	10	10	10	10	10	10	10	10	10	10	10	195
5	5	5	5	5	5	5	5	5	5	5	5	5	5	5	10	10	10	10	10	10	10	10	10	10	10	10	195
5	5	5	5	5	5	5	5	5	5	5	5	5	5	5	10	10	10	10	10	10	10	10	10	10	10	10	195
5	5	5	5	5	5	5	5	5	5	5	5	5	5	5	10	10	10	10	10	10	10	10	10	10	10	10	195
5	5	5	5	5	5	5	5	5	5	5	5	5	5	5	10	10	10	10	10	10	10	10	10	10	10	10	195
10	10	10	10	10	10	10	10	10	10	10	10	10	10	10	10	10	10	10	10	10	10	10	10	10	10	10	270
10	10	10	10	10	10	10	10	10	10	10	10	10	10	10	10	10	10	10	10	10	10	10	10	10	10	10	270
5	5	5	5	5	5	5	5	5	5	5	5	5	5	5	10	10	10	10	10	10	10	10	10	10	10	10	195
5	5	5	5	5	5	10	10	10	10	10	10	5	5	5	10	10	10	10	10	10	10	10	10	10	10	10	225
5	5	5	5	5	5	5	5	5	5	5	5	5	5	5	5	5	5	5	5	5	5	5	5	5	5	5	135
5	5	5	5	5	5	5	5	5	5	5	5	5	5	5	10	10	10	10	10	10	10	10	10	10	10	10	195
5	5	5	5	5	5	5	5	5	5	5	5	5	5	5	10	10	10	10	10	10	10	10	10	10	10	10	195
5	5	5	5	5	5	5	5	5	5	5	5	5	5	5	10	10	10	10	10	10	10	10	10	10	10	10	195
5	5	5	5	5	5	5	5	5	5	5	5	5	5	5	10	10	10	10	10	10	10	10	10	10	10	10	195
5	5	5	5	5	5	5	5	5	5	5	5	5	5	5	10	10	10	10	10	10	10	10	10	10	10	10	195
5	5	5	5	5	5	5	5	5	5	5	5	5	5	5	10	10	10	10	10	10	10	10	10	10	10	10	195
5	5	5	5	5	5	5	5	5	5	5	5	5	5	5	10	10	10	10	10	10	10	10	10	10	10	10	195

〈学力検査の換算点〉
満点「100点」を何点に変換するか

国語	数学	社会	英語	理科	合計
150	150	100	150	100	650
150	150	100	150	100	650
100	100	100	100	100	500
100	100	100	100	100	500
100	100	100	100	100	500
100	100	100	100	100	500
100	100	100	100	100	500
100	100	100	100	100	500
100	100	100	100	100	500
100	100	100	100	100	500
100	100	100	100	100	500
100	100	100	100	100	500
100	100	100	100	100	500
25	25	25	25	25	125
100	100	100	100	100	500
100	100	100	100	100	500
100	100	100	100	100	500
100	100	100	100	100	500
100	100	100	100	100	500
100	100	100	100	100	500
100	100	100	100	100	500
100	100	100	100	100	500
50	50	50	50	50	250
50	50	50	50	50	250
50	50	50	50	50	250
100	100	100	100	100	500
100	100	100	100	100	500
200	200	200	200	200	800
100	100	100	100	100	500
100	200	100	100	200	700
100	100	100	100	100	500
100	100	100	100	100	500
150	150	125	150	125	700
125	125	125	200	125	700
100	100	100	100	100	500
100	100	100	100	100	500
100	100	100	100	100	500
100	100	100	100	100	500

学校名	学科・コース	募集定員	選抜順序	選抜人数等 共通選抜 割合	共通選抜 人数	特色選抜 割合	特色選抜 人数	共通選抜(比重) 学力検査	調査書	特色選抜(配点) ※△は段階評価 調査書	学力検査	学校独自検査 面接	実技	作文
仙台工	建築科	30	共通	60%	18	40%	12	6	4	292.5	250	—	—	—
	機械科	70	共通	60%	42	40%	28	6	4	292.5	250	—	—	—
	電気科	70	共通	60%	42	40%	28	6	4	292.5	250	—	—	—
	土木科	30	共通	60%	18	40%	12	6	4	292.5	250	—	—	—
仙台二	普通科	320	共通	90%	288	10%	32	7	3	195	500	—	—	—
仙台三	普通科	240	共通	80%	192	20%	48	7	3	195	750	—	—	—
	理数科	80	共通	80%	64	20%	16	7	3	195	850	—	—	—
宮城一	普通科	200	共通	90%	180	10%	20	7	3	270	500	—	—	—
	国際探究科・理数探究科	80	共通	90%	72	10%	8	7	3	180	1000	—	—	—
宮城広瀬	普通科	240	共通	70%	168	30%	72	6	4	210	250	—	—	—
泉	普通科	200	共通	90%	180	10%	20	7	3	195	650	—	—	—
	英語科	40	特色	80%	32	20%	8	7	3	210	700	—	—	—
泉松陵	普通科	240	共通	75%	180	25%	60	6	4	195	500	—	—	—
泉館山	普通科	240	共通	90%	216	10%	24	7	3	195	500	—	—	—
宮城野	普通科	200	共通	70%	140	30%	60	7	3	251.25	875	—	—	—
	美術科	40	特色	40%	16	60%	24	7	3	195	500	—	100	—
仙台	普通科	280	共通	80%	224	20%	56	6	4	220	500	—	—	—
仙台商	商業科	320	共通	80%	256	20%	64	6	4	97.5	250	100	—	—
塩釜	普通科	240	共通	90%	216	10%	24	6	4	390	500	—	—	—
	ビジネス科	80	共通	90%	72	10%	8	6	4	390	500	—	—	—
多賀城	普通科	240	特色	60%	144	40%	96	6	4	195	500	—	—	—
	災害科学科	40	特色	60%	24	40%	16	6	4	195	600	△	—	—
松島	普通科	80	共通	60%	48	40%	32	5	5	97.5	250	100	—	—
	観光科	80	共通	60%	48	40%	32	5	5	97.5	250	100	—	—
利府	普通科	200	共通	70%	140	30%	60	6	4	195	500	—	—	—
	スポーツ科学科	80	共通	10%	8	90%	72	5	5	225	250	—	250	—
黒川	普通科	80	共通	70%	56	30%	24	6	4	270	375	—	—	—
	機械科	40	共通	70%	28	30%	12	6	4	243.75	250	—	—	—
	電子工学科	40	共通	70%	28	30%	12	6	4	243.75	250	—	—	—
	環境技術科	40	共通	70%	28	30%	12	6	4	243.75	250	—	—	—
富谷	普通科	280	共通	90%	252	10%	28	6	4	195	250	—	—	—
古川	普通科	240	共通	80%	192	20%	48	7	3	135	800	—	—	—
古川黎明	普通科	240	共通	80%	108	20%	27	6	4	390	500	—	—	—
岩出山	普通科	80	特色	70%	56	30%	24	4	6	390	375	—	—	—
中新田	普通科	120	共通	60%	72	40%	48	6	4	390	500	—	—	—
松山	普通科	40	共通	70%	28	30%	12	5	5	195	500	△	—	—
	家政科	40	共通	60%	24	40%	16	5	5	195	500	△	—	—
加美農	農業科	40	共通	50%	20	50%	20	5	5	195	500	75	—	—
	農業機械科	40	共通	50%	20	50%	20	5	5	195	500	75	—	—
	生活技術科	40	共通	50%	20	50%	20	5	5	195	500	75	—	—
古川工	土木情報科	40	共通	65%	26	35%	14	5	5	390	500	—	—	—
	建築科	40	共通	65%	26	35%	14	5	5	390	500	—	—	—
	電気電子科	40	共通	65%	26	35%	14	5	5	390	500	—	—	—
	機械科	80	共通	65%	52	35%	28	5	5	390	500	—	—	—
	化学技術科	40	共通	65%	26	35%	14	5	5	390	500	—	—	—

※古川黎明の募集定員には、併設型中学校（古川黎明中学校）からの入学予定者105人を含む

〈調査書の換算点〉
評定「5」を何点に変換するか

国語			社会			数学			理科			英語			音楽			美術			保健体育			技術家庭			合計
1	2	3	1	2	3	1	2	3	1	2	3	1	2	3	1	2	3	1	2	3	1	2	3	1	2	3	
7.5	7.5	7.5	7.5	7.5	7.5	7.5	7.5	7.5	7.5	7.5	7.5	7.5	7.5	7.5	15	15	15	15	15	15	15	15	15	15	15	15	292.5
7.5	7.5	7.5	7.5	7.5	7.5	7.5	7.5	7.5	7.5	7.5	7.5	7.5	7.5	7.5	15	15	15	15	15	15	15	15	15	15	15	15	292.5
7.5	7.5	7.5	7.5	7.5	7.5	7.5	7.5	7.5	7.5	7.5	7.5	7.5	7.5	7.5	15	15	15	15	15	15	15	15	15	15	15	15	292.5
7.5	7.5	7.5	7.5	7.5	7.5	7.5	7.5	7.5	7.5	7.5	7.5	7.5	7.5	7.5	15	15	15	15	15	15	15	15	15	15	15	15	292.5
5	5	5	5	5	5	5	5	5	5	5	5	5	5	5	10	10	10	10	10	10	10	10	10	10	10	10	195
5	5	5	5	5	5	5	5	5	5	5	5	5	5	5	10	10	10	10	10	10	10	10	10	10	10	10	195
5	5	5	5	5	5	5	5	5	5	5	5	5	5	5	10	10	10	10	10	10	10	10	10	10	10	10	195
10	10	10	10	10	10	10	10	10	10	10	10	10	10	10	10	10	10	10	10	10	10	10	10	10	10	10	270
10	10	10	5	5	5	10	10	10	5	5	5	10	10	10	5	5	5	5	5	5	5	5	5	5	5	5	180
10	10	10	10	10	10	10	10	10	10	10	10	10	10	10	5	5	5	5	5	5	5	5	5	5	5	5	210
5	5	5	5	5	5	5	5	5	5	5	5	5	5	5	10	10	10	10	10	10	10	10	10	10	10	10	195
5	5	5	5	5	5	5	5	5	5	5	5	10	10	10	10	10	10	10	10	10	10	10	10	10	10	10	210
5	5	5	5	5	5	5	5	5	5	5	5	5	5	5	10	10	10	10	10	10	10	10	10	10	10	10	195
5	5	5	5	5	5	5	5	5	5	5	5	5	5	5	10	10	10	10	10	10	10	10	10	10	10	10	195
8.75	8.75	8.75	8.75	8.75	8.75	8.75	8.75	8.75	8.75	8.75	8.75	8.75	8.75	8.75	10	10	10	10	10	10	10	10	10	10	10	10	251.25
5	5	5	5	5	5	5	5	5	5	5	5	5	5	5	10	10	10	10	10	10	10	10	10	10	10	10	195
5	5	10	5	5	10	5	5	10	5	5	10	5	5	10	10	10	10	10	10	10	10	10	10	10	10	10	220
2.5	2.5	2.5	2.5	2.5	2.5	2.5	2.5	2.5	2.5	2.5	2.5	2.5	2.5	2.5	5	5	5	5	5	5	5	5	5	5	5	5	97.5
10	10	10	10	10	10	10	10	10	10	10	10	10	10	10	20	20	20	20	20	20	20	20	20	20	20	20	390
10	10	10	10	10	10	10	10	10	10	10	10	10	10	10	20	20	20	20	20	20	20	20	20	20	20	20	390
5	5	5	5	5	5	5	5	5	5	5	5	5	5	5	10	10	10	10	10	10	10	10	10	10	10	10	195
5	5	5	5	5	5	5	5	5	5	5	5	5	5	5	10	10	10	10	10	10	10	10	10	10	10	10	195
2.5	2.5	2.5	2.5	2.5	2.5	2.5	2.5	2.5	2.5	2.5	2.5	2.5	2.5	2.5	5	5	5	5	5	5	5	5	5	5	5	5	97.5
2.5	2.5	2.5	2.5	2.5	2.5	2.5	2.5	2.5	2.5	2.5	2.5	2.5	2.5	2.5	5	5	5	5	5	5	5	5	5	5	5	5	97.5
5	5	5	5	5	5	5	5	5	5	5	5	5	5	5	10	10	10	10	10	10	10	10	10	10	10	10	195
5	5	5	5	5	5	5	5	5	5	5	5	5	5	5	10	10	10	20	20	20	10	10	10	10	10	10	225
10	10	10	10	10	10	10	10	10	10	10	10	10	10	10	10	10	10	10	10	10	10	10	10	10	10	10	270
6.25	6.25	6.25	6.25	6.25	6.25	6.25	6.25	6.25	6.25	6.25	6.25	6.25	6.25	6.25	12.5	12.5	12.5	12.5	12.5	12.5	12.5	12.5	12.5	12.5	12.5	12.5	243.75
6.25	6.25	6.25	6.25	6.25	6.25	6.25	6.25	6.25	6.25	6.25	6.25	6.25	6.25	6.25	12.5	12.5	12.5	12.5	12.5	12.5	12.5	12.5	12.5	12.5	12.5	12.5	243.75
6.25	6.25	6.25	6.25	6.25	6.25	6.25	6.25	6.25	6.25	6.25	6.25	6.25	6.25	6.25	12.5	12.5	12.5	12.5	12.5	12.5	12.5	12.5	12.5	12.5	12.5	12.5	243.75
5	5	5	5	5	5	5	5	5	5	5	5	5	5	5	10	10	10	10	10	10	10	10	10	10	10	10	195
5	5	5	5	5	5	5	5	5	5	5	5	5	5	5	5	5	5	5	5	5	5	5	5	5	5	5	135
10	10	10	10	10	10	10	10	10	10	10	10	10	10	10	20	20	20	20	20	20	20	20	20	20	20	20	390
10	10	10	10	10	10	10	10	10	10	10	10	10	10	10	20	20	20	20	20	20	20	20	20	20	20	20	390
10	10	10	10	10	10	10	10	10	10	10	10	10	10	10	20	20	20	20	20	20	20	20	20	20	20	20	390
5	5	5	5	5	5	5	5	5	5	5	5	5	5	5	10	10	10	10	10	10	10	10	10	10	10	10	195
5	5	5	5	5	5	5	5	5	5	5	5	5	5	5	10	10	10	10	10	10	10	10	10	10	10	10	195
5	5	5	5	5	5	5	5	5	5	5	5	5	5	5	10	10	10	10	10	10	10	10	10	10	10	10	195
5	5	5	5	5	5	5	5	5	5	5	5	5	5	5	10	10	10	10	10	10	10	10	10	10	10	10	195
10	10	10	10	10	10	10	10	10	10	10	10	10	10	10	20	20	20	20	20	20	20	20	20	20	20	20	390
10	10	10	10	10	10	10	10	10	10	10	10	10	10	10	20	20	20	20	20	20	20	20	20	20	20	20	390
10	10	10	10	10	10	10	10	10	10	10	10	10	10	10	20	20	20	20	20	20	20	20	20	20	20	20	390
10	10	10	10	10	10	10	10	10	10	10	10	10	10	10	20	20	20	20	20	20	20	20	20	20	20	20	390

〈学力検査の換算点〉
満点「100点」を何点に変換するか

国語	数学	社会	英語	理科	合計
50	50	50	50	50	250
50	50	50	50	50	250
50	50	50	50	50	250
50	50	50	50	50	250
100	100	100	100	100	500
150	150	150	150	150	750
150	200	150	150	200	850
100	100	100	100	100	500
200	200	200	200	200	1000
50	50	50	50	50	250
150	150	150	150	100	650
150	150	150	200	100	700
100	100	100	100	100	500
100	100	100	100	100	500
175	175	175	175	175	875
100	100	100	100	100	500
100	100	100	100	100	500
50	50	50	50	50	250
100	100	100	100	100	500
100	100	100	100	100	500
100	100	100	100	100	500
100	150	100	100	150	600
50	50	50	50	50	250
50	50	50	50	50	250
100	100	100	100	100	500
50	50	50	50	50	250
75	75	75	75	75	375
50	50	50	50	50	250
50	50	50	50	50	250
50	50	50	50	50	250
50	50	50	50	50	250
200	200	100	200	100	800
100	100	100	100	100	500
75	75	75	75	75	375
100	100	100	100	100	500
100	100	100	100	100	500
100	100	100	100	100	500
100	100	100	100	100	500
100	100	100	100	100	500
100	100	100	100	100	500
100	100	100	100	100	500
100	100	100	100	100	500
100	100	100	100	100	500

学校名	学科・コース	募集定員	選抜順序	選抜人数等				共通選抜(比重)		特色選抜(配点)※△は段階評価				
				共通選抜		特色選抜		学力検査	調査書	調査書	学力検査	学校独自検査		
				割合	人数	割合	人数					面接	実技	作文
鹿島台商	商業科	80	共通	50%	40	50%	40	3	7	270	500	100	—	—
涌谷	普通科	120	共通	60%	72	40%	48	5	5	315	500	—	—	—
小牛田農林	農業技術科・農業科学コース	40	共通	60%	24	40%	16	5	5	390	500	—	—	—
	農業技術科・農業土木コース	40	共通	60%	24	40%	16	5	5	390	500	—	—	—
	総合学科	120	共通	70%	84	30%	36	6	4	390	500	—	—	—
南郷	普通科	40	特色	50%	20	50%	20	5	5	195	500	100	—	—
	産業技術科	40	特色	50%	20	50%	20	5	5	195	500	100	—	—
佐沼	普通科	240	共通	70%	168	30%	72	6	4	270	500	—	—	—
登米	普通科	80	共通	70%	56	30%	24	5	5	270	500	—	—	—
登米総合産業	農業科	40	共通	50%	20	50%	20	6	4	390	500	—	—	—
	機械科	40	共通	50%	20	50%	20	6	4	390	500	—	—	—
	電気科	40	共通	50%	20	50%	20	6	4	390	500	—	—	—
	情報技術科	40	共通	50%	20	50%	20	6	4	390	500	—	—	—
	商業科	40	共通	50%	20	50%	20	6	4	390	500	—	—	—
	福祉科	40	共通	50%	20	50%	20	6	4	390	500	—	—	—
築館	普通科	160	共通	80%	128	20%	32	5	5	390	500	—	—	—
岩ヶ崎	普通科・文系教養コース	40	特色	60%	24	40%	16	5	5	135	500	—	—	—
	普通科・理系教養コース	40	特色	60%	24	40%	16	5	5	135	500	—	—	—
迫桜	総合学科	200	共通	50%	100	50%	100	6	4	390	500	—	—	—
一迫商	流通経済科	40	特色	50%	20	50%	20	5	5	195	500	100	—	—
	情報処理科	40	特色	50%	20	50%	20	5	5	195	500	100	—	—
石巻	普通科	240	共通	90%	216	10%	24	7	3	195	250	—	—	—
石巻好文館	普通科	200	共通	80%	160	20%	40	7	3	390	375	—	—	—
石巻西	普通科	160	共通	70%	112	30%	48	6	4	240	250	—	—	—
石巻北	総合学科	160	共通	70%	112	30%	48	5	5	390	250	—	—	—
宮城水産	海洋総合科	160	特色	50%	80	50%	80	7	3	390	125	180	—	—
石巻工	機械科	40	共通	70%	28	30%	12	6	4	390	375	—	—	—
	電気情報科	40	共通	70%	28	30%	12	6	4	390	375	—	—	—
	化学技術科	40	共通	70%	28	30%	12	6	4	390	375	—	—	—
	土木システム科	40	共通	70%	28	30%	12	6	4	390	375	—	—	—
	建築科	40	共通	70%	28	30%	12	6	4	390	375	—	—	—
石巻商	総合ビジネス科	160	共通	70%	112	30%	48	6	4	390	250	—	—	—
桜坂	普通科・学励探求コース	80	共通	50%	40	50%	40	6	4	270	500	—	—	—
	普通科・キャリア探求コース	80	共通	50%	40	50%	40	6	4	270	500	—	—	—
気仙沼	普通科	240	共通	80%	192	20%	48	7	3	195	500	—	—	—
南三陸	普通科	32	特色	50%	16	50%	16	5	5	135	500	△	—	—
	情報ビジネス科	16	特色	50%	8	50%	8	5	5	135	500	△	—	—
本吉響	総合学科	120	共通	50%	60	50%	60	6	4	390	500	—	—	—
気仙沼向洋	情報海洋科	40	特色	50%	20	50%	20	5	5	390	500	—	—	—
	産業経済科	40	特色	50%	20	50%	20	5	5	390	500	—	—	—
	機械技術科	40	特色	50%	20	50%	20	5	5	390	500	—	—	—

※南三陸の募集定員は、連携型選抜の募集定員を除く

〈調査書の換算点〉
評定「5」を何点に変換するか

国語			社会			数学			理科			英語			音楽			美術			保健体育			技術家庭			合計
1	2	3	1	2	3	1	2	3	1	2	3	1	2	3	1	2	3	1	2	3	1	2	3	1	2	3	
10	10	10	10	10	10	10	10	10	10	10	10	10	10	10	10	10	10	10	10	10	10	10	10	10	10	10	270
5	5	5	5	5	5	5	5	5	5	5	5	5	5	5	20	20	20	20	20	20	20	20	20	20	20	20	315
10	10	10	10	10	10	10	10	10	10	10	10	10	10	10	20	20	20	20	20	20	20	20	20	20	20	20	390
10	10	10	10	10	10	10	10	10	10	10	10	10	10	10	20	20	20	20	20	20	20	20	20	20	20	20	390
10	10	10	10	10	10	10	10	10	10	10	10	10	10	10	20	20	20	20	20	20	20	20	20	20	20	20	390
5	5	5	5	5	5	5	5	5	5	5	5	5	5	5	10	10	10	10	10	10	10	10	10	10	10	10	195
5	5	5	5	5	5	5	5	5	5	5	5	5	5	5	10	10	10	10	10	10	10	10	10	10	10	10	195
10	10	10	10	10	10	10	10	10	10	10	10	10	10	10	10	10	10	10	10	10	10	10	10	10	10	10	270
10	10	10	10	10	10	10	10	10	10	10	10	10	10	10	10	10	10	10	10	10	10	10	10	10	10	10	270
10	10	10	10	10	10	10	10	10	10	10	10	10	10	10	20	20	20	20	20	20	20	20	20	20	20	20	390
10	10	10	10	10	10	10	10	10	10	10	10	10	10	10	20	20	20	20	20	20	20	20	20	20	20	20	390
10	10	10	10	10	10	10	10	10	10	10	10	10	10	10	20	20	20	20	20	20	20	20	20	20	20	20	390
10	10	10	10	10	10	10	10	10	10	10	10	10	10	10	20	20	20	20	20	20	20	20	20	20	20	20	390
10	10	10	10	10	10	10	10	10	10	10	10	10	10	10	20	20	20	20	20	20	20	20	20	20	20	20	390
10	10	10	10	10	10	10	10	10	10	10	10	10	10	10	20	20	20	20	20	20	20	20	20	20	20	20	390
5	5	5	5	5	5	5	5	5	5	5	5	5	5	5	5	5	5	5	5	5	5	5	5	5	5	5	135
5	5	5	5	5	5	5	5	5	5	5	5	5	5	5	5	5	5	5	5	5	5	5	5	5	5	5	135
10	10	10	10	10	10	10	10	10	10	10	10	10	10	10	20	20	20	20	20	20	20	20	20	20	20	20	390
5	5	5	5	5	5	5	5	5	5	5	5	5	5	5	10	10	10	10	10	10	10	10	10	10	10	10	195
5	5	5	5	5	5	5	5	5	5	5	5	5	5	5	10	10	10	10	10	10	10	10	10	10	10	10	195
5	5	5	5	5	5	5	5	5	5	5	5	5	5	5	10	10	10	10	10	10	10	10	10	10	10	10	195
10	10	10	10	10	10	10	10	10	10	10	10	10	10	10	20	20	20	20	20	20	20	20	20	20	20	20	390
10	10	10	5	5	5	10	10	10	5	5	5	10	10	10	10	10	10	10	10	10	10	10	10	10	10	10	240
10	10	10	10	10	10	10	10	10	10	10	10	10	10	10	20	20	20	20	20	20	20	20	20	20	20	20	390
10	10	10	10	10	10	10	10	10	10	10	10	10	10	10	20	20	20	20	20	20	20	20	20	20	20	20	390
10	10	10	10	10	10	10	10	10	10	10	10	10	10	10	20	20	20	20	20	20	20	20	20	20	20	20	390
10	10	10	10	10	10	10	10	10	10	10	10	10	10	10	20	20	20	20	20	20	20	20	20	20	20	20	390
10	10	10	10	10	10	10	10	10	10	10	10	10	10	10	20	20	20	20	20	20	20	20	20	20	20	20	390
10	10	10	10	10	10	10	10	10	10	10	10	10	10	10	20	20	20	20	20	20	20	20	20	20	20	20	390
10	10	10	10	10	10	10	10	10	10	10	10	10	10	10	20	20	20	20	20	20	20	20	20	20	20	20	390
10	10	10	10	10	10	10	10	10	10	10	10	10	10	10	10	10	10	10	10	10	10	10	10	10	10	10	270
10	10	10	10	10	10	10	10	10	10	10	10	10	10	10	10	10	10	10	10	10	10	10	10	10	10	10	270
5	5	5	5	5	5	5	5	5	5	5	5	5	5	5	10	10	10	10	10	10	10	10	10	10	10	10	195
5	5	5	5	5	5	5	5	5	5	5	5	5	5	5	5	5	5	5	5	5	5	5	5	5	5	5	135
5	5	5	5	5	5	5	5	5	5	5	5	5	5	5	5	5	5	5	5	5	5	5	5	5	5	5	135
10	10	10	10	10	10	10	10	10	10	10	10	10	10	10	20	20	20	20	20	20	20	20	20	20	20	20	390
10	10	10	10	10	10	10	10	10	10	10	10	10	10	10	20	20	20	20	20	20	20	20	20	20	20	20	390
10	10	10	10	10	10	10	10	10	10	10	10	10	10	10	20	20	20	20	20	20	20	20	20	20	20	20	390
10	10	10	10	10	10	10	10	10	10	10	10	10	10	10	20	20	20	20	20	20	20	20	20	20	20	20	390

〈学力検査の換算点〉
満点「100点」を何点に変換するか

国語	数学	社会	英語	理科	合計
100	100	100	100	100	500
100	100	100	100	100	500
100	100	100	100	100	500
100	100	100	100	100	500
100	100	100	100	100	500
100	100	100	100	100	500
100	100	100	100	100	500
100	100	100	100	100	500
100	100	100	100	100	500
100	100	100	100	100	500
100	100	100	100	100	500
100	100	100	100	100	500
100	100	100	100	100	500
100	100	100	100	100	500
100	100	100	100	100	500
100	100	100	100	100	500
100	100	100	100	100	500
100	100	100	100	100	500
100	100	100	100	100	500
100	100	100	100	100	500
50	50	50	50	50	250
75	75	75	75	75	375
50	50	50	50	50	250
50	50	50	50	50	250
25	25	25	25	25	125
75	75	75	75	75	375
75	75	75	75	75	375
75	75	75	75	75	375
75	75	75	75	75	375
75	75	75	75	75	375
50	50	50	50	50	250
100	100	100	100	100	500
100	100	100	100	100	500
100	100	100	100	100	500
100	100	100	100	100	500
100	100	100	100	100	500
100	100	100	100	100	500
100	100	100	100	100	500
100	100	100	100	100	500

《定時制課程》 ※選抜順序の「共通」は選抜の順番が、「共通選抜→特色選抜」であることを表し、「特色」は、「特色選抜→共通選抜」であることを表す

学校名	学科・コース	募集定員	選抜順序	選抜人数等				共通選抜(比重)		特色選抜(配点) ※△は段階評価					社会人特別選抜
				共通選抜		特色選抜						学校独自検査			
				割合	人数	割合	人数	学力検査	調査書	調査書	学力検査	面接	実技	作文	
白石七ヶ宿(定)	普通科/昼	40	特色	20%	8	80%	32	5	5	195	500	100	—	—	無
名取(定)	普通科/夜	40	共通	10%	4	90%	36	6	4	135	250	200	—	—	有
仙台工(定)	建築土木科/夜	40	共通	20%	8	80%	32	7	3	195	250	△	—	—	有
	機械システム科/夜	40	共通	20%	8	80%	32	7	3	195	250	△	—	—	有
古川工(定)	電気科/夜	40	共通	10%	4	90%	36	3	7	390	125	515	—	—	有
	機械科/夜	40	共通	10%	4	90%	36	3	7	390	125	515	—	—	有
佐沼(定)	普通科/夜	40	共通	10%	4	90%	36	5	5	195	500	50	—	—	有
石巻北飯野川(定)	普通科/昼	40	特色	10%	4	90%	36	7	3	48.75	500	250	—	—	無
気仙沼(定)	普通科/夜	40	共通	10%	4	90%	36	3	7	48.75	125	100	—	—	有
宮城二工(定)	電子機械科/夜	40	特色	10%	4	90%	36	5	5	97.5	250	100	—	—	有
	電気科/夜	40	特色	10%	4	90%	36	5	5	97.5	250	100	—	—	有
貞山(定)	普通科/昼	120	共通	10%	12	90%	108	3	7	162.5	125	△	—	—	有
	普通科/夜	40	共通	10%	4	90%	36	3	7	162.5	125	△	—	—	有
田尻さくら(定)	普通科/Ⅰ部(午前)	80	共通	10%	8	90%	72	3	7	0	250	150	—	—	有
	普通科/Ⅱ部(午後夕間)	40	共通	10%	4	90%	36	3	7	0	250	150	—	—	有
東松島(定)	普通科/Ⅰ部(午前)	40	共通	10%	4	90%	36	3	7	390	375	△	—	—	有
	普通科/Ⅱ部(午後)	40	共通	10%	4	90%	36	3	7	390	375	△	—	—	有
	普通科/Ⅲ部(夜間)	40	共通	10%	4	90%	36	3	7	390	375	△	—	—	有
仙台大志(定)	普通科/Ⅰ部(午前午後)	90	共通	40%	36	60%	54	7	3	0	500	100	—	—	有
	普通科/Ⅱ部(午後夜間)	30	共通	40%	12	60%	18	7	3	0	500	100	—	—	有

2 連携型選抜

学校名	学科・コース	募集定員	連携型選抜(配点) ※△は段階評価				
			調査書	学力検査	学校独自検査		
					面接	実技	作文
南三陸	普通科	48	135	500	△	—	—
	情報ビジネス科	24	135	500	△	—	—

3 全国募集選抜

学校名	学科・コース	募集定員	全国募集(配点) ※△は段階評価				
			調査書	学力検査	学校独自検査		
					面接	実技	作文
中新田	普通科	5人程度	390	500	75	—	—
南三陸	普通科	8人程度	135	500	△	—	—
	情報ビジネス科	4人程度	135	500	△	—	—

4 通信制課程

学校名	学科・コース	募集定員	一期入学者選抜（2024年春募集）		
			募集割合	募集人数	出願等
美田園(通)	普通科	500	90%	450	・出願時期…2024年3月中旬予定 ・選　抜…書類及び面接の結果に基づく総合的な審査により行う。 ・出願資格…出願時点で、高等学校、中等教育学校の後期課程、高等専門学校及び特別支援学校高等部のいずれにも在学していない者とする。

※一期入学者選抜の募集人数には、編入学・転入学による人数を含む

〈調査書の換算点〉
評定「5」を何点に変換するか

国語			社会			数学			理科			英語			音楽			美術			保健体育			技術家庭			合計
1	2	3	1	2	3	1	2	3	1	2	3	1	2	3	1	2	3	1	2	3	1	2	3	1	2	3	
5	5	5	5	5	5	5	5	5	5	5	5	5	5	5	10	10	10	10	10	10	10	10	10	10	10	10	195
5	5	5	5	5	5	5	5	5	5	5	5	5	5	5	5	5	5	5	5	5	5	5	5	5	5	5	135
5	5	5	5	5	5	5	5	5	5	5	5	5	5	5	10	10	10	10	10	10	10	10	10	10	10	10	195
5	5	5	5	5	5	5	5	5	5	5	5	5	5	5	10	10	10	10	10	10	10	10	10	10	10	10	195
10	10	10	10	10	10	10	10	10	10	10	10	10	10	10	20	20	20	20	20	20	20	20	20	20	20	20	390
10	10	10	10	10	10	10	10	10	10	10	10	10	10	10	20	20	20	20	20	20	20	20	20	20	20	20	390
5	5	5	5	5	5	5	5	5	5	5	5	5	5	5	10	10	10	10	10	10	10	10	10	10	10	10	195
1.25	1.25	1.25	1.25	1.25	1.25	1.25	1.25	1.25	1.25	1.25	1.25	1.25	1.25	1.25	2.5	2.5	2.5	2.5	2.5	2.5	2.5	2.5	2.5	2.5	2.5	2.5	48.75
1.25	1.25	1.25	1.25	1.25	1.25	1.25	1.25	1.25	1.25	1.25	1.25	1.25	1.25	1.25	2.5	2.5	2.5	2.5	2.5	2.5	2.5	2.5	2.5	2.5	2.5	2.5	48.75
2.5	2.5	2.5	2.5	2.5	2.5	2.5	2.5	2.5	2.5	2.5	2.5	2.5	2.5	2.5	5	5	5	5	5	5	5	5	5	5	5	5	97.5
2.5	2.5	2.5	2.5	2.5	2.5	2.5	2.5	2.5	2.5	2.5	2.5	2.5	2.5	2.5	5	5	5	5	5	5	5	5	5	5	5	5	97.5
1.25	1.25	10	1.25	1.25	10	1.25	1.25	10	1.25	1.25	10	1.25	1.25	10	2.5	2.5	20	2.5	2.5	20	2.5	2.5	20	2.5	2.5	20	162.5
1.25	1.25	10	1.25	1.25	10	1.25	1.25	10	1.25	1.25	10	1.25	1.25	10	2.5	2.5	20	2.5	2.5	20	2.5	2.5	20	2.5	2.5	20	162.5
0	0	0	0	0	0	0	0	0	0	0	0	0	0	0	0	0	0	0	0	0	0	0	0	0	0	0	0
0	0	0	0	0	0	0	0	0	0	0	0	0	0	0	0	0	0	0	0	0	0	0	0	0	0	0	0
10	10	10	10	10	10	10	10	10	10	10	10	10	10	10	20	20	20	20	20	20	20	20	20	20	20	20	390
10	10	10	10	10	10	10	10	10	10	10	10	10	10	10	20	20	20	20	20	20	20	20	20	20	20	20	390
10	10	10	10	10	10	10	10	10	10	10	10	10	10	10	20	20	20	20	20	20	20	20	20	20	20	20	390
0	0	0	0	0	0	0	0	0	0	0	0	0	0	0	0	0	0	0	0	0	0	0	0	0	0	0	0
0	0	0	0	0	0	0	0	0	0	0	0	0	0	0	0	0	0	0	0	0	0	0	0	0	0	0	0

〈学力検査の換算点〉
満点「100点」を何点に変換するか

国語	数学	社会	英語	理科	合計
100	100	100	100	100	500
50	50	50	50	50	250
50	50	50	50	50	250
50	50	50	50	50	250
25	25	25	25	25	125
25	25	25	25	25	125
100	100	100	100	100	500
100	100	100	100	100	500
25	25	25	25	25	125
50	50	50	50	50	250
50	50	50	50	50	250
25	25	25	25	25	125
25	25	25	25	25	125
50	50	50	50	50	250
50	50	50	50	50	250
75	75	75	75	75	375
75	75	75	75	75	375
75	75	75	75	75	375
100	100	100	100	100	500
100	100	100	100	100	500

〈調査書の換算点〉
評定「5」を何点に変換するか

国語			社会			数学			理科			英語			音楽			美術			保健体育			技術家庭			合計
1	2	3	1	2	3	1	2	3	1	2	3	1	2	3	1	2	3	1	2	3	1	2	3	1	2	3	
5	5	5	5	5	5	5	5	5	5	5	5	5	5	5	5	5	5	5	5	5	5	5	5	5	5	5	135
5	5	5	5	5	5	5	5	5	5	5	5	5	5	5	5	5	5	5	5	5	5	5	5	5	5	5	135

〈学力検査の換算点〉
満点「100点」を何点に変換するか

国語	数学	社会	英語	理科	合計
100	100	100	100	100	500
100	100	100	100	100	500

〈調査書の換算点〉
評定「5」を何点に変換するか

国語			社会			数学			理科			英語			音楽			美術			保健体育			技術家庭			合計
1	2	3	1	2	3	1	2	3	1	2	3	1	2	3	1	2	3	1	2	3	1	2	3	1	2	3	
10	10	10	10	10	10	10	10	10	10	10	10	10	10	10	20	20	20	20	20	20	20	20	20	20	20	20	390
5	5	5	5	5	5	5	5	5	5	5	5	5	5	5	5	5	5	5	5	5	5	5	5	5	5	5	135
5	5	5	5	5	5	5	5	5	5	5	5	5	5	5	5	5	5	5	5	5	5	5	5	5	5	5	135

〈学力検査の換算点〉
満点「100点」を何点に変換するか

国語	数学	社会	英語	理科	合計
100	100	100	100	100	500
100	100	100	100	100	500
100	100	100	100	100	500

二期入学者選抜（2024年秋募集）		
募集割合	募集人数	出願等
10%	50（予定）	・出願時期…2024年9月上旬を予定 ・選　　抜…書類及び面接の結果に基づく総合的な審査により行う。 ・出願資格…出願時点で、高等学校、中等教育学校の後期課程、高等専門学校及び特別支援学校高等部のいずれにも在学していない者とする。

※二期入学者選抜の募集人数については、一期入学者選抜の募集人数から一期入学者選抜の合格者数を引いた数が追加される
※二期入学者選抜の募集人数には、編入学・転入学による人数を含む

数学 出題傾向の 分析 と合格への 対策

問われる文章読解力と思考力

2023年度問題の総評

2022年度の数学は58.2点という平均点の高さが目立ったものの、5教科全体でみると全教科50点台中盤〜後半に集まるという、ある意味では理想的なつくりとも言えた。

23年度の数学の平均点は45.6点と、数学としてはむしろ例年通りの点数に戻ったとも言える。しかし内容としては、ここ数年「かつての数学的な難問から、読解力や思考力を問う問題にシフトしている」のは明らかである。

大問4問構成、小問数25問はいずれも例年通りであり、第1・2問の配点は約6割に達する。P1〜3(第1問〜第2問1)は驚くような問題は全くと言っていいほどないものの、P4〜7の文章量と設定の読み取りに苦戦した受験生が多かったように感じる。1問1問は決して数年前まであったような難問ではない。

2021〜23年度の公立高入試年度別出題の分類と24年度出題分野予想

表のとおりである。1次関数や証明など必ずと言っていいほど出題されるもの、空間図形の難しい問題など出題されにくいもの、などの出題傾向はあるものの、基本的には全体からまんべんなく出題される。23年度に規則性が出題されていることにも代表される通り、初めから狙いを絞り込みすぎないことが肝心である。

過去3年間の出題傾向、来年度の予想、および入試に向けた学習対策

◇数と式

1. 過去の出題傾向

23年度は、「正負の数」が2問、「根号を含む計算」が1問と例年通りの出題に加え、「素因数分解」と「等式変形」が出題された。ただし、珍しいというほどではなく、いずれも基本的な内容である。例年、確実に取りきりたい計算問題が5〜6問出題されている。

2. 来年度の予想

「正負の数」と「根号を含む計算」の他、「多項式の計算」などの出題が計6問程度予想される。

3. 対策

数学の力は確かな計算力があって初めて発揮される。ミスなく正確に解けることが第一である。文字をはっきり大きく書く、途中式を省略せずに書く、2度解き直しをするなど失点を防ぐために出来ることをしよう。

◇方程式

1. 過去の出題傾向

23年度は、第1問で「連立方程式」が、第2問では実質「2次方程式の応用」が出題された。第2問での「方程式の文章題」の出題は頻出である。

2. 来年度の予想

第1問で計算問題として1問、第2問では「方程式の応用」の出題が予想される。

3. 対策

文章題において正しく情報を読み取り、式をつくれるように、様々な問題形式に取り組もう。『割合』や『速さ』などが題材になると一気に受験生の出来具合に差がつくため、数学で差をつけたい受験生は積極的に取り組もう。

◇関数

1. 過去の出題傾向

「第3問は1次関数で、最後の1〜2問は超難問」というのが、かつての宮城県の公立入試においては定番であった。大きな枠組みとしては変わらないものの、超難問は消え、『確率や図形との融合問題』や『対話文の形の中での出題』などに変化してきている。「比例と反比例」、「y＝ax²」も頻出である。

23年度は、第1問で「比例と反比例」のグラフに関する問題が出題されたが、基本事項である。第2問では「y＝ax²」から出題があった。2つのグラフ間の距離を求める問題は、実質2次方程式を立てて解くことになる典型問題ではあるもののやや難しかった。

第3問が定位置の1次関数は、22年度に続き確率と1次関数の融合形式での出題となり、21年度同様座標平面上のグラフに関する出題となった。1問1問を冷静に見れば、典型問題の集合体であるものの、出題のされ方に戸惑う受験生もいたはずだ。2は特に、座標平面上に出来た三角形の面積を2等分するという、超典型問題である。

2. 来年度の予想

第3問では「単位時間あたりに変化する量」を題材とした1次関数の出題が予想される。

3. 対策

『動点・速さ・水槽・図形融合』といったどのパターンが出題されても大丈夫なように準備すべきである。「1次関数」は特に受験生の間でも差がつきやすい単元である。必ず出題されるからこそ、苦手意識があるのであれば、優先的に取り組もう。まずは「直線のグラフ上にある座標を2つ取り出せれば、関数の式は求められる」状態にすることが、必要不可欠である。

◇図形

1. 過去の出題傾向

23年度は、第2問で三角形(四角形)とおうぎ形を組み合わせた図形に関する出題があり、過去問に取り組んだ受験生は、20年度の第1問8と既視感を覚えたであろう。

第4問は、証明からの流れで線分の長さや面積を求める問題というのが典型パターンであるが、制限時間内に解くとなるとやはり最後の1問は解ききれない受験生がほとんどのはずだ。

2. 来年度の予想

「証明」は毎年必ず出題される。線分の長さ・角の大きさ・面積などの典型パターンが引き続き予想される。

3. 対策

第4問の終盤1～2問は難しいことが多いため、受験生によってはここに時間をかけるのではなく、そこまでの問題にミスがないかを確認することに時間を使うべきである。

証明は、最後まで書ききれる見通しが事前に立たないようであれば、『部分点で良し』と割り切って時間を割かない方が得策である。見通しが立ったとしても、それを理由と合わせて正しく書ききるのに時間がかかりそうであれば、『途中で一旦止めて他の問題を優先する』というのもありだ。

線分の長さについては、図中の他の長さが分かっている線分と比較して大きなずれがないかどうかなど、明らかに見た目と違わないかといった確認も合わせてすべきである。『台形となることの証明』など、普段書き慣れていないパターンが出題されたこともあるため、図形の性質を正しく理解し、覚えておくことが必要である。

◇確率・考えさせ、規則性を見つけさせる問題・作問・資料の整理を活用

1. 過去の出題傾向

確率は1～2問出題されており、直近では1次関数との融合に見える出題のされ方が目を引く。

「資料の整理・活用」「確率」「標本調査」といったデータ処理系の問題は近年出題頻度・出題数ともに増加しているため、得点源としたい。「箱ひげ図」は、全国的にも東京都・石川県などを除くほぼすべての都道府県でここ2年のうち片方または両方で出題されており、データ処理系の出題は、毎年47都道府県で必ず出題されている。

23年度は、「規則性」が久々に出題されたが、2年連続しての出題は考えにくい。不慣れな生徒が多かったと予想されるうえに、3問計11点分と配点が大きかった。ぎょっとする出題があった際は、自身のまわりも全員ぎょっとしているものであり、落ち着いて解けば誰しも確実に取りに行ける問題が中には含まれているものである。

2. 来年度の予想

「確率」が1～2問、「資料の整理を活用する問題」が1～2問予想される。

3. 対策

「確率」は、場合の数を数えるための巧手を考えるより, 表や樹形図などでとにかく書き出して数えてしまう方が結果的に短時間で済むことが多い。過去の出題を見ると、サイコロ2個を振った際の36通りが分母の最大となるため、書き出す時間は十分取れる。

「資料の整理・活用」「確率」「標本調査」は各学年の最後に習うため、学年末考査の範囲から漏れることもあり、練習量が不足している受験生も多い。一方で出題は増加傾向にあるため、特に差のつきやすい分野と言える。

受験生へのアドバイス

受験生一人ひとり、受験校や目標点数も様々であるため、どこに重点を置くかという点も様々である。だが、「取るべきところを取りきるのが一番大切であること」と「そのために必要な勉強量」は変わらない。平等に与えられた、受験までの残り時間を有効に使うためには「間違えた問題を理解して解けるようになる」など「出来なかったときに、その場で出来るようになるまでやる」ことが大切であり、それさえできれば志望校合格に大きく近づける。間違いっぱなしにし、何度も同じ間違いを繰り返すようでは、いくら時間があっても足りない(ただし、自身にとっては明らかに難度が高すぎる問題は除く)。間違えたときこそ、成長のチャンスであり、そのチャンスを生かせるかどうかがカギである。

あすなろ学院
教務統括課課長
中元　英真

教室長を兼務する名取教室は、「2022-23年度中3生模擬試験成績UP あすなろ学院全教室間第1位」を獲得し、中でも数学は偏差値平均6.6ポイントアップを達成。数学を通して、子どもたちが「学びに向かう力、学ぶ力、夢を実現する力」を育めるよう指導にあたる。

数学　出題分類表

分野		2021年度	2022年度	2023年度	来年度予想
数・式	整数の性質・数の表し方			○	◎
	数の計算・正負の数	○	○		◎
	文字と式の計算				
	数の大小				
	平方根	○	○	○	○
	多項式の乗法				
	因数分解	○			
方程式	1次方程式				
	1次方程式応用	○	○		
	連立方程式			○	
	連立方程式応用	○	○		○
	2次方程式		○		
	2次方程式応用			○	
関数	比例反比例		○		○
	1次関数	○	○	○	◎
	1次関数と方程式	○	○	○	◎
	2乗に比例する関数	○	○	○	○
	グラフの交点読み取り	○	○	○	◎
	点・図形の運動				
	グラフの作図		○		
	座標平面上の面積	○			
図形	平面図形基礎		○	○	○
	空間図形基礎				○
	正多面体				
	面積・体積の計算	○	○	○	◎
	おうぎ形と球				
	合同				○
	相似な図形	○	○	○	○
	平行線と線分の比	○	○		○
	中点連結定理				
	三平方の定理		○	○	○
	特別な直角三角形				
	円周角と弧・直径と円周率		○	○	○
	点・図形の運動				
	証明	○	○	○	◎
	作図				
確率		○	○	○	◎
規則性				○	
作問					
資料の整理と活用		○	○	○	◎

※来年度予想欄の◎印は必ず出題されると思われるもの、○印は出題されるかもしれないもの

数学 〉 出題傾向の 分析 と合格への 対策

各分野の複合的な問題へ備えよう

2023年度問題の総評 〉

　2023年度入試の問題構成と配点は以下の通りだった。

第一問　小問集合　　　　設問数8問（26点）
　　　　正負の数、素因数分解、一次方程式、連立方程式、平方根、比例と反比例、箱ひげ図
第二問　小問集合　　　　設問数8問（32点）
　　　　平面図形、一次関数、二乗に比例する式、標本調査、規則性
第三問　複合問題　　　　設問数5問（21点）
　　　　場合の数、確率、平面図形、1次関数
第四問　相似（証明を含む）、平面図形
　　　　　　　　　　　　設問数4問（21点）

　分野別配点は「数と式」9問29点、「関数」5問22点、「図形」7問32点、「データの活用」4問17点だった。

　大問4題の構成と、各大問の問題数、配点は昨年度と同様。平均点は45.6点。とりわけ平均点が高かった昨年度の58.2点からは大きく点数が下がったが、昨年度を除く過去5年間の平均点には近い点数となった。一つひとつの問題を見ると中～高難易度の問題が過半数を占めているため、差はつきやすい問題構成だったと言える。ただ、基礎的な内容からも4～5割弱ほど出題されているため、取りこぼすことがないように準備が必要だった。学習指導要領が変わったことに伴う影響も少しずつ見られるようになったが、全体で見たときの問題傾向としては大きくは変わらない。繰り返し過去問題を解いて傾向を掴んでいこう。

分野別分析 〉

◇数と式

1. 過去3年間の出題傾向

　第一問の小問集合において、最初の6題（配点18点）で基本的な計算や方程式を解く問題などが毎年出題されている。ここは最も点数を取りやすいポイントともいえるため、落ち着いて取り組み、ケアレスミスに気を付けて確実に得点に繋げたい。

　方程式の文章問題は例年出題され、今年度は関数を中心とした文章問題の中に二次方程式を利用するものが出題された。近年は、他分野と複合的に出題される傾向がある。また、2023年度は規則性に関する問題も出題された。規則性の問題の中で比較すると難易度はそこまで高くないが、慣れていないと内容の把握だけでも時間を要する可能性がある。

2. 来年度の予想

　引き続き、基礎問題が5、6問出題されるだろう。基本的な文字式の計算や因数分解、方程式を解く問題は着実に得点できるよう準備をしておきたい。また、難易度が比較的高めの方程式を利用した問題も出題されるだろう。

3. 入試に向けた学習対策

　正確な処理能力とスピードが求められるため、日々の学習に5～10分程度で時間を決めて取り組む計算練習を組み込もう。また、ケアレスミス対策として、見直しや検算を習慣づけ、自分でミスに気付ける態勢を整えておくことも大切だ。ここで身に付けた正確さとスピードは、他分野にも必ず活きてくるだろう。

　方程式の学習内容は中学3年間の中で、一次方程式、連立方程式、二次方程式と段階的にレベルアップしており、各単元の理解が、次学年の学習の土台になっている。特に一次方程式の理解が不十分だとそれ以降の単元、そしてその他の分野にも大きな影響が出るため、確実に解けるようにしておこう。また、文章題は他分野と複合的に出題される傾向も見受けられるため、様々なパターン、難易度の問題で準備しておきたい。

◇関数

1. 過去3年間の出題傾向

　第二問でグラフの読み取り、第三問で一次関数の利用が毎年出題されている。ただし、23年度に関しては、第三問は図形分野との複合問題が出題された。また、第一問の小問集合の中で反比例に関する問題が2年連続で出題された。

2. 来年度の予想

　比例と反比例、一次関数、二乗に比例する式と各学年でそれぞれ学習する単元からまんべんなく出題されるだろう。一次関数、二乗に比例する式については他分野との複合的な問題も備えておきたい。グラフを利用した問題も引き続き出題されるだろう。

3. 入試に向けた学習対策

　まずは比例・反比例、一次関数、二乗に比例する式の各公式の理解が必須。グラフの書き方と読み取り、変化の割合や傾きの求め方など、基本的な解き方は必ず一通り復習しておこう。特にグラフの利用は毎年出題されているので、読み取り、作図ともに必ず対策しておきたい。基礎的な理解が整ったら、標準的なものから入試の応用レベルまで徐々にレベルを高め、多くの問題を解いて実力をつけよう。各学年の内容から出題されるため、中学1年生・2年生もぜひ早めに入試レベルの問題に着手してほしい。作図、文章題、資料との融合問題など、出題のパターンは様々。スムーズに解答できるよう十分な演習が必要である。

◇図形

1. 過去3年間の出題傾向

　例年、第一問から第二問にかけて1～2題程出題され、第四問で証明と高難易度の図形問題が出題される。23年度は、第二問でおうぎ形と面積、第三問で面積の二等分線、第四問では証明を含む相似に関する問題が出題された。空間図形に関する出題はなし。最終問題では相似比の利用や三平方の定理の理解、活用が必須の問題である。円と円周角を利用した高難易度の問題はおおよそ隔年で出題されている。

2. 来年度の予想

引き続き、第一問、第二問で平面図形や空間図形からの出題と、第四問で証明を含む平面図形からの出題と予想できる。相似比の利用や三平方の定理は今後も対策が必須だ。

3. 入試に向けた学習対策

例年、全体における問題比率は図形分野が最も高い傾向にある。しかし、中学三年生の後半で習う内容も多いため、対策できる期間は短い。後からしっかり時間を使えるように、二年生までに学習した内容の復習は、早めに取り組んでおこう。図形の性質や公式、合同・相似条件など、図形の分野は暗記すべきことが多い。まずは基礎の定着を優先的に行おう。近年は正多面体、球など、図形分野の一部の単元は出題されない傾向が続いているが、小問集合内に出題される可能性もあるため、基礎内容は全単元抜かりなく復習しよう。高得点を目指す受験生は、証明や難易度の高い相似比を利用した問題の対策が必須。対策に十分な時間を確保するためにも、あらかじめ基礎事項を確実に定着させて土台を固めておくことが必要だ。その上で様々なパターンの問題に着手し、思考力や発想力を高めよう。

◇データの活用

1. 過去3年間の出題傾向

23年度は第一問に箱ひげ図、第二問に標本調査、第三問に場合の数と確率が出題された。近年、度数分布表を用いた問題が出題されることが多かったが、今年度は出題されなかった。箱ひげ図は今年度が初めての出題。

2. 来年度の予想

資料の活用、確率からは同様の傾向で出題されると考えられる。ただしこの単元は、高校で必修化され、共通テストにも加わる「情報」の科目との関連が強く、注目度が高い。そのため、今後はより重視される問題傾向に変化する可能性もある。

3. 入試に向けた学習対策

この単元は全体的に問題文が長く、情報量が多い傾向があるため、落ち着いて正確な内容把握ができるように問題演習に取り組んでおこう。時間がかかりやすいところでもあるため、様々なパターンの演習問題をこなして正確性とスピードを高め、得点力を向上させよう。資料の整理と活用については、各語句の理解を前提としたうえで、記述問題または選択問題で資料から読み取れる内容について出題されている。それぞれの語句を自分で説明できるまで理解しておくことが必要だ。

受験生へのアドバイス

近年は分野複合的な出題が多く、幅広い分野からの問題が出される。そのような問題に対応できるようになるためには、まずは各分野の基礎事項の理解が求められる。公式は覚えているか、語句を説明することができるかなどを意識的に確認し、教科書の内容理解を最優先で行おう。その上で、段階的に標準、発展レベルの問題に取り組んだり、複合的な問題への準備を行ったりすることが大切だ。また、普段の学習の中で間違えた問題はすぐになぜ間違えたかを振り返ろう。間違えた原因をそのままにしておかないこと。解き直しをしたときに正答できるまで取り組み、1問1問が自分の実力に繋がるよう、大切に取り組もう。

個別教室のアップル
教務マネージャー
定禅寺通教室長
鎌田しおり

個別教室のアップル・家庭教師のアップル（仙台本社。仙台「四方よし」企業大賞大賞受賞）にて、生徒一人一人の目標達成に向けてサポートを行う。

自己肯定感を育むことで生徒のやる気を引き出し、前向きに楽しく学習に臨めるよう日々生徒、保護者と接している。

数学　出題分類表 〉

分野		2021年度	2022年度	2023年度	来年度予想
数・式	整数の性質・数の表し方	○		○	
	数の計算・正負の数	○	○	○	◎
	文字と式の計算	○	○		
	数の大小				
	平方根				◎
	多項式の乗法				○
	因数分解	○			
方程式	1次方程式	○		○	○
	1次方程式の応用	○			
	連立方程式			○	
	連立方程式の応用		○		
	2次方程式		○		
	2次方程式の応用			○	
関数	比例・反比例		○	○	
	1次関数	○	○	○	○
	1次関数と方程式（1次関数の応用）	○	○	○	○
	2乗に比例する関数　y=ax²	○	○	○	○
	グラフの交点・グラフの読みとり	○	○	○	◎
	点・図形の運動／関数（動点）				
	グラフの作図		○		
	座標平面上の面積			○	
図形	平面図形の基本	○	○	○	○
	空間図形の基本				
	正多面体				
	面積・体積の計算	○	○	○	◎
	おうぎ形と球				
	合同				
	相似な図形	○	○	○	◎
	平行線と線分の比	○	○	○	○
	中点連結定理		○		
	三平方の定理	○	○	○	○
	特別な直角三角形	○			
	円周角と弧・直径と円周角		○	○	
	点・図形の運動／図形（動点）				
	証明・説明	○	○	○	◎
	作図				
確率	確率	○	○	○	◎
考えさせ、規則性を見つけさせる問題				○	
作問					
資料の整理を活用		○	○	○	◎

※来年度予想欄の◎印は必ず出題されると思われるもの、○印は出題されるかもしれないもの

社会

出題傾向の**分析**と合格への**対策**

読解力・思考力・表現力重視の傾向へ

2023年度入試の総評

　昨年と同じ大問6題で構成、総問題数は30問。大問構成は、大問1は語句問題1問・記号選択問題4問の歴史・公民融合問題、大問2が世界地理（一部歴史含む）、大問3が歴史、大問4が公民、大問5が日本地理（一部歴史含む）、大問6が歴史・公民融合問題であった。出題形式別にみると、語句問題が5問(15点)、記号選択問題が20問(60点)、文章記述問題が5問(25点)出題された。分野別の配点では、地理が28点(世界地理14点・日本地理14点)、歴史が38点、公民が34点であった。学年別配点では、中1内容29点、中2内容25点、中3内容が46点分出題された。

　2023年度の平均点は68.0点で、22年度57.3点より大きく上昇した。今年度は記号選択問題が判別しやすかった。問題内に正答を判別するキーワードが複数あったため、例年と比べ、容易に正答でないものを消去することができた。例年大きく差がつく文章記述問題では、資料数が減少したことで判読が容易となり解答作成がしやすかった。

　過去10年間の中で最も平均点が低かったのは、20年度の47.8点である。入試の難易度が20年度レベルに戻っても対応できるように準備しておくことが必要と考える。

過去3年の出題傾向、来年度の予想、及び入試に向けた学習対策

◇地理
1.3年間の出題傾向

　世界地理・日本地理ともに大問ごとに地域単位で出題されていて、大問1題＋歴史や公民と融合した大問1題 の構成になることが多い。

　21年度は「北アメリカ州」「北海道地方」、22年度は「南アメリカ州」「九州地方」、23年度は「東南アジア」「中部地方」が出題された。

　過去3年の地理的分野の配点は、21年度34点、22年度31点、23年度は28点であった。注意深く問題文や資料を読解することが求められる記号選択問題が多く出題されている。定期考査に多く見られる語句問題は例年1～2問と少ない。記号選択問題・文章記述問題においては正確な知識や深い理解が必要である。

2.来年度の予想

　大問1題＋融合問題1題 の構成に大きな変化はないだろう。毎年出題されている「世界の姿」「世界の人々の生活と環境」「日本の姿」「日本の自然環境」から出題される可能性は高い。世界地理の出題地域は「ヨーロッパ州」または「オセアニア州」、日本地理では「中国・四国地方」、「近畿地方」、「関東地方」のうちの1地方からの出題が考えられる。例年、低正答率になる文章記述問題では、世界地理・日本地理ともに複数資料を多面・多角的に考察し、適切に表現する力を要求する出題が予想される。

3.入試に向けた学習対策

　「因果関係」を意識しながら学習することが大切である。学習に際しては、必ず地図帳を活用し、位置の確認も怠らないで欲しい。その上で、複数の資料を読み取り、それらを関連付けた考察と表現する力を要求する文章記述問題の演習を積み重ねる必要がある。

◇歴史
1.3年間の出題傾向

　大問1題＋融合問題1題の構成をとることが多い。21年度・22年度では「飛鳥～明治時代初期」、23年度では「奈良～江戸時代」で大問1題が構成された。出題領域は、政治・外交・経済・文化と幅広い。融合問題では、近現代史中心の出題となっており、政治史・社会経済史からの出題が多い。過去3年の歴史分野の配点は21年度32点、22年度32点、23年度38点であった。出題形式は、記号選択、基本語句を答える問題のほかに、並べ替えや資料読み取り型の文章記述問題が出題されている。文章記述問題は地理同様、単純に暗記すれば解けるレベルではなく、資料の読解力と知識活用力を必要とする問題である。

2.来年度の予想

　21年度までの出題形式である大問1題(前近代史)＋融合問題1題(近現代史) の構成を想定しておくと良い。毎年出題されている「江戸時代」、ほとんどの年度で出題されている「明治時代」は今後も出題される可能性が高い。語句問題では各時代の重要語句、記号選択問題では同時代の出来事を選んだり、年代順に並べ替えたりする問題、文章記述問題では中世から近代に関する図表・文章資料の読み取り型の問題の出題が予想される。

3.入試に向けた学習対策

　機械的に暗記するだけでは解けない問題が多いので、まずは教科書を読み、「5W1H」をしっかり理解することが大切である。その上で、「いつの時代」「何世紀」、さらには「何年代」というように、「いつの出来事なのか」を明確にしながら学習し、歴史の流れを意識しつつ「歴史的事象の時代の判別」を確実に行えるようにすることが大切である。

　また、差がつく記述問題では、与えられた図表・文章資料内の内容の「正確な読解」をする必要がある。思考力系の文章記述問題は高難度であるため、まずはパターンの決まっている文章記述問題の反復練習を行うことで記述の型を身に付け、その上で、他県の過去問などを活用して、図表や資料を用いた文章記述問題に取り組む流れで学習を進める必要がある。

◇公民
1.3年間の出題傾向

　20年度20点、21年度29点、22年度37点と配点が増加していたが、23年度は34点であった。問題構成は、大問1題＋融合問題1題である。地歴同様、記号選択問題・語句問題と資料読み取り型の

文章記述問題が出題されている。公民単独の大問では、21年度は「地方政治のしくみと課題」、22年度は「国際問題と日本の国際貢献」、23年度は「財政と私たちの生活」であった。

2.来年度の予想

最近の傾向から公民単独の大問では、「人権」「選挙」「国会」「内閣」「裁判所」「地方自治」など、政治分野からの出題が予想される。融合問題では、時事的な事象に関する資料読み取り型の文章記述問題が出題される可能性が高い。

3.入試に向けた学習法

語句問題・記号選択問題は、基本的内容の出題が多い。教科書の太字の語句の理解や法制度の名称・目的・内容、そして図表などを中心に学習すること。文章記述問題では、私たちの生活や社会に関連した事象が問われることが多いので、教科書の本文を補完する資料欄や新聞のコラムなどの活用が有効である。

◇融合問題
1.3年間の出題傾向

出題パターンは、地歴融合、歴公融合、地公融合、三分野融合の4タイプ。出題分野は、地理は日本地理、歴史は近現代史、公民は経済分野からが多い。文章記述問題では、地理・公民分野で私たちの生活や社会に関連した事象について問われる傾向が続いている。21年度・22年度では「北海道でスマート農業を導入する理由」や「女性活躍推進法のねらい」など、国内における時事に関する題材が取り上げられた。23年度では「九州地方の伝統的なある祭りに関する取り組みのねらい」が出題された。

2.来年度の予想

出題分野は大きく変化せず、語句問題・記号選択問題は基本的な内容に関する知識・理解を軸に出題されるだろう。ただし、例年、差がつく文章記述問題は、いずれも複数資料の多角的考察力及び知識活用力を必要とするハイレベルな問題の出題が予想される。

3.入試に向けた学習法

語句問題・記号選択問題は、ここまで紹介した学習法で対応可能である。しかし、繰り返しになるが、宮城県公立入試の記述問題は、暗記知識だけでは答案作成が難しい問題となる傾向が強い。普段から教科書の資料やニュース、新聞などに目を通し、伝えたいことを整理して伝える力(言語化能力)を意識することに加え、資料の読み取り・分析をスピーディーにできるよう、他県も含めた過去問演習でさまざまなパターンのものに触れることが大切である。

受験生へのアドバイス

教科書内の「～から」「～ため」など理由や原因を説明する一文をおさえておこう（太字周辺に書いてあることが多い）。問題集を反復練習する場合は、点と点が結ばれて線が、さらにその線と線が結ばれ面が形成されるように、「知識と知識がつながるイメージ」を持って取り組んでほしい。そうすることで、各単元の全体像を掴むことができる。また、記述問題の解答作成力の向上にもつながるだろう。

河合塾 NEXT
八幡教室

村上　大輔

「なぜそうなるのか」などの因果関係を、生徒に問いかけながら授業することを大切にしています。はじめは間違えることを恐れ、考えることをやめてしまう生徒もいますが、問いかけの形を変えながら対話していくことで、主体的に考えられるようになります。「自分の可能性」を引き出そう！

社会　出題分類表 〉

	分野	2021年度	2022年度	2023年度	来年度予想
地理的分野	世界の姿・人々の生活と環境	○			◎
	アジア州			○	
	ヨーロッパ州				◎
	北アメリカ州	○			
	南アメリカ州		○		
	オセアニア州				◎
	世界から見た日本	○			○
	身近な地域の調査	○		○	
	九州・中国・四国		○		○
	近畿・中部・関東			○	○
	東北・北海道	○			
歴史的分野	旧石器～古墳時代		○		
	飛鳥～平安時代	○	○	○	○
	鎌倉～室町時代	○	○	○	○
	世界史・戦国～安土桃山時代			○	
	江戸時代	○	○	○	○
	ヨーロッパ市民革命～幕末	○	○	○	○
	明治時代	○		○	○
	大正・昭和時代	○	○	○	○
	昭和（戦後）～平成	○	○	○	○
公民的分野	日本国憲法・人権	○	○	○	○
	選挙・国会・内閣・裁判所・地方自治		○	○	○
	経済のしくみ・はたらき	○	○	○	○
	国民の生活・福祉	○	○	○	
	国際（地球）社会		○		◎
その他	時事問題				
	3分野融合問題	○			

※予想欄の◎印は来年度必ず出題されると思われるもの、○印は出されるかもしれないもの

英語 出題傾向の**分析**と合格への**対策**

継続した「音読筆写」が英語力向上の鍵！

2023年度入試の総評

2022年度と同様、大問5問の構成であった。出題数も変わらず全30問で、そのうち16問（44点分）が記号選択または記号の並べ替えであった。新出文法である原形不定詞と現在完了進行形が長文内に見られたが、内容は読み取りやすく、設問の難易度も易しいものが多かった。平均点は57.1点で、22年度の54.7点、21年度の46.1点と比べて易化傾向が続いている。

【第一問】リスニング　配点25点

問題数は昨年と同じで全8問、うち7問が記号選択であった。今年も最終問題は音声による疑問文に対して、応答を英作文で表現するという形式だった。内容を正確に聞き取り短時間で処理する力が求められる。

【第二問】適語選択・補充　語順整序　配点20点

適語選択が全3問、適語補充（アルファベットの頭出し）は全2問、語順整序が全2問と、問題数・出題形式ともに昨年と同じだった。時制や文構造、慣用句を用いた表現など幅広く出題されているが、難易度は高くない。適語補充の問題は記号選択型ではないため、英単語を正確に書く練習は必須である。

【第三問】長文読解（23行）　配点18点

高校生が部活動の経験から学んだことについて書いた英文を素材とした問題。本文内容の単語数は昨年374語であったが、345語になっており減少している。ただし、本文の内容を踏まえて適語補充をする設問において、語数が33語から46語に増加した分、合計の単語数は昨年とほぼ横ばいであった。理由記述や英問英答といった、頻出かつ正答率が低い問題は演習を積んでおきたい。

【第四問】対話文読解（25行）　配点26点

3人の高校生が衣料廃棄物の問題について意見を述べた英文を素材とした問題。複数の人間が一つのテーマについて意見を述べるという形式で本文内容が構成されており、昨年の形式を踏襲しているものの、本文の題材はSDGs関連の内容であり、新傾向であった。単語数は400語で、22年度の381語、21年度の375と比べ、わずかではあるが増加傾向にある。

【第五問】英作文　配点11点

日本人の学生と留学生が、プレゼントとして購入する本の種類を相談している場面についての英作文となっている。空欄が2つあり、それぞれに1文と3文以上を書くという形式は変わっていない。単語のスペルミスや文法上のミスなどで差が出ないように注意を払いたい。

分野別分析

◇リスニング

1.過去3年間の出題傾向

18年度は記号選択のみの全7問であったが、19年度から最終問題に記述が1問追加され全8問になった。難易度や聞き取る英文の量に大きな変化は

ない。過去3年間の正答率は高く、ここでの失点は避けたい。

2.来年度の予想

記号問題が中心であるが、19年度から記述問題が続けて出題され、この傾向は来年度も続くと思われる。会話文から必要な語句を聞き取る問題や、穴埋め形式での記述問題などの出題も考慮しておこう。

3.入試に向けた学習対策

リスニングをクリアするためには、英文を自然に「聞き入れる」、つまり「耳」慣れすることが必要だ。そのために音読による「自己発声」を勧めたい。問題集に付属しているCDなどを使い、英語を聞く習慣をつけるのはもちろんのこと、CDと一緒に音読をすることで発音やイントネーションも鍛えてほしい。

◇語・語句

1.過去3年間の出題傾向

第二問がこの分野にあたるが、ここ数年間は2文程度の対話文読解となっている。空欄に入る適語を選択する問題と、単語の出だしのアルファベットから補充完成する問題に大別される。基本的な単語や熟語中心のため、正確に記述できることが求められる。

2.来年度の予想

23年度同様、2文程度の対話文で適語選択と適語補充の出題となるだろう。教科書で学んだ単語はもちろんのこと、その単語を用いた熟語も一緒に覚えておく必要がある。

3.入試に向けた学習対策

学習の基本は教科書である。3年分の教科書に出てきた単語・熟語は意味を覚えるのはもちろんのこと、正しいスペルで書き取りができるように練習をしておこう。また、問題を解く際には、時制や単数・複数、格などによる形の変化を見逃さず、ミスなく得点するための注意力も鍛えてほしい。

◇文法

1.過去3年間の出題傾向

過去3年間は第二問が直接的に文法を問う形で着しているが、長文読解や対話文読解においても、指示語の内容説明や英問英答など文法事項は必ず関わってくる。特に文型、不定詞と動名詞、接続詞、名詞の後置修飾などは頻出の単元であり、習得は必須である。

2.来年度の予想

昨年度と同じ形式が踏襲されると考えられる。教科書で習う文法事項を、中1から中3まで漏れなく学習しておく必要がある。また、新学習指導要領で新たに追加された文法事項（現在完了進行形、仮定法など）も引き続き出題される可能性が高い。過去問だけでは対策できないので、教科書や手元の問題集で使い方を確認しておこう。

3.入試に向けた学習対策

中1から教科書の基本文をノートに書き、1つ1つ

丁寧にその文の使い方を理解していくことを勧めたい。感覚的な学習では文法は身に付かないので、「なぜこの文法を使うのか」を人に説明が出来るように、原理を正しく理解した上で学習を進めて欲しい。また、実際にならった文法が、実際の英会話や文章の中でどのように使われているかを確認することでより理解は深まるだろう。

◇作文

1.過去3年間の出題傾向

長文読解の一部としてではなく、大問として独立した形で出題されている。学校の教室などの場所で外国人と行っている会話文を素材とし、会話を成立させるような英文を書かせる形式が続いており、実践的なコミュニケーション能力を問う傾向にある。

2.来年度の予想

過去3年間と同じく、外国人との会話文を素材とした問題が出題される可能性が高い。自分の意見を理由とともに述べる形式が定番だが、17、20年度のように、表などの資料を読み取りその内容を基にした英作文を書く形式も練習を積んでおきたい。

3.入試に向けた学習対策

「会話文の補充」形式の問題では、基本的な語句・文法の知識に加え、使用頻度の高い会話表現の習得が必要だ。教科書に出てくる熟語や会話表現を反復することで定着を図ってほしい。また、英作文のテンプレートの1つである「意見→理由」の形での練習を勧めたい。まずは、書きたいことを日本語で箇条書きにしてみる。それに接続詞を加えて3つ以上の文にし、「主語+動詞」に注意しながら英文に直してみるといいだろう。また書き上げた英文は必ず添削をしてもらい、何度も繰り返すことで精度が上がっていく。

◇読解

1.過去3年間の出題傾向

長文読解は第三問、第四問に出題されている。文の題材は、第三問がスピーチ文、第四問が対話文という形が定着していたが、20年度以降は第四問に対話文以外の出題が続いている。小問としては、指示語の内容説明や下線部の理由説明、英問英答などが定番。20年度からは出来事の時系列の並べ替え、感想文の空欄補充などが出題され、本文全体の内容理解を問う傾向が強まっている。

2.来年度の予想

第四問の題材は様々なものが考えられるが、題材が何であれ読み方に変わりはない。小問としては、前述した定番問題に加え、本文に関する感想文や対話文の穴埋めといった、本文の要約を完成させるタイプの問題が出題される可能性が高い。

3.入試に向けた学習対策

長文読解では、指示語の内容説明、下線部の理由説明といった1文、1単語レベルの細かい内容を見る「ミクロな視点」と、段落ごとの要約、本文に関する内容真偽など、広い範囲の内容を見る「マクロな視点」の2つが問われる。前者は、まずは1文ごと

受験生へのアドバイス

高校入試における「英語の実力」とは、「文法力(文法事項の理解)」と「語彙力(使いこなせる単語や熟語の量)」という車の両輪だといえる。英語は数学同様に積み上げ型の教科で、中学3年間の学習内容を万遍なく身に付けていることが求められている。そのために必要な学習は、難しく考えず「スポーツや音楽の練習」と同じだと考えて欲しい。つまり、①毎日コツコツ練習すること②自分から体を使って覚えること、この二つを怠ると英語は身に付かない。問題集を解くときや学校の予習・復習をするときは、鉛筆(シャープペン)を使って英文をノートに書きながら音読する「音読筆写」の習慣を身に付けて欲しい。自分の口で発音し、それを耳で聞き、さらに手で動かして書くという刺激の繰り返しによって体に刻み込まれた英語は脳内に記憶され、その反復練習によって「覚える」引き出しがつくられていく。また、CD音声の付いているものは音声を聞きながら学習し、同時に音読やディクテーションを行うことで、リスニングや英作文の対策にもなる。

進学プラザグループ
英語科主任
松井　清隆

一高・二高 TOPPA 館で英語を中心に文系科目の指導を担当。入試問題の分析を得意とし、最新の入試傾向に沿った効率的な学習法・指導法に精通。多くの受験生を第一志望校合格に導いている。合格させるだけではなく、生徒が主体的に考え、判断する力を身に付けるための指導に全力で取り組んでいる。現在は、グループ内での教務研修にも参画し、講師指導にも注力している。

に文型、句・節のかたまりを意識しながら正確に和訳すること、そして接続詞や代名詞をヒントに前後の文のつながりを捉えながら読む癖をつけることで力が養われる。後者に関しては、1段落を読み終えたらその段落の話題を1文でまとめてみる(つまり段落ごとの要約をつくる)練習が効果的だろう。

英語　出題分類表 ＞

	分野	2021年度	2022年度	2023年度	来年度予想
音声	放送問題（聞き取り）	○	○	○	◎
	単語の発音・アクセント				
	文の区切り・強勢・抑揚				
語・語句	単語の綴り・意味	○	○	○	◎
	同意語・反語				
	同音異義語				
	熟語・慣用表現	○	○	○	◎
文法	書き換え				
	語形変化				
	用法選択				
	正誤問題・誤文訂正				
	適語補充・適語選択	○	○	○	◎
作文	整序結合（語の並び換え）	○	○	○	◎
	和文英訳（部分記述）				
	和文英訳（完全記述）				
	条件・自由英作文	○	○	○	◎
読解	主題（表題）				
	内容把握・内容真偽	○	○	○	◎
	英問英答	○	○	○	◎
	英文和訳				
	語句解釈（指示語など）	○	○	○	◎
	適語補充・適語選択	○	○	○	◎
	適文補充・適文選択	○	○	○	◎
	文章整序	○	○	○	◎
	要約文完成（部分記述）				○

※来年度予想欄の◎印は必ず出題されると思われるもの、○印は出題されるかもしれないもの

英語　出題傾向の 分析 と合格への 対策

教科書と過去問を活用して、入試問題に対応できる力をつける！

2023年度入試の総評

　2021年22年23年と3年連続で大問5問の構成は変わらなかった。出題数も3年連続30題で変わらず。選択問題は、15題、16題、16題とほぼ変わらない。並び替えは、3題、3題、3題と変わらないが英単語で答える問題は4題、2題、2題と昨年と同じだ。日本文で答える問題は3年間変わらず2題だった。英文で答える問題も、6題、6題、6題で、その内1題は3文以上と変わらない。しかし、内容的には昨年に比べて長文読解の読み取りや英作文の難易度は下がったといえよう。

　23年度の配点は以下の通りだが、直近3年間の大問別配点に大きな変化はなかった。

第1問	リスニング（選択・記述）	25点
第2問	文法・語句・整序（選択・記述）	20点
第3問	長文読解（選択・記述）	18点
第4問	長文読解（選択・記述）	26点
第5問	英作文（記述）	11点

分野別分析

◇リスニング

1.過去3年間の出題傾向

　19年度から小問7問が記号選択、最終問題が記述式になった。第1問は小問2問で、21年度、1番はイラストの中に英語が、2番は日本語が書かれていた。また、21年度の2番ではグラフの読み取りが必要だったが、22年度は予定表、23年度は2番のイラストの中に英語がかかれていた。問題2は、短い会話で最後の応答として最もふさわしい文の四肢択一式で、これも3年間変化なく比較的易しい。問題3は過去3年間は比較的長い会話を聞いて、その内容について3つの質問に対する答えを選ぶ問題だが、昨年に比べて解きやすかったと言えよう。問題4は2人の会話を聞き理由を英文で記述する問題だが、解答の自由度が高かった。

2.来年度の予想

　教科書が改訂され3年目となるので、リスニングに関しても若干レベルアップされるかもしれない。問題数、出題傾向は大きく変わらないものと思われるが、出題者は昨年までと全く同じにならないように、細かな工夫をしてくるはずである。

3.入試に向けた学習対策

　リスニング対策としては、教科書を繰り返し音読すること。教科書のQRを読み取ってネイティブの発音を聴きながらまねること。最低30回程度は繰り返すことをお勧めする。自分でネイティブのようにまねて発音できれば聞き取ることが出来るはずだ。リスニングに関しては特に中学2年までの英語を完璧にしておく必要がある。

◇語・語句

1.過去3年間の出題傾向

　第二問は過去3年間の出題形式は変わっていない。的確な語を選ぶ、書くといった、語・語句が直接問われる問題だが、基本的な文法を踏まえて英文を構成する力も見られていると考えよう。よって、語彙力のみならず、比較、不定詞、動名詞、現在分詞の形容詞的用法、後置修飾、第四・第五文型、現在完了形、間接疑問文など毎年さまざまな文法的知識が問われる。

2.来年度の予想

　教科書改訂により語彙数が多くなったが、教科書に出てきた語・語句から出題されることは変わらないと思って良いだろう。また、教科書改訂3年目なので中学英文法の範囲拡大の影響が出るかもしれない。具体的には現在完了進行形、仮定法、原型不定詞などだが、出題されても対応できるようにしておこう。

3.入試に向けた学習対策

　英語の2大柱は語（語句）と文法だ。単語・連語がわからなければどうしようもない。しかし、公立高校の入試問題は、基本的には教科書の単語で問題がつくられるので、具体的には中学3年の教科書の後ろにある小学校の単語とWord Listを使って、動詞、形容詞、副詞、前置詞、接続詞…といった品詞別にノートにまとめることをおすすめする。英語の文構造の理解には品詞の理解が不可欠だからだ。また、連語や慣用句、複数の品詞を持つ単語はそれぞれの品詞に書いておく、また、形容詞・副詞、不規則動詞の語形変化も書けるようにする。言葉は文脈（前後関係）で決まることも心得ておこう。

◇文法

1.過去3年間の出題傾向

　過去3年間の第二問が文法問題といえるが、第三問や第四問の英文解釈、第五問の英作文も当然文法的に正しい英語が要求されるので、中学3年間で学習する基本的な文法が幅広く出題されるといえよう。

2.来年度の予想

　来年度も中学1〜3年に学習した英文法の知識を使った問題がまんべんなく取り上げられることが予想される。取り上げられ方は変わらないだろうが、新しく加わったもの、例えば現在完了進行形や仮定法、原型不定詞については教科書が改訂されて3年目なので注意が必要だ。

3.入試に向けた学習対策

　単語・連語がわかったら、それをどう並べて（変化させて）正しい英文にするかというのが英文法。そして、英語の理解に欠かせないのが英語の文構造（英語の型）の理解だ。そこで、やはり教科書を使って基本的な例文を暗記しておく必要がある。具体的にはKey Sentence・Today's Point を暗記して、いつでも口に出して言えるようにしておこう。カードの表に日本語で、裏に英語で書いて、日本文を見て英文がすらすら言えるようになるまで習熟しておく必要がある。英語は語順の言葉である。つまり、英語は主語＋動詞である。日本語と英語の大きな違いは語順なので、その違いを意識して練習すること。そして何より英語は言語であり、言語は論理

である。入試の英語は論理力で解く、つまり、問題を解くときには理由を明らかにして理屈で解くように心がけることだ。

◇作文

1.過去3年間の出題傾向

21年度は好きな言葉を2つの中から選んで、その理由を述べるもの。22年度は高校生と留学生の会話文で2人の会話を成立させる問題。23年度は中学生と留学生の2人の会話文で、3つの中から選んでその理由を述べるものだった。

2.来年度の予想

第五問はすべて外国人との対話文が出題されているが、その状況は同じではない。繰り返しになるが、入試は基本的に同じ傾向の問題は出ないと思った方が良いだろう。しかし、24年度もやはり話す能力、つまり会話形式の問題が出されるのは変わらないと思われる。

3.入試に向けた学習対策

和文英訳の練習を徹底的にやること。具体的には文法のところで述べた通り、教科書New HorizonのKey Sentence・Today's Point を暗記して、いつでも口に出して言えるようにしておくこと。そして、教科書のStage Activityの英文も暗記したい。Have a Mini Debate. は重要だ。国際語としての英語の役割を考えると、相互理解のためにはまず自分の意見を持つ必要がある。それを相手に的確に伝える技術を身に付けたい。

◇読解

1.過去3年間の出題傾向

過去3年間、長文読解と言えるものは、第三問と第四問の2題と定着している。第三問はスピーチ文だったが、23年度は学校新聞に掲載するコラムに変更されたが、形式的には同じで、小問で理由を日本語で書く問題や、英語の質問に英語で答えさせる問題が3年連続で出ている。また、ここ3年は5つの英文をスピーチの流れに沿って並び替える問題が出された。また、本文からの抜き出し問題など、様々な形式の設問によって、本文の内容が理解されているかを問う問題が出された。第四問は、21年度4人の意見文、22年度は3人の職業紹介文、23年度は衣料廃棄物の問題に関して3人の意見を読み取る問題と毎年違っており、グラフを使うなど設問内容にも工夫がみられる。難易度は昨年より少し易しくなった。

2.来年度の予想

第三問はまたスピーチ文に戻るか、第四問は以前の会話文に戻るかだが、ディベート形式の文の読解が出題される可能性もある。いずれにしても、様々な設問で長文の内容を正確に読み取る力をみる問題になることは間違いないだろう。

3.入試に向けた学習対策

一文一文を精密に訳す精読も大事だが、長文の場合は直読直解の練習が有効だ。英語の文章を頭から順番に読みながら理解していく方法だ。そし

受験生へのアドバイス

JUKU ペガサス仙台南光台教室
塾長

矢吹　正佳

グローバル化が叫ばれている中、国際共通語としての英語の果たす役割はますます高まっている。地球人である我々は、英語がいわば地球語であり、英語によってお互いの意思の疎通をはかるという観点から、英語は必要不可欠なものと認識すべきである。英語に限ったことではないが、大事なのは「学ぶことを楽しむ」ことだ。実際私はアメリカやヨーロッパでさまざまな国の人たちと英語を介して学び、仕事をした経験があるが、実に楽しいものである。英語ができるということは、将来君の人生にとって大きなメリットとなることを保証しよう。今は直近に迫った高校入試で心に余裕が無いかもしれないが、とにかく「英語を学ぶことはおもしろい！」と思うことだ。おもしろければ、いつもやりたい、またやりたい、そして覚えることも苦にならないはずだ。今は、合格に向けて英語の知識を楽しみながらどんどん増やしていくときだ。漠然とでも良いから将来の自分を思い描いて、自分を信じて、合格を確信し、合格に直結することだけをやろう！

アメリカ、ヨーロッパでの生活体験から繰り出される役に立つ英語指導は特に定評がある。英検に関しては、年2回1時間20分の授業が7回程あり、授業料は無料だ。全員英検に挑戦し中学卒業までに3級以上、ナンバースクール受験者は準2級以上取得することが目標になっている。「何のために勉強するのか」を問う学習塾として今年で29年目を迎える。自分にとって必要な勉強を、自分の意思で納得がいくまでやる塾として、他とは一線を画している。

て、内容を段落ごとに要約する力も養いたい。しかし、第三問の「心情が変化した理由を具体的に日本語で書きなさい」や第四問の「具体的な内容を、本文中から探して日本語で書きなさい」という設問の場合は、該当する英文の個所を一語ももらさず確実に訳していく必要がある。特に代名詞は具体的な名詞に置き換えて訳すこと。逆に英文で答える場合は的確な代名詞に置き換える必要がある。

英語　出題分類表　>

	分野	2021年度	2022年度	2023年度	来年度予想
音声	放送問題（聞き取り）	○	○	○	◎
	単語の発音・アクセント				
	英問英答				
語・語句	単語の綴り・意味	○	○	○	◎
	同意語・反語				
	同音異義語				
	熟語・慣用表現	○	○	○	◎
文法	書き換え				
	語形変化				
	用法選択				
	正誤問題・誤文訂正				
	適語補充・適語選択	○	○	○	◎
作文	整序結合（語の並び換え）	○	○	○	◎
	和文英訳（部分記述）				
	和文英訳（完全記述）				
	条件・自由英作文	○	○	○	◎
読解	主題（表題）				
	内容把握・内容真偽	○	○	○	◎
	英問英答	○	○	○	◎
	英文和訳				
	語句解釈（指示語など）	○	○	○	◎
	適語補充・適語選択	○	○	○	◎
	適文補充・適文選択	○	○	○	◎
	文章整序	○	○	○	◎
	要約文完成（部分記述）				○

※来年度予想欄の◎印は必ず出題されると思われるもの、○印は出題されるかもしれないもの

理科 出題傾向の 分析 と合格への 対策

正しい知識・計算力・記述力を鍛えよう

2023年度入試の総評

　例年同様、第一問が各分野の小問集合で36点分、第二問から第五問までがそれぞれ生物、化学、物理、地学の各分野から単元を絞っての出題で、それぞれ16点分となっている。第二問からの点数の内訳を見ても、例年通り基本的には3点問題、第二問以降の大問では4点問題が1問ある形式であった。今年度出題された記述問題は昨年度を除く近年の傾向に近く、事象の仕組みや流れを示した上で論述する必要があり、正しい理解や論理構成力が問われる内容であった。全体的な難易度に関して、平均点は比較的高めだった前年と大きな変化がなく、前年同様、平均点の低下につながりやすい計算問題の難易度が例年よりも低かったことが理由として考えられる。ただし、出題された計算問題は一問一問の難易度は高くないが、文章を読み取る力が要求されるものが含まれていたため、丁寧に読み解かないと失点につながるものであった。理科4分野は各分野で試験問題が出題されている。どの分野で出題があっても確実に得点できるよう、題意を正しく読みとる力と、正確な計算力を鍛えよう。理科で高得点を取るためには、語句・記号選択の問題を取りきれる知識量はもちろんのこと、複数の実験過程や長い問題文を正しく読み取る読解力、長文になっても減点されない論述力、手数の多い計算問題を確実に処理できる数学的思考力が必要になる。単なる暗記だけでは高得点は難しいので、多角的に学習に取り組んでほしい。

分野別分析

◇物理
1.過去3年間の出題傾向

　2021年度は「物体の密度」「浮力」、22年度は「ばねのはたらき」と「力と運動」の複合、今年度は「物体の運動とエネルギー」からの出題であった。22年度の最終問題の計算や今年度の最終問題の記述をはじめとして、作図や計算、記述といった差がつきやすい内容の出題が多く、知識事項のみではなく、当日の試験中の対応力が求められている。

2.来年度の予想

　過去の出題傾向から、中1の「光と凸レンズ」、中2の「電流回路、オームの法則」から出題される可能性が高い。物理分野は正答率が全体として低くなりやすい。丸暗記的に教科書内容をなぞってもなかなか得点しづらい分野であるため、現象の深い理解と十分な演習量の確保を行ってほしい。

3.入試に向けた学習対策

　物理分野では作図や計算が多く出題されている。基本的な公式や作図の流れを押さえることをまず意識しよう。基本的な内容ができるようになると幅広い問題に対応できるようになるため、宮城県のみならず他県の入試にも意欲的に取り組み、実戦演習の経験を数多く積んでおきたい。また、記述問題に関しては、模範解答や典型の丸暗記では

なく、「どんな法則にしたがって」その現象が起こるのかを理解し、複雑に見える現象においても関連知識から推測し、正しい記述が行えるようにしたい。

◇化学
1.過去3年間の出題傾向

　21年度は「酸化と還元、化合比の計算」、22年度は「水酸化バリウム水溶液とうすい硫酸の中和」、今年度は「化合と分解、化合比の計算」からの出題であった。教科書に記載されている実験をもとにした題材からの出題が非常に多いが、物理分野と同様に、計算や記述といった差がつきやすい分野からの出題が多い傾向にある。

2.来年度の予想

　過去の出題傾向から、中1の「水溶液」、中2・3の「化合比の計算」から出題される可能性が高い。化学分野からはどの学年の範囲に関しても計算の出題が多い。「化合比」の問題は重要な化学反応式を暗記するとともに比例式を上手く使えるよう繰り返し演習を重ねておきたい。

3.入試に向けた学習対策

　化学分野では、単純な暗記事項のみならず、計算や記述、グラフや表の読み取り、化学反応式など多角的な出題がされやすい。最低限、教科書に記載のある内容は確実に覚えておきたい。また、計算問題に関して、近年やや易化傾向にあるが、18年度の「電気分解」や17年度の「銅とマグネシウムの混合粉末の質量」など数年前までは他県と比べても難しい出題が多かった。基本のパターンを押さえたうえで、他県の入試問題なども含めて多くの形式の問題に取り組み、数学的思考力を鍛えておきたい。

◇生物
1.過去3年間の出題傾向

　21年度は「メンデルが行ったエンドウの交配実験」、22年度は「植物のつくりとはたらき」、今年度は「タマネギの根の成長に関する実験」からの出題であった。生物分野では語句、記号選択、記述の出題が多い。典型的な記述が多いが、19年度出題された記述のように、思考力を必要とする記述の出題も見られるため、正確に論じる力が要求される。

2.来年度の予想

　過去の出題傾向から、中1の「動物のなかま」、中2の「動物のからだのつくりとはたらき」、から出題される可能性が高い。生物分野ではどの範囲に関しても記述問題の出題が多く、教科書で大きく取り上げられている内容は深く理解しておきたい。植物の蒸散や、遺伝の法則など一部計算の出題もあるため、頻出のパターンは素早く的確に処理できるようにしておきたい。

3.入試に向けた学習対策

　生物分野は他の分野と比較して記述の出題率が高くなっている。教科書内容よりも踏み込んだ内容の記述も多いため、教科書に記載のある実験や

観察に関しては抜かりなく確認しておきたい。加えて、踏み込んだ内容に関しては単なる暗記ではなく、実験・観察結果を正しく読み取り、その特徴を表現する力が求められる。初見の実験・観察に関しても、持っている知識を最大限に活用し、どのような結果が出るのか、なぜその結果が出るのか、論理的に考えられるように経験を積んでほしい。記述は個人で正誤を確認することは難しいため、指導者に添削をしてもらい、高得点を取れるようにしておきたい。

◇地学
1.過去3年間の出題傾向

21年度は「雲のでき方を調べた実験」、22年度は「地球の運動と天体の動き」、今年度は「地層と堆積岩、化石」からの出題であった。地学分野では語句、記号選択、記述の出題が多い。記述問題の難易度は、他分野のものに比べて易しく、教科書に記載されているような標準レベルのものが多い。また、湿度や天体の年周運動の様子など一部計算を要する出題も含まれているため、数学的思考力も必要となる。

2.来年度の予想

過去の出題傾向から、中1の「火山と火成岩、地震」、中3の「地球の運動と天体の動き」から出題される可能性が高い。地学分野は現象の規模が大きかったり、目に見えるものと実際が異なったり、現象がイメージしづらく正答率が低くなりやすいため、演習量を確保し、確実に得点していきたい。

3.入試に向けた学習対策

地学分野は各項目の関連性をつかむことが重要である。単発に見える知識でも他の内容と関連しているというケースは多くあるので、正しく整理しておきたい。「天体」の分野をはじめとして、地中や宇宙の状態を正確に把握する空間把握力が必要になる部分が存在するため、与えられた図を効果的に利用できる、あるいは自分で概略図をかけるようにしておきたい。「天体」は中3の終盤で履修する範囲でありながら、現象のイメージが最も難しく、計算問題も含まれるため、演習量・時間を確保できるように、他の範囲の学習を計画的に進めておきたい。

受験生へのアドバイス

宮城県の公立高校入試の理科は、正しい知識、数学的思考力、記述の表現力が必要になる。分野が多岐に渡るため、幅広い知識を整理して正しく把握する必要がある。また、各分野で計算の出題があるため、頻出のパターンを押さえるのはもちろんのこと、難易度が高くなりやすい物理・化学分野においては他県の入試問題等を用いて幅広い問題に触れ、対応力を磨いていきたい。そして、生物分野をはじめ、分量の多い記述が近年増えてきている。過不足のない記述を行えるよう鍛錬を重ねよう。計算問題と記述問題に関しては失点する人が多いため、得点できると大きなアドバンテージが得られるので、意識的に取り組んでほしい。

ひのき進学グループ
二高一高必勝館 理科教科リーダー
川村 悠人

ひのき進学グループ・二高一高必勝館の生徒を中心に数学・理科の理系教科中心に指導を担当している。数学・理科の知識・解法に精通しており、生徒のレベルに合わせた柔軟な指導に定評がある、わかりやすいその授業から生徒からの信頼が非常に厚い。宮城県内の受験情報にも精通しており、トップ高から中堅高、私立高校まで幅広く進路指導ができる。

理科 出題分類表

分野		2021年度	2022年度	2023年度	来年度予想
物理分野	光と凸レンズ、音の性質				◎
	力のはたらき	○	○		
	電流回路、オームの法則	○			◎
	電流と磁界、電流のはたらき			○	○
	物体の速さ、運動と力、圧力		○	○	
	物体の運動とエネルギー			○	
化学分野	身のまわりの物質とその性質	○			○
	水溶液、物質の状態変化	○			○
	化学変化と原子・分子	○		○	
	化合と分解、化合比の計算	○		○	◎
	化学変化とエネルギー、電池		○		
	酸化と還元、発電	○			
生物分野	植物のなかま	○			
	動物のなかま			○	◎
	植物のつくりとはたらき	○	○		○
	動物のつくりとはたらき		○	○	○
	生物と細胞・生殖・遺伝	○		○	○
	生物のつながり、物質の循環				
地学分野	火山と火成岩、地震				
	地層と堆積岩、化石		○	○	
	気象観測と湿度、雲のでき方	○			
	前線と天気の変化			○	
	太陽系の天体	○			○
	地球の運動と天体の動き		○		◎

※来年度予想欄の◎印は必ず出題されると思われるもの、○印は出題されるかもしれないもの

国語　出題傾向の 分析 と合格への 対策

三領域のバランスを意識した学習を！

2023年度入試総評

2023年度の大問別配点は22年度から変更はなかった。学習指導要領に示されている「話すこと・聞くこと」「書くこと」「読むこと」という国語の三領域のバランスを意識した問題構成と配点となっており、今後もこの傾向は続くだろう。特に「読むこと」については思考力・判断力・表現力等を活用し、正確に理解し適切に表現する力をみることをねらいとして作成されている。

平均点が昨年度の58.0点に対し、今年度は70.9点と大幅に上昇していることからも分かる通り、全体を通して難問はほぼなく、解きやすい問題が中心の構成だった。そのため、漢字や語句など知識を問う問題での得失点が例年以上に大きな差につながっただろう。

分野別分析

◇第一問　言語事項・対話文
1.過去3年間の出題傾向

問一では漢字の読み書きが問われる。2021年度から6問の出題となっており、23年度も同様である。問二は、熟語の一部を同音の漢字から適切に選択するという形式である。そして行書体や慣用句、接頭語などの幅広い言語知識は問三で問われる。様々な言語知識が問われるため、日々の積み重ねが重要である。

後半は対話文となっており、テーマは21年度「クラスで植える花についてのプレゼンテーション」、22年度「校内放送のリハーサル」、23年度は「保育園との交流会」となっている。いずれも身近な学校生活をテーマとした話し合いの中から、表現方法や相手が理解しやすいような話し方の工夫などが問われている。例年、記述問題が1題含まれているが、過去2年間は30字以内という指定に対し、23年度は10字以内となり、内容も易化した。
2.来年度の予想

漢字の読み書きの問題は6問で変わらず、熟語の構成や慣用句などの言語知識も引き続き問われるだろう。

対話文も変わらず出題されると考えられる。学校生活を中心とした題材だと思われるが、記述問題も変わらず出題されるだろう。指定字数は30字以内に戻る可能性も考えられるため、類題を解いて練習しておきたい。
3.入試に向けた学習対策

漢字は、形だけではなくその意味を理解した上で覚えることで、熟語としても上手く使えるようになる。それが語彙力の増強につながり、読解力や作文力につながっていく。漢字や語句は辞書を引いて意味を確認する習慣をつけよう。例文などで使い方を学ぶとなおいいだろう。

◇第二問　文学的文章
1.過去3年間の出題傾向

出典は、21年度「彼方のゴールド」（大崎梢）、22年度「風の港」（村山早紀）、23年度「生者のポエトリー」（岩井圭也）である。

いずれの年度も登場人物の心情やその理由を55字以内で説明させる記述問題が出題されており、必出と捉えたほうがよい。

また、文中の表現について2人が対話をするという形式も毎年出題されている。

形式は異なっていても、登場人物の心情を問う問題であることは変わらない。人物の心情を読み取る訓練を重ね、どの形式にも対応できるよう練習を重ねておきたい。
2.来年度の予想

出題傾向に大きな変化はないだろう。記述問題は引き続き空所補充、対話形式、長文記述として出題されると思われる。

また、過去には長文読解問題の中で表現技法に関する問題が出題されたり、文法事項が問われたりしていたこともある。そのため、今後も出題の可能性があることを念頭に置き、学習をすすめたい。
3.対策

文学的文章は登場人物の心情変化が重要である。日頃から、問題練習の際には心情を表す語にチェックを入れて読み進めよう。直接的な心情語だけではなく、心情を表す慣用表現にも数多く触れることで知識をつけておきたい。

また、時間や場所などが変化し、場面が変わる箇所にもチェックを入れる習慣をつけよう。チェックがあることで設問に対する必要箇所がスムーズに見つかるようになるだろう。

◇第三問　説明的文章
1.過去の出題傾向

21年度と22年度は、1つの文章を読み解いていく形式だった。しかし、23年度は文章I「これからの時代を生き抜くための生物学入門」（五箇公一）と文章II「2050年の地球を予測する」（伊勢武史）の2つの文章によって問題が構成されている。全国的に見ればよくある形式だが、宮城県では珍しい。

説明的文章においても、毎年50字程度の長文記述問題が出題されている。筆者の主張や要旨をまとめる問題であるが、23年度は2つの文章の共通テーマについて記述させる問題であった。それぞれの文章の要旨を理解した上で、その共通点を意識して読み比べなければならない。形式は違っているが、文章の要旨をまとめることには変わりなく、説明的文章においては必出である。日頃から文章の要旨を考える学習に臨みたい。
2.来年度の予想

大きく傾向は変わらず、5問の出題のうち1問は要旨をまとめる50〜60字程度の長文記述となるだろう。長文記述は例年通り5点と大きい配点となると思われるため日頃から要旨のまとめに取り組んでおきたい。

3.対策

　説明的文章は様々なテーマの文章が出題される。内容によっては興味を持てず読むことが辛いと感じることがあるかもしれない。しかし、入試においてはどのような内容でも、筆者の主張を的確に読み取り、問題に答えることが必要となる。そのため、問題演習では様々なテーマの文章に数多く触れ、筆者の主張は何かということを常に考えながら読む練習を重ねよう。

　さらに、読解練習の際に不明な語がある場合は、放置せずに調べ、語彙力の増強も同時に図っていこう。

◇第四問　古文
1.過去の出題傾向

　21年度は「連歌比況集」から古文が、22年度は「貞観政要」から漢文が出題された。そして23年度は「秋崖集」から2年連続の漢文の出題であった。

　連続で漢文の出題は珍しいが、難易度は高くない。両年とも書き下し文のほとんどに現代語訳がついているため内容は掴みやすい。また「絶句」と「律詩」の違いや、返り点などの基本事項が学習できていれば、知識問題でも十分得点できる内容だった。

2.来年度の予想

　来年度は再び古文の出題となる可能性が高い。しかし、古文と漢文の融合問題が出題される可能性も考えられる。そのため、古文だけでなく漢文にも対応できるようにしっかりと練習しておきたい。

3.対策

　古文における歴史的仮名遣いや漢文の返り点、書き下し文などの基本事項は必出となっている。それぞれのルールをしっかりと理解した上で、反復練習で定着させ、確実な得点源にしておきたい。

　さらに古典は音読も効果的である。音読で歴史的仮名遣いや古文特有の表現に慣れていこう。

◇第五問　作文
1.過去の出題傾向

　160字から200字という字数制限に変化はない。テーマは21年度「国語の乱れを感じる場面」、22年度は「創作している俳句」、そして23年度は「読書の魅力を伝えるキャッチコピー」についてであった。形式は、21年度と22年度は複数意見から選択したものについて自分の意見を論述するもの、23年度は空所にふさわしい言葉を考え、それについて論述するというものであった。

　内容としては、21年度は他者の意見を踏まえて自分の意見を述べるもので書きやすいものだった。しかし22年度と23年度は俳句やキャッチコピーを完成させた上で、それについて述べるもので、特に22年度に関しては詩歌の鑑賞に慣れていないと書きづらいものであった。

2.来年度の予想

　字数は200字で変化はないだろう。形式につい

受験生へのアドバイス

　読解力の向上に近道はない。多種多様な文章を数多く読み、考えることが必要だ。大変かもしれないが、文章を多数読むということは自分の成長につながる。論説文であれば様々な筆者の意見や考えを知ることができ、小説文であれば他者の気持ちを深く考えることで感情が豊かになるだろう。単なる受験勉強と思わずに、その先の自分の糧になると考えて、様々な文章を読み、考えて欲しい。

　漢字や文法などの言語事項は積み重ねが大切だ。国語の学習として習慣化し、毎日少しずつ学習することで必ず学力は向上する。がんばろう！

ても、与えられた資料について自分の意見を作文するか、選択したものについて作文するという形式で変わりはないと思われる。しかしテーマは多岐にわたるため、様々なテーマで練習しておくことが必要である。

3.対策

　制限時間を10〜12分程度に設定した上で、様々なテーマで作文する練習を重ねよう。過去問や他県の入試を利用するとよい。練習した作文は必ず国語の先生や身近な大人に添削してもらおう。自分の意見の矛盾点や、表現や語句の誤りは他者の目で見てもらうことが重要である。その上で添削原稿をもとに書き直してみよう。

　さらに、稚拙な表現にならないように語彙力を増強したい。読解問題の演習量や読書量を増やすことで語彙を増やすことを心がけよう。

能開センター
国語科教科主任
横山　裕輔

　公立高入試レベルから全国難関私立高レベルまでの教科力を持ち、生徒の学力状態にきめ細やかに対応している。どこに根拠を求めるのかを考えさせ、段階を踏んで解答を作成する記述問題の指導には定評がある。

　「様々な科目は相互につながっている」ということをモットーに、その土台となる国語の指導に力を入れ、入試のみならず社会で通用するような読解力・表現力を養成することを心掛けている。

国語　出題分類表

分野		2021年度	2022年度	2023年度	来年度予想
文学的文章	場面や心情の理解・解釈・表現	○	○	○	◎
	語句・熟語・慣用句の意味				
	空欄補充	○	○	○	◎
	文法の知識（助動詞・助詞の意味）				
説明的文章	語句・表現の意味・熟語				
	内容の理解・説明・表現	○	○	○	◎
	内容の要約	○	○	○	◎
	文法の知識（助動詞・助詞の意味）				
	段落の関係				◎
	指示語の内容	○		○	◎
言語事項	漢字の読み書き	○	○	○	◎
	書体			○	
	敬語・話し言葉等				◎
	慣用句		○	○	
	副詞の呼応				
	その他言語活動	○	○	○	◎
古典	語句の意味・文脈の確認	○			◎
	仮名遣い				◎
	主題・内容の理解と表現	○	○	○	○
	書き下し文		○	○	
作文	課題作文	○	○	○	◎

※来年度予想欄の◎印は必ず出題されると思われるもの、○印は出題されるかもしれないもの

合格への道

数学編

協力／ひのき進学グループ

❶ 勉強方法

　宮城県公立高校入試の数学で高得点をとるためには、基本的な解法のパターンを全て網羅出来ていることが必要不可欠である。入試問題は教科書レベルを超える問題も出題されるため、そうした問題を解くためには、早い段階で教科書や学校のワークにある典型問題を解けるように練習を積むことが重要だ。解法パターンを網羅するためには、間違えてしまった問題に対して「ケアレスミス」の一言で終わらせず、「なぜそのような答えになったのか、どこで間違いをしてしまったか」を考えよう。また、解法の理解が不足している単元を人から教えてもらった場合は、分かった気になってしまう事が多い。間違えた問題は必ず自分の力で解いて納得する習慣をつけるようにしよう。

　どの科目にも言えることではあるが、入試問題とこれまでの練習問題が完全に同じということはほとんどない。しかし、数学においては問題の共通点や解法のパターンを見つけ、再現性を高めることで、初めて見る問題にも対応できるようになる。論理的な思考を日常の学習から養い、問題に対する適切な対応力と応用力を身に付けることが重要だ。

❷ 入試までのスケジュール・アドバイス

4～8月【基礎力養成期間】

　4月から8月までは基礎力を養う期間である。中学1・2年生の教科書の章末問題に焦点を当て、四則演算をはじめとした計算問題や、分数や小数を含む方程式の解法、文章から方程式を立てることなどの問題に取り組み、熟練度を高めよう。また、夏休みには、入試で頻出の1次関数の利用を理解するために、比例・反比例の関係性を理解し、グラフの性質や特徴にも目を向けていこう。具体的な問題を解くことで、関数全般の知識と1次関数の利用方法を習得し、応用問題にも対応できるようになる。問題集や教科書の問題から類似の問題を反復練習し、手際よく問題を解ける力を養った後には、1次関数の文章題に積極的に取り組んでいこう。

9～12月【各単元の定着期間】

　中学3年生の後半では「相似な図形」「円」「三平方の定理」の図形単元を学習する。入試ではこれらの単元が複合的に出題されるため、図形の基本性質だけでなく、図形を多角的に捉えることが重要である。日頃から「どの性質を利用したのか、なぜそうなるのか」を意識して粘り強く学習に取り組もう。また、中学1、2年生の最後の単元である「資料の活用」「確率」は取り組みが手薄になりがちな単元だが、入試では2つとも頻出のテーマである。令和5年度入試では、初めて箱ひげ図が出題された。1次関数の問題では、資料の活用や確率との融合問題として出題が続いている。過去問に取り組む前に、まずはひとつひとつの単元をしっかりと定着させることを意識しよう。

1月～【実戦力強化期間】

　中学3年生までの学習内容を得点力に結びつけていくための期間である。模擬試験や入試過去問を活用しながら、出題傾向や対策を練ろう。まず、普段の学習では過去問を使って制限時間内に解く練習と、苦手とする単元を集中的に練習して、得点を伸ばすことを心がけよう。次に、合格点を取るための時間配分を意識するようにしよう。大問一つにかける時間を決め、時間内にしっかりと解ききる訓練を積もう。最後に、復習をする際は不正解だった問題を中心に、解説通りの解法を再現することを日頃から心がけよう。そして類似の問題パターンが出題された際に必ず解けるよう、時間を置いて解きなおす習慣をつけよう。

❸ 分野ごとの対策・アドバイス

【式と計算】

　基本的な計算問題に取り組む際は、計算過程を書き残すことや見直しをしやすい状況を作ることに意識を向けよう。また、間違えた場合には、どのような思考過程で誤りが起きたのかを理解できるようにし、そのミスを未然に防ぐための対策を取ることを心がけることが重要だ。

　方程式などの文章題に取り組む際には、計算力だけでなく、問題文を正確に理解する力や、どの数量に文字を設定するかを判断する能力が求められる。問題の意味を整理するために、表や図を活用して情報を視覚化し、数量の関係を表す式を作ることが重要となる。特に「速さ」や「割合」といった問題は、多くの人が苦手意識を持ちやすいが、これらの問題を得点源にするために、多くのパターン演習を通じて克服していこう。また、規則性の単元は大問の一部としても出題されることもあるが、他の単元に比べ練習する機会は多くない。受験前には意識的に練習し、数学的な思考力を身につけるようにしよう。

【関数】

　「比例・反比例」「1次関数」「2乗に比例する関数」の基本知識として、それぞれの式とグラフ、変域の考えをおさえよう。例年「1次関数の利用」が第三問での頻出単元であり、合否を分ける1題となっている。「速さ」「水位量の変化」などの単位時間当たりの変化量をテーマとした問題が出題されやすいので、類題や過去問を繰り返し練習し、解法パターンを身につけてほしい。加えて、近年は「資料の活用」「確率」「方程式」との融合問題での出題が見られるため、問題文に書かれている情報を基に考察する力が重要である。問題文の情報ひとつひとつを基本に落とし込んで考える力を培ってほしい。

【図形】

　第四問の図形の最終問題を時間内に解ききることは容易ではないが、それ以外は教科書の章末問題や過去問での演習を積むことで十分得点できる。例年出題される証明問題は配点が特に高く設定されているが、図形の基本性質や合同条件、相似条件を理解し、証明の書き方を教科書どおりに練習していれば正解することは難しくない。図形の学習は、性質・条件を正確に覚えることから始めよう。また、合同や相似だけなく、「台形になることの証明」や「円周角の定理を利用した証明」などの出題もあったことから、定理や性質が成り立つ条件をおさえるように心がけよう。

【資料の活用】

　資料の活用ではただ求め方を覚えるだけでなく、言葉に関する意味と問題ごとでの使い分けまでを覚えるようにしよう。近年は代表値や相対度数に関する記述問題、箱ひげ図から読み取れる選択問題も出題されているため、ヒストグラムや度数分布表、四分位数からどういうデータの性質が読み取れるか説明できるように練習して欲しい。確率の問題も入試では頻出単元であるから、こちらの対策も入念に行ってほしい。確率は考え方だけでなく、条件を素早く理解し、樹形図や表を図示して問題を解くことが多いため、時間がかかりやすい。様々な問題を解き、解法のパターンを習得しておこう。

❹ 入試問題分析

　令和5年度の高校入試の数学は前年度より難化し、計算力だけでなく思考力を問われる問題が増えた。出題内容としては、平成30年度以来の標本調査が出題されたほか、確率や資料の整理の問題が毎年頻出である。特に、第三問は昨年度に続き、関数と確率の融合問題が出題された。コロナ禍以前は文章問題のみ出題されていたことから、出題傾向が変化していると言える。受験生は、教科書レベルの問題だけで高得点を獲得できないため、数多く問題を解いてパターンプラクティスを行うことが重要である。

2023年度入試問題から

第 四 問　図Ⅰのような，AB＝DC＝7cm，AD＝5cm，BC＝9cm，AD∥BCの台形ABCDが
あります。辺BC上に，BE＝3cmとなる点Eをとります。また，直線DE上に，DE：EF＝2：1と
なる点Fを，直線BCに対して点Dと反対側にとり，点Bと点Fを結びます。
　　次の1〜3の問いに答えなさい。

図Ⅰ

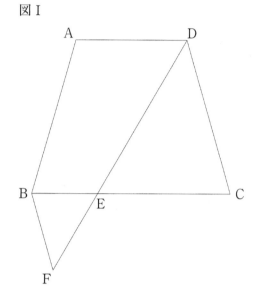

1　△CDE∽△BFE であることを証明しなさい。

2　線分BFの長さを求めなさい。

3　図Ⅱは，図Ⅰにおいて，点Dから辺BCに垂線をひき，辺BCとの交点をGとしたものです。
　また，直線AGと直線DCとの交点をHとし，点Fと点Hを結びます。
　　次の(1)，(2)の問いに答えなさい。

図Ⅱ

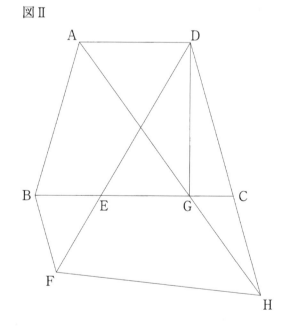

(1)　線分DGの長さを求めなさい。

(2)　四角形BFHCの面積を求めなさい。

1　（解答例）　△CDEと△BFEにおいて

仮定から、DE:FE=2:1…①

BC=9cm、BE=3cmより、CE=6cmであるから、CE:BE=2:1…②

①、②より、DE:FE=CE:BE…③

対頂角は等しいから、∠CED=∠BEF…④

③、④より、2組の辺の比とその間の角がそれぞれ等しいから、△CDE∽△BFE　（証明終）

2　（解答）　$\dfrac{7}{2}$ cm

1より、△CDE∽△BFEであるから、DE:FE=CD:BF　2:1=7:BF　よって、BF=$\dfrac{7}{2}$cm

3(1)　（解答）3$\sqrt{5}$ cm

右図のように、点Aから辺BCに垂線を引き、交点をIとすると、四角形ABCDはAD//BC、AB=DCの等脚台形であるから、四角形AIGDは長方形、△ABI≡△DCGとなる。AD=IG=5cm、BI=CGより、CG=(9-5)÷2=2cm。△DGCで三平方の定理より、DG=$\sqrt{7^2-2^2}$ = 3$\sqrt{5}$ cm

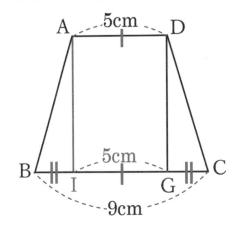

3(2)　（解答）$\dfrac{63\sqrt{5}}{4}$ cm²

右図のように、点Cと点Fを結ぶ。△BFE∽△CDEで、相似比1:2より面積比1²:2²=1:4。△BFE=Sとすると、△CDE=S×4=4S。次に、BE=3cm、EC=6cmより、△BFEと△EFCの底辺比1:2、高さ共通より、面積比は1:2となる。よって、△EFC=S×2=2S。

つぎに、△GHCと△AHDについて、

GC//ADより、平行線の同位角は等しいから、

∠HGC=∠HAD，∠HCG=∠HDAより2組の角がそれぞれ等しいので、△GHC∽△AHDとなる。

GC=2cm、AD=5cmより、HC:HD=2:5となるので、DC:CH=(5-2):2=3:2。△DFCと△CFHの底辺比3:2、高さ共通より、面積比は3:2となる。よって、3:2=(4S+2S):△CFH　△CFH=4S。これより、四角形BFHC=S+2S+4S=7S。△BFE=△DEC×$\dfrac{1}{4}$より、

$S=\left(\dfrac{1}{2}×6×3\sqrt{5}\right)×\dfrac{1}{4}=\dfrac{9\sqrt{5}}{4}$。

よって、四角形BFHC=$\dfrac{9\sqrt{5}}{4}×7=\dfrac{63\sqrt{5}}{4}$ cm²

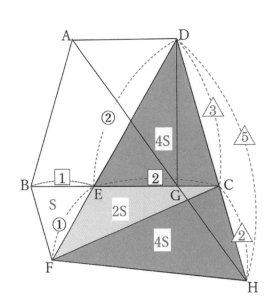

合格への道

社会編

協力／ひのき進学グループ

❶ 勉強方法

　宮城県の入試では、地歴公民の三分野がバランスよく出題される。受験生は、苦手分野がなくなるまで教科書内容をしっかりと復習しておこう。

　また、基本知識を問う問題のほかに、資料をもとに文章で記述する問題が25点分出題される。高得点を狙うのであればこちらの対策も必要である。過去問などを解くことで、資料から必要な要素を読み取る力や、聞かれていることにきちんと答える記述力を伸ばしていこう。特に複数の資料から答えを導く問題が出題されやすいので、このタイプの問題は必ずこなしておこう。答え合わせをする際は、「全ての資料に言及したうえで設問に対して明確に答えているか」という観点で模範解答と自分の解答を見比べ、「自分の癖」を見つけだし、修正していくとよい。自分で解答が適切かどうかの判断が難しい場合は、先生など他の人に見てもらい、意見を求めよう。

❷ 入試までのスケジュール・アドバイス

夏まで【地理・歴史の定着】

　地理・歴史・公民の3分野のうち、地理と歴史は学校ですべて習っていると思うので、まずはこの2分野の基礎知識をつけよう。前にも述べた通り、はじめは教科書を隅々までしっかり読み、そのうえで知識を定着させるための問題演習を行おう。公民まで全て習ってからでは復習に充てられる時間が少なくなってしまうので、早めに入試を意識して取り組むことが重要である。

秋～年内【公民の完成と知識の活用】

　公民の基礎知識を確認していこう。政治や経済、福祉は、構造や仕組みをきちんと理解することが入試に直結するので、教科書内容で理解できないことは先生に聞いたり参考書で調べたりして、早めに解決するとよい。また、早めに入試過去問の演習に入りたい生徒は、学校の進度に関わらず、11月までには最後まで教科書を読んでおくとよいだろう。それによって、過去問演習の時期を早めることもできる。

　地理と歴史に関しては、学校外の模擬試験も活用しながら、知識の抜けや間違って覚えている部分がないかの確認をするとよい。定期的にアウトプットをしていくことで、知識がより確かになるだけでなく、それを活用する力が身についていくだろう。

冬～入試直前期【入試形式で実践演習】

　冬は、覚えた知識を活用し、記述する力を養う時期である。過去の入試問題や、これまで受けた実力テスト、模擬試験などを活用し、多くの問題をこなしておこう。もし弱い部分があったとしても、焦らず一つずつ確実に復習していき、合格を引き寄せよう。

　入試前は、全国の入試問題を解くことも効果的な学習方法である。過去の問題を見ると、ある程度形式に統一性はあるものの、「宮城県ではこの系統の問題は出ない」と決めつけることは危険である。入試本番は緊張して余裕がないため、想定していない形式や内容の問題が出題されると、普段以上に動揺するものだ。さまざまな問題に触れて対応力を身につけ、本番でどのような問題が出題されても冷静に対応できる準備をしておこう。

❸ 分野ごとの対策・アドバイス

【地理】

日本地理と世界地理の両方から出題される。地図からの出題があるので、場所とことがらをセットで覚える習慣をつけよう。また、雨温図が出題されやすいので、地域ごとの気候の特徴を理解しておこう。記述問題では2つ以上の資料が提示される傾向にあるので、複数の資料から結論を導くタイプの問題に多く取り組んでおくとよい。演習の際は、最初からひと言でまとめようとするのではなく、まずそれぞれの資料が与えられている意味を考え、その内容を丁寧につなげて書くように練習するとよい。書きだすことが難しいというのであれば、とにかくそれぞれの資料からわかることを並べてみるということから始めてみよう。列挙したことがらのうち、問いに関係が深いことがらを選んでいけば、方向性がだんだんと見えてくるだろう。

【歴史】

融合問題も含めると古代から現代までひととおり出題されるので、まんべんなく復習しておくことが必要である。また、記号選択問題では、歴史を時間軸で正確にとらえているかどうかが問われる。出来事の流れで時期を把握することが一番重要だが、より確実性を上げるために、重要なことがらについては年号を暗記してしまおう。

記述問題は、資料にある内容をまとめるものが多く、知識よりも文章力が求められる。多少解答が長くなってもかまわないので、「資料にある内容が全て含まれるように書く」という意識をもって書く練習をしよう。

【公民】

語句や記号問題は標準レベルなので、できるだけ失点をしないようにしたい。語句をただ覚えるのではなく、その定義や内容も含めて覚えることを意識して学習しよう。そのためにも、やみくもに問題集を解くのではなく、教科書を何度も読んで内容を理解しておくことが必要である。記述では、近年の課題や新傾向の内容が盛り込まれることが多い。普段から新聞やニュースに触れ、現代の社会の問題が抱える問題について知っておいた方が、資料の解釈がしやすくなるだろう。また、他の都道府県の入試問題でも同じような課題についての問題が出ることがあるので、9割以上を狙いたい受験生なら解いておくとよい。

【融合問題】

令和4年度は、第五問と第六問が融合問題になっている。記号や単語を答える問題については、地理・歴史・公民の各分野の知識がしっかりしていれば、特に恐れる部分ではない。公民や歴史の近・現代の内容がここで出題されることが多いので、中学3年生内容の復習を早めにしておこう。近・現代が含まれることが多い都合上、時系列を問う問題の難易度が高くなりやすいので、この部分も対策が必要である。

記述問題は、近年のさまざまな課題と、それらについての政府や地方公共団体の取り組みに関するものが出題されやすい。ゆえに、公民のところで述べた対策がこの分野でも有効である。普段からニュースに関心をもっておくとともに、全国の入試問題にあたって資料読解力と記述力を身につけ、差がつく問題を取りきってほしい。

2023年度入試問題から

5 下線部⑤について，真一さんは，18世紀以降の江戸時代の農村は，豊かな農民がいる一方，小作人となる農民が増えるなど，農村内の経済的格差が拡大したことを知り，**資料A，B**を作成しました。18世紀以降の江戸時代の農村において，小作人となる農民が増えた理由を，**資料A，B**をもとにして，簡潔に述べなさい。

資料A　18世紀ごろの農村について
○　備中ぐわや千歯こきなど農具が改良されるとともに，農民が農具を購入するようになった。
○　農民は，綿花や紅花などの商品作物を生産し，それを売ることで，貨幣を手に入れることができた。
○　商品作物をつくるためには，干鰯や油かすなどの高価な肥料が必要であった。

資料B　18世紀後半のある農民のおもな支出

農具代	銀	491匁
肥料代	銀	2,077匁
生活費	銀	552匁
その他	銀	730匁
支出合計	銀	3,850匁

（注）匁（もんめ）は銀貨の単位である。

（「西成郡史」より作成）

第三問 5

　江戸時代の農村についての記述問題である。18世紀ごろになると農村にも貨幣経済が浸透し、それにより貧富の差が広がったということは、教科書にも記載されている。この問題を解くには、こうした内容をきちんと覚えていることが大前提である。

　資料Aから、当時の農民は、商品作物を売ることで貨幣収入を得るようになった一方で、農具や肥料の購入に貨幣が必要になったこと、資料Bから肥料代と農具代の支出に占める割合が大きかったことがわかる。以上のことから、必ず書かなければならないのは「農具代や肥料代などの支出が増えたこと」である。あとは教科書内容の知識を使って、「生活が苦しくなった結果、土地を手放した」という結論まで書けばよい。歴史の記述で重要なのは、「知識だけ」で書こうとしないことである。たとえ知っている内容であっても、資料を使わずに書いてしまうと点数にならない可能性がある。資料にある内容や文言を使いつつ、問題に答えるようにしよう。

【解答】
　（例）農具や肥料の購入で、農業に貨幣が必要になり、商品作物の生産などで必要な貨幣を得られなかった農民が、土地を手放したから。

2023年度入試問題から

(2) 哲平さんは，社会資本の維持や改善について調べを進めるなかで，岐阜県の取り組みを知り，**資料B～D**を作成しました。この取り組みは，社会資本の維持や改善にどのような効果があったと考えられるか，**資料B～D**をもとにして，簡潔に述べなさい。

資料B　岐阜県の取り組みについて

　2009年からはじまった取り組みで，安全で快適な道路を維持するため，岐阜県が，応募してきた県民を，「社会基盤メンテナンスサポーター」として委嘱する。「社会基盤メンテナンスサポーター」は無償のボランティア活動を行う。

(注) 委嘱とは，特定の仕事を頼むこと。

資料C　社会基盤メンテナンスサポーターについて

　社会基盤メンテナンスサポーターとして委嘱された県民は，危険箇所を早期に発見できるように，普段利用している道路を担当区域とする。担当区域の道路や側溝の損傷，落石，穴など，補修が必要な場所を県へ情報提供する。

資料D　岐阜県の社会基盤メンテナンスサポーターの委嘱者数

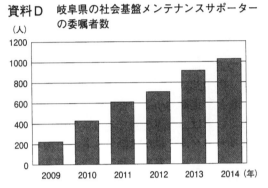

(資料B～Dいずれも「岐阜県ホームページ」などより作成)

第四問　4(2)

　複数の資料から考える、宮城県の記述の典型的な問題である。

　資料が3つもあるので、これらをどう使うかを考えることも重要だが、まずは「着地点」を確認しよう。「この取り組みは、社会資本の維持や改善にどのような効果があったと考えられるか」という問いにきちんと答えなければならないので、それぞれの資料から、社会資本の維持にとってプラスになることがらをピックアップしていこう。

　資料Bからは、県民が安全で快適な道路を維持するためのボランティア活動を行う仕組みがあることがわかる。資料Cは、その活動として、補修が必要な場所を県に伝えるといったことが書かれている。ここから、補修箇所が県民によって広くチェックされ、早期に発見・補修されることが期待できる。資料Dからは、社会基盤メンテナンスサポーターが増えていることがわかる。

　このように、「着地点」を意識しながら「資料から読み取れること」をまとめていけば、問いや資料に即した解答をつくることができる。過去問演習をしながら、正しい解答の作り方を身につけていくことが必要である。

【解答】

　(例)普段利用している道路の危険箇所を、早期に発見できるしくみが整ったことに加え、安全で快適な道路の維持に加わろうとする県民増えたこと。

合格への道
道

英語編

協力／仙台練成会

❶ 勉強方法

　宮城県公立高校入試に対応するには、長文問題の攻略が重要である。しかし長文問題を正確に解くためには、単語・文法の理解が必要だ。自分の弱点が単語なのか、文法なのか、それとも長文問題の演習量を増やすべきなのか分析しよう。

１.単語の定着が弱い場合

　学校の教科書を使用し、単語・連語表現を確認しよう。単語は『発音できる・意味が分かる・書くことができる』の3点が揃って得意と言える。まずは日本語の意味が分からない単語をまとめ、単語練習を行おう。単語を覚えたらその単語を用いて英文を書く練習をし、単語の使い方まで覚えるようにしよう。

２.文法単元に不安がある場合

　学校のワークや問題集（文法単元ごとにまとめられているものが良い）を使用し、演習を行おう。自分で採点しながら、間違った箇所は解説を読み、正しい知識を身につけよう。

３.長文問題の練習が必要な場合

　長文問題が豊富に揃っている問題集を使用しよう。長文問題の演習は自己採点が最も重要だ。自分の解答と模範解答を見比べて、どのように改善すれば正答になるのか分析しよう。慣れるまでは短めの文章問題から始め、徐々に長めの問題に取り組もう。

❷ 入試までのスケジュール・アドバイス

8月【単語・連語、文法の定着】

　長文読解力は練習の積み重ねで身につく。しかし長文を辞書なしで読むためには単語・連語、文法を定着させる必要がある。夏休み中に中学1～3年のこれまで学習した単語・連語、文法内容を確認しよう。

9～11月【新しい単語、文法の定着と復習】

　この期間は入試でよく出題される文法である間接疑問文、分詞の形容詞的用法、関係代名詞などを学校で学習する。新出単語と共に定着させよう。また学校で行われる実力考査の解き直しを行い、復習を重ねよう。毎日長文に触れることが理想だが、毎日新しい長文でなくても良い。一度解いた長文問題を解き直し、間違った問題を理解し、更に解きなおすことで読解スピードが向上する。

12月～【入試形式で実戦演習】

　最後は時間配分と英作文が課題である。入試と同じ形式の問題を準備し、机の上を整理し、タイマーを50分に設定する。入試本番を意識しながら集中できる環境をつくり、本番で力を発揮できるよう時間内に解く感覚を身につけよう。また、その都度解き直しを行い、不足している知識はすぐに覚えよう。試験中に単語を調べることはできないため、英作文は自信のある単語や表現を用いて簡潔に書くことを意識しよう。自分が書いた英作文は学校の先生などに添削してもらおう。

❸ 分野ごとの対策・アドバイス

【第一問　リスニング】

　リスニングは英文が流れる前に選択肢に目を通すことが重要だ。問題2は二人の会話の続きを選ぶ問題、問題3は長い会話の後で内容について問われる問題。選択肢が全て英語のため、会話が流れる前にそれぞれの選択肢の違いを押さえておきたい。

　また、問題4は二人の会話に続く適切な発言を考えて英作文を行う問題。自信のある単語・連語を使って答えられるようにしよう。

　リスニング問題では聞こえた情報をメモすることも重要だ。特に【疑問詞、主語、動詞】は正確に抑えられるようにしよう。

【第二問　小問集合】

　ここでは文法知識、単語力が問われる。過去5年間は①空欄補充、②単語補充、③語順整序の問題が続いている。問われる単語は中学1・2年生で学習したものが多いため、教科書の太字の単語を網羅しておきたい。語順整序は複雑な問題でも、主語、動詞、連語表現をヒントにして文章を組み立てよう。

【第三問・第四問　長文読解】

　長文問題では英語の知識を問うよりも内容の理解が求められている。登場人物の意見や心情の変化を読み取ったり、内容の正誤を判断する必要がある。その中でも代名詞の内容を日本語で記述する問題や、英語の質問に英語で答える問題は毎年出題されている。日本語記述は主語を明らかにすること、英問英答は主語を代名詞に置き換え、問われている動詞、時制を崩さずに解答することなど解法は決まっているため、問題演習量を増やしてスピードアップを図ろう。

【第五問　英作文】

　テーマに沿って意見を述べるのではなく、会話文から状況を読み取り、必要な情報を取り入れて会話を成立させるという形式が多い。英作文を書く際には思いついた日本語の文章をそのまま英語にしようとしないこと。主語が誰であり、その人がどんな行動をするのか、どんな考えを持ったかを常に主語と動詞、そして時制に注意し、自信のある単語で端的にまとめるようにしよう。

　自分で書いた文章は単数・複数、冠詞、前置詞などの細かなミスに気づきにくい。日頃から学校の先生などにチェックしてもらうようにしよう。

❹ 2023年度入試問題分析

　大問数、出題形式に変更はなく、宮城県全日制受験者の平均点は57.1点（22年度は54.7点）であった。

　2年前の教科書改訂で新たに加わった『現在完了進行形』、『仮定法』、『原形不定詞』からの出題はなく、中学1・2年生で習う文法項目が多かったため、平均点は前年度より高かったと思われる。

2023年度入試問題より

第 三 問 次の英文は，高校1年生の和輝（Kazuki）が，軽音楽部（popular music club）での経験について，学校英語新聞に掲載するコラムとして書いたものです。この英文を読んで，あとの1〜5の問いに答えなさい。

Do you remember the concert at our school festival in August? My band played music there.

In April, I joined the popular music club and started a band with my friends. Hana was the vocalist. Ami was the bassist, and Yuji was the drummer. I played the guitar. We were all beginners, so we decided to play just one song for the school festival concert. We found a song that was popular among students and started to practice it in May.

In July, our band had a big problem. Hana transferred to another school because of her father's job. We couldn't find another vocalist, so we tried to play musical instruments while singing. However, it was difficult to do that well. One day, Ami said, "Why don't we play musical instruments without singing?" Yuji said, "I don't want to do ①that. The audience won't enjoy the performance." Then I remembered a concert that I saw on TV. The audience was singing with the band. I said, "How about asking the audience to sing with us?" Yuji said, "Sounds good. I think they will sing with us because many of them know the song." Ami said, "Let's try that. I think that the audience will enjoy our performance more if they can join it." From that day, we tried to keep doing our best.

On the day of the festival, the concert was held in the gym. Before the performance, I said to the audience, "Sorry, we have no vocalist. We can't sing well, but we'll try. We'll be glad if you sing with us. Let's sing together." We started to play music, but at first, the audience didn't sing. However, we didn't stop our performance. Then, some of the audience started to sing, and others joined. Finally, the gym was full of singing voices. ②When we started our performance, we felt sad. However, when it ended, we were happy.

After the concert, we said, "We had a great time with the audience! Let's keep trying hard to have more good performances!" We learned it's important to continue doing everything we can to solve the problem.

<注> vocalist ボーカル　　bassist ベース奏者　　drummer ドラム奏者
transferred to〜 ← transfer to〜　〜に転校する　　musical instrument(s)　楽器
while singing　歌いながら　　audience　観客　　ask(ing)〜to…　〜に…するように頼む
singing voice(s)　歌声

1　次の質問に対する答えを，本文の内容に合うように**英語**で書きなさい。
　　How many members were there in the band when Kazuki and his friends started it?

2　下線部①が示す内容として最も適切なものを，次のア〜エから1つ選び，記号で答えなさい。
　ア　Only singing a song.
　イ　Only playing musical instruments.
　ウ　Playing musical instruments while singing.
　エ　Playing musical instruments with a new vocalist.

4 次のア～オを和輝のコラムの流れに合うように並べかえ，記号で答えなさい。

ア　Hana left the band because she transferred to another school.

イ　Kazuki found a way to solve the problem and the band members agreed with him.

ウ　Kazuki became a member of the popular music club and started the band.

エ　Kazuki and the band members enjoyed the performance with the audience.

オ　Kazuki and the band members decided to play a popular song for the concert.

5 次の英文は，和輝のコラムを読んだ生徒が書いた感想文です。本文の内容をふまえて，_____ に入る最も適切な**ひとつづきの英語4語**を，本文中から抜き出して書きなさい。

> Why did the audience sing with the band? In my opinion, they supported the band because they thought the band members tried hard to have a good performance. If we _____ to solve the problem, we will get a wonderful result. I learned that from Kazuki's story.

問題解説

1　解答：(例) There were four members.

英問英答は本文から答えとなる表現を探し、質問の主語・動詞・文法を合わせることが重要だ。今回は There be 構文を使ってバンドを始めた時の人数を聞かれているので、本文2～3行目より4人であることを読み取り、There be構文を使って答える。

2　解答：(例) イ

thatの内容は直前に書かれていることが多い。今回はユウジがしたくないと思っていることを選ぶので、本文8～9行目の『Why don't we play musical instruments without singing?』からイを選ぶ。

4　解答：ウ→オ→ア→イ→エ

コラムの流れに合うように並べかえるため、各記号の内容を把握する。各記号は
ア：6～7行目、イ：11～13行目、ウ：2行目、エ：18～19行目、オ：4～5行目
の内容と一致する。

5　解答：keep doing our best

やや難しい問題だが、本文中に答えがあるため落ち着いて考えよう。感想文の内容と直前の『If we』という表現をヒントにし、『問題を解決するために何をしたら素晴らしい結果を得られるか』を本文中から探す。13～14行目の『we tried to keep doing our best』が正答となる。

合格への道

理科編

協力／仙台練成会

❶ 勉強方法

　理科の学習のポイントは、身のまわりの現象に興味を持ち、根本的理解を追求することにある。各現象の原理や、語句・公式の意味、実験結果の考察や根拠など、理解せずに丸暗記で進めると、発展問題で対応できなくなる。場合によっては覚え違いによる失点が発生する。「なぜ?」を突き詰め、わからないものは自分で調べるか、人から教えてもらっても構わない。"理解できるまで"学習を進めよう。また、上位高合格を目指す生徒は語句や事象を覚えるだけでなく、それらの意味を説明できるように練習を積もう。

　理解した後に必要になるのは『覚える』という過程だ。それは単純に植物の名前を覚えるということに限らない。語句や事象の説明、解き方を定着させるということだ。1回の演習でどうにかなるものではない。全ての勉強に共通する『反復演習』が肝心である。

❷ 入試までのスケジュール・アドバイス

8月【基礎知識の定着】

　宮城県の公立高校入試は1年生〜3年生までの化学・物理・生物・地学の全分野からバランスよく出題される。各設問で思考力を問う問題も出題されるが、教科書レベルの基礎知識を問う問題も多く出題されている。夏休み中はこれまでに習ってきた内容の基本的な語句、簡単な計算、実験内容の把握、記述問題の復習を行おう。この時期に知識をいかにインプットできるかでその後の学習効率が大きく変わる。夏休みは非常に重要な期間である。

　特に1年生の力単元、2年生の電力・熱量単元などの物理分野に苦手を抱えている場合は、克服しておきたい。そうすることで3年生の物理分野である運動・エネルギー単元の学習と理解がスムーズになる。

9月〜11月【知識を覚える→使う】

　夏休み明けから複数回実施される実力考査は決して難しくはない。夏休み中の復習の成果を測るには非常に良い機会となる。また、その結果は『進路指導において受験校決定の材料』として大きな意味を持つため、高得点を狙いたい。多くの問題演習に挑戦し、夏までに築いた基礎力を応用力に発展させる時期である。インプットとアウトプットを繰り返すことで知識の精度が上がるため、学校外での模擬テストも活用しよう。テストは受けるだけではなく、そこに向けた準備と、受けた後の解き直しが重要である。苦手単元が明らかになる度に集中して取り組み、克服に向かおう。

11月〜【入試形式で実戦演習】

　冬からは仕上げの時期となる。多くの受験生がこの時期から入試の過去問演習を始める。宮城県公立高校入試において得点が難しい問題は、各大問で一問程度となっているため全体的な難度は高くない。しかし問題の文章量が多くなるのが入試の特徴だ。時間内で解けるか、どの順番で解くのか、重要な情報はどこか、など科目知識以外のテクニックも身につけ毎回のテストで最大のパフォーマンスを発揮できるようにしよう。最後まで努力を続けた受験生が春に笑顔になれる。心身ともに最後の踏ん張り時だ。

❸ 分野ごとの対策・アドバイス

【化学】

「物質」「性質」「実験方法」の3つを満遍なく覚えていくことから始めよう。物質と性質については、暗記カードを活用することをお勧めしたい。実験方法について、物質と指示薬の性質を絡めた記述も出題される。操作の手順だけでなく、理由をセットで覚えておきたい。また、物理分野と並んで計算問題が多く難しい印象だが、比例関係や割合の理解を備えることで容易に解けるようになる。基礎を押さえたうえで、正答率が20〜30%程度の計算問題が解けるようになると、上位高合格が近づいてくる。

【物理】

基本知識として「法則」「公式」「因果関係」は早期に把握しておきたい。身近な物理現象は実際に手を動かし観察することで理解が深まり忘れにくくなる。そのうえで"原理や法則に基づき、実験条件から結果を考察する"ことを繰り返し訓練することで、思考力を養成していく。出題は標準的な問題から大きく逸れることはないため、臆することなく取り組んでほしい。物理分野での高得点は、他の受験生に差をつける武器となる。

【生物】

基本的な語句を問われる出題が多く見られる。比較的興味や関心を持ちやすい身近な題材であることから、取りこぼしを防ぎ得点源としたい。語句だけでなく、頻出の記述問題も答えられるよう定期的な反復学習が必要である。遺伝の規則性は、思考力を求められるため油断できない単元である。また、長文記述から表現力を問う傾向が見られるので、語句の意味や分類の特徴も細かく記憶しておこう。

【地学】

物理よりも覚える語句は多くなる。しかし、思考力を要する問題はおおよそ中1の「地震計算」「地層の広がり方」、中2の「湿度計算」、中3秋頃に学ぶ「天体」単元に絞られる。天体の問題は初見で解くにはなかなか難しく、受験間近に天体を学び応用力まで磨くことを考えると、中1・2の内容は10月までには仕上げておきたい。岩石や化石、気象や前線などの知識の定着は、生物分野と並行して計画的に復習機会を作っていこう。

❹ 2023年度入試問題分析

設問数は昨年同様32問、分野別の出題数は物理9問、化学7問、生物8問、地学8問と概ね均等であった。学年別の出題数は中2内容が多く、配点も43点とここ数年の傾向として顕著にみられる。配点は3点問題が32問中28問、4点問題が4問であった。4点問題は思考力を必要とする記述問題や計算問題であった。特に第四問3 (3) の問題は昨年みられた会話形式での出題で、図や表をもとに計算力を試され、差がつく問題であったと思われる。今年度の計算問題は4問と昨年の5問から1問減り、記述問題は昨年と同じ3問で文字数は175字と増えた。全体を通して難度は昨年とほぼ同等で平均点は58.8点 (22年度は58.9点) であった。次ページより2問ピックアップして解説をする。

2023年度入試問題より

第 三 問　ある地域の地層について，地図やボーリング試料をもとに，**調査結果**にまとめました。あとの1〜4の問いに答えなさい。

〔**調査結果**〕 図1は，1目盛りを100mとした方眼紙に，A〜Cの3地点を表した地図で，実線（——）は等高線を，数値は標高を示している。図2は，A〜Cの各地点における地層の重なりを表したものである。

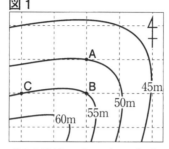

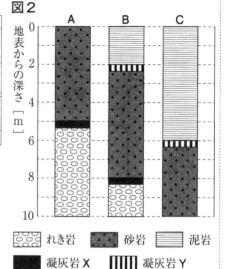

・Aの砂岩の地層は，ビカリアの化石が見つかったことから，新生代にできた地層であることがわかった。

・Aの凝灰岩XとBの凝灰岩X，Bの凝灰岩YとCの凝灰岩Yは，それぞれ同時期に堆積したものだとわかった。

・この地域に断層やしゅう曲はなく，地層は一定の角度で傾いていることがわかった。

4　調査結果をもとに，次の(1)，(2)の問いに答えなさい。

(2)　図3は，図1にア〜エの4地点を加えたものです。凝灰岩Yが標高と同じ高さの地表で観察できると考えられる場所を，図3のア〜エから1つ選び，記号で答えなさい。

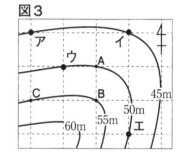

|解説| **第三問　4(2)解答:ア**

　図1,2より、柱状図Aでの凝灰岩X（以降Xとする）の標高は45m、柱状図BでのXの標高は47m。また、柱状図Bでの凝灰岩Y（以降Yとする）の標高は53m、柱状図CでのYの標高は49mであることから、この地域の地層が北西方向に向かって低くなっており、方眼紙1目盛りあたり、北方向と西方向にそれぞれ2mずつ低くなっている。

　上記のことから、選択肢ア〜エにおいてのYの標高が以下のようになる。

ア45m、イ51m、ウ49m、エ57m

よって、凝灰岩Yの標高と地表の標高が一致している【ア】が正答となる。

第 四 問 科学部に所属する美咲さんは，自宅にあったカルシウムのサプリメント（栄養補助食品）に貝がらが使用されていることに興味をもち，サプリメントにふくまれる物質の量の調べ方について，同じ部に所属する豊さんと話しています。次の　　　　は，美咲さんと豊さんの会話です。これを読んで，あとの**1**〜**3**の問いに答えなさい。

3 美咲さんたちは，考えた調べ方をもとに，**実験Ⅰ，Ⅱ**を行いました。あとの(1)〜(3)の問いに答えなさい。

〔**実験Ⅰ**〕
1 ビーカーA，B，Cに10%の塩酸を，25.00gずつはかりとり，それぞれにガラス棒を入れて，ビーカーA〜Cそれぞれの全体の質量をはかった。
2 炭酸カルシウムを，ビーカーAには1.00g，ビーカーBには2.00g，ビーカーCには3.00g加えてガラス棒でよくかき混ぜると，すべてのビーカーで気体が発生した。
3 十分に時間がたってから，ビーカーA〜Cそれぞれの全体の質量をはかった。
4 1ではかった質量に，炭酸カルシウムの質量を足してから，3ではかった質量を引いて，ビーカーの外に出ていった気体の質量を求めた。
5 炭酸カルシウムの質量とビーカーの外に出ていった気体の質量との関係をグラフにまとめたところ，**図1**のようになった。

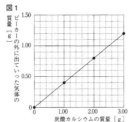

〔**実験Ⅱ**〕
1 サプリメントの粉末を，薬包紙に1.00gずつとり分けたものを3つ準備した。
2 ガラス棒を入れたビーカーの質量をはかってから，10%の塩酸25.00gを入れて，ビーカー全体の質量をはかった。
3 **図2**のように，1でとり分けたサプリメントの粉末を，1.00gずつビーカーに加えていき，ガラス棒でよくかき混ぜ，気体が発生して十分に時間がたってから，ビーカー全体の質量をはかった。
4 3ではかったビーカー全体の質量から，2ではかった，ガラス棒を入れたビーカーの質量を引いて，「ビーカー内の物質の質量」を求めた。「ビーカーに加えたサプリメントの粉末の総質量」と，「ビーカー内の物質の質量」を表にまとめた。

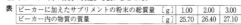

表

ビーカーに加えたサプリメントの粉末の総質量 〔g〕	1.00	2.00	3.00
ビーカー内の物質の質量 〔g〕	25.70	26.40	27.10

(3) **実験Ⅰ，Ⅱ**の結果をもとに，**実験Ⅱ**で使用したサプリメントの質量に対するカルシウムの質量の割合は何%か，求めなさい。ただし，炭酸カルシウム1.00gにふくまれるカルシウムの質量は0.40gとします。また，サプリメントにふくまれる物質のうち，炭酸カルシウムのすべてが塩酸と反応し，炭酸カルシウム以外の物質は塩酸と反応しないものとします。

解説 第四問 3(3) 解答:30[%]

① 実験Ⅰの図1より、炭酸カルシウム1.00gから発生する二酸化炭素の質量が0.40gであることが読み取れる。また3(3)の問題文中より、炭酸カルシウム1.00gにふくまれるカルシウムの質量が0.40gであることが読み取れる。

② 次に実験Ⅱの表より、サプリメント1.00gと10%の塩酸25.00gを反応させた際、ビーカー内の物質の質量が25.70gであることから、サプリメント1.00gから発生する二酸化炭素の質量が0.30gであると求められる。

③ 上記の①,②より、以下の表のようにまとめられる。

			発生する二酸化炭素の質量	含まれるカルシウムの質量
炭酸カルシウム	1.00g	→	0.40g	0.40g
			↓×0.75	↓×0.75
サプリメント	1.00g	→	0.30g	(0.30) g

したがって、サプリメント1.00gに対するカルシウムの質量は0.30gのため、
サプリメントの質量に対するカルシウムの質量の割合は【 30[%] 】と求められる。

合格への道

国語編

協力／仙台練成会

❶ 勉強方法

　国語の得点力向上には、大きく分けて二つの要素が必要である。一つは漢字・語句・文法事項などの「知識」、もう一つは文章の内容・問われている内容を正確に理解する「読解力」である。ここでは、それら二つの要素を習得し、そして学力を向上させるための具体的な勉強方法について説明したい。

《1》知識を習得するために

　漢字や慣用句・ことわざなどは、その文字や言葉を知らなければ当然問題は解けない。普段使っている問題集などでわからない漢字や語句が出てきた場合はその都度何度も書いて練習したり辞書を使ったりしながら覚え、語彙力を強化していこう。

《2》読解力を向上させるために

　まず、先に述べた語彙力の強化が進めば、文章をより正確に理解できるようになるため、読解力の向上に繋がる。言葉の知識が多ければ多いほど、入試レベルの問題を解く際に有利に働く。次に、読解力を鍛えるために、文学的文章・説明的文章・韻文など様々なジャンルの問題を解いて、どんな文章でも内容を把握できるようにしたい。また、文章を読む速度を速めることも重要である。国語が苦手な場合、入試の時間内にすべての問題が解き終わらない可能性も考えられるからだ。問題集などで問題を解く際、制限時間が設定されているものは、与えられた制限時間内に解くようにしよう。

❷ 入試までのスケジュール・アドバイス

8月【漢字・語句・文法など知識分野の復習】

　2023年度の宮城県公立高校入試では、漢字・四字熟語・書体の知識から18点分出題、全体の約2割を占める。前述したとおり知識の有無が得点に直結するため、苦手な受験生は早めに手をつけておくと得点向上に直結しやすい。「同訓異字・同音異義語」「ことわざ・慣用句・四字熟語」などの語句事項については数多くの類題に触れ、知識量の増加を目指そう。

9〜11月【長文問題の練習、古典読解力の養成】

　小説や論説文というボリュームの多い文章の他に、大問一では、それらと同程度の長さの資料を読み解く問題が出題される。9月以降は毎日何らかの文章問題に触れて、長文を読む習慣を身につけよう。また、問題を解くときは常に時間を計りながら解くことも心掛けてほしい。ただ解くだけでなく、解答・解説を読み込んで考え方を身につけたい。古典については、歴史的仮名遣いを現代仮名遣いに直せること、教科書レベルの古語の意味を理解していることが最低限必要である。この時期は多くの文章を読み、現代語に訳する練習を優先すると良い。

12月【入試形式の実践演習と作文対策】

　直前期は入試の過去問を利用し、出題傾向を把握しよう。また、実際に時間を計りながら取り組むことで、自分の理想的な時間配分についても見つけられるようにしよう。宮城県公立高校入試では必ず作文が出題され、配点も20点と大きい。模範解答を見て、どのような構成で書けばよいのかを確認し、どんなテーマが出てきても書けるような骨組みを作ろう。

❸ 分野ごとの対策・アドバイス

【漢字・語句・文法・資料の読み取り】

例年、漢字の読み書きは小学生で習う漢字が出題されるため、取りこぼしがないようにしたい。資料の読み取りでは日本語における表現の工夫に関する出題が増えている。過去問を用いて問題形式に慣れ、早く正確に解く練習をしよう。

【文学的文章】

《1》「場面設定」を読み取る。

文学的文章で多く問われるのは人物の心情の変化だ。まずは「登場人物」「場所」「時間」「出来事」などキーワードから正確な場面設定をとらえることが重要である。

《2》「人物像」を読み取る。

同じ「泣く」という言葉でも、「悲しい」という感情だけでなく、「うれし泣き」や「悔し泣き」の可能性もある。また、同じ出来事であっても、その人物の性格次第では異なった反応を示す。現実世界でも文章の中でも変わらない。よって、登場人物の性格などを言動から読み取ることができれば、心情理解に役立つ。

【説明的文章】

《1》「基本的な構成」に沿って内容を読み取る。

説明的文章は、基本的に「①話題の提示→②具体的な例・説明→③筆者の意見・主張」といった内容で構成されることが多い。この三つを正確に読み取ることができれば、文章の全体像を把握することができる。

《2》文章を素早く精読する。

宮城県公立高校入試では、本文内容に関する空欄補充の問題が非常に多い。空欄の前後にある言葉・内容を本文中から探すことができれば答えはその近くにあることがほとんどである。ただし、傍線部の近くに答えがあるとは限らないので文章全体に素早く目を通す訓練をしよう。そうすればその分、他の問題を解いたり見直しをしたりする余裕が生まれる。

【古典】

古典の知識を身につけて、本文の内容を正しく読み取ることが重要となる。現代ではあまり使われない言葉や、現代とは異なった意味で用いられる言葉については意味や用法をしっかりと覚えておかなければならない。問題を解いた後は必ず現代語訳をチェックし、知らなかった古語があれば必ず復習しておく。古語辞典を使うのもいいだろう。また、主語や助詞が省略されることが多いので、常にそれらを補いながら読み進める習慣を身につけると良い。

【作文】

テーマに沿った内容で160〜200字以内にまとめることが求められる。配点も20点と大きいため、少なくとも10分は作文の時間として確保し、余裕をもって書き上げることができるようにしたいところだ。いきなり文章を書き始めるのではなく、「意見・主張→自分の体験や見聞→結論」といった骨組みを決め、それぞれの内容を膨らませるつもりで書き進めていくと良いだろう。作文は自己採点するのが難しいため、書き終わったものは国語の先生に添削をしてもらったりアドバイスを受けたりして文章の質を高めよう。

❹ 2023年度入試問題分析

第一問は「漢字の読み書き」「四字熟語」「行書で書かれた漢字の画数」「議論の内容吟味と文脈把握」が出題された。議論については、参加者の発言の意図を問う問題が多かったが、発言の前後を読めばどのような意図でされたものかは容易に読み取れただろう。第二問は文学的文章で、登場人物の心情を問う問題が多かったのも例年通り。第三問は説明的文章だったが、例年とは異なり、二つの文章が用意され、それらを照らし合わせて答えるタイプの出題があったのが印象的であった。第四問は二年連続で漢文からの出題だったが、基本的な知識を問うものが多かった。第五問は作文。平均点は70.9点（22年度は58.0点）で大幅に上がった。

2023年度入試問題から

(二)【話し合いの一部】の中の②「三つの案のうち」で始まるAさんの発言について、ここでの司会の進め方を説明したものとして、最も適切なものを、次のア～エから一つ選び、記号で答えなさい。

ア 自分の意見にこだわらず、相手の意見を柔軟に受け入れている。
イ 話し合いの方向を修正するために、一時的に話題を整理している。
ウ 自分とは異なる考えの根拠を確かめ、自分の考えを主張している。
エ ここまでの話し合いの考えをまとめ、次に話し合うべき観点を提示している。

(三)【話し合いの一部】の中に③「表を使って、三つの案を整理してみるね」とありますが、【案Ⅰ】～【案Ⅲ】について、Aさんが整理した表として、最も適切なものを、次のア～エから一つ選び、記号で答えなさい。

ア

	目的に合う	準備可能
案Ⅰ	○	×
案Ⅱ	保留	×
案Ⅲ	○	○

イ

	目的に合う	準備可能
案Ⅰ	○	保留
案Ⅱ	保留	○
案Ⅲ	○	×

ウ

	目的に合う	準備可能
案Ⅰ	保留	保留
案Ⅱ	○	○
案Ⅲ	保留	×

エ

	目的に合う	準備可能
案Ⅰ	○	保留
案Ⅱ	×	○
案Ⅲ	○	○

※ ア～エの記号について
「○」は、目的に合っていること、または、準備可能なことを表す。
「×」は、目的に合っていないこと、または、準備不可能なことを表す。

(四)【話し合いの一部】の中の④「先ほどのBさんの」で始まるCさんの発言について説明したものとして、最も適切なものを、次のア～エから一つ選び、記号で答えなさい。

ア 他の人の意見を複数提示し、それぞれの案のメリットとデメリットを吟味して説明している。
イ 他の人の意見に対する疑問を、強い調子にならないように言い方に気をつけて発言している。
ウ 他の人の意見の長所を生かしながら、よりよい結論となるように自分の考えを提案している。
エ 他の人の意見を深く理解するために、話し合いの展開を踏まえながら具体的に質問している。

(五)【話し合いの一部】の中に⑤「今のCさんの案に対するみんなの意見は、準備も可能だということでいいかな。」とありますが、次の文は、このAさんの発言の意図についてまとめたものです。[　]にあてはまる適切な表現を考えて、十字以内で答えなさい。

交流会の目的に合っていて、準備も可能だというCさんの案に対して、現時点で交流会の係全員の[　]ことを確かめようとしている。

解説　第一問には前述のような、話し合いや会話の一部を用いた文章から、「表現上の工夫」「話し合いにおける発言者の意図」「内容理解」が問われる。文章内容に最初から通して読んで、話し合いや会話の流れを理解しよう。

第一問　問四

（一）ア

…直前にCさんが述べたドッジビーに関する意見を受け入れたたうえでドッジビーの懸念点を述べている。

（二）エ

…話し合いの始めに「目的に合っているか」「準備が可能かどうか」考えていることが述べられ、傍線部の後ろに「次は、準備可能かどうか～」と述べていることから判断。

（三）イ

…三つ目のAさんの発言～二つ目のDさんの発言に注目して情報を整理する。

（四）ウ

…二つ目のBさんの発言を受けて、Cさん自身の考えも新たに提案していることがわかる。

（五）（例）合意がとれている（八字）

…全員の意思が統一されているかどうかの確認を行っている。Aさん以外のメンバーが賛成意見で統一されていることがわかる同意表現も可。

2023年度入試問題から

問四　ある中学校の生徒会役員は、近隣の保育園と毎年交流会を行っています。今年は、生徒会役員のAさんたち四人が係となり、三週間後に行う交流会の活動内容について話し合いました。次は、Aさんが司会となって話し合ったときの【黒板の一部】と【話し合いの一部】です。あとの㈠〜㈤の問いに答えなさい。

【黒板の一部】

保育園との交流会について

目的
　ふれあいを通じて、楽しい時間を過ごしてもらう。

参加者
・園児（4〜5歳児）20人
・生徒会役員10人

活動内容
　案Ⅰ　積み木ドミノ倒し
　案Ⅱ　ドッヂビー
　案Ⅲ　手作り人形劇

【話し合いの一部】

〈Aさん〉これまで出された案をもとに、交流会の目的に合っているか、準備が可能かどうかという観点から、交流会の活動内容を決めよう。案Ⅰから案Ⅲは、全員が参加できるものばかりだね。まず、目的に合っているかを考えるよ。

〈Bさん〉案Ⅰの積み木ドミノ倒しは、全員で一本の長いドミノの列を作り、倒して遊ぶというものだから、園児と一緒に楽しく活動できそうだね。

〈Cさん〉そうだね。ドミノを倒すときは盛り上がりそうだね。でも案Ⅱのドッヂビーもよい案だと思うよ。ルールはドッジボールとほぼ同じだけれど、ボールの代わりに柔らかい円盤を使うから、当てられても痛くないし、全員で楽しく活動できるね。

〈Dさん〉確かに、ドッヂビーは楽しく活動できる案だね。でも、少し心配なこともあるよ。ドッヂビーは、小学校低学年くらいになればルールを理解できそうだけれど、園児全員がルールを理解して楽しめるか、保育園への確認が必要になってくるね。

〈Bさん〉なるほど。案Ⅲの手作り人形劇は、見ている園児も、演じる私たちも一緒に楽しめる

〈Aさん〉よい案だと思うよ。手作りした人形を保育園にプレゼントすれば、交流会後も遊べるし、私たちとのつながりもできるね。

②三つの案のうち、案Ⅰと案Ⅲは目的に合っているよ。次は、準備が可能かどうかという観点から考えてみよう。

〈Cさん〉案Ⅰについては、保育園にある積み木の数で、長いドミノの列が作れるかどうかわからないから、今は保留だね。あとで保育園に確認しよう。案Ⅱのドッヂビーで使う円盤は、近くの公民館が無料で貸し出しているから準備できるよ。

〈Dさん〉案Ⅲの人形劇は、人形を手作りし、練習もするとなると、三週間の準備期間では間に合わないよ。

〈Aさん〉確かにそうだね。では、これまでの話し合いについて、③表を使って、三つの案を整理してみるね。

〈Bさん〉表にすると、考えがすっきりして検討がしやすくなるね。

〈Aさん〉保留にしている点を保育園に確認するとして、結果によっては、別の案も必要になってくると思うよ。考えておこうか。

〈Dさん〉これまでの意見の長所を生かせるような案にしたいよね。

〈Cさん〉④先ほどのBさんの、手作りした人形をプレゼントすれば、交流会後も私たちとのつながりができるという意見は、とてもよいと思ったよ。Bさんの意見の長所を生かして、学校や家にある物で簡単に準備できる手作りおもちゃを幾つか持参して、一緒に遊ぶという案はどうかな。例えば、ペットボトルボウリングなどは、遊んだあとに保育園にプレゼントできるよ。その案なら準備可能だし、全員で楽しめそうだよ。

〈Dさん〉いいね。

〈Bさん〉そうだね。Cさんの案は、よい案になっていると思うよ。

〈Aさん〉私も賛成だよ。今のCさんの案に対するみんなの意見は、交流会の目的に合っていて、準備も可能だということでいいかな。この案が、よりよい案になるよう、さらに検討を続けよう。

（一）【話し合いの一部】の中の①「確かに、」で始まるDさんの発言について説明したものとして、最も適切なものを、次のア〜エから一つ選び、記号で答えなさい。

ア　他の人の意見を受け止めたうえで、気がかりな点を指摘している。
イ　他の人の意見のよいところを見つけて、全面的に同意している。
ウ　他の人の意見に対して、わかりにくかったところを質問している。
エ　他の人と自分の意見を比較して、よりよい結論にまとめている。

年4回（春号：2月、夏号：6月、秋号：9月、冬号：11月）発行

中学生と家族を応援する

[河北ウイークリーせんだい]

ジュニアJr.

ジュニア
フレンド登録で
無料でお届け

いきいきと
躍動する
中学生の姿を
紹介します

中学生の
皆さんが将来を
考えるきっかけと
なることを
目指しています

 **主な** CONTENTS

★中学校・高校訪問　　★学習アドバイス
★頑張る中学生紹介　　★高校の制服紹介 など

個人情報の取り扱いについて／
ご記入いただいた個人情報は河北新報社で適切に管理いたします。また「ジュニア」お
届けや当選プレゼントの発送、新聞・出版物のご案内に使用させていただくため所轄
の新聞販売店に提供する場合がありますのであらかじめご了承ください。お問い合わ
せは河北新報社メディア編集部（TEL022-211-1341）まで。

ご自宅までお届けします
ジュニアフレンド募集中

「河北ウイークリーせんだい ジュニア」配達希望の方は、登録フォーム（QR）よりお
申し込みください。お子さまお一人のご登録につき1部、中学校卒業前の春号まで
無料でお届けします。ご登録は【発行月の前月20日締切】です。

河北ウイークリーせんだい

河北ウイークリーせんだい別冊

発行●河北新報社

問い合わせは
こちら

お知らせ！
宮城県内の中学校さまには学校単位でもお届けします。ご希望の場合は
下記までお問い合わせください。

〒980-8660（住所不要）河北新報社メディア編集部「ジュニアフレンド」係
TEL022-211-1341（平日10:00〜17:00）　Eメール jr-info@po.kahoku.co.jp

2024年度
（令和6年度） 宮城県私立高校入学試験 概略一覧

※詳細は各私立高校のウェブサイトをご覧下さい。

学校名（募集定員数）	推薦入試	一般入試
大崎中央高等学校 【男女 180 人】 総合コース　　　120人 介護福祉コース　30人 保育コース　　　30人	1月10日㈬ 一般推薦（学校長推薦） 奨学生推薦（学校長推薦） 　（定員の40%以内） （選考方法） 　面接・調査書 　※変更の可能性あり	A日程1月30日㈫ B日程2月1日㈭ （試験内容） 　国語（必須） 　社・英・理・数（選択） 　※上記から2教科を選択 　※県外・過卒の生徒のみ個人面接
尚絅学院高等学校 【男女 240 人】 特別進学コース　　30人 文理進学コース　　90人 総合進学コース　120人	1月10日㈬ （出願資格） 特別進学コース 　2・3年次の5教科評定平均値4.3以上 　原則として、中学校3年間の欠席日数が 　10日以内 文理進学コース 　2・3年次の5教科評定平均値3.5以上 　原則として、中学校3年間の欠席日数が 　30日以内 総合進学コース 　3年間の9教科の評定平均値3.0以上 　原則として、中学校3年間の欠席日数が 　30日以内	A日程1月30日㈫ B日程2月1日㈭ （スライド合否判定制度） 　特別進学コース志願者は文理進学コース、 　文理進学コース志願者は総合進学コースで 　スライド合否判定を行う （AB両日受験） 　各コース可。AB両日受験の場合加点あり （専願制度） 　総合進学コースA日程で合否判定の際に 　加点あり
聖ウルスラ学院英智高等学校 【男女 240 人】 特別志学コースType1　定員の20% 特別志学コースType2　定員の35% 尚志コース　　　　　　定員の45%	1月10日㈬ 特別志学コースType1 　奨学生入試（男女） 特別志学コースType2 　奨学生推薦入試（男女） 尚志コース 　奨学生推薦入試（男女）・推薦入試（女子）	A日程1月30日㈫ B日程2月1日㈭ （試験内容） 　国・英・数・社・理 5教科（各50分） 　各コース同じ問題 　スライド合格の制度あり 　「専願」「私立の第一」での出願の場合、 　本校への強い志望を判定の際に考慮する 　両日程ともに受験する場合は、同じコース 　を受験する 　一般入試合格者で特に優れた合格者は、 　奨学生に該当する
聖ドミニコ学院高等学校 【男女 155 人】 特別進学コース　　　35人 総合進学コース　　　60人 未来探究進学コース　60人	1月10日㈬ 学校推薦（学校長推薦） 部活動推薦（学校長推薦） 専願自己推薦 公立併願自己推薦	A日程1月30日㈫ B日程2月1日㈭ 専願・一般（併願）志望 全コース、全日程　国・数・英（リスニング） ※面接なし

※詳細は各私立高校のウェブサイトをご覧下さい。

学校名（募集定員数）	推薦入試	一般入試
聖和学園高等学校 **【580 人】** 特進アドバンスコース・特進アスリートコース 90人 リベラルアーツコース 200人 プログレスコース 100人 特進パイオニアコース 60人 ジェネラルスタディコース 130人	1月10日㈬ 学業奨学生SA 学業奨学生A ｝専願・公立併願選択可能 学業奨学生B （専願：学校長推薦） 部活動奨学生SA 部活動奨学生A ｝（専願：学校長推薦） 部活動奨学生B 中学校長推薦（専願：学校長推薦） 寺院特別推薦（専願：僧職推薦） 自己アピール 検定料6,000円	A日程1月30日㈫ B日程2月1日㈭ （試験内容） 　専願、公立併願、併願 　全コース　国・数・英※面接なし 　※B日程（リベラルアーツコース・プログレス 　　コース・ジェネラルスタディコース）では、 　　3教科のうち、高得点の2教科で判定 　※専願・公立併願での志願者には、総得点に 　　一定点を加点し合否判定 　A・B日程両日出願可 　検定料12,000円 　※令和5年6月26日時点の情報です
仙台育英学園高等学校 **【男女 1000 人】** 特別進学コース（男女） 240人 情報科学コース（男女） 90人 外国語コース（女子） 70人 英進進学コース（男女） 210人 フレックスコース（男女） 160人 技能開発コース（男女） 160人 ※秀光コース（男女） 70人 　秀光中学校のうち希望する生徒を 　対象とした内部進学選抜を実施。 　外部選抜の定員はそのうち10人	1月10日㈬ 特待生採用選考（定員の25%程度） 自己推薦選考（定員の50%程度）	A日程1月30日㈫ B日程2月1日㈭
仙台城南高等学校 **【男女 365 人】** 普通科 　特別進学コース 50人 　総合進学コース 175人 　科学技術科（工業科） 140人	1月10日㈬	A日程1月30日㈫ B日程2月1日㈭
仙台白百合学園高等学校 **【女子 225 人】** 普通科 225人	1月10日㈬ 従来の推薦入試に加えて、「公立併願型」 の推薦入試を実施する。詳しくはHP参照	A日程：1月30日㈫ B日程：2月1日㈭ 一般・専願入試 3教科筆記試験 （国語、数学、英語）各50分 ※専願入試受験者は、 　筆記試験後、個人面接あり

※詳細は各私立高校のウェブサイトをご覧下さい。

学校名(募集定員数)	推薦入試	一般入試
仙台大学附属明成高等学校 **【男女330人】** スポーツ創志科　120人 福祉未来創志科　35人 食文化創志科　105人 普通科　　　　　70人	1月10日㈬ 一般推薦 自己推薦 奨学生推薦 　①奨学生I〔学業〕 　②奨学生II〔スポーツ〕 　③公立併願型 　　（私立高校で本校を第一志望とする者） ○試験内容（全種別） 　書類審査・面接	A日程1月30日㈫ B日程2月1日㈭ ※得点による奨学生制度あり ※専願入試制度あり 　（合格した場合、必ず入学） ○試験内容 　国・数・英（マークシート形式） 　書類審査
東北学院高等学校 **【男女360人】** 普通科（360人） 特別選抜コース（内進生のみ） 特別進学コース TG総進コース	1月10日㈬ 推薦入試 特別進学コース自己推薦（公立併願可） 　男女60人程度 　中2～中3の評定平均値（9教科）4.5以上の者 TG総進コース推薦（専願） 　I類（男女50人程度） 　中2～中3の評定平均値（9教科）4.3以上の者 　II類（男女若干名） 　中2～中3の評定平均値（9教科）3.5以上の者 　ア キリスト教推薦枠 　イ 部活動推薦枠 　※詳細は募集要項にて	A日程1月30日㈫ B日程2月1日㈭ 特別進学コースは定員60人程度 　（TG総進コースへのスライド合格あり） （試験内容） 国・数・社・英・理 調査書による総合審査 ※専願の出願者には総合点に30点を、私立 　第一志望の出願者には総合点に20点を、 　それぞれ加算して優遇
東北学院榴ケ岡高等学校 **【男女270人】（推薦入学者を含む）** 特別進学コース　　60人 TG選抜コース　　　80人 総合進学コース　130人	1月10日㈬ 特別進学コース 特待生入試（公立併願可） 2・3年次5教科評定平均値　4.1以上 試験内容　国語・数学・英語（記述式） TG選抜コース30人・総合進学コース60人 学業成績推薦（専願） 2・3年次5教科評定平均値　3.6以上 特別推薦（専願） 2・3年次5教科評定平均値　3.2以上 ＋中学時の部活動を継続 試験内容　書類審査・作文・面接	A日程1月30日㈫ B日程2月1日㈭ ※第二志望選択制度や専願制度もあり （試験内容）国・数・英（マークシート形式）
東北高等学校 **【男女660人】** 創進コース 文理コース　　　　｝135人 文教コース　280人 栄泉コース 総合コース　　　　｝245人 スポーツコース	1月10日㈬ 学業奨学生（公立校の併願可） 文化・スポーツ奨学生（学校長推薦） 特技奨学生（学校長推薦） 特別推薦（学校長推薦） 総合コース推薦（学校長推薦） 自己推薦	A日程1月30日㈫ B日程2月1日㈭ （試験内容） 国・数・英（マークシート形式） 集団面接

※詳細は各私立高校のウェブサイトをご覧下さい。

学校名（募集定員数）	推薦入試	一般入試
東北生活文化大学高等学校 【男女 390 人】 普通科 270人 　未来創造コース 150人程度 　保育コース 40人程度 　進学コース 40人程度 　看護医療コース 40人程度 商業科 60人 美術・デザイン科 60人	1月10日㈬ 学業奨学生A・B・C（学校長推薦） スポーツ奨学生A・B・C（普・商／学校長推薦） 文化系奨学生A・B・C（学校長推薦） 総合型奨学生B・C（学校長推薦） 公立併願奨学生（人物証明書） 一般推薦（学校長推薦） 自己推薦（自己PR書を事前提出） （試験内容） ○面接・推薦書・人物証明書・自己PR書・調査書による総合判定 ○個人面接は学業特待生・総合型奨学生・自己推薦で実施 　※学業奨学生Aは保護者面接もあり ○集団面接（普・商）はスポーツ奨学生・ 　文化系奨学生・一般推薦で実施 ○公立併願奨学生は面接なし ○美術・デザイン科は公立併願奨学生を除き、 　個人面接を実施し作品審査（1点）あり	A日程1月30日㈫ B日程2月1日㈭ （試験内容） 　学力試験（国・数・英のマークシート方式）・ 　実技試験（美術・デザイン科（デッサン）） 　調査書・個人面接（既卒）による総合判定 　※同日程で専願入試も実施 　※専願入試は自己PR書を事前提出、面接なし
東陵高等学校 【男女 120 人】 普通科 120人 総合進学コース 特別進学コース	1月10日㈬ 中学校長推薦 自己推薦	A日程1月30日㈫ （試験内容） 　国・数・英・面接
常盤木学園高等学校 【男女 330 人】 普通科（女子）300人 音楽科（男女）　30人	1月10日㈬ 一般推薦 　（全学科・全コース出願可） 　（学校長推薦） 実技特待A・B 　（全学科・全コース出願可） 　（学校長推薦） 学業特待A・B 　（全学科・全コース出願可） 　（学校長推薦） 英検特待A・B 　（全学科・全コース出願可） 　（学校長推薦） 自己推薦 　（全学科・全コース出願可　学校長推薦不要）	A日程1月30日㈫ B日程2月1日㈭ （試験内容） 　国・数・英
西山学院高等学校 【男女 70 人】 普通科普通コース（男女）　40人 普通科陶芸コース（男女）　20人 普通科音楽コース（男女）　10人	1月10日㈬ 学校長推薦（若干名） 自己推薦（若干名） （試験内容） 　面接（本人および保護者と個別に実施） 　作文	A日程1月30日㈫ B日程2月1日㈭ （試験内容） 　面接（本人および保護者と個別に実施） 　国・数・英

※詳細は各私立高校のウェブサイトをご覧下さい。

学校名(募集定員数)	推薦入試	一般入試
日本ウェルネス宮城高等学校 **【男女 120 人】** 普通科 　総合コース　　　40人 　スポーツコース　80人	1月10日㈬ 一般推薦（学校長推薦） 専願自己推薦 （試験内容） 　面接・作文	A日程1月30日㈫ B日程2月1日㈭ （試験内容） 　国・数・英
古川学園高等学校 **【男女 340 人】** 普通科進学コース（男女）⎫ 普通科創志コース（男女）⎬ 280人 普通科総合コース（男女）⎭ 情報ビジネス科（男女）　　60人	1月10日㈬ 学業奨学生入試 部活動奨学生入試 特別推薦入試 一般推薦入試	1月20日㈯ 〔本校独自日程にて実施（A・B日程に参加せず）〕 （試験内容） 　英・国・数・面接
宮城学院高等学校 **【女子 170 人】** 総合進学コース　　　　　　70人 グローバルコミュニケーション　30人 特別進学コース　　　　　　70人	1月10日㈬ 総合進学コース 　【一般推薦、リーダーシップ推薦、部活動推薦】 グローバルコミュニケーション 特別進学コース リーダーシップ推薦・部活動推薦・公立併願推薦 （試験内容） 　面接	A日程1月30日㈫ B日程2月1日㈭ （試験内容） 　国・数・英

私立高校の ススメ

協力／個別教室のアップル・家庭教師のアップル

近年、宮城県においては私立高校を第一志望とする志願者が増加傾向にある。公立高校とは一味違う魅力があるのが私立高校だ。進路選択の幅を広げるためにも、私立高校ならではの特色を踏まえ、私立高校の受験を積極的に検討してみよう。

私立高校のココが魅力!

• 独自のコース編成

独自のコースや学科が編成されており、また大学入試における指定校推薦枠が豊富な場合が多い。高校卒業後、大学や就職など具体的な進路希望が決まっている場合は早い段階で将来に向けた準備ができる。

• 設備の充実

校舎や校内設備が充実している高校が多く、遠方者向けのスクールバスがある場合もある。気になる高校のオープンスクールや文化祭などに積極的に参加して実際に学校の雰囲気を見てみよう。

• 学校独自の就学支援金も多彩

国や宮城県の就学支援金制度に加え、各私立高校で独自の金銭的な支援制度を設けていることも多い。

• 部活動への支援体制の充実

運動部、文化部ともに力を入れている学校が多く、各種全国大会にも多数出場している。高校で入りたい部活動を決めている受験生は、強豪校を改めてチェックしてみよう。

受験する私立高校を選ぼう

宮城県の私立高校一般入試には、A日程とB日程があり(一部高校を除く)、最大で2校受験することができる。公立高校を第一志望とする場合、私立高校を第一志望校とする場合のそれぞれの受験校の選び方についてそれぞれ考えてみよう。

私立高校を第一志望校とする場合

私立高校の受験形式はさまざまだ(以下参照)。各高校の募集要項によく目を通し、自分に最も適する方法で出願しよう。自己推薦入試、専願入試などの方法で受験した場合、一般入試よりも合格できる可能性は高くなる。

• 私立高校の入試区分の例

推 薦 入 試

◆校長推薦

通っている中学校の校長先生からの推薦が必要。筆記試験は行わずに、調査書や面接などにより総合的に判断される。学校により、評定平均○○以上といった条件が設けられていることがある。

◆自己推薦

校長先生からの推薦は不要。提出書類として自己推薦書を課すところが多い。

◆学業特待・奨学生

評定平均や入試の点数など一定の条件を満たすと、特待生・奨学生として入学できる。入学金や授業料、施設費が免除、減額されるといった特典がある。

◆部活動特待・奨学生

スポーツや吹奏楽などの部活動で優秀な成績を収めたなどの条件を満たすことで、特待生として入学できる。入学金や授業料、施設費などが免除、減額されるといった特典がある。基本的には、高校の当該部顧問とのやりとりが必要。出願などの詳細についても高校によって異なる。

一般入試

◆一般入試

筆記試験を中心とした試験。筆記試験に加え、個別・集団面接を課す学校もある。入試科目（英数国3教科や5教科）や、方式（記述式またはマークシート式）などは学校により異なる。入試傾向の違いも大きいので、受験校に合わせた対策が必要。

◆専願入試

一般入試との違いは、「その私立高校に合格したら必ず入学する」という約束の下、受験する点。そのため、一般入試よりも合格できる可能性が高くなる。学校によっては一般入試と専願入試で受験科目が異なる場合もある。

※上記の入試区分は一例。また、入試制度の名称は学校によって異なる。

公立高校を第一志望校とする場合

①第一志望校と偏差値が同じぐらいの私立高校を受験しよう

2校受けられるうちの1校は、第一志望校（公立）と偏差値が近い私立高校を受験しよう。この合否が、公立高校の受験校を再検討するための重要な判断材料となる。

②もう1校は、合格可能性の高い高校を選ぼう

①で選んだ高校に加えて、もう1校は合格がほぼ確実な高校を選ぼう。私立高校の合格は自信につながり、第一志望校の合格を後押ししてくれる。

・例）仙台向山高校を第一志望校とした場合

どの私立高校を受験するか迷ったら、仙台向山高校（偏差値58）と同じぐらいの偏差値の高校と、合格可能性が高い高校の2校を受験するのがおすすめ。ここではA日程で①の、B日程で②の学校を探してみる。

A日程	尚絅学院特別進学（偏差値60）、聖ウルスラ学院英智特別志学Type2（偏差値59） 宮城学院MG特別進学（偏差値56）、仙台育英学園特別進学（偏差値56） 東北学院TG総合進学（偏差値59）　　など
B日程	仙台城南特進（偏差値51）、東北創進（偏差値52） 尚絅学院文理進学（偏差値51）、仙台白百合学園（偏差値51） 常盤木学園スーパー両立（偏差値50）　　など

★自分の偏差値に合わせて選択しよう。

スライド合格制度について

一般入試において、スライド合格制度を取り入れている高校がある。得点が希望コースの合格点に達していない場合でも、他のコースで合格点に達していればそのコースに合格できる制度。公立高校が第一志望で私立受験校を検討する際に、重要な点のひとつといえる。

宮城県私立高校の一般入試における出題傾向

・数学

中学数学の全範囲からまんべんなく出題される。図形と関数・グラフの融合問題が頻出。

・社会

地理・歴史・公民がバランスよく出題される高校が多い。基本事項だけでなく時事問題の対策も必要。

・英語

発音・アクセントが出題される高校もある。文法事項では不定詞・分詞・動名詞が頻出。

・理科

4分野からそれぞれ出題される。実験・観察に関する問題や、資料をもとにした設問も多い。

・国語

論説文・小説・古文という構成で、漢文は出題されない高校が多い。文法や漢字・慣用句も頻出。

私立高校入試問題の解法

協力／個別教室のアップル・家庭教師のアップル

2023年度　聖和学園高校A日程【数学】解説

2023年度入試問題の総評

大問数は4題、設問数は18問で、解答は例年と同じくマークシート形式であった。難易度は全体を通して基礎～標準レベルであったが、思考力を必要とする問題も含まれていたため、40分の試験時間に対して余裕はなかったと思われる。

第1問、第2問は小問集合で、基本的な計算、文字式の利用、関数、図形、確率、資料の整理について問われた。この部分だけで設問全体の半分以上を占めるため、取りこぼしがないように丁寧に解き進めてほしい。

第3問ではモノレールの運行のようすを表したダイヤグラム、第4問では図形の性質についての証明が扱われた。前半に比べて文章量が多く、数学的な知識だけでなく、内容や状況を正しく把握するための読解力も求められた。

受験勉強においては、教科書の問題などできちんと基礎固めをすることが重要である。そのうえで過去問を使って応用問題にも慣れていこう。

● A日程 第2問(3) 問題解説

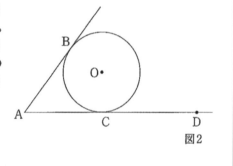

（3）　図2のように点Aから半径2cm の円Oに2本の接線を引き，接点をそれぞれB, Cとします。さらに，半直線AC上に AD＝7cm となるように点Dをとります。AB＝3cm のとき，ODの長さを次の①～④の中から1つ選び，解答番号9にマークしなさい。

① $2\sqrt{3}$ cm　　② 4 cm

③ $2\sqrt{5}$ cm　　④ $4\sqrt{3}$ cm

図2

A日程の第2問(3)は、半径2cmの円Oとそれに接する2本の半直線が与えられ、円Oの中心と接線上の点Dの間の距離を求める問題であった。解答にあたっては、以下のステップで考えていこう。

◆STEP1　問題文にある情報を図に書き込む

問題文から「半径2cm」「AD＝7cm」「AB＝3cm」を読み取り、図に書き込もう。円の接線は接点を通る半径に垂直であるので、OC⊥ADとなることがポイントである。

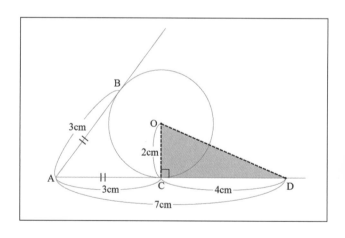

◆STEP2　STEP1から分かることを書き込む

円外の1点からその円にひいた2つの接線の長さは等しいので、AB＝AC＝3cmであることが分かる。ACとADの長さが分かったので、そこからCD＝AD－AC＝4cmであることが分かる。

◆STEP3　求めたい部分に注目する

今回はODの長さを求めたいので、線分ODを引いてみよう。すると、△OCDが直角三角形になっていることに気がつく。そこで三平方の定理を利用するとOD²＝2²＋4²＝20となり、OD＞0よりOD＝2√5cmという答えが得られる。

• A日程 第3問(2) 問題解説

第3問 1台のモノレールが10時に薬師駅を出発し、3kmはなれた競技場駅との間を一定の速さで往復しています。また、このモノレールは薬師駅及び競技場駅で乗客の乗降のために2分間停車します。下の図はこのモノレールの運行のようすを表したダイヤグラムです。このとき、次の各問に答えなさい。

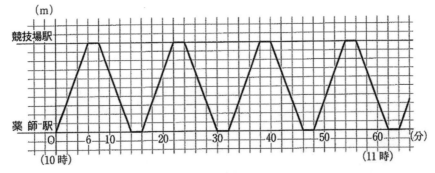

（2）太郎さんは、薬師駅からモノレールの線路沿いの道を分速60mで歩いて競技場駅に向かいます。太郎さんが10時に薬師駅を出て途中で休まずに一定の速さで歩いたとすると、競技場駅に着くまでに、競技場駅から薬師駅に向かって前方から来るモノレールとすれ違う回数を次の①〜④の中から1つ選び、**解答番号14**にマークしなさい。

①　3回　　　②　4回　　　③　5回　　　④　6回

A日程の第3問(2)は薬師駅から競技場駅まで分速60mで歩く太郎さんが、競技場駅から薬師駅に向かって前方から来るモノレールとすれ違う回数を求めるという問題である。計算で求めようとすると大変なので、ここではグラフを使って考えてみる。薬師駅から競技場駅までは3km(＝3000m)はなれているので、毎分60mで歩くと50分かかる。これをグラフに表すと下図のようになる。競技場駅から薬師駅に向かって前方から来るモノレールとすれ違う回数なので、ダイヤグラムが「右下がり」になっている部分と交わる回数を数えれば3回という答えが得られる。

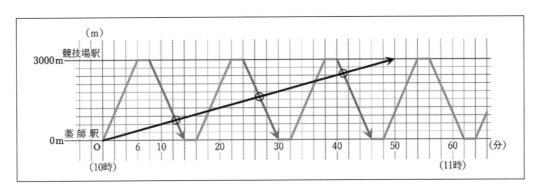

入試対策のポイント

①スタートは計算練習
まずは数学の土台となる「計算力」を身につけよう。例年、第1問では公立・私立ともに計算問題が出題され、以降の問題でも計算力は必須となる。毎日の学習のはじめに計算練習をすることで勉強のスイッチも入りやすいので、ぜひ習慣化して取り組んでほしい。さらに、「どうしたらより速く計算できるか」を考えてみるのも良いだろう。

②教科書レベルの基本問題
入試問題の基本は「教科書」である。入試レベルの問題集に取り組む前に、教科書の内容で苦手なところや理解が曖昧な部分がないかをもう一度確認してみよう。この段階で不安を解消しておくことで、その先の学習がよりスムーズになる。単元ごとに関連する公式や定理をすぐに思い出せるようにしておこう。

③入試レベルの実戦問題
模試や過去問に挑んだ際に、教科書の問題とのギャップを感じる受験生も多いだろう。問題文を読むときは、何が分かっていて、何を求めたいのかを常に意識してほしい。与えられたグラフ・図に数値を書き込んだり、問題文を言い換えたりするなど、情報を整理することがとても重要だ。苦手分野については、ひとつずつ単元を絞って克服していこう。

④「分かる」から「できる」へ
当然のことだが、入試本番では自分ひとりの力で正解にたどり着かなければならない。つまり、普段の学習から「自力で解けるか」を意識する必要がある。解説を見て理解できることは大切だが、それだけで終わってしまってはいけない。必ず解き直しをして、理解したことが「できる」ようになっているかを確認しよう。

志望校の見つけ方

協力／能開センター

3年間通い続ける高校は、後悔しないように選びたい。しかし「どんな基準で、どう選べば良いのか分からない」と悩んでしまう中学生も多いことだろう。今回は、受験勉強のモチベーションも上がる志望校の見つけ方のポイントや注意点を紹介する。

受験中も入学後も後悔しない 志望校決定のポイントは？

◆ 志望校は「早めに決定」が◎ やる気も計画性もアップ

志望校が決まり**明確な目標ができると、合格に向けて勉強に集中できる**ようになる。

志望校を早めに決定することで自分の「今の学力」と、「合格するために必要な学力」を把握し「具体的にどのくらい点数を上げなければならないのか」「苦手科目や単元克服のためにどのように進めるべきか」など、志望校に合わせた**学習計画を立てることができる**。

志望校を決めるときに重要なポイントとなるのが、「今の学力で行ける高校」を探すのではなく、「行きたい学校」を探していくことだ。

そのためにはまず、どんな高校があるのかを調べてみよう。そして、高校での生活をイメージしてみよう。高校卒業後の進学や、校風、部活動、あるいは学校施設・設備や学校行事、通学手段など、さまざまな着眼点がある。オープンスクールなどにも参加して実際の学校の様子を体験してみるのも貴重な機会である。

志望校選びのチェック項目

以下の項目を参考に、志望校を見つけていこう

☑ 進路状況
☑ 学科・学習内容
☑ 通学時間・方法
☑ 部活動
☑ 学習環境（施設・設備など）
☑ 制服の有無
☑ 共学／男女別学
☑ 校風・学校行事・課外活動

→自分にぴったりの志望校を見つけたら、受験方法や出願条件なども調べて合格に向けて計画的に学習をしよう。

データを「受験ツール」として活用しよう

◆ 模試は"受けて終わり"じゃない 複数回の結果を分析し、学習計画に生かす

志望校の合格可能性を判定してくれるのが、模擬試験であろう。受験生になると、さまざまな模擬試験で自分のいくつかの志望校の合格可能性を判定し、「行けるかもしれない」「ダメかもしれない」など心を揺さぶられたりするものである。

ここで大事になるのが、**模擬試験1回の結果で一喜一憂しない**ことである。たとえ失敗したとしても、次の模擬試験に向けていち早く動き出すことが重要だ。合否判定も1回の結果だけでなく複数回の結果で見ていくことが大切。成績推移を見て上昇傾向なのか下降傾向なのかによっても、合格可能性は変化する。

また、教科ごとの問題難易度によっても結果は変わってくるものだ。「苦手教科が簡単で足を引っ張らずにすんだ」とか「得意教科で差をつけられなかった」ということもある。

そういったところを冷静に見つめていけば、おのずと今何をすべきがか見えてくるものであり、それを受け止めて具体的な学習計画を立て直していくことができるようになる。志望校を下げることはいつでもできるので、焦らずに熟考することが大切だ。

• 出願希望調査・昨年度の倍率データに過剰に振り回されない

出願校を最終決定する上で、出願希望調査での志願倍率や昨年度の受験倍率はどうしても気になってしまうものである。

基本的には、冒頭で述べたように「行ける学校」を選ぶのではなく、「行きたい学校」を選びたいところである。それでも、最終的に出願校を迷ってしまったときに頼ってしまうのが倍率であろう。毎年、入試直前の1月末に出願希望調査の結果が発表され、それを参考に出願校を決定していくことも少なくはないが、次の①②のようなことには注意が必要である。

① 昨年度の受験倍率から一気に変動するパターン
② 出願希望調査の志願倍率から一気に変動するパターン

高校には「倍率が変動しやすい学校」と「変動しにくい学校」があり、仙台市内中堅校ではそのほとんどが「倍率が変動しやすい学校」であるといってもよいであろう。

理数科などの普通科以外の学科でも変動しやすい。こればかりは、**実際の受験倍率が出てみないと予想はできても結果は分からない。**やはり後悔をしない出願校決定のためにも、**まずは、「行きたい学校」**を選び、合格するための努力を最後まで重ねることをお勧めしたい。

合格を左右する「調査書点」に注目

公立校を志望する場合、注意したいのが調査書点である。

調査書点は中学校での通知表での評定を195点満点（実技教科は2倍）に換算したものであり、それを基に入試得点と調査書点を相関図（下図）にあてはめて合否を決定していくからである。**各高校での相関図での合否ラインの引き方は異なる**ため、自分の志望校に関してはしっかりと注視していく必要がある。「入試での得点」は、努力次第でこれから上げることができるが、「調査書点」は受験直前にはすでに決定しているこれまでの自分自身の得点である。合格するためには、入試当日に**自分は学力検査でどれくらいの点数をとる必要があるのか調べておく必要がある。**

宮城県の公立高校入試制度には**「共通選抜」「特色選抜」**があり、志望校を選ぶ際、理数科目は2倍などの換算点などがある特色選抜に目が行きがちであるが、どの選抜で受験するかを受験生が選択するものでもないので、あくまで出願校選択の参考材料の一つとして考えておきたい。基本線としては、5教科をしっかりと学習して共通選抜での合格を狙っていきたい。

また公立校入試には、第一次募集で定員に満たなかった高校が実施する「第二次募集」があるが、第一次募集の入試が終了したあとでないと実施する高校が判明しない。受験資格として「私立高校を含む、進学する高校が決定していない」のが条件となることにも注意したい。

宮城県の公立高校入試第一次募集のシステム

[共通選抜]
学力検査点（5教科・500点満点）と調査書点の相関図（右図）を基に、その両方の満点に近い者を上位として、上位の者から審査し選抜する。募集割合は、高校によって異なるので各高校や教育委員会から発表される資料で確認することが必要

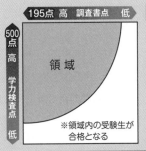

※領域内の受験生が合格となる

調査書点
中学校の教科の学習成果を学年ごとに5段階で表した評定を用いて算出した数値。目標にどれだけ到達し、学習内容が身に付いたかを評価する「絶対評価」を用いる。

調査書点（195点満点）

5教科（国語・数学・社会・英語・理科）の3年間の5段階の評定合計（75点満点）
+
4教科（音楽・美術・保健体育・技術家庭）の3年間の5段階の評定合計×2（120点満点）

学力検査点と調査書点の重視の仕方
各高校が学科ごとに比重を設定。次の五つの組み合わせがある。

	学力検査重視		同　等	調査書重視	
学力検査:調査書	7:3	6:4	5:5	4:6	3:7

[特色選抜]
学力検査点、調査書点、面接、実技、作文の得点を合計し、その合計点を基に、調査書の記載事項も用いて総合的に審査し、選抜する。学力検査点、調査書点はいずれも各高校が定めた倍率によって算出。面接、実技、作文の配点、特色選抜の募集割合も各高校が定めるため各高校や教育委員会から発表される資料で確認することが必要

公立と私立両方を受ける場合は「私立2校」をバランス良く選択

私立高校は、基本的にはA日程・B日程の2校の受験が可能。私立高校を第一志望とする志願者も増加傾向にあるが、公立高校が第一志望の場合1校は自分の公立志望校と同じ

くらいの高校、もう1校は合格可能性の高い高校を受験するのが望ましい。両日程とも同じ高校を受験する志願者も増加傾向にあり、それも選択肢の一つに入れたい。

面接攻略のABC

協力／進学プラザグループ

面接試験では、質問に合わせて模範的な答えを出すことではなく、自分の考えをしっかりと相手にわかりやすく伝えられるかどうかが大事だということを知っておいてほしい。

面接の基本

・何のために行われるのか

❶入学後、最後まで頑張ってやり抜くことができるか。

❷十分意欲をもって取り組んでいけるか。

❸校風になじみ、規律を守って個性を伸ばすための資質を持っているか。

以上のような、ペーパーテストでは測れない側面を面接官の目で観察する。

・どんなことをチェックされるのか

質問に対する答えについては当然であるが、それだけではなく面接官は態度・表情・動作などから、総合的に評価を行う。質問に上手に答えようと焦らず、等身大の自分を素直に表現することが重要。多少時間がかかったとしても、真面目に誠実に対応すれば、面接官に伝わる。

・面接の形式

◆個人面接

最も一般的で、受験生1人に対し、2、3人の面接官が応対する。時間は5～10分の場合が多い。口頭で知識を問う、口頭試問を含む場合もある。

◆集団面接

面接官2、3人が、一度に2～5人の受験生に応対する。質問の内容は個人面接とほとんど変わりはない。

面接試験の流れ

・面接の前に

第一印象は、その人に対するイメージ作りに大きく影響を及ぼす。そのため面接のときの服装がだらしないと日常生活でもだらしないと判断され、合否にかかわる問題となることがあるので要注意。

服装をチェック

☑ 中学校の制服は、規定どおりに正しく着る。

☑ 髪型や身だしなみに注意する。上履きはかかとをつぶさずにきちんと履くこと。

面接会場でのやり取りだけが試験ではない。試験会場である高校に入ったときからが面接試験の始まりだと考えておくべきである。特に控え室では次のことに注意する。

●大声を出したり、ふざけたりしない。

●むやみに席を立ったりうろうろしたりせずに静かに席で待つ。

●トイレに行きたいときや気分が悪くなったときは、速やかに申し出て係の先生の指示に従う。

・入室

①名前（受験番号）を呼ばれたら、大きな声で返事をして立つ。

②ドアの前でノックする。

③返事があったらドアを開く。「失礼します」と声をかけ入室し、ドアを閉める。

④入室後一礼し、いすの左側まで歩き、止まってから一礼する。

⑤面接官が「どうぞ、おかけください」と声をかけた後にいすに腰かける。その際、背もたれから背を離して姿勢よく座る。

・応答

①質問に対しては、はっきりと大きな声で答える。

②「～です」「～と思います」「～だからです」のようにきちんと文になるように答える。

③「はい」「いいえ」ははっきりと伝える。首を振ったりして答えない。

・退室

①面接官が「終わりです」「結構です」といった終わりの言葉を伝えたら、「ありがとうございました」と言っていすの左側に立つ。

②一礼してドアまで歩き、もう一度面接官のほうを向き一礼してドアを開けて退室する。

・ワンポイントアドバイス

①情報収集はきちんとやっておこう。高校に対する印象や行事、教育の特色などについて質問される場合があるので、事前に体験入学などへ参加したり、学校案内をよく読んだりするなどして高校について理解を深めておきたい。

②忘れ物、渋滞、体調不良などのトラブルが起こったら、冷静に高校の先生に相談しよう。適切な指示をしてくれる

はずだ。あわてて一人で解決しようとしないこと。

③面接時にわからないことがあったときは、素直に「わかりません」と答えよう。あいまいな答え方をしたり、自分を大きく見せようとしたりすると悪い印象を与えかねない。面接では、答える内容よりも答え方が重視される傾向がある。

面接試験で頻出する質問（太字は特によく出る質問）

質問内容	質問の具体例
必須項目	受験番号、出身中学、氏名
志望動機	**本校を希望した理由は**
通学	交通手段、通学にかかる時間は
生徒会活動	どんな活動をしたか／活動で学んだことは
部活動	何部に所属したのか／部活動での成績は／部活動でつらかったこと、学んだこと
中学校生活	中学校生活での思い出／印象に残ったこと／目標としてきたこと／頑張ったこと
進路	将来の夢、希望／高校卒業後の進路は進学か就職か／20歳の時に何をしていると思うか
時事問題	最近気になるニュースは／新聞は読むか

質問内容	質問の具体例
趣味・特技	趣味や自信のある特技は／最近読んだ本は、好きな作家は
尊敬する人物	尊敬する人とその理由は
自分について	長所と短所について／自分をPRしてみて
日常生活	心掛けていることは／ボランティア活動をしているか
勉強・学習	得意科目・不得意科目は／不得意科目の克服法は／一日の勉強時間は
本校について	印象は（制服・施設・行事など）／見学に来たことはあるか／オープンスクールの印象は／志望学科について
高校生活	やってみたい部活動は／高校で力を入れたいことは／入学したら何をしたいか
校則	校則をどう思うか
その他	取りたい資格はあるか／技術者についてどう思うか／○○（部活）の技術をあげる練習は

宮城県・2023年度面接試験の傾向

宮城県内の全日制の高校68校のうち、面接試験を行ったのは、昨年の15校より一校増えて16校（うち個人面接が7校・集団面接が9校）。面接を実施した高校はほとんどが仙台市外の高校。仙台市内の高校で面接を実施したのは仙台商業のみとなった。

面接試験の配点は学校により異なる。少ないところでは60点。多いところでは180点もある。配点の内訳も事前に公表され、態度 30点、意欲 30点、表現力等 40点などと具体的に高校別の評価の観点がわかった。また、多賀城の災害科学科と松山と南三陸の3校は得点化せずにA・B・Cの三段階での評価となった。亘理はA～Dの四段階評価であった。

特色選抜の調査書や学力検査の配点は学校によって異なる。例えば宮城水産では調査書点が390点・学力検査が125点・面接が180点となっており、面接の比重が非常に高い。出願予定校の配点はきちんと確認し、しっかりと面接の練習をすることが重要である。

面接官はほとんどが2人。面接時間は個人面接で10分程度、長いところでは15～30分の学校もあった。

よく出される質問の一覧は表の通り。ほぼ例外なく質問されるのは「志望動機」だ。高校側としても、受験者がなぜ自校を目指したのかその意思を確認したいのだ。受験生は志望動機をしっかりと答えられるようにして面接試験に臨む必要がある。また、部活動や得意科目・不得意科目など中学校生活について聞かれるケースが多い。部活動では成績だけ

でなく、つらかったこと、学んだことなど自分の成長にどう役立ったかについても質問されるようだ。さらに、自分が入りたい高校について、どれだけ理解しようとしたのか、高校で何をしたいのかについても問われる。「オープンスクールで受けた印象」「やってみたい部活動」など。また、「最近、気になったニュースは」「最近読んだ本は」などの質問も多くの高校で聞かれている。学力検査の教科の勉強だけでなく、新聞を読んだり、読書にも時間を割いたりすることも大切なことだと考えておいてほしい。興味・関心を持ったニュースや事柄については、自分なりに深く調べたり意見をまとめたりしておくと、面接に生かせる場合もあるだろう。

参考資料 2023年度の面接試験を経験した受験生のアンケート（面接の様子や感想）

- 試験会場のドアや窓はカーテンや紙で外が見えないようになっていた。
- 面接の待ち時間は、とても静かで緊張した雰囲気だった。
- 荷物を持ったまま面接室に入る形式だった。
- 面接官が3人いた。
- 受験校の魅力や知っていることなどを聞かれた。受験する学校の情報や特徴などを事前に調べておかないと、答えられず慌てることになってしまう。
- 志望した学科について深く聞かれる。興味があることや、なぜ、興味があるのかの理由も明確に答えられるようにしておいた方がよい。
- 時計がない部屋だった。

合格をつかむ学習計画

協力／JUKUペガサス仙台南光台教室

> 成績が上がる学習計画の立て方とは？ 入試本番を見据え「効率の悪い勉強をついだらだら続けてしまう」「今までの自分流の勉強の仕方では不安」という人は、まずこれまでの自分の勉強法を見直し、改善に向けた課題を洗い出してみよう。

「計画のないところに成功はない」学習計画を立てよう

● 残り時間と課題の自覚が第一歩

あなたは、これを何月に読んでいるだろう。例えば中3の11月なら4カ月、あと120日で公立高校の入試だということを自覚しているだろうか。

120日の間に学校から帰って寝るまでに最大何時間勉強できるだろう。12時に寝るとして、せいぜい平均5時間か6時間。1日5時間として600時間、5教科で割ると1教科あたり約120時間。つまり1教科あたり24日間で、自分が入りたい志望校の合格レベルに自分の学力を持っていかなければならない。

「自分が、どの教科のどこができていないのか」「志望校の合格レベルに自分の実力は、どれだけ足りないのか」**現状と向き合い、限られた時間内にできるようになるために**「いつまでに、何をすることが望ましいのか」、**課題を明確にする**ことが学習計画の第一歩だ。

● 「なりたい自分」から逆算

「そうか、残り○日間か」と**残り時間と課題を意識**できたら、**課題克服のために限りある時間をどう使うのか**考え、予定表を作ってみよう。

予定表の作り方に決まりはない。JUKUペガサス仙台南光台教室の生徒たちが使っているのは右ページのような**「月」と「週」「日」が1枚になった予定表**だ。志望校合格という最終ゴールから逆算し、そこに行き着くために自分が理想とするような状態になるための①**克服すべき課題、成し遂げたい目標**を月単位で考え、②月の**課題・目標達成に必要な勉強の道筋**を週（曜日）単位で設定、③**毎日のスケジュール**を決めていく。

毎日のスケジュールをこなし、週の勉強を重ね、月の目標を一つ一つ着実に達成していくことで、最終的に大きなゴールに行き着くことができる。

勉強の基本は「×」をつけるところから

「間違いを繰り返さない」「確実にできることを増やす」が成績アップの近道

毎日の勉強の中で、演習問題を解いて×をつけることに抵抗がある中学生もいるかもしれない。しかし**勉強は「間違う」ところから始まる。**どんな人も初めは間違う。間違うことで、自分ができていないところ、間違いの原因を見極めることができ、それが成長のきっかけになる。間違えて良い。**恥ずかしいのは「できないのに、やらない」「本当はできないのに分かったつもり、できるつもりになっている」**状態だ。

勉強は×を付けてからが本番だ。大切なのは「同じ間違いを二度と繰り返さないこと」「間違いから学ぶこと」。間違えたときに**心から悔しいと思い、復習**できるかどうかにかかっている。トップレベルの受験生の先輩たちは皆、負けず嫌いだった。他人とではなく「過去の自分と今の自分」を比べ、自分自身で納得できる成長ができているかどうかが重要だ。

入試本番では自分が確実にできることしか役に立たない。確実にできることを増やしていこう。

やるからには、勉強も楽しもう。受験をマイナスに捉えるのではなく、一つの試練として自分でどう乗り切るか。捉え方によって、自分の将来も人生も変わってくるだろう。

月・週の予定の立て方

予定の立て方は自由だ。例えば月の部分には「○月中に1・2年生の復習を終える。2年間のワークを○回解き直す」「○月中に東北6県の過去問を○巡する」といった**量**を設定してもいいし「○月までに過去問の正答が1教科○○点を超えるまで解き直す」といった**点数**で設定してもいい。

苦手科目に多くの時間を使うのか、得意科目を伸ばす方を重視するのか、各教科均等に時間配分するのか。月曜に英語、火曜は理科と社会、水曜は数学、木曜は英語と社会、金曜は数学と理科、土曜は国語と数学、社会、日曜は5教科全て…と**力を入れる教科を曜日ごとに割り振ってもいい**だろう。

中学生それぞれ現在の実力も得意・不得意、それぞれの性格に合った勉強法も違うため、どんな計画が良いのかは一概に言えない。**自分でよく考えて、どうすべきか自分で決める**ことが大切だ。

	11月		12月		1月		2月	
月								
	日	月	火	水	木	金	土	備考:
週								
	4:00	5:00	6:00	7:00	8:00	9:00	10:00	11:00	12:00	1:00	午前	5:00	6:00	7:00
(行っている場合)塾のある日														
塾のない日														

1日のスケジュールの立て方

1日のスケジュール設定は登校、食事、入浴、就寝の時間を入れ、空いている時間に勉強する時間と学習内容を入れていく。受験本番でも**限られた時間での問題処理能力**が問われる。公立高校入試なら各教科50分で、どれだけできるかが勝負。一般的な人の集中力のピークも20分〜40分と言われるので、50分ずつ**区切って休憩を挟む方**が効率よく勉強できる。慣れるまでは「45分」ずつで良いので区切って勉強しよう。

ポイントとなるのが「**朝**」時間の使い方。「朝の1時間は夜の2時間に匹敵する」とも言われている。登校前の時間を有効に使おう。

「plan」「do」「check」の繰り返しで成し遂げる

● 「自分で決める」がポイント

勉強は必ずしも計画通りにいくとは限らない。物事を成し遂げるには、ただ闇雲にやるのではなく「**①計画を立てること(＝plan)**」「**②実行すること(＝do)**」、成果や失敗について途中で「**③検証すること（＝check）**」、そして修正することの繰り返しが大切だ。

言われたことを指示されてやるのでは、勉強のモチベーションも続かない。計画を立てるとき、欠かせないのが「何をしなければいけないか」ではなく「**自分はどうしたいのか、どうなりたいのか**」という視点だ。「自分で決めた予定表」であれば「誰が何と言ってもやり遂げる」という意志が生まれる。

頭の中で考えるのではなく**文字として書き出す**こと。この予定を「**自分はやれる**」と強く念じること。この**意志によって学習努力も持続**できる。

入試本番に強くなる テスト対策

協力／あすなろ学院・ G-PAPILS

志望校合格に向けて必要なのは、入試本番に向けた受験勉強だけではない。普段の定期テストや実力テスト、模試対策も志望校合格に向けた大切な準備の一つだ。それぞれのテスト対策と、入試本番で力を出し切るための留意点を解説する。

定期テストと実力テストの違いを知って、必要な対策をしよう

• 定期テストは「調査書点」に影響

定期テストは、多くが**テストまでの数カ月間という限られた期間内に学習した範囲のテスト**である。教科書・ワーク・授業内で使用したプリントなどをしっかり理解し、覚えきることが重要となるが、学校(先生)によっては、どれにも載っていないパターンの問題が出題される場合もある。

結果は調査書点に直結するが、「思考力を問うための問題」と位置づけられて出題された問題の出来が悪いと、その項目の評価が下がることがある。

なお**調査書点の評定**は普段の授業態度や小テストの結果も加味されるため、**定期テストの点数だけでは決まらない**。テスト前の詰め込みに頼らず、**普段の授業を意欲的に受講する姿勢が大切**である。

• 実力テスト&模試は入試練習にも

一方、**実力テストや模試は、それまでに習った全てを範囲とするテスト**である。むしろ、テスト前1〜2カ月間で習った内容はほぼ出題されないため、短期記憶だけでは太刀打ちできない。**中長期的な記憶**のためには、定期的な復習の機会が必要不可欠である。

また、分野をまたいだ出題や、読解力・判断力・表現力を問われる問題が出題されるなど、より**入試に近い形式**となるため、「現時点での、本当の実力」が問われるものとなる。ワークの反復などの作業だけでなく、似た形式の問題演習を積むなど、一段上の対策が必要となる。

「受けて終わり」はNG　模試の活用法

• 模試を受けるメリット&良い結果を出すための準備

模試は、受験することによって**偏差値や志望校判定**を知ることができ、**現時点での自分の立ち位置**を知ることができるので、できるだけ多くの回数を受けることをお勧めする。受験前には出題範囲を確認し、自分の苦手分野だと直感したところは教科書のその部分をもう一度読み直そう。

良い結果を出すためには良い準備をすることが欠かせないのは、どんなテストも同じである。

• 受けた後の活用法は?　チェック・検証ポイント

模試の結果に一喜一憂してしまうことは誰にでもあることだろう。ただし、誰しも自分に甘いもので、良い結果が出たら油断して手綱を緩めてしまい、良くない結果が出たら気分がふさぎ込んで前進できなくなってしまう。これでは元も子もない。

模試は、受験した時点の自分にとって「何ができるか」「何ができないか」を的確に教えてくれる自分専用の教科書だ。これが実は模試がもつ一番大きな価値である。

「何ができないか」が分かったら、それが「**できるべきことなのか**」も検証しよう。たとえば、正答率が90%の問題を自分が得点できていなかったとすれば、それは早急に手を打つべき問題・分野だということになる。正答率が10%の問題を落としていたとしても、それは後回し、または無

視でもよい。他の多くの人も取れないのだから。こうした**自己チェックや改善行動を地道に、確実にこなしていく人が確実に得点力をアップさせ、やがて志望校へのチケットを手にする**。模試を上手に活用して、着実に前進しよう。

公立高校入試"教科別時間配分"のテクニック

・過去問でまず練習しよう

国　語

　長文読解二題に各10〜15分、古典に3〜5分、漢字やインタビューなどの実用的文章問題に5〜10分、作文に15分程度時間を残せると安心。

　試験開始時に作文課題を確認し、一通り解き終わったら作文に取り掛かれると良い。55字記述などは作文の後で取り組もう。

数　学

　第1・2問の小問集合は1回目は時間をかけずに、その分必ずもう1度解き直そう。

　大問4問構成の場合では、第3問は関数、第4問は図形が来ることが多いが、(1)(2)あたりは平易であることが多く、最後の1〜2問は難しいことが多いので目標に合わせた見極めを。

　証明は書ききれそうになければ部分点を取りにいくことに割り切り、時間を使い過ぎない。難しい問題に時間をかけすぎず、取るべきところの解き直しに時間を回そう。

英　語

　第一問リスニングで10分、第二問文法小問集合で6分、第三問長文読解で11分、第四問長文読解で13分、第五問英作文で7分、合計47分＋見直し3分＝50分、を意識しよう。そして、可能であれば各大問で30秒〜1分程度の短縮を目指し、最後の見直しで5分取れると良いだろう。

　見直しのポイントは、①スペリングミスの確認②時制（現在・過去・未来）の確認③主語の単複の確認、④代名詞の指す部分の確認、こういった部分を重点的にチェックして、失点を防ごう。

理　科

　物理分野15分、化学分野15分、生物分野8分、地学分野12分をベースに時間配分しよう。とくに生物分野は計算問題が少なく、一問一答的な出題が多い。生物分野の問題の解答時間を抑えることで、他の3分野の問題の解答時間を捻出しよう。

社　会

　論述問題に時間を割けるよう、その他の問題をテンポよく解けるようにしよう。分かるものも分からないものも、必要以上に時間をかけすぎないように！

本番で最大限の力を発揮するために

入試当日の注意点

●入試当日だからといって特別なことをせず、胃に優しい朝食を食べる
　食べたものが脳のエネルギーとなるには時間がかかるので、試験開始2時間前には食べ終えよう。

●家を出る前に必ずおうちの人に感謝の気持ちと意気込みを伝える
　応援してくれる最後の精神的支柱は家族。

●余裕を持って、かつ早過ぎない時間で試験会場に向かう
　早過ぎると、寒空の下、入口前で待たされる。

●教室内の周りの生徒は全て幼稚園児だと思うこと
　幼稚園児に勝てない中3生はいない。

●1教科試験が終了したら、次の試験のことのみ考える
　終わった試験のことは一切考えない。他者の出来具合など関係ない。

●試験会場で合格している自分を強くイメージする
　さらに通学している日常生活を想像する。

●試験が終了したら、気を付けて帰宅する
　自宅に着くまでが試験。

持ち物

●受験票やお金、昼食などの絶対に必要なもの以外に、急な事態に対応したり、精神を安定させたりするために、下記のものも持っていくとよい

・腕時計
　試験中の時間把握のため。

・ティッシュ
　急な鼻水・鼻血にも慌てない。

・お守り
　「受験勉強中ずっと使ってきた赤ペン」など、自分だけのお守りもかなり有効。

●服装やバッグで迷うなら、普段学校に行く制服とかばんで

●英語の書かれた消しゴムカバーは外す

●分度器付きの定規は使わない

部活動特集 　運動部

公立高校・高専

◎:男女あり　男:男子のみ　女:女子のみ

※男女ありの◎部は省略

学校名	硬式野球	軟式野球	ソフトボール	バレーボール	バスケットボール	ハンドボール	硬式テニス	ソフトテニス	卓球	バドミントン	サッカー	ラグビー	陸上	体操	新体操	水泳	山岳・ワンゲル	ウエイトリフティング	柔道	剣道	弓道	空手	アーチェリー	スキー	フェンシング	その他 同好会(同) 愛好会(愛)
白石	男		女	◎	◎			◎	◎	◎	男		◎			◎	◎	◎		◎	◎	◎				ダンス(同)
白石／七ヶ宿									◎	◎			◎													
蔵王	男								◎	◎			◎													スポーツ(愛)、テニス(愛)
白石工	男			男	男	男			◎	◎		男	男	◎			◎	男		◎	◎			◎		
村田	男		女	◎				◎	◎	◎			◎							◎	◎					空手(同)
大河原産業	男			◎	◎			◎	◎	◎	男		◎					◎		◎						ボクシング
柴田農林／川崎校					男			◎	◎				◎													
柴田	男		女	◎	◎			◎	◎		男		◎	◎					◎	◎	◎					水球・水泳
角田	男			◎	◎			◎	◎	◎	男		◎							◎	◎	◎				
伊具	男			◎	◎			◎	◎	◎			◎							◎	◎	◎				
名取	男		女	◎	◎			◎	◎	◎	男		◎		男					◎	◎	◎				
名取(定)					◎				男																	
名取北	男		女	◎	◎	男	◎		◎	◎	男		◎			◎				◎	◎	◎				
亘理	男			◎	◎			◎	◎	◎			◎							◎	◎					
宮城農	男			◎	◎			◎	◎	◎	男		◎					◎	◎	◎	◎					ボクシング、相撲
仙台一	男	◎	◎	◎	◎	男	◎	◎	◎	◎	男	◎	◎			◎	◎		◎	◎	◎				◎	フットサル、ヨット、少林寺拳法、応援団
仙台二華			女	女	◎	女		◎	◎	◎	男		◎		女	◎	◎			◎	◎					
仙台三桜			女	女	◎	女		◎	◎	◎	男		◎			◎				◎	◎					フットサル
仙台向山	男			男	◎	◎	男	◎	◎	◎	男		◎			◎				◎	◎					
仙台南	男		女	◎	◎	◎	◎	◎	◎			男	男	◎			◎			◎	◎				◎	
仙台西	男		女	◎	◎	◎		◎	◎	◎	男		◎				◎			◎	◎					
仙台東	男		女	◎	◎			◎	◎	◎	男	男	◎			◎				◎	◎					
宮城工	男			男	男	男		◎	男	◎	男		◎				◎	◎	◎	◎	◎	◎				
仙台工	◎	男		男	男			◎	◎	◎	男	◎	◎			◎	◎		◎	◎			◎			
仙台工(定)				◎	◎				◎	◎									◎							
仙台二	男	男		◎	◎	男	◎	◎	◎	◎	男	男	◎			◎	◎		◎	◎	◎			◎	◎	ヨット、合気道
仙台三	男			◎	◎	男	◎	◎	◎	◎	男	男	◎			◎	男		◎	◎	◎			◎		
宮城一			女	女	女	女	◎	◎	◎	◎			◎			◎				◎	◎					男子バスケットボール(同)、女子新体操(同)
宮城広瀬	男			女	◎	女		◎	◎	◎			◎							◎	◎					
泉	男	男	女	◎				◎	◎	◎	男		◎		女					◎	◎					
泉松陵	男		女	女	男	男		◎	◎	◎	男		◎							◎	◎					女子バスケットボール(愛)
泉館山	男			◎	◎	◎	女	◎	◎	◎	男		◎							◎	◎					
宮城野	サークル:サッカー、バレーボール、バスケットボール、バドミントン、テニス、野球、卓球、筋トレ、ダンス																									

学校名	硬式野球	軟式野球	ソフトボール	バレーボール	バスケットボール	ハンドボール	硬式テニス	ソフトテニス	卓球	バドミントン	サッカー	ラグビー	陸上	体操	新体操	水泳	山岳・ワンゲル	ウエイトリフティング	柔道	剣道	弓道	空手	アーチェリー	スキー	フェンシング	その他 同好会(同) 愛好会(愛) ※男女ありの◎、部は省略
仙台	男	男	女	◎	◎	男	◎	◎	◎	◎	男	男	◎			◎			◎	◎					◎	
仙台商	男	男	女	◎	◎	◎	◎	◎	◎	◎	男		◎			◎				◎						自転車競技・男
塩釜	男			◎	◎			◎	◎		男		◎			◎				◎						ボート、ヨット、剣道(同)、少林寺拳法(同)
多賀城	男		女	◎		◎	◎	◎	◎		男	男	◎			◎	◎		◎	◎	◎					
松島	男		女	女	◎		◎	◎	◎		男		◎						◎	◎	◎					
利府	男		女	女	◎	男	◎	◎			男	男	◎		女	◎			◎	◎					◎	
黒川	男		女	◎	男			◎	◎		男		◎						◎	◎						ゴルフ(同)
富谷	男		女	◎	◎	◎	◎	◎	◎	◎	男		◎						◎	◎						
古川	男		男	◎	◎	男		◎	◎	◎	男		◎			◎	◎			◎			◎			
古川黎明	男		女	女	◎	女		◎	◎	◎	◎		◎		女					◎	◎		◎			なぎなた・女
岩出山			女					◎	◎	◎			◎							◎						
中新田	男		女	女	◎			女		女	男		◎										◎			カヌー
松山				女	◎					◎	◎															
加美農	◎			◎	◎		◎		◎			男	◎						◎	◎						相撲・男
古川工	男		男	◎	男		◎	◎			男	男	◎			◎			◎	◎			◎			自転車競技
古川工(定)		◎		◎	◎			◎	◎				◎						◎	◎						
鹿島台商	男			男			女	◎	◎	男			◎							◎						カヌー
涌谷	男		女	女	◎	女		◎	◎		男		◎	男												
小牛田農林	男		女	◎				◎	◎		男		◎						◎	◎	◎					自転車競技、相撲
南郷								◎	◎				◎													銃剣道
佐沼	男		女	◎	◎	女	◎	◎	◎		男	男	◎			◎			◎	◎						ボート
佐沼(定)								◎	◎				◎													
登米	男			◎			◎		◎				◎													カヌー
登米総合産業	男		◎	◎	◎			◎	◎	◎	男		◎							◎	◎	◎	◎			
築館	男			◎	◎			◎	◎	◎	男		◎						◎	◎	◎					ホッケー
岩ヶ崎	◎			◎	◎			◎	◎				◎								男					
迫桜	男		女	◎	◎			◎	◎		男		◎			◎			◎	◎	◎					ホッケー・女
一迫商				◎	男			◎	◎				◎							◎	◎					
石巻	男			◎	◎	◎	◎	◎			男	◎	◎			◎	◎	◎	◎	◎						ボート、ヨット
石巻好文館	男		女	◎	◎			◎	◎				◎						◎	◎	◎					ワンダーフォーゲル(同)
石巻西	男		女	◎	男			◎	◎		男		◎							◎	◎					
石巻北	男		女	◎	◎			◎	◎		男		◎						◎	◎	◎					
石巻北／飯野川								◎	◎				◎													
宮城水産	男			男				◎				男	◎			◎			◎				◎			ヨット、相撲・男
石巻工	男			男	男			◎	◎	男	男	男	◎						◎	◎						ボート
石巻商	男		女	◎	◎			◎	◎		男		◎													カヌー
桜坂			女	女	女			女	女	女			女							女	女	女				
気仙沼	男	男	女	◎	◎		◎	◎	◎	◎	◎		◎						◎	◎	◎	◎			◎	

227

学校名	硬式野球	軟式野球	ソフトボール	バレーボール	バスケットボール	ハンドボール	硬式テニス	ソフトテニス	卓球	バドミントン	サッカー	ラグビー	陸上	体操	新体操	水泳	山岳・ワンゲル	ウエイトリフティング	柔道	剣道	弓道	空手	アーチェリー	スキー	フェンシング	その他 同好会(同) 愛好会(愛) ※男女ありの◎、部は省略
気仙沼(定)									◎	◎			◎													
南三陸	男			女	男			女	◎	◎	男		◎						◎	◎	◎					
本吉響				◎	◎			◎	◎		男															陸上(愛)、野球(愛)、剣道(愛)、体操(愛)
気仙沼向洋	男			◎	◎		◎		◎	◎			男							◎						ヨット、相撲・男
宮城二工					◎				◎				◎						◎	◎						
貞山		◎		◎	◎				◎	◎	◎		◎						◎	◎						
田尻さくら																										バスケットボール(愛)、バドミントン(愛)
東松島									◎																	
仙台大志					男				◎	◎																バレーボール(愛)、陸上(愛)
仙台高専(広瀬キャンパス)	男			男	男			◎	◎	◎	男		◎				◎			◎						
仙台高専(名取キャンパス)	男			◎	◎	男	◎	◎	◎	◎	男	◎	◎				◎	◎		◎	◎			◎		自転車・男

私立高校

◎：男女あり　男：男子のみ　女：女子のみ

学校名	硬式野球	軟式野球	ソフトボール	バレーボール	バスケットボール	ハンドボール	硬式テニス	ソフトテニス	卓球	バドミントン	サッカー	ラグビー	陸上	体操	新体操	水泳	山岳・ワンゲル	ウエイトリフティング	柔道	剣道	弓道	空手	アーチェリー	スキー	フェンシング	その他 同好会（同）愛好会（愛） ※男女ありの◎は省略
聖和学園	男		女	女	◎	◎	◎	◎	◎	◎	◎		◎			◎			◎	◎		女				フットサル・男、チアリーディング・女、舞踊・ダンス、フラダンスほか
仙台育英学園	男	男		◎	◎	男	◎	◎	◎	◎	◎	男	◎			◎			◎	◎	◎					なぎなた、ライフル射撃、ラクロス、チアリーダー・女
東北	男	男	女	男	◎	◎	◎	◎	◎	◎	◎		◎			◎	◎		◎	◎	◎					ボート、自転車競技、ヨット、少林寺拳法、ライフル射撃、合気道、ゴルフ、アイスホッケー・男、フィギュアスケート、スピードスケート、チアリーダー・女、ダンス
東北生活文化大高	男		◎	◎	◎		◎	◎	◎	男			◎						◎	◎						少林寺拳法、ライフル射撃
大崎中央	男			女	◎	男	◎	◎					◎						◎				◎	◎		バドミントン（愛）、ダンス（愛）
尚絅学院		男	女	女	◎				◎		男		◎						◎	◎						
聖ウルスラ学院英智				女	女				◎	◎	◎	女	◎		女				◎							サッカー（同）・男、バスケットボール（同）・男
聖ドミニコ学院				◎	◎				◎										◎							
仙台城南	男			◎	◎	男	◎	◎	◎	◎	男		◎			◎	男		◎		◎				◎	レスリング・男
仙台大明成			女	◎	◎			◎	男	◎	◎		◎	◎		◎			◎	◎						
仙台白百合学園								女	女	女			女													
東北学院	◎	◎		◎	◎		◎	◎	◎	◎	◎		◎	男		◎			◎	◎	◎		◎			ハンドボール（愛）
東北学院榴ケ岡	男			◎	◎		◎	◎	◎	◎	男		◎			◎			◎							合気道
東陵	男			◎			◎		◎		男								◎				◎			ボウリング
常盤木学園			女	女	女		女	女	女	女	女		女	女	女	女				女	女			女		フットサル・女
西山学院									◎	◎																
日本ウェルネス宮城	◎			◎							◎		◎													
古川学園	男			女	男	◎		◎	◎	◎	男		◎						◎	◎						※硬式野球部マネージャー・女 入部可
宮城学院			女	女			女	女		女			女							女						
クラーク記念国際	女	◎							◎		男		◎													自転車 ※陸上と自転車は全日制に参加
仙台白百合学園（通）								女		女			女		女											※全日制と合同で実施

文化部

公立高校・高専

◎:男女あり　男:男子のみ　女:女子のみ

学校名	吹奏楽	合唱	器楽・管弦楽	音楽	美術	演劇	映画	茶道	華道	書道	写真	自然科学	物理	化学	生物	地学	文芸	英語・ESS	新聞	放送	社会	家庭	囲碁・将棋	パソコン・コンピュータ	JRC	その他 同好会(同) 愛好会(愛) ※男女ありの◎、部は省略
白石	◎	◎			◎	◎		◎		◎	◎	◎					◎	◎			◎		◎			マンドリン、箏曲、軽音楽、手芸、看護研究、イラスト(同)
白石／七ヶ宿										◎	◎															デザイン、CG
蔵王			◎	◎	◎			◎	◎					◎										◎	◎	手芸
白石工	◎				◎					◎	◎												◎		◎	機械、電気、建築、工業化学、設備工業、軽音楽、園芸(同)
村田	◎				◎			◎														◎		◎		機械・自動車
大河原産業	◎											◎										◎		◎		放送・写真、美術・書道、ギター、農業科学、簿記、珠算・電卓、ワープロ
柴田農林／川崎校																										総合文化、ボランティア
柴田	◎			◎	◎			◎	◎		◎												◎	◎		サイエンス
角田	◎	◎		◎	◎	◎						◎									◎					
伊具	◎				◎					◎	◎														◎	電気機械、科学、茶華手芸
名取	◎	◎		◎	◎	◎		◎		◎		◎					◎	◎			◎				◎	インターアクト(同)
名取(定)			◎	◎																				◎		
名取北	◎			◎	◎	◎	◎	◎	◎	◎	◎						◎	◎			◎				◎	ギター、コミック・イラストレーション、奉仕活動
亘理	◎				◎	◎					◎															情報処理、簿記、生活文化、茶華道、囲碁将棋(同)、書道(同)、科学(同)、軽音楽(同)
宮城農	◎	◎			◎	◎		◎		◎	◎									◎						科学、和太鼓、測量(愛)、軽音楽(愛)
仙台一	◎	◎		◎	◎	◎	◎			◎	◎		◎	◎	◎	◎	◎	◎			◎			◎		軽音楽、室内楽、出版、電脳研究、鉄道研究、クイズ研究
仙台二華			◎	◎	◎	◎		◎		◎	◎		◎	◎	◎	◎	◎	◎			◎				◎	調理、ギター、被服、アニメ・漫画、軽音楽、クイズ研究
仙台三桜			◎	◎	◎	◎		◎		◎	◎						◎	◎							◎	手芸、アニメ漫画研究、クッキング、ギター、園芸、映画研究(同)
仙台向山	◎				◎			◎			◎	◎								◎	◎					JRC(愛)、応援団
仙台南	◎	◎			◎	◎		◎				◎					◎				◎					軽音楽、映画研究(愛)、音楽鑑賞(愛)、クッキング(愛)
仙台西	◎	◎			◎			◎		◎										◎	◎		◎		◎	漫画・アニメ、家庭(同)、地域学習クラブ
仙台東	◎	◎			◎					◎													◎		◎	英語海外文化、マジック、茶華道、文芸書道
宮城工	◎				◎			◎		◎	◎	◎					◎		◎		◎					自動車、弱電、クラフトデザイン、情報研究、軽音楽、化工、コミック・イラスト、囲碁、機械技術、ダンス、電気技術(愛)、将棋(愛)、映像研究(愛)
仙台工	◎		◎	◎	◎						◎												◎	◎		自動車、模型・動画、建築倶楽部、工業研究
仙台工(定)											◎															自動車、レクリエーション(愛)、電気(愛)、釣り(愛)
仙台二	◎	◎			◎					◎			◎	◎	◎	◎					◎		◎			軽音楽、かるた(愛)、クイズ研究会(愛)、ダンス(愛)、ボランティア(愛)
仙台三	◎			◎	◎					◎											◎					語学、数学、新聞・文芸、囲碁、将棋、生活科学
宮城一		◎	◎		◎	◎								◎	◎						◎					文学、語学、数学、理化、ギター、箏曲、軽音楽、漫画文化研究、ジャズダンス・女、囲碁、競技かるた、バトントワリング、映画研究(同)、野球観戦(同)、JRC(愛)、クイズ研究(同)、ハンドメード(愛)、探究(愛)
宮城広瀬	◎				◎																◎			◎	◎	茶華道、生活研究、奉仕活動
泉	◎				◎					◎	◎	◎					◎				◎	◎				園芸、軽音楽(同)、応援団・チアリーディング・女
泉松陵	◎				◎	◎		◎		◎	◎	◎						◎				◎				応援団・チアリーダー
泉館山	◎	◎			◎			◎	◎	◎		◎									◎		◎	◎		
宮城野	サークル：美術、吹奏楽、弦楽、声楽、軽音楽、手芸、演劇・朗読、写真、クロッキー、ドローン、書道、服飾、テーブルゲーム、宮城野工房、自主創作、ボランティア																									

学校名	吹奏楽	合唱	器楽・管弦楽	音楽	美術	演劇	映画	茶道	華道	書道	写真	自然科学	物理	化学	生物	地学	文芸	英語・ESS	新聞	放送	社会	家庭	囲碁・将棋	パソコン・コンピュータ	JRC	その他 同好会(同) 愛好会(愛) ※男女ありの◎、部は省略
仙台	◎			◎	◎	◎	◎	◎	◎					◎	◎	◎	◎	◎		◎		◎		◎		ダンス
仙台商	◎			◎	◎															◎						珠算、ワープロ、情報技術、簿記研究、商業情報、軽音楽、ダンス
塩釜	◎		◎		◎			◎	◎								◎			◎				◎		手芸、ダンス、琴
多賀城	◎	◎			◎						◎	◎								◎		◎		◎		軽音楽、茶華道、ボランティア(同)
松島	◎			◎	◎		◎			◎	◎													◎		料理、イラスト、ボランティア、ダンス、軽音楽(愛)
利府	◎				◎	◎	◎	◎		◎										◎		◎	◎		◎	ギター
黒川	◎										◎													◎		調理、ロボット研究、囲碁・将棋(同)、茶道(同)、写真(同)
富谷	◎	◎	◎		◎	◎					◎	◎					◎	◎						◎		ダンス、茶華道、イラスト(同)、映画研究(同)、JRC(同)、囲碁・将棋(同)
古川	◎	◎			◎	◎						◎		◎	◎	◎	◎	◎					◎			ほーむめいきんぐ、映画(愛)
古川黎明	◎	◎			◎	◎	◎	◎									◎	◎			◎			◎		軽音楽、ハンドメイキング、ダンス、吟詠剣詩舞(愛)
岩出山					◎																					ダンス、地域活動、実務、スポーツ研究、軽音楽(同)
中新田	◎				◎																			◎		
松山	◎											◎														調理手芸、総合文化
加美農	◎				◎																	◎		◎		食農科学
古川工	◎				◎	◎					◎	◎						◎					◎			土木情報研究、建築研究、電気電子研究、機械研究、化学技術研究、理科研究、計数、ダンス
古川工(定)																										電気研究、機械研究
鹿島台商																						◎		◎		芸術、軽音楽、簿記
涌谷			◎		◎					◎																茶華道、総合文化
小牛田農林	◎				◎					◎				◎	◎	◎										イングリッシュクラブ(愛)、ホームメイキング(愛)、ボランティア(愛)、茶道(愛)
南郷																										園芸科学、生活科学、軽音楽、総合文化(美術班・書道班・写真班)
佐沼	◎	◎			◎							◎					◎	◎								茶華道、箏曲、軽音楽
佐沼(定)																										ハンドメイド
登米	◎																									総合文化、軽音楽、美術・写真
登米総合産業	◎				◎					◎												◎				農業、機械工作、電気工作、情報研究、福祉、商業
築館	◎				◎					◎															◎(特設)	料理研究、軽音楽、伝統文化、ボランティア(特設)
岩ヶ崎	◎	◎																							◎	軽音楽、科学
迫桜	◎	◎			◎	◎				◎	◎						◎	◎						◎		茶華道、理工、被服手芸、調理
一迫商					◎																					ワープロ、商業研究、eスポーツ
石巻	◎				◎					◎				◎	◎		◎			◎						将棋
石巻好文館	◎		◎		◎					◎	◎											◎				マンドリン、チアリーディング、科学(同)、読書(同)、文芸(同)、茶道(同)、JRC(同)
石巻西	◎			◎	◎			◎				◎					◎	◎		◎						野外活動
石巻北	◎				◎	◎			◎	◎	◎												◎			園芸、手芸、商業経済、ボランティア
石巻北／飯野川																	◎							◎		総合文化
宮城水産										◎																増殖研究、調理研究、水産資源調査、コンピューター、機関(愛)
石巻工	◎				◎					◎										◎						電気、軽音楽、化学技術、機械、建築、土木
石巻商	◎									◎											◎					珠算、簿記
桜坂	女	女			女	女		女	女	女	女						女									商業研究・女、家庭生活・女
気仙沼	◎	◎			◎	◎		◎		◎	◎						◎							◎		マンドリン、軽音楽、ダンス、社会福祉、調理、情報

学校名	吹奏楽	合唱	器楽・管弦楽	音楽	美術	演劇	映画	茶道	華道	書道	写真	自然科学	物理	化学	生物	地学	文芸	英語・ESS	新聞	放送	社会	家庭	囲碁・将棋	パソコン・コンピュータ	JRC	その他 同好会(同) 愛好会(愛) ※男女ありの◎、部は省略
気仙沼(定)																										総合文化
南三陸			◎									◎														総合文化。軽音楽、商業、郷土芸能(愛)
本吉響	◎				◎						◎	◎					◎							◎		ホームメイキング、ハンドインハンド、軽音楽、農業(愛)
気仙沼向洋												◎														ハイテク、軽音楽、VFC
宮城二工																										EV(電気自動車)
貞山					◎	◎						◎								◎						ペン習字、手しごと、軽音楽、イラスト
田尻さくら																										eスポーツ(愛)、レクリエーション(愛)、課外学習(愛)、折り紙(愛)、創作(愛)、四季(愛)、音楽(愛)
東松島				◎								◎														ボランティア、手芸、カードゲーム、文化創作、娯楽研究、図書、ヒーリング
仙台大志																				◎			◎		軽音楽、イラスト&文学、手芸、数学、ダンス
仙台高専(広瀬キャンパス)	◎		◎	◎					◎	◎		◎														アマチュア無線、科学、テーブルゲーム、DTM、プログラミング
仙台高専(名取キャンパス)	◎	◎	◎	◎				◎				◎						◎								天文、メカトロニクス研究部会(同)、ソフトウェア研究部会(同)・男、理科体験教室研究部会(同)、高専女子活動推進部会(同)・女

私立高校

◎：男女あり　男：男子のみ　女：女子のみ

学校名	吹奏楽	合唱	器楽・管弦楽	音楽	美術	演劇	映画	茶道	華道	書道	写真	自然科学	物理	化学	生物	地学	文芸	英語・ESS	新聞	放送	社会	家庭	囲碁・将棋	パソコン・コンピュータ	JRC	その他　同好会(同)　愛好会(愛)　※男女ありの◎、部は省略
聖和学園	◎	◎		◎	◎	◎		◎	◎	◎	◎	◎		◎			◎	◎	◎	◎	◎	◎	◎		◎	軽音楽、かるた、漫画アニメーション、陶芸、読書(同)、パソコン(同)、ギター、箏曲、国際ほか
仙台育英学園	◎	◎		◎	◎			女		◎	◎		◎	◎	◎		◎	◎		◎				◎		アニメ・イラスト、eスポーツ、インターアクト、仙台育英獅子太鼓、軽音楽、ロボティクス、かるた(同)、ダンス(同)、せんだいまなびや(同)、数楽(愛)、よさこい(愛)
東北			◎		◎	◎	◎					◎						◎					◎	◎		漫画、科学技術、社会奉仕、陶芸、軽音楽、eスポーツ(同)、ビブリオバトル(同)、TOHOKUまなびや(同)
東北生活文化大高	◎	◎		◎	◎	◎				◎												◎		◎	◎	デッサン、マンガ・イラスト、語学、ダンス、ギター、商業経済研究、生文塾、eスポーツ(同)
大崎中央					◎							◎												◎		折り紙サークル(同)、音楽(愛)、和太鼓(愛)
尚絅学院		◎	◎	◎	◎		◎			◎										◎						軽音楽、ダンス、宗教、インターアクト、家政奉仕、応援団(チア)
聖ウルスラ学院英智	◎	◎		◎				◎	◎			◎													◎	イラストレーション(同)、調理(同)、軽音楽(同)、ダンス(同)
聖ドミニコ学院			◎					◎	◎	◎								◎		◎		◎				バトントワリング、美術・陶芸、イラスト・アニメーション、ボランティア、フランス語、軽音楽、ダンス
仙台城南	◎						◎					◎											◎			軽音楽、自動車研究、からくりロボット研究、料理、映像・写真、eスポーツ
仙台大明成	◎				◎	◎	◎	◎	◎	◎	◎													◎		和太鼓、ダンス、福祉、軽音楽、クッキング、漫画研究(同)
仙台白百合学園		女			女			女	女								女	女		女		女				社会奉仕(小百合会)・女
東北学院	◎		◎	◎							◎	◎						◎		◎			◎			歴史、軽音楽、ディベート、鉄道研究会(愛)
東北学院榴ケ岡	◎		◎	◎							◎		◎		◎					◎		◎				囲碁・将棋・かるた、ダンス
東陵	◎				◎						◎	◎								◎		◎				
常盤木学園	女	女			女	女		女	女	女	女	女						女		女		女			女	チアダンス、ミュージカル、バトントワリング、邦楽、ギター、軽音楽、園芸、イラスト、中国語(同)、地域デザイン(同)※いずれも女
西山学院	◎																									
日本ウェルネス宮城																										
古川学園	◎				◎													◎	◎	◎		◎		◎		ボランティア
宮城学院	女		女	女	女			女				女								女						ダンス、ハンドベル、YWCA、かるた※いずれも女
N高・S高	ネット部活：eスポーツ、ダンス、音楽、美術、コンピューター、囲碁、将棋、クイズ研究会、起業、投資、政治、研究、人狼※その他同好会多数																									
クラーク記念国際											◎															軽音楽、eスポーツ
仙台白百合学園(通)					女			女	女	女							女	女	女			女				宗教、ギター、国際文化交流、チアリーディング、ダンス、かるた※いずれも女。全日制と合同で実施

234

入試直前対策テスト

出題　進学プラザグループ

2024年度（令和6年度）入試直前対策テスト

数 学

第 一 問 次の1〜8の問いに答えなさい。

1 $-2+(-7)$ を計算しなさい。

2 $(-2)^3-5$ を計算しなさい。

3 $\dfrac{2}{3}a^2b^3 \div \dfrac{1}{6}ab$ を計算しなさい。

4 $a=\dfrac{5}{2}$, $b=-3$ のとき, $3(a-b)-(5a-4b)$ の値を求めなさい。

5 $\sqrt{28}-\sqrt{21}\times(-\sqrt{12})$ を計算しなさい。

6 2次方程式 $x^2-5x-24=0$ を解きなさい。

7 下の図のような，点$(4, 6)$を通る比例のグラフがあります。このグラフにおいて，xの変域が$-2 \leqq x \leqq 6$のときのyの変域を求めなさい。

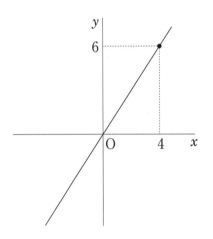

8 下の図のような，∠ＡＣＢ＝25°の△ＡＢＣがあります。辺ＡＣ，ＢＣ上にそれぞれ点Ｄ，Ｅを∠ＤＢＥ＝36°となるようにとり，線分ＢＤをＤの方に延長した直線上にＢＥ＝ＥＦとなる点Ｆをとります。また，線分ＥＦと線分ＣＤとの交点をＧとし，∠ＤＧＥ＝∠xとします。このとき，∠xの大きさを求めなさい。

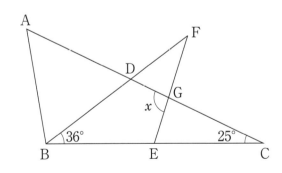

第　二　問　次の1〜4の問いに答えなさい。

1　下の図のように，関数 $y=x^2$ と直線 $y=ax+6$ は，x 座標がそれぞれ -3, 2 である2点A，Bで交わっています。また，直線 $y=ax+6$ と y 軸との交点をCとします。ただし，$a<0$ とします。
　　次の(1)，(2)の問いに答えなさい。

(1)　a の値を求めなさい。

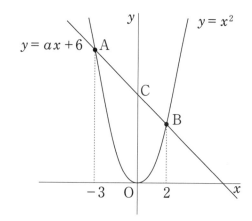

(2)　線分OA上に点Pがあります。△APCと四角形OBCPの面積の比が $2:3$ であるとき，点Pの座標を求めなさい。

2　ある花屋では，赤色の花と白色の花をセットにした2種類の花束を販売しています。下の表は，花束Aと花束Bをそれぞれ1束作るために必要な，赤色の花と白色の花の本数とその花束の1束の値段を表したものです。ただし，消費税は考えないものとします。
　　あとの(1)，(2)の問いに答えなさい。

	赤色の花	白色の花	1束の値段
花束A	8本	6本	900円
花束B	3本	4本	450円

(1)　花束Aが x 束，花束Bが y 束売れたときの売り上げの合計を，x, y を使った式で表しなさい。

(2)　花束を作るために，赤い花は100本あり，白い花は花束を作るのに十分な本数を用意しました。花束Aと花束Bを赤い花が過不足なく使われるように，それぞれ何束ずつか作ったところ，白い花が54本余りました。また，作った花束はすべて売ることができ，その売り上げの合計は12600円でした。このとき，花束用に用意していた白い花は何本ありましたか。

3 下の図のような，AB＝4cm，AD＝6cm，AE＝$2\sqrt{3}$ cm の直方体ABCD－EFGHがあります。また，線分AG上にPG＝2cmとなる点Pをとります。

次の(1)，(2)の問いに答えなさい。

(1) 線分AGの長さを求めなさい。

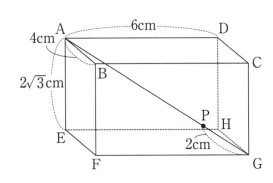

(2) 四角錐すいP－EFGHの体積を求めなさい。

4 ある中学校の3年A組35名と3年B組35名の，1500m走の記録をとりました。下の図は，A組，B組の記録をそれぞれ，階級の幅を30秒として整理した度数分布表を，ヒストグラムに表したものです。たとえば，4分30秒以上5分00秒未満の階級の度数は，A組は1人，B組は3人です。また，クラスごとに記録の平均値を計算すると，どちらのクラスも6分29秒でした。

あとの(1)，(2)の問いに答えなさい。

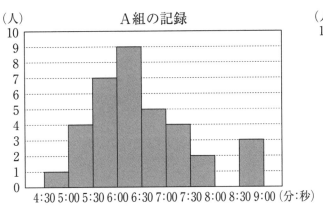
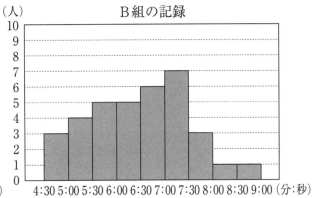

(1) A組の5分30秒以上6分00秒未満の階級の相対度数を求めなさい。

(2) A組とB組の，ヒストグラムから必ずいえることを，次のア〜オからすべて選び，記号で答えなさい。

ア 記録の最頻値は，A組よりB組の方が大きい。

イ B組の記録について，中央値は平均値よりも大きい。

ウ 記録が6分30秒よりも速い生徒は，A組よりもB組の方が多い。

エ 2つのクラスで一番速い生徒は，B組にいる。

オ 2クラス合わせて，記録が速い方から順に5人選出すると，選ばれる生徒は，A組よりもB組の方が多い。

第 三 問　次の1，2の問いに答えなさい。

1　自動運転で走る自動車Xがあり，2つの走行モード（運転方式）を選択できます。自動車Xは，2つの走行モードのみを使用し，各走行モードではつねに一定の速さで走行しています。また，走行した距離に対して消費する燃料の割合は各走行モードで一定で，出発時には燃料が100％あり，途中で燃料を補給しないものとします。

次の表は，2つの走行モード，Aモード，Bモードについて，それぞれの速さと，その走行モードだけで走行できる最大距離を表しています。

次の(1)，(2)の問いに答えなさい。

(1)　Aモードで走行したとき，燃料1％で何km走行することができるか，求めなさい。

走行モード	速さ(km/時)	1つの走行モードのみで走行できる最大距離(km)
Aモード	100	250
Bモード	60	350

(2)　1周5kmのサーキットコースを自動車Xで何周かして，テスト走行します。
次の(ア)，(イ)の問いに答えなさい。

(ア)　Aモードで100km走行し，そのあとBモードで走行したとき，240kmの距離を走行しきるまでの距離と燃料の残量の割合との関係を表すグラフを，**解答用紙の図**にかき入れなさい。

(イ)　Aモードで140km走行し，そのあとBモードで燃料がなくなるまで走行し続けたとき，出発してから燃料がなくなるまでの時間は，何時間何分か求めなさい。

2　下の図のように，袋Aには，－1，＋2の整数が1つずつ書かれた2枚のカードが，袋Bには，－，×の演算記号が1つずつ書かれた2枚のカードが，袋Cには，－3，＋1の整数が1つずつ書かれた2枚のカードがそれぞれ入っています。

いま，袋A，袋B，袋Cから順にカードを1枚ずつ取り出し，左から並べて減法または乗法の式をつくり計算します。たとえば，袋Aから$\boxed{-1}$のカード，袋Bから$\boxed{-}$のカード，袋Cから$\boxed{-3}$のカードを取り出したとき，$(-1)-(-3)=+2$となります。ただし，袋A，袋B，袋Cから，どのカードが取り出されることも同様に確からしいものとします。

あとの(1)，(2)の問いに答えなさい。

(1)　袋A，袋B，袋Cのそれぞれからカードを1枚ずつ取り出すとき，カードの取り出し方の組み合わせは，全部で何通りありますか。

(2)　袋A，袋B，袋Cのそれぞれからカードを1枚ずつ取り出すとき，式を計算した値が負の数になる確率を求めなさい。

第 四 問　長さが8cmの線分ABを直径とする円Oがあります。図Iのように，円Oの周上に∠CAB＝60°となる点Cをとり，点Aと点C，点Bと点Cをそれぞれ結びます。また，線分AO上に点Dをとり，点Dを通り，線分ACに平行な直線と点Aをふくまない方の$\overset{\frown}{BC}$，線分BCとの交点をそれぞれE，Fとします。さらに，線分AEと線分BCとの交点をGとし，点Bと点Eを結びます。

　次の**1～3**の問いに答えなさい。

1　線分BCの長さを求めなさい。

図I

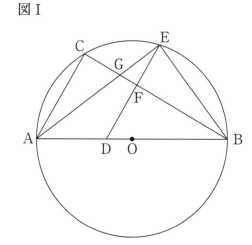

2　△AGC∽△BEFであることを証明しなさい。

3　図IIは，図Iにおいて，点Dを円の中心Oの位置にとったものです。線分EDをDの方に延長した直線と円Oとの交点をHとし，点Hと点B，点Hと点Cをそれぞれ結びます。また，線分GHと線分ABとの交点をIとします。

　次の(1)，(2)の問いに答えなさい。

図II

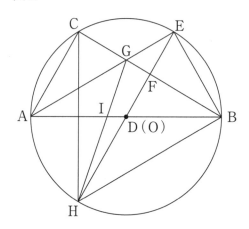

(1)　△BCHの面積を求めなさい。

(2)　線分AIと線分IBの長さの比を最も簡単な整数の比で求めなさい。

社 会

第 一 問 日本国憲法について，**資料A**を読んで，あとの１～５の問いに答えなさい。

資料A　日本国憲法

　日本国憲法は，1946年 ① に公布され，その半年後に施行されました。②政治についての最終的な決定権は国民がもつとする国民主権をかかげており，大日本帝国憲法で主権者とされていた天皇は「日本国と日本国民統合の象徴」と位置づけられています。また，第二次世界大戦で大きな犠牲を払った反省を踏まえ，平和主義も基本原理の１つとしています。日本国憲法では，基本的人権を「侵すことのできない永久の権利」とし，法の下の平等を基礎に，③自由権，④社会権，請求権などの人権が保障されています。しかし，施行から70年以上が経過したことで，⑤現代社会の変化に合っていない部分も指摘されており，改正に向けた議論が進められています。

---

1 ① にあてはまる月日として，最も適切なものを，次の**ア～エ**から１つ選び，記号で答えなさい。
　ア 2月11日　　**イ** 5月3日　　**ウ** 8月15日　　**エ** 11月3日

2 下線部②について，**資料B**は，国民が政治に対する正しい判断ができるように整備されている制度のしくみです。**資料B**のような制度によって保障が図られている権利として，最も適切なものを，次の**ア～エ**から１つ選び，記号で答えなさい。
　ア 自己決定権　　**イ** 知る権利
　ウ 請願権　　　　**エ** 国家賠償請求権

資料B　ある制度のしくみ

```
            国の行政機関の長に公開を請求
                    │
                   通知
    ┌───────────┼───────────┐
  公開      情報公開・        非公開
    │      個人情報保          │
    │      護審査会が    国の行政
    │        審査       機関の長に審査請求
  情報を        │          非公開
  閲覧・コピー    │          │
  できる        │        裁判所に
    ↑          │        訴える
    │          ↓          │
    └────── 公開 ────── 非公開
```

3 下線部③について，自由権は，身体（生命・身体）の自由，精神（精神活動）の自由，経済活動の自由の３つに大きく区分されます。このうち，経済活動の自由を保障している日本国憲法の条文として，最も適切なものを，次の**ア～エ**から１つ選び，記号で答えなさい。

　ア 集会，結社及び言論，出版その他一切の表現の自由は，これを保障する。

　イ 何人も，いかなる奴隷的拘束も受けない。又，犯罪に因る処罰の場合を除いては，その意に反する苦役に服させられない。

　ウ 何人も，公共の福祉に反しない限り，居住，移転及び職業選択の自由を有する。

　エ 信教の自由は，何人に対してもこれを保障する。いかなる宗教団体も，国から特権を受け，又は政治上の権力を行使してはならない。

4　下線部④について，社会権の保障の歴史について述べた文として，最も適切なものを，次のア～エから1つ選び，記号で答えなさい。
　ア　1689年にイギリスで出された権利（の）章典で，初めて明文化された。
　イ　1789年にフランスで出された人権宣言で，初めて明文化された。
　ウ　1919年にドイツで制定されたワイマール憲法で，初めて明文化された。
　エ　1948年に国際連合で採択された世界人権宣言で，初めて明文化された。

5　下線部⑤について，現代社会は，少子高齢化が進んでおり，世帯の構成に大きな変化がみられます。**資料C**は，総世帯に占める家族構成別の割合の推移です。核家族世帯と単独世帯にあたるものの組み合わせとして，最も適切なものを，次のア～エから1つ選び，記号で答えなさい。
　ア　核家族世帯 － a　　単独世帯 － b
　イ　核家族世帯 － a　　単独世帯 － c
　ウ　核家族世帯 － b　　単独世帯 － a
　エ　核家族世帯 － b　　単独世帯 － c

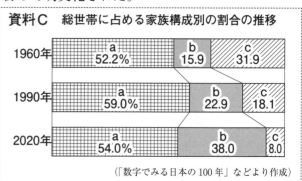

資料C　総世帯に占める家族構成別の割合の推移

1960年	a 52.2%　b 15.9　c 31.9
1990年	a 59.0%　b 22.9　c 18.1
2020年	a 54.0%　b 38.0　c 8.0

（「数字でみる日本の100年」などより作成）

第 二 問　拓実さんは，社会科の授業で，「東北地方の産業」について調べるため，**略地図**を準備しました。次の1～5の問いに答えなさい。

1　**略地図**中に**X**で示した山地は，手つかずのブナの原生林が残されており，世界遺産（自然遺産）に登録されています。この山地の名称を書きなさい。

2　**略地図**中に示した，**P～S**の県の農業のようすについて説明した文として，最も適切なものを，次のア～エから1つ選び，記号で答えなさい。
　ア　Pの県は，西部の平野で果樹栽培がさかんに行われており，さくらんぼや洋なしの生産量が全国で最も多い。
　イ　Qの県は，海沿いの平野で野菜の促成栽培がさかんで，なすやきゅうりの生産量が全国で最も多い。
　ウ　Rの県は，内陸部の盆地で果樹栽培がさかんに行われており，さくらんぼや洋なしの生産量が全国で最も多い。
　エ　Sの県は，中部の平野で野菜の促成栽培がさかんで，なすやきゅうりの生産量が全国で最も多い。

3　**略地図**中の**Y**の都市で生産されている伝統的工芸品として，最も適切なものを，次のア～エから1つ選び，記号で答えなさい。
　ア　南部鉄器　　　イ　西陣織
　ウ　輪島塗　　　　エ　天童将棋駒

略地図

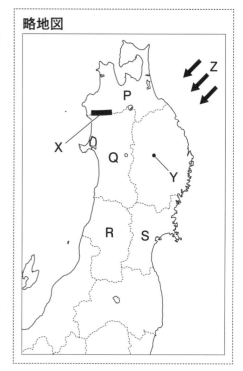

4 拓実さんは，ある統計に関して全国平均を 100 としたときの東北地方の各県の数値を調べ，**資料A**を作成しました。**資料A**中の ① ， ② にあてはまる項目の組み合わせとして，最も適切なものを，あとの**ア～エ**から1つ選び，記号で答えなさい。

資料A　全国平均を 100 としたときの東北地方の各県の数値（①は 2020 年，②は 2019 年）

	青森県	岩手県	宮城県	秋田県	山形県	福島県
①	46.1	45.1	85.8	35.7	39.8	68.3
②	117.2	135.1	284.6	8.2	5.4	101.1

（「データでみる県勢 2022」より作成）

ア　①－電子部品の製造品出荷額等　　②－海面漁業の漁獲量
イ　①－人口　　　　　　　　　　　　②－海面漁業の漁獲量
ウ　①－電子部品の製造品出荷額等　　②－人口
エ　①－人口　　　　　　　　　　　　②－電子部品の製造品出荷額等

5 拓実さんは，東北地方の気候について調べ，**資料B**，**C**を作成しました。**資料B**は，秋田市と宮古市の月別平均気温，**資料C**は，冷害が発生した 2003 年における東北地方の米の作況指数（平年を 100 としたときの収穫量）を示しています。東北地方で発生する冷害の特色を，**資料A**中に**Z**で示した風と関連づけながら，**資料B**，**C**を参考にして，簡潔に述べなさい。

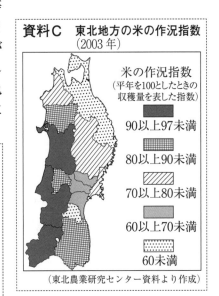

資料C　東北地方の米の作況指数
（2003 年）

米の作況指数
（平年を100としたときの収穫量を表した指数）

■ 90以上97未満
■ 80以上90未満
■ 70以上80未満
■ 60以上70未満
■ 60未満

（東北農業研究センター資料より作成）

資料B　秋田市と宮古市の月別平均気温（℃）

	1月	2月	3月	4月	5月	6月
秋田市	0.4	0.8	4.0	9.6	15.2	19.6
宮古市	0.5	0.8	3.9	8.9	13.5	16.5
	7月	8月	9月	10月	11月	12月
秋田市	23.4	25.0	21.0	14.5	8.3	2.8
宮古市	20.3	22.1	19.1	13.6	8.1	2.9

（「理科年表 2022」より作成）

第 三 問 香織さんは，社会科の授業で，「絵画の歴史」について調べ，**資料A**を作成しました。これをみて，あとの1～5の問いに答えなさい。

資料A　絵画の歴史

a	b	c
菱川師宣が創始した浮世絵は，鈴木春信によって多色刷りの錦絵が開発されたことで庶民の間に急速に広まり，①歌川広重や葛飾北斎などの絵師が人気となった。	中国や西方の文化の影響を強く受けたと考えられる「鳥毛立女屏風」などの絵画が描かれ，②正倉院に納められてきた。また，仏教の教えを描いた絵画も描かれるようになった。	③禅宗の僧が文化や学問に大きな影響力をもつようになり，④雪舟は中国で絵画を学ぶと，帰国後に日本の風景を題材として「秋冬山水図」などの水墨画を描いた。

1　 a ～ c にあてはまる時代区分の組み合わせとして，最も適切なものを，次のア～カから1つ選び，記号で答えなさい。
　ア　a－古代　b－近世　c－中世　　イ　a－古代　b－中世　c－近世
　ウ　a－近世　b－古代　c－中世　　エ　a－近世　b－中世　c－古代
　オ　a－中世　b－古代　c－近世　　カ　a－中世　b－近世　c－古代

2　下線部①について，このころに制定された法令として，最も適切なものを，次のア～エから1つ選び，記号で答えなさい。
　ア　座の特権を否定して自由な商売を認めるため，楽市令が出された。
　イ　外国船の接近に対して強い態度で臨むため，異国船打払令が出された。
　ウ　農民から武器を取り上げて農業に専念させるため，刀狩令が出された。
　エ　土地をめぐる裁判の基準などを定めるため，御成敗式目（貞永式目）が出された。

3　下線部②について，正倉院には，ある天皇の愛用品などが納められてきた。その天皇について述べた文として，最も適切なものを，次のア～エから1つ選び，記号で答えなさい。
　ア　貴族の勢力争いなどによる政治の混乱を立て直すため，都を平安京に移した。
　イ　天皇の位を譲って上皇になった後も引き続き政治の実権をにぎる，院政を始めた。
　ウ　建武の新政とよばれる天皇中心の政治を始めたが，2年あまりでくずれた。
　エ　人口の増加による田畑の不足を補うため，墾田永年私財法を定めた。

4　下線部③について，禅宗の1つである臨済宗を日本に広めた人物はだれか，書きなさい。

5　下線部④について，香織さんは，雪舟が生まれたころの社会のようすについて調べ，**資料B～D**を作成しました。このころの農村の自治のようすと，それを背景に起こるようになった農民の活動について，**資料B～D**を参考にして，簡潔に述べなさい。

資料B　寄合で定めたおきて

一　惣の共有林や私有林に関する罰則は，まさかりで木を切った者は330文，なたや鎌で切った者は200文，手で木の葉を折り取った者は100文の罰金とする。
一　菜園で他人の野菜をとったり，土を掘り動かしたりして，自分の土地を勝手に増やすことは禁止した。
一　いろいろな作物を「拾った」と言って自分のものにするなど，身勝手なふるまいは禁止した。

（「日吉神社文書」より作成）

資料C　僧が書いた日記

正長元年九月，天下の土民が一斉に蜂起した。「徳政だ」と叫び，酒屋や土倉，寺院などを襲って破壊し，質入れした物品などを思うままに略奪し，借金の証文などをすべて破り捨てた。…日本の国が始まって以来，土民たちが立ち上がったというのはこれが初めてのことである。

（「大乗院日記目録」より作成）

資料D　農民が記した碑文

正長元年ヨリ
サキ者カンへ四カン
カウニヲキメアル
ヘカラス
（正長元年以前の神戸四か郷の借金はないものとする）

（「柳生の徳政碑文」より作成）

第 四 問 真也さんは，社会科の授業で，「ヨーロッパ州」について調べるため，**略地図**を準備しました。次の1〜5の問いに答えなさい。

1 **略地図**中の**P**の緯線よりも北の地域でみることができる，夏至の前後に太陽が沈みきらずに一日中薄明るい状態が続く現象を何というか，書きなさい。

2 **略地図**中の**Q**の国について述べた文として，最も適切なものを，次の**ア**〜**エ**から1つ選び，記号で答えなさい。

ア 自動車などの工業製品の生産・輸出によって栄えてきた。

イ 小麦の栽培がとくにさかんであり，輸出量も多い。

ウ 海岸線に，フィヨルドとよばれる地形が連なっている。

エ 首都である都市の中に，世界で最も面積が小さい独立国がある。

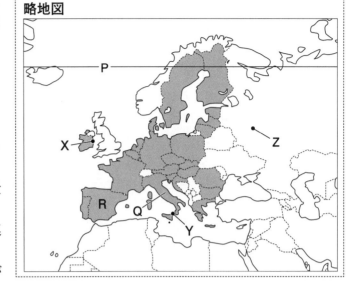

略地図

3 **略地図**中に示した**R**の国の生産量が世界で最も多い農産物として，正しいものを，次の**ア**〜**エ**から1つ選び，記号で答えなさい。

ア オリーブ　　**イ** 綿花　　**ウ** コーヒー豆　　**エ** 茶

4 真也さんは，**略地図**中に示した**X**〜**Z**の3つの都市の気温と降水量を調べ，**資料A**を作成しました。都市**X**〜**Z**と，**資料A**中のグラフ**I**〜**Ⅲ**の組み合わせとして，正しいものを，右の**ア**〜**カ**から1つ選び，記号で答えなさい。

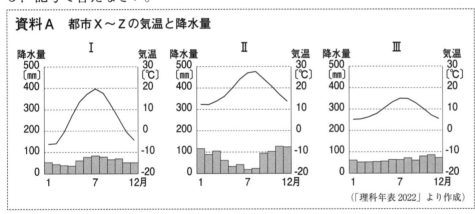

資料A　都市X〜Zの気温と降水量

（「理科年表2022」より作成）

	都市X	都市Y	都市Z
ア	I	Ⅱ	Ⅲ
イ	I	Ⅲ	Ⅱ
ウ	Ⅱ	I	Ⅲ
エ	Ⅱ	Ⅲ	I
オ	Ⅲ	I	Ⅱ
カ	Ⅲ	Ⅱ	I

5 真也さんは，**略地図**中に ▧ で示したEU加盟国について調べ，次の**資料B**，**C**を作成しました。**資料B**は，EU加盟国の加盟年，**資料C**は，EU加盟国の一人あたりの国民総所得を示しています。EU加盟国の加盟年と一人あたりの国民総所得の間にみられる関係と，それによって生じるEUの課題について，**資料B**，**C**を参考にして，簡潔に述べなさい。

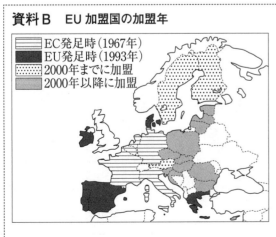

資料B　EU加盟国の加盟年

EC発足時（1967年）
EU発足時（1993年）
2000年までに加盟
2000年以降に加盟

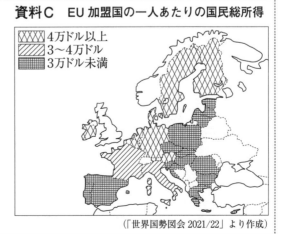

資料C　EU加盟国の一人あたりの国民総所得

4万ドル以上
3〜4万ドル
3万ドル未満

（「世界国勢図会2021/22」より作成）

第 五 問 愛菜さんは，アメリカの地理と歴史について調べ，**資料A**を作成しました。あとの**1〜5**の問いに答えなさい。

資料A　アメリカの歴史

○　北アメリカのイギリスの植民地は，①1776年にイギリスから独立し，アメリカ合衆国を建国しました。その後，西に向かって領土を広げ，19世紀半ばまでに太平洋岸に到達しました。

○　アメリカと日本は，1858年には日米修好通商条約を結んで貿易を開始しました。しかし②南北戦争が起こったことで貿易は停滞しました。

○　1929年に世界恐慌が起こると，③ニューディール政策をとって経済の回復に努めました。

○　現在では，ヒスパニックとよばれる移民の割合が増えており，④サンベルトを中心とする工業において重要な労働力となっています。

○　アメリカの⑤農業は，家族経営の小規模農場を単位として行われ，こうした家族農場がアメリカの発展の原動力となりました。

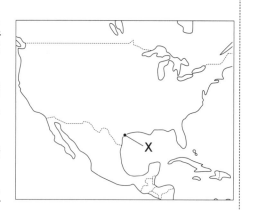

1　下線部①について，このとき独立してアメリカ合衆国の州となった植民地はいくつか，数字で書きなさい。

2　下線部②について，南北戦争における対立について述べた文として，適切なものを，次の**ア〜エ**からすべて選び，記号で答えなさい。

　ア　農業を中心としていた北部と，工業を中心としていた南部との対立。

　イ　奴隷制度に反対していた北部と，奴隷制度を容認していた南部との対立。

　ウ　保護貿易を主張していた北部と，自由貿易を主張していた南部との対立。

　エ　移民を受け入れていた北部と，移民を排除していた南部との対立。

3　下線部③について，ニューディール政策について述べた文として，最も適切なものを，次の**ア〜エ**から1つ選び，記号で答えなさい。

　ア　公共事業を積極的におこした。　　　**イ**　国民の言論を厳しく統制した。

　ウ　大規模な増税を行った。　　　　　　**エ**　計画経済の方針をとった。

4　下線部④について，サンベルトを代表する**資料A**の地図中の**X**の都市名として，最も適切なものを，次の**ア〜エ**から1つ選び，記号で答えなさい。

　ア　デトロイト　　　**イ**　ヒューストン　　　**ウ**　サンフランシスコ　　　**エ**　ピッツバーグ

5　下線部⑤について，愛菜さんは，**資料A**中の農業の特色について調べ，**資料B**，**C**を作成しました。日本と比べたときのアメリカの農業の特色を，**資料B**，**C**から読みとれることをもとにして，簡潔に述べなさい。

資料B　アメリカと日本の農林水産業就業人口と耕地面積（2019年）

	農林水産業就業人口（千人）	耕地面積（千ha）
アメリカ	2191	160437
日本	2280	3800

（「世界国勢図会 2021/22」などより作成）

資料C　アメリカと日本の農産物の自給率（2019年）

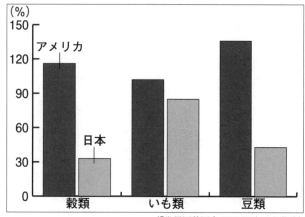

（「世界国勢図会 2022/23」より作成）

第　六　問　慎吾さんは，「日本の領土の変化」について調べ，**資料A**を作成しました。これを読んで，あとの1〜5の問いに答えなさい。

資料A　日本の領土の変化

　①幕末（江戸時代末期）に開国してから，日本は，ロシアとの間に樺太・千島交換条約を締結するなど，周辺国との国境の画定を進めました。日清戦争，②日露戦争に勝利し，第一次世界大戦でも戦勝国となったことで，日本は，右のグラフのように，海外領土を大きく増やしました。しかし，③第二次世界大戦で敗戦国になると，サンフランシスコ平和条約では，それまで得た海外領土をすべて失いました。独立を回復した後も沖縄は，アメリカの統治下に置かれ続けましたが，④高度経済成長が終わる直前の1972年に日本に復帰しました。

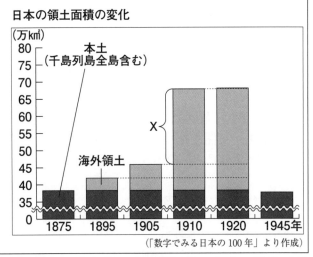

日本の領土面積の変化

（「数字でみる日本の100年」より作成）

1　下線部①について，幕末に起こった次の**ア〜ウ**の文を，起こった年代の古い順に並べかえ，記号で答えなさい。

　ア　安政の大獄などを行った大老の井伊直弼が，江戸城の桜田門外で水戸藩の元藩士に暗殺された。

　イ　長州藩と薩摩藩が，坂本龍馬らの仲立ちによって，倒幕に向けた同盟を結んだ。

　ウ　大名行列を横切ったイギリス人を薩摩藩士が斬った報復として，イギリスが鹿児島を攻撃した。

2　下線部②について，日露戦争に際して右の**資料B**のような詩を発表した人物はだれか，書きなさい。

3　下線部③について，第二次世界大戦時に日本が同盟を結んだ国として，適切なものを，次の**ア〜オ**からすべて選び，記号で答えなさい。

　ア　イタリア　　　　**イ**　フランス
　ウ　イギリス　　　　**エ**　オランダ
　オ　ドイツ

資料B　日露戦争に際して発表された詩

　あゝ弟よ君を泣く　君死にたまふことなかれ
　末に生れし君なれば　親のなさけは勝りしも
　親は刃をにぎらせて　人を殺せと教へしや
　人を殺して死ねよとて　二十四までを育てしや

4　下線部④について，慎吾さんは，高度経済成長の期間と終わった後の変化について調べ，**資料C，D**を作成しました。高度経済成長の期間と比べて，終わった後の経済にはどのような変化がみられたかを，高度経済成長が終わるきっかけとなったできごとにふれて，**資料C，D**を参考にして，簡潔に述べなさい。

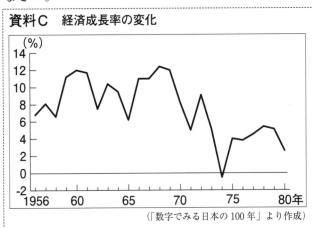

資料C　経済成長率の変化

（「数字でみる日本の100年」より作成）

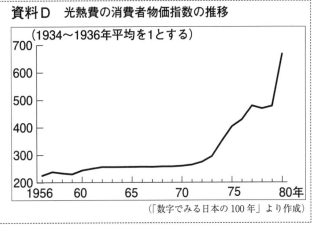

資料D　光熱費の消費者物価指数の推移

（「数字でみる日本の100年」より作成）

5　**資料A**のグラフ中の**X**の部分にあてはまる地域として，最も適切なものを，次の**ア〜エ**から1つ選び，記号で答えなさい。

　ア　樺太の南半分　　　**イ**　朝鮮半島　　　**ウ**　台湾　　　**エ**　遼東半島

英語

※試験時間は50分

リスニング問題（第一問）の音声を聞くことができます。

**河北新報出版センター「2024年度版宮城県高校受験総合ガイド」の書籍紹介ページ
（https://www.kahoku-books.co.jp/books/1025/）**

からIDとパスワードを入力して、ご利用ください。

ID　2024guide　　**パスワード**　listening

第 一 問 （放送によるテスト）　次の**問題1**から**問題4**に答えなさい。
　問題1　英語を聞いて，その内容を最も適切に表しているものを，それぞれ**ア，イ，ウ，エ**の中から
　　1つ選んで，その記号を**解答用紙**に書きなさい。

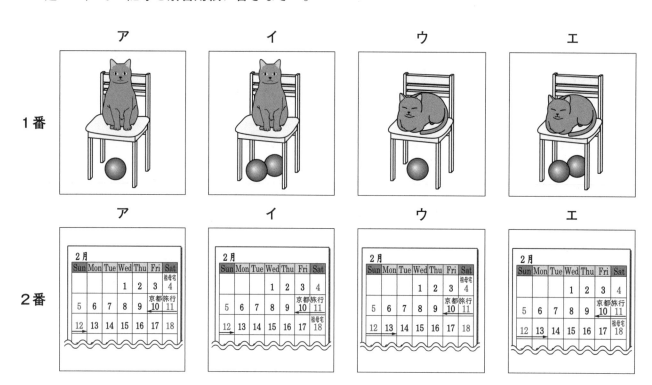

　問題2　美沙（Misa）とテッド（Ted）が会話をします。二人の会話は，問題用紙に示されている順に
　　進みます。　　　　　　　　　に入る発言として最も適切なものを，それぞれ**ア，イ，ウ，エ**の中か
　　ら1つ選んで，その記号を**解答用紙**に書きなさい。会話の　　　　　　　　　のところでは，チャイ
　　ム音が鳴ります。

　　1番　*Misa:* ・・・・・・・・・・・・・・
　　　　　Ted: ・・・・・・・・・・・・・
　　　　　Misa: ・・・・・・・・・・・・・・
　　　　　Ted: 　　　　（チャイム音）

　　　　ア　I have fifty English books.
　　　　イ　I don't have any.
　　　　ウ　About ten.
　　　　エ　You said twenty.

２番 *Misa:* ・・・・・・・・・・・・・
     Ted: ・・・・・・・・・・・・・
    Misa: ・・・・・・・・・・・・・
     Ted: | （チャイム音） |

ア　You're so kind.
イ　Then I'll bring some orange juice.
ウ　That's great.
エ　I can't go this time.

問題3　ジム (Jim) と美雪 (Miyuki) が会話をします。そのあとで会話について３つの質問をします。それらの質問に対する答えとして最も適切なものを，それぞれ**ア，イ，ウ，エ**の中から１つ選んで，その記号を**解答用紙**に書きなさい。

１番　ア　For a week.
    イ　For two weeks.
    ウ　For a month.
    エ　For two months.

２番　ア　Because Takuya didn't come to school today.
    イ　Because Miyuki visited Takuya in the hospital this morning.
    ウ　Because Takuya sent Miyuki an e-mail.
    エ　Because Jim told so.

３番　ア　Letters from other classmates.
    イ　A video message and cake.
    ウ　Cake and books.
    エ　A video message and books.

問題4　マックス (Max) と理沙 (Risa) が会話をします。二人の会話は，問題用紙に示されている順に進み，マックスが理沙に質問をします。理沙になったつもりで，□□□□□□□□に入る適切な発言を考えて，**英語**で**解答用紙**に書きなさい。会話の□□□□□□□□のところでは，チャイム音が鳴ります。

    Max: ・・・・・・・・・・・・・・・
    Risa: ・・・・・・・・・・・・・・・
    Max: ・・・・・・・・・・・・・・・
    Risa: | （チャイム音） |

第一問（放送によるテスト）は，ここまでです。

第 二 問 次の1〜3の問いに答えなさい。

1 次の(1)〜(3)の二人の会話が成立するように, ( ) に入る最も適切なものを, それぞれあとの
ア〜エから1つ選び, 記号で答えなさい。

(1) *Mika:* Can I visit your house this afternoon?
    Ted: Sure, but ( ) careful. It'll be snowy.
    ア you'll   イ please   ウ be   エ don't

(2) *Mai:* I hear many students will join volunteer work in the park tomorrow.
    Bob: Yes. We'll clean the park. Each of us ( ) to bring a plastic bag.
    ア have   イ has   ウ going   エ should

(3) *Kate:* You are so tall, Yota.
    Yota: I have two brothers, and I am the ( ) of the three.
    ア tall   イ taller than   ウ tallest   エ as tall

2 次の(1), (2)の二人の会話が成立するように, ( ) に入る適切な**英語**を, それぞれ**1語書**
きなさい。ただし, 答えはすべて ( ) 内に示された文字で書き始めなさい。

(1) *Jun:* Look at the boy (r) over there. He's Miho's brother.
    Mary: Oh, he's so fast.

(2) *Moe:* How long can we use the music room?
    Judy: It's two, so we can use it (u) four.

3 次の(1), (2)の二人の会話が成立するように, ( ) 内の語を正しい順に並べかえ, (1)はア〜エ,
(2)はア〜オの記号で答えなさい。

(1) *Tom:* Our bus is late. How long (ア you イ been ウ have エ waiting) for it?
    Keita: For thirty minutes. I came here at three.

(2) *Nick:* Oh, what (ア is イ beautiful ウ it エ a オ garden)!
    Taro: Thank you. My mother loves flowers and trees.

第 三 問　次の英文は，中学生の啓司 (Keiji) が，学校の英語の授業でスピーチをしたときのものです。この英文を読んで，あとの1～5の問いに答えなさい。

Do you know that a lot of people in Miyagi Prefecture have worked as volunteers? I read about it in the newspaper and I thought of one person, Mr. Kato.

①I think most of you know him. He lives near here and he takes care of the flowers along the road to our school. I always see him when I walk to school. One day, I said to him, "Thank you very much for taking care of the flowers. I like seeing them. They're very beautiful." He smiled and said to me, "It's my pleasure. I'm glad that you enjoy ②them. It's only a small thing, but I wanted to do it for the people in our town."

I wanted to do something for other people like Mr. Kato. I asked myself, "What can I do? Is there anything good to do?" Finally, I decided to clean the riverside when I take a walk every morning. When I walk along the riverside, I always enjoy the beautiful view. I wanted everyone to enjoy the beautiful view of the Hirose River like me.

While I am picking up garbage on the riverside, many people say to me, "Thank you." When I hear that, I am very happy. After a strong wind, the riverside gets very dirty. Cleaning it is hard, but I don't feel tired because I decided to do it. When I was a child, I only did things after other people asked me to do. I couldn't decide what to do by myself. Through this experience, I've learned that it's important to decide what to do for others by myself.

A week ago, I had another wonderful experience. When I was cleaning the riverside, I met a woman. She was doing the same thing as me. Her name is Ms. Hayashi. She said to me, "Thank you for keeping the riverside clean. I see you when I take a walk every morning. I was moved, so I began to clean like you." I was very glad to hear that.

I found that even a small thing can move people if we do it for others. I also learned that volunteer work will spread to other people in this way. I hope everyone will do something for other people like Mr. Kato.

<注>　prefecture　県　　riverside　川岸　　view　景色　　wind　風　　spread　広がる

1　下線部①のように啓司が思う理由を，本文の内容から具体的に**日本語**で書きなさい。

2　下線部②が示す内容として最も適切なものを，次のア～エから1つ選び，記号で答えなさい。
　ア　newspapers　　イ　Mr. Kato and Keiji　　ウ　the flowers　　エ　people in his town

3　次の質問に対する答えを，本文の内容に合うように**英語**で書きなさい。
　　What does Ms. Hayashi do when she sees Keiji every morning?

4　次のア～オを啓司のスピーチの流れに合うように並べかえ，記号で答えなさい。
　ア　Keiji cleaned the riverside even when it got dirty because of a strong wind.
　イ　Keiji read a newspaper and thought of Mr. Kato.
　ウ　Keiji talked to Mr. Kato and thanked him.
　エ　Keiji met a woman cleaning the riverside and talked with her.
　オ　Keiji wanted to do something for other people and thought about what to do.

5　次の英文は，啓司のスピーチを聞いたクラスメイトが書いた感想文です。本文の内容をふまえて，　　　　　　　に入る最も適切な**ひとつづきの英語4語**を，本文中から抜き出して書きなさい。

> His speech was interesting to me. I wanted to try to do volunteer work after listening to his speech. Maybe I can't do a big thing, but he taught me that 　　　　　　 can let volunteer work spread to other people.

第 四 問 新聞部では，「英語を学ぶ良い方法」と題して英語の先生である伊藤先生 (Mr. Ito)，森先生 (Ms. Mori)，ブラウン先生 (Mr. Brown) にインタビューをおこないました。次の英文は，インタビュー記事の原稿です。これらの英文を読んで，あとの**1～4**の問いに答えなさい。

Mr.Ito

I started to learn English when I became a junior high school student. When I was a child, learning English was not popular among children. Now I work as an English teacher because I like it very much. If you feel English is difficult, please study it with your favorite thing. Do you like reading books? You can read books written in English. Do you like watching movies? You can watch some of ①them in English. I learned many good expressions by reading books and watching movies. You can read or watch them again and again. It is a good point of studying English with books and movies. I could study English hard because I liked books and movies. If you start to study English with your favorite thing, you'll be more interested in English.

Ms.Mori

②I've learned English since I was a little child because my mother was an English teacher. Learning English has been a part of my life. When I was a high school student, I was in the drama club. We sometimes tried an English drama. We practiced both acting and English. At home, I practiced reading lines in a big voice. The lines written in English were not easy, but I tried hard. I think to read English aloud is better than to read English only in your head. Before I joined the drama club, I was good at English tests, but I couldn't speak it well. After I started to practice reading lines aloud, my English became much better. Through English dramas, I learned how to show my feelings in English.

Mr.Brown

I think talking with friends in English is the best way to learn it. Maybe most of you like to talk with your friends. You have many things to talk with them every day. So if you talk in English, you can have many chances to use it. But to talk in English with Japanese friends is a little strange. How about making friends with people from other countries? There are some exchange students in our school. Have you ever talked to them? If you haven't, please try. They'll be very glad. You can learn not only English but also about their countries. To visit a community center is also good. Some foreign people visit it. You can find new friends there, too. I also made Japanese friends there.

<注> expression(s) 表現　　drama 演劇　　acting 演技　　line(s) せりふ　aloud 声を出して
chance(s) 機会　　strange 奇妙な　　exchange student(s) 交換留学生
community center コミュニティセンター

1　下線部①が示す内容として最も適切なものを，次のア～エから**1**つ選び，記号で答えなさい。
　　ア　books　　　　　イ　movies　　　　ウ　books and movies　　エ　many expressions

2　下線部②の理由のうち，本文の内容から分かることを具体的に**日本語**で書きなさい。

3 次の(1)，(2)の質問に対する答えを，本文の内容に合うように**英語**で書きなさい。

　(1)　Why could Mr. Ito study English hard?

　(2)　Where did Mr. Brown make Japanese friends?

4 次の英文は，学校新聞でこの記事を読んだ愛子（Aiko）とクラスメイトのジョー（Joe）の会話です。本文の内容をふまえて，あとの(1)〜(4)の問いに答えなさい。

Aiko:　I was surprised to know that （　Ⓐ　） children studied English when Mr. Ito was a child.

Joe:　Now elementary school students study English in Japan.

Aiko:　Yes, it is necessary to study English in Japan.

Joe:　（　Ⓑ　） story are you interested in?

Aiko:　Well... I'm interested in Ms. Mori's.　Her way to learn English is interesting.

Joe:　Do you often read English aloud when you learn it?

Aiko:　Not often.　I always read English only in my head.　I'll try her way from now on.

Joe:　I think it will work well.　[　Ⓒ　].

Aiko:　Great, so your Japanese is getting better and better.　You've already tried Ms. Mori's way to learn foreign languages.　[　Ⓓ　]?

Joe:　Picture books.　They are written in easy Japanese.　They also have pictures in each page, so it is not hard to understand.　I sometimes read them for my little brother.　He's not good at Japanese, but he likes to listen to it.

---

　(1)　（　Ⓐ　）に入る最も適切なものを，次のア〜エから1つ選び，記号で答えなさい。

　　　ア　many　　　　　　イ　his　　　　　　　ウ　a few　　　　　エ　these

　(2)　（　Ⓑ　）に入る最も適切なものを，次のア〜エから1つ選び，記号で答えなさい。

　　　ア　How many　　イ　How　　　　　　ウ　Who　　　　　エ　Whose

　(3)　[　Ⓒ　]に入る最も適切なものを，次のア〜エから1つ選び，記号で答えなさい。

　　　ア　I read English books aloud every day

　　　イ　I read Japanese books aloud every day

　　　ウ　I watch English movies every day

　　　エ　I watch Japanese movies every day

　(4)　[　Ⓓ　]に入る最も適切なものを，次のア〜エから1つ選び，記号で答えなさい。

　　　ア　What book does Ms. Mori read aloud

　　　イ　What kind of book do you read

　　　ウ　Which drama did Ms. Mori like to watch

　　　エ　Which drama do you want to watch

第 五 問 ジェームス (James) とその母親が,次のような会話をしています。この英文とイラストの内容をふまえて,あとの1,2の問いに答えなさい。

James: I'm a little hungry, Mom. Is there anything to eat?

Mom: Yes. ☐ ① ☐

James: A banana, please. Thanks, Mom.

Mom: You're welcome. Are you going to bed after eating it?

James: Yes. I have to get up at five thirty tomorrow morning.

Mom: Five thirty? You'll get up much earlier than usual. Why?

James: ☐ ② ☐

Mom: Oh, I see.

＜注＞ usual　いつもの

1　二人の会話が成立するように,本文中の ☐ ① ☐ に入る**英語を1文**書きなさい。

2　二人の会話が成立するように,本文中の ☐ ② ☐ に**3文以上の英語**を書きなさい。

理　科

第 一 問　次の1〜3の問いに答えなさい。

1　次の文章は，刺激に対するヒトの反応について，まとめたものです。あとの(1)〜(3)の問いに答えなさい。

> 　刺激に対するヒトの反応には，「後ろから肩をたたかれたので，ふり返る」などの意識して行われる反応1と，「熱いものに手がふれたとき，熱いと感じる前に，思わず手を引っこめる」などの意識と関係なく起こる反応2がある。
>
> 　刺激を受けとってから反応するまでの時間は，反応2に比べて反応1の方が長い。この理由は，反応1は，受けとった刺激の信号を　　　　X　　　，再び信号をせきずいに伝えるための時間が必要になるからである。

(1)　意識して起こる反応1に対して，下線部のような意識と無関係に起こる反応2を何というか，答えなさい。

(2)　反応2と同様に，意識と無関係に起こる反応の例として，適切なものを，次のア〜エから1つ選び，記号で答えなさい。

　ア　暗いところから明るいところに行くと，ひとみが小さくなった。
　イ　花火が打ち上げられる音がしたので，その方向を見上げた。
　ウ　携帯電話の着信音が鳴ったので，急いで電話に出た。
　エ　高く飛んできたバスケットボールを，ジャンプしてつかんだ。

(3)　文中の　　　　X　　　　にあてはまる内容を，**せきずい**，**判断**という2つの語句を用いて，簡潔に述べなさい。

2　下の　　　　　は，気象についての，先生と山田さんの会話です。あとの(1)〜(3)の問いに答えなさい。

先生

　日本は，季節によって変わる気象などを生かした観光地がたくさんあります。雨などは地上の生命にめぐみをもたらしてくれますが，大きな災害をもたらすこともあります。また，冬に，日本海側の山間部では，豪雪によって交通網の遮断やなだれなどの被害が発生することがあります。

　なぜ，日本海側で豪雪が発生するのですか。

山田さん

先生

　図1を使って考えてみましょう。ユーラシア大陸からの風が日本列島を通過するまでを表したものです。冬にシベリア気団からふきだした北西の（　①　）は，日本海の上空を通過するときに多量の水蒸気を吸収します。この空気が日本列島の山脈にぶつかると，強い上昇気流になって雲を発生させるので，日本海側にたくさんの雪を降らせます。

　空気が日本列島にぶつかって，上昇気流により雪が発生する理由をもう少しくわしく教えてください。

山田さん

先生

空気が上昇すると，まわりの気圧が低下して空気が膨脹し，気温が下がります。すると空気の温度が（ ② ）に達し，湿度が100％となります。さらに空気が上昇すると，空気にふくみきれなくなった水蒸気が水滴となり，さらに大きくなって上昇気流で支えられなくなると落下します。この水滴が雪となるため，日本海側で雪をたくさん降らせることとなります。雪が降る地域では，スキーなどのレジャーを楽しむことができます。

図1

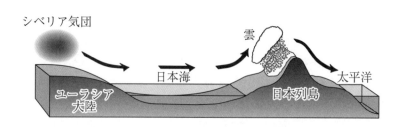

(1) 上の会話の（ ① ），（ ② ）に入る適切な語句を，①は**漢字3字**で，②は**漢字2字**で，それぞれ答えなさい。

(2) 日本海側で気温が0℃，湿度が80％であった空気のかたまりが，雪を降らせて山脈をこえ太平洋側へふき下りたとき，気温が5℃，湿度が25％になったものとします。このあいだに，この空気のかたまりが失った水蒸気の量は，はじめにふくんでいた水蒸気の量の何％か，小数第2位を四捨五入して，**小数第1位**まで求めなさい。ただし，**表**の値を用いることとします。

表

気温　　　　　　　　［℃］	0	1	2	3	4	5	6	7	8
飽和水蒸気量　［g/m³］	4.8	5.2	5.6	6.0	6.4	6.8	7.3	7.7	8.3

(3) 日本で発生する災害について述べたものとして，適切なものを，次の**ア～エ**から**すべて**選び，記号で答えなさい。

ア 発達した積乱雲のもとでは，雷や竜巻などの激しい突風が発生する。

イ 日本列島は降水量が多いが，平地が多いので土砂災害が起こりにくい。

ウ 災害の発生が予想される場合は，気象庁が発表する情報などを活用する。

エ 台風とは，中心付近の最大風速が15m/s以上となった温帯低気圧のことである。

3 塩酸を使った**実験Ⅰ，Ⅱ**について，あとの(1)～(6)の問いに答えなさい。

〔実験Ⅰ〕

1 **図2**のように，5％の塩酸が入った水そうに亜鉛板と銅板を入れた。

2 塩酸の中の亜鉛板の表面では気体が発生したが，銅板の表面では気体が発生しなかった。

3 反応のようすを観察していたところ，**図3**のように液面を境に亜鉛板も銅板も左にずれて見えることに気づいた。

〔実験Ⅱ〕

1 **実験Ⅰ**の後に，**図4**のように2つの金属板の一部を空気中でふれさせた。

2 塩酸の中の銅板の表面からも気体が発生した。

図2　　　　　　　　　　図3　　　　　　　　　　図4

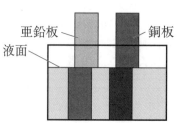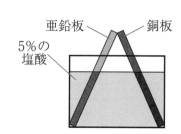

(1)　塩酸の溶質を何というか，答えなさい。

(2)　8％の塩酸50 gに水を加えて5％の塩酸をつくりました。このとき，加えた水の質量は何gか，求めなさい。

(3)　**実験Ⅰ**について書かれた次の文章の内容が正しくなるように，（　①　），（　②　）に入る語句の組み合わせとして，適切なものを，あとの**ア～エ**から1つ選び，記号で答えなさい。

> 塩酸と亜鉛との化学反応は，発熱反応である。この反応は，熱を（　①　）反応であり，反応後の物質がもつ化学エネルギーは，反応前の物質がもつ化学エネルギーより（　②　）。

ア　①　周囲からうばう　②　大きい　　　　**イ**　①　周囲からうばう　②　小さい
ウ　①　周囲に与える　　②　大きい　　　　**エ**　①　周囲に与える　　②　小さい

(4)　**図5**は，**実験Ⅰ**の③で点**X**の位置から水そうの中の銅板を見たとき，銅板の端の点**Y**が点**Y'**に見えたことを説明するための図です。点**Y**で反射した光が点**X**に届くまでの光の道すじを，解答用紙の図に**実線**でかき入れ，作図に用いた補助線は，**点線**でかき入れなさい。なお，**図5**中の└─┘は，銅板の見かけの位置を表しています。また，水そうのガラスの厚さは考えないものとします。

図5

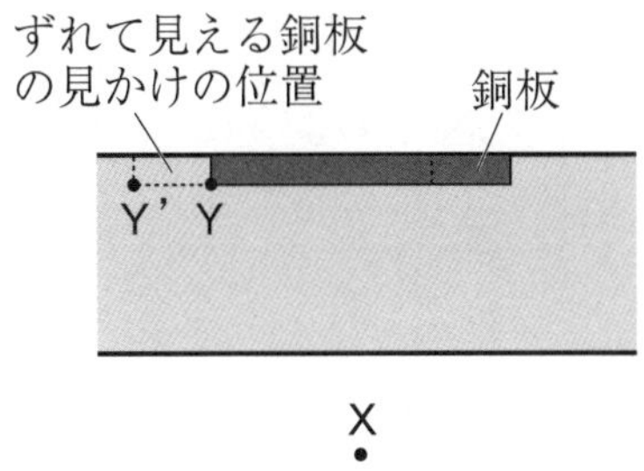

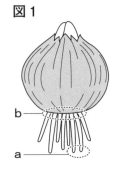

ずれて見える銅板の見かけの位置　　銅板
Y'　Y

X

(5)　光が異なる物質の境界を通るとき，境界面で光が曲がる現象を何というか，答えなさい。

(6)　**実験Ⅱ**で，塩酸の中の銅板の表面からも発生した気体を何というか，名称を答えなさい。また，その気体が発生する化学変化を，**電子**を**e⁻**として式で表しなさい。

第　二　問　タマネギについて**観察**を行いました。あとの1～5の問いに答えなさい。

〔観察〕
　① 水につけて成長させたタマネギの根の先端部分（**図1**の**a**）を5 mmくらいカッターナイフで切りとり，うすい塩酸に入れて3分間あたためたあと，水洗いをした。
　② ①で処理したものをスライドガラスにのせ，染色液を1滴落として，柄つき針でほぐし，3分間おいた。
　③ カバーガラスをかぶせてろ紙をのせ，ずらさないように垂直におしつぶした。
　④ ③でつくった**a**のプレパラートを顕微鏡で観察した。観察結果のスケッチを**図2**に示した。
　⑤ 根の先端部から離れた部分（**図1**の**b**）についても同様にして**b**のプレパラートをつくり，顕微鏡で観察した。観察結果のスケッチを**図3**に示した。

図1

b
a

図2

（aのプレパラートの観察結果）

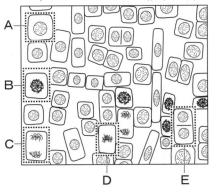

A
B
C
D　　E

図3

（bのプレパラートの観察結果）

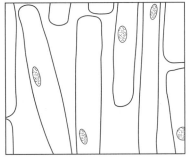

図2と図3は同じ倍率で観察したものである。

1 　①で，根の先端部分をうすい塩酸に入れてあたためた理由として，最も適切なものを，次の**ア～エ**から１つ選び，記号で答えなさい。

　ア　細胞を膨張させ，観察しやすくするため。

　イ　細胞の活動を活発にし，観察しやすくするため。

　ウ　細胞どうしをまとまりやすくし，観察しやすくするため。

　エ　細胞と細胞の結合を切ってはなれやすくし，観察しやすくするため。

2 　②の下線で示した染色液として適切なものの名称を何というか，答えなさい。

3 　図２の**A～E**は，体細胞分裂の過程の異なる時期の細胞を示しています。体細胞分裂の過程の順になるように**A**をはじめとして**B～E**を並べ，記号で答えなさい。

4 　根が体細胞分裂によって成長するしくみについて，細胞の数と大きさについてふれながら，図２と図３の結果をもとに，簡潔に述べなさい。

5 　タマネギについて述べた次の文章の内容が正しくなるように，（　①　），（　②　）に入る適切な語句をそれぞれ答えなさい。

　　図１のように，タマネギからたくさんの細い根が出ている。このような根を（　①　）といい，この根の特徴から，タマネギは被子植物の（　②　）類に分類される。

第　三　問　物質を加熱する実験Ⅰ，Ⅱについて，あとの１，２の問いに答えなさい。

〔実験Ⅰ〕

　① ステンレス皿の質量をはかった後，銅の粉末 0.60 g をはかりとり，ステンレス皿にうすく広げるように入れた。

　② 図１のように，①のステンレス皿をガスバーナーで加熱し，そのようすを観察した。室温に戻してからステンレス皿全体の質量をはかった。その後，粉末をよくかき混ぜた。

図１

ステンレス皿

銅の粉末

ガスバーナー

　③ ②の操作を数回くり返して，ステンレス皿全体の質量が増加しなくなったとき，その質量を記録し，できた物質の質量を求めた。

　④ ①の銅の粉末の質量を，1.20 g，1.80 g，2.40 g，3.00 g に変えて，それぞれ①～③の操作を行い，結果を**表**にまとめた。

表

銅の粉末の質量　　　　　[g]	0.60	1.20	1.80	2.40	3.00
できた物質の質量　　　　[g]	0.75	1.50	2.25	3.00	3.75

〔実験Ⅱ〕

　① 炭酸水素ナトリウムの結晶を蒸発皿にとり，図２の装置を使用して加熱を開始したが，しばらく加熱したところで加熱前の質量を測定し忘れたことに気づいた。

図２

蒸発皿　　　炭酸水素ナトリウム

　② 加熱をやめて，蒸発皿と結晶を冷却した後，蒸発皿に残った結晶の質量を測定すると 38.9 g であった。

　③ 再び加熱し，気体の発生が止まってから加熱をやめて，蒸発皿に残った結晶の質量を測定すると 26.5 g であった。

　④ 炭酸水素ナトリウムの結晶 8.4 g をはかりとって，図２の装置で加熱し，炭酸水素ナトリウムをすべて熱分解させたところ，蒸発皿に残った結晶の質量は 5.3 g であった。

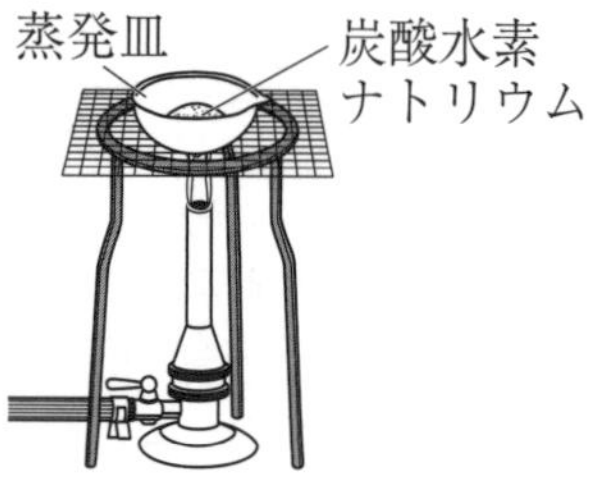

1　**実験Ⅰについて，次の(1)〜(3)の問いに答えなさい。**

(1)　銅の粉末を加熱したときに見られる変化を説明した文として，最も適切なものを，次のア〜エから1つ選び，記号で答えなさい。

　　ア　熱や光を出して反応し，金属光沢がない白色の物質に変化する。

　　イ　熱や光を出して反応し，金属光沢がない黒色の物質に変化する。

　　ウ　光を出さずに反応し，金属光沢がない白色の物質に変化する。

　　エ　光を出さずに反応し，金属光沢がない黒色の物質に変化する。

(2)　銅を加熱することで起こった化学変化を，化学反応式で表しなさい。

(3)　銅の粉末5.2 gをはかりとって，**実験Ⅰ**の①〜③の操作を行った場合，反応後にできる物質は何gか，求めなさい。

2　**実験Ⅱについて，次の(1)，(2)の問いに答えなさい。**

(1)　①，②の操作を終えたとき，もとの炭酸水素ナトリウムの何%が反応したと考えられるか，求めなさい。

(2)　**実験Ⅱ**と同じ熱分解の反応を行うものを，次のア〜エから1つ選び，記号で答えなさい。

　　ア　酸化銅の粉末と炭素の粉末を混ぜて加熱する。　　イ　酸化銀を加熱する。

　　ウ　マグネシウムリボンを燃焼させる。　　エ　鉄粉と硫黄粉を混ぜて加熱する。

第　四　問　地震について調べました。あとの1〜4の問いに答えなさい。

〔調べてわかったこと〕

① 図1は，ある観測地点Aにおける，この地震のゆれを記録したものである。地震のゆれには，①P波による小さなゆれと，②S波による大きなゆれがあることがわかった。

② 観測地点A以外に，観測地点B〜Dの記録についても調べた。次の表は，観測地点B〜Dにおける，震源からの距離，P波の到達時刻，S波の到達時刻をまとめたものである。

図1

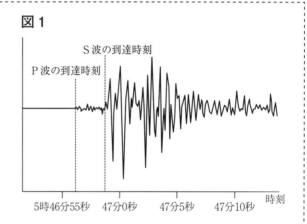

観測地点	B	C	D
震源からの距離	50km	100km	200km
P波の到達時刻	5時47分0秒	5時47分8秒	5時47分24秒
S波の到達時刻	5時47分6秒	5時47分20秒	5時47分48秒

③ この地震が起こった当時には，緊急地震速報がなかったことがわかり，緊急地震速報についてインターネットで調べ，次のようにまとめた。

　緊急地震速報は，気象庁が平成19年10月1日から広く一般に向けて発表を始めた防災情報である。地震が発生すると，震源に近い観測地点のP波の観測データから，震源や③地震の規模を推定する。そして，2点以上の観測地点で地震波が観測され，最大震度が④震度5弱以上と予想された場合，緊急地震速報が発表される。

　緊急地震速報を受けとってからS波が到達するまでの時間はわずかだが，あらかじめ机の下にもぐるなどの避難行動をとることができる。しかし，震源からの距離によって，　⑤　が異なるため，震源に近い地域では，緊急地震速報が間に合わないこともある。

1　①について，下線部①のゆれと，下線部②のゆれを何というか，それぞれ答えなさい。

2　②に関して，観測地点A〜D以外の観測地点XにおけるP波の到達時刻は，5時47分20秒でした。観測地点XにおけるS波の到達時刻を求めなさい。

3　③について，次の(1)，(2)の問いに答えなさい。

(1)　下線部③の大きさは，マグニチュードで表されます。マグニチュード6の地震で放出されるエネルギーは，マグニチュード3の地震で放出されるエネルギーの何倍か，最も適切なものを，次のア～エから1つ選び，記号で答えなさい。

ア　約2倍　　　　イ　約96倍　　　　ウ　約1000倍　　　　エ　約32000倍

(2)　下線部④の震度が観測された地点のゆれの感じ方や屋内の状況について述べたものとして，最も適切なものを，次のア～エから1つ選び，記号で答えなさい。

ア　屋内で静かにしている人の中には，ゆれをわずかに感じる人がいる。

イ　屋内にいる人のほとんどが，ゆれを感じる。棚にある食器類が音を立てることがある。

ウ　大半の人が恐怖を覚え，物につかまりたいと感じる。棚にある食器類，書棚の本が落ちることがある。

エ　立っていることができず，はわないと動くことができない。固定していない家具のほとんどが移動し，倒れるものが多くなる。

4　③の　　⑤　　にあてはまる内容を，簡潔に書きなさい。

第　五　問　エネルギーの移り変わりについて**実験Ⅰ～Ⅲ**を行いました。あとの1～4の問いに答えなさい。

〔**実験Ⅰ**〕　金属球を使って，ふりこの実験を行った。ただし，糸の重さや空気の抵抗は無視できるものとする。

図1のように，のび縮みしない糸の端を天井の点Oに固定し，もう一方の端に金属球をつけ，B点で静止している金属球を糸がたるまないようにして，B点から40cm高いA点まで持ち上げた。その後，金属球を静かにはなした。

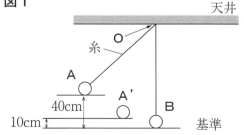

図1

〔**実験Ⅱ**〕

1　図2のように，点Oの真下にある点Pの位置にくぎをうち，金属球がBの位置を通過するときに，糸がくぎにかかるようにした。

2　実験Ⅰの2と同様に，金属球をAの位置に静止させ，静かに手をはなした後の金属球の運動のようすを調べた。

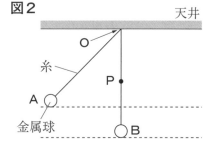

図2

〔**実験Ⅲ**〕　小球とレールを使った実験を行った。ただし，小球とレールの間の摩擦は無視できるものとする。

1　図3のように，2本のまっすぐなレールをなめらかにつなぎあわせて傾きが一定の斜面と水平面をつくり，斜面上に小球を置いて手で支え，静止させた。

2　手を静かにはなし，小球がレール上を動き始めたのと同時に，0.1秒ごとにストロボ写真を撮影した。次の**表**は，小球が動き始めてからの時間と，小球が静止していた位置からレール上を動いた距離を，撮影した写真から求めてまとめたものの一部である。

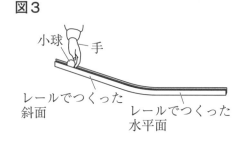

図3

表

小球が動き始めてからの時間　　　　　　　　[s]	0.1	0.2	0.3	0.4	0.5	0.6	0.7	0.8
小球が静止していた位置からレール上を動いた距離 [cm]	1.5	6.0	13.5	24.0	36.0	48.0	60.0	72.0

1 摩擦や空気の抵抗の影響を考えない場合，運動する物体の運動エネルギーと位置エネルギーの和は一定となります。このことを何というか，答えなさい。

2 実験Ⅰにおいて，金属球がB点を通過するとき，金属球のもつ運動エネルギーは，B点より10cm高い位置のA'点を金属球が通過するときの金属球のもつ運動エネルギーの何倍か，小数第2位を四捨五入して，**小数第1位**まで求めなさい。ただし，位置エネルギーは基準からの高さに比例します。

3 実験Ⅱの②において，糸が点Pのくぎにかかった後，金属球はどの位置まで上がると考えられますか。**図4のア～エ**から1つ選び，記号で答えなさい。

図4

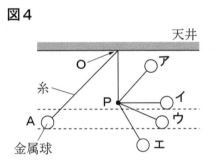

4 実験Ⅲについて，次の(1)，(2)の問いに答えなさい。
 (1) **表**から考えて，小球が静止していた位置からレール上を動いた距離が120.0cmに達したのは，小球が動き始めてからの時間が何秒のときか，求めなさい。ただし，水平面は十分な長さがあったものとします。

 (2) 小球が動き始めてからの時間が0.1秒から0.3秒までの間，および小球が動き始めてからの時間が0.6秒から0.8秒までの間における，小球にはたらく小球の進行方向に平行な力について述べた文として，適切なものを，次の**ア～エ**からそれぞれ1つ選び，記号で答えなさい。
  ア 一定の大きさではたらき続ける。
  イ はたらき続け，しだいに大きくなる。
  ウ はたらき続け，しだいに小さくなる。
  エ はたらいていない。

第 四 問 次の文章を読んで、あとの問いに答えなさい。

ある人いはく、人は慮りなく、いふまじきことを口疾くいひ出し、
（おもんぱか）（深い考えなしに）（軽率に）（と）（いだ）

人の短きをそしり、したることを難じ、隠すことを顕し、恥ぢがましきこ
（短所）（あらは）

とをただす。これらすべて、あるまじきわざなり。われはなにとなくいひ
（その人自身は）

散らして、思ひもいれざるほどに、いはるる人、思ひつめて、いきどほ

り深くなりぬれば、はからざるに、恥をもあたへられ、身果つるほどの

大事にも及ぶなり。

（「十訓抄」による）
（じっきんしょう）

問一 本文中の「いふまじき」を現代仮名遣いに改めなさい。

問二 本文中に「いはるる人」とありますが、次の対話は、このこと
について話し合ったものです。あとの㈠、㈡の問いに答えなさい。

> 〈Xさん〉 この「いはるる人」は ┃A┃ ようだね。
>
> 〈Yさん〉 言うべきではないことを軽率に言ったり、短所を悪く
> 言ったりすることを、筆者はどう考えているんだろう。
>
> 〈Xさん〉 筆者は、このようなことを ┃B┃ と考えているね。

㈠ ┃A┃ にあてはまる表現として、最も適切なものを、次のア～
エから一つ選び、記号で答えなさい。

ア 自分本位で無責任な発言をする人を見下している

イ 他人を思いやることのできない人に失望している

ウ 不用意なことを発言する人に怒りを募らせている

エ 勢いに任せて好きなことを話す人にあきれている

㈡ ┃B┃ に入る適切な表現を考えて、十字以内で答えなさい。

問三 本文中に「恥をもあたへられ、身果つるほどの大事にも及ぶな
り。」とありますが、筆者がこの表現を通して伝えたいことはどのよう
なことですか。最も適切なものを、次のア～エから一つ選び、記号で答
えなさい。

ア 相手の出方を見てから、自分の態度を決めるのが良い。

イ 自分が他人を馬鹿にしたことは、自分に返ってくることになる。

ウ 相手のことを思い、言いたいことを我慢すべきである。

エ 自分の本音をぶつけるには、表現の仕方に工夫が必要である。

第 五 問

ある中学校で、【文化祭のテーマ】を募ったところ、最終的に次の三
つの候補が出そろいました。あなたが、この三つの候補のいずれかに投
票するとしたら、どれを選びますか。次のア～ウから一つ選び、その記
号を**解答用紙の所定の欄に書き入れ**、その候補を選んだ理由を、**百六十
字～二百字**で書きなさい。

【文化祭のテーマ】

ア 和　　イ 躍動　　ウ 創意工夫

264

現代ではいちばんロマンチックな行為のように思われるからだ。メルヘンの世界とは、さかさまの国のことである。だとすれば、砂漠行こそ、まさしくメルヘンの国への旅ではないか。

（森本　哲郎「すばらしき旅」による）

*をつけた語句の《注》

——江戸時代の僧月性（一八一七〜一八五八年）の言葉。人間が骨をうずめるところはいたるところにある。志を成し遂げるためには、故郷にこだわらず、広い世界に出て活動すべきであるということ。ここでの「青山」は、緑のある自然のこと。

人間いたるところに青山あり

メルヘン——おとぎ話。童話。

問一　本文中に「このような例をあげてゆけば、きりがない。」とありますが、筆者が例として述べていることとして最も適切なものを、次のア〜エから一つ選び、記号で答えなさい。

ア　東南アジアの国々では、人間にとって最も大切な身体の部位は頭であり、幼い頃から常に頭を守る習慣が身についている。

イ　日本とヨーロッパでは、音を立てて違和感を覚える料理とそうでない料理が異なっており、文化の違いが礼儀作法に表れている。

ウ　日本人やアメリカ人にとって相手への非礼という共通認識があるが、許容する時間は大きく異なる。

エ　日本人と異なりアラビア人やラテン・アメリカ人にとって、三十分程度人を待たせるのは時間として長い方ではない。

問二　本文中に「砂漠というものが、私にとってはまったくの反世界だからだろうと思う。」とありますが、次の文は、「砂漠」について、筆者の考えを説明したものです。　　　にあてはまる適切な表現を考えて、**十五字以内**で答えなさい。

「砂漠」は、筆者が何度も旅をした魅力的な場所であるが、日本に住んできた筆者にとって「砂漠」というのは、風土という観点から見ると、　　　という点で「反世界」の場所であると言える。

問三　本文中に「こんどは自分が住んでいるモンスーン型の日本の風土や、そこにくりひろげられている生活が『反世界』のように思えてくるのである。」とありますが、次の文は、このことについて、筆者の考えを説明したものです。あとの(一)、(二)の問いに答えなさい。

日本から見れば、砂漠は　　A　　で、何もないところであるが、旅を通して過ごすうちに、何もない生活が　　B　　と言える。

(一)　　A　　にあてはまる言葉を、本文中から**七字**でそのまま抜き出して答えなさい。

(二)　　B　　にあてはまる言葉として、最も適切なものを、次のア〜エから一つ選び、記号で答えなさい。

ア　当たり前のような感覚になる
イ　愛おしいような感覚になる
ウ　物足りないような感覚になる
エ　幻であるような感覚になる

問四　本文中に「砂漠は　　……。」とありますが、筆者がこのように述べるのはなぜですか。最も適切なものを、次のア〜エから一つ選び、記号で答えなさい。

ア　生きるうえで余計な心配な心配が増えることを文化と言うならば、砂漠には何もないので、心配することがなくなるから。

イ　生きるのに余計なものを文化と考えるならば、何も余計なものがない砂漠では、文化が育つということがないから。

ウ　人々が余計なものを集めた結果を文化と言うならば、何もない砂漠では、余計なものの集積が文化と考えているから。

エ　人々が余計なものを集める人が不足しているから、逆にものが離れていく分散の様子が見られるから。

問五　本文を通して、筆者が最も主張したいことはどのようなことですか。砂漠を旅して得られることに触れながら、**五十五字以内**で説明しなさい。

第三問　次の文章を読んで、あとの問いに答えなさい。

日本人は子供の頭を撫でてかわいがるが、東南アジアの国々では、たとえ子供であろうと赤ん坊であろうと、頭に手をふれることをたいへんいやがる。頭は人間にとっていちばん大切な部分だから、そこに気安く手をふれることは侮蔑にひとしいのである。日本人はスープを音を立てて吸うではないか。ところが、そのヨーロッパ人は食事の最中に音を立てて鼻をかむのをなんとも思わない。また、日本人やアメリカ人は、人と待ち合わせて定刻を五分も過ぎようものならイライラしはじめる。そして、相手を三十分も待たせるなどということは、腹を立てるのにじゅうぶんな仕打ちであると考える。けれど、アラビア人やラテン・アメリカ人にとっては、三十分などという時間は人を待たせる最低の単位にすぎない。

このような例をあげてゆけば、きりがない。世界というのは、それぞれの井戸のなかに暮らす蛙たちにとっては、それこそ〝反世界〟の集合体なのである。世界を旅するということは、反世界を旅することなのだ。

私は何度か砂漠へ出かけた。旅ということばをきくと、どういうわけか私の胸中には空と砂とがひとつに溶け合った果てしない砂漠の光景が浮かぶのである。そのような光景がひとつ浮かぶと、つぎの瞬間、私はどうしてもそこへ我が身を置いてみたくなる。こうして私はまるで砂にたぐり寄せられるように砂漠へ旅立った。

なぜ砂漠にそんなに惹かれるのか。自分にもよくわからない。しかし、①おそらく、②砂漠というものが、私にとってはまったくの反世界だからだろうと思う。

たしかに砂漠は私たちの住む日本の風土の反対の極と言ってもいいであろう。和辻哲郎はあの有名な『風土』という書物のなかで、世界の風土をモンスーン型、牧場型、砂漠型の三つに分け、砂漠型の日本人を私たちの住むモンスーン型風土の対極に置いた。そしてモンスーン型の日本人がインド洋を抜けてアラビア半島にたどりついたときの衝撃と、その衝撃を記している。

＊「人間いたるところに青山あり」などと考えているモンスーン型日本人が、どこをどう見まわしても青山など見あたらぬ乾き切ったモンスーン型日本の風土に直面したおどろきだと言う。

たしかに砂漠は、青山的な私にとって衝撃そのものだった。そこにあるのはただ砂と空だけなのだから。けれども、そうした砂の世界に何日か身を置いてみると、やがて砂は私になにごとかをささやきはじめる。そして、不思議なことに、③こんどは自分が住んでいるモンスーン型の日本の風土や、そこにくりひろげられている生活が「反世界」のように思えてくる

のである。

砂漠には何もない。何もないということがとうぜんのようになってくると、逆に、なぜ日本の生活にはあんなにもたくさんのものがあるのか、奇妙に思えてくる。あんなに多くのものに取り巻かれなければ暮らせないのだろうか、と。もしかしたら、それらのものは、ぜんぶ余計なものではないのか。余計なものに取り巻かれて暮らしているから、余計な心配ばかりがふえ、かんじんの生きる意味が見失われてしまうのではないか……。

しかし、待てよ、と私は考える。生きてゆくのに必要なものだけしかないということは、文化がないということではないか。余計なものこそ文化に必要なもの、それを上まわる余計なものこそが、じつは文化ではないのか。生きてゆくうえに必要なものの集積なのではないか。だとすれば、④砂漠を肯定することは、文化を否定することになりはしまいか……。

それにしてもと私はさらに考えなおす。私たちはあまりにも余分なものを抱えこみすぎているのではないか。余分なものがすべて文化だというわけではないだろう。余分なもののなかで、どれが意味があり、何が無価値であるか、それをもういちど考えなおす必要がありはしまいか……。

砂漠とは、こうした反省を私にもたらす世界である。砂漠は現代の文明社会に生きる人びとにとって、一種の鏡の国と言ってもいいような気がする。私は砂漠に身を置くたびに、ある探検家がしみじみと洩らしたつぎのことばをかみしめる。

「砂漠とは、そこへ入りこむさきには心配で、そこから出て行くときにはなんの名残もない。そういう地域である。砂漠には何もない。ただ、その人自身の反省だけがあるのだ」

私は、砂漠に自分自身の姿を見に行くのである。

砂漠は、私たち日本人が考えがちなロマンチックな場所ではけっしてない。＊王子さまとお姫さまが月の光を浴びながら銀色の砂の上を行くなどという＊メルヘンの世界ではない。昼と夜とで温度は激変し、一瞬のうちに砂嵐が天地をおおってしまう。そういうおよそ非情な世界である。日本という井戸のなかに住む蛙である私は、こうした砂の世界に足を踏み入れたとたん、いつも後悔する。よりによって、なんでこんなところへ来てしまったのか！

だが、その後悔は、やがて反省へ変わり、さらに希望へと移ってゆく。生きることへの希望へ。この意味で、砂漠こそ最もロマンチックな場所であり、メルヘンの世界だと私は思う。なぜなら、そうした「反世界」へ行こうとすることこそが、

「さあ、記念すべき第一ゲームをやろうじゃないか。」

マスターは両手を擦り合わせ、チェスをはじめる時にいつも見せる、少年の大好きな表情を浮かべた。

「ゲームの記録はな、棋譜って言うんだ。これが書き記されていれば、どんなゲームだったか再現できる。結果だけじゃなく、駒たちの動きの優雅さ、俊敏さ、華麗さ、狡猾さ、大らかさ、荘厳さ、何でもありのままに味わうことができる。たとえ本人が死んだあとでもな。棋譜は人間より長生きなんだ。チェス指しは、駒に託して自分の生きた証を残せるってわけだ。」

マスターはチェス盤の上で駒の入った革袋を逆さまにした。少年にはマスターの言った言葉のほとんどが理解できなかった。ただ一つ分かったのは、これからチェスをするということだけだった。

少年が白、先手になった。少年はe2のポーン*をe4まで進めた。

[e4]

もらったばかりのチェスノートの一ページめ、第一行の一手めに、少年は鉛筆でそう記した。少し緊張しながら、間違えないよう丁寧に、小文字のeと数字の4を書き入れた。

チェスをしない人にとってみれば、それは単なる意味不明の記号に他ならなかった。けれど少年にとっては意味深い印だった。狡猾や荘厳の意味は知らなくても、e4が醸し出す特別の光は感じ取ることができた。その光がなぜ特別なのか、なぜならそれが自分の力で刻み付けた足跡であり、自分の死んだあともずっと残るからだと、ちゃんと分かっていた。少年はマスターが思うよりも、ずっと多くのことを既に知っていた。少年自身が思うよりも、

（小川洋子「猫を抱いて象と泳ぐ」による。一部省略がある。）

＊をつけた語句の〈注〉

ルーク、ポーン──チェスの駒の一種。

問一 本文中に①「少年が答えに窮していると、」とありますが、このときの少年の気持ちとして、最も適切なものを、次のア〜エから一つ選び、記号で答えなさい。

ア マスターをイライラさせないように駒を動かしたので、後悔している気持ち。

イ 自分の下手な駒の動かし方によってマスターを怒らせてしまったことがわかったので、反省している気持ち。

ウ 考えもなく駒を進めたことをマスターに見抜かれてしまい、どう答えていいかわからず、焦っている気持ち。

エ マスターの期待に応えようと自信を持って指した手が的外れなものだったことに気づき、慌てている気持ち。

問二 本文中に②「この習性」とありますが、どのような習性ですか。具体的に二十字以内で答えなさい。

問三 本文中に③「彼はわなに身体を預けたまま、」とありますが、次の対話は、このことについて話し合ったものです。あとの㈠㈡の問いに答えなさい。

〈Xさん〉 本文では、チェスを始めた子どもたちが陥りがちな A のことを、わなと表現しているね。

〈Yさん〉 普通の子どもたちはわなから抜け出そうとするよね。

〈Xさん〉 でも、少年は、 B ようだね。

〈Yさん〉 そうだね。だから、マスターは少年の能力を讃えているね。

㈠ A にあてはまる表現を、本文中から六字でそのまま抜き出しなさい。

㈡ B に入る表現として、最も適切なものを、次のア〜エから一つ選び、記号で答えなさい。

ア わなをそのまま受け入れて動じることなく気に留めずにいる

イ わなから逃げずに向き合うことで間違いを受け止めている

ウ わなをわなと思わずに自分の指した手を強く肯定している

エ わなから学ぶことで自分がわなを仕掛ける側になっている

問四 本文中に④「チェスノートの表紙にそろそろと指を這わせた。」とありますが、このときの少年の気持ちを、五十五字以内で説明しなさい。

問五 本文中の～線部の表現について説明したものとして、最も適切なものを、次のア〜エから一つ選び、記号で答えなさい。

ア 「木目が波打つように渦を巻いていた。」という直喩によって、閉鎖空間の不安で緊張感が高まっている様子を印象づけている。

イ 「坊やは刻々移り変わる駒の動きをそのつど瞬時に記憶し、」という表現によって、少年の行動が幼いことを暗示している。

ウ 「駒たちの動き」という擬人法によって、思い通りに駒を動かすことが難しいということを強調している。

エ 「e4が醸し出す特別の光は感じ取ることができた。」という描写によって、少年の一手に対する心情を示している。

267

第二問　次の文章を読んで、あとの問いに答えなさい。

少年は、近所で出会ったマスターにチェスを教わることになった。チェスは、将棋のように盤の上で駒を動かして対局するゲームで相手のキングを先に追い詰めた方が勝ちとなる。少年は持ち時間で相手を待たせることに罪悪感をもっていた。

マスターが決してイライラしない人だと知っているからこそ余計、これ以上待たせてはいけない、このままでは自分はマスターを怒らせてしまう、何としても速やかにマスターの期待に応えなければ……と局面よりもマスターの気持ちばかりが気になってしまう場合が、時折あった。

「ん？　何でだ？」

マスターはどんな時も見逃さなかった。それが考え抜かれた結果の手か、そうでないか、マスターにはすぐばれてしまうのだった。

①「あの……えっと、だから……。」

少年が答えに窮していると、マスターはゆっくりその駒を元に戻し、

「何となく駒を動かしちゃいかん。いいか。よく考えるんだ。あきらめず、粘り強く、もう駄目だと思ったところから更に、考えて考え抜く。それが大事だ。偶然は絶対に味方してくれない。考えるのをやめるのは負ける時だ。さあ、もう一度考え直してごらん。」

と、言った。そして最後に、

「慌てるな、坊や。」

と付け加えるのを忘れなかった。

よし、遠慮せずとことんまで考えてやろう、とある瞬間から少年は覚悟を決めた。

少年はテーブルチェス盤の下に潜り込み、チェス盤の裏側の一点に視線を集中させた。それはただのテーブルの裏だった。塗料の垂れた跡があり、所々ささくれがあり、木目が波打つように渦を巻いていた。その時少年の目には、テーブル裏の木目模様に浮かぶチェス盤が見えていた。駒の位置も正確によみがえっていた。もはや少年は慌てる必要などなかった。

以来、少年は難しい局面を迎えると、テーブルチェス盤の下に潜り込むようになった。盤を下から眺めるためだった。そうすることがルール違反になるのかどうか、少年は考えたためしもなかったが、とにかくマスターは止めなかったし、その位置関係によって集中力が一段と研ぎ澄まされるのは間違いなかった。更に日を追うごとにテーブルの下にいる時間は増えてゆき、最初の頃はここぞという一手を指す間だけだったのが、やがて十手になり、十五手になり、ついにはゲームの半分以上を床に座って過ごす

ことになった。

②この習性にこそ、彼の能力が如実に現れていた。マスターは最初、子供っぽさの表れかと思ったのだが、すぐにそうではないと気づいた。坊やは刻々移り変わる駒の動きをそのつど瞬時に記憶し、いや、写真をアルバムに貼るように刻々保存してゆく。チェス盤を目の前にしなくても、いや、むしろ駒など目の前にない方が、坊やの目はよく見える。頭の中のチェス盤で奏でられるメロディーの方が、ずっと繊細で深みがある。いくらお行儀が悪くても少年の好きにさせたのは、マスター自身、そのメロディーが聴きたくてたまらないからだった。

マスターが見抜いた少年の最もすぐれた能力は、彼が一つの間違いから実に多くを学ぶことだった。チェスを覚えはじめの子が陥りがちなわなに、少年もことごとく引っ掛かったが、普通の子が一刻も早くそこから脱出しようとしてもがくのとは違い、③彼はわなに身体を預けたまま、その位置や形状や手触りをじっくり味わうのだった。そして二度と同じ穴に落ちはしなかった。

ある日、マスターは少年に一冊のノートをプレゼントした。学校で使うノートよりも小ぶりで細長く、表紙は水色をしていた。開くと中には、規則正しく縦線と横線に区切られ、番号を振られた、試験の解答用紙のようなものが印刷されていた。

「チェスノートだよ。」

と、マスターは言った。

「ゲームを記録しておくためのノートさ。坊やがこれから誰かと対戦するたび、このノートに記録を残してゆくんだ。一ページ一ページが坊やの歴史になる。」

少年は思わず大きな声を出した。

「これを僕にくれるの？　本当？」

「本当だとも。」

「この僕に？　ここにいる、この僕に？」

何度問い掛けてもまだ心もとない、といった様子で少年は二度、三度、自分の鼻の頭をつぶれるほどに人差し指で押さえつけた。そうやって自分の勘違いなどではないことを十二分に確かめてから、④チェスノートの表紙にそろそろと指を這わせた。

「どうも、ありがとう。ノートを持っているだけで、いっぺんにチェスが上手くなったような気分だよ。」

「えっと、いいか。まずここに日付と、駒の種類を示すアルファベットと、移動した先の地番を記入する。キングがK、ルーク*がR。何も難しくはない。そのまんまだ。チェス盤の横がaからh、縦が1から8なのはもう知ってるな？」

〈Aさん〉 そうだね。じゃあ、Cさんは、何か気づいたことがあるかな。

〈Cさん〉 しれないね。

　　　　 私が気になったのは、「三年生では」と言っていたけれど、私たちが一年生だったときの先輩を指しているのか、私たち自身が三年生になったときのことを指しているのか紛らわしいから、何か一言付け加えた方がいいのではないかなと思ったよ。例えば「③私たちが三年生になったときには」はどうかな。

〈Aさん〉 いいと思う。書き直してみるよ。

〈Cさん〉 あと、中学校生活を振り返るところだけど、聞き手が分かりやすいようにもっと具体的にエピソードを交えて話した方が分かりやすいのではないかなと思ったんだ。

〈Aさん〉 どういうことかな。

〈Cさん〉 色々な学校行事があったと思うけど、例えば運動会ではどんなことがあったのか、文化祭では何をしたのか、みんなが思い出せるような内容を話した方がいいんじゃないかな。

〈Bさん〉 Cさんの言いたいことはよくわかるけれど、人によって経験したこと、感じたことは様々だから、聞き手が分かりやすいようにあてはまるとは限らないし、Aさんが話すことがみんなにあてはまるとは限らないし、私は変えなくていいと思う。

〈Aさん〉 Cさん、Bさんありがとう。確かに④二人の意見はちらもよくわかるから、もう一度よく考えてみるよ。

〈Bさん〉 次が「後輩」だけど、最初は「後輩のみなさん」と言っているよね。だから、⑤呼び方を直した方がいいと思うよ。

〈Cさん〉 「後輩」への呼びかけだけど、最初は「後輩のみなさん」に戻っているね。次が「後輩」で、その次は「後輩のみんな」になっているね。

〈Aさん〉 そうだね、最後は「後輩のみんな」になっているよね。いろいろと話してくれて、ありがとう。二人の意見を参考にして、卒業式に臨むことにするよ。

（一）【卒業式の答辞の練習】の中に「①準備をしていただいたみたいに、感謝なさります」とありますが、適切な表現になるように、「感謝なさります」の部分を、十字以内で直しなさい。卒業生を代表して感謝なさります、」とありますが、適切な表現になるように、「感謝なさります」の部分を、十字以内で直しなさい。

（二）【練習後の会話】の中に「②春の季節にちなんだ時候の挨拶」とありますが、最も適切なものを、次のア～エから一つ選び、記号で答えなさい。

ア 木々が美しく華やかな色あいになる季節となりました。

イ 新緑の香りがすがすがしい季節となりました。

ウ 日ごとに暖かさが感じられる季節となりました。

エ すすきがなびく姿に風情を感じる季節となりました。

（三）【練習後の会話】の中に「③私たちが三年生になったときには」とありますが、このように提案したCさんの意図として、最も適切なものを、次のア～エから一つ選び、記号で答えなさい。

ア 「三年生」に該当するのが私たちであることを明確にする。

イ 「三年生」は全学年の中で最高学年であることを強調する。

ウ 「三年生」になると任されることが多くなることを示す。

エ 「三年生」は他の学年から見たら先輩であることを表す。

（四）【練習後の会話】の中に「④二人の意見」とありますが、Cさん、Bさんの発言について説明したものとして、最も適切なものを、次のア～エから一つ選び、記号で答えなさい。

ア Cさんは学校行事がかけがえのない大切なものであったと考えたが、Bさんは学校行事だけに限定して述べるべきではないという意見。

イ Cさんは学校行事の内容を知ってほしいと考えたが、Bさんはその内容はみんな知っているので詳しく紹介する必要がないという意見。

ウ Cさんは学校行事の大切な思い出をずっと忘れるべきではないと考えたが、Bさんは学校行事の他にも伝えるべきことがあるという意見。

エ Cさんは学校行事を具体的に述べることで振り返りやすくなると考えたが、Bさんは個人の具体的な体験を述べる必要はないという意見。

（五）【練習後の会話】の中に「⑤呼び方を直した方がいい」とありますが、Bさんがこのように言うのはなぜですか。三十字以内で答えなさい。

第一問 次の問いに答えなさい。

問一 次の文の——線部①〜⑥のうち、漢字の部分はその読み方をひらがなで書き、カタカナの部分は漢字に改めなさい。

・ 新たに従業員①を雇う。

・ 大半の面積を占②める。

・ 雲泥③の差がある。

・ 風船がチヂ④んで落ちた。

・ 各国のシュノウ⑤が集まる。

・ 有害な物質をジョキョ⑥する。

問二 次の文の——線部①、②のカタカナを漢字に改めたものとして、正しいものを、それぞれあとのア〜エから一つ選び、記号で答えなさい。

・ 指導者のチョウレイ①暮改によって現場が混乱する。

　　ア 冷　　イ 礼　　ウ 例　　エ 令

・ フワ②雷同せずに、自分の意見をもつべきだ。

　　ア 付　　イ 負　　ウ 不　　エ 普

問三 次の行書で書かれた漢字を楷書で書いたとき、総画数が最も多いものを、次のア〜エから一つ選び、記号で答えなさい。

　　ア 競　　イ 護　　ウ 艦　　エ 響

問四 中学校の卒業式で答辞を読むことになったAさんは、卒業式に向けて練習を行い、それを聞いていたBさん、Cさんからアドバイスをもらいました。次は、Aさんが行った【卒業式の答辞の練習】と、Aさん、Bさん、Cさんの三人による【練習後の会話】です。あとの(一)〜(五)の問いに答えなさい。

【卒業式の答辞の練習】

①私たちはこの中学校を卒業します。今回の卒業式の開催にあたり、準備をしていただいたみなさんに、卒業生を代表して感謝なさります。

三年前、私たちは緊張しながら校門をくぐり、この学校に入学しました。入学したばかりの一年生から見ると、二年生、三年生はとても大きな存在に感じました。委員会活動や部活動、そして学校行事などでは様々なことを教えていただきました。三年生では、先生方や同級生、そして後輩のみなさんと色々な意見を出し合いながら学校行事を成功させることができました。そこでは、みんなで団結することの素晴らしさ、努力の大切さを学びました。先生方には、勉強以外にも学校行事を通じてたくさんのことを学んでいただきました。

私たち卒業生はこの三年間で大きく成長しました。私たちは本日この中学校を卒業しますが、一人一人将来の夢を実現するために、後輩に負けないようにこれからも努力を続けていきます。どうか後輩のみなさんも頑張ってください。

最後に、私たちを育ててくださった先生方、家族のみなさん、後輩のみなさん、そして地域のみなさん、本当にありがとうございました。

以上、卒業生を代表して私の答辞とします。

【練習後の会話】

〈Aさん〉 卒業式の答辞の練習を聞いて、何か意見はあるかな。

〈Bさん〉 始まり方が唐突でちょっと味気ない感じがするね。②春の季節にちなんだ時候の挨拶を入れてみるのはどうかな。最初に一言加えるだけで、随分印象が変わると思うよ。

〈Aさん〉 なるほど。時候の挨拶を入れるのはいいかもしれないね。

〈Cさん〉 いいアイディアだと思うよ。本題に入る前に一言入れることで、読んでいるAさんの緊張も少しは和らぐかも

入試直前対策テストの詳しい解答解説

数 学

（問題は236ページ）

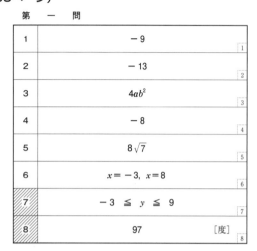

第　一　問

1	-9
2	-13
3	$4ab^2$
4	-8
5	$8\sqrt{7}$
6	$x=-3,\ x=8$
7	$-3 \leqq y \leqq 9$
8	97　　［度］

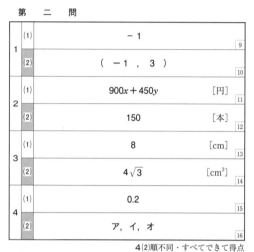

第　二　問

1	(1)	-1
	(2)	$(-1,\ 3)$
2	(1)	$900x+450y$　［円］
	(2)	150　　［本］
3	(1)	8　　［cm］
	(2)	$4\sqrt{3}$　　［cm^3］
4	(1)	0.2
	(2)	ア，イ，オ

4(2)順不同・すべてできて得点

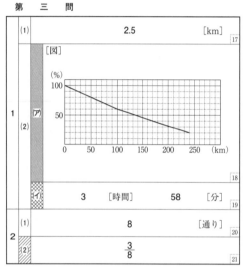

第　三　問

1	(1)	2.5　　［km］
	(2) ア	［図］
	(2) イ	3　［時間］　58　［分］
2	(1)	8　　［通り］
	(2)	$\dfrac{3}{8}$

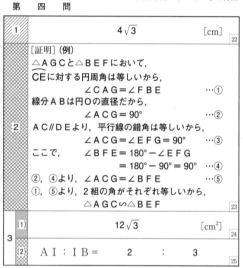

第　四　問

1		$4\sqrt{3}$　　［cm］
2		［証明］（例） △AGCと△BEFにおいて， $\overset{\frown}{CE}$に対する円周角は等しいから， 　　　∠CAG＝∠FBE　…① 線分ABは円Oの直径だから， 　　　∠ACG＝90°　…② AC∥DEより，平行線の錯角は等しいから， 　　　∠ACG＝∠EFG＝90°　…③ ここで，　∠BFE＝180°−∠EFG 　　　　　　　　＝180°−90°＝90°　…④ ②，④より，∠ACG＝∠BFE　…⑤ ①，⑤より，2組の角がそれぞれ等しいから， △AGC∽△BEF
3	(1)	$12\sqrt{3}$　　［cm^2］
	(2)	AI：IB＝　2　：　3

正答数

6 点	5 点	4 点	3 点
3	6	4	12

＜解　説＞

第一問　数量と図形の基本問題

7　点(4, 6)を通る比例のグラフの式を$y=ax$とおき，$x=4$，$y=6$を代入すると，$6=4a$　$a=\dfrac{3}{2}$より，$y=\dfrac{3}{2}x$　よって，$x=-2$のとき$y=-3$，$x=6$のとき$y=9$より，求めるyの変域は$-3 \leqq y \leqq 9$となる。

8　BE＝EFより，△BEFは二等辺三角形だから，∠BFE＝∠FBE＝36°　よって，△BEFの内角と外角の関係より，∠GEC＝36°＋36°＝72°　また，△GECの内角と外角の関係より，∠x＝72°＋25°＝97°

第二問　関数のグラフ・連立方程式の応用・空間図形・資料の整理

1(1)　点Aは$y=x^2$上の点だから，$y=(-3)^2=9$より，A$(-3,\ 9)$　また，点Aは$y=ax+6$上の点でもあるから，$x=-3$，$y=9$を代入して，$9=-3a+6$　$a=-1$

(2)　B$(2,\ 4)$だから，右の図より，△AOB＝△AOC＋△BOC＝$\dfrac{1}{2}\times6\times3+\dfrac{1}{2}\times6\times2=15$　△APCと四角形OBCPの面積の比が2：3であるから，四角形OBCPの面積は$15\times\dfrac{3}{5}=9$　ここで，△BOCの面積が6だから，△CPOの面積は3になる。点Pのx座標を$-t$とおくと，△CPO＝$\dfrac{1}{2}\times6\times t=3$　$t=1$より，点Pのx座標は-1となる。よって，直線OAの式は$y=-3x$となるから，$x=-1$を代入して，$y=-3\times(-1)=3$より，P$(-1,\ 3)$になる。

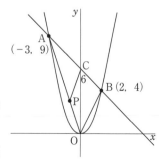

2(2)　赤い花 100 本が過不足なく使われるので，$8x+3y=100\cdots$①　また，売り上げの合計が 12600 円より，$900x+450y=12600\cdots$②　①，②を連立方程式として解くと，$x=8$，$y=12$　よって，売れた白い花は $6\times8+4\times12=96$（本）で，54 本の余りがあるので，花束に用意していた白い花は，$96+54=150$（本）

3(1)　△ADCで，∠ADC $=90°$ だから，三平方の定理より，AC$^2=$AD$^2+$DC$^2=6^2+4^2=52$　また，△ACGで，∠ACG $=90°$ だから，三平方の定理より，AG$^2=$AC$^2+$CG$^2=52+(2\sqrt{3})^2=64$　AG >0 より，AG $=8$cm

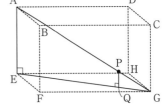

(2)　右の図の△AEGは，∠AEG $=90°$ の直角三角形だから，点 P から線分EGに垂線をひき，線分EGとの交点をQとすると，△AEG∽△PQGである。よって，AE : PQ $=$ AG : PG $=8:2=4:1$ より，$2\sqrt{3}$: PQ $=4:1$　PQ $=\dfrac{\sqrt{3}}{2}$cm　したがって，四角錐P－EFGHの体積は，$\dfrac{1}{3}\times4\times6\times\dfrac{\sqrt{3}}{2}=4\sqrt{3}$（cm^3）

4(1)　求める階級の度数は 7 人であるから，その相対度数は $7\div35=0.2$

第三問　1 次関数の利用・確率

1(1)　Aモードでは，燃料 100% で 250km 走行できるので，1% では，$250\div100=2.5$（km）

(2)(イ)　自動車Xが走行した距離を $x$km，燃料の割合を y% とすると，(ア)より，Aモードで走行しているときの式は $y=-\dfrac{2}{5}x+100$，Bモードで走行しているときの式の傾きは $-\dfrac{2}{7}$ である。Aモードで 140km 走行したときの燃料の残量は，$y=-\dfrac{2}{5}\times140+100=44$（%）　また，Bモードで走行したときの式を $y=-\dfrac{2}{7}x+b$ とすると，$x=140$ のとき $y=44$ だから，$44=-\dfrac{2}{7}\times140+b$　$b=84$ より，$y=-\dfrac{2}{7}x+84$　よって，燃料がなくなるまで走行すると，$0=-\dfrac{2}{7}x+84$　$x=294$（km）走行したこととなり，Aモードで 140km 走行する時間は $140\div100=\dfrac{7}{5}$（時間），Bモードで残りの 154km 走行する時間は $154\div60=\dfrac{77}{30}$（時間）である。したがって，出発してから燃料がなくなるまでの時間は，$\dfrac{7}{5}+\dfrac{77}{30}=\dfrac{119}{30}$（時間）だから，3 時間 58 分となる。

2(2)　式を計算した値が負の数になる組み合わせは，（袋A，袋B，袋C）$=(-1，-，+1)$，$(-1，\times，+1)$，$(+2，\times，-3)$ の 3 通り。よって，求める確率は，$\dfrac{3}{8}$ になる。

第四問　平面図形

1　△ABCは $30°$，$60°$，$90°$ の特別な直角三角形だから，AB : BC $=2:\sqrt{3}$ より，$8:$BC $=2:\sqrt{3}$　BC $=4\sqrt{3}$（cm）

3(1)　$\overset{\frown}{BC}$ の円周角より，∠CHB $=$ ∠CAB $=60°$　AC∥HEより，平行線の同位角は等しいから，∠EDB $=$ ∠CAB $=60°$　DB $=$ DEだから，△EDBは正三角形となる。よって，∠DEB $=60°$ だから，$\overset{\frown}{BH}$ の円周角より，∠HCB $=$ ∠HEB $=60°$ となり，△BCHは正三角形になる。AC∥DEより，平行線の錯角は等しいから，∠EFG $=$ ∠ACG $=90°$ だから，線分HFは正三角形BCHの高さになり，△HCFは $30°$，$60°$，$90°$ の特別な直角三角形になる。1より，BC $=4\sqrt{3}$cm で，BC $=$ HCだから，HC : HF $=2:\sqrt{3}$ より，$4\sqrt{3}$: HF $=2:\sqrt{3}$　HF $=6$cm　したがって，△BCH $=\dfrac{1}{2}\times4\sqrt{3}\times6=12\sqrt{3}$（cm^2）

(2)　△ABCで，AB : AC $=2:1$ より，$8:$AC $=2:1$　AC $=4$cm　点Fは線分BCの中点より，BF $=2\sqrt{3}$cm　また，∠EBD $=60°$，∠AEB $=90°$ より，△ABEは内角が $30°$，$60°$，$90°$ の特別な直角三角形だから，AB : BE $=2:1$ より，$8:$BE $=2:1$　BE $=4$cm　△AGC∽△BEFより，AG : BE $=$ AC : BF　AG : $4=4:2\sqrt{3}$　AG $=\dfrac{8\sqrt{3}}{3}$cm　ここで，$\overset{\frown}{AH}$ の円周角より，∠AEH $=$ ∠ABH　△DHBはDH $=$ DBの二等辺三角形だから，∠EHB $=$ ∠ABH　よって，∠AEH $=$ ∠EHBで，錯角が等しいから，AE∥BH　したがって，△AGI∽△BHIだから，AI : BI $=$ AG : BH $=\dfrac{8\sqrt{3}}{3}:4\sqrt{3}=2:3$

社会 （問題は243ページ）

社会解答解説

第 一 問

1	エ	1
2	イ	2
3	ウ	3
4	ウ	4
5	ア	5

第 二 問

1	白神山地	6
2	ウ	7
3	ア	8
4	イ	9
5	(例)寒流の上空を通ってふくやませの影響で，夏の平均気温が低くなる太平洋側の地域を中心に，冷害の被害が大きくなりやすい傾向がある。	10

第 三 問

1	ウ	11
2	イ	12
3	エ	13
4	栄西	14
5	(例)惣とよばれる組織がおきてを定めるなどして農村の自治を行うようになり，団結を強めるようになって借金の帳消しなどを求める土一揆を起こすようになった。	15

第 四 問

1	白夜	16
2	エ	17
3	ア	18
4	カ	19
5	(例)EUへの加盟が早い西ヨーロッパの国ほど，一人あたりの国民総所得が高い傾向にあり，加盟が遅い東ヨーロッパの国との経済格差が大きい。	20

第 五 問

1	1 3	21
2	イ，ウ	22
3	ア	23
4	イ	24
5	(例)農林水産業就業人口一人あたりの耕地面積が大きく，農業を大規模かつ効率的に行って大量生産することで，農産物の自給率が高くなっている。	25

2 順不同・すべてできて得点

第 六 問

1	ア → ウ → イ	26
2	与謝野晶子	27
3	ア，オ	28
4	(例)1973年の石油危機の後は，経済成長率が高い状態がみられなくなり，また，石油価格の高騰などを受けて光熱費の消費者物価指数が上昇した。	29
5	イ	30

3 順不同・すべてできて得点

正答数	
5点	3点
/5	/25

＜解　説＞

第一問　現代社会，日本国憲法

1　日本国憲法は，1946年11月3日に公布され，半年後の1947年5月3日に施行された。公布日は文化の日（元は明治天皇の誕生日で，第二次世界大戦前から祝日であった），施行日は憲法記念日として，ともに国民の祝日となっている。

2　**資料B**は国の情報公開制度のしくみを示している。知る権利は，主権者である国民が正しい政治判断を下すため，行政のもつ情報を手に入れる権利である。

3　アとエは精神（精神活動）の自由，イは身体（生命・身体）の自由に区分される。

5　第二次世界大戦後，夫婦のみ，もしくは親と未婚の子どもで構成される核家族世帯が急増したが，近年では高齢化などを背景に単独世帯の増加が著しい。

第二問　日本地理

2　ア…Pの県(青森県)の西部に広がる津軽平野では，りんごの生産がさかんである。イ…Qの県(秋田県)の海沿いに広がる秋田平野は，日本有数の稲作地帯となっている。イ・エ…促成栽培は，温暖な高知平野や宮崎平野でさかんに行われている。

3　Yの盛岡市では，南部鉄器の生産が行われている。なお，イは京都府京都市，ウは石川県輪島市，エは山形県天童市で生産されている伝統的工芸品である。

4　①には全国平均の100を上回る県が1つもないことから人口，②には岩手県や宮城県の数値が大きいことから海面漁業の漁獲量があてはまる。

第三問　歴史(原始～近世)

2　歌川広重や葛飾北斎などの絵師が人気となったのは19世紀前半ごろのことで，このころ外国船の相次ぐ接近がみられたことから，江戸幕府は異国船打払令を出した。

3　正倉院に愛用品が納められたのは，奈良時代の聖武天皇のものである。アは桓武天皇，イは白河天皇(上皇)，ウは後醍醐天皇について述べた文である。

4　禅宗は，平安時代末から鎌倉時代前半にかけて，栄西や道元が宋で学んで日本に広めた。また，栄西は茶を飲む習慣を日本にもたらした人物でもあると言われている。

5　室町時代の農村では，惣(惣村)とよばれる自治組織がつくられ，**資料B**のようなおきてを定めるようになった。団結を強めた農民は幕府や領主などに対して土一揆を起こすようにもなった。

第四問　世界地理

2　Qの国(イタリア)の首都ローマ市内には，世界最小の独立国であるバチカン市国が位置している。バチカン市国には，全世界のカトリックの中心であるサン・ピエトロ大聖堂がある。

4　冬の平均気温が低いⅠは冷帯(亜寒帯)に属するZ(モスクワ)，夏の降水量が少ないⅡは地中海性気候に属するY(メッシナ)，残るⅢが西岸海洋性気候に属するX(ダブリン)にあてはまる。

5　EUの加盟国間には大きな経済格差があり，加盟時期の遅い東ヨーロッパの国々は，加盟時期の早い西ヨーロッパの国々に比べて，経済的に貧しい傾向にある。

第五問　地理歴史融合問題

1　北アメリカ州の大西洋岸にあった13のイギリスの植民地は，イギリス本国が新たに税を課したことに反発して独立戦争を起こし，アメリカ合衆国を建国して，ワシントンを初代大統領とした。アメリカの国旗の紅白のしまは13本あり，建国当時の州の数を示している。

2　アメリカの北部は工業化が進み，保護貿易を主張していたのに対し，南部は綿花栽培を中心としていたので，その労働力として奴隷を必要とし，自由貿易を主張していた。こうした南北の考え方の違いが，南北戦争の原因となった。

4　サンベルトは，アメリカのうち北緯37度の緯線より南の温暖な地域で，1970年代ごろから急速に工業が発達して，航空宇宙産業のヒューストンや石油化学工業のニューオーリンズなどの工業都市が発展した。

5　アメリカは，農林水産業就業人口は日本とそれほど大きく変わらないのに対し，耕地面積がきわめて大きく，機械化を進めた企業的な農業を行って大量に農産物を生産している。

第六問　歴史(近代～現代)

1　ア(1860年)→ウ(1862～1863年)→イ(1866年)の順となる。

3　第二次世界大戦では，日本はドイツ・イタリアと日独伊三国同盟を結び，枢軸国の一員となった。

4　高度経済成長は，1973年の石油危機によって終わった。その前後で比べると，石油危機の後は経済成長率が高い数字を示さなくなり，また，光熱費の消費者物価指数が大きく上がるようになったことがわかる。

英　語 （問題は250ページ）

英語解答解説

第　一　問

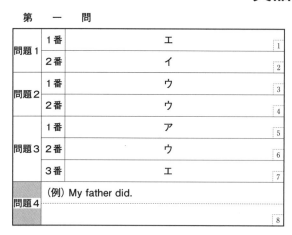

問題1	1番	エ	1
	2番	イ	2
問題2	1番	ウ	3
	2番	ウ	4
問題3	1番	ア	5
	2番	ウ	6
	3番	エ	7
問題4	(例) My father did.		8

第　二　問

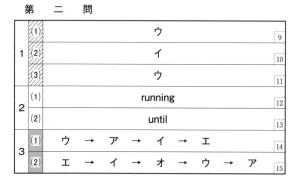

1	(1)	ウ	9
	(2)	イ	10
	(3)	ウ	11
2	(1)	running	12
	(2)	until	13
3	(1)	ウ → ア → イ → エ	14
	(2)	エ → イ → オ → ウ → ア	15

第　三　問

1	(例) 加藤さんは (学校の近くに住んでいて) 学校までの道の花の世話をしているから。	16
2	ウ	17
3	(例) She takes a walk.	18
4	イ → ウ → オ → ア → エ	19
5	even a small thing	20

第　四　問

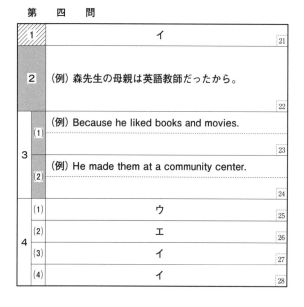

1	イ	21
2	(例) 森先生の母親は英語教師だったから。	22
3	(1)	(例) Because he liked books and movies.	23
	(2)	(例) He made them at a community center.	24
4	(1)	ウ	25
	(2)	エ	26
	(3)	イ	27
	(4)	イ	28

第　五　問

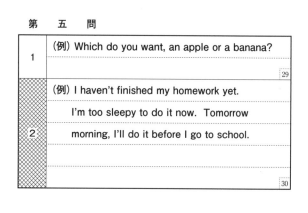

| 1 | (例) Which do you want, an apple or a banana? | 29 |
| 2 | (例) I haven't finished my homework yet. I'm too sleepy to do it now. Tomorrow morning, I'll do it before I go to school. | 30 |

正答数
8点	4点	3点	2点
1	9	16	4

＜解　説＞

第二問　適語(句)補充

1(1)　「今日の午後あなたの家を訪れていいですか」に対し「いいですよ, でも気を付けて」という文。
　　＜ be + 形容詞 ＞で「～(に)して」という命令文。

(2)　「私たちそれぞれがビニール袋を持ってこなければなりません」この文の主語である ＜ Each of ～ ＞「～のそれぞれ」は単数なので, have to は適さない。

(3)　「私には二人兄弟がいて, 私がその三人の中で一番背が高いです」the のあとなので最上級が適している。

2(1)　「向こうで走っている少年を見て。彼がミホのお兄さん〔弟〕です」このあとメアリーが「まあ,

彼はとても速いですね」と言っていることから考える。現在分詞の後置修飾で the boy を説明している。< 名詞 ＋ 現在分詞 ＋ その他の語句 > という語順。

(2)　「私たちはどのくらいの間音楽室を使えますか」に対し「二時なので，私たちは四時までそこを使えます」という文。

3(1)　「あなたはどのくらいの間それを待ち続けているのですか」現在完了進行形の疑問文の語順。How long に < have ＋ 主語 ＋ been 〜 ing? > と続ける。

(2)　「まあ，なんて美しい庭でしょうか」という感嘆文。< what a ＋ 形容詞 ＋ 名詞 >「なんて〜な…だろう」

第三問　スピーチ読解

1　直後の一文を参照する。

2　「私は君がそれらを楽しんでくれて嬉しいよ」という加藤さんの発言。直前に啓司が花について感謝を述べたことに対して言ったものである。

3　「林さんは毎朝啓司を見るとき何をしていますか」第五段落３行目の林さんの発言を参照する。

4　イ「啓司は新聞を読んで加藤さんのことを考えました」→ウ「啓司は加藤さんに話しかけ，彼にお礼を言いました」→オ「啓司は他の人のために何かしたいと思い，何をすべきかについて考えました」→ア「啓司は強風のために汚くなっていたときでさえ川岸を掃除しました」→エ「啓司は川岸を掃除している女性と会って彼女と話をしました」

5　啓司のスピーチを聞いてボランティア活動をしてみたいと思ったという感想である。啓司のスピーチから得られる教訓は最終段落にまとめられている。空欄の直後は can let と助動詞＋動詞が続くことから，空欄には that 節中の主語が入る。「おそらく私は大きなことはできませんが，彼は私にたとえ小さなことでもボランティア活動を他の人に広めることができると教えてくれました」となるよう，第六段落１行目から even a small thing を抜き出す。

第四問　長文読解

1　この直前に「あなたたちは映画を見るのは好きですか」とあるので，文中の them は映画を指している。

2　直後の because 以下を参照する。

3(1)　「なぜ伊藤先生は英語を一生懸命勉強することができたのですか」伊藤先生の原稿8，9行目を参照する。

(2)　「ブラウン先生はどこで日本人の友達を作りましたか」ブラウン先生の原稿7〜9行目を参照する。

4(1)　「伊藤先生が子供の頃には英語を勉強している子供たちは少なかったと知り驚きました」伊藤先生の原稿1，2行目より，伊藤先生の子供時代に英語学習は一般的ではなかった。

(2)　愛子が「森先生の(お話)に興味があります」と答えていることから Whose が適切。

(3)　英語を声に出して読むという学習法について話している。ジョーが「それは上手くいくと思います。僕は日本語の本を毎日声に出して読んでいますよ」と言ったとすれば，このあとの愛子の発言と自然につながる。

(4)　このあとジョーが自分が読んでいる本の種類を答えていることから，イが正解。

第五問　総合問題

1　ジェームスが「バナナをください」と答えたことから，母親が「バナナとリンゴのどちらが欲しいですか〔食べたいですか〕」などとたずねたと考えられる。

2　いつもよりかなり早く起きる予定のジェームスに対して「なぜ」とたずねたことに対する答え。早起きするのに不自然でない理由を一つあげ，３文以上で書く。

理科 （問題は257ページ）

理科解答解説

第 一 問

1	(1)	反射				1
	(2)	ア				2
	(3)	(例) せきずいから脳へ伝え，脳で判断して				3
2	(1)	①	季　節　風	②	露　点	4
	(2)	55.7			[%]	5
	(3)	ア，ウ				6
3	(1)	塩化水素				7
	(2)	30			[g]	8
	(3)	エ				9
	(4)	[図] 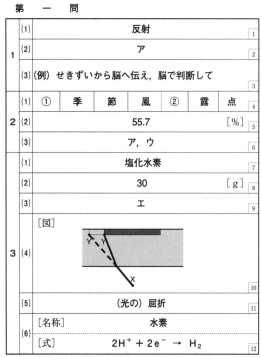				10
	(5)	(光の) 屈折				11
	(6)	[名称]　水素				
		[式]　$2H^+ + 2e^- \rightarrow H_2$				12

2(1), 3(6)両方できて得点，2(3)順不同・すべてできて得点

第 二 問

1	エ		13
2	酢酸オルセイン液（酢酸カーミン液）		14
3	A → B → D → C → E		15
4	(例) 体細胞分裂により細胞の数が増え，1つ1つの細胞が大きくなる。		16
5	①（　　ひげ根　　）②（　　単子葉　　）		17

5両方できて得点

第 三 問

1	(1)	エ		18
	(2)	$2Cu + O_2 \rightarrow 2CuO$		19
	(3)	6.5	[g]	20
2	(1)	20	[%]	21
	(2)	イ		22

第 四 問

1	①（　　初期微動　　）②（　　主要動　　）		23
2	5 時 47 分 41 秒		24
3	(1)	エ	25
	(2)	ウ	26
4	(例) S波(主要動)が到着するまでの時間		27

1両方できて得点

第 五 問

1	力学的エネルギーの保存		28
2	1.3	[倍]	29
3	ウ		30
4	(1)	1.2	[秒]	31
	(2)	(0.1秒から0.3秒までの間)：　ア		
		(0.6秒から0.8秒までの間)：　エ		32

4(2)両方できて得点

正答数	
4点	3点
4	28

＜解　説＞

第一問　各分野問題

2(2) 0℃で湿度が80%の空気がふくむ水蒸気の量は，$4.8[g/m^3] \times 80 \div 100 = 3.84[g/m^3]$。5℃で湿度が25%の空気がふくむ水蒸気の量は，$6.8[g/m^3] \times 25 \div 100 = 1.7[g/m^3]$。よって，空気1㎥あたり，$3.84[g/m^3] - 1.7[g/m^3] = 2.14[g/m^3]$の水蒸気を失ったことになる。$2.14 \div 3.84 \times 100 = 55.72\cdots$より，55.7%の水蒸気を失ったことになる。

3(3) 亜鉛と塩酸の化学反応式は，$Zn + 2HCl \rightarrow H_2 + ZnCl_2$である。この反応では，化学エネルギーが熱エネルギーになって放出されるため，周囲の温度が上がる（発熱反応）。よって，反応後の物質がもつ化学エネルギーは小さくなる。

(4) 右図のように，XとY'を直線で結び，水そうと空気の境界と，この直線が交わる点をPとする。PとX，PとYを結んだ直線が解答となり，Yから出た光が，Pで屈折しXに届き，Xからは Y' の位置にYがあるように見える。

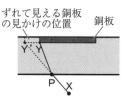

ずれて見える銅板
の見かけの位置　　銅板

(6)　亜鉛と塩酸が反応し，亜鉛原子が亜鉛イオンになるときに電子が出る。この電子が銅板に移動し，銅板の表面で水素イオンが電子を受けとり，水素分子ができて気体の水素が発生する。

第二問　植物の生長と生殖

4　体細胞分裂では，細胞の数は増えるが，分裂直後の細胞はもとの細胞の大きさの約半分の大きさである。分裂後に1つ1つの細胞が大きくなることで，全体が成長する。

第三問　化学変化と原子・分子

1(3)　銅の粉末の質量が 0.60g から 3.00g まで，0.60g の 1 〜 5 倍であるとき，できた物質(酸化銅)の質量も，0.75g から 3.75g まで，0.75g の 1 〜 5 倍になるので，銅の粉末の質量とできた物質の質量の間には，比例関係がある。したがって，銅の粉末 5.2g を用いた場合に反応後にできる物質の質量を xg とすると，$5.2 : x = 0.60 : 0.75$　これを解いて，$x = 6.5$g である。

2(1)　蒸発皿に残った結晶は炭酸ナトリウムである。炭酸水素ナトリウム 8.4g を加熱したときに残る炭酸ナトリウムの質量は 5.3g であることから，炭酸ナトリウム 26.5g が残ったときに加熱した炭酸水素ナトリウムの質量を xg とすると，$8.4 : 5.3 = x : 26.5$ より，$x = 42.0$[g]　　よって，**実験Ⅱ**の①，②で空気中に出ていった物質の質量は，42.0[g] $- 38.9$[g] $= 3.1$[g]　炭酸水素ナトリウム 8.4g を加熱したときに空気中に出ていった物質の質量は，8.4[g] $- 5.3$[g] $= 3.1$[g]であるから，①，②で反応した炭酸水素ナトリウムの質量も 8.4g であったことがわかる。もとの炭酸水素ナトリウムの質量に対する割合は，8.4[g] $\div 42.0$[g] $\times 100 = 20$[%]

第四問　動き続ける大地

2　地点Bと Cの震源からの距離の差は 50km，P 波の到達時刻の差は 8 秒であることから，P 波の速さは $50 \div 8 = 6.25$ [km/s] と求められる。地点Xと Cの P 波の到達時刻の差(12 秒)より，地点XとCの震源からの距離の差は $6.25 \times 12 = 75$[km]。地点Bと Cより，S 波は 50km を 14 秒で伝わるので，75km を伝わる時間を x 秒とすると，$50 : 14 = 75 : x$，$x = 21$[秒]となる。よって，S 波が地点Xに到達する時刻は，5 時 47 分 20 秒 $+ 21$ 秒 $= 5$ 時 47 分 41 秒

第五問　エネルギーと仕事

2　B点は基準位置なので，運動エネルギーは最も大きくなる。このときの運動エネルギーを 1 とする。金属球が持ち上げられて静止した状態のA点(B点より 40cm 上)での運動エネルギーは 0 となり，A'点(B点より 10cm 上)の運動エネルギーはB点から $10 \div 40 = \frac{1}{4}$ 減るので，B点での運動エネルギーの $\frac{3}{4}$ である。したがって，B点での運動エネルギーは，A'点での運動エネルギーの $\frac{4}{3}$ 倍($= 1.33\cdots$)　　よって，1.3 倍となる。

4(1)　表から，0.4 秒後以降は一定の速さ(120cm/s)で小球が動いていることがわかる。よって，小球が動き始めてから 0.8 秒後以降，$120.0 - 72.0 = 48.0$[cm]動くのに 48.0[cm] $\div 120$[cm/s] $= 0.4$[秒]かかるので，小球が静止していた位置からレール上を動いた距離が 120.0cm に達した時間は，小球が動き始めてから 0.8[秒] $+ 0.4$[秒] $= 1.2$[秒]となる。

(2)　小球が斜面上にあるときは，小球にかかる重力の斜面に平行な分力が進行方向に一定の大きさで加わっているため，速さが一定の割合で増加する。小球が水平面上にあるときは，進行方向に力ははたらいておらず，小球は等速直線運動をする。

国語 （問題は270ページ）

国語解答解説

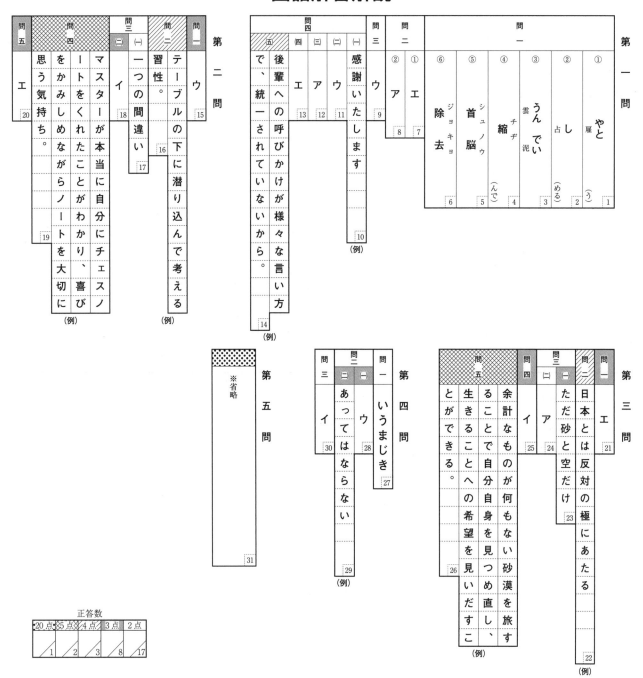

第一問

問一
① 雇（やと）う
② 占（し）める
③ 雲泥（うんでい）
④ 縮（チヂ）んで
⑤ 首脳（シュノウ）
⑥ 除去（ジョキョ）

問二
⑦ エ
⑧ ア

問三　ウ ⑨

問四
（一）感謝いたします ⑩ （例）
（二）ウ ⑪
（三）ア ⑫
（四）エ ⑬
（五）後輩への呼びかけが様々な言い方で、統一されていないから。 ⑭ （例）

第二問

問一　ウ ⑮

問二　テーブルの下に潜り込んで考える習性。 ⑯ （例）

問三
（一）一つの間違い ⑰ （例）
（二）イ ⑱

問四　マスターが本当に自分にチェスのマスターをくれたことがわかり、喜びをかみしめながらノートを大切に思う気持ち。 ⑲ （例）

問五　エ ⑳

第三問

問一　エ ㉑

問二　日本とは反対の極にあたる ㉒ （例）

問三
（一）ただ砂と空だけ ㉓
（二）ア ㉔

問四　イ ㉕

問五　余計なものが何もない砂漠を旅する生きることでも自分自身を見つめ直し、とができる。への希望を見いだすこ ㉖ （例）

第四問

問一　いうまじき ㉗

問二
（一）ウ ㉘
（二）あってはならない ㉙ （例）

問三　イ ㉚

第五問
※省略 ㉛

＜解　説＞

第一問　漢字・四字熟語・会話文の読解

問二　①朝令（暮改）　②付和（雷同）

問四（一）「なさる」は相手の動作に敬意を表す尊敬語。「感謝する」のは自分の動作なので、謙譲語の「いたします」が適切な表現。

（三）Ｃさんは、「私たちが一年生だったときの先輩を指しているのか、私たち自身が三年生になったときのことを指しているのか紛らわしい」と話している。

（五）Ｂさんは、「『後輩』への呼びかけだけど、最初は『後輩のみなさん』と言っているよね。次が、『後輩』で、その次は『後輩のみんな』になっているね。」と指摘している。

第二問　小説文の読解

問二　──②の一つ前の段落に、「少年はテーブルチェス盤の下に潜り込み、チェス盤の裏側の一点に視線を集中させた。」と書かれている。

問三㈡　普通の子が一刻も早くそこから脱出しようとしてもがくのとは違い、少年は「その位置や形状や手触りをじっくり味わう」ことから、逃げずに向き合っていることがわかる。

問四　少年は「これを僕にくれるの？　本当？」「この僕に？　ここにいる、この僕に？」と何度もマスターに確認していることから、ノートをもらえたことが信じられない様子であったが、それが本当のことであるとわかって、「どうも、ありがとう。ノートを持っているだけで、いっぺんにチェスが上手くなったような気分だよ。」と喜んでいることをまとめる。

問五　少年は、ｅ４を見つめながら「それが自分の力で刻み付けた足跡」であり、「ずっと残る」と理解している。

第三問　論説文の読解

問一　「アラビア人やラテン・アメリカ人にとっては、三十分などという時間は人を待たせる最低の単位にすぎない。」と述べている。

問二　日本で生まれた筆者にとって、砂漠は"反世界"であり、砂漠は「日本の風土の反対の極と言ってもいいであろう。」と述べている。

問三㈠㈡　筆者は、砂漠について「そこにあるのはただ砂と空だけなのだから。」と考え、「砂漠には何もない。何もないということがとうぜんのようになってくる」と述べている。

問四　筆者は、「生きてゆくのに必要なものだけしかないということは、文化がないということではないか。生きてゆくうえに必要なもの、それを上まわる余分のものこそが、じつは文化ではないのか。」と問いかけている。

問五　筆者は、砂漠を訪れて「なぜ日本の生活にはあんなにもたくさんのものがあるのか、」と考える。何もない砂漠を旅することについて、「自分自身の姿を見に行く」「その後悔は、やがて反省へ変わり、さらに希望へと移ってゆく。生きることへの希望へ。」と述べていることをまとめる。

第四問　古典の読解

〈現代語訳〉
　ある人が言うには、人は深い考えなしに言ってはならないことを軽率に言い出し、人の短所を悪く言い、その人のしたことを非難し、その人が隠していることを公にし、恥ずかしいと思っていることを問いただす。これらはみな、してはならないことである。その人自身は、何も考えずに言いふらして、深く考えることもなく過ごすうちに、言われた人は思い詰めて怒りが深くなっていくと、思いがけないときに、（逆に）恥をかかされ、身が破滅するほどの大事になってしまうことになる。

問二㈠　「いはるる人」とは、自分のことを悪く「言われた人」であり、「思ひつめて、いきどほり深くなり」と述べられている。

　　㈡　筆者は、他人を悪く言うことに「これらすべて、あるまじきわざなり。」と考えている。

問三　――③の直前から「はからざるに、恥をもあたへられ、身果つるほどの大事にも及ぶなり。」と書かれているが、悪く言われた人は思い詰めて怒りが深くなっていくと、思いがけないときに、恥をかかされ、身が破滅するほどの大事になってしまうと解釈できる。

第五問　作文

作文の採点基準
【内容】
⑴　指示された内容に対する自分の考えが指定字数で書かれているか。
⑵　主旨・主張などが明確か。
⑶　適切な理由が書かれているか。
【表記】
⑷　誤字・脱字はないか。
⑸　文法（主語・述語の関係、修飾語・被修飾語の関係、助詞の使い方など）は正しいか。
⑹　常体・敬体の文体は統一されているか。
⑺　語句の使い方は適切であるか。話し言葉はないか。
⑻　原稿用紙の使い方（句読点、かぎかっこなど）は正しいか。

第　一　問

1		1
2		2
3		3
4		4
5		5
6		6
7		7
8	[度]	8

第　二　問

1	(1)		9
	(2)		10
2	(1)	[円]	11
	(2)	[本]	12
3	(1)	[cm]	13
	(2)	[cm³]	14
4	(1)		15
	(2)		16

4(2)順不同・すべてできて得点

第　三　問

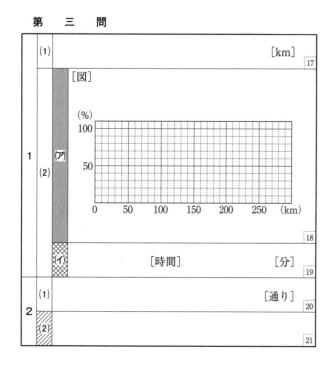

1	(1)		[km]	17
	(2) ㋐	[図]		18
	(2) ㋑	[時間] [分]		19
2	(1)	[通り]		20
	(2)			21

第　四　問

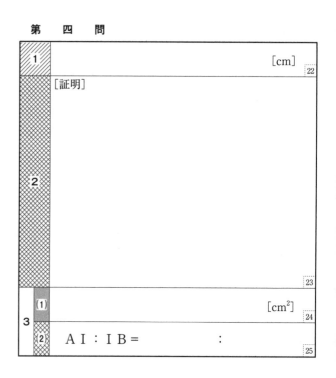

1		[cm]	22
2	[証明]		23
3	(1)	[cm²]	24
	(2)	ＡＩ：ＩＢ＝　　　　：	25

正答数

6点	5点	4点	3点
3	6	4	12

合計得点

/100

2024年度（令和6年度）入試直前対策テスト　**社会**　解答用紙

第 一 問

1		1
2		2
3		3
4		4
5		5

第 二 問

1		6
2		7
3		8
4		9
5		10

2 順不同・すべてできて得点

第 三 問

1		11
2		12
3		13
4		14
5		15

第 四 問

1		16
2		17
3		18
4		19
5		20

第 五 問

1		21
2		22
3		23
4		24
5		25

第 六 問

1	→	→	26
2			27
3			28
4			29
5			30

3 順不同・すべてできて得点

正答数

5点	3点
/5	/25

合計得点

/100

283

2024年度（令和6年度）入試直前対策テスト　英語　解答用紙

弟　一　問

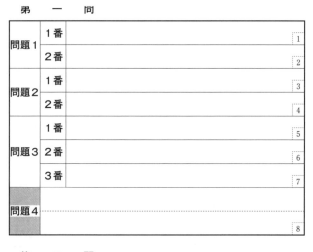

問題1	1番		1
	2番		2
問題2	1番		3
	2番		4
問題3	1番		5
	2番		6
	3番		7
問題4			8

第　二　問

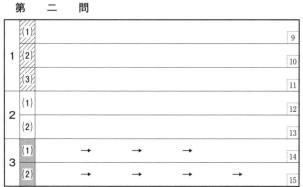

1	(1)		9
	(2)		10
	(3)		11
2	(1)		12
	(2)		13
3	(1)	→ → →	14
	(2)	→ → → →	15

弟　二　問

1		16
2		17
3		18
4	→ → → →	19
5		20

第　四　問

1		21
2		22
3	(1)	23
	(2)	24
4	(1)	25
	(2)	26
	(3)	27
	(4)	28

第　五　問

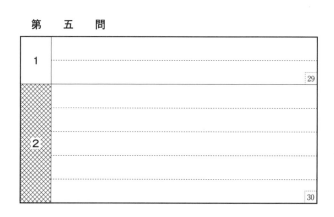

| 1 | | 29 |
| 2 | | 30 |

正答数

※8点	4点	3点	2点
1	9	16	4

合計得点

/100

2024年度（令和6年度）入試直前対策テスト　理科　解答用紙

第　一　問

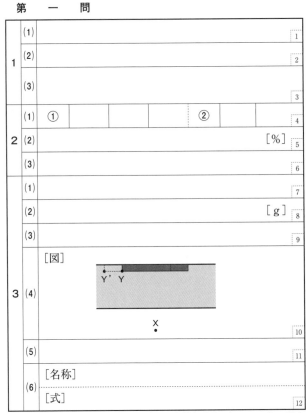

2(1), 3(6)両方できて得点，2(3)順不同・すべてできて得点

第　二　問

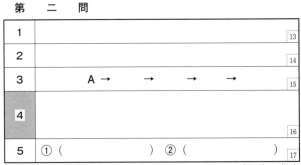

5両方できて得点

第　三　問

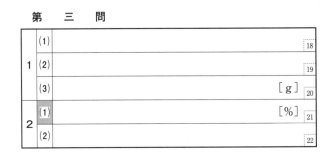

第　四　問

1両方できて得点

第　五　問

4(2)両方できて得点

正答数

合計得点

第　一　問

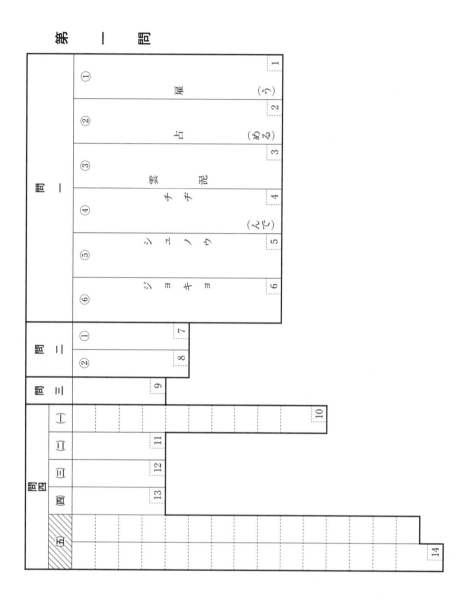

第　二　問

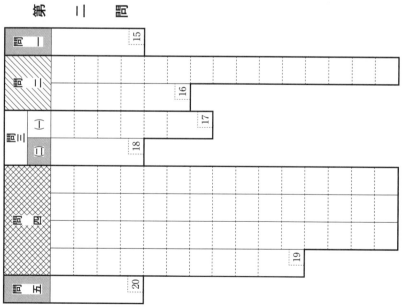

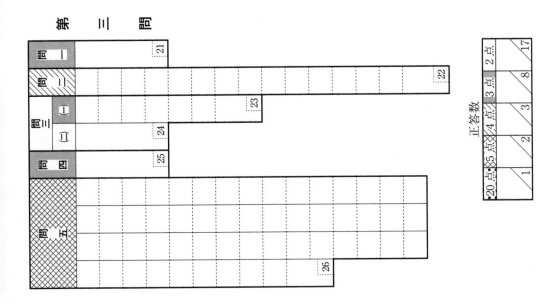

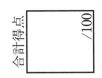

正答数					
2点	17				
3点	8				
4点	3				
5点	2				
20点・5点	1				

合計得点　/100

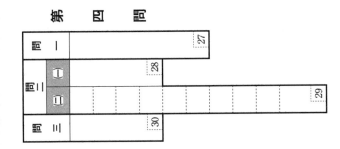

※ 解答を記入するときは、原稿用紙の正しい使い方に従って、文字や仮名遣いも正確に書くこと。また、題名、氏名は書かないこと。

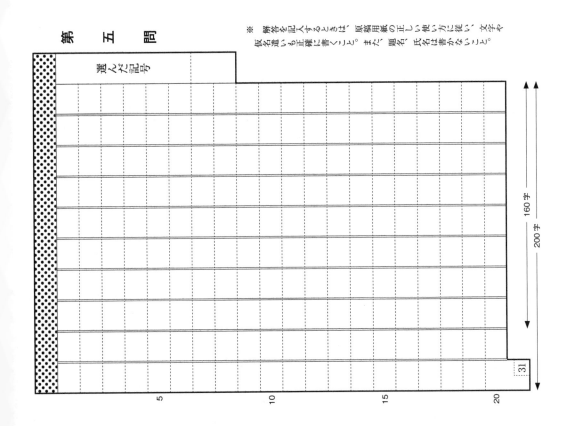

第　五　問

選んだ記号

160字
200字

5　10　15　20

31

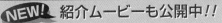
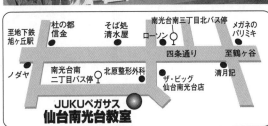

取材協力	進学プラザグループ
	個別教室のアップル・家庭教師のアップル
	仙台練成会
	能開センター
	ひのき進学グループ
	河合塾NEXT
	JUKUペガサス仙台南光台教室
	あすなろ学院・G-PAPILS
	宮城県教育庁高校教育課
	宮城県私立中学高等学校連合会
	宮城県内の公立高校　　82校
	私立高校　　19校
	私立・単位・通信　　3校

2024年度版
宮城県高校受験総合ガイド

2023年8月10日発行

発行者：武井　甲一

発行所：河北新報出版センター

〒980-0022 仙台市青葉区五橋一丁目 2-28
電話 022-214-3811
FAX 022-227-7666
https://www.kahoku-books.co.jp
ISBN978-4-910835-07-5
印刷所：凸版印刷株式会社 東日本事業部